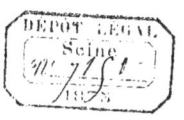

Inv. 1805

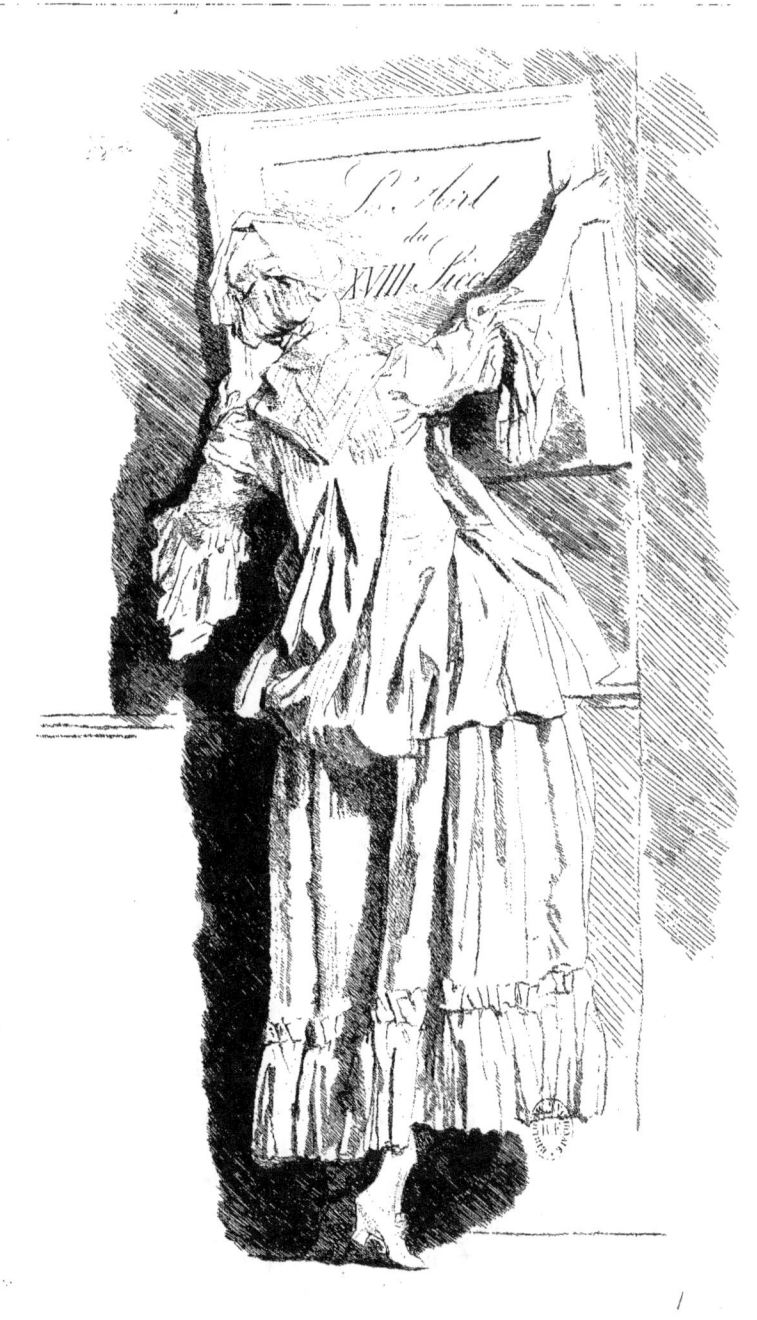

CE LIVRE A ÉTÉ TIRÉ A 200 EXEMPLAIRES

LES CUIVRES ONT ÉTÉ DÉTRUITS APRÈS LE TIRAGE

L'ART

DU DIX-HUITIÈME SIÈCLE

PAR

EDMOND ET JULES DE GONCOURT

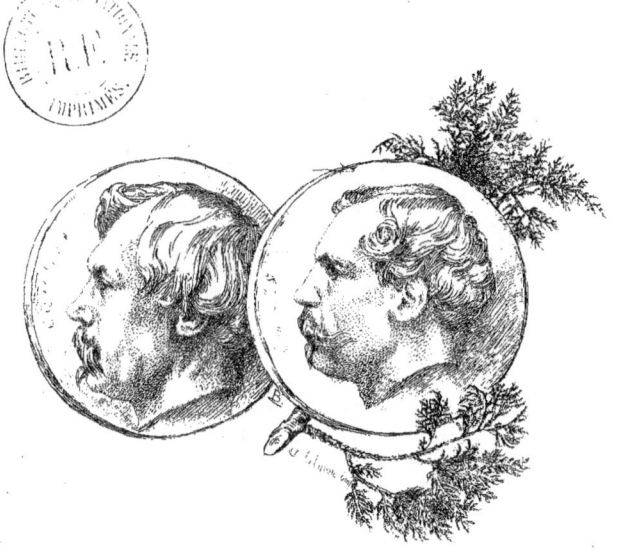

PARIS

E. DENTU, LIBRAIRE-ÉDITEUR

17-19, PALAIS-ROYAL, GALERIE D'ORLÉANS

—

1875

Droits de traduction et de reproduction réservés

PRÉFACE

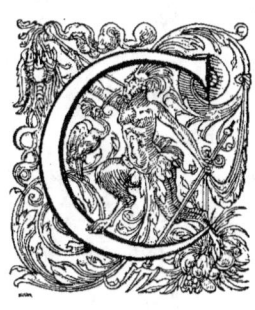E *livre a été commencé par deux frères, en des années de jeunesse et de bonne santé, avec la confiance de le mener à sa fin. Tout un mois, chaque année, au sortir des noires et mélancoliques études de la vie contemporaine, il était le travail dans lequel se récréait, comme en de riantes vacances, leur goût du temps passé. Et il y avait entre eux deux une émulation, pour définir dans une phrase, pour faire dire à un mot le cela presque inexprimable qui est dans un objet d'art. C'était leur livre préféré, le livre qui leur avait donné le plus de mal.*

Deux années encore et l'Histoire de l'Art français du XVIIIe *siècle, — dans toutes ses manifestations véritablement françaises — était terminée. Une année allait paraître* L'ÉCOLE DE WATTEAU, *contenant les biographies de Pater, de Lancret, de Portail encadrées dans un historique de la domination du*

maître pendant tout le siècle. A cet avant-dernier fascicule devait succéder, l'année suivante, un travail général sur la sculpture du temps, d'où se serait détachée, comme l'expression la plus originale de la sculpture rococo, la petite figure du sculpteur CLODION.

Ces deux années n'ont pas été données à la collaboration des deux frères. Le plus jeune est mort. Le vieux ne se sent pas le courage, et pourquoi ne le dirait-il pas, le talent d'écrire, lui tout seul, les deux études qui manquent au livre. Du reste, s'il s'en croyait capable, un sentiment pieux, que comprendront quelques personnes, le pousserait, le pousse aujourd'hui à vouloir qu'il en soit de ce livre ainsi que de la chambre d'un mort bien-aimé, où les choses demeurent telles que les a trouvées la Mort.

EDMOND DE GONCOURT.

EAUX-FORTES

CONTENUES DANS L'ART DU DIX-HUITIÈME SIÈCLE

WATTEAU.

Profil de femme, D.　　　　Collection de Goncourt.
Trois têtes de femmes, D.　　　　id.
Académie du Printemps, D.　　　　id.
Assemblée de musiciens chez Crozat, D.　　Le Louvre.

CHARDIN.

Le Gobelet d'argent, T.　　Collection Laperlier.
Enseigne de chirurgien, T.　　　id.
Les aliments de la Convalescence, T.　　id.
Homme au tricorne, D.　　Collection de Goncourt.

BOUCHER.

Académie de femme, D.　　Collection de Goncourt.
Femme à l'éventail, D.　　　id.
Le Bain de Diane, D.　　　id.
La Bouquetière galante, D.　　　id.

LA TOUR.

Masque de La Tour, D.　　Collection de Goncourt.
Rousseau, D.　　Collection E. Marcille.
Mlle Fel, D.　　Musée de St-Quentin.
Voltaire (1736), D.　　Collection E. Marcille.

GREUZE.

Le duc d'Orléans, D.　　　　Le Louvre.
La Consolation de la vieillesse[1], D.　Coll. de Goncourt.
La Dame de Charité, D.　　　id.
La Laitière, D.　　Collection E. Marcille.

1. Ce dessin n'est point un Greuze, mais un Fragonard, et son vrai titre serait le Grand Papa.

LES SAINT-AUBIN.

Aug. de Saint-Aubin dessinant, D.　Coll. de Goncourt.
Gabriel de Saint-Aubin, D.　　Collection Baudicour.
Augustin sur un tabouret, D.　Collection de Goncourt.
Germain de Saint-Aubin, D.　　　id.

GRAVELOT. COCHIN.

Gentilhomme saluant, D.　　Collection de Goncourt.
Séance du modèle d'homme, D.　　　id.

EISEN. MOREAU.

La Toilette, D.　　Collection de Goncourt.
Petite fille dormant, D.　　　id.

DEBUCOURT.

La Fédération, D.　　Collection Delbergue-Cormont.
La Noce de Village, T.　　Collection de M. Jazet.

FRAGONARD.

La Lecture, D.　　　　Le Louvre.
L'Abreuvoir, D.　　Collection de Goncourt.
Le Maître de danse, D.　　Collection C. Marcille.
Femme assise sur une chaise, D.　Coll. de Goncourt.

PRUDHON.

Profil de Marie-Louise, D.　　Collection E. Marcille.
La Vengeance divine, D.　　　　Le Louvre.
Portrait de Mlle Mayer, D.　　　Mlle Maison.
Bras de fauteuil de Marie-Louise, D. Coll. de Goncourt.

Toutes les eaux-fortes sont gravées par Jules de Goncourt, à l'exception d'*Augustin de Saint-Aubin assis sur un tabouret*, et du groupe de *la Justice et la Vengeance divine poursuivant le Crime*. Ces deux eaux-fortes sont gravées par Edmond de Goncourt.

Jules de Goncourt a encore gravé *la Femme accrochant un cadre* de Fragonard, appartenant à M. Sensier; les trois petites études de l'*Amour tenant un flambeau* de Prudhon, tirées de l'Album de son voyage d'Italie, appartenant à M. E. Marcille; *le Violonneux*, fragment d'un dessin de Gabriel de Saint-Aubin, faisant partie de la collection de Goncourt. Ce sont les eaux-fortes du faux-titre, de l'entête, et du cul-de-lampe de la dernière page.

Les portraits des auteurs, gravés dans le titre, ont été aquafortisés par Bracquemond.

WATTEAU.

Tiré à 200 exemplaires.
Les planches effacées après le tirage.

LYON,

IMPRIMERIE DE LOUIS PERRIN,

Rue d'Amboife, 6.

EDMOND ET JULES DE GONCOURT.

WATTEAU

ETUDE

CONTENANT QUATRE DESSINS

gravés à l'eau-forte.

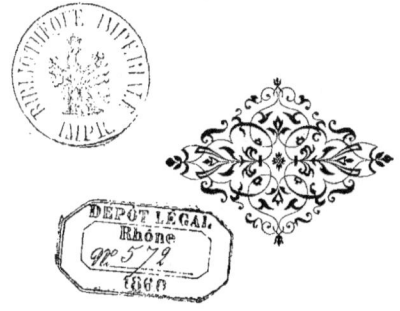

PARIS,
E. DENTU, PALAIS-ROYAL, GALERIE D'ORLEANS.

1860

Droits de traduction & de reproduction réservés.

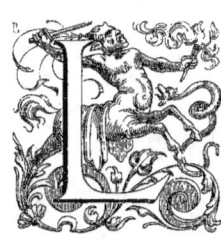E grand poëte de ce siècle est Watteau. Un monde, un peuple, est sorti de sa tête. De sa fantaisie merveilleuse, une féerie, mille féeries se sont envolées. Il a créé son caprice, son génie & son œuvre. De sa main jaillissait l'élégance. Il a puisé dans son imagination pleine de pensées & de rayons l'idéal du dix-huitième siècle; & au-dessus de son temps il a bâti une de ces patries éternelles, amoureuses & lumineuses, un de ces paradis de main d'homme que les Polyphiles bâtissent sur le nuage du songe, pour le bonheur spirituel & la joie délicate des vivants.

Watteau a renouvelé la grâce. La grâce, chez Watteau, n'est plus la grâce antique, une muse nue, le beau brut & brutal, un charme rigoureux & solide, le sourire de marbre de Galathée, la gloire de la Vénus physique. La grâce de Watteau est la grâce. Elle est cette chose ailée qui semble l'idée de la ligne, l'âme de la forme, la physionomie plaisante de la matière. Elle est le rien qui habille le monde d'un agrément & d'une coquetterie. Elle est cela qui caresse le rêve du regard, & dont vit l'amour. Elle est l'enchantement d'Eve : la grâce de la femme.

1*

Toutes les séductions de la femme au repos, la langueur, la paresse, l'abandon, les adossements, les allongements, les nonchalances, la cadence des poses, le joli air des profils penchés sur les gammes d'amour, les retraites fuyantes des poitrines, les serpentements & les ondulations, les souplesses du corps féminin, & le jeu des longs doigts sur le manche des éventails, & les indiscrétions des hauts talons dépassant les jupes, & les heureuses fortunes du maintien, & la coquetterie des gestes, & le manége galant des épaules, & tout ce savoir que les miroirs du siècle dernier ont appris à la femme, la mimique de la grâce! elle vit en Watteau avec sa fleur & son accent, immortelle & fixée en une épreuve mieux vivante que ce sein de la femme de Diomède moulée par la cendre de Pompéi. Et que si Watteau l'anime, s'il la délie du repos & de l'immobilité, s'il l'a fait agissante & remuée, il semble qu'elle s'agite sur un rhythme, & que sa marche balancée soit une danse menée par une harmonie.

Quel décor à la femme & à la grâce! O nature, où le peintre promenait ses poésies! O campagne! ô théâtre accommodé pour une désirable vie! une terre complice, des bois galants, des champs emplis de musique, des bosquets propices aux jeux d'Echo! des arbres en berceaux où pendent les paniers de fleurs! des déserts, loin du monde jaloux, touchés du pinceau magique d'un Servandoni, rafraîchis de fontaines, peuplés de marbres & de statues, & de naïades, que tache l'ombre tremblante des feuilles! jets d'eau jaillissant soudain du milieu des cours des fermes! le pays aimable & radieux! Soleils d'apothéoses, belles lumières dormantes sur les pelouses, verdures pénétrées & translucides sans une ombre où s'endorment la palette de Tiépolo, le tapage des satins & des chevelures blondes! Délices champêtres! décorations murmurantes & parées! jardins embuissonnés de ronces & de roses! paysages de France, étonnés des pins de l'Italie! villages égayés de noces & de carrosses, de cérémonies, de toilettes & de fêtes, étourdis de violons & de flûtes qui mènent à un temple jésuite l'hymen de la Nature & de l'Opéra! scène agreste au rideau vert, à la rampe de fleurs, où monte la Comédie Française, où gambade la Comédie Italienne!

Alerte, pour égayer le printemps en costume de bal, le ciel & la terre de Watteau, alerte, les *Gelosi!* Un rire bergamasque sera le rire & l'entrain & l'action & le mouvement du poëme. Voilà qu'elle court & qu'elle éveille la gaieté, les zéphirs & le bruit, la Folie encapuchonnée de grelots sonnants! Fraises & bonnets, buffles & dagues, petites vestes & courts manteaux, vont & viennent. La troupe des bouffons est accourue, amenant sous les ombrages le carnaval des passions humaines & l'arc-en-ciel de ses habits. Famille bariolée, vêtue de soleil & de soie rayée! celui-ci qui se masque avec la nuit! celui-là qui se farde avec la lune! Arlequin, gracieusé comme un trait de plume du Parmesan! Pierrot, les bras au corps, droit comme un I! & les Tartaglias, & les Scapins, & les Cassandres, & les Docteurs, & le favori Mezzetin «le gros brun au visage riant» toujours au premier plan, la toque fuyant du front, zébré du haut en bas, fier comme un dieu & gras comme un Silène! C'est la Comédie Italienne qui tient la gui-

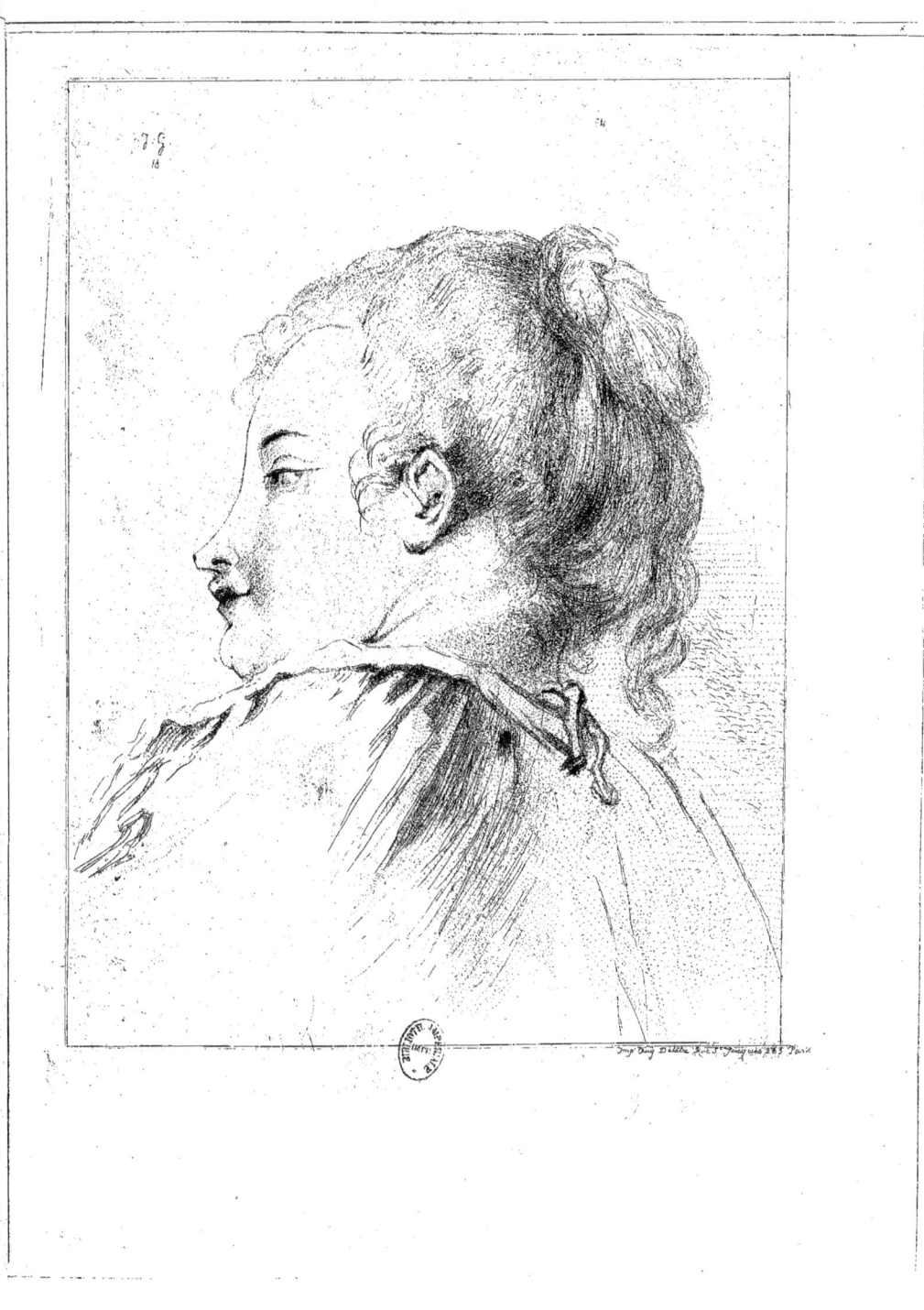

tare dans tous ces payſages. Bien campée & le nez au vent, c'eſt la Comédie Italienne qui sème glorieuſement au bord des ſources, à la marge des forêts, dans les clairières, les doux accents :

« Enfants d'une bouche vermeille. »

C'eſt le duo de Gilles & de Colombine qui eſt la muſique & la chanſon de la Comédie de Watteau.

Comme cette mode d'Italie, étincelante & bizarre, ſe marie heureuſement à la mode françaiſe du dix-huitième ſiècle enfant ! Et quelle mode adorable naît de ces modes alliées & brouillées : la mode de Watteau ! une mode d'aventure & de liberté, errante & bénie, qui attrape le neuf, le piquant, le provoquant ; des ciſeaux enchantés qui trouvent en ſe jouant la négligence & la parure, l'abandon du matin, & le bel habillé des après-midi ; ciſeaux de fée dotant le temps qui viendra des patrons des Mille & une Nuits, madame de Pompadour, du *négligé* qu'elle baptiſera, les Bertins de l'avenir, de la fortune & du génie ! Ils couraient & coupaient en pleine volupté, en plein argent de ſatin, ne ménageant ni l'étoffe, ni l'œil des galants. Jolis retrouſſis de jupes, raviſſante rocaille des plis, étroits corſages, priſons friponnes, corbeilles de ſoie d'où ſe ſauvait la chair fleurie ! O ciſeaux enrubannés de Watteau, quelle juſte meſure vous aviez priſe aux Grâces ! & quel joli royaume de coquetterie vous tailliez dans le royaume embéguiné de la Maintenon !

Ce tailleur divin était un merveilleux utopiſte, un embelliſſeur de toutes choſes, le plus aimable & le plus déterminé menteur. Touche-t-il à la guerre ? Loin le ſang, le carnage, l'horreur & la terreur ! Vive la gloire parée pour l'Opéra ! vive le fracas des galons & des chamarrures, le bruit des couleurs & des uniformes, la guerre endimanchée qui paſſe, empliſſant de viſions ſonores les yeux des enfants ! & le coup de l'étrier de l'amour, l'eſpoir en croupe, les regrets qui ſe griſent, un choc de verres & de poignées de main, les mulets orgueilleux empanachés & chargés, les enfants de haſard au ſein des mères, les jeux de cartes, les cuiſines en plein vent, les petits marmitons blancs, les malles d'officiers ouvertes pour la toilette, les beautés deſcendues des charrettes, toutes fraîches & ſans rien de chiffonné à leurs coquets diadèmes de dentelles ; & tout le long du chemin de la mort, les élégances de la ville charroyées ſous la tente, des marches qui mènent dans les couliſſes les violons de Lérida, des la Tulipe pimpants, des Manons qui font les coquettes entre deux coups de canon, des caillettes qui ſautent dans la diſcipline à pieds joints, de beaux hommes qui ſe dandinent ſur un pied, les héroïſmes à plat ventre autour du chaudron qui bout, l'art de tuer à la buvette, la guerre du dix-huitième ſiècle, l'armée de Fontenoy & de Rosbach croquée dans ſon joli train & ſon allure déboutonnée !

Mais à quoi bon tirer ſon imagination du ſpectacle du monde, quand on peut inventer un monde & un poëme ? poëme unique & raviſſant, du loiſir qui ſe balance, des entretions & des chants du bel âge, de l'amufement paftoral & du paffe-temps affis ! poëme de paix & de tranquillité où le jeu de l'efcarpolette même fe meurt, la corde traînant fur le fable.... Thélème partout ! & partout Tempé ! Iles, îles enchantées, qu'un ruban de criftal fépare de la terre ! îles fans foin ni cure, où le Repos caufe avec l'Ombre ! promenades fans but & au petit pas; repos accoudé devant le repos des nuages & devant le repos de l'onde ! Champs-Elyfées du maître ! L'heure dort là-bas à l'horizon fous ce toit ruftique. Dans un lieu au hafard & fans place dans la carte de la terre, il eft une éternelle pareffe fous les arbres. La vue & la penfée s'y affoupiffent dans un lointain vague & perdu, comme ces barrières profondes & flottantes dont Titien ferme le monde & fes tableaux. Un Léthé roule le filence par ce pays d'oubli, peuplé de figures qui n'ont que des yeux & des bouches : une flamme & un fourire ! Sur les lèvres ouvertes voltigent des penfées & des mufiques, une poéfie femblable aux comédies d'amour de Shakefpeare; & les voilà à l'ombre toutes ces âmes vêtues de fatin, charmereffes baptifées, habillées par les poëtes : les Linda & les Gulboé, les Héro & les Rofaline, les Viola & les Olivia, toutes les reines du *Ce que vous voudrez*. Des marchandes de fleurs paffent doucement qui fleuriffent à la ronde les corfets & les bouquets de cheveux noués au haut de la tête. Rien de bruyant que des jeux d'enfants aux grands yeux noirs, fautant au pied des couples comme des oifeaux; jeux, enfants, fourires, petits génies, que le poëte jette au feuil de ce rêve & de cet enchantement : ne rien faire qu'écouter fon cœur & laiffer parler fon efprit, & laiffer venir les rafraîchiffements, & laiffer marcher le foleil, & laiffer le monde aller, & laiffer les petites filles tourmenter des chiens qui n'aboient pas.

Voilà l'Olympe & la mythologie nouvelle; l'Olympe de tous les demi-dieux oubliés par l'antiquité. Voilà la déification des idées du dix-huitième fiècle, l'âme du monde & du temps de Watteau amenée au panthéon des paffions & des modes humaines. Ce font les nouvelles humeurs de l'humanité vieilliffante, la Coquetterie, la Langueur, la Galanterie, la Rêverie que Watteau incarne en des allégories habillées, & qu'il accoude fur le *pulvinar* d'une nature divine; ce font les Mufes morales de nos âges qu'il fait déeffes en les faifant femmes, qu'il fait femmes en les faifant amoureufes.

L'Amour eft la lumière de ce monde. Il le pénètre & l'emplit. Il en eft la jeuneffe & la férénité; & paffez les fleuves & les monts, les promenades & les jardins, les lacs & les fontaines, le paradis de Watteau s'ouvre : c'eft Cythère. Sous un ciel peint des couleurs de l'été, la galère de Cléopâtre fe balance à la rive. L'onde eft morte. Le bois fe tait. De l'herbe au firmament, battant l'air fans haleine de leurs ailes de papillons, un effaim de Cupidons vole, vole, qui fe joue & danfe, nouant ici avec des rofes les couples nonchalants, nouant là-haut la ronde des baifers de la terre montés au ciel. Ici eft le temple, ici eft la fin de ce monde : « l'Amour paifible » du peintre, l'Amour défarmé, affis à l'ombre, que le poëte de Théos voulait graver fur une douce coupe du printemps; une Arcadie foucieufe; un Décaméron de fentiments; un recueillement tendre; des attentions au regard vague; des paroles qui bercent l'âme; une galanterie platonique, un loifir occupé du cœur, une oifiveté de jeune compagnie; une cour d'amoureufes penfées; la courtoifie émue & badine de jeunes mariés penchés fur le bras qu'ils fe donnent; des yeux fans fièvre, des enlacements fans impatience, des défirs fans appétits, des voluptés fans défirs, des audaces de geftes réglées pour le fpectacle comme un ballet, & des défenfes tranquilles & dédaigneufes de hâte en leur fécurité; le roman du corps & de la tête apaifé, pacifié, reffufcité, bienheureux; une pareffe de paffion dont rient d'un rire de bouc les fatyres de pierre embufqués dans les couliffes vertes..... Adieu les bacchanales que menait Gillot, ce dernier païen de la Renaiffance, né des libations de la Pléiade aux dieux agreftes d'Arcueil! Adieu l'Olympe du *Io Pæan*, les chalumeaux enroués & les Dieux chèvre-pieds, le rire du *Cyclope* d'Euripide & de l'*evohe* de Ronfard; les licencieux triomphes, les Joies couronnées de lierre,

> « Et la libre cadence
> De leur danfe. »

Ces dieux s'en font allés, & Rubens, qui revit dans cette palette de chair rofe & blonde, erre dépayfé dans ces fêtes où fe tait l'émeute des fens, — caprices animés qui femblent attendre un coup de baguette pour perdre leurs corps & difparaître dans la patrie du caprice comme un fonge d'une nuit d'été! C'eft Cythère; mais c'eft la Cythère de Watteau. C'eft l'amour; mais c'eft l'amour à propos & non autour de la femme, l'amour poëte, l'amour qui fonge & qui penfe, l'amour moderne, avec fes afpirations, & fa couronne de mélancolie.

Oui, au fond de cette œuvre de Watteau, je ne fais quelle lente & vague harmonie murmure derrière les paroles rieufes; je ne fais quelle trifteffe muficale & doucement contagieufe eft répandue dans ces fêtes galantes. Pareille à la féduction de Venife, je ne fais quelle poéfie voilée & foupirante y entretient à voix baffe l'efprit charmé. L'homme paffe au travers de fon œuvre; & cette œuvre, vous venez à la regarder comme le jeu & la diftraction d'une penfée fouffrante, comme les jouets d'un enfant malade & qui eft mort.

L'homme, — un portrait vous le dira. Le voilà jeune, pris au vif: un mafque inquiet, maigre & nerveux, le fourcil arqué & fébrile, l'œil noir, grand, remuant, le nez long, décharné, la bouche trifte, sèche, aiguë de contour, & des ailes du nez aux coins des lèvres un grand pli de chair tiraillant la face. Et de portraits en portraits, comme d'années en années, vous le verrez aller maigriffant & mélancolique, fes longs doigts perdus dans fes amples manchettes, fon habit pliffé fur fa poitrine offeufe, vieillard à trente ans, ne gardant, les yeux enfoncés, la bouche ferrée, le vifage anguleux, que fon beau front refpecté des longues boucles d'une perruque à la Louis XIV.

Ou plutôt ouvrons fon œuvre: *Lorgneur* ou *Flûteur*, — c'eft lui. Son regard négligent pofe fur le couple enlacé qu'il amufe de mufique. Il laiffe aller le bruit qu'il fait. L'œil muet, il accompagne les embraffades, écoutant aimer, verfant les férénades, infoucieux, indifférent & morose, rongé d'ennui, comme un violon de noces las des fêtes qu'il mène, & sourd à son violon qui chante.

Du grand peintre français, que reste-t-il, qui le raconte ? Quatre pages de d'Argenville, & les anecdotes d'un catalogue d'estampes. Quel espoir nous était cette phrase de Caylus en tête de l'éloge de Le Moyne adressée à l'Académie : « Je crois vous avoir suffisamment expliqué dans la vie de Watteau…… » Mais les éditeurs des *Mémoires de l'Académie* avaient retourné tous les manuscrits de l'Académie des Beaux-arts; la précieuse vie de Watteau manquait. Qu'ils se réjouissent avec tous les amis de Watteau, & avec nous. L'autre jour, chez un libraire, le hasard nous a mis la main sur un manuscrit contenant cette infiniment précieuse vie d'Antoine Watteau par M. de Caylus, certifiée par le secrétaire de l'Académie Lépicié. C'est cette vie que nous donnons ici textuellement & intégralement pour la première fois au public, protestant d'avance contre les sévérités & les préjugés de l'ancien ami du peintre.

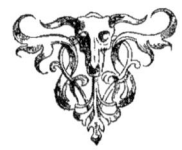

LA VIE

D'ANTOINE WATEAU

PEINTRE DE FIGURES ET DE PAYSAGES

SUJETS GALANTS ET MODERNES,

PAR M. LE COMTE DE CAYLUS, AMATEUR (1).

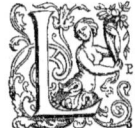OIN de blamer ceux qui ont ecrit avant moi la vie d'Antoine Wateau (2), je leur sçais au contraire bon gré des sentiments d'amitié & de reconnoissance qui les ont fait agir. Il me paroit seulement qu'ils ont un peu trop accordé a la louange.

La vie d'un homme qui a merité dans la memoire des autres, doit, ce me semble, presenter egalement l'exemple a suivre & l'exemple a eviter. Ainsi je crois que dans ces sortes d'ouvrages les éloges & les critiques devroient etre dispensés dans un esprit d'équité; & qu'enfin les uns & les autres devroient toujours etre placés dans la vue de l'avancement de l'art.

(1) Lue à l'Académie royale de peinture & de sculpture le 3 février 1748.

(2) L'orthographe contemporaine s'accorde géné-
ralement à ne donner qu'un t à Watteau, quoique Watteau ait signé le plus souvent avec deux t.

Pour moi, Messieurs, je regarde la vie des artistes comme un tableau que la sincerité doit tracer aux peintres presents & a venir, dans la vue de leur presenter sans cesse la louange & le blâme sous une forme aussi vive que celle de l'action, dont aucune espece de recit ne peut approcher, & sans doute pour engager dans tous les tems les plus grands maîtres a redouter ces especes de tribunaux que cette même sincerité & surtout l'amour de l'art doivent élever. J'espere que vous serés de mon sentiment, Messieurs, vous qui concourrés avec tant de zèle au progrès de la Peinture ainsi qu'a l'honneur de l'Academie.

Au reste je crois que cette sincérité, en toutes choses si recommandable, doit eloigner celui qui la professe de toute prevention, autant qu'il est possible a l'homme de ne pas y succomber. Cette impartialité doit le conduire a une saine reflexion, toujours la baze du gout le plus vrai. Elle doit lui rappeler que l'excès du blâme ou de l'approbation revolte egalement les caracteres les plus dociles & les plus doux. Elle doit enfin lui faire garder ce juste milieu si nécessaire a la persuasion. Je ferai d'autant plus volontiers mes efforts pour ne me pas ecarter de ce point, qu'il me paroit indispensable dans un examen qui doit contribuer surtout a l'instruction des jeunes peintres.

C'est dans cet esprit que je vais joindre les evenements de la vie de Wateau a mes reflexions, sur sa maniere, son faire; enfin, sur tout ce qu'on appelle procedés, par rapport a l'art. Je blamerai comme je louerai, sans avoir a me reprocher de blesser le tendre souvenir que je conserve a Wateau, l'amitié que j'ai eu pour lui & la reconnoissance que je lui garderai toute ma vie de m'avoir decouvert autant qu'il lui a été possible, les finesses de son art. Mais je me souviendrai toujours que dans le cas ou je me trouve, on doit plus aimer l'art que l'artiste. Enfin, connoissant tout l'effort necessaire a la nature, pour la production d'un grand peintre d'histoire, je n'imiterai point l'enthousiasme de ceux qui mettent les auteurs de quelques nouvelles Espagnoles & de quelques petites pieces donnees aux Italiens, en comparaison avec M. de Thou ou avec Pierre Corneille.

Antoine Wateau naquit a Valenciennes en 1684 (1). Il étoit fils d'un couvreur. La naissance n'est considérable aux yeux des philosophes & des artistes que par rapport au secours qu'elle peut fournir a l'éducation, mais quand elle est de l'espece de celle-ci elle donne une preuve convaincante du génie & du don que la nature a fait.

Cette preuve se trouve encore augmentée ici par la dureté qui étoit le caractère dominant du pere dont Wateau dépendoit. Ce fut avec peine qu'il se résolut de mettre ce fils, a qui la nature inspiroit deja le desir de l'imiter, chez un peintre de sa même ville. Ce qu'il fit chez ce peintre ne nous est pas connu & nous ne devons pas le regretter : car je crois me souvenir

---

(1) Nougaret, dans ses Anecdotes de Beaux-Arts, met en note : « Le manuscrit de M. de S*** dit en 1686. » — M. de S*** avoit été trompé. Voici l'extrait de baptême de Watteau tel que M. Dinaux l'a copié sur les registres de la paroisse Saint-Jacques de Valenciennes : « Le 10 octobre 1684, fut baptizé Jean-Antoine, fils légitime de Jean-Philippe Wateau & de Michelle Lardenois, sa femme. — Signé : le parin, Jean-Antoine Baiche. La marène, Anne Maillion.

que ce maitre ne peignit qu'a la toife, ou du moins il s'en falloit fi peu que cela ne vaut pas la peine d'être difcuté.

Quoi qu'il en foit le pere ne voulut pas fournir longtems aux frais de cette education. Non qu'il fut en etat de la trouver peu profitable du coté de l'art, mais parce qu'il vouloit forcer fon fils a embraffer fa même profeffion (1). Wateau avoit des idées plus elevées ou du moins la peinture fe le deftinoit : ainfi pluftot que de fe ranger a la profeffion de fon pere, il le quitta & vint a Paris (2), dans l'equipage qu'on peut s'imaginer, pour cultiver une Mufe qu'il cheriffoit fans trop la connoitre.

Peu fcavant & fans fecours, le Pont Notre-Dame fut une reffource qu'il fut trop heureux de trouver (3). Cette trifle manufacture de copies a la centieme generation faites avec des couleurs crues & mifes a plat, plus ennemie du gout que l'enluminure qui du moins conferve le formes de l'eftampe, ne lui convenoit gueres avec le fentiment dont la nature lui avoit donnés germe. Mais a quoi ne nous reduit pas la neceffité? Pour vous donner une idée du talent & de la difpofition qui lui etoient naturels, je vous rapporterai le trait fuivant.

Il travailloit depuis quelque tems chez le marchand de cette efpece de tableaux, auquel le hazard l'avoit adreffé, lorfque la peinture qui aide a foutenir les adverfités par l'imagination & confequemment par la gaieté dont elle fcait quelquefois les affaifonner, lui fit faire une plaifanterie qui le confola du moins pour le moment de l'ennui de faire toujours la même figure. Il etoit a la journée & fur le midi, il n'etoit point encore venu demander ce qu'on appelloit l'original. Car la maitreffe avoit grand foin de l'enfermer tous les foirs. Elle s'apperçut de fa ne-

---

(1) Le goût qu'il eut pour l'art de la peinture fe déclara dès fa plus tendre jeuneffe; il profitoit dans ce tems de fes moments de liberté pour aller deffiner fur la place les différentes scènes comiques que donnoient ordinairement au public les marchands d'orviétan & les charlatans qui courent le pays. (Catalogue raifonné des diverfes curiofités du cabinet de feu M. Quentin de Lorangère, par Gerfaint, 1744.)

(2) Son premier maître à Paris fut Métayer, peintre médiocre, qu'il quitta bientôt faute d'ouvrage. (Catalogue de Lorangère.)

(3) On débitoit dans ce tems-là beaucoup de petits portraits & de fujets de dévotion aux marchands de province, qui les achetoient à la douzaine ou à la groffe. Le peintre chez lequel il venoit d'entrer étoit le plus achalandé pour cette forte de peinture, dont il faifoit un débit confidérable. Il avoit quelquefois une douzaine de miférables élèves qu'il occupoit comme des manœuvres; le feul mérite qu'il exigeoit de fes compagnons étoit la prompte exécution. Chacun y avoit fon emploi; les uns faifoient les ciels, les autres faifoient les têtes; ceux-ci les draperies, ceux-là pofoient les blancs; enfin le tableau fe trouvoit fini quand il pouvoit parvenir entre les mains du dernier.

Wateau ne fut alors occupé qu'à ces ouvrages médiocres, il fut cependant diftingué des autres, parce qu'il fe trouva propre à tout, & en même temps d'expédition. Il répétoit fouvent les mêmes fujets : il avoit furtout le talent de rendre fi bien fon faint Nicolas, qui eft un faint que l'on demandoit fouvent, qu'on le réfervoit particulièrement pour lui. « Je fçavois, me dit-il un jour, mon faint Nicolas par cœur, & je me paffois d'original. »

Il s'ennuyoit de ce travail défagréable & infructueux, mais il falloit vivre. Quoique occupé toute la femaine, il ne recevoit que trois livres le famedi, &, par une efpèce de charité, on lui donnoit de la foupe tous les jours. (Catalogue de Lorangère.)

gligence, elle l'appela. Elle cria plufieurs fois toujours inutilement, pour le faire defcendre du grenier, ou depuis le matin il travailloit & ou en effet il avoit fini de memoire l'original en queftion. Quand elle eut bien crié, il defcendit & d'un grand sang froid, accompagné d'un air doux qui lui etoit naturel, il le lui demanda, pour y placer, dit-il, les lunettes; car c'etoit je crois une vieille d'apres Gerard Douw qui confulte fes regiftres & cette compofition etoit alors en regne dans ce genre de marchandife.

Je ne rapporte ces details que pour faire fentir les difficultés, les peines & les defagremens qu'il a eu a foutenir pour faire eclore fon genie, & pour vous reprefenter que fi la nature nous en a donné, il profite de tout, rien ne l'altere, tout avec lui fe tourne en nourriture. On voit bien ici la preuve de cette verité dans Wateau. Loin de fe rebuter d'un exercice fi miferable il redoubla d'efforts pour s'elever au deffus. Tous les momens de liberté dont il pouvoit jouir, les fetes, les nuits même, il les emploioit a deffiner d'apres nature. Exemple qu'on ne fcauroit trop propofer à la jeuneffe : exemple fort beau fur le papier, diront les pareffeux & qu'il eft vrai que l'amour de l'art peut feul infpirer. Quoi qu'il en foit ces etudes continuelles ne fe font jamais fans fruit & fans augmenter la difpofition naturelle. Auffi nous avons peu vu de pareilles ferveurs de travail n'avoir point un fucces marqué.

Avec ce fonds d'etude & cet excès d'application, il fe mit en etat de fortir de la trifte occupation à laquelle il etoit reduit. Il fit la rencontre de Gillot (1), qui vers ce temps fut agreé en cette academie. Ce peintre apres avoir executé des bacchanales, plufieurs idées fantaftiques, de l'ornement, des chofes de mode, & même de l'hiftoire, s'etoit alors renfermé a reprefenter des fujets de la comedie Italienne. Cette rencontre fut une veritable fortune pour Wateau. Ce genre de compofition determina abfolument fon gout, & les tableaux de fon nouveau maitre lui ouvrirent les yeux fur plufieurs parties de la peinture dont il ne faifoit encore que fe douter.

Un rapport de gout, de caractere & d'humeur produifit d'abord l'intimité du maitre & de l'eleve. Mais ce même rapport, joint aux talens qui fe developpoient chaque jour dans le dernier, les empecha de vivre long tems enfemble. Ils fe quiterent mal, & toute la reconnoiffance que Wateau ait pu temoigner a fon maitre pendant le refte de fa vie, s'eft bornée a un profond filence. Il n'aimoit pas même qu'on lui demandat des details fur leur liaifon & fur leur rupture; car pour fes ouvrages il les vantoit & ne laiffoit point ignorer les obligations qu'il lui avoit.

D'un autre coté, foit que Gillot en eut agi par le motif d'une jaloufie que bien des gens lui ont attribuée, foit qu'a la fin il fe rendit juftice, & convint que fon eleve l'avoit furpaffé, il quita la peinture, & fe livra au deffein & a la gravure a l'eau-forte dans laquelle il fera a jamais celebre par l'intelligence & l'agrement de la compofition, avec lesquelles il a reprefenté la plus grande partie des Fables de la Motte.

(1) Gillot ayant vu quelques deffins & tableaux de la main de Watteau qui lui plurent l'invita à venir demeurer avec lui. (Abrégé de la vie d'Antoine Watteau, par M. de Julienne, en tête du volume d'eaux-fortes d'après les deffins de Watteau.)

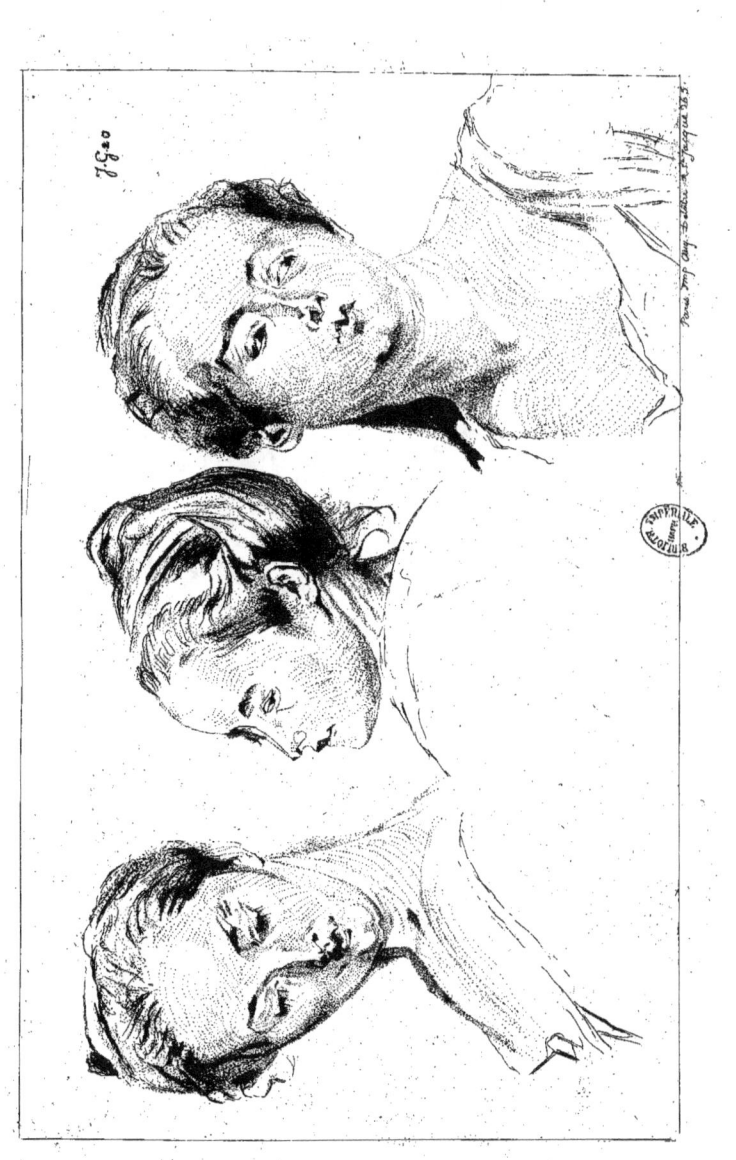

Le talent de Wateau commençoit a percer, foiblement a la verité, cependant il avoit besoin d'être encore éclairé. Il trouva les lumières dont il avoit besoin. En sortant de chez Gillot, il fut accueilli par Claude Audran, concierge du Luxembourg. C'etoit un galant homme, qui dessinoit & peignoit lui même tres bien l'ornement & qui dans cette partie soutenoit le nom d'une famille qui a produit un grand nombre d'habiles gens a votre Academie.

Ce galant homme avoit donc un gout naturel. Il avoit etudié principalement les ornemens, tels qu'ils avoient été emploïés par Raphael au Vatican & par ses eleves, en divers endroits; comme aussi par le Primatice a Fontainebleau. Il avoit remis ces compositions en honneur ; & avoit fait oublier le gout lourd & assommant de ses predecesseurs dans ce talent. Elles etoient susceptibles par les places qu'il y reservoit, de recevoir diferens sujets de figures & autres, a la volonté des particuliers qu'il avait sçu mettre dans le gout d'en faire décorer leurs platfonds & leurs lambris, en sorte que plusieurs artistes de divers genres y trouvoient de l'emploi.

Ce fut la que Wateau forma son gout pour l'ornement; & qu'il acquit une legereté de pinceau qu'exigent les fonds blancs ou les fonds dorés sur lesquels Audran faisoit exécuter ses ouvrages. On en peut voir de tres bien entendus a la ménagerie de Versailles, & de tres beaux platfonds de son ordonnance au chateau de Meudon.

Mais c'est a regret, je l'avoue, que j'en fais une sorte d'éloge; puisque ce genre a non seulement fait détruire les platfonds des appartemens que les plus habiles peintres avoient exécutés; mais que ce changement de mode, auquel les ornemens de platre ont succedés, vous prive encore tous les jours d'une occupation qui vous permettoit d'emploïer votre talent dans le grand & dans le héroique.

Je reviens a Wateau. Ce fut alors qu'habitant le palais du Luxembourg, il copioit & etudioit avec avidité les plus beaux ouvrages de Rubens. Ce fut encore la qu'il dessinoit sans cesse les arbres de ce beau jardin, qui brût, & moins peigné que ceux des autres maisons roiales, lui fournissoit des points de vue infinis; & que les seuls paisagistes trouvent avec tant de varieté dans le même lieu, tantôt par la diférence des aspects & des endroits ou ils se placent; tantôt par la réunion de plusieurs parties éloignées; tantôt enfin par les diférences que le soleil du soir ou du matin apporte dans les mêmes places & sur les mêmes terrains.

Jusques ici nous ne voïons qu'un jeune homme, sans secours, qui cherche a perfectionner son talent, qui s'applique & qui est lui-même l'artisan de sa reputation, ainsi que le conducteur de ses études. Dans la suite nous allons voir ce même talent développé; mais au milieu d'une vie agitée par l'inconstance & par le dégout que Wateau avoit de lui même & de tous les hommes.

Il sortit de chez Audran (1) apres avoir acquis les parties de la peinture dont je viens de

---

(1) Watteau cependant, qui ne vouloit pas en demeurer là, ni passer sa vie à travailler pour autrui, & qui se sentoit en état d'imaginer, hazarda un tableau de genre qui représente un départ de troupes & qu'il fit à ses temps perdus : il le montra au sieur Audran pour lui en demander son avis. Ce tableau est un de ceux que Cochin le père a gravés. Le sieur Audran, habile homme & en état de juger d'une belle

vous donner l'idée par le détail de ses études. Il les mit si bien en pratique qu'il abandonna tout a fait la manière de Gillot. Il fit des marches & des repos de soldats, d'un faire absolument opposé a celui de ce maître; & ces premiers tableaux ont peut être égalé ce qu'il a fait de plus beau dans la suite. On y voit en effet de la couleur, de l'harmonie, des têtes fines & pleines d'esprit, & un pinceau qui conserve le gout de son dessein, prononcé jusque dans les extrémités & les draperies, & dans tout ce qu'il veut exprimer.

Au reste, je ne puis me résoudre a attribuer a son inconstance sa séparation avec Audran. Wateau sentoit ses forces. Il avoit de l'esprit, & n'etoit point la dupe de celui de son second maitre, qui en avoit autant que de connoissance du monde; & qui bien aise de le retenir chez lui pour son propre interêt, vouloit le dégouter de tout autre travail que de celui dont il le chargeoit.

Cependant pour quiter un homme qui l'avoit comblé d'égards & d'attentions, & résister aux offres & aux instances qu'il lui faisoit pour le retenir, il autorisa sa séparation d'un voïage a Valenciennes, qu'il fit en effet. Je ne l'ai jamais regardé comme un prétexte. Wateau etoit trop entier dans ses volontés pour en emploïer. Car enfin quoi de plus naturel que de retourner dans son pais, d'y reparoitre avec des talens, de contredire si honorablement & par des preuves incontestables ceux qui avoient traversé ses dispositions & de se montrer plus habile que son premier maitre?

Voila bien des raisons pour le porter a ce départ. Elles ont sans doute existé. Elles lui ont procuré les plaisirs qu'il se promettoit. Mais indépendamment de la courte durée dont etoit toute espèce de satisfaction dans la tête de Wateau, tous les talens qui émanent de l'esprit ont un égal besoin, tant pour leur avancement que pour leur soutien, de la critique, de l'émulation, de la communication des ouvrages & des artistes. En un mot leurs productions ne sont faites

chose, fut effrayé du mérite qu'il reconnut dans ce tableau, mais la crainte de perdre un sujet qui lui étoit utile, & sur lequel il se reposoit assez souvent pour l'arrangement & même pour la composition des morceaux qu'il avoit à exécuter, lui conseilla légèrement de ne point passer son temps à ces sortes de pièces libres & de fantaisie, qui ne pourroient que lui faire perdre le gout dans lequel il donnoit. Watteau n'en fut point la dupe; le parti ferme qu'il avoit pris de sortir, joint à un petit desir de revoir Valenciennes le determinerent totalement. Le pretexte d'aller voir ses parents lui servit de moyen honnête : mais comment faire? L'argent lui manquoit & son tableau devenoit son unique ressource : il ignoroit comment il falloit s'y prendre pour s'en procurer le débit. Dans cette occasion il eut recours à M. Spoude actuellement vivant,

peintre à peu près des mêmes cantons que lui, & son ami particulier : le hazard conduisit M. Spoude chez le sieur Sirois mon beau-père à qui il lui montra ce tableau, le prix étoit fixé à 60 livres & le marché fut conclu sur le champ. Watteau vint recevoir son argent; il partit gayement pour Valenciennes comme cet ancien sage de la Grèce; c'étoit là toute sa fortune & surement il ne s'etoit jamais vu si riche. Ce marché fut l'origine de la liaison que feu mon beau-père a toujours eu avec lui jusqu'à sa mort, & il fut si satisfait de ce tableau qu'il le pria instamment d'en faire le pendant qu'il lui envoya effectivement de Valenciennes : c'est le second morceau que le sieur Cochin a gravé, il représente une alte d'armée; le tout en etoit d'apres nature, il en demanda 200 livres qui lui furent données. (Catalogue de Lorangère.)

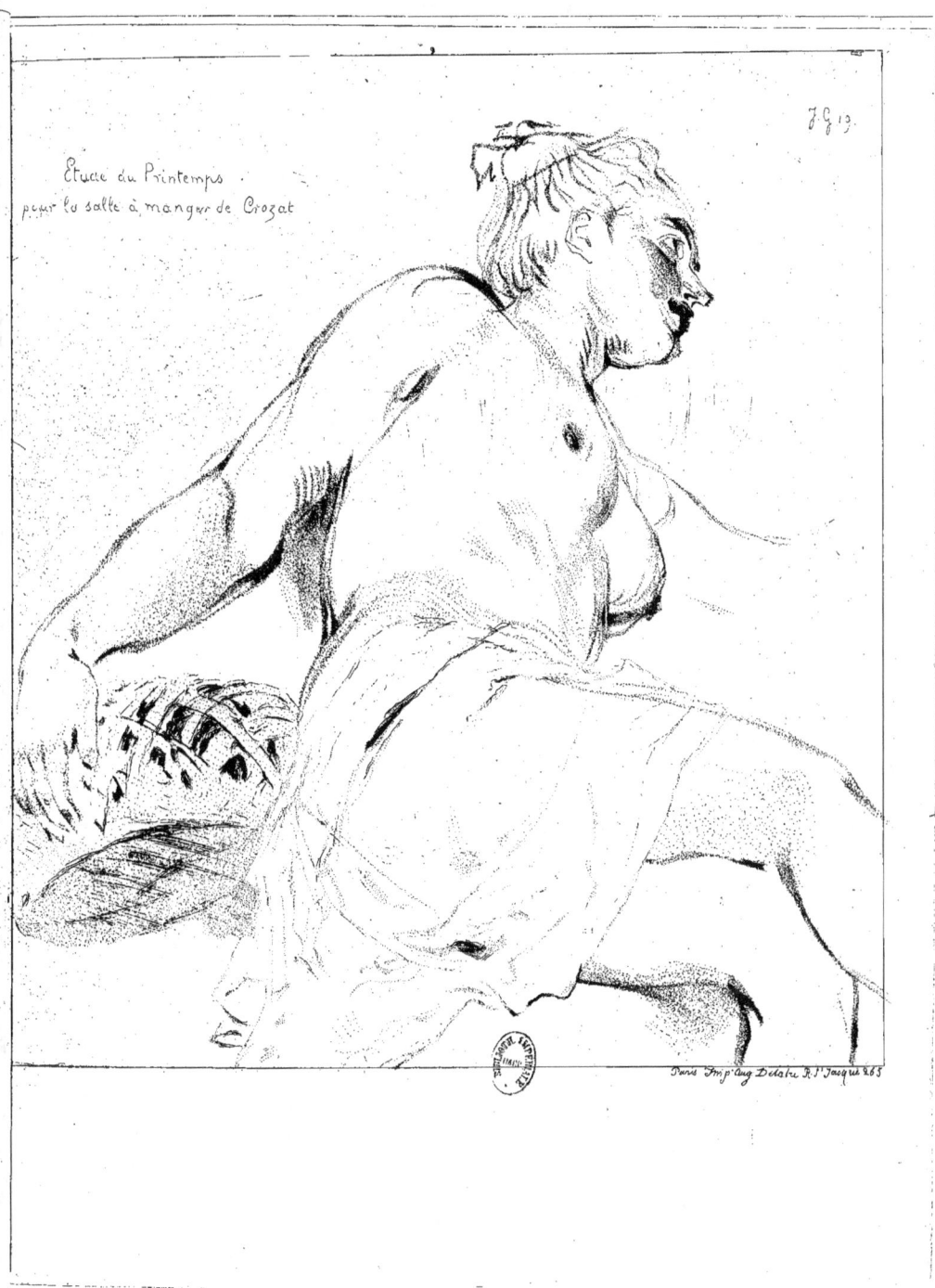

que pour être vues & jugées, & Wateau ne trouvoit rien de tout cela a Valenciennes. C'etoit une forte raison pour en sortir.

Il quitta donc sa patrie (il n'y fit pas un long séjour), & revint a Paris. Le désir d'aller a Rome & de profiter du bel établissement que Louis XIV y a fait pour le progrès des arts & des eleves, l'engagea quelque tems après a se mettre sur les rangs pour disputer le prix de votre école. Il gagna le second en l'année 1709 (1), mais ne fut point admis pour le voïage : il fallut donc se contenter de poursuivre ses études a Paris, ce qu'il fit sans renoncer a ce projet.

En 1712, il vous présenta dans cette vue quelques uns des tableaux de sa manière, fort supérieurs a celui qui lui avoit fait mériter le prix. Un talent formé & très distingué, l'inutilité du voïage qu'il sollicitoit, furent des motifs pour engager l'Académie a l'agréer. Il le fut avec d'autant plus de distinction que M. De la Fosse, ce galant homme par lui même, si recommandable par plusieurs parties de la peinture dans lesquelles il a excellé, appuia sur son mérite, le fit valoir ; &, sans le connoître que par ses ouvrages, s'interessa vivement pour lui (2).

(1) Sur le sujet de David accordant à Abigail le pardon de Nabad. Le premier prix avoit été décerné à Antoine Grison.

(2) La façon singulière avec laquelle il fut reçu à l'Académie royale de peinture & de sculpture est fort honorable ; il eut quelque envie d'aller à Rome pour y etudier d'après les grands maîtres, surtout d'après les Vénitiens, dont il aimoit beaucoup le coloris & la composition. Il n'etoit point en etat de faire sans secours ce voyage : c'est pourquoi il voulut solliciter la pension du roi ; & pour en venir a bout, il prit un jour la résolution de faire porter a l'Academie les deux tableaux, qu'il avoit vendus a mon beau-père, pour tacher d'obtenir cette pension. Il part sans autres amis ni protection que ses ouvrages & les fait exposer dans la salle par ou passent ordinairement Messieurs de l'Academie de Peinture & de Sculpture qui tous jettent les yeux dessus, & en admirent le travail sans en connoître l'auteur. M. de la Fosse, celebre peintre de ce tems la, s'y arreta meme plus que les autres & étonné de voir deux morceaux si bien peints il entra dans la salle de l'Académie & s'informa par qui ils avoient été faits. Ces tableaux avoient un coloris vigoureux & un certain accord qui les faisoit croire de quelqu'ancien maître ; on lui répondit que c'etoit l'ouvrage d'un jeune homme qui venoit supplier ces Messieurs de vouloir bien interceder pour lui, afin de lui faire obtenir la pension du roi pour aller etudier en Italie. M. de la Fosse surpris, donne ordre qu'on fasse entrer ce jeune homme. Watteau paroit : sa figure n'etoit point imposante ; il explique modestement le sujet de sa demarche, & prie avec instance qu'on veuille bien lui accorder la grace qu'il demande, s'il a assez de bonheur pour en etre digne. Mon ami, lui répond avec douceur M. de la Fosse, vous ignorez vos talents & vous vous mefiez de vos forces ; croyez-moi, vous en sçavez plus que nous, nous vous trouvons capable d'honorer notre Academie ; faites les démarches necessaires, nous vous regardons comme un des notres. Il se retira, fit ses visites & fut agreé aussitot. Cat. de Lorangère. — Voici le procès-verbal d'admission qu'a donné l'Histoire des Peintres, d'après les registres de l'Académie : « ..... L'Académie après avoir pris les suffrages en la manière accoutumée, elle a reçu le dit sieur Watteau académicien, pour jouir des privileges attachés à cette qualité, & qu'il a promis, en pretant serment entre les mains de M. Coypel ecuyer, premier peintre du roi & de S. A. R. Monseigneur le duc d'Orléans, président, etant a l'assemblée. Quant au present pecuniaire, il a été modéré à la somme de 100 livres. »

C'est ainsi que la verité doit agir dans les déliberations de l'Académie, sans faire acception, ou donner d'exclusion par aucunes vues particulières. La prévention pour ou contre les personnes, & par rapport a leurs liaisons est un inconvenient redoutable. Le talent seul nous doit décider, & le talent seul doit donner la couleur a nos fèves. Ce fut quelque tems après cette justice que l'Académie rendit a Wateau que je fis connoissance avec lui.

Cependant l'honneur que vous lui aviés fait, sa manière nouvelle & pleine d'agrémens, lui attirèrent bientôt plus d'ouvrages qu'il n'en vouloit & qu'il n'en pouvoit faire. Il ne tarda pas en même tems d'éprouver l'importunité que les talens marqués causent souvent dans les grandes villes, ou les demi-connoisseurs & les desœuvrés abondent & s'empressent a s'introduire dans les cabinets & dans les ateliers. Et pourquoi faire? Pour y déraisonner sans cesse & pour troubler & intervertir ces méditations & ces recherches qui seules font le bon ouvrage. Le mieux qui leur puisse arriver est de louer mal. Car la louange en face est leur grand rôle. Quel tourment, quel ennui pour un homme d'art de voir arriver & s'établir chez lui de pareils personnages sans pouvoir s'en défaire! Car ils sont tenaces, & aussi ardens a se produire que difficiles a congédier.

Leur foule est ordinairement suivie de ces brocanteurs, soi disans curieux, qui scavent faire paier, aux peintres faciles dans leur talent, une espèce d'usage du monde qu'ils ont quelquefois cruellement acquis. Ils s'emparent des esquisses, se font donner les études; & qui pis est proposent la retouche des croutes qu'ils amassent en pile; le tout pour avoir un tableau complet d'un maitre qui ne leur coute rien ou du moins peu de chose. Il n'est sorte de souplesses qu'ils n'emploient pour parvenir a ce but.

Wateau en fut assailli vivement. Il déméloit aisément ces deux genres d'importuns, & les connoissoit a merveilles; &, comme il étoit né caustique, il s'en vengeoit en peignant le caractère & le manége de ceux dont il étoit le plus obsédé. Il n'en etoit pas moins leur dupe dans le détail. D'ailleurs cette peinture vive qu'il en scavoit faire, ne le consoloit point de l'ennui dont a la longue ils finissoient par l'accabler. Je l'en ai souvent vu peiné au point de vouloir tout quiter.

Il semble que les succès brillans qu'il eut dans le public auroient du assés flater son amour-propre pour le mettre au dessus de ces petits incidens. Mais il étoit fait de manière a se dégouter presque toujours de ce qu'il faisoit. Je crois qu'une des plus fortes raisons de ce dégout, avoit pour principe les grandes idées qu'il avoit de la Peinture. Car je puis assurer qu'il voioit l'art beaucoup au dessus de ce qu'il le pratiquoit. Cette disposition le rendoit en tout fort peu prévenu pour ses ouvrages. Le prix qu'il en retiroit ne le touchoit pas davantage, & étoit fort au dessous de ce qu'il auroit pu en retirer. C'est qu'il n'aimoit point l'argent, & qu'il n'y étoit nullement attaché. Ainsi il n'étoit pas même soutenu par cet amour du gain, si puissant sur tant d'autres. Je vais en rapporter un exemple, & qui vous prouvera son indifférence sur l'un & l'autre de ces points.

Un perruquier lui apporta une perruque naturelle, qui n'avoit rien de recommandable, mais dont cependant il fut enchanté. Elle lui parut le chef-d'œuvre de l'imitation de la nature. Certainement, ce n'étoit pas celui de la nature frizée; car je la vois d'ici dans toute sa longueur

que pour être vues & jugées, & Wateau ne trouvoit rien de tout cela a Valenciennes. C'etoit une forte raison pour en sortir.

Il quita donc sa patrie (il n'y fit pas un long séjour), & revint a Paris. Le désir d'aller a Rome & de profiter du bel établissement que Louis XIV y a fait pour le progrès des arts & des eleves, l'engagea quelque tems après a se mettre sur les rangs pour disputer le prix de votre école. Il gagna le second en l'année 1709 (1), mais ne fut point admis pour le voïage : il fallut donc se contenter de poursuivre ses études a Paris, ce qu'il fit sans renoncer a ce projet.

En 1712, il vous présenta dans cette vue quelques uns des tableaux de sa manière, fort supérieurs a celui qui lui avoit fait mériter le prix. Un talent formé & très distingué, l'inutilité du voïage qu'il sollicitoit, furent des motifs pour engager l'Académie a l'agréer. Il le fut avec d'autant plus de distinction que M. De la Fosse, ce galant homme par lui même, si recommandable par plusieurs parties de la peinture dans lesquelles il a excellé, appuïa sur son mérite, le fit valoir ; &, sans le connoître que par ses ouvrages, s'interessa vivement pour lui (2).

(1) Sur le sujet de David accordant à Abigail le pardon de Nabad. Le premier prix avoit été décerné à Antoine Grison.

(2) La façon singulière avec laquelle il fut reçu à l'Academie royale de peinture & de sculpture est fort honorable ; il eut quelque envie d'aller à Rome pour y etudier d'apres les grands maîtres, surtout d'apres les Vénitiens, dont il aimoit beaucoup le coloris & la composition. Il n'étoit point en etat de faire sans secours ce voyage : c'est pourquoi il voulut solliciter la pension du roi ; & pour en venir a bout, il prit un jour la résolution de faire porter a l'Academie les deux tableaux, qu'il avoit vendus a mon beau-pere, pour tacher d'obtenir cette pension. Il part sans autres amis ni protection que ses ouvrages & les fait exposer dans la salle par ou passent ordinairement Messieurs de l'Academie de Peinture & de Sculpture qui tous jettent les yeux dessus, & en admirent le travail sans en connoître l'auteur. M. de la Fosse, celebre peintre de ce tems la, s'y arreta meme plus que les autres & étonné de voir deux morceaux si bien peints il entra dans la salle de l'Academie & s'informa par qui ils avoient été faits. Ces tableaux avoient un coloris vigoureux & un certain accord qui les faisoit croire de quelqu'ancien maître ; on lui répondit que c'etoit l'ouvrage d'un jeune homme qui venoit supplier ces Messieurs de vouloir bien interceder pour lui, afin de lui faire obtenir la pension du roi pour aller etudier en Italie. M. de la Fosse surpris, donne ordre qu'on fasse entrer ce jeune homme. Watteau paroit : sa figure n'etoit point imposante ; il explique modestement le sujet de sa demarche, & prie avec instance qu'on veuille bien lui accorder la grace qu'il demande, s'il a assez de bonheur pour en etre digne. Mon ami, lui répond avec douceur M. de la Fosse, vous ignorez vos talents & vous vous mefiez de vos forces ; croyez-moi, vous en sçavez plus que nous, nous vous trouvons capable d'honorer notre Academie ; faites les démarches necessaires, nous vous regardons comme un des notres. Il se retira, fit ses visites & fut agréé aussitot. Cat. de Lorangère. — Voici le procès-verbal d'admission qu'a donné l'Histoire des Peintres, d'après les registres de l'Académie : « ..... L'Académie après avoir pris les suffrages en la manière accoutumée, elle a reçu le dit sieur Watteau académicien, pour jouir des privileges attachés à cette qualité, & qu'il a promis, en pretant serment entre les mains de M. Coypel ecuyer, premier peintre du roi & de S. A. R. Monseigneur le duc d'Orléans, président, etant a l'assemblée. Quant au present pecuniaire, il a été modéré à la somme de 100 livres. »

C'eſt ainſi que la verité doit agir dans les délibérations de l'Académie, ſans faire acception, ou donner d'excluſion par aucunes vues particulières. La prévention pour ou contre les perſonnes, & par rapport a leurs liaiſons eſt un inconvenient redoutable. Le talent ſeul nous doit décider, & le talent ſeul doit donner la couleur a nos fèves. Ce fut quelque tems après cette juſtice que l'Académie rendit a Wateau que je fis connoiſſance avec lui.

Cependant l'honneur que vous lui aviés fait, ſa manière nouvelle & pleine d'agrément, lui attirèrent bientôt plus d'ouvrages qu'il n'en vouloit & qu'il n'en pouvoit faire. Il ne tarda pas en même tems d'éprouver l'importunité que les talens marqués cauſent ſouvent dans les grandes villes, ou les demi-connoiſſeurs & les deſœuvrés abondent & s'empreſſent a s'introduire dans les cabinets & dans les ateliers. Et pourquoi faire? Pour y déraiſonner ſans ceſſe & pour troubler & intervertir ces méditations & ces recherches qui ſeules font le bon ouvrage. Le mieux qui leur puiſſe arriver eſt de louer mal. Car la louange en face eſt leur grand rôle. Quel tourment, quel ennui pour un homme d'art de voir arriver & s'établir chez lui de pareils perſonnages ſans pouvoir s'en défaire! Car ils ſont tenaces, & auſſi ardens a ſe produire que difficiles a congédier.

Leur foule eſt ordinairement ſuivie de ces brocanteurs, ſoi diſans curieux, qui ſcavent faire paier, aux peintres faciles dans leur talent, une eſpèce d'uſage du monde qu'ils ont quelquefois cruellement acquis. Ils s'emparent des eſquiſſes, ſe font donner les études; & qui pis eſt propoſent la retouche des croutes qu'ils amaſſent en pile; le tout pour avoir un tableau complet d'un maitre qui ne leur coute rien ou du moins peu de choſe. Il n'eſt ſorte de ſoupleſſes qu'ils n'emploient pour parvenir a ce but.

Wateau en fut aſſailli vivement. Il déméloit aiſément ces deux genres d'importuns, & les connoiſſoit a merveilles; &, comme il étoit né cauſtique, il s'en vengeoit en peignant le caractère & le manége de ceux dont il étoit le plus obſédé. Il n'en etoit pas moins leur dupe dans le détail. D'ailleurs cette peinture vive qu'il en ſcavoit faire, ne le conſoloit point de l'ennui dont a la longue ils finiſſoient par l'accabler. Je l'en ai ſouvent vu peiné au point de vouloir tout quiter.

Il ſemble que les ſuccès brillants qu'il eut dans le public auroient du aſſés flater ſon amour-propre pour le mettre au deſſus de ces petits incidens. Mais il étoit fait de manière a ſe dégouter preſque toujours de ce qu'il faiſoit. Je crois qu'une des plus fortes raiſons de ce dégout, avoit pour principe les grandes idées qu'il avoit de la Peinture. Car je puis aſſurer qu'il voioit l'art beaucoup au deſſus de ce qu'il le pratiquoit. Cette diſpoſition le rendoit en tout fort peu prévenu pour ſes ouvrages. Le prix qu'il en retiroit ne le touchoit pas davantage, & étoit fort au deſſous de ce qu'il auroit pu en retirer. C'eſt qu'il n'aimoit point l'argent, & qu'il n'y étoit nullement attaché. Ainſi il n'étoit pas même ſoutenu par cet amour du gain, ſi puiſſant ſur tant d'autres. Je vais en rapporter un exemple, & qui vous prouvera ſon indifférence ſur l'un & l'autre de ces points.

Un perruquier lui apporta une perruque naturelle, qui n'avoit rien de recommandable, mais dont cependant il fut enchanté. Elle lui parut le chef-d'œuvre de l'imitation de la nature. Certainement, ce n'étoit pas celui de la nature friſée; car je la vois d'ici dans toute ſa longueur

& toute sa platitude. Il en demanda le prix; mais le perruquier, plus fin que lui, l'assura qu'il seroit trop content s'il vouloit lui donner quelque chose de sa façon. Quelques etudes l'auroient satisfait, Wateau crut n'avoir jamais fait un si bon marché, & proportionnant son présent au bonheur de sa possession, il lui donna deux petits tableaux pendans, & peut-être des plus piquans qu'il ait fait. J'arrivai peu de tems après la conclusion de cette bonne affaire. En vérité il en avait du scrupule. Il vouloit encore faire un tableau pour le Perruquier, & ce fut avec peine que je rassurai sa conscience (1).

En même tems qu'il étoit né caustique, il étoit né timide, deux choses que la nature ne réunit pas ordinairement. Il avoit de l'esprit, & quoiqu'il n'eut point reçu d'éducation, il avoit de la finesse, & même de la délicatesse pour juger de la musique & de tous les ouvrages d'esprit. La lecture etoit son plus grand délassement. Il savoit mettre a profit ce qu'il avoit lu; & quoiqu'en général il démêlat & rendit a merveilles les ridicules de ceux qui venoient l'interrompre, je l'ai déja dit, il étoit faible, & se laissoit surprendre facilement.

Ce fut ce qui donna occasion a son avanture avec un Peintre en miniature que vous me dispenserés de vous nommer. Cet homme parloit assés bien, mais trop abondamment de la Peinture. Apparamment qu'il s'etoit contraint sur la parole le jour qu'il fut chez Wateau ou que celui-ci, pour racourcir l'importunité, n'avoit cherché qu'à s'en debarasser; car il sçut lui tirer un tableau, comme Patelin tire la pièce de drap de M. Guillaume.

Ce miniaturiste etoit si persuadé de son mérite, qu'il s'arrogeoit la perfection & la réussite des plus beaux ouvrages, par les conseils qu'il prétendoit avoir donné a leurs auteurs, & la façon dont il disoit les avoir conduits sur l'accord, l'harmonie & la disposition. Il ne s'adressoit pas mal pour se faire honneur. Car il choisissoit Messieurs de Troy, de Largillière & Rigaud, qui dans ce tems étoient dans toute leur force. J'etois jeune. Il ne se méfioit pas de moi. Il ignoroit même mon gout pour la Peinture. Un jour, avec la confiance & le faux enthousiasme d'un bavard, quand on lui donne audience, il parla pendant plus de deux heures des corrections qu'il avoit fait faire a ces grands hommes, & de la déférence qu'ils avoient pour la justesse de son gout. Je fus indigné de son orgueil & de sa suffisance; mais toute bonne qu'étoit la cause a défendre, je n'osai parler : je ne me sentis pas assez fort, & je ne voulus point ajouter ma défaite au triomphe que lui assuroient l'abondance de ses paroles & l'ignorance de ses auditeurs.

Quelques jours après causant avec Wateau sur le malheur des artistes, qui sont injustement déchirés, & qui souvent éprouvent la peine d'une mauvaise impression donnée aux sots & aux ignorans, qui composeront toujours le plus grand nombre, je lui fis le recit de la conversation que j'avois entendue & je lui en nommai l'auteur. Si je l'avois sçu d'un tel caractère, me dit-il,

---

(1) Gersaint dit : « ...... & son desintéressement étoit si grand, que plus d'une fois il s'est fâché vivement contre moi, pour lui avoir voulu donner un prix raisonnable de certaines choses que par générosité il refusoit. » (Cat. de Lorangère.)

je ne lui aurais pas donné un tableau ces jours ci. Alors il me conta tres plaisamment ce qui lui étoit arrivé avec ce même homme, bien réfolu d'en faire fon profit.

Au bout de quelque tems, il vint voir Wateau, le remercia du magnifique préfent qu'il lui avoit fait, l'éleva fort au deffus des plus grands ouvrages; & ajouta que cependant, après l'avoir examiné avec foin, il avoit remarqué plufieurs corrections qu'il y croïoit néceffaires. Wateau, intérieurement charmé de le voir s'enferrer de lui même, lui dit qu'il les feroit avec plaifir. L'autre repliqua que s'il vouloit les faire fous fes yeux, il le conduiroit. Wateau y confentit. Celui la, flatté d'une docilité dont il doutoit peut etre en arrivant, tira le tableau qu'il avoit apporté à tout hazard fous fon manteau; & Wateau, d'un grand fang froid, prit de l'huile d'afpic, & ne le fit pas attendre pour lui rendre la toile ou le bois d'une netteté charmante. Il voulut fe fâcher, mais Wateau lui parla ferme, & vengea par merveille les grands hommes dont il lui fit fentir la fupériorité; ajoutant qu'il ne lui convenoit pas d'en parler comme il faifoit.

Je ne crois pas qu'une fi bonne lecon l'ait corrigé; mais je fcais qu'il étoit affés connaiffeur, & affez attentif a fes interets pour avoir regretté toute fa vie la perte d'un morceau que l'auteur qui ne fe louoit pas ordinairement, m'a dit n'etre pas un de fes plus mauvais. Tout ce que je puis dire c'eft que jamais il n'a eu autant de plaifir a faire aucun tableau qu'il en eut a effacer celui-la.

Jouiffant d'une agreable reputation, il n'avoit d'autre ennemi que lui même, & certain efprit d'inftabilité qui le dominoit. Il n'etoit pas fitot établi dans un logement qu'il le prenoit en déplaifance. Il en changeoit cent & cent fois, & toujours fous des prétextes que par honte d'en ufer ainfi il s'étudioit a rendre fpécieux. La ou il fe fixoit le plus, ce fut en quelques chambres que j'eus en diferens quartiers de Paris, qui ne nous fervoient qu'à pofer le modelle, a peindre & a deffiner. Dans ces lieux uniquement confacrés à l'art, dégagés de toute importunité, nous éprouvions lui & moi, avec un ami commun que le même gout entrainoit, la joie pure de la jeuneffe, jointe à la vivacité de l'imagination, l'une & l'autre unies fans ceffe aux charmes de la Peinture. Je puis dire que ce Wateau, fi fombre, fi atrabilaire, fi timide, & fi cauftique partout ailleurs n'etoit plus alors que le Wateau de fes tableaux : c'eft a dire l'auteur qu'ils font imaginer agréable, tendre & peut être un peu berger.

Ce fut dans ces retraites que je reconnus pour mon profit combien Wateau penfoit profondément fur la Peinture, & combien fon exécution étoit inférieure a fes idées. En effet, n'aïant aucune connoiffance de l'anatomie, & n'aïant prefque jamais deffiné le nud, il ne fcavoit ni le lire, ni l'exprimer; au point même que l'enfemble d'une Academie lui coutoit & lui déplaifoit par conféquent. Les corps des femmes exigeant moins d'articulation lui étoient un peu plus faciles. Cela revient a ce que j'ai déja obfervé ci deffus que les dégouts qu'il prenoit fi fouvent pour fes propres ouvrages, partoient de la fituation d'un homme qui penfe mieux qu'il ne peut executer.

En particulier cette infuffifance dans la pratique du deffein le mettoit hors de portée de peindre ni de compofer rien de héroïque ni d'allégorique encore moins de rendre les figures d'une certaine grandeur. Les quatre Saisons qu'il a peintes dans la salle a manger de M. Crozat en sont une preuve. Elles sont presque demie nature; &, quoi qu'il les ait exécutées d'après les esquisses de M. de la Fosse, on y voit tant de maniere & de secheresse qu'on n'en sçauroit dire rien de bon. Ces tableaux cependant ne difèrent de sa facon de traiter ses petits sujets que par le nud & par les draperies qui sont d'un genre diférent; mais cette touche fine & legère, qui fait si bien dans le petit, perd tout son mérite & devient insupportable quand elle est emploïée dans cette plus grande etendue qu'il a fallu l'emploïer ici.

    Au fonds, il en faut convenir, Wateau étoit infiniment maniéré. Quoique doué de certaines graces, & séduisant dans ses sujets favoris, ses mains, ses têtes, son païsage même tout s'y ressent de ce défaut. Le gout & l'effet forment ses plus grands avantages & produisent, il est vrai, d'agréables illusions d'autant que sa couleur est bonne, qu'elle est juste dans l'expression de ses etoffes, qui sont dessinées d'une facon piquante. Il faut dire encore qu'il n'a gueres peint que des etoffes de soie toujours sujettes a donner des petits plis. Mais ses draperies étoient bien jettées, l'orde des plis étoit vrai parce qu'il les dessinoit toujours sur le naturel ; & qu'il ne s'est jamais servi de mannequin. Le choix des couleurs locales de ses draperies étoit bon, & ne choquoit jamais l'accord. Enfin sa touche fine & legère donnoit à toute son exécution un air piquant & animé. A l'égard de son expression je n'en puis rien dire : car il ne s'est jamais exposé a rendre aucune passion.

    Cependant M. Crozat qui aimoit les artistes, lui offrit sa table & un logement chez lui. Il les accepta. Cette belle maison, qui renfermoit alors un plus grand nombre de trésors pour la Peinture & pour la Curiosité que jamais particulier a peut être réuni sous sa main, fournit mille nouveaux secours a Wateau. Mais ce qui piqua le plus son gout ce fut cette belle & nombreuse collection de desseins des plus grands maitres qui faisoit partie de ces trésors. Il étoit sensible a ceux de Giacomo Bassan. Mais plus encore aux études de Rubens & de Van Dyck. Les belles fabriques, les beaux sites, & le feuillé plein de gout & d'esprit des arbres du Titien & du Campagnol, qu'il voïoit, pour ainsi dire, à découvert, le charmèrent. Et, comme il est naturel de voir les choses par rapport a l'utilité qu'on en peut retirer, il donnoit volontiers la préference à ces dernieres parties sur l'ordonnance, la composition & l'expression des grands peintres d'Histoire dont l'objet & les talents etoient si eloignés du sien. Il se contentoit de les admirer, sans chercher a se les appliquer par aucune étude particuliere, dont aussi bien il n'auroit pu tirer beaucoup de secours.

    Ce fut là que nous lui préparions, M. Henin, cet ami dont j'ai parlé ci dessus & moi, un nombre infini de desseins, d'après les Etudes des meilleurs maitres flamans, & de ces grands Païsagistes Italiens, & que nous avancions assés pour qu'en y donnant quatre coups il en avoit l'effet. C'etoit le servir selon son inclination : car il aimoit en tout à l'avoir promptement. C'etoit aussi, je le dirai toujours, la partie de la Peinture a laquelle il étoit le plus sensible.

    Le genre du petit y conduit a peu de frais. Un rien en produit ou en altère l'expression. La chose est au point que quelquefois on pourroit soupçonner le hazard d'en avoir le principal honneur. Wateau pour accélérer son effet & son exécution, aimoit a peindre a gras. Cette manœuvre a eu toujours beaucoup de partifans, et les plus grands maitres en ont fait ufage. Mais pour l'emploier avec fuccès il faut avoir fait de grandes & d'heureufes préparations, & Wateau n'en faifoit prefque jamais. Pour y fuppleer en quelque facon, il étoit dans l'habitude, quand il reprenoit un tableau, de le frotter indiferement d'huile graffe & de repeindre par deffus. Cet avantage momentané a par la fuite fait un tort confiderable a fes tableaux : a quoi a encore beaucoup contribué une certaine malpropreté de pratique qui a du faire tourner fes couleurs. Rarement il nettoioit fa palette & etoit fouvent plufieurs jours fans la charger. Son pot d'huile graffe dont il faifait un fi grand ufage, etoit rempli d'ordures & de pouffiere & melé de toutes fortes de couleurs qui fortoient de fes pinceaux a mefure qu'il les y trempoit. Combien cette maniere de proceder n'etoit elle point eloignée des foins extraordinaires qu'ont pris certains peintres Hollandois pour travailler proprement. L'on cite entre autres fur ce point Gerard Douw & l'on remarque qu'il broioit fes couleurs fur une glace, qu'il prenoit des précautions infinies pour empecher qu'elles fuffent alterées par le moindre atôme de pouffiere & nettoioit toujours lui-même fa palette & jufqu'a la hante de fes pinceaux, ce que le dernier auteur de la Vie des peintres a plaifamment entendu de fon manche a balai, trompé par la double fignification du mot hollandois qui fuivant l'endroit et les circonftances ou on l'emploie, fignifie tantot une hante de pinceau, tantot un manche a balai, mais qui ne devoit pas faire d'equivoque ici.

Au refte je ne crois pas que vous regardiés ces details comme des minuties. Ils m'ont paru néceffaires a rapporter pour recommander ce foin et cette propreté dans l'emploi des couleurs ; condition trop effentielle pour la confervation & la durée des tableaux, pour n'en point relever hautement le defaut a ceux qui y ont manqué auffi fortement qu'a fait Wateau. C'étoit fa pareffe & fon indolence qui l'y conduifoient encore plus que certaine vivacité, que le defir & même le befoin de jetter promptement fur la toile quelque effet conçu peut infpirer. Il en etoit faifi quelquefois mais beaucoup moins que du plaifir de deffiner. Cet exercice avoit pour lui un attrait infini, & quoique la plupart du tems la figure qu'il deffinoit d'apres le naturel n'avoit aucune deftination determinée, il avoit toute la peine du monde a s'en arracher.

Je dis que le plus ordinairement il deffinoit fans objet. Car jamais il n'a fait ni efquiffe ni penfée pour aucun de fes tableaux quelques legeres & quelque peu arretées que c'a pû etre. Sa coutume étoit de deffiner fes etudes dans un livre relié, de facon qu'il en avoit toujours un grand nombre fous fa main (1). Il avoit des habits galans & quelques uns de comiques dont il revetoit

(1) Watteau laiffa en mourant une grande quantité de deffins. Il les légua à quatre de fes amis : M. de Julienne, l'abbé Haranger, chanoine de Saint-Germain-l'Auxerrois, MM. Hénin & Gerfaint. (Cat. de Lorangère.) M. de Julienne, fort grand amateur des deffins de Watteau,— il y en eut près de 400 à fa vente — M. de Julienne, qui ne manqua jamais à la gloire de fon ami mort, voulut que Watteau fût montré tout entier au public. Il fit graver un recueil de fes deffins & écrivit en tête : « On ne s'eft guère avifé de faire graver les etudes des peintres…. Cependant on efpère que le public verra d'un œil favorable les deffeins du célèbre Watteau qu'on luy préfente ici, ils font d'un goufl nouveau : ils ont des graces tellement attachées à l'efprit de l'auteur qu'on peut avancer qu'ils font inimitables. » Cet

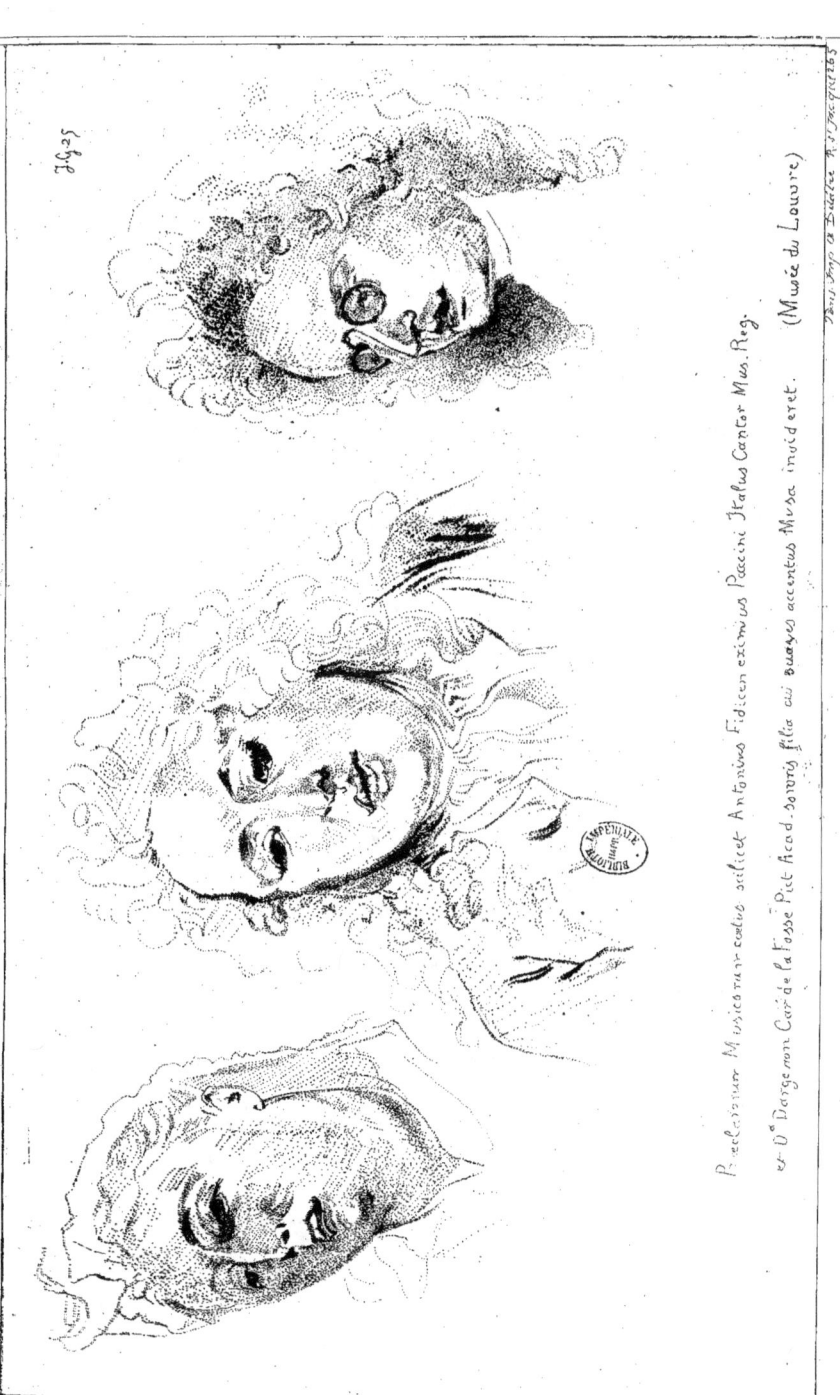

Praeclarum Musicatium cœtus scilicet Antonius Fidicen eximius Paccini Italus Cantor Mus. Reg.
et D.º Dossigmon Car de la Fosse Pict Acad. Jurorij filia cui suaves accentus Musa insideret. (Musée du Louvre)

Les agrements et les commodités sans nombre qu'il trouva chez M. Crozat, ne purent empécher qu'il ne se degoutat encore de ce desirable sejour (1). Il en sortit pour aller demeurer avec M. Vleughels son ami qui depuis est mort, directeur de l'Academie de Rome. Mais il en emporta un fonds precieux de connoissances qu'il s'y etoit fait par cette etude assidue & reflechie des desseins des grands maitres. Ses ouvrages ont donné dans la suite de sa vie d'amples preuves de cette augmentation de scavoir.

Cependant frappé de la malheureuse inconstance d'un homme de ce merite j'etois faché de voir que sa legereté ne lui permettoit pas de jouir d'aucun bien-etre present & en banissoit même toute esperance pour l'avenir. Je remarquois avec une veritable peine qu'il etoit continuellement la dupe de tout ce qui l'entouroit. Et en cela d'autant plus a plaindre que son esprit demeloit tout tandis que sa faiblesse l'emportoit, enfin que la delicatesse de son temperament augmentoit de jour en jour & tendoit a un deperissement capable de le mettre fort mal à son aise. Je lui representai sur tout cela qu'il avoit de bons amis, mais que l'usage du monde apprenoit le peu de fonds qu'il falloit faire sur les hommes quand on eprouvoit l'adversité. J'ajoutai que ceux qui pensoient plus dignement pouvoient mourir. J'emploiai toutes les raisons que sa situation ne fournissoit que trop a mon amitié. Je les appuiai même sur le gout de l'independance que la nature sembloit lui avoir imprimé, & que pour l'ordinaire les talens se plaisent assés a adopter... A tout ce beau sermon je n'eus d'autre reponse que celle-ci, a la verité apres un remerciment personnel : Le pis aller, n'est-ce pas l'hopital? On n'y refuse personne. J'avoue que je restai tout court a cette solution & que je gardai le silence. J'eus lieu de me flater cependant que mes representations n'avoient point absolument porté a faux & qu'elles avoient du moins fait en lui une de ces impressions qui pour etre sourdes pendant quelque tems n'en sont pas moins fructueuses dans la suite. Car il eut plus d'attention a ses affaires & dans l'occasion consulta des amis eclairés tels que M. de Julienne (2) qui lui sauva & lui conserva des effets que sa succession a recueillis, & qui sans compter les desseins qu'il laissa a ses amis se sont montés a plus de neuf mille livres.

Mais son instabilité naturelle l'aiant encore fait quitter M. Vleughels il ne faisoit plus

---

(1) L'amour de la liberté & de l'independance le fit sortir de chez M. Crozat : il voulut vivre à sa fantaisie & même obscurement : il se retira chez mon beau-père dans un petit logement & defendit absolument de decouvrir sa demeure a ceux qui la demanderoient. (Catalogue de Lorangère.)

(2) A l'appui de cette bonne amitié de Watteau & de M. de Julienne, nous empruntons aux Archives des Arts trois précieuses lettres de Watteau à M. de Julienne, publiées sur copies ; & le public ne se fâchera pas que nous empruntions à la suite une autre lettre de Watteau à Gersaint :

A M. de Julienne de la part de Watteau, par exprès.

De Paris, le 3 de mai.

Monsieur !

Je vous fais le retour du grand tome premier de l'ecrit de Leonardo de Vincy, & en mesmes temps je vous en fais agreer mes sinceres remerciements. Quand aux lettres en manuscrit de P. Rubens, je les garderai encore devers moi, si cela ne vous est pas trop désagreable, en ce que je ne les ai pas encore achevees ! Cette douleur au cote gauche de la tête ne m'a pas laissé someiller depuis mardi & Mariotti veut me faire prendreune purge dès demain au jour, il dit

qu'errer de differens cotés. Elle le livroit auſſi chaque jour a des connoiſſances nouvelles. Le malheur voulut que parmi celles-ci il s'en trouva qui lui exagererent le ſejour de l'Angleterre avec ce fol enthouſiaſme, qu'on ne trouve en bien des gens que parce qu'ils n'y ont jamais voïagé. Il ne lui en falloit pas davantage pour diriger ſur ce païs le deſir qui le dominoit ſans ceſſe de changer de lieu. Il partit en 1719, arriva à Londres, y travailla, mais s'y deplut bientot, par la triſte vie qu'etant etranger ſans parler ni entendre la langue, il y menoit neceſſairement. Cependant quoique francois, il y fut aſſés accueilli & ne laiſſa pas de faire ſes affaires du coté de l'utile. Mais au bout d'environ un an, les brouillards & la fumée du charbon de terre qu'on y reſpire, altererent en lui une ſanté que dans la verité un air plus pur ne nous auroit jamais

que la grande chaleur qu'il fait l'aidera à ſouhait. Vous me rendrez ſatisfait au dela de mon ſouhait, ſi vous me rendez viſite d'ici à dimanche; je vous montrerai quelques bagatelles comme les païſages de Nogent que vous eſtimés aſſés par cette raiſon que j'en fis les penſees en preſence de madame de Julienne à qui je baiſe les mains très reſpectueuement.

Je ne fais pas ce que je veux, en ce que la pierre griſe & la pierre de ſanguine ſont fort dures en ce moment, je n'en puis avoir d'autres.

A. WATTEAU.

A Monſieur de Julienne, de la part de Watteau.

De Paris, le 3 de ſeptembre.

Monſieur!

Par le retour de Marin qui m'a apporté la venaiſon qu'il vous a pleu m'envoier dès le matin, je vous adreſſe la Toile ou j'ai peinte la teſte du ſanglier & la teſte du renard noir, & vous pourrez les depecher vers M. de Loſmenil, car j'en ai fini pour le moment. Je ne puis m'en cacher, mais cette grande toile me resjouit & j'en attends quelque retour de ſatisfaction de voſtre part & de celle de madame de Julienne qui aime auſſi infiniment ce ſujet de chaſſe comme moi-meſme. Il a fallu que Gerſaint m'ammenat le bonhomme La Serre pour agrandir la toile au coſté droit, ou j'ai ajouſté les chevaux deſſous les arbres car j'y eprouvais de la geſne depuis que j'y ai ajouſté tout ce qui a eſté decidé ainſi. Je penſe reprendre ce coſté la dès lundi a midi paſſé, parce que dès le matin je m'occupe des penſees à la ſanguine. Je vous prie de ne pas m'oublier envers madame de Julienne à qui je baiſe les mains.

A. WATTEAU.

A Monſieur de Julienne.

Monſieur!

Il a pleu à Monſieur l'Abbe de Noirterre de me faire l'envoi de cette toile de Rubens où il y a les deux teſtes d'anges, & au deſſous ſur le nuage cette figure de femme plongée dans la contemplation. Rien n'auroit ſeu me rendre plus heureux aſſurement ſi je ne reſtois perſuadé que c'eſt par l'amitié qu'il a pour vous & pour M. votre neveu, que Monſieur de Noirterre ſe deſſaiſit en ma faveur d'une auſſi rare peinture que celle-la. Depuis ce moment ou je l'ai reçue, je ne puis reſter en repos, & mes yeux ne ſe laſſent pas de ſe retourner vers le pupitre ou je l'ai placée comme deſſus un tabernacle!! on ne ſauroit ſe perſuader facilement que P. Rubens aie jamais rien fait de plus achevé que cette toile. Il vous plaira, Monſieur, d'en faire agreer mes veritables remerciements a Monſieur l'abbe de Noirterre juſques a ce que je puiſſe les luy adreſſer par moy-meſme. Je prendrai le moment du meſſager d'Orleans prochain pour lui eſcrire & lui envoier le tableau du Repos de la ſinte Famille que je lui deſtine en reconnoiſſance.

Votre bien attaché amy & ſerviteur, Monſieur!!
A. WATTEAU.

A Monſieur Gerſaint, marchand fur le pont Notre-Dame de la part de Watteau.

Mon ami Gerſaint,

Oui, comme tu le deſires, je me rendrai demain à diner, avec Antoine de la Roque, chez toi. Je compte aller à la meſſe à dix heures à Saint-Germain-de-Lauxerrois; & aſſurement je ſeroi rendu chez toi à midi, car je n'auroi avant qu'une ſeule viſite a faire a l'ami Molinet qui a un peu de pourpre depuis quinze jours.

En attendant, ton amy
A. WATTEAU.

conservée long tems : car des avant le voïage il avoit la poitrine attaquée (1). Il revint donc en France & a Paris.

L'âge et les maladies ont rarement servi a diminuer nos defauts. Wateau plus vieux qu'un autre par le caractere de son esprit & toujours plus malade depuis son retour devint encore plus incommode a lui même qu'il ne l'avoit jamais été. Les lieux qui autrefois lui plaisoient le plus, les hommes, ses amis même lui devinrent insupportables. Il imagina que l'air de la campagne lui feroit du bien. L'abbé Haranger qui étoit du nombre de ces derniers lui fit preter par M. Le Fevre alors intendant des Menus & aujourd'hui un de vos honoraires sa maison de Nogent auprés de Vincennes. Au point ou etoit venu sa maladie il n'y fit que languir, & toutes fois meditoit encore un nouveau changement qu'il eut executé si ses forces l'avoient pu permettre. Il vouloit aller reprendre son air natal. On pourroit ne le point accuser d'inconstance par rapport a ce dernier projet. C'est presque toujours la ressource finale des malades de langueur ; ressource autorisée, même provoquée pas les medecins, quand il ne scavent plus que dire lorsque la proposition des eaux ou les eaux elles memes n'ont pas reussi. La mort ne lui en laissa pas le tems et l'enleva le 18 juillet 1721, agé de 37 ans (2). Il mourut avec tous les sentimens de

---

(1) On trouve dans l'OEuvre de Watteau de la Bibliothèque impériale une planche curieuse, dessinée à Londres par lui, & gravée seulement en 1739 par Arthur Pound. C'est le portrait du docteur Misaubin, un docteur long comme une maladie, tenant de la main droite un tricorne d'où s'échappe le long crêpe dans lequel Hoffmann fera trébucher le conseiller Krespel ; tout autour du maigre docteur, des tombeaux, des sarcophages & un terrain semé de têtes de morts. Mariette a écrit au bas de sa fine & calomnieuse plume : « C'étoit un chirurgien françois réfugié en Angleterre, grand charlatan qui se vantoit d'avoir des pilulles, remède immanquable contre la v...., lui seul en étoit persuadé, car, avec ces pilulles qui devoient faire, à ce qu'il disoit, la fortune de sa famille après sa mort, notre docteur étoit misérable & périssoit de faim. Watteau qui peut-être avoit éprouvé l'insuffisance du remède dessina cette charge dans un café pendant son séjour à Londres. » Eh ! non, ce n'est pas ce que vous voudriez bien dire, charitable Mariette ; c'est l'innocente plainte d'un pauvre diable de corps très vertueux contre l'insuffisance de la médecine. C'est, reprise par Watteau, la triste plaisanterie de Molière qui se meurt, jouant les médecins. Mourant, Watteau armera encore ses crayons contre le corps guérisseur qui ne

défend de la mort ni les poèmes commencés, ni les tableaux ébauchés. A Nogent, le voilà, bien malade, qui crayonne la Faculté bâtée, dans le cortége de ces amusants Purgons, qui font tant rire les enfants ; & il ne laisse échapper le cri de son mal, de ses douleurs, de son agonie, qu'au bas de la caricature :

« Qu'ai-je fait, assassins maudits ? »

(2) La mort de Watteau laissa un regret au cœur de ses amis, les amateurs. M. de Julienne plaça en tête des eaux-fortes d'après les dessins de Watteau, une notice pieuse. Crozat écrivait le 11 août 1721, à la Rosalba : « Nous avons perdu le pauvre Watteau qui a fini ses jours le pinceau a la main. Ses amis qui doivent publier un discours sur sa vie & son rare merite, ne manqueront pas de rendre hommage au portrait que vous lui avez fait à Paris, quelque tems avant sa mort. » Watteau avait retrouvé dans la Rosalba l'accent & la couleur de ces maîtres vénitiens qu'il aurait voulu voir chez eux ; & le 20 septembre 1719, il faisait écrire par son ami Vleughels à la Vénitienne : — « Nous avons ici beaucoup d'appreciateurs qui estiment infiniment votre talent... Un excellent homme, M. Watteau duquel vous aurez sans doute entendu parler a le plus grand désir de vous connaître, & d'avoir un petit

religion qu'on pourroit defirer & les derniers jours de fa vie il s'occupa a peindre un Christ en

ouvrage de votre main, en echange il vous enverroit un des fiens, ou s'il ne pouvoit l'équivalent... C'eft mon ami, il demeure avec moi, il me prie de vous prefenter fes refpects les plus humbles & defire une réponfe favorable. » La Rofalba fit mieux que ce que pouvait attendre Watteau ; elle vint à Paris & fit le portrait de Watteau. Diario da Rofalba Carriera, Venezia, 1793. Ce portrait fut vendu en 1769 a la vente de Lalive de Jully, 123 livres. — Mariette feul écrivait féchement & fans amitié : « Antoine Watteau, né a Valenciennes, en 1684, eft mort en 1721. Après être forti de chez Gillot, il entra chez Claude Audran, célèbre peintre d'ornements qui, en qualité de concierge, demeuroit au Luxembourg, & qui fe fervoit utilement de Watteau pour enrichir de fes figures agréables les compofitions d'ornements dont il fourniffoit les deffeins, & pendant ce temps le Watteau eut occafion de voir & d'etudier les peintures de Rubens qui font au Luxembourg, d'en connoitre la magie, & de la faire paffer dans fes tableaux, alors il put fe produire & montrer tout ce qu'il valoit. Son genre de peindre fut gouté, il fut reçu avec applaudiffements a l'Academie, chacun s'empreffa pour avoir de fes ouvrages ; M. Crozat le jeune lui propofa de peindre un appartement chez lui & Watteau l'accepta d'autant plus volontiers qu'il crut ne devoir pas perdre une fi belle occafion qui le mettoit a portée de puifer de nouvelles connoiffances dans les deffeins & les tableaux des grands maîtres dont cette maifon étoit remplie. Il n'y demeura pourtant pas longtems. Son inconftance lui faifoit changer de domicile a chaque inftant. Il demeuroit avec Vleughels dans la maifon du neveu de M. Le Brun fur les foffés de la Doctrine chrétienne, lorfque des idées de fortune le firent paffer a Londres où il travailla peu & dont il revint traînant avec lui l'ennui, & le dégout qui l'accompagnoient partout. Une fanté abfolument délabrée ; le fpectacle affreux d'une mort prochaine aggraverent fes maux, il fe retira chez un ami au village de Nogent, près Vincennes, & il y mourut. Une des perfonnes avec laquelle il fut lié le plus intimement fut M. de Julienne, qui pendant un tems, poffèda lui feul prefque

tous les tableaux qu'avoit peints Watteau. Ce peintre mettoit de la fineffe dans fon deffein fans avoir jamais pu deffiner de grande manière. La touche de fon pinceau de meme que celle du crayon eft des plus fpirituelles, les tours de fes figures des plus agréables, fes expreffions affez communes mais gracieufes, fa couleur brillante, fon travail leger. Il eut un malheur ce fut celui de fe dégouter trop aifément de ce qu'il avoit fait. On lui a vû effacer des parties de tableaux heureufement penfées & auffi heureufement exécutées pour leur fubftituer quelquefois d'autres chofes fort inférieures. Il n'etait point curieux de la propreté, & cela joint au trop grand ufage qu'il fit de l'huile graffe, a beaucoup nui a fes tableaux. Prefque tous ont perdu. Ils ne font plus du ton qu'ils avaient lorfqu'ils font fortis de fes mains. » Note manufcrite de l'Abecedario de Mariette. Bibl. Imp. Cabinet des eftampes.

Le Mercure, qui ne s'occupait guère de la mort des artiftes, enregiftra en ces termes la mort de Watteau, août 1721 : « ... Le gracieux & elegant peintre dont nous annonçons la mort, étoit fort diftingué dans fa profeffion. Sa mémoire fera toujours chère aux vrais amateurs de la peinture. Rien ne le prouve mieux que le prix exceffif auquel font aujourd'hui fes tableaux de chevalet & petites figures. »

Plus de vingt ans après la mort de Watteau, ce que le Mercure appelle « prix exceffif » n'avait guère monté. A la vente de Quentin de Lorangère (1744), Un concert de 2 pieds 10 pouces 1/2 de large fur 2 pieds de haut fut vendu 361 liv. Un Jeu d'enfants, original de Watteau, de 2 pieds 2 pouces 3/4 de large, fur un pied 8 pouces 1/2 de haut fut adjugé 46 liv. — Un petit tableau peint fur bois repréfentant une fcène de tragédie de huit pouces & demi de large fur 6 pouces & demi de haut n'atteignit que 37 liv. 5 fols, a la vente du chevalier de La Roque (1745). — Les Fatigues & Délaffements de la Guerre, gravés par Crépy, furent adjugés à Gerfaint pour 680 liv., à la vente de M. de Julienne (1767). Les Fêtes vénitiennes, gravées par Cars, vendues 2615 liv. La Sérénade italienne, gravée par Scotin, 1,051 liv. L'Amour défarmé, gravé

croix pour le curé de Nogent (1). Si ce morceau n'a pas la noblesse & l'elegance qu'un tel sujet exige, il a du moins l'expression de douleur & de souffrance qu'eprouvoit le malade qui le peignoit.

Wateau avait le cœur droit & sa résignation a du etre sincere. D'ailleurs il n'etoit emporté par aucune passion, aucun vice ne le dominoit & il n'a jamais fait aucun ouvrage obscene. Il poussa même la delicatesse jusqu'a desirer quelques jours avant sa mort de ravoir quelques morceaux qu'il ne croioit pas assés eloignés de ce genre, pour avoir la satisfaction de les bruler ; ce qu'il fit.

Au reste il etoit de moienne taille, il n'avoit point du tout de phisionomie, ses yeux n'indiquoient ni son talent ni la vivacité de son esprit. Il etoit sombre, melancolique comme le sont tous les atrabilaires, naturellement sobre & incapable d'aucun excès. La pureté de ses mœurs lui permetoit a peine de jouir du libertinage de son esprit, & on s'en apercevoit rarement dans ses discours.

M. l'abbé Fraguier si connu par son esprit & son gout pour les lettres a honoré la memoire de Wateau par une epitaphe en vers latins que je vais avoir la satisfaction de deposer ici. Il me l'avoit donnée ne prevoyant pas l'usage que je puis en faire aujourd'hui, j'en avois fait present a M. de Julienne pour la rapporter a la fin de son abregé de la vie de Wateau. Elle est

par Audran, 499 livres 19 sols. Un mezzetin jouant de la guitare dans un jardin, 700 livres un sol. Le Dénicheur de moineaux, gravé par Boucher, 175 liv. Le portrait de Watteau à mi-corps peint par lui-même, 24 liv. — A la vente Blondel de Gagny (1776), les Occupations selon l'age, peinture sur vélin, vendues 2,999 ; les Champs-Elysées, 6,515. Alors commençait àêtre seulement reconnue la valeur de Watteau, & à la vente de Randon de Boisset (1777), les Fêtes vénitiennes provenant du cabinet de M. de Julienne montaient à 5,999 livres 19 sols, & la Sérénade italienne, sortie du même cabinet était poussée à 2,600 liv.

(1) Le curé de Nogent, cette bonne figure de curé que Watteau avait fait innocemment grimacer sous l'habit de Gilles, l'exhortant a la mort & lui présentant un crucifix grossier, Watteau lui dit : Otez-moi ce crucifix, il me fait pitié ; est-il possible qu'on ait si mal accommodé mon maître ? — Abrégé de la vie des plus fameux peintres, par d'Argenville.

(1) Voici le portrait que fait de Watteau Gersaint : « Watteau etoit de moyenne taille, & d'une foible constitution, il avoit le caractere inquiet & changeant, il etoit entier dans ses volontes, libertin d'esprit, mais sage de mœurs : impatient, timide, d'un abord froid & embarrassé, discret & reservé avec les inconnus, bon mais difficile ami ; misantrope, même critique malin & mordant, toujours mecontent de lui même & des autres & pardonnant difficilement ; il aimoit beaucoup la lecture ; c'étoit l'unique amusement qu'il se procuroit dans son loisir ; quoique sans lettres il decidoit assés sainement d'un ouvrage d'esprit » — (Cat. de Lorangère.) — Voici le portrait que fait de Watteau M. de Julienne : « Watteau etoit de moyenne taille & de constitution foible, il avoit l'esprit vif & pénétrant, & les sentiments élevés, il parloit peu, mais bien & écrivoit de même, il méditoit presque toujours ; grand admirateur de la nature & de tous les maîtres qui l'ont copiée, le travail assidu l'avoit rendu un peu mélancolique. D'un abord froid & embarrassé, ce qui le rendoit quelquefois incommode à ses amis & souvent à luy même, il n'avoit point d'autre défaut… »

digne de vos faftes & je la joins ici comme un bien qui vous appartient. Cependant elle a ete faite avec quelques circonftances que je crois devoir vous communiquer.

Les ouvrages de Wateau plaifoient generalement a tout le monde, etant a la mode, cela n'eft pas etonnant. Mais il eft des hommes d'un ordre fuperieur dont il eft toujours glorieux d'avoir merité le fuffrage. Celui dont il s'agit ici le fera a jamais a la memoire de Wateau. Pendant qu'il vivoit, j'avois fouvent vu fes ouvrages exciter en M. l'abbé Fraguier un certain raviffement qui prouvoit bien l'etendue & la fageffe de fon gout. Sa profonde erudition en ce qui concerne la peinture ancienne & tout ce qu'elle offre de fujets d'admiration, ne l'empechoit pas de rendre juftice & d'etre fenfible aux talens de ce maitre moderne. A fa mort je fus témoin des regrets qu'il en fit, & de l'eloge fur lefquels il les fondoit, en prefence de plufieurs dignes amis qui s'affembloient ordinairement chez lui, eloge prononcé avec une fi grande abondance de fentiment qu'elle me faifit & me porta a lui dire avec chaleur que s'il vouloit bien l'ecrire Wateau etoit immortel.

Il y confentit mais exigea de moi que pour y proceder avec plus de jufteffe je lui donnaffe une efpece de cannevas des points effentiels & diftinctifs du merite de Wateau. Charmé de procurer a un artifte que j'avois aimé, l'honneur d'etre celebré par un fcavant d'un gout fi reconnu, j'ecrivis fuccinctement ce que fa modeftie voulut bien m'impofer ainfi. Elle m'a toujours paru fi admirable dans un homme auffi fuperieur qu'il l'etoit que j'ai cru ne devoir pas vous laiffer ignorer ce trait.

La fituation ou je le trouvai peu de jours après ne me paroit pas moins digne de vous etre rapporté.

Il avoit emprunté un des tableaux de Wateau qui l'affectoit le plus & l'avoit placé devant lui en compofant les beaux vers dont nous lui fommes redevables (1). J'avoue que cette facon de s'infpirer d'après le tableau me frappa; & me parut offrir un bel exemple de la maniere que les peintres doivent a leur tour copier les poetes. L'union des deux mufes me fit voir en ce moment un tableau bien agreable & bien flateur pour la peinture.

Heureux les peintres qui meritent affés des gens de lettres pour les infpirer ainfi. Tout ce qui vous rapprochera d'eux; tout ce qui les unira a vous, Meffieurs, eft un avantage reciproque que mon attachement pour la peinture & mes fentimens pour votre Académie me feront toujours defirer avec ardeur.

(1) Ces vers ont été publiés par M. de Julienne dans fon Abrégé de la vie de Watteau.

REPONSE

FAITE A MONSIEUR LE COMTE DE CAYLUS

A L'OCCASION DE CETTE VIE DE FEU WATEAU,

PAR M. COYPEL,

Ecuier, Peintre du Roi, Directeur de l'Académie.

Ce que nous venons d'entendre fait connoitre en vous le parfait ami & l'équitable connoisseur. Le connoisseur a sçu donner une juste mesure aux louanges dont l'ami souvent est prodigue à l'excès.

Il faut en convenir, monsieur, sans cette sage modération, les éloges dictés par l'amitié peuvent devenir prejudiciables à ceux qu'elle veut exalter.

Nous blessons l'amour propre des gens qui nous ecoutent, en leur parlant d'un homme dans lequel nous ne voulons reconnoitre aucun défaut, & l'on ne blesse presque jamais l'amour propre impunement.

Je dis plus, lorsque nous en usons ainsi, nous devenons suspects aux auditeurs les plus modestes & les plus desinteressés : puisque l'experience ne nous prouve que trop l'impossibilité d'atteindre à la perfection.

Enfin, monsieur, nous avons beau parler d'un mort, quand il s'agit de citer ses rares talens le sur moien pour disposer ceux qui ont été ses rivaux a nous croire & peut etre a lui pardonner, c'est de convenir comme vous venes de faire, de ce que la critique pouvoit trouver a reprendre dans ses ouvrages & même dans son caractere.

Expliquons nous cependant. Je ne pretens pas dire qu'en pareil cas pour acquérir la confiance que les hommes accordent à l'impartialité, l'on doive ramasser avec legereté des anecdotes souvent fausses, capables de ridiculiser ou de flétrir la memoire d'un illustre artiste. On se trompe bien lourdement lorsqu'on imagine que pour rendre un écrit de cette nature plus curieux, plus interessant & plus recommandable, il soit besoin d'y inserer des choses qui font mepriser, ou prendre en horreur celui qui a consacré ses veilles pour meriter nos suffrages.

L'écrivain qui fuit ce faux principe attrifte le lecteur. L'honnete homme eft affligé quand il fe voit dans la neceffité de mefeftimer quiconque a fçu lui plaire. Mais ce même honnete homme qui gemit fouvent a la vue de fes propres imperfections n'eft pas toujours faché d'apprendre que celui qui merita l'admiration du public n'etoit pas abfolument exemt des defauts attachés a l'humanité. Je le redis encore, monfieur, dans ce que nous venons d'entendre vous aves trouvé le point jufte. Permettés moi d'ajouter que pour faire l'eloge hiftorique de M. Wateau, vous aves choifi un genre d'ecrire, qui pour les graces naives & fi j'ofe le dire pour les touches piquantes ne peut fe comparer qu'a l'aimable genre de peindre de cet excellent homme.

Lecture a été faite par le fecrétaire fouffigné de la vie de M. Wateau ci-devant tranfcrite, après laquelle lecture M. le Directeur a adreffé a M. le comte de Caylus, auteur de cette Vie, le difcours en forme de reponfe ici rapportée de fuite. Le tout en l'affemblée tenue pour les conférences le 3 février 1748.

LEPICIE.

Les quatre deffins inédits de Watteau, que nous donnons dans cette étude, gravés à l'eauforte : — un profil de femme ; — trois têtes de femmes ; — une académie de femme nue pour la figure du Printemps dans les Quatre Saifons de la falle à manger de Crozat ; — l'affemblée de muficiens chez Crozat, font partie, les trois premiers, de notre collection, le dernier, du Mufée du Louvre.

CHARDIN

Tiré à 200 exemplaires.
Les planches effacées après le tirage.

LYON
IMPRIMERIE DE LOUIS PERRIN
Rue d'Amboife, 6.

EDMOND ET JULES DE GONCOURT

CHARDIN

ETUDE

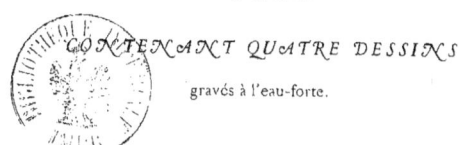
CONTENANT QUATRE DESSINS

gravés à l'eau-forte.

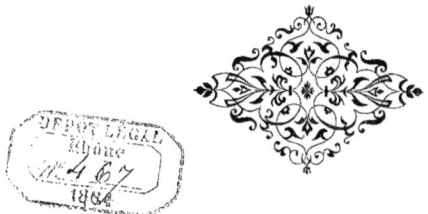

PARIS

E. DENTU, PALAIS-ROYAL, GALERIE D'ORLEANS.

1864

Droits de traduction & de reproduction réservés.

I

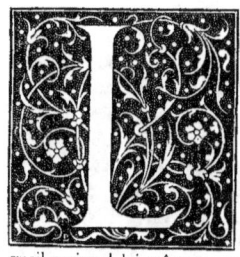ORSQU'ON entreprend de parler de l'art du dix-huitième fiècle, de toucher à la mémoire de fes artiftes, il vous prend au feuil de cette étude un grand fentiment de triftefse, une forte de mélancolique colère. Devant ce prodigieux exemple d'oubli, devant l'excès d'ingratitude & l'infolence de mépris d'une première poftérité pour le grand fiècle d'art de Louis XV, on fe prend à douter des juftices de la France. On fe demande fi la mode eft tout notre goût, & fi notre orgueil national lui-même ne relève pas de la mode avec la confcience de nos jugements. Quoi! fe dit-on, c'eft la France, la France fi jaloufe de fes autres gloires, qui a négligé celles-là, forties pourtant toutes vives de fon tempérament, de fon caractère, de fes entrailles, frappées à l'image de tous fes traits! C'eft la France qui, pendant tout un demi-fiècle, a refufé de reconnaître les artiftes vraiment nés d'elle, fes maîtres français, les vrais fils de fon efprit & de fon génie!

Et cela pendant qu'autour de nous les nations voifines entouraient de leur admiration fervente, de leur culte pieux, leurs plus petites célébrités d'art ; pendant qu'à l'étranger, la popularité, la publicité, l'éloge, la biographie, le bruit des ventes, l'argent du grand seigneur & du banquier descendaient aux moindres artistes, aux plus humbles décadents nationaux ! Là, point de retour, point de changement, point de révolution de doctrine enterrant un genre ou un homme : nulle immortalité n'y vieillit ; & le temps, en passant sur les œuvres & sur les noms, ne fait que leur apporter cette consécration du respect & de la tradition qui finit par repousser la critique comme une insulte & l'examen comme un blasphème.

Reportons-nous au commencement de ce siècle : le goût français fait amende honorable, désaveu public de tous les maîtres du dix-huitième siècle, petits ou grands. Leurs œuvres sont jetées à l'étalage des quais, moisissent au plein vent des murs & des bornes, ou passent à l'étranger & quittent cette France trop pauvre aujourd'hui pour les racheter. Personne ne s'en inquiète, personne n'en veut, personne ne les regarde. Les administrateurs du Musée laissent retirer à cinq cents livres le plus beau morceau du maître de Boucher, l'*Hercule & Omphale* de Lemoine, cette éclatante page, le digne frontispice de la peinture du dix-huitième siècle. A peine s'il reste encore quelques amateurs assez osés pour se laisser tenter par le bon marché, pour acheter de l'art de Louis XV ; encore achètent-ils à la dérobée, presque avec honte, cachant leur achat comme une folie, un caprice, un libertinage de curiosité, une débauche de collectionneur. Et l'histoire de ces maîtres dont les œuvres semblent quelque chose de compromettant pour une galerie & de déshonorant pour un mur, qui songe à la sauver ? Elle s'éteint peu à peu chaque jour, & on la laisse s'éteindre avec les contemporains qui s'en vont ; les témoins meurent, les traditions s'effacent ; point de papier qu'on veuille perdre à jeter des notes sur des artistes honnis & une école pourrie dont nous enseignerons le mépris à l'étranger même. Triste temps de goût correct ! L'*Embarquement pour Cythère*, ce chef-d'œuvre des chefs-d'œuvre de Watteau, cette toile enchantée où l'esprit court dans les personnages comme une flamme dans des fleurs, ce songe d'un jour d'été, ce poème de lumière que l'on peut, dans n'importe quel musée, approcher de n'importe quel tableau, l'*Embarquement pour Cythère*, savez-vous où il est enfoui, caché, jeté ? Dans une salle d'étude de l'Académie, où il sert de point de mire aux risées & aux boulettes de mie de pain des rapins de David (1) ! Nul n'échappe à l'abandon, aux dégoûts de l'époque, à ce parti pris d'injustice, à cette conspiration d'aveuglement. Latour, ce grand peintre qui touche tous les yeux par la vie du dessin, ce peintre de la physionomie française, Latour, que se vend-il ? Les portraits de Crébillon & de Mme de Mondonville ont bien de la peine à s'élever à 20 & à 25 livres ; le *Rousseau assis sur une chaise*, répétition de celui que Latour avait fait pour le duc de Luxembourg, est retiré à 3 francs, prix qu'il ne parvient pas à dépasser. Et pour

---

(1) Lettres d'un artiste sur l'état des arts en France, &c., par P. N. Bergeret. Paris, 1848.

Chardin c'eft une dérifion pareille. A une vente, fon *Deffinateur* & fon *Ouvrière en dentelles* fe payent 40 francs; à la vente Sylveftre, deux portraits au paftel, fignés de lui, fon portrait & celui de fa femme, combien les paye-t-on? 24 livres, pas un fol de plus!

Mais après tout, qu'importent les prix? qu'importe la vogue? Avant cent ans, Watteau fera univerfellement reconnu comme un maître; Latour fera admiré comme un des plus grands deffinateurs qui aient exifté, & il n'y aura plus de courage à dire tout haut ce que nous allons dire ici de Chardin, qu'il fut un grand peintre.

II

Les peintres de mœurs naiffent volontiers & comme naturellement à Paris. Jean-Baptifte-Siméon Chardin y naquit le 2 novembre 1699 (1). Son père était un menuifier habile & renommé dans fon métier, qui avait la fpécialité de fournir au roi ces billards monumentaux dont une planche de Bonnart nous a gardé le deffin. Chargé de famille, il ne fongeait qu'à mettre un gagne-pain aux mains de fes enfants. Il ne donna donc qu'une inftruction tout ouvrière à Jean-Baptifte-Siméon, fon aîné, qu'il deftinait à fa profeffion, jufqu'au jour où la vocation de peinture du jeune homme commençant à éclater & à s'affirmer, il le laiffait entrer, non fans réfiftance, à ce qu'on peut croire, dans l'atelier de Cazes, un peintre du Roi alors fort en vogue.

Chez Cazes, rien n'apparaît du peintre que Chardin devait être. L'enfeignement, du refte, était peu fait pour dégager fon tempérament : on copiait des tableaux du maître, on deffinait le foir à l'Académie, & c'était tout. Rien n'y était donné à l'étude de la nature : l'exemple même du maître en détournait. Cazes, trop pauvre pour prendre modèle, peignait tout de pratique en s'aidant de quelques croquis de jeuneffe. Chardin fortit de là à peu près comme il y était entré. Il était dans fa deftinée de tout s'apprendre à lui même, de fe former feul, de ne rien devoir à l'éducation.

Un hafard décida fon génie. Noël-Nicolas Coypel, l'ayant fait appeler comme aide, lui donna à peindre un fufil dans le portrait d'un chaffeur, en lui recommandant de le peindre avec exactitude. L'élève de Cazes avait cru jufque-là qu'un peintre devait tout tirer de fa tête. Tout étonné du foin mis par Coypel à pofer & à éclairer le fufil,

---

(1) L'obligeance de M. Défaugiers nous permet de donner ici pour la première fois, d'après les Archives de l'état civil, tous les actes de la vie de Chardin. Voici fon acte de naiffance : « Paroiffe de Saint-Sulpice, 1699. Ledit jour troifième novembre, a été baptizé Jean-Siméon, né le jour précédent, fils de Jean Chardin, maître-menuifier, & de Jeanne-Françoife David, fa femme, domeurant rue de Seine, maifon du fieur Jean Chardin; le parrain, Siméon Simonet, auffi menuifier, la marraine, Anne Bourgine, femme de Jacques Le Riche, menuifier, laquelle a déclaré ne fçavoir figner. »

il fe mit à l'œuvre : c'était la première fois qu'il peignait d'après nature. La vérité, la lumière, la peinture, fon art, le fecret de voir & de peindre, tout cela lui apparut d'un coup, dans le rayon du jour, fur l'acceffoire d'un tableau.

Une efpèce de manœuvre travaillant aux gages d'un peintre connu, un jour peignant un acceffoire dans un portrait, un autre jour employé à cent fols par jour à la reftauration d'une galerie de Fontainebleau entreprife par Vanloo, voilà tout ce qu'eft Chardin jufqu'ici. Une occafion le faifait bientôt connaître & commençait fa popularité dans la rue. Un chirurgien, ami de fon père, l'ayant prié de lui faire une enfeigne, un *plafond*, felon le terme du temps, pour fa boutique, Chardin, qui avait pu voir le tableau peint par Watteau pour l'enfeigne de Gerfaint, tentait une machine pareille, une fcène animée & vivante du Paris de fon temps, fur un panneau de quatorze pieds de largeur fur deux pieds trois pouces de hauteur. Il peignait un chirurgien-barbier, portant fecours à un homme bleffé en duel & dépofé à la porte de fa boutique (1). C'eft une foule, un bruit, un émoi! Le porteur d'eau eft là, fes feaux à terre. Des chiens aboient. Un traîneur de *vinaigrette* accourt ; par la portière, une femme, celle peut-être pour laquelle on a dégainé, fe penche effarée. Les fonds font pleins d'un bourdonnement de badauds, d'une preffe de curieux qui fe pouffent, cherchent à voir, à fe dépaffer de la tête. La garde croife paternellement le fufil contre l'indifcrétion de la curiofité. Le bleffé, nu jufqu'à la ceinture, avec fon coup d'épée dans le flanc, foutenu par une fœur de charité, eft faigné par le chirurgien & fon aide. Le commiffaire, en grande perruque, marche avec la lenteur grave de la juftice, fuivi d'un clerc tout noir & tout maigre. Tout cela va, vient, remue, dans une peinture de verve, heurtée & de premier coup, dans un tapage de geftes & de tons, dans le tumulte même & le hourvari de la fcène réelle. Auffi quelle foule, quel attroupement & quel bel enthoufiafme de peuple, lorfqu'un matin l'enfeigne apparaît, hiffée au fronton de la boutique, avant que perfonne ne foit levé dans la maifon ! Le chirurgien, que Chardin n'a pas prévenu, demande ce qu'il y a, & pourquoi tout ce monde : on l'amène devant l'enfeigne. Il cherche ce qu'il avait commandé, des trépans, des biftouris, l'étalage de tous les outils de fa profeffion ; il va fe fâcher : l'admiration du public le défarme. De proche en proche, le fuccès du tableau gagna, & ce fut par cette enfeigne que les académiciens firent connaiffance avec le nom & le faire de Chardin. Combien d'années la laiffa-t-on accrochée au deffus de la boutique ? Combien de temps demeura-t-elle là où la place le *Journal des Arts* (2), au bas du

---

(1) *Mémoires inédits fur la vie & les ouvrages des membres de l'Académie royale de peinture & de fculpture*, par MM. Duffieux, Soulié, Mantz, &c. Paris, Dumoulin, 1854, vol. II. « Eloge de Chardin, » par Haillet de Couronne.

(2) N° IV, 25 pluviôfe an VIII. — On pourrait fe demander fi elle n'était par déjà décrochée & en poffeffion de Lebas, lorfque celui-ci, en 1746, dans une lettre publiée par M. de Chenevières (*Archives de l'art français*, vol. III), charge fon ami Rehn de prier M. le comte de Teffin « de parler de ce *plafond* de Chardin. »

Pont-Saint-Michel ? La petite chronique des enfeignes de Paris n'en dit rien. Mais on la retrouve paffant aux enchères à la vente de Le Bas en 1783, où elle eft acquife pour 100 livres par Chardin, le fculpteur & le neveu du peintre, qui, felon une note manufcrite de notre catalogue, « crut retrouver dans ce tableau tous les portraits des principaux membres de fa famille que fon oncle avait pris pour modèles. » Et ce ferait la dernière trace de l'enfeigne du maître, fi un fin & délicat connaiffeur, un heureux chercheur, M. Laperlier n'avait eu le bonheur de mettre la main, non fur l'enfeigne elle-même, mais fur une efquiffe, une maquette du grand tableau, pochade franche, à toute volée : c'eft l'efprit & le feu des derniers maîtres de Venife ; les perfonnages n'y font que des taches, mais les taches y font penfer à Guardi.

La rue devait porter bonheur à Chardin. A une autre expofition en plein vent, l'expofition de la place Dauphine, le jour de la Fête-Dieu, il fe faifait remarquer par un tableau repréfentant un bas-relief en bronze où fes qualités apparaiffaient déjà & fe jouaient dans le trompe-l'œil. Jean-Baptifte Vanloo lui achetait ce tableau & le lui payait plus cher que Chardin n'ofait l'eftimer. Au milieu de cela, il reftait modefte, & ne fongeait guère à l'Académie. Plié aux idées de fon père, bon bourgeois qui s'honorait fort d'être membre & fyndic de fa communauté & qui ne défirait à fon fils d'autre avenir que la maîtrife dans fon état de peintre, il fe laiffait faire, avec l'argent du menuifier, maître de l'Académie de Saint-Luc. Ce fut la dernière réception dont la petite Académie put s'enorgueillir.

En 1728, à une autre expofition de la place Dauphine, il expofait, avec quelques autres toiles, ce beau tableau de *la Raie* qu'on voit aujourd'hui au Louvre. Devant ce chef-d'œuvre & le peintre qu'il annonçait, les académiciens, amenés là par la curiofité, cédaient au premier mouvement d'admiration : ils allaient trouver Chardin & l'engageaient à fe préfenter à l'Académie (1). Laiffons ici la parole aux *Mémoires inédits fur la vie des membres de l'Académie royale :*

« Défirant preffentir les opinions des principaux officiers de ce corps, Chardin fe permit un innocent artifice. Il plaça dans une première falle, comme au hafard, fes tableaux, & il fe tint dans la feconde. M. de Largillière, excellent peintre, l'un des meilleurs coloriftes & des plus favants théoriciens fur les effets de la lumière, arrive ; frappé de ces tableaux, il s'arrête à les confidérer avant d'entrer dans la feconde falle de l'Académie, où était le candidat ; en y entrant : « Vous avez là, dit-il, de très-beaux tableaux ; ils font affurément de quelque bon peintre flamand, & c'eft une excellente école pour la couleur que celle de la Flandre ; à préfent, voyons vos ouvrages. — Monfieur, vous venez de les voir. — Quoi ! ce font ces tableaux que...? — Oui, monfieur. — Oh ! dit M. Largillière, préfentez-vous, mon ami, préfentez-vous. » M. Cazes, fon ancien maître, trompé par cette même petite fupercherie, accorda

(1) Le *Nécrologe* de 1780. Eloge de Chardin.

6

également un éloge des plus marqués, ne fe doutant pas qu'ils fuffent de fon élève. On dit qu'il fut un peu bleffé de ce tour, mais il lui pardonna auffitôt, l'encouragea & fe chargea de fa préfentation. Ainfi M. Chardin fut agréé avec un applaudiffement général. Ce ne fut pas tout ; comme M. Louis de Boullongne, directeur & peintre du Roi, entrait à l'affemblée, M. Chardin lui obferva que les dix ou douze tableaux qu'il expofait étaient à lui, & qu'ainfi l'Académie pouvait difpofer de ceux dont elle ferait contente. « Il n'eft pas encore agréé, dit M. de Boullongne, & déjà il parle d'être reçu. Au refte, ajouta-t-il, tu as bien fait de m'en parler. » (C'était une habitude qu'il avait de s'exprimer ainfi.) Il rapporta en effet la propofition, elle fut faifie avec plaifir ; l'Académie prit deux de ces tableaux ; l'un, un buffet chargé de fruits & d'argenterie ; l'autre, le beau tableau repréfentant une raie & quelques uftenfiles de ménage, qui fait encore l'admiration de tous les artiftes, tant la couleur en eft fière, tant l'effet & le faire font admirables ! »

La réception de Chardin, reçu & agréé comme peintre de fleurs, fruits & fujets à caractères, eut lieu le 25 feptembre 1728 (1).

III

L'Académie ne s'était point trompée : c'était un maître que le peintre de *la Raie* (2), un maître qui allait être le grand peintre de la nature morte.

La nature morte, là en effet eft pour ainfi dire la fpécialité du génie de Chardin. Il a élevé ce genre fecondaire aux plus hautes comme aux plus merveilleufes conditions de l'art. Et jamais peut-être l'enchantement de la peinture matérielle, touchant aux chofes fans intérêt, les transfigurant par la magie du rendu, ne fut pouffé plus

(1) Chardin était fait confeiller le 28 feptembre 1743, tréforier le 22 mars 1752, penfionnaire du Roi la même année. La grâce qu'il enviait le plus, un logement aux galeries du Louvre, lui était accordée en 1757. Le 30 janvier 1765, il était nommé officier de l'Académie de Rouen, en remplacement de Slodtz. — De 1752 à 1774, il exerçait la charge difficile de tréforier, qu'il envoyait au moment où fon prédéceffeur, le concierge de l'Académie, mourait en emportant une année de revenu de la penfion accordée par le Roi. Chardin remettait l'ordre dans cette comptabilité dérangée, & rempliffait confciencieufement fa charge jufqu'en 1774, où, fatigué du travail qu'elle lui donnait à lui & à fa femme, il donnait fa démiffion. Vingt ans auffi Chardin exerça une charge non moins difficile & bien plus délicate, la charge de tapiffier du Louvre, d'arrangeur & d'ordonnateur du Salon. Il eut là affaire à bien des vanités, ne mécontenta perfonne & s'attira l'éloge univerfel par la place modefte qu'il donnait à fes propres tableaux.

(2) Le Mufée du Louvre poffède de Chardin, fous le n° 96, cette raie fous le titre : *Intérieur de cuifine*. Il poffède encore de lui : n° 97, fruits fur une table de pierre ; 98, *la Mère laborieufe* ; 99, *le Bénédicite* ; 100, lapin & uftenfiles de chaffe ; 101, uftenfiles de cuifine ; 102, uftenfiles de cuifine ; 103, *le Singe antiquaire* ; 104, les attributs des arts. (Notice des tableaux de l'école françaife, par M. Villot, 1858.) Les numéros 100, 101, 102 & 103 ont été acquis fous l'adminiftration de M. le comte de Nieuwerkerke.

loin que chez lui. Dans fes tableaux d'animaux, fes lièvres, fes lapins, fes perdrix, dans ce qu'on appelait au dix-huitième fiècle des *retours de chaffe*, quel maître n'égale-t-il pas? Fyt lui-même, plus fpirituel, plus piquant, plus amufant à l'œil, plus détaillé de plume & de poil, lui cède en force, en folidité, en largeur de travail, en vérité d'effet. Les fruits, les fleurs, les acceffoires, les uftenfiles, qui les a peints comme lui? Qui a rendu, comme il la rend, la vie inanimée des chofes? Qui a donné aux yeux une pareille fenfation de préfence réelle des objets? Chardin femble entrer, comme le foleil, dans la belle & fombre petite cuifine de Willem Kalf. C'eft une magie à côté de laquelle tout pâlit & tous faibliffent, Van Huyfum & fes herbiers de fleurs sèches, de Heem & fes fruits fans air, Abraham Mignon & fes pauvres bouquets, minces, découpés, métalliques.

Sur un de ces fonds fourds & brouillés qu'il fait fi bien frotter & où fe mêlent vaguement des fraîcheurs de grotte à des ombres de buffet, fur une de ces tables à tons de mouffe, au marbre terreux, habituées à porter fa fignature, que Chardin verfe les affiettes d'un deffert, — voilà le velours plucheux de la pêche, la tranfparence d'ambre du raifin blanc, le givre de fucre de la prune, la pourpre humide des fraifes, le grain dru du mufcat & fa buée bleuâtre, les rides & les verrues de la peau d'orange, la guipure des melons brodés, la couperofe des vieilles pommes, les nœuds de la croûte du pain, l'écorce liffe du marron, jufqu'au bois de la noifette. Tout cela eft là devant vous, dans le jour, dans l'air, comme à portée de la main. Chaque fruit a la faveur de fes couleurs, le duvet de fa peau, la pulpe de fa chair : il femble tombé de l'arbre dans la toile de Chardin. Puis au travers de ce bouquet d'été & d'automne, ce feront des foupières de Saxe à fleurettes (1), de maffives argenteries, des bocaux d'olives, des bouteilles trapues remuant dans leurs flancs de verre l'or des liqueurs ou les lueurs de fang du vin, mille objets de table fur lefquels le peintre fera jouer, en un petit carré lumineux barré d'ombre, le jour & la croix de la croifée.

Chardin fait tout ce qu'il voit.

Rien n'humilie fes pinceaux. Il touche au garde-manger du peuple. Il peint le vieux chaudron, la poivrière, l'égrugeoir en bois avec fon pilon, les meubles les plus humbles. Nul morceau de nature qu'il méprife. Il attaquera dans une heure d'étude un carré de côtelettes de mouton ; & le fang, la graiffe, les os, le nacré des nerfs, la viande, fa broffe exprimera tout, & de fes empâtements fuintera comme le fuc des chairs. C'eft à peine s'il fe donnera le travail de compofer fon tableau : il y jettera la vérité toute fimple, ce qu'il aura fous les yeux, fous la main. Un gobelet d'argent & quelques fruits autour, rien que cela, c'eft un admirable tableau de lui. Le brillant, l'éclair du gobelet n'eft fait que par quelques touches de blanc égratignées de pâte sèche ; dans les ombres, il y a de tous les tons, de toutes les colorations, des filées

---

(1) Voir le beau tableau de M. Lacaze, intitulé *l'Office*.

d'un bleu presque violet, des coulées de rouge qui sont le reflet des cerises contre le gobelet, du brun rouge effacé & comme estompé dans des ombres d'étain, des piqûres de rouge, de jaune, jouant dans des touches de bleu de Prusse, un rappel continu de toutes les couleurs ambiantes glissant sur le métal poli du gobelet. Etudiez un autre tableau de lui, aussi simple, aussi plein de lumière & d'harmonie : c'est un verre d'eau entre deux marrons & trois noix ; regardez un peu longtemps, puis reculez-vous de quelques pas, le verre tourne, c'est du verre, c'est de l'eau, c'est la couleur sans nom faite de la double transparence du contenu & du contenant. A la surface de l'eau, au fond du verre, c'est le jour même qui joue, tremble & se noie. Les gammes les plus tendres, les variations les plus fines du bleu tournant au vert, une infinie modulation d'un certain gris glauque, cristallin & vitreux, une touche partout rompue, des lueurs s'éveillant dans des ombres, de pleines lumières posées comme au doigt sur le bord du verre, c'est tout ce qu'on voit en s'approchant de la toile. Ici, dans ce coin, ce n'est qu'un torchis de pinceau, le coup d'une brosse qu'on essuie, & voilà que dans ce torchis une noix s'ouvre, se recroqueville dans sa coque, montre tous ses cartilages, apparaît dans tous ses détails de forme & de ton.

Mais encore, voyez ces rares bouquets, qui sont comme les fleurs de sa palette, & où le peintre éclate de façon à effacer & à éteindre tous les autres copieurs de la Flore ; voyez ces deux œillets : ce n'est rien qu'une égrenure de blanc & de bleu, une espèce de semis d'émaillures argentées en relief ; reculez vous un peu, les fleurs se lèvent de la toile à mesure que vous vous éloignez, le dessin feuillu de l'œillet, le cœur de la fleur, son ombre tendre, son chiffonnage, son déchiquetage, tout s'assemble & s'épanouit (1). Et c'est là le miracle des choses que peint Chardin : modelées dans la masse & l'entour de leurs contours, dessinées avec leur lumière, faites pour ainsi dire de l'âme de leur couleur, elles semblent se détacher de la toile & s'animer, par je ne sais quelle merveilleuse opération d'optique entre la toile & le spectateur, dans l'espace.

IV

Chardin peignit longtemps des natures mortes, sans oser s'élever plus haut, s'attaquer à la peinture des personnages & des sujets vivants. Il vivait alors en grand compagnonnage avec le portraitiste Aved, le camarade, l'ami de toute sa vie, dont il a laissé le portrait — c'est un détail fort ignoré — dans ce tableau du philosophe en habit & en bonnet fourré, lisant un gros livre relié en parchemin, exposé au Salon de 1753 (2).

(1) Ces œillets possédés par M. Eudoxe Marcille, ne sont comparables qu'au merveilleux bouquet de tubéreuses & de pois de senteur dans un vase du Japon, appartenant à M. Camille Marcille.
(2) *La Bigarrure*, vol. 9.

Chardin se trouvait avec lui ; une dame vint demander à Aved son portrait jusqu'aux genoux : elle lui offrait quatre cents livres. Aved trouve la somme trop modique & refuse. Chardin, habitué à des prix plus modestes, insiste auprès de lui pour qu'il ne laisse pas échapper cette occasion, disant que quatre cents livres sont toujours bonnes à gagner. « Oui, lui dit Aved, si un portrait était aussi facile à faire qu'un saucisson. » Chardin, à ce moment, était occupé à couvrir un devant de cheminée. Il n'avait rien trouvé de mieux que d'y peindre franchement, bellement, & de sa large touche, une table avec sa nappe blanche ; au bas, un broc & une bouteille dans un seau à rafraîchir ; sur la table, deux verres, dont l'un est renversé, un couteau & un saucisson dans un plat d'argent (1). Piqué au mot d'Aved, peut-être aussi craignant de fatiguer le public avec un genre froid & de voir passer la mode s'il ne se renouvelait, Chardin se promettait d'aborder la figure, & bientôt il se découvrait une nouvelle vocation (2).

Pourtant, ne nous fions point trop à cette anecdote. Qu'on feuillette attentivement l'œuvre de Chardin ; le passage du peintre, de la nature morte à la nature vivante, ne semble point avoir eu cette soudaineté. Deux grands singes au museau taché de noir, un macaque antiquaire plongé dans la contemplation d'une médaille avec le recueillement méditatif du collectionneur & du savant ; un autre, travesti en peintre, armé de l'appui-main & peignant académiquement d'après la bosse, nous montrent dès 1726, c'est la date qu'on lit sur un carton, comme l'essai du genre animé chez le tout jeune peintre (3). Le singe paraît lui servir de transition & de premier modèle. Chardin touche à la bête humaine comme à un commencement de personnage & à une ébauche de figure. Mais il y a, contre l'assertion de Haillet de Couronne, plus que ces deux singes. Avant tous ses tableaux exposés, avant sa veine bourgeoise, & pour ainsi dire précédemment à son genre, Chardin avait peint, en 1732, selon l'indication de la gravure, une petite toile de figure qui promet, chose singulière, un tout autre peintre que celui qu'il devait être (4). Et comment, sans le nom inscrit au bas de la planche, nommer Chardin devant ce tableau de grâce & de coquetterie, ces étoffes d'où s'exhale comme une odeur d'ambre, cette jolie figure aux cheveux courts & *tignonnés*, d'où s'envole un rien de dentelle, ce profil fuyant & perdu dans une douceur d'ombre, ce col chatouillé d'un fil de perles, l'avance provocante de cette jolie femme, tendant

---

(1) Ce devant de cheminée est aujourd'hui dans le cabinet de M. Laperlier.

(2) *Abecedario*, de Mariette. — *Mémoires de la vie des Academiciens*.

(3) Deux répétitions de ces deux singes, appartenant à M. Garnier-Courtois, ont été exposées, en 1858, à Chartres ; un exemplaire du singe peintre est encore dans la collection de M. Lacaze.

(4) Ce tableau de figure paraît à l'exposition que fait Chardin, en 1734, à la place Dauphine, exposition où l'on voit déjà de lui des jeux d'enfants au milieu de natures mortes & de trophées d'animaux. Chardin avait seize tableaux à cette exhibition. (*Mercure de France*, juin 1734. Note communiquée par M. E. Bellier de La Chavignerie.)

dans une fièvre d'amour la cire à la flamme trop lente de la bougie qu'allume un laquais auquel la gravure dit :

> Hâte-toi donc, Frontain, vois ta jeune maîtresse,
> Sa tendre impatience éclate dans ses yeux ;
> Il lui tarde déjà que l'objet de ses vœux
> Ait reçu ce billet, gage de sa tendresse.
> Ah ! Frontain, pour agir avec cette lenteur,
> Jamais le dieu d'amour n'a donc touché ton cœur ?

Et autour de cette femme, qui n'est que volupté, tout flotte, joue, se chantourne dans la richesse & l'élégance. Les ors soutachent le tapis ; les ornements s'enroulent au montant du fauteuil doré à fond canné ; des glands qui retombent retroussent au plafond un dais de brocart. Il y a de l'opulence dans le laquais à grande houppelande, une sveltesse de race dans la levrette qui gratte avec l'ongle la soie de la grande robe rayée où se dénoue la taille de sa maîtresse (1).

Dans le même temps, dès 1725, un peintre d'histoire s'était tourné vers cette représentation des élégances & des coquetteries du temps. Il avait peint la beauté, le plaisir, l'amour du plus haut monde de la Régence, avec une sorte de richesse magistrale. Son pinceau avait rendu la grandeur de goût des plis, des étoffes, des ajustements, des intérieurs. Il avait su chiffonner la dentelle des *engageantes*, étaler superbement les jupes, faire bouillonner les négligés derrière le dos des Philis, les évaser sur leurs jambes en large éventail. Dans *le Pied de bœuf, la Lecture sous bois, la Déclaration à la Fontaine*, dans *la Toilette pour le bal* & *le Retour du bal*, le peintre Detroy avait déjà supérieurement exprimé la volupté lâche, molle, abandonnée de ce moment de l'histoire qui, au physique & au moral, semble le déshabillé du règne de Louis XIV. Rien d'aisé, d'exquis, de magnifique comme la façon dont il retrousse une mule, charge un gilet de ramageures d'or, sème les boutons de diamants sur un peignoir, drape un ample domino, dessine ce Décaméron d'un Palais-Royal, enveloppe ces figures de ce nuage de linge dans lequel elles rient avec un air de nonnes galantes & d'abbesses de Chelles. Evidemment il y a là dans ce tableau de la dame qui cachette

---

(1) M. Dussieux, dans ses *Artistes français à l'étranger* (1856), indique ce tableau comme figurant à la galerie grand-ducale de Carlsruhe. Une esquisse en existe à Paris dans le cabinet de M. Peltier. Le manteau de lit de la femme est d'une étoffe ginzolin, à bande verte & blanche, la bande verte accompagnée d'une raie rouge. La jupe est bleue. Des tons rompus, d'un violet tendre, jouent dans la houppelande du domestique. Le profil de la femme, cerclé de noir, est d'une brutale indication ; mais sa joue & son cou ont la coloration sanguine & dorée des chairs du maître. Ce petit tableau a été acheté à la vente d'Houdetot. Il provient de la vente Hubert-Robert (5 avril 1809), où il était catalogué avec cette note de l'expert Paillet : « Dans un appartement deux figures, dont une dame se disposant à cacheter une lettre, tandis que son valet lui allume une bougie. Le costume qui tient à celui de feue madame Geoffrin, rend ce morceau curieux & original. »

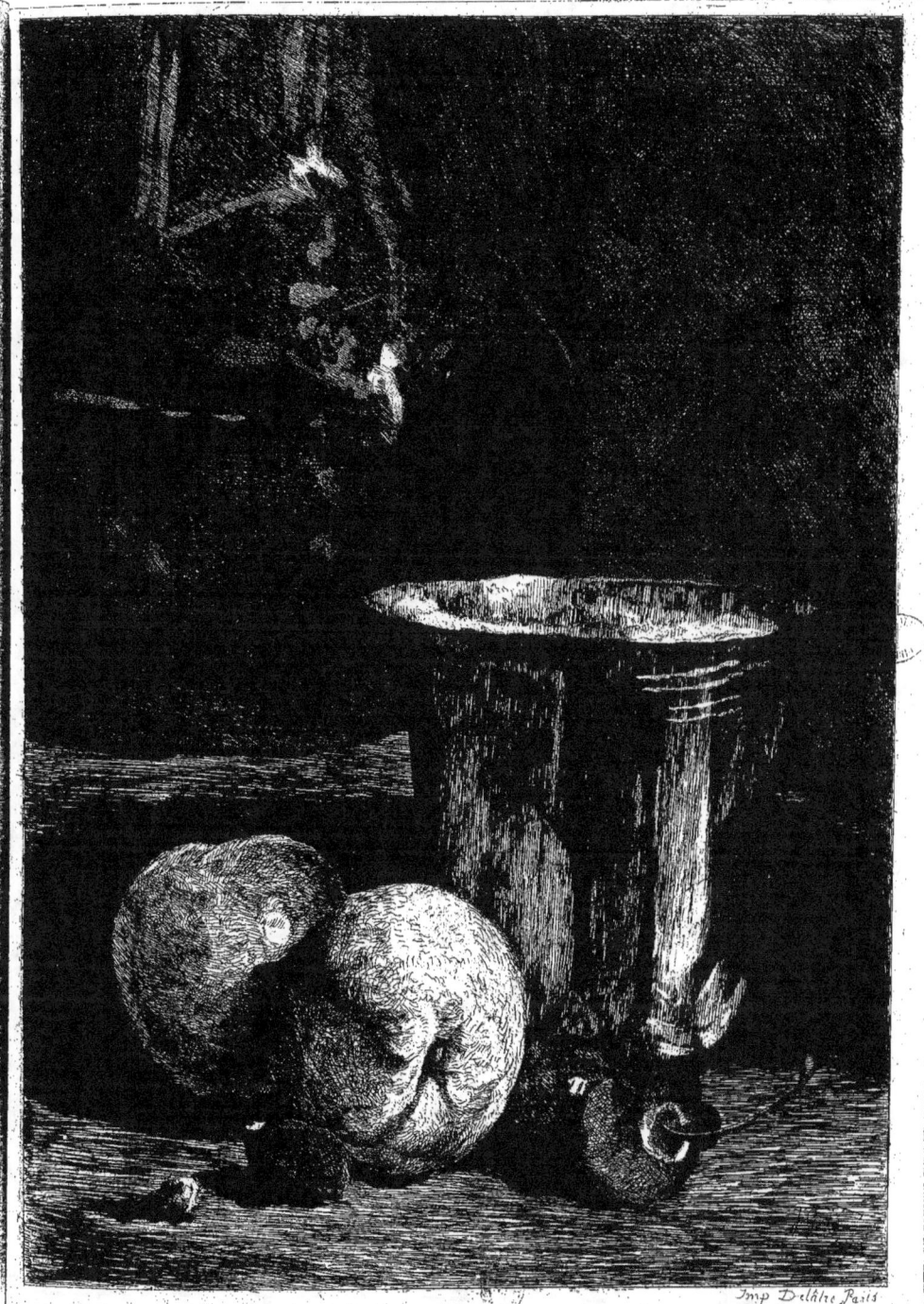

une lettre, peut-être moins unique qu'on ne le croit dans la carrière de Chardin, une hésitation, un tâtonnement de sa vocation, une tentation & une séduction de Detroy.

Quoi qu'il en soit, la première tentative de Chardin, dans son vrai genre, fut un jeune homme, une sorte de grand dadais adolescent qui fait *des bouteilles de savon* (1), sincère & naïve étude d'après nature, un peu plate, sans accent dans les chairs, & dans laquelle Chardin s'était donné les difficultés d'une grande figure, difficultés qui demeurèrent presque toujours pour le peintre un écueil. Je placerais volontiers dans ces commencements & ces essais du peintre de figures un autre assez grand sujet (2) tout-à-fait inconnu qui a comme un avant-goût de Fragonard. C'est une petite fille en fanchon blanche, en casaquin vert, les manches retroussées aux coudes, le tablier blanc, la jupe rose, assise dans un coin de chambre & tendant une gimblette à un petit épagneul faisant le beau. C'est du Chardin, mais du Chardin délayé. Sa couleur grasse bave dans les chairs. On ne le retrouve franc, fin & fort, sûr de sa touche, que dans la toilette faisant presque tout le fond de la scène, la serviette, la brochure, le flacon de verre posés dessus & perdus dans les harmonies de sa palette. Mais tout son talent, un talent ferme & dégagé, à l'aise dans de plus petites dimensions, en pleine possession de son cadre, de ses personnages, de son faire, nous le trouvons dans *la Fontaine* (3) que lui commandait le chevalier de Laroque & que gravait Cochin ; nous le trouvons à tous les coins de l'éclatante petite toile, dans ces blancs si rompus & si clairs pourtant du bonnet & du casaquin de la femme penchée & tournant le robinet, dans la chaleur de ce bout de profil plein de sang & de santé, où commence la ruisselante coloration de ses chairs en plein soleil, dans la bigarrure du cotillon, dans ce travail de brosse qui rend le treillis de la grosse toile & le duveteux de la laine. Prenons garde d'oublier ce remarquable caractère que Chardin va désormais donner à toutes ces scènes par le rendu de l'accessoire & du meuble. Fontaines, fourneaux, poêlons, réchauds, brocs, dévidoirs, pelotes à épingles, écrans, paravents, encoignures, jusqu'aux raquettes & aux quilles des enfants, tout a dans ses tableaux une consistance & comme une intensité de réalité. Tout prend sous sa main, sous son dessin noueux & ressenti, je ne sais quelle solidité, quelle ampleur turgescente. Il étoffe le sac à ouvrage, il fait saillir les côtes de la cruche pansue, il assied l'armoire dans sa massiveté, il peint le chaudron dans son puissant bosselage ; & par le gras du contour, par la carrure des lignes, par une sorte d'épaisseur robuste & de grandeur naturelle, les choses dans ses tableaux à personnages arrivent à un style.

Chardin envoyait ce tableau de *la Fontaine* à l'exposition de 1737 (4), qui rouvrait

---

(1) Ce tableau appartient à M. Laperlier.
(2) Possédé par M. Guilmard.
(3) Un exemplaire de ce tableau est dans le cabinet de M. E. Marcille.
(4) Nous croyons devoir donner ici la liste des expositions de Chardin, en y ajoutant la mention des estampes gravées d'après ses tableaux, sans cependant entrer dans le détail des états & des copies qui nous eût mené trop loin. De ses tableaux non exposés, nous ne trouvons gravés que *l'Econome*, par Lebas, *les Osselets*, par Fil-

la férie des expofitions fufpendues depuis 1704, & qui femblait venir à point pour donner aux figures du peintre la confécration du fuccès. A côté de fa *Fontaine*, il avait fa *Blanchiffeufe*, commandée, ainfi que *la Fontaine*, par le chevalier de Laroque, l'amateur à la jambe de bois, immortalifé par une toile de Watteau. Outre fes *Deux cuifines*, c'eft le nom que

bœuf; deux enfants jouant enfemble, par Cochin père. M. Hédouin, dans fa *Mofaïque*, cite la *Caqueteufe*, par Feffard, & *la Tricoteufe*, par Flipart fils, planches que nous ne connaiffons pas.

Mentionnons en tête de ce catalogue de l'œuvre de Chardin une rariffime gravure, non décrite, non indiquée jufqu'ici, & ne figurant à aucun catalogue de vente : c'eft la gravure poffédée par M. Claye, d'un tableau de fon cabinet, repréfentant une femme en robe à cinq volants, devant une cheminée dont le trumeau eft le portrait de Chardin en béficles peint en grifaille. La tradition raconte que cette jeune femme eft une filleule de Chardin. Et nous lifons, en effet, au-deffous de J. B. S. Chardin, pinxit, Chevillet fculpfit, 1777 : MARGUERITE-SIMÉONE POUGET.

1737.

Une fille tirant de l'eau à une fontaine ; *gravé fous le nom de la Fontaine, par C.-N. Cochin.*

Une petite fille s'occupant à favonner ; *gravé fous le nom de la Blanchiffeufe, par C.-N. Cochin.*

Un jeune homme s'amufant avec des cartes ; *gravé fous le nom du Château de cartes par Fillœul.*

(Il y a un autre Château de cartes où le garçonnet a la tête découverte ; *gravé par Aveline.* Enfin Marcenay de Guy en a fait une petite eau-forte.)

Un chimifte dans fon laboratoire.

Un petit enfant avec des attributs de l'enfance ; *gravé par C.-N. Cochin.* Au bas, les deux vers :

Sans fouci, fans chagrin. . . . .

Une petite fille affife s'amufant avec fon déjeuner ; *gravé par C.-N. Cochin*, avec au bas, les deux vers :

Simple dans mes plaifirs. . . . .

Une petite fille jouant au volant ; *gravé fans nom de graveur dans les anciennes épreuves.* Le poffeffeur de la planche, qui l'a retrouvée dernièrement, y a mis le nom de Lepicié. N'eft-elle pas plutôt de C.-N. Cochin ?

Un bas-relief peint en bronze.

1738.

Un petit tableau repréfentant un garçon cabaretier qui nettoie fon broc ; *gravé par C.-N. Cochin fous le titre* le Garçon cabaretier.

Un tableau repréfentant une jeune ouvrière en tapifferie.

Un tableau repréfentant une récureufe ; *gravé par C.-N. Cochin fous le titre* l'Ecureufe. La mention « du cabinet du comte de Vence » indiquerait que la gravure en a été faite, ainfi que pour le garçon cabaretier, d'après une répétition expofée en 1757, à moins que le tableau n'ait été expofé deux fois, ce que je ferais porté à croire.

Une ouvrière en tapifferie qui choifit de la laine dans fon panier ; *gravé fans titre*, en 1757, par Flipart. Une copie de cette planche a été gravée fous le nom de l'Amufement utile, par Cécile Magimel, & une planche en couleur avec quelques différences dans le fond a été gravée en couleur par Gautier d'Agoty, qui a gravé avec le même procédé le pendant de ce petit tableau, le Deffinateur.

Son pendant, un jeune écolier qui deffine ; *gravé en 1757, par Flipart.*

Un tableau de quatre pieds en carré, repréfentant une femme occupée à cacheter une lettre ; *gravé fans titre par Feffard.*

Un petit tableau repréfentant le fils de M. Godefroy, joaillier, appliqué à voir tourner un toton ; *gravé fous le titre* le Toton *par Lepicié*, en 1742.

Un jeune deffinateur taillant fon crayon ; *gravé à Londres en 1740 par Faber.* (Manière noire.)

Le portrait d'une petite fille de M. Mahon, marchand, s'amufant avec fa poupée ; *gravé en 1743, fous le titre* l'Inclination de l'âge, par Surugue fils.

1739.

Une dame qui prend du thé ; *gravé par Fillœul fous le titre* Dame prenant fon thé.

L'amufement frivole d'un jeune homme faifant des bouteilles de favon ; *gravé par Fillœul fous le titre* les Bouteilles de favon.

Un petit tableau en hauteur repréfentant la gouvernante ; *gravé par Lepicié, en 1739, fous le titre* la Gouvernante.

Autre repréfentant la pourvoyeufe ; *gravé par Lepicié, en 1742, fous le titre* la Pourvoïeufe.

le public donnait aux deux pendants, Chardin avait encore à cette expofition fix autres tableaux qui attiraient le public, enchantaient les artiftes & raviffaient le goût français fi longtemps privé de fujets naïfs, familiers, pris dans la fimplicité du vrai, dans le négligé des habitudes du temps & l'intimité de fes mœurs. Trois de ces tableaux ne

Autre, les tours de cartes ; *gravé en 1744 par Surugue fils fous le titre les* Tours de cartes.
La ratiffeufe de navets ; *gravé par Lepicié en 1742, fous le titre la* Ratiffeufe.

1740.

Un tableau repréfentant un finge qui peint ; *gravé en 1743 par Surugue fils fous le titre le* Peintre.
Autre, le finge de la philofophie ; *gravé par Surugue fils en 1743, fous le titre* l'Antiquaire.
Autre, la Mère laborieufe ; *gravé en 1740 par Lepicié, fous le titre la* Mère laborieufe.
Autre, le Bénédicité ; *gravé en 1744 par Lepicié, fous le titre le* Bénédicité. *Le fuccès de cette planche fut tel, que Renée-Elifabeth-Marie Lepicié en fit une copie.*
Autre, la Petite Maîtreffe d'école ; *gravé en 1740 par Lepicié, fous le titre la* Maîtreffe d'école.

1741.

Un tableau repréfentant le négligé ou toilette du matin, appartenant à M. le comte de Teffin ; *gravé en 1741 fous le titre le* Négligé ou toilette du matin.
Autre, repréfentant le fils de M. Le Noir s'amufant à faire des châteaux de cartes ; *gravé par Lepicié, fous le titre le* Château de cartes.

1743.

Un tableau repréfentant le portrait de Mme Le... tenant une brochure ; *gravé par L. Surugue en 1747, fous le titre* l'Inftant de la méditation. *Un fecond état porte une dédicace à M. Le Noir ; il y en a encore une copie en manière noire par Houfton.*
Autre petit tableau repréfentant des enfants qui s'amufent au jeu de l'oie ; *gravé par Surugue fils en 1743, fous le titre le* Jeu de l'oie.
Autre faifant pendant, où font auffi des enfants faifant des tours de cartes.

1746.

Un tableau, répétition du *Bénédicité*, avec une addition pour faire pendant à un Téniers placé dans le cabinet de M***.

Autre, Amufements de la vie privée ; *gravé par Surugue en 1747, fous le titre* les Amufements de la vie privée.
Le portrait de M*** ayant les mains dans fon manchon.
Le portrait de M. Levret, de l'Académie royale de chirurgie ; *gravé par Louis Le Grand*.

1747.

La Garde attentive, ou les aliments de la convalefcence. Ce tableau fait pendant à un autre du même auteur qui eft dans le cabinet du prince de Lichtenftein, & dont il n'a pu difpofer, ainfi que de deux autres qui font partis depuis peu pour la cour de Suède.

1748.

L'élève ftudieux, pour fervir de pendant à ceux qui font partis l'année dernière pour la cour de Suède.

1751.

Un tableau de dix-huit pouces fur quinze de large. Ce tableau repréfente une dame variant fes amufements.
La dame variant fes amufements, plus connue fous le nom de *la Serinette*, a été gravé par Cars, *fans titre, mais avec une dédicace de Chardin à M. de Vandières.*

1753.

Deux tableaux-pendants fous le même numéro ; l'un repréfente un deffinateur d'après le *Mercure*, de M. Pigalle, & l'autre une jeune fille qui récite fon évangile. Ces deux tableaux, tirés du cabinet de M. de La Live, font répétés d'après les originaux placés dans le cabinet du roi de Suède. Le deffinateur eft expofé pour la feconde fois avec des changements
Le deffinateur d'après le Mercure, de Pigalle, a été gravé par Lebas fous le titre l'Etude du deffin. *La jeune fille récitant l'évangile a été gravée par Lebas fous le titre* la Bonne Education.
Un philofophe occupé de fa lecture. Ce tableau appartient à M. Bofery, architecte. *Ce tableau, que la Bigarrure & Fréron, dans les Obfervations fur la phyfique, l'hiftoire naturelle & la peinture, 1752, 1755, difent être le portrait d'Aved, a été gravé neuf ans avant par Lepicié, en 1744, fous le titre le* Souffleur. *Ne ferait-*

repréfentaient que des enfants furpris par le peintre dans le fans-façon de leur pofe, dans leur grâce naturelle, animés & pour ainfi dire encore effoufflés par leurs jeux. Mais quelle réjouiffance, pour les vifiteurs de Salon, que ces aimables petites, joufflues, bien portantes, riantes de fanté & de la joie de leur âge ! Chardin les avait peintes fans

ce point une répétition du Chimifte dans fon laboratoire, expofé en 1737?

Un petit tableau repréfentant un aveugle; *gravé par Surugue fils fous le titre* l'Aveugle.

Autre, un chien, un finge & un chat peints d'après nature. Ces deux tableaux, tirés du cabinet de M. de Bombarde.

Une perdrix & des fruits appartenant à M. Germain.

Deux tableaux-pendants fous le même numéro, repréfentant des fruits, tirés du cabinet de M. de Chaffe.

Un tableau repréfentant du gibier, appartenant à M. Aved.

1755.

Des enfants fe jouant avec une chèvre. Imitation d'un bas-relief de bronze.

Un tableau d'animaux.

1757.

Un tableau d'environ fix pieds repréfentant des fruits & des animaux.

Deux tableaux dont l'un repréfente les préparatifs de quelques mets fur une table de cuifine; & l'autre, une partie de deffert fur une table d'office. Ils font tirés du cabinet de l'Ecole françaife de M. de La Live de July.

Une femme qui écure.

Tableau tiré du cabinet de M. le comte de Vence.

Le portrait en médaillon de M. Louis, profeffeur & cenfeur royal de chirurgie; *gravé par Miger en* 1766.

Un tableau d'une pièce de gibier avec une gibecière & une poire à poudre. Tiré du cabinet de M. Damery.

1759.

Un tableau d'environ fept pieds de haut fur quatre de large, repréfentant un retour de chaffe. Il appartient à M. le comte du Luc.

Deux tableaux de deux pieds & demi fur deux pieds de large, repréfentant des pièces de gibier avec un fourniment & une gibecière. Ils appartiennent à M. Trouard, architecte.

Deux tableaux de fruits d'un pied & demi de large fur feize pouces de haut. Ils appartiennent à M. l'abbé Trublet.

Deux autres tableaux de fruits de même grandeur

que les précédents, du cabinet de M. Silveftre, maître à deffiner du Roi.

Deux petits tableaux d'un pied de haut fur fept pouces de large. L'un repréfente un jeune deffinateur, l'autre une jeune fille qui travaille en tapifferie. Ils appartiennent à M. Cars, graveur du Roi.

1761.

Le *Bénédicité*. Répétition du tableau qui eft au cabinet du Roi, mais avec des changements. Il appartient à M. Fortier, notaire.

Plufieurs tableaux d'animaux. Appartenant à M. Aved, confeiller de l'Académie.

Des vanneaux. Appartenant à M. Silveftre, maître à deffiner du Roi.

Deux tableaux de forme ovale. Appartenant à M. Roettiers, orfévre du Roi.

1763.

Des fruits.

Le Bouquet.

Ces deux tableaux appartiennent à M. le comte de Saint-Florentin.

Des fruits. Appartient à l'abbé Pommyer, confeiller en Parlement.

Des fruits.

Le débris de déjeuner.

Ces deux tableaux font du cabinet de M. Silveftre, de l'Académie royale de peinture & maître à deffiner de Sa Majefté.

Un petit tableau. Appartient à M. Lemoyne, fculpteur du Roi.

Plufieurs autres tableaux.

1765.

Les attributs des fciences, ceux des arts & ceux de la mufique. Ces trois tableaux, de trois pieds dix pouces de haut fur trois pieds dix pouces de large, font deftinés pour les appartements de Choify.

Trois tableaux, dont un ovale, repréfentant des rafraîchiffements, des fruits & des animaux. Hauteur, trois pieds fix pouces; largeur, quatre pieds fix pouces. L'ovale a cinq pieds de haut.

fard aux joues, fans poudre aux cheveux, le petit bonnet de linge mutinement pofé fur la tête, le corfage garanti par la bavette du tablier, mignonnes dans leur groffe jupe de laine : l'une laiffe retomber la lourde raquette du temps, l'autre paffe toute fière, fon tambour pendu en bandoulière, & traîne un petit moulin à vent découpé dans un jeu de cartes ; celle-ci, grave fur fa chaife de bois, un panier & une groffe tartine devant elle, fait un jeu de paffe-paffe avec les cerifes de fon déjeuner. C'eft ainfi que Chardin repréfente les enfants, naïvement, au naturel, en les obfervant dans leur phyfionomie, dans leur air, dans leurs pofes d'inftinct. Et comme il rend leur joli férieux, leur plaifir tranquille, fans bruit, appliqué, prefque recueilli dans un coin d'appartement ! Comme il les fait attentifs, fe hauffant fur la pointe du pied, retenant leur fouffle, devant l'échafaudage d'un château de cartes ! Comme il s'entend à traduire l'étonnement, l'émerveillement de ces jeunes regards trompés avec des tours d'adreffe ! De quelle émotion il anime ce petit monde penché fur un jeu d'oie, l'oreille & l'âme au bruit du cornet d'où vont tomber les dés ! Et quelle fineffe & que de nuances il fait mettre dans toutes ces petites expreffions qui commencent un vifage de femme : la moue de la petite fille devant les gronderies, fon air important de maternité, lorfqu'elle berce dans fes bras fa poupée coftumée en religieufe, fa jolie petite mine doctorale, lorfqu'elle montre avec fon aiguille l'A B C à un petit frère coiffé du lourd bourrelet du temps !

Le fuccès de cette peinture familière & domeftique, abandonnée en France depuis

Plufieurs tableaux, dont un repréfente une corbeille de raifins.

1767.

Deux tableaux cintrés, d'environ trois pieds de haut fur quatre pieds fix pouces de large, repréfentant divers inftruments de mufique & deftinés pour les appartements de Bellevue. Au Roi.

1769.

Les attributs des arts & les récompenfes qui leur font accordées. Hauteur, quatre pieds ; largeur, cinq pieds. Ce tableau, répétition, avec quelques changements, de celui fait pour l'impératrice des Ruffies, appartient à M. l'abbé Pommyer, confeiller en la grand'chambre du Parlement, honoraire, affocié libre de l'Académie.

Une femme qui revient du marché. Ce tableau, auffi répétition, avec changements, appartient à M. Silveftre, maître à deffiner des Enfants de France.

Une hure de fanglier. Hauteur, deux pieds fix pouces ; largeur, trois pieds. Tiré du cabinet de Monfeigneur le Chancelier.

Deux tableaux repréfentant des bas-reliefs.
Deux tableaux de fruits.

Deux tableaux de gibier.

1771.

Imitation d'un bas-relief.
Trois têtes d'étude, paftel.

1773.

Une femme qui tire de l'eau à une fontaine. Ce tableau appartient à M. Silveftre, maître à deffiner des Enfants de France ; c'eft la répétition d'un tableau appartenant à la reine douairière de Suède.
Tête d'étude au paftel.

1775.

Trois têtes d'étude au paftel.

1777.

Imitation de bas-relief.
Trois têtes d'étude au paftel.

1779.

Plufieurs têtes d'étude au paftel.

Abraham Bosse & les Le Nain, décidait la fortune du nom de Chardin. La gravure lui donnait la popularité ; elle répandait l'image & le bruit de son talent, au delà du public des expositions, dans toute l'immense clientèle du goût de Paris, par toute cette Europe du XVIIIe siècle remplie de notre art, amoureuse de notre génie, *l'Europe Française*, ainsi que la nommait Caraccioli. La vulgarisation de la gravure, nulle de ses natures mortes ne l'avait eue, pas même cette raie superbe & d'un si puissant effet qui avait valu au peintre, parmi les amateurs, le surnom de Rembrandt français. Encore aujourd'hui elles sont vierges de reproduction gravée, & c'est à peine si la lithographie y a touché. Mais aussitôt que paraissent ces petites scènes, les graveurs se les disputent, les meilleurs ouvriers du burin se les arrachent. On les grave à leur apparition ; on les grave une fois, deux fois, quelquefois trois ; pour chaque changement, c'est une planche nouvelle. On a beau chercher dans la suite des tableaux mentionnés de Chardin, on n'en trouve guère qu'un seul ayant échappé au burin : c'est celui qui a pour titre *les Aliments de la convalescence*, & qui fut comme enlevé de l'Exposition par le prince de Lichtenstein (1). Et voyez l'empressement de la publication ; dès le mois de mai 1738, Fessard mettait en vente rue Saint-Denis, *au Grand-Saint-Louis, la Dame cachetant une lettre*, dont le tableau ne devait être exposé qu'au Salon de l'année. Le mois suivant, rue Saint-Jacques, *à Saint-Thomas*, chez Cochin, sont mises en vente *la Petite Fille aux cerises* & *la Petite Fille au moulin à vent*, exposées au Salon de 1737 (2). Devant ses tableaux à peine secs, les plus renommés, les maîtres de l'outil se mettent à l'œuvre & entament le cuivre. A la suite de Fessard, de Cochin père, de Cochin fils, c'est Lebas, c'est Lepicié, c'est Fillœul, c'est Surugue père, c'est Surugue fils, l'auteur de ce chef-d'œuvre *les Tours de cartes* ; ce sont tous ces grands artistes, encore méconnus aujourd'hui, si fidèles pourtant, si habiles, & de tant de souplesse ! Tout à l'heure ils rendaient les scènes à ciel ouvert de Watteau, la touche pétillante, son faire nerveux, ses paradis frissonnants, ses bouquets d'Amours, ses corbeilles de femmes, sa couleur de féerie ; maintenant les voici exprimant tout Chardin, le corps & l'âme de sa peinture, ses lumières reposées, ses fonds assoupis, ses blancs gras, ses intérieurs presque sévères à force de tranquille harmonie. Sous leurs tailles croisées & renforcées, sous leurs travaux d'un moelleux ferme, conduits dans le sens des lignes & des formes, sous le grain de leur pointillé, le tableau même de Chardin revient & sort du papier. On retrouve ses gris, ses clairs, le beurré de sa touche, le plissement simple & riche de ses linges, l'accentuation ressentie de ses accessoires, le ferme modelé de ses chairs. Chardin dut beaucoup à ces admirables interprètes de son dessin, de sa palette même. Il leur dut de meubler les intérieurs de son siècle, d'entrer dans le ménage, d'orner les chambres de famille avec ces images de son temps, avant les Greuze, les

---

(1) On voit chez M. Laperlier, une esquisse de ce tableau.

(2) *Mercure de France*, 1738.

Baudouin, les Jeaurat, les Eifen, qui chaffent, au grand regret des Mariette, les gravures de l'hiftoire & de la fable. Il leur dut cette réputation immenfe, cette mode univerfelle (1) qui alla jufqu'à remplir l'Allemagne de mauvaifes copies allemandes de fes gravures, & à faire acheter du public, fur la feule recommandation de fon nom mis fauffement au bas des planches, les groffières images de Dupin l'aîné & de Charpentier : la *Souricière*, la *Ménagère*, l'*Enfant gâté*, le *Chat au fromage*, &c.

En 1738, Chardin expofait *le Garçon cabartier* & *l'Ecureufe* (2). Il montrait auffi à cette expofition un tableautin exquis, *le Deffinateur*, où, dans un tout petit cadre, il femblait avoir voulu mettre en bouquet toutes fes fleurs de ton. Il y a là pour Chardin comme un fujet aimé. Le deffin, les premières études, les commencements du peintre qui tâtonne, le crayon en main, c'eft pour lui un fouvenir de jeuneffe à l'évocation duquel il fe plaît. L'atelier, fes fonds calmes où dort fi bien l'ombre, la palette pendue, l'académie à la fanguine de quelque Vanloo accrochée par quatre clous au mur, la toile ébauchée, les cartons ventrus, le plâtre eftropié, tout ce pittorefque mobilier de la peinture, fe prêtant fi bien aux pinceaux du peintre, ce décor de fa vie revient fouvent dans fon œuvre. Il fe plaît à peindre l'écolier, le *poliffon* avec fon petit tricorne & fon gros catogan, l'habit troué à l'épaule d'un bel accroc de mifère, affis les jambes croifées par terre, le carton fur fes genoux, & le nez fur un carton. Et à côté de ce Deffinateur, dont il fera des répétitions, il en expofe, la même année, un autre ; celui-ci fvelte, élancé, élégant, le tricorne bien campé, le dos battu du flot d'une grande perruque, taillant indolemment fon crayon, en s'appuyant du coude fur une feuille de papier où l'on devine une tête de fatyre : c'eft ainfi que nous le montre une rariffime gravure en manière noire, publiée par Faber à Londres, en 1740. Dans une dernière & plus importante compofition, Chardin reprendra encore, quelques années plus tard, ce perfonnage du peintre & ce thème de l'atelier : cette fois, par un jour du nord, dans un grand grenier froid que chauffe le *brafero* des ateliers d'alors, le Deffinateur affis, le carton fur fes genoux, la tête avancée, le regard tendu, deffine le *Mercure* de Pigalle, tandis qu'un de fes amis, un rouleau de papier fous le bras, fon petit manchon d'homme à la main, regarde par-deffus fa tête.

V

Aux expofitions qui fuivent, aux falons de 1739, de 1740, de 1741, Chardin ne

---

(1) Le bon marché dut ajouter à cette vogue des gravures de Chardin. Nous trouvons, dans un catalogue imprimé des planches en vente chez Lebas , les prix fuivants : *Le Négligé ou la Toilette du matin*, une livre dix fols ; *la Dame prenant fon thé*, une livre, etc.

(2) Ces deux tableaux, ainfi que le *Deffinateur* & fon pendant l'*Ouvrière en tapifferie*, font poffédés par M. Camille Marcille, chez lequel il faut aller étudier Chardin pour rendre toute juftice au peintre.

fait que fe continuer. Il demeure égal, mais pareil à lui-même, montrant fous le même jour & au même point un talent qui s'eft préfenté tout formé au public & dont la maturité a précédé la publicité. Car il faut prendre garde ici à une confufion qui tromperait fur la marche & le développement du peintre : fes expofitions de 1737 & de 1738 font faites avec des tableaux exécutés depuis longtemps & reftés fans acquéreurs, comme fa *Raie* qui n'eft expofée place Dauphine que plufieurs années après avoir été peinte. Mais par ces trois expofitions, où en fe reffemblant, en fe répétant prefque, Chardin eft plus que jamais lui-même, le peintre de mœurs s'affirme définitivement. Il deffine le plan, il étend l'intérêt de fon œuvre. Il s'établit pour toujours dans fon genre ; il s'y fixe et s'y affied. La fignification morale fe dégage de fon talent : l'Art français reconnaît & falue en lui le peintre de la Bourgeoifie.

Qu'eft Chardin en effet? Le peintre bourgeois de la bourgeoifie. C'eft à la petite bourgeoifie qu'il demande fes fujets ; c'eft dans la petite bourgeoifie qu'il trouve fes infpirations. Il enferme fa peinture dans cet humble monde dont il eft, & où font fes habitudes, fes penfées, fes affections, fes entrailles. Il ne cherche point au delà de lui-même, ni plus haut que fon regard : il s'en tient au fpectacle & à la repréfentation des fcènes qui l'avoifinent & le touchent. L'acceffoire même chez lui eft pour ainfi dire de fa familiarité & de fon intimité : il mettra dans fes tableaux fa fontaine, fon doguin, les êtres & les chofes accoutumés de fon intérieur perfonnel. Il peindra de même les perfonnages à fa main, les vifages d'habitude journalière, non point les types de cette bourgeoifie déjà ambitieufe & fi loin du peuple qui commence à prendre au XVIIIe fiècle l'orgueil, l'apparat, le luxe, l'air de fortune d'une nobleffe en fous-ordre, mais les fimples & pures figures de la bourgeoifie de peine & de travail, heureufe dans fa paix, fon labeur & fon obfcurité. Le génie du peintre fera le génie du foyer.

Peinte de fi près, & par un homme ayant fon âme, cette petite bourgeoifie du temps, la forte mère du Tiers État, eft là vraiment vivante, immortelle, dans ces toiles, dans ces planches de Chardin. Qu'on feuillette les livres, les hiftoires de la vie privée, qu'on aille, pour connaître les mœurs bourgeoifes du temps, des nouvelles de Challes aux romans de Rétif, & de ceux-ci aux Mémoires de madame Roland, on n'aura point cette lumière que donne un feul tableau du peintre. On ne verra point fi bien la bourgeoifie que dans ce fidèle et fincère miroir vers lequel accourait la Parifienne du temps pour fe regarder, & dans lequel elle était tout étonnée de fe reconnaître, des pieds à la tête, & de la robe jufqu'au cœur. « Il ne vient pas là une femme du tiers état, — dit une curieufe brochure du temps en parlant des tableaux de Chardin, — qui ne croie que c'eft une idée de fa figure, qui n'y voie fon train domeftique, fes manières rondes, fa contenance, fes occupations journalières, fa morale, l'humeur de fes enfants, fon ameublement, fa garde-robe (1). »

(1) *Lettre à M. de Poireffon-Chamarande, lieutenant général, au fujet des tableaux expofés au falon du Louvre*, 1741.

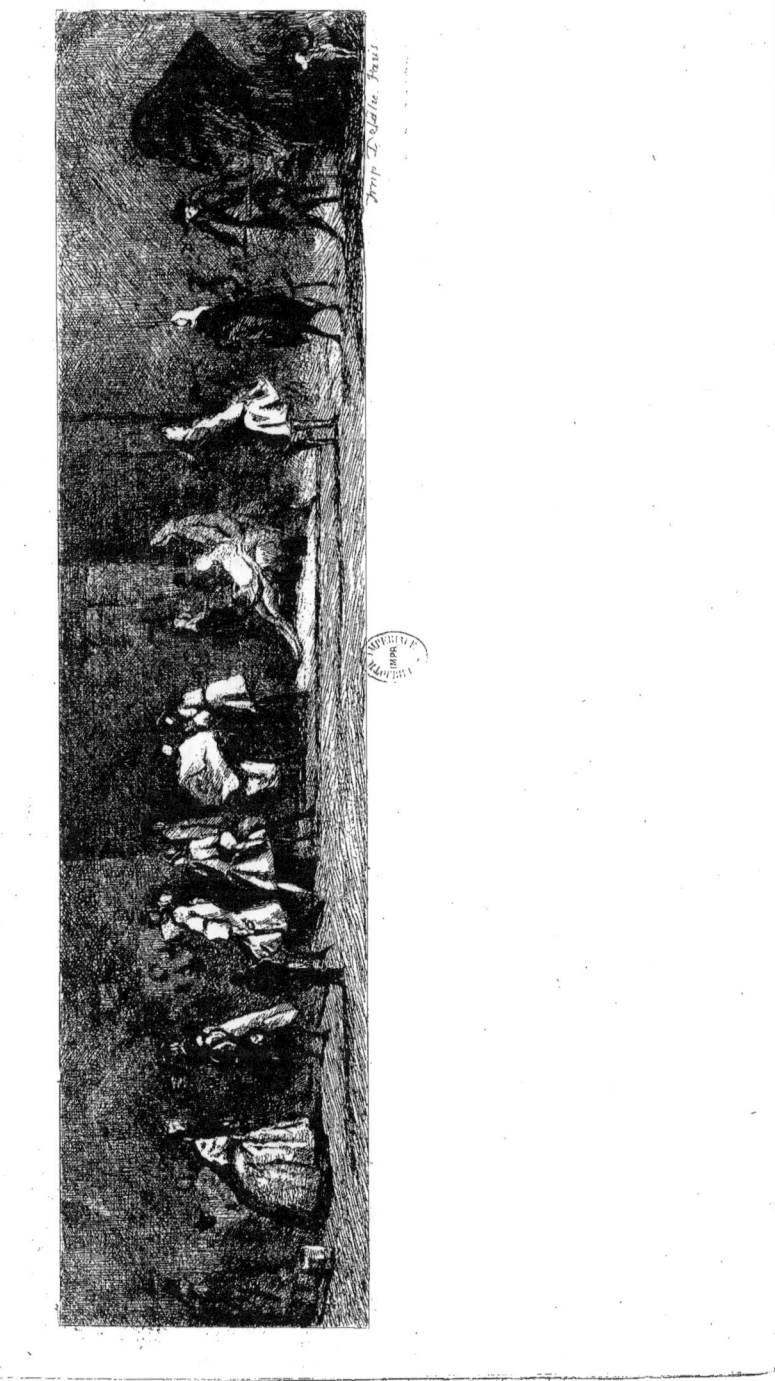

Et comment la femme du tiers état ne se fût-elle pas reconnue dans ces tableaux tout pleins d'elle? Ses manches relevées à la saignée du bras, son tablier à bavette, sa guimpe, sa croix à la Jeannette, sa jupe de calemande rayée, le peintre n'oublie rien de son costume. Il l'habille de ses habits, de ses couleurs; il la montre dans sa tenue austère, *presque évangélique*, selon le mot d'une femme du temps. Il la fait se mouvoir dans le décor & les actes de sa vie ordinaire & quotidienne. Il la représente dans le travail domestique, dans ces occupations ouvrières que la petite bourgeoisie garde du peuple. Il la peint à la cuisine, épluchant les gros herbages de la soupe. Il la surprend au retour du marché avec le gigot dans la serviette. Il la fait voir lessivant, savonnant. La ménagère revient sans cesse dans son œuvre. Elle se détache de ses fonds à la Pierre de Hooch où le peintre met le balayage où le séchoir du ménage. Elle sort lumineusement de ces fournils où il y a une resserre de bois, des viandes accrochées, des chandelles des six au mur, de vieux tonneaux exhalant comme une odeur de vinée. Puis, la voici dans les travaux d'aiguille, penchée sur le panier plein de pelotons où elle raccorde sa laine, ou bien reprenant en grondant la tapisserie d'une petite fille, ou vergetant le tricorne du petit garçon qui part pour l'école, ses livres ficelés sous le bras. C'est toute la vie de la bourgeoisie que Chardin déroule ainsi. Son activité, ses fatigues, l'ordre de son ménage, la règle de ses heures, sa tranquillité de désirs, le contentement de sa dure existence, ses voluptés modestes, les joies & les devoirs de sa maternité, une madame Phlipon les retrouve là, dans ces tableaux qui lui en rapportent le souvenir, l'expression, l'émotion vive.

Images riantes, & familièrement pieuses qui, des murs où on les accroche, semblent laisser tomber une bénédiction sur la famille! Ici, c'est une mère qui d'une main prenant une assiette, de l'autre plongeant la cuiller dans la soupière d'étain d'où s'envole la fumée chaude de la soupe, fait dire le *Bénédicité* à une petite fille qui, les yeux sur ses yeux, les mains jointes, dépêche en marmottant sa petite prière. Là, une autre mère fait réciter son évangile à une petite fille un peu plus grande, debout, tout embarrassée, les mains sottes, & cherchant sa réponse au parquet. Voici *la Toilette du matin* dans ce petit cadre où cette mère, à laquelle revient toujours Chardin, donne le dernier accommodage à sa petite fille. L'ombre de la nuit commence à s'en aller de la pièce. Sur la toilette, encombrée de désordre, la chandelle qui a éclairé le lever & le commencement de l'habillement, brûle encore, décrivant dans l'air des ronds de fumée. Un peu de jour tombant de la fenêtre glisse sur le parquet entre-croisé, & va mettre une lueur argentine, là-bas, sur l'encoignure où pose une pendule marquant sept heures. Au-devant de la bouilloire d'eau chaude à bec & à gros ventre, du tabouret portant le manchon & le gros livre de messe de la mère, la mère en coqueluchon noir, la jupe en retroussis, arrange des deux mains sur la tête de sa fille le nœud de sa fanchon, tandis que la petite, impatiente de sortir, & déjà le manchon à une main, coule de côté les yeux vers la glace, en retournant la tête & en se souriant à demi. Le Dimanche, tout le Dimanche bourgeois tient dans cette toile.

Et que d'autres fcènes l'on pourrait encore rappeler de Chardin, ayant ce rayonnement dans la douceur, cette naïveté dans la coquetterie, ce naturel dans le décor, cette pénétrante impreffion de vérité! Toutes vous attachent, vous retiennent, vous charment avec je ne fais quel agrément fain, perfonnel à Chardin, unique dans ce temps de peinture libre, voluptueufe, friponne par la touche même. Comme l'Ordre même qu'elle repréfente, on dirait que fa peinture a échappé aux corruptions du xviiie fiècle, & qu'elle a gardé quelque chofe de la fanté & de la fincérité des vertus bourgeoifes. Chardin aime, il fait plus, il refpecte, on le fent, ce qu'il peint. De là, cette atmofphère de pureté qui entoure fes perfonnages, ce parfum d'honnêteté qu'on refpire dans fes intérieurs & qui femble fortir de tous les coins de fes toiles, des arrangements de fes meubles, de la fobriété de leurs formes, de la rufticité de fes chaifes, de la nudité de fes murs, de la tranquillité des lignes autour de la tranquillité des perfonnes.

Chardin eft le feul qui, dans fon genre, donne cette impreffion d'intime vérité. Allez à fon meilleur élève, prenez les compofitions de Jeaurat; comme elles font loin de l'accent, du ftyle de fon maître! Tout, chez le difciple & l'imitateur, s'amaigrit en s'enjolivant. Jeaurat a beau prendre la garde-robe des femmes de Chardin : fes coftumes ne fentent plus le tiers état; fes geftes rappellent les poupées du faifeur de mannequins du temps, Perrault. Les fonds fe troublent, les intérieurs s'encombrent, les acceffoires s'amincissent, les pofes s'arrangent, le croquis pris fur nature fe contourne, le caractère s'en va : le peintre n'eft plus chez lui. Entre une planche de l'un & une planche de l'autre, gravées par les mêmes graveurs, quelle différence d'afpect & de profondeur! On regarde celle de Jeaurat, on entre dans celle de Chardin.

Paix des chofes, accord, harmonie, lumière calme, c'eft le fecret & la force de Chardin, fa grâce, fa familière & rare poéfie. Par là, il s'élève comme à un idéal de fon genre, à l'exquis fentiment des *Amufements de la vie privée*, à l'expreffion de cette femme au front fouriant & voilé de penfées auffi légères que l'ombre de fa coiffe blanche. Elle eft là, dans un fauteuil garni, le corps un peu abandonné & penché fur un couffin, les pieds croifés l'un fur l'autre à la mode du temps. A côté d'elle, fur une petite table, fon rouet eft immobile près de fa quenouille chargée. Ses mains ont laiffé à demi gliffer une brochure dans le creux de fa jupe, et elle réfléchit mollement, bercée par fa lecture comme par un bruit qui s'éteint. Sérénité, — c'eft le vrai titre de cette toile où Chardin a fait tenir à la fois le rêve d'une femme & la philofophie de fes quarante ans.

VI

Et quel tempérament de peintre dans cet hiftorien & ce témoin de la petite bourgeoifie ! Quelle main douée ! quels jeux de palette dans fes intérieurs ! Quel régal il donne à l'œil avec ces chambres fimples, ces fcènes tranquilles, ces perfonnages modeftes ! Comme Chardin réjouit le regard avec la gaieté de fes tons, la douceur de fes réveillons, fa belle touche beurrée, les tournants de fon pinceau gras dans la pleine pâte, l'agrément de fes harmonies blondes, la chaleur de fes fonds, l'éclat de fes blancs, glacés de foleil, qui femblent dans fes tableaux les repofoirs de la lumière ! Et quelle originalité dans le charme de fa tonalité ! Le peintre, chez Chardin, a des ancêtres : il n'a pas de maître. Il ne s'infpire ni de Miéris, ni de Terburg, ni de Gérard Dow, ni de Neftcher, ni de Téniers. De tous les maîtres flamands, il ne rencontre guère, fans le chercher, que Metzu, la touche duveteufe & moelleufe de fes fichus & de fes béguins. Dans toutes les galeries de l'Europe, je ne fache qu'un tableau dont Chardin paraît defcendre : c'eft, dans le cabinet Six, l'admirable *Laitière* de ce maître fi varié & fi divers, Van der Meer.

Voyez-le dans fes bonnes toiles, ce peintre, né de lui-même & qui s'eft créé, allez à ces chefs-d'œuvre qui ne font point encore au Louvre : quoi de plus prodigieufement lumineux que *l'Ecureufe* & *le Garçon cabartier*? Sur des deffous de jaune, de bleu, de rofe, qu'on dirait hachés de craie, le bonnet de coton, la chemife, le tablier de toile écrue, jouent, fur les trois notes du blanc *blanc*, du blanc gris, du blanc rouillé, une triomphante fymphonie de chaude blancheur (1). A ces deux tableaux qui peut-être donnent la plus haute idée du peintre, joignons *la Pourvoyeufe* expofée dernièrement au boulevard des Italiens. Rappelons ce bonnet, ce cafaquin blanc, cette ferviette, ce grand tablier bleu montant jufqu'au cou, ce fichu moucheté de fleurettes, ces bas d'un rofe violet, cette femme rayonnante, des fouliers au bonnet, dans une clarté blanche, & pour ainfi dire crémeufe : tout fortait victorieufement et harmonieufement de la toile, du contour à la fois gras & cerné, des égrenures raboteufes du pinceau, des grumelots de la couleur, d'une forte de criftallifation de la pâte. Des tons légers, tendres & riants, jetés partout & revenant fans ceffe, jufque dans le blanc du cafaquin, fe levait comme une trame de jour, une brume gorge de pigeon, une pouffière de chaleur, une vapeur flottante enveloppant cette femme, tout fon coftume, le buffet, les miches fur le buffet, la muraille, l'arrière-pièce du fond. Veut-on comme une miniature de cette peinture ? Voici *l'Aveugle* où Chardin a fi bien rendu la craffe du Quinze-Vingt. Revenons maintenant aux deux toiles du Louvre, le *Bénédicité* & la *Mère laborieufe* : c'eft encore la même touche, la même fonte ; mais ici le fini femble avoir refroidi la main de Chardin. Le feu manque à cette peinture un peu plate & endormie qui a perdu, fous la peine du travail, la verve de ces efquiffes où les amateurs vont de préférence chercher, furprendre & goûter Chardin. Je me rappelle une pre-

---

(1) Le meilleur des héritiers de Chardin en ce temps-ci, Decamps répétait avec défefpoir à M. Marcille devant ces tableaux : « Les blancs de Chardin !... je ne peux pas les trouver ! »

mière ébauche de *l'Économe*, une femme assise près d'une fenêtre au rideau vert. Sur un fond brun où la brosse a laissé son crépi, le pinceau chargé et imbibé de blanc, suivant le courant de plis du vêtement, tournant & s'écrasant au coude & aux revers de manche, laissant, aux pleines lumières, des traînées de pâte sèche, a fait sur la toile le travail d'un gros canevas. Rien que du blanc & du gris sale ; à peine un soupçon de rose sur la figure & les mains, un soupçon de violet sur un ruban, un rien de rouge sur les agréments de la jupe ; & cependant, il y a un visage, une robe, une femme, & déjà toute l'harmonie du tableau dans l'aube de sa couleur. Une autre esquisse que j'ai vue de lui, *les Tours de cartes* (1), pétille au contraire & flambloie ; tout y est bruit, tapage, fraîcheur vive. Les glacis ont des brillants d'émail ; les tons d'un bout à l'autre jouent dans l'or, le rayonnement de l'ambre & de la topaze brûlée. C'est un précieux petit morceau de cette manière chauffée, ardente, roussie de bitume & de terre de Sienne brûlée, qu'eut Chardin au commencement de sa carrière & dont les plus beaux échantillons, autant qu'on peut en juger à la hauteur où ils sont placés, sont malheureusement à Vienne dans la galerie du prince de Lichtenstein.

VII

Le Salon de 1743 montrait le peintre de scènes domestiques sortant de son genre, de ses succès, & abordant un côté nouveau de la peinture : Chardin exposait cette année-là le portrait de madame Lenoir. A l'exposition de 1746, il envoyait les portraits de M. Levret, de l'Académie de médecine, & de M*** ayant les mains dans son manchon. Plus tard, onze ans après, il exposait encore le portrait en médaillon de M. Louis, professeur & censeur royal de médecine.

Ces portraits ont disparu. Aucun n'a échappé au temps, n'a été sauvé de la destruction ou de l'oubli. Il ne s'est trouvé ni famille, ni galerie, ni musée pour les conserver ; & ils nous font grandement défaut pour contrôler, par la comparaison de la facture, les portraits que l'on baptise si volontiers du nom de Chardin. Deux toiles aujourd'hui sont à peu près acceptées comme représentant le talent de portraitiste de Chardin : l'une est le portrait de femme du musée de Montpellier (2) dont on fait le portrait de madame Geoffrin ; mais, le plus grand nombre d'amateurs un peu fins qui l'ont vu ne

---

(1) Ces deux esquisses appartiennent à M. Laperlier.

(2) Un certain nombre de musées de province possèdent des tableaux attribués plus ou moins légèrement à Chardin. Au musée de Niort, sous le n° 30, c'est un portrait d'un ancien seigneur de la Mothe-Saint-Heray ; au musée Lorrain à Bourg, sous le n° 29, une scène de jeunes garçons faisant des bulles de savon. On trouve encore des Chardin catalogués au musée du Hâvre, au musée de Cherbourg, de Dijon, de Carcassonne, de Nantes, de Rouen, d'Angers, où M. Clément de Ris en signale trois d'une touche singulièrement hardie & dont un est signé.

trouvent dans ce beau morceau rien de la manière de Chardin, aucune des habitudes de fon pinceau, nulle trace de l'empreinte fi reconnaiffable qu'une telle main de peintre, même dépayfée & hors de fon genre, doit laiffer à ce qu'elle touche. L'autre portrait attribué à Chardin eft le portrait de madame Lenoir de la galerie Lacaze, portrait admirable auquel ce nom de madame Lenoir prête, en dehors de toute beauté intrinsèque, une authenticité prefque inconteftée jufqu'ici. Mais ce nom de madame Lenoir, quelle raifon pour le donner à ce tableau? C'eft une défignation de perfonnage abfolument gratuite. Le portrait de madame Lenoir qu'a peint Chardin, nous le connaiffons, fi nous ne l'avons pas. La gravure n'en eft pas rare. La voici, comparez: il n'y a pas la moindre reffemblance, je ne dis pas feulement dans la figure, mais même dans l'arrangement. Dans le portrait poffédé par M. Lacaze, la femme eft de face, le tableau eft en hauteur & fans acceffoires. Dans le portrait de Chardin, portrait en largeur, la femme eft affife de côté, avec un paravent derrière, un écran & une cheminée devant elle. Toutes deux, il est vrai, tiennent à la main une brochure couverte de papier peigne; mais cela eft trop peu, vraiment, pour confondre les deux tableaux. Évidemment, nous n'avons point affaire ici à madame Lenoir: ce chef-d'œuvre, dont le faire d'ailleurs eft entièrement contraire au faire de Chardin, n'eft point le portrait expofé en 1743; il n'appartient pas, nous avons le regret de le dire, à Chardin.

Reconnaiffons-le: maître de premier ordre dans les natures mortes, inférieur à Rembrandt feul, lorsque Rembrandt peint fon bœuf éventré, égalant les meilleurs Flamands dans les fcènes domeftiques, Chardin a, dans fa peinture, un coin de faibleffe qui le met au-deffous de Metzu. Il eft infuffifant dans la touche des figures. Il eft le plus fouvent lourd à peindre la chair. Il ne la différencie pas fuffifamment des étoffes & des acceffoires. Il ne lui donne ni fa légèreté ni fa tranfparence; & lorfqu'il aborde des perfonnages un peu grands, lorfqu'il s'attache aux proportions naturelles d'une figure, il eft facile de voir fa gêne, fon embarras, le *peiné* de fon travail. Citons comme preuve & comme exemple les *Bouteilles de favon* chez M. Laperlier, la *Maîtreffe d'École* de la vente Dever, le *Jeune garçon au toton* expofé au boulevard des Italiens. En paffant de la grande figure au portrait, Chardin aurait-il tout à coup appris à peindre aifément la chair, à manier librement la vie & la lumière d'un vifage? Les critiques du temps ne le difent guère. Chofe remarquable, que dans tout ce bruit fait autour du nom de Chardin, au milieu du triomphe de fes natures mortes, de fes petites fcènes, il y ait fi peu d'attention, fi peu d'étonnement, une fi mince & fi difcrète admiration pour fes portraits! Les comptes-rendus de Salons gliffent deffus, la curiofité paffe à côté, les critiques les mentionnent à peine, & ceux qui s'y arrêtent un inftant laiffent tomber le regret de voir Chardin toucher à ce genre. Diderot lui-même, fon furieux ami Diderot, qui le proclame le premier peintre du temps, Diderot qui revient fans ceffe à lui à propos de tout & de tous, Diderot ne trouve pas un mot à dire de fes portraits: il n'y fait pas même une allufion dans fes Salons.

Faudrait-il ici rabattre du talent de Chardin? La vérité serait-elle qu'il n'a jamais été le grand portraitiste qu'on serait si bien en droit d'attendre, chez lui, du grand peintre? On se laisse gagner à cette désillusion, devant le seul portrait qu'on connaisse signé de lui (1), portrait daté de 1773 & possédé par M. Chevignard. Il représente une femme aux yeux noirs, aux traits durs, en bonnet de batiste, en mantelet noir doublé de petit-gris, les mains dans un manchon de satin blanc rayé. Le bonnet, sa blancheur, la fourrure, la soie noire, le manchon & sa moire de lumière, le fichu de linon croisé sur la peau du cou, la main du maître les a touchés ; il y a encore un peu de sa pâte au bout de l'oreille ; mais la figure est dure, les couleurs fatiguées. C'est une coloration à la fois briquetée & froide, une peinture qui fait penser à la détestable peinture saxonne.

Conclurons-nous de là, de ce portrait de la vieillesse de Chardin, qui cependant cette année-là même faisait ses plus beaux pastels, conclurons-nous à la médiocrité de tous ses portraits? Non, car voici un chef-d'œuvre inconnu de lui, qui suspend notre jugement & arrête notre injustice. Il nous a été donné de voir dans le précieux cabinet d'une femme qui est un véritable amateur, chez madame la baronne de Conantre, un portrait de vieille femme où le talent & la gloire du portraitiste éclatent & se font reconnaître. A la première vue, point de doute, point d'hésitation : c'est la chaleur de la peinture de la *Raie;* c'est ce même ton opulent & recuit; c'est ce feu sourd des couleurs où la vie est comme en fusion. Dans cet admirable tableau de nature vivante, aussi bien que dans l'admirable tableau de nature morte, d'un bout à l'autre de la toile, la lumière d'or sonne Chardin. Quelle solidité, quelle grandeur, quelle forte aisance dans la touche du costume! Comme le bonnet est hardiment chiffonné sur la tête! La dentelle, on la reconnaît : c'est du *point*. Comme de la légèreté de l'ébauche s'enlève la molle légèreté du fichu croisé! Quelle harmonie dans la robe gris tourterelle, d'où se détache le nœud bleu du *parfait contentement!* Et de quel pinceau, le mantelet noir est jeté sur les épaules! Comme tout, & les grandes engageantes dentelles pleurant sur les bras, se modèle, se dessine, s'accentue dans un lavage d'huile grasse, & dans des coulées de pâte sèche! Mais les chairs, voilà le grand miracle. Chardin s'y surpasse. La figure beurrée a le travail de la peau. L'émail des couleurs, promené sur les traits, a les manques même de l'épiderme. Un peu de rouge pur, posé sur les joues, les vergettes de la santé des gens âgés. Une touche de blanc posé au coin de l'œil, fait que cette femme regarde, & qu'elle sourit avec le regard. Et sur toute la face il y a ce rayonnement des vieux visages éclairés de tous les soleils qu'ils ont essuyés, & baignés, dans un doux triomphe, comme d'un jour qui s'en va. Gar-

(1) Chose singulière qu'il n'existe, à notre connaissance, que ce seul portrait signé de Chardin, dont on ne connaît guère de tableau, de panneau, de petite toile, d'étude même non signée. Ne voit-on pas chez M. Lacaze une petite étude de fontaine pour le tableau de la *Fontaine* signée en toutes lettres?

dons-nous d'oublier les mains qui tiennent & careffent le chat à collier rouge garni de grelots, ces mains lumineufes dans leur pénombre, deffinées par une clarté, par un reflet à leur bord, trempant & flottant radieufement, avec le dos du chat, le bout de la manchette, le bas de la robe, dans les divines tranfparences fauves de Rembrandt (1).

VIII

Chardin s'était marié à trente-deux ans (2). Mené dans un petit bal d'honnête bourgeoifie où fon père avait d'avance fait un choix pour lui, il fut préfenté & plut à une jeune fille dont il parvint bientôt à fe faire aimer. Les deux jeunes gens furent accordés; mais les parents de la jeune fille demandant que la pofition du jeune homme fût plus affurée, le mariage fut retardé de plufieurs années au bout defquelles Marguerite Saintar, l'accordée de Chardin, fe trouva ruinée & dans une pofition touchant à la misère. Le père de Chardin voulut alors rompre le mariage ; mais le fils tint bon avec une droiture généreufe, & ne voulut ni manquer à fes engagements ni tromper l'inclination que la pauvre jeune fille avait prife pour lui (3). De traits agréable, dit le *Nécrologe*, mais faible, languiffante, valétudinaire, la pauvre femme mourut de la poitrine, quatre ans après fon mariage, en laiffant un fils à Chardin (4).

(1) Cette queftion des portraits de Chardin eft, il faut bien l'avouer, pleine de myftères & d'embarras infolubles. Ainfi chez M. C. Marcille, nous trouvons un portrait de femme non figné, dans lequel, à notre jugement, tout eft de Chardin, fauf la tête. Chardin, pour nous, a peint cette robe rouge, ces mitaines vertes, ce fouillis de dentelles, ces femis de fleurettes, cette tranche nuée d'éventail fermé ; mais dans la figure, nous ne le retrouvons pas, & il femble que Chardin s'efface. N'y aurait-il pas ici une hypothèfe à rifquer? Le compagnon d'atelier, l'ami d'Aved, n'aurait-il pas quelquefois habillé un portrait d'Aved qui ferait alors un Chardin jufqu'au cou?

(2) « Paroiffe Saint-Sulpice. Le 1er janvier 1731 a été célébré le mariage de Jean-Siméon Chardin, peintre de l'Académie royale, âgé de trente-un ans, fils de Jean Chardin, maître menuifier, & de Jeanne-Françoife David, préfents & confentents, de cette paroiffe depuis plufieurs années, y demeurants rue Princeffe, avec Marguerite Saintar, âgée de vingt-deux ans, fille des défunts Simon-Louis Saintar, marchand, & de Françoife Pantouflet, affiftée de Pierre Perant, marchand de fon, demeurant rue de la Verrerie, paroiffe de Saint-Mery, créé tuteur de l'époufe par acte paffé devant M. le lieutenant civil en datte du vingt-fept novembre mil fept cent trente, de fait de cette paroiffe, y demeurant rue Ferou, de droit de celle de Saint-Mery, trois bans publiés en cette églife & celle de Saint-Mery fans oppofition, fiançailles faites hier préfents & témoins Pierre Naudin, arquebufier des menuts plaifirs du roy, demeurant rue de la Pelleterie, paroiffe Saint-Jacques la Boucherie, coufin de l'époux ; Jufte Chardin, menuifier des menuts plaifirs du roy, rue Princeffe, frère de l'époux ; Claude Saintar, bourgeois de Paris, demeurant rue Saint-Denis, paroiffe Saint-Jacques la Boucherie, oncle de l'époufe; Pierre Saintar, négotiant, demeurant rue Neuve & paroiffe Saint-Mery, coufin de l'époufe, qui nous ont certifié le domicile des parties ci-deffus & leur liberté pour le préfent mariage fouffigné. »

(3) *Mémoires de la vie des académiciens*, vol. II.

(4) « Le quinze avril 1735 a été fait le convoi & enterrement de Marguerite Sainctard, femme de Jean-Siméon Chardin, peintre ordinaire du roy, morte hier en fa maifon, rue Princeffe, âgée d'environ vingt-fix ans, & y ont affifté Claude Sainctard, oncle, Juftin Chardin, beau-frère, Noël-Sébaftien Chardin, auffi beau-frère de la ditte défunte, qui ont figné. »

Il y eut bien du malaife, bien de la gêne dans ce premier mariage de Chardin. La femme était malade, les gains du mari demeuraient minimes & incertains. Toute fa jeuneffe, le peintre la paffa affez durement, fans trouver un grand foulagement des difficultés de fa vie dans un commencement de célébrité, & dans la célébrité même. Car fes tableaux, fi appréciés des amateurs du temps, fi goûtés de la critique qui les déclare dignes du voifinage des meilleurs maîtres flamands, ne fe vendent guère comme ceux-ci. Livrés aux enchères, au feu des ventes les plus en renom, ils n'atteignent que des prix bien médiocres. A la vente du chevalier de Laroque, en 1745, *la Fontaine* & *la Blanchiffeufe* n'allaient qu'à 482 livres. *L'Ouvrière en tapifferie* & fon pendant *le Deffinateur* étaient donnés pour 100 livres ; le jeune *Écolier* au toton, pour 25 livres. Ces prix devaient faire la bafe des marchés du peintre avec les amateurs & les marchands ; & l'on peut calculer le peu d'argent qui devait entrer dans la bourfe du peintre avant cela, alors que le nom de Chardin n'était pas encore une valeur ayant eu cours dans les ventes. Jamais du refte, même en fes dernières années, Chardin ne femble avoir tiré de fa peinture de quoi vivre. Les prix de fes tableaux reftent toute fa vie prefque auffi bas et auffi miférables. En 1757, vingt ans après fa première expofition, à la vente Heinecken, *l'Aveugle* ne montait qu'à 96 livres. En 1761, à la vente du comte de Vence, *l'Écureufe* & *le Garçon cabaretier* étaient payés 550 livres; en 1769, à la vente La Live de Jully, *la Mère faifant réciter l'évangile à fa fille* & *l'Écolier deffinant d'après la boffe* allaient à 720 livres ; & en 1770, à la vente Fortier, *le Bénédicité* fe vendait 900 livres. Encore ces prix étaient-ils les hauts prix de Chardin. Ses tableaux de nature morte n'en approchaient pas. A la vente Molini, un lapin, peut-être ce lapin de fes débuts qui lui coûta tant d'efforts, une fi longue & fi patiente étude du poil, du modelé, de tout l'animal, un lapin avec une gibecière & une poire à poudre était adjugé 25 livres ; & Wille dans un coin de fes Mémoires fe félicite d'avoir acheté 36 livres deux de fes petits tableaux d'uftenfiles de cuisine (1).

A l'époque où il fe vend ainfi, Chardin a pourtant toute fa vogue à Paris & en Europe. Le prince de Lichtenftein met quatre de fes tableaux dans fa galerie de Vienne. Sa peinture enchante & paffionne le comte de Teffin, un amateur digne de

---

(1) On pourrait penfer que la mort de Chardin donne aux enchères ce coup de fouet, à fes tableaux la montée que donne d'ordinaire la mort d'un artifte à fes œuvres. L'erreur ferait grande. A fa vente même, *la Gouvernante* & *la Mère laborieufe* fe donnaient pour 30 livres 4 fols, *la Blanchiffeufe* pour 17 livres 6 fols, *les Tours de cartes* & *le Jeu de l'oie* pour 35 livres 7 fols, deux tableaux repréfentant des finges pour 19 livres 10 fols ! En 1780, l'année qui fuit fa mort, à la vente Leroy de Senneville, un exemplaire de *la Fontaine* eft vendu 175 livres. En 1782, à la vente du marquis de Ménars, *la Serinette*, payée par lui 1,500 livres, tombe à 631 ; *l'Écureufe* & *le Garçon cabaretier* s'arrêtent à 419 livres. En 1782, à la vente de Mme Lancret, un panneau repréfentant deux lièvres n'atteint que 8 livres. En 1783, à la vente Belifard, *la Mère laborieufe* fe vend 123 livres. Et dès lors les prix defcendent, baiffent fous la Révolution, baiffent fous l'Empire, baiffent fous la Reftauration, & arrivent prefque à la dérifion, jufqu'au jour où M. Marcille père paie *le Deffinateur* 725 fr.

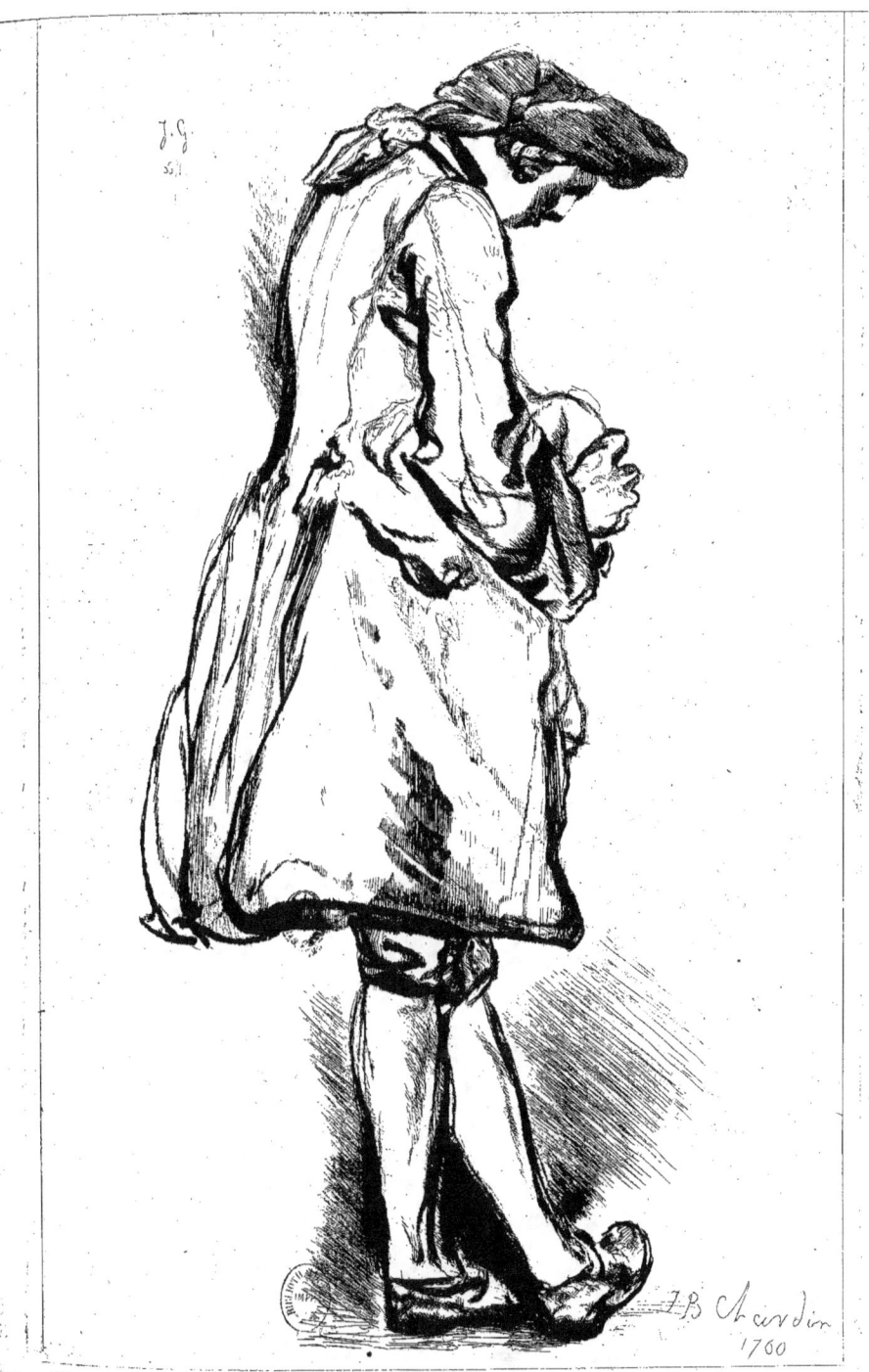

l'apprécier, qui fait succeffivement entrer dans fa galerie de Drotningholm *le Négligé* ou *la Toilette du matin*, *les Amufements de la vie privée*, *l'Économe*, & communique au prince de Suède fon goût de Chardin. C'eft le temps où l'Impératrice de Ruffie lui commande des tableaux pour fa galerie de l'Ermitage (1). La concurrence de fi grands & fi riches amateurs avec les curieux français aurait dû faire monter les prix du peintre, lui donner au moins l'aifance. Il n'en fut rien. La mode d'être payé cher manqua à Chardin. D'ailleurs, il faut le dire, il ne fit rien pour la faire venir. Dénué de toute âpreté au gain, il était fi peu avide & fi fimple dans fes affaires, qu'une fois arrivé & connu, il fe contenta des pauvres prix de fes débuts, & s'y arrêta, fans penfer à tirer parti de fon nom plus grand, de fa notoriété, du bruit de fes toiles dans le public. Mariette parle bien d'un prix de 1,800 livres pour son tableau de *la Gouvernante*; mais les *Mémoires de l'Académie*, plus fidèlement renfeignés, à ce que l'on peut croire, affirment que le tableau qui lui fut payé le plus cher au moment de fa plus grande réputation ne lui fut payé que 1,500 livres : c'était *la Serinette* ou *la Dame variant fes amufements*, acquife par M. de Ménars (2).

(1) Effayons de donner la lifte, fans doute bien incomplète, des tableaux de Chardin paffés à l'étranger. Le catalogue du mufée de l'Ermitage de 1774 (réimprimé dans la *Revue univerfelle des arts*, 1861) indique, fous les numéros 378, 407, 408, *les Beaux-Arts*, tableau allégorique expofé en 1769, *une Jeune fille jouant au volant*, *un Jeune homme s'amufant avec des cartes*. A ces trois tableaux il faut ajouter une répétition du *Bénédicité* qu'indique M. Duffieux dans fes *Artiftes français à l'étranger*. Rappelons les quatre tableaux du prince de Lichtenftein à Vienne : *les Aliments de la convalefcence*, *la Ratiffeufe*, figné Chardin, 1733 (?), *la Pourvoyeufe*, figné Chardin, 1735 (?), *la Gouvernante*. En Suède, indépendamment des trois tableaux faits pour le comte & la comteffe de Teffin, doivent fe trouver *la Bonne éducation* & *le Deffinateur d'après la boffe*, tous deux dédiés à la reine de Suède Au palais du roi, à Berlin, M. Duffieux cite deux fujets de *la Ratiffeufe*; à Londres, un portrait de Chardin par lui-même, & un portrait de d'Alembert (?) à Strafford-Houfe ; à Calsruhe, outre la *Dame cachetant une lettre*, cinq tableaux de nature morte.

(2) Voici, à propos de ce tableau appartenant aujourd'hui à M. le duc de Morny, le mémoire que veut bien me communiquer M. Camille Marcille :

« Ce mémoire a été préfenté à M. de Vandières le 18 janvier 1752, & arrêté à 1,500 livres.

« Payé en entier, le 8 février 1752, 1,500 livres.

« Le tableau, qui m'a été demandé par M. Coypel & que j'ay fait, porte 18 pouces de haut fur 15 de large. Il repréfente une dame variant fes amufements. — Chardin. »

« Réglé à 1,500 livres.

« Je fouffigné, premier peintre du roy, certifie à M. de Tournehem, directeur & ordonnateur général des bâtiments, que le tableau mentionné dans ce mémoire a été fait & fort approuvé. A Paris, ce 18 novembre 1751. — Coypel. »

Joignons à ce mémoire un curieux renfeignement qui, en nous donnant la moyenne des prix de Chardin, nous montrera combien peu fa peine & la confcience de fon travail étaient rétribuées ; c'eft l'extrait d'une lettre de Berch au comte de Teffin (octobre 1745), publiée par notre ami Philippe de Chennevières dans fes *Portraits inédits d'artiftes français* :

« L'affaire des tableaux rencontre un peu de difficulté du côté de M. Chardin, qui avoue naturellement qu'il ne pourrait pas donner les deux pièces que dans un an d'ici. Sa lenteur & la peine qu'il fe donne doivent, dit-il, déjà être connues à Votre Excellence. Le prix de 25 louis d'or par tableau eft modique pour lui, a le malheur de travailler fi lentement ; mais, en confidération des bontés que Votre Excellence a eues pour lui, il paffera encore ce marché & laiffera à la volonté de cet ami de Votre Excellence, s'il veut y ajouter quelque chofe quand l'entreprife fera achevée. De cette façon, Votre Excellence a encore du temps pour fe déterminer fi elle veut qu'il travaille. Un tableau qu'il a chez lui l'occupera encore probablement une couple de mois. Jamais, chez lui, plus d'un entrepris à la fois. »

Produifant peu & s'entendant fi mal au commerce de fon talent, Chardin fut heureux de trouver dans un fecond mariage avec une veuve de 37 ans (1) l'affurance de la vie & le partage d'une petite fortune qui lui permit de travailler à fon aife, à fon jour, à fon heure, comme il convenait à fon caractère & à fa manière de peindre. De cette feconde femme de Chardin, Françoife-Marguerite Pouget, veuve de Charles de Malnoé, Cochin nous a laiffé un agréable profil. Les traits, finement découpés, font encore jeunes : l'œil eft vif & noir, le nez fpirituel, la bouche un peu mince, avec du férieux dans le fourire. Une netteté coquette, une raifon avenante, c'eft toute cette figure bien digne d'avoir été le modèle des *Amufements de la vie privée*.

IX

Nous l'avons dit : dès que Chardin paraît, il eft reconnu. Il fe montre, & fa réputation eft faite. Diderot ne fera que continuer & confirmer l'admiration du public pour le peintre.

La critique, dès 1738, le place au premier rang. L'auteur de la *Lettre à la marquife S. P. R.* s'extafie fur fon originalité, fur ce goût de peinture qui eft à lui feul. L'année fuivante (1739), dans une feconde lettre, il le déclare unique dans les fujets qu'il peint & d'un naturel étonnant. Lafont de Saint-Yenne, dans fes *Réflexions fur*

---

(1) « Paroiffe Saint-Sulpice, 1744. Le jeudy vingt-fix novembre a été célébré le mariage de Jean-Siméon Chardin, âgé de quarante-quatre ans, peintre du roy, veuf de Marguerite Saintar, avec Françoife-Marg. Pouget, âgée de trente-fept ans, veufve de Charles de Malnoé. Les deux parties de cette paroiffe y demeurants depuis plufieurs années, rue Princeffe, un ban publié en cette églife fans oppofition, difpenfe de deux bans obtenue de Mgr l'archevêque de Paris en datte du vingt-trois du préfent mois, infinué & contrôllé le même jour, fiançailles faites hier, préfents & témoins Jean Daché, agent de change & banquier, rue & paroiffe Saint-Sauveur; Jean-Jacques Lenoir, négotiant, bourgeois de Paris, rue Mauconfeil, paroiffe Saint-Euftache, amis de l'époufe ; Jufte Chardin, menuifier-ébénifte du roy, rue Princeffe, frère de l'époux ; Jacque-André-Jofeph Aved, peintre du roy, confeiller en fon Académie royale de peinture & fculpture, rue de Bourbon, amy de l'époux, qui nous ont tous certifiés le domicile des parties ci-deffus, leur liberté pour le préfent mariage, & ont figné. » Marguerite-Françoife Pouget devait furvivre à Chardin. Une lettre de Cochin à Defcamps nous donne les détails fuivants fur fa vie après la mort de Chardin : « Mme Chardin demeure maintenant rue du Renard-Saint-Sauveur, chez M. Atger, agent de change. M. Dachet, oncle de M. Atger, avait époufé une fœur de Mme Chardin. Ils ont été toujours liés d'amitié. M. Dachet eft mort. M. Atger a offert à Mme Chardin de la recevoir chez lui, où elle coulerait la vie douce, n'ayant plus le fouci de rien que de fa fanté, Mme Chardin a accepté & s'y trouve heureufe. Ils ont une maifon de campagne où ils vont paffer la plus grande partie de l'été, au moyen de quoi elle jouit d'un doux repos, d'un bon air, & fait de l'exercice fans fatigue. Elle a cependant effuyé une violente maladie l'automne dernier, mais il n'y paraît plus, & elle a à préfent une très-bonne fanté. » Elle mourut à quatre-vingt-quatre ans, en 1791, felon l'acte de décès que veut bien nous communiquer M. Bellier de La Chavignerie, & fut inhumée le 16 mai dans la paroiffe Saint-Sauveur, en préfence de Jean-Pierre Pouget, de Marcelle & Paul-Laurent Atger, tous deux bourgeois de Paris.

quelques causes de l'état présent de la peinture en France, admire l'intérêt que ce talent singulièrement neuf met dans la représentation des actions de la vie ordinaire, & il fait cause commune avec le goût du public qui se jette sur les estampes de Chardin. Un autre critique de l'année félicite le peintre à la mode de traiter des sujets familiers, sans être bas. Les *Observations sur les arts & sur quelques morceaux de peinture exposés au Louvre en* 1748 répètent ces éloges, complimentent Chardin d'avoir fondé le genre marotique, le déclarent l'égal des meilleurs artistes de Flandre, & digne de figurer dans les plus riches cabinets. Les *Sentiments sur quelques ouvrages de peinture, &c.*, écrits à *un particulier de province*, 1754, lui donnent la louange de percevoir des naïvetés & des finesses qui se cachent aux autres, & de s'entendre admirablement aux jeux de lumière. Les critiques d'art se mettent sous le patronage de son nom : on voit paraître en 1753 une *Lettre à M. Chardin sur les caractères de la peinture*. Le poëte du *Portefeuille d'un homme de lettres, Cosmopolis*, 1759, s'écrie : « O Chardin ! l'œil s'abîme, l'œil se perd dans ta touche ! » Nous ne sommes pas loin du lyrisme de Diderot qui n'en parlera guère sans dire de lui : « C'est le grand coloriste... le grand magicien... c'est le sublime du technique... c'est la nature même ! »

Cependant dès ces années du milieu du siècle, de certaines réserves commencent à se glisser dans la critique. On croit s'apercevoir d'un affaiblissement de son talent. On se plaint de ce bien-être qui lui permet de travailler à son loisir, & de cette philosophie qui lui ôte l'appétit du gain, l'envie de beaucoup gagner en produisant beaucoup. On l'accuse d'ingratitude pour le public si curieux & si impatient de ses œuvres ; on jette à sa paresse pour l'aiguillonner l'exemple du fécond & laborieux Oudry. Les *Jugements sur les principaux ouvrages exposés au Louvre le 27 août* 1751, après avoir loué Chardin, parlaient avec une ironie caressante d'un tableau supposé qu'ils décrivaient comme un ouvrage dont il était occupé : « Il s'y peint, dit la maligne brochure, avec une toile posée devant lui sur un chevalet ; un petit génie qui représente la Nature lui apporte des pinceaux ; il les prend, mais en même temps la Fortune lui en ôte une partie, & tandis qu'il regarde la Paresse qui lui sourit d'un air d'indolence, l'autre tombe de ses mains. » Il y avait aussi dans la critique un certain désappointement à ne plus voir de Chardin, à partir de 1755, hors de ses natures mortes, que des redites. Elle attendait, elle espérait toujours une scène nouvelle ; & c'était la scène ancienne qui reparaissait avec des changements insignifiants. Ces répétitions, à la longue, amenaient un certain mépris du peintre, de sa pauvreté d'imagination, de l'avarice de sa veine ; & d'année en année, Chardin baisse & s'éteint doucement dans le bruit des Salons. L'attention, l'admiration ne se réveillent qu'un moment, en 1765 & en 1767, devant ses Attributs des arts et des sciences, et ses tableaux d'instruments de musique, commandés pour Choisy (1), tableaux éblouissants où les velours rouges des musettes, les bandoulières

---

(1) Ils appartiennent aujourd'hui à M. Eudoxe Marcille.

bleues des violes, les drapeaux des trompettes, les timbales de cuivre s'arrangent superbement dans une magnifique opulence de tons. Puis la critique s'éloigne de lui, ne fachant rien de nouveau à en dire, pour aller à Jeaurat. Diderot lui-même, au métier de louer fon peintre, un beau jour fe laffera, et il laiffera échapper en 1767 que « Chardin s'en va. »

Mais Chardin n'avait pas dit fon dernier mot. Voyant qu'on abandonnait fa peinture & que fon talent de peintre avait trop longtemps duré, il quittait fes pinceaux, &, allant à un autre procédé, touchait à cet art du paftel dont Latour venait de révéler les reffources & les enchantements. Le vieillard de foixante-dix ans, laffé, malade, affaibli, prenait les crayons que fes mains tremblantes allaient encore tenir pendant dix ans. « C'était l'effort, dit une brochure du temps, de ces athlètes qui, chancelants après un combat terrible, rappellent toutes leurs forces pour aller expirer dans l'arène (1). » Suprême effort, en effet, mais auffi fuprême triomphe du vieux peintre : c'eft comme le foir de fon talent, la chaleur de fon dernier rayonnement ; fes paftels font les adieux de fa lumière.

Allez à ces deux portraits du Louvre, où il s'eft repréfenté (2), comme le vieux grand-père de fon œuvre, fans coquetterie, dans le déshabillé bourgeois, familier, abandonné d'un feptuagénaire, en bonnet de nuit, l'abat-jour au front, les beficles au nez, le ma{ulipatam au cou : quelles furprenantes images ! Ce travail violent & emporté, les écrafis, les martelages, les tapotages, les balafrures, les empâtements de crayon, ces touches femées, franches & rudes, ces audaces qui marient des tons immariables & jettent fur le papier les couleurs toutes crues, ces deffous pareils à ceux que le fcalpel trouve fous la peau, tout cela s'harmonife à quelques pas, s'affemble, fe fond, s'éclaire, & c'eft de la chair qu'on a fous les yeux, de la chair vivante qui a fes plis, fes luifants, fa porofité, fa fleur d'épiderme. Les vergetures des joues, le bleuiffement d'une vieille barbe, les blancs, les rofes, les tendreffes du teint, ce rayon humide dans lequel baignent l'œil & l'expreffion du regard, Chardin les obtient, il atteint à la vérité & à l'illufion de la carnation avec des coups de rouge vif, de bleu pur, de jaune d'or, avec des couleurs entières & abfolues qui fembleraient devoir outrer la vie & forcer le ton de la réalité. Son modelé n'eft pas moins miraculeux : de fon paftel fi large & fi heurté, le deffin de toute la tête, les plans du vifage, les lignes, les méplats, les rondeurs, les foufflures de graiffe, les accentuations des mufcles, fortent & fe dégagent à la façon de la forme dans la pâte de Rembrandt.

Et pourtant fon chef-d'œuvre n'eft point encore là : c'eft dans le portrait de fa femme qu'il révèle tout fon feu, toute la puiffance de fa verve, la force et la fièvre de

---

(1) La Prêtreffe, ou Nouvelle manière de prédire ce qui peut arriver.
(2) Le portrait de Chardin du Louvre, en beficles, a été gravé par Chevillet ; deux autres portraits de lui en médaillon ont été gravés d'après deux deffins différents de Cochin, l'un par Laurent Cars, l'autre par Rouffeau.

son exécution inspirée. Jamais la main du peintre n'eut plus de génie que dans ce pastel, plus d'audace, plus de bonheur, plus d'éclairs. De quelle touche furieuse, chargée, solide, de quel crayon libre, fouetté, sûr dans les hasards mêmes, affranchi des hachures dont jusque-là il a amorti son tapage ou raccordé ses ombres, Chardin attaque le papier, l'éraille, y enfonce le pastel ! Comme il amène au jour victorieusement ce visage de la vieille Marguerite Pouget, enveloppée jusqu'au coin des yeux de cette coiffe presque monastique, si souvent répétée dans ses figures ! Rien ne manque à cette prodigieuse étude de vieille femme, ni un trait, ni un ton. Le front d'une pâleur d'ivoire jauni, le regard tout refroidi et dont le sourire s'est envolé, le plissage des yeux, la minceur décharnée du nez, la bouche qui creuse & se ferme à demi, ce teint semblable à un fruit sur lequel l'hiver a passé, Chardin exprime tous ces signes de la vieillesse ; il en donne la sensation & presque l'approche avec ce crayonnage inimitable, insaisissable, qui met on ne sait comment le souffle de la personne sur les lèvres de son portrait, le tressaillement du jour dans le dessin d'une physionomie. Et comment surprendre, comment dire de quoi est faite cette bouche démeublée qui tourne, qui plisse, qui se retire, qui respire, qui a toutes les infinies délicatesses de ligne, de courbe, d'inflexion d'une bouche ? Cela n'est fait que de quelques traînées de jaune et de quelques balayures de bleu. L'ombre portée de ce bonnet, ce jour sur la tempe tamisé par le linge, cette transparence qui tremble auprès de l'œil, qu'est-ce ? Des coups de pur brun rouge, brisés de quelques coups de bleu. Ce bonnet blanc, absolument blanc, c'est du bleu, rien que du bleu. Et la blancheur de la figure est faite avec du jaune pur : car cette claire figure n'a pas un blanc ; il n'y a que trois points de craie jetés dans toute cette tête, à la lumière du bout du nez, & à la lumière des deux yeux. Tout peindre dans son ton vrai, sans rien peindre dans son ton propre, c'est à ce tour de force & à ce miracle que le coloriste s'est élevé (1).

Avec ses pastels, plus goûtés du public que des artistes, un reste de succès revenait à Chardin. Quelques mois avant sa mort, au salon de 1779, un dessin de cette manière, une jeune tête de *jaquet* qu'il exposait, était remarquée par Madame Victoire qui s'éprenait de sa vérité & faisait demander au peintre le prix qu'il en voulait. Chardin, que la gloire ne gâtait plus, envoyait dire à la princesse qu'il se regardait comme payé par l'honneur qu'elle voulait bien faire à sa vieillesse : le lendemain le comte d'Affry remettait de la part de la princesse une boîte d'or au peintre charmé & tout ému (2).

---

(1) On voit chez M. Laperlier une tête de Chardin signée 1771. C'est une tête de vieillard aux cheveux blancs, pastellée encore avec plus d'outrance & une plus plus furieuse opposition de tons. De cette tête, M. Laperlier possède une petite eau-forte, la seule sans doute qu'ait faite Chardin.

(2) *Le Nécrologe.* — *Mémoires de la vie des académiciens.*

X

L'œuvre de Chardin dit l'homme qu'il fut. On le devine, on le retrouve dans fa peinture. Il fe raconte & s'ouvre familièrement à vous dans fes compofitions, dans fes fcènes, dans le terre à terre & la morale bourgeoife de fes compofitions. C'eft avec le jour tranquille de fon exiftence qu'il éclaire fes intérieurs. Ses perfonnages reffemblent à fa famille. Cette médiocrité dont il repréfente la paix, l'honnête labeur, les joies réglées, le tranquille contentement, eft la fienne. Sans éducation, fans humanités, il eft, comme les ménages pauvres qu'il peint, peuple par certains côtés. On le voit vivant avec les braves gens qui l'ont porté au baptême & qui l'accompagneront au cimetière, ne fortant guère des liaifons & du monde de fon père, &, fans aller aux gens de la cour & aux grandes dames, s'en tenant à fes compères, des menuifiers, des marchands, de bons bourgeois de Paris, les peignant, eux, leurs femmes, leurs enfants, & ne peignant qu'eux. C'eft ainfi que ce portrait de Mme Lenoir, dont on avait fait la femme du lieutenant de police, fe trouve être tout fimplement le portrait de la femme de fon ami Lenoir, négociant (1), de ce même Lenoir, témoin de fon mariage, dont il avait peint, en 1731, le fils s'amufant à faire un château de cartes. Chardin, j'en répondrais, n'a jamais peint d'illuftrations. Sa race, c'eft la race des ouvriers d'art du temps, de ces hommes de famille, de ces artiftes du coin du feu, les Lebas, les Wille. Il a, de ce fang-là, la verdeur, l'entrain, la groffe franchife, la bonne humeur du bon fens, la philofophie pratique, la rondeur. Quelle bonhomie dans ce trait qui le montre avec la vivacité d'un croquis ! Un jour qu'il était en train de peindre un lièvre mort que guette un chat, il eft vifité par fon ami Lebas. Lebas s'enflamme devant fon lièvre & lui témoigne le défir de le lui acheter. « *On peut s'arranger*, lui dit Chardin ; *tu as une vefte qui me plaît fort.* » Lebas ôta fa vefte & emporta le tableau (2).

Le bonhomme, c'eft cela qu'eft vraiment Chardin parmi les peintres du temps. Modefte dans le fuccès, il répète « que la peinture eft une île dont il a côtoyé les bords. » Sans jaloufie, il s'entoure des tableaux, des deffins de fes contemporains (3). Il eft paternel aux jeunes gens, indulgent aux débuts. Il a dans l'âme & dans l'efprit toutes les charités du vrai talent. L'accent de fa bonté, ne l'avons-nous pas tout vibrant

---

(1) Ceci eft confirmé par un second état de l'*Inftant de la méditation* portant au-deffous du titre : *Dédié à M. Le Noir par fon très-humble & très-obéïffant ferviteur & fon amy, J.-B.-S. Chardin.*

(2) Catalogue de Lebas. Note manuferite.

(3) Voyez *Notice des principaux articles de Tableaux, deffins & eftampes* provenant du cabinet de feu M. Chardin, peintre du roi, dont la vente fe fera le lundi 6 mars 1780 & jours fuivans, de relevée, rue Saint-Honoré, hôtel d'Aligre. Joullain, expert. MDCCLXXX.

dans sa belle conversation avec Diderot? Qu'on écoute, c'est le fond de l'homme, & le cœur du peintre :

« Messieurs, messieurs, de la douceur. Entre tous les tableaux qui sont ici, cherchez le plus mauvais; & sachez que deux mille malheureux ont brisé entre leurs dents le pinceau, de désespoir de faire jamais aussi mal. Parocel que vous appelez un barbouilleur & qui l'est en effet, si vous le comparez à Vernet, ce Parocel est pourtant un homme rare, relativement à la multitude de ceux qui ont abandonné la carrière dans laquelle ils sont entrés avec lui. Lemoine disait qu'il fallait trente ans de métier pour savoir conserver son esquisse, & Lemoine n'était pas un sot. Si vous voulez m'écouter, vous apprendrez peut-être à être indulgents. On nous met, à l'âge de sept ou huit ans, le porte-crayon à la main. Nous commençons à dessiner, d'après l'exemple, des yeux, des bouches, des nez, des oreilles, ensuite des pieds & des mains. Nous avons eu longtemps le dos courbé sur le portefeuille, lorsqu'on nous place devant l'Hercule ou le Torse; & vous n'avez pas été témoins des larmes que ce satyre, ce gladiateur, cette Vénus de Médicis, cet Anthée ont fait couler. Soyez sûrs que ces chefs-d'œuvre des artistes grecs n'exciteraient plus la jalousie des maîtres s'ils avaient été livrés au dépit des élèves. Après avoir séché des journées & passé des nuits à la lampe, devant la nature immobile & inanimée, on nous présente la nature vivante, & tout-à-coup le travail de toutes les années précédentes semble se réduire à rien : on ne fut pas plus emprunté la première fois qu'on prit le crayon. Il faut apprendre à l'œil à regarder la nature ; & combien ne l'ont jamais vue et ne la verront jamais! C'est le supplice de notre vie. On nous a tenus cinq à six ans devant le modèle, lorsqu'on nous livre à notre génie, si nous en avons. Le talent ne se décide pas en un moment. Ce n'est pas au premier essai qu'on a la franchise de s'avouer son incapacité. Combien de tentatives, tantôt heureuses, tantôt malheureuses! Des années précieuses se sont écoulées, avant que le jour de dégoût, de lassitude & d'ennui ne soit venu. L'élève est âgé de dix-neuf à vingt ans, lorsque, la palette lui tombant des mains, il reste sans état, sans ressources & sans mœurs; car d'avoir sans cesse sous les yeux la nature toute nue, être jeune et sage, cela ne se peut. Que faire, que devenir? Il faut se jeter dans quelques-unes de ces conditions subalternes, dont la porte est ouverte à la misère, ou mourir de faim. On prend le premier parti ; & à l'exception d'une vingtaine, qui viennent ici tous les deux ans s'exposer aux bêtes, les autres ignorés, & moins malheureux peut-être, ont le plastron sur la poitrine dans une salle d'armes, ou le mousquet sur l'épaule dans un régiment, ou l'habit de théâtre sur les tréteaux. Ce que je vous dis, c'est l'histoire de Belcourt, de Lekain & de Brisart, mauvais comédiens, de désespoir d'être médiocres peintres. »

Et il racontait avec un sourire qu'un de ses confrères, dont le fils était tambour dans un régiment, répondait à ceux qui lui en demandaient des nouvelles, qu'il avait quitté la peinture pour la musique ; puis reprenant le ton sérieux, il ajoutait :

« Tous les pères de ces enfants incapables & déroutés ne prennent pas la chose aussi gaiement. Ce que vous voyez est le fruit des travaux du petit nombre de ceux qui ont lutté avec plus ou moins de succès. Celui qui n'a pas senti la difficulté de l'art ne fait rien qui vaille ; celui qui comme mon fils l'a fentie trop tôt ne fait rien du tout, & croyez que la plupart des hautes conditions de la fociété feraient vides, fi l'on n'y était admis qu'après un examen auffi févère que celui que nous fubiffons... Adieu, meffieurs, de la douceur, de la douceur (1). »

On fe le repréfente difant cela avec fa groffe tête carrée, puiffante & bonne, & le fin fourire de fes portraits du Mufée. Ou plutôt, je le vois dans cette préparation de Latour, poffédée par M. Marcille, où le caufeur femble avoir été faifi tout parlant, avec fa figure penchée, fes yeux un peu couverts, fon expreffion de malice ruftique, & ce nez, & cette lèvre dont parle Diderot.

XI

La vieilleffe venait & amenait fes trifteffes & fes infirmités à Chardin. Depuis de longues années il fouffrait de la pierre, qui, fans fe former, s'en allait par écailles. Des chagrins fe joignaient à fa fouffrance. La mort de ce fils (2), le feul enfant qu'il ait eu, auquel il rêvait de laiffer fon nom & fon talent, n'était pas chez lui une douleur oubliée : elle fe repréfentait à fon efprit & revenait plus vive avec les années plus févères & plus dépouillées. Puis, fous fon enveloppe courte & un peu maffive, fous fon gros air matériel, Chardin cachait une grande fenfibilité, une délicate fufceptibilité, un tempérament tendre & trop facile à fe laiffer toucher par l'injure, les mauvais procédés, l'injuftice. Bleffé par l'indifférence de la critique, par cette févérité des jugements dont on retrouve l'écho dans Mariette, il dut mille contrariétés, mille tracafferies à fon amitié pour Cochin, au zèle qu'il mit à le défendre, à le foutenir dans fa longue direction de l'art. Tous ces ennuis empoifonnèrent les dernières années d'une vie à laquelle l'aifance, les foins d'une femme toute dévouée, une carrière fi remplie & fi méritante, femblaient devoir affurer un autre bonheur. A la fin, de nouveaux maux furvenaient à Chardin, déjà fouffrant depuis fi longtemps. Ses jambes enflaient ; l'hydropifie gagnait la poitrine. Le 6 décembre 1779, Doyen écrivait à un des amis les plus intimes de Chardin, à Deffriches : « Je fuis chargé de la part de Mme Chardin de vous faire des excufes de ce qu'elle n'a pas eu l'honneur de

---

(1) Œuvres de Diderot. Belin, 1818, Salon de l'année 1765.

(2) Ce fils que les uns difent noyé à Venife, que les autres font mourir plus vraifemblablement en France peu de temps après fon retour d'Italie, avait obtenu, en 1754, le grand prix de Rome fur le fujet de l'Afmonéen Mathatias, père des Machabées. Le mufée de Nantes poffède de lui un fujet italien ; mais il femble avoir vite abandonné la grande peinture pour fe faire l'élève de fon père. Après fa mort, en 1779, l'expofition libre de la Blancherie montrait de lui un bas-relief, un jeu d'enfants imitant le bronze. M. Laperlier poffède un tableau peint par lui tout à fait dans le genre de l'ordonnance de fon père : c'eft une tête en plâtre du Mercure de Pigalle fortant du milieu de rouleaux de papier, de livres, d'étuis, d'inftruments de mathématiques, d'acceffoires de toute forte des fciences & des arts.

vous remercier & de vous faire part de fa fituation qui eft bien douloureufe. M. Chardin a reçu le bon Dieu ; il eft dans un état d'affaiffement qui donne les plus grandes inquiétudes ; il a toute fa tête ; l'enflure des jambes a percé dans différentes parties de fes jambes, on ne fait ce que cela deviendra (1). » — Ce jour-là même, le jour où Doyen écrivait cela, Chardin mourait (2).

XII

La peinture de Chardin, fa nouveauté, fon originalité, fa perfonnalité, préoccupèrent grandement les contemporains. Leur curiofité s'irritait devant ce faire unique, cette repréfentation inexplicable de la nature, ce miracle de l'imitation artiftique. Ils s'intéreffaient à ce duel entre Oudry & Chardin peignant le même bas-relief & arrivant tous deux à l'illufion du vrai avec des procédés contraires, & comme des deux extrémités de l'art : Oudry avec la baffe, plate & commune habileté du trompe-l'œil, Chardin avec fa pratique de génie. Ils s'interrogeaient, & effayaient de fe renfeigner fur fa trituration de pâte, fes mélanges de couleur, fa *cuifine* de peinture. Ils fe demandaient les recettes du colorifte, les deffous de fon talent. Ils fe plaignaient de ne connaître perfonne qui l'eût vu peindre. Ils acceptaient la légende que Chardin fe fervait, pour peindre, plus fouvent de fon pouce que de fon pinceau. Il leur femblait impoffible que cet homme ne peignît que comme lui-même, en peignant avec les moyens matériels de tous les peintres.

Et pourtant cela était. Chardin, quoi qu'ils cruffent, ne devait point fon talent à ces miférables forcelleries de préparation, à ces efcamotages de touche. Le fecret de fa peinture n'était ni dans les couleurs pofées au pouce, ni dans une recette propre à donner un peu de tranfparence aux demi-teintes : Belle, quand il eut cette recette (3),

---

(1) Les *Amateurs français*, par Duménil.

(2) « Décembre *1779*. Paroiffe Saint-Germain-l'Auxerois, le mardy fept. M. Jean-Baptifte-Siméon Chardin, peintre du roy & de fon académie royale de peinture & fculpture, ancien tréforier de ladite académie, de l'académie royale des fciences, belles-lettres & arts de Rouen, âgé de quatre-vingts ans paffés, veuf en premières nopces de dame Margueritte Saintard, & époux de dame Françoife-Margueritte Pouget, décédé hier à neuf heures du matin aux galleries du Louvre, a été inhumé en cette églife en préfence de fieur Jufte Chardin, ancien entrepreneur de bâtiments du roy, & de fieur Noël-Sébaftien Chardin, marchand mercier, fes frères. » On lit au bas de cet acte la fignature de quatre Chardin, fans doute les frères furvivants du peintre.

(3) Voici cette recette, tranfmife par Cochin à Belle fils :

« Teinte pour l'accord harmonieux d'un tableau dont M. Chardin faifait un excellent ufage. De la lacque, de la terre de Cologne, des cendres d'outre-mer, du ftil de grain d'Angleterre.

« Quand le tableau eft fait, on revient avec ces teintes pour accorder.

« J'ai ouï dire à M. Chardin qu'avec ces tons diverfement & bien modifiés il revenoit fur toutes les ombres, de quelque couleur qu'elles fuffent. Il eft certain que ce peintre a été celui de fon fiècle qui a le mieux entendu l'accord magique du tableau » (*Archives de l'art français*, t. II). Chardin au refte s'occupa beaucoup de la chimie de fon art. M. Benjamin Fillon a donné, dans les *Lettres écrites de la Vendée*, 1861, un certificat de Chardin en faveur de l'ocre brun rouge de la Véri, fabrique de couleurs du Bas-Poitou qui, en *1771*, effayait de lutter avec les terres d'Italie.

resta le peintre qu'il était avant de l'avoir. Ce qu'il voulait cacher, en ne laissant point approcher de son chevalet lorsqu'il peignait, ce n'était point de mystérieux procédés, mais simplement le tâtonnement, le pénible effort & le douloureux enfantement de ses œuvres. Prenons bien garde en effet de croire que Chardin peignit comme le dit la *Biographie universelle*, qui nous montre le peintre mangeant le lendemain la raie peinte par lui la veille : une telle peinture ne s'improvise pas. Occupé à peindre sans dissipation pendant soixante ans, Chardin n'a laissé qu'un petit nombre de toiles. Il était lent à trouver, à produire, à achever. On devine, à voir ses toiles les moins fatiguées, d'inquiètes & laborieuses matinées, des matinées de lutte avec le modèle & la nature, où le peintre corrigeait, effaçait, restait là, l'esprit & les yeux tendus, la main hésitante sur ses accords, jusqu'à un certain moment d'illumination, une minute, un éclair : alors tout-à-coup le jour se faisant en lui, il enlevait son tableau, souvent sur l'ébauche perdue de deux ou trois autres. Ajoutez à cela que Chardin ne voulait s'aider d'aucun croquis, d'aucun dessin sur le papier (1) ; il poussait son tableau & le travaillait d'après nature, depuis le crayonnage de l'esquisse jusqu'au dernier coup de pinceau. « Aussi avait-il toujours à la bouche, dit Mariette, que le travail lui coûtait infiniment. »

(1) Ce détail que nous donne Mariette est d'un grand intérêt pour l'histoire des dessins de Chardin. Il explique la singulière rareté des dessins bien authentiques du maître, & il montre le peu que ces dessins doivent être : un croquis à toute volée, une *pensée*, comme on disait alors, flottante, à peine fixée, la surprise d'un mouvement, l'indication hâtée & à grands coups d'une attitude de femme, l'ébauche, en quelques touches de crayon, d'une scène qu'il voulait se rappeler, on ne doit demander que cela à ces dessins. Si Chardin a dessiné, c'est ainsi qu'il a dû dessiner ; & il a dessiné, les catalogues du XVIII° siècle en font foi. Il est fait mention, dans la vente d'Argenville, sous le n° 482, d'une femme debout, tenant un panier à son bras, dessin au fusain rehaussé de blanc par Chardin, & de plusieurs compositions du même, sous le n° 483. Il existe donc des études de lui ; mais l'on chercherait vainement, dans toutes les ventes du temps, la trace d'un seul dessin fini & terminé, d'un dessin d'une scène faite. Le public de ces années-ci s'est très-peu occupé de cela, & l'on a vu l'ignorance des acheteurs aller au-delà de ce qu'on peut imaginer : les dessins les plus achevés, les plus compacts, les plus *pinochés* dans le joli, le coquet, le léché, sentant du plus loin qu'on les voyait le peintre-graveur, ces dessins sur lesquels le catalogue laisse tomber au hasard un nom qui fait bien, on les a vus achetés & payés comme des Chardins. — Voici pourtant trois étalons purs des dessins de Chardin : le premier est un homme en tricorne, avec l'habit du jeune homme des *tours de cartes*, tenant je ne sais quoi de rond dans la main. C'est le seul dessin de Chardin que je connaisse signé : *Chardin*, de sa main. Il est daté 1760. C'est une indication de mouvement à la sanguine, avec des plis, des rondeurs & des gras qui semblent faits avec le pouce passant sur le crayon rouge & l'écrasant. Un second est l'idée d'un portrait de vieille femme tenant un chat, ébauche du beau portrait peint possédé par M°° de Conantre, crayonnée résolûment, sabrée comme en courant. Un troisième, à la sanguine sur papier brun, représente dans des contours où flottent les personnages, & dans un dessin qui a une certaine parenté avec Hogarth, un homme qui fait voir la lanterne magique à des gamins, le montreur de *curiosités*, comme disait le XVIII° siècle. Celui-ci a une assez singulière & curieuse authentification : c'est sur un coin, de l'écriture de Chardin, une invitation à manger le lendemain un chapon au Plat d'étain. L'étude de ces trois dessins, possédés par nous, ne laisse aucun doute sur la fausseté de tous les dessins baptisés Chardin dans les collections. Il faut regarder également comme faux les dessins de Chardin passés en vente publique depuis dix ans. Celui qu'on lui a le plus vraisemblablement attribué, — un dessin pastellé dans une tonalité qui le rappelait, — & qui s'est vendu 240 francs à la vente Norblin (1860), était tout simplement l'œuvre d'un très-petit maître assez habile, auquel plus d'un amateur s'est laissé prendre : Aubert.

37

La conscience & la science, — voilà tous les procédés, tout le secret & tout le talent de Chardin. Sa technique admirable s'appuie sur les plus profondes connaissances théoriques, résultat de longues & solitaires méditations. Sa science de peindre vient de cette science de voir à laquelle Diderot ira puiser le meilleur & le plus sûr de son éducation artistique. Elle vient de ce sens prodigieux qui lui fait, au premier coup d'œil qu'il jette sur un tableau, indiquer d'un mot l'harmonie qui manque à la toile, & ce qu'il faudrait pour y mettre l'accord qui n'y est pas. Il y a en un mot un grand théoricien sous le grand exécutant. De là, sa manière de peindre unique. Que lui fait à lui le mauvais guide-âne des peintres coloristes du temps, la théorie de l'arc-en-ciel, rangeant à leur place & morcelant dans une toile les couleurs convenues de la lumière ? Chez lui, point d'arrangement ni de convention : il n'admet pas le préjugé des couleurs amies ou ennemies. Il ose, comme la nature même, les couleurs les plus contraires. Et cela sans les mêler, sans les fondre : il les pose à côté l'une de l'autre, il les oppose dans leur franchise, « de façon que son ouvrage ressemble un peu à de la mosaïque ou pièces de rapport, comme la tapisserie faite à l'aiguille qu'on appelle *point carré* (1). » Mais s'il ne mêle pas ses couleurs, il les lie, les assemble, les corrige, les caresse avec un travail systématique de reflets, qui, tout en laissant la franchise à ses tons posés, semble envelopper chaque chose de la teinte & de la lumière de tout ce qui l'avoisine. Sur un objet peint de n'importe quelle couleur, il met toujours quelque ton, quelque lueur vive des objets environnants. A bien regarder, il y a du rouge dans ce verre d'eau, du rouge dans ce tablier bleu, du bleu dans ce linge blanc. C'est de là, de ces rappels, de ces échos continus, que se lève à distance l'harmonie de tout ce qu'il peint, non la pauvre harmonie misérablement tirée de la fonte des tons, mais cette grande harmonie des consonnances, qui ne coule que de la main des maîtres.

(1) *Mémoires & journal de Jean-Georges Wille. Notes de Bachaumont.* Appendice, vol. II.

Les trois tableaux & le dessin de Chardin que nous donnons dans cette étude, gravés à l'eau-forte : un gobelet, des fruits & une bouteille, — une enseigne de chirurgien, — une esquisse des *Aliments de la Convalescence*, — une étude d'homme en tricorne & en habit, — font partie, les tableaux, de la collection de M. Laperlier, le dessin, de notre collection.

BOUCHER

Tiré à 200 exemplaires.
Les planches effacées après le tirage.

LYON
IMPRIMERIE DE LOUIS PERRIN
Rue d'Amboife, 6.

EDMOND ET JULES DE GONCOURT.

BOUCHER

ETUDE

CONTENANT QUATRE DESSINS

gravés à l'eau-forte.

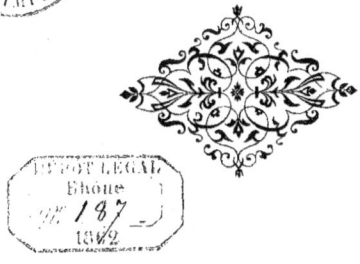

PARIS

E. DENTU, PALAIS-ROYAL, GALERIE D'ORLEANS.

1862

Droits de traduction & de reproduction réservés.

I.

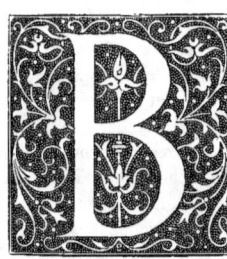OUCHER est un de ces hommes qui signifient le goût d'un siècle, qui l'expriment, le personnifient & l'incarnent. Le goût français du XVIIIe siècle s'est manifesté en lui dans toute la particularité de son caractère : Boucher en demeurera non-seulement le peintre, mais le témoin, le représentant, le type.

Ni le grand siècle, ni le grand Roi n'avaient aimé la vérité dans l'art. Les encouragements de Versailles, les applaudissements de l'opinion avaient poussé l'effort de la littérature, de la peinture, de la sculpture, de l'architecture, l'ardeur des esprits & des talents, vers une grandeur menteuse & une noblesse convenue qui enfermaient le Beau dans la solennité & la règle d'une étiquette. Un sublime fait d'emphase, de pompe, de dignité, avait ébloui l'esprit de la France ; & fermant les oreilles aux accents de Shakspeare, les yeux aux tableaux de Téniers, la société française avait cru trouver dans une majesté fictive une loi suprême d'esthétique, un idéal absolu.

Lorsqu'au siècle de Louis XIV succède le siècle de Louis XV, quand la France galante fort de la France faftueufe, & qu'autour de la royauté plus humaine les chofes & les hommes deviennent plus petits, l'idéal de l'art demeure un idéal factice & de convention ; mais de la majefté cet idéal defcend à l'agrément. Partout fe répand un raffinement d'élégance, une délicateffe de volupté, ce que le temps appelle « la quinteffence de l'aimable, le coloris des charmes & des grâces, l'embelliffement des fêtes & des amours. » Le théâtre, le livre, le tableau, la ftatue, la maifon, l'appartement, rien n'échappe à la parure, à la coquetterie, à la gentilleffe d'une décadence délicieufe. Le joli, — voilà, à ces heures d'hiftoire légère, le figne & la féduction de la France. Le joli eft l'effence & la formule de fon génie. Le joli eft le ton de fes mœurs. Le joli eft l'école de fes modes. Le joli, c'eft l'âme du temps, — & c'eft le génie de Boucher.

II.

Boucher eft une gloire parifienne. Il naquit à Paris, — non en 1704, comme l'ont dit les biographes contemporains, comme l'ont répété, après eux, les biographes du fiècle préfent, — mais le 29 feptembre 1703 (1). Une note du *Recueil des Chanfons* manufcrites de Maurepas lui donne pour père un grainetier. La *Galerie françoife* de Reftout, mieux informée, fait naître Boucher d'un peintre affez obfcur qui, après lui avoir enfeigné les premiers éléments de la peinture, reconnut bien vite que fon élève méritait un maître plus habile & l'envoya étudier chez Lemoine, célèbre alors.

Et bientôt Lemoine, étonné d'un *Jugement de Suzanne*, fait par le jeune homme de dix-fept ans, promettait à fon élève l'avenir de grands fuccès (2).

L'admirable machinifte de plafonds, le remueur d'Olympes, le braffeur de nuées & d'apothéofes qui a fait voler au ciel de Verfailles les déeffes du Parmefan, Lemoine était un grand peintre, un de ces maîtres auxquels il n'a guère manqué que d'être nés dans un temps plus févère pour avoir une gloire folide, un renom férieux, une immortalité durable & refpectable. Il fuffit, pour lui rendre ce témoignage, de fe rappeler le tableau d'*Hercule & Omphale*.

Sur un azur puiffant & profond, fur un ciel d'un bleu d'Orient, fous un dais de

---

(1) Nous avons été affez heureux pour retrouver, aux Archives de l'état civil de Paris, l'acte de baptême de Boucher. Nous le publions ici pour la première fois :

« Paroiffe de Saint-Jean-en-Grève.

« *Octobre 1703*. — Le mercredy troifième octobre mil fept cent trois a été baptifé François, né le famedy précédent, fils de Nicolas Boucher, maître peintre, & d'Elifabeth Lemefle fa femme, demeurant rue de la Verrerie, de cette paroiffe. Le parrein Mº François Pré-

voft, huiffier aux requêtes du palais, demeurant rue Galande, paroiffe Saint-Séverin. La marreine Marie-Louife Boullenois, fille de Mº Louis Boullenois, procureur au Châtelet de Paris, demeurant rue du Fouart, paroiffe Saint-Étienne-du-Mont. — PRÉVOST, BELION, MARIE-LOUISE BOULLENOIS. »

(2) *Galerie françoife ou Portraits des Hommes & Femmes célèbres qui ont paru en France*, gravés en taille-douce fous la conduite de Reftout. Paris, Hériffant, 1771.

brocart qui s'enroule à des branches, le couple apparaît baigné de lumière, careſſé d'ombre. La blanche Omphale, debout & croiſant une jambe, laiſſe gliſſer ſur le reſſaut de ſa hanche la formidable maſſue du dieu déſarmé. Et victorieuſe, la peau du lion de Némée nouée à ſon flanc, elle verſe ſon regard & ſon ſourire au dieu ſur lequel elle ſe penche, & auquel elle met le fuſeau dans la main droite. Le dieu, dont les mains héſitent, cherche de l'œil l'ordre des yeux d'Omphale. Auprès d'Hercule, un petit amour, long & déhanché comme tous les amours de Lemoine, rit en regardant le public. Le corps de l'Omphale eſt une merveille : le lumineux divin de la peau, ſa moiteur, ſon rayonnement ſatiné, ſa blancheur pulpeuſe, tout ce qu'il y a de douillet, de délicat & de tendre dans la *gloire* d'un corps de femme nue que le jour modèle, eſt admirablement rendu dans cette ſuave académie. Une juvénilité de déeſſe ſe mêle délicieuſement à une fleur de maturité dans le deſſin de ces formes allongées tout à la fois & rondiſſantes, de cette gorge qui vient de naître, de ces hanches déjà fières. Par une oppoſition aimée du Pouſſin, le corps ardent & briqué du héros-dieu fait encore reſſortir ce corps blanc, à peine teinté dans les ombres du bleu de la nacre, doucement fouetté de roſe aux ſeins, aux coudes, aux genoux (1).

L'homme qui a peint cela devait être le maître de Boucher. Il était ſon initiateur prédeſtiné, fatal ; & cette peinture deſcendue des grandes écoles italiennes, rappelant à la fois le Corrége, le Véronèſe & le Baroche, mais ſauvée de l'imitation & de la ſervilité par le goût français de Lemoine & la perſonnalité de ſon tempérament, cette peinture était ſi bien celle dont Boucher attendait la révélation, & à laquelle ſon génie était prêt, qu'il ſe l'aſſimilait preſque complètement du premier coup. Deux tableaux de lui, *la Naiſſance* & *la Mort d'Adonis*, font voir combien il entra à fond, avant d'avoir dégagé ſa manière propre, dans la manière de ſon maître : la valeur violente des premiers plans, ces chevelures & ces airs de tête empruntés au Véronèſe, les profils corrégiens des amours, la tonalité des ombres dans les étoffes, ces tons rompus qui, dans les chairs, dans les têtes, viennent à tout moment relever & animer le ton général, ces égratignures & ces martelages de pâte ſèche, cette peinture criſtalliſée qui a fait prendre quelques Lemoine pour des Watteau, ces teintes laqueuſes de l'école de Veniſe, que Boucher ne tardera pas à perdre pour toujours, — tout, dans ces deux toiles, eſt de la touche de Lemoine ; & il ne faut rien moins que la ſignature F. B. ſur un vaſe, l'atteſtation des gravures de Michel Aubert & de Scotin, la mention du catalogue La Live de Jully pour les rendre à Boucher. — De la même facture devaient être *les Quatre Eléments*, peints pour le comte de Bruhl, ainſi que *l'Amour oiſeleur* & *l'Amour moiſſonneur*, où la manière corrégienne du deſſin de Lemoine eſt viſible à travers l'interprétation de la gravure.

Plus tard, je le ſais, Boucher dira à Mariette qu'il a fort peu travaillé chez Lemoine

---

(1) Ce tableau, expoſé au boulevard des Italiens en 1860, appartient à M. Lacaze.

qui prenait un très-médiocre intérêt à fes élèves, qu'il n'y eft demeuré que trois mois (1). Mais Boucher difait-il vrai? Ce qu'il y a de fûr, c'eft que, quand il fortit de l'atelier de Lemoine, il en fortit tout formé, & avec tous les fecrets de la pratique de fon maître. Ajoutons qu'il conferva toujours la plus haute eftime pour Lemoine, dont il ne ceffa de vanter les ouvrages (2).

Pendant qu'il fréquentait l'atelier de Lemoine, Boucher avait befoin d'argent pour vivre, & pour jeter aux goûts de fa vie de garçon, à fa paffion du plaifir. Quelques années avant, Carle Vanloo gagnait cet argent en faifant des décorations d'Opéra & de petits portraits à la groffe. Oudry, à cette heure de jeuneffe & de néceffité de la vie des artiftes, deffinait des rébus. Boucher fe plia au métier de deffinateur, à des fujets de piété, à des imageries dont la gravure de fabrique ne laiffe rien deviner du jeune maître. Il donna au commerce des Notre-Dame des Victoires, des Vierges, une armée de faints. Il fit les eftampes d'un bréviaire de Paris, où il repréfenta des Vertus au deffus de petites vues de Paris, — ce qui fit faire aux janféniftes ce rapprochement ironique : la Foy & les Invalides, l'Efpérance & le Louvre, la Religion & Notre-Dame, la Charité & le Pont-Neuf. Et pourquoi tant s'étonner de voir celui qui fera Boucher illuftrer un paroiffien? Ne fommes-nous pas dans le fiècle où le peintre des petites maifons, Baudouin, fera un jour choifi pour enluminer le miffel de la chapelle du Roi, à Verfailles?

Ces travaux menaient Boucher à cette efpèce de manufacture tenue par le père de Cars le graveur, qui avait le monopole des deffins & des gravures de thèfes. Boucher deffinait là, pour le burin, les attributs, les trophées, les fleurons, les culs-de-lampe allégoriques que le XVIIIᵉ fiècle aimait à jeter à travers l'ennui & la gravité du plus folennel imprimé; &, pour ce travail, il avait la table, le logement & foixante livres par mois, « ce qu'il eftimait pour lors, écrit Mariette, être une fortune. » Ce fut dans les premiers temps de ce fingulier arrangement, en 1721, que le penfionnaire du père Cars crayonna ces vignettes pour une nouvelle édition de l'*Hiftoire de France* de Daniel, figurant au n° 1164 du catalogue de Mariette. Il eft à croire qu'il refta plufieurs années à deffiner ainfi fur commande & prefque à la journée. Sans doute auffi, dans cet atelier de gravure, il fut tenté de toucher au cuivre, de jouer avec une pointe, de jeter quelques-uns de fes deffins fur une planche, de s'interpréter lui-même; ce qui lui valut la bonne fortune d'être choifi par M. de Julienne pour graver le plus grand nombre des études laiffées par Watteau. Et Boucher interprétait « les figures de différents caractères de payfages & d'études » deffinées par le maître, fans leur faire rien perdre de leur feu & de leur efprit. D'un trait large, d'un badinage d'aiguille, d'un travail hardi, heureux,

---

(1) *Abecedario* de Mariette, publié par Ph. de Chennevières & A. de Montaiglon. Paris, Dumoulin, 1851, vol. I.

(2) « On préfenta un jour au fameux Boucher un tableau de Lemoine. L'amateur à qui il appartenait avait fait ajouter des allonges à ce tableau pour lui donner un pendant. Il pria Boucher de le remplir. « Je m'en garderai bien; de tels ouvrages font pour moi des vafes facrés; je craindrais de les profaner en y portant la main. » *Almanach littéraire*, 1778.

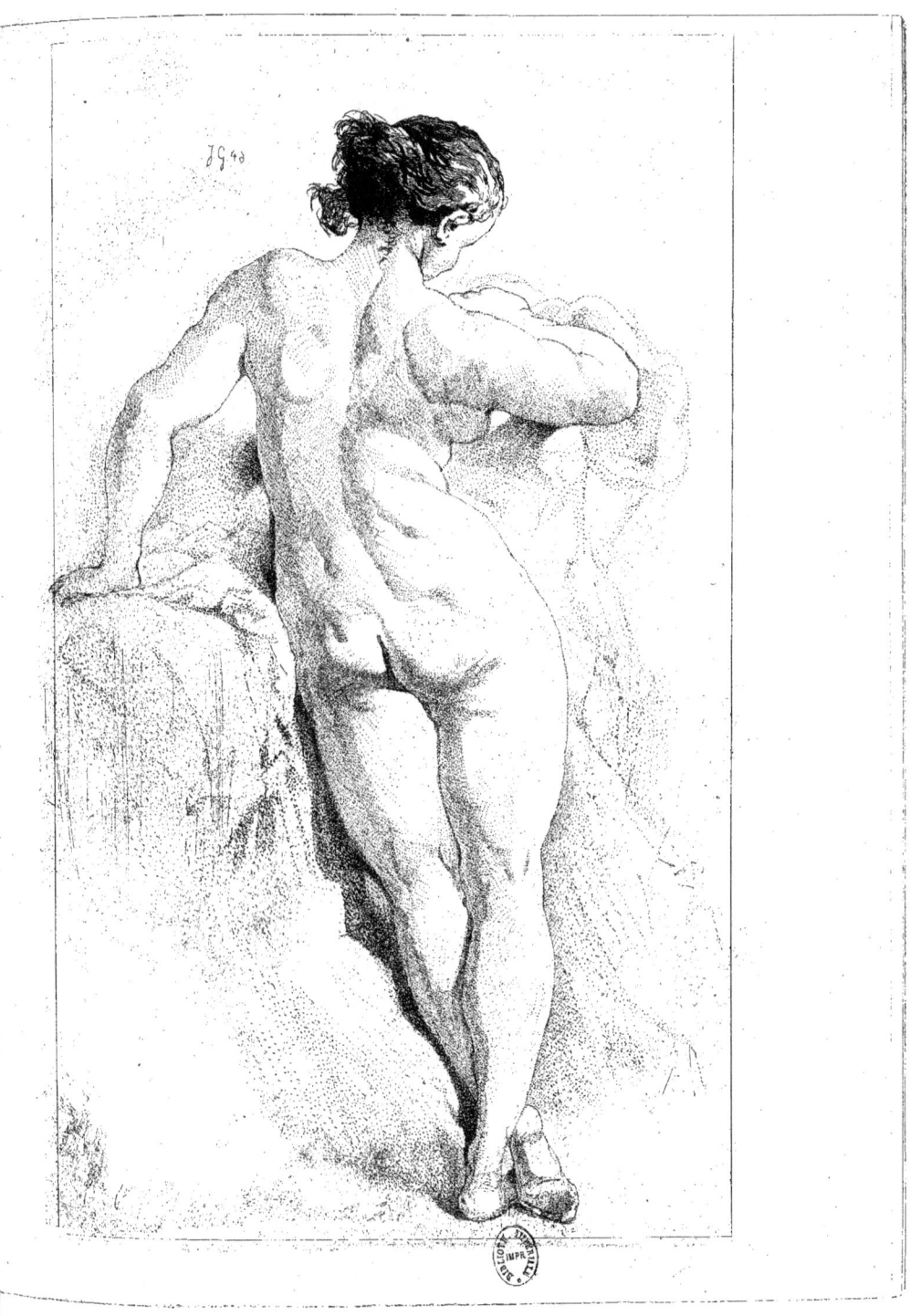

sans peur, il indique du premier coup l'anatomie du mouvement des mains, les cassures de la soie, la rocaille des plis; il balaye les paysages avec la liberté forte de la sanguine de Watteau; il enlève les silhouettes à la pointe comme le dessinateur les enlève au crayon; il fouette d'ombre les visages; il les caresse de pointillé & de hachures avec l'aisance de son modèle. Jusque dans l'indication bâtonnée des jambes & l'accentuation des mules relevées, il garde sur sa planche l'accent & le style du maître, qu'il traduit plus sûrement que ses compagnons d'eau-forte, que Trémolière, que Basan, que Silvestre, que Cochin; aussi intimement, aussi familièrement que Caylus. Et de ce jour, Boucher a le génie de l'eau-forte spirituelle jusqu'au bout des ongles.

A ce travail, la position de Boucher s'améliora. « M. de Julienne lui donnait 24 livres par jour, & tous deux étaient contents; car Boucher était fort expéditif, & la gravure n'était pour lui qu'un jeu (1). »

Il peignait tout en gravant & en dessinant; & en 1723, sur le sujet d'*Evilmérodach, fils & successeur de Nabuchodonosor, délivre Joachim des chaînes dans lesquelles son père le retenait depuis longtemps*, Boucher, à peine âgé de vingt ans, remportait le premier prix à l'Académie de peinture. Et le samedi qui suivait le jour de la Saint-Louis, le jeune homme était élevé, selon l'usage immémorial, sur les épaules de ses camarades, promené autour de la place du Louvre remplie d'élèves, d'artistes & de curieux accourus au spectacle, & déposé, l'ovation finie, à la pension (2). Le voilà, pour trois ans, nourri, chauffé, éclairé, instruit; ajoutez à tout cela une gratification de trois cents livres par an, & du temps de reste pour M. de Julienne & les autres. Son triennat achevé, il partait, en 1727, pour Rome. Au dire d'une notice de M. Durozoir, l'éclat de ses débuts, la faveur qu'obtenaient ses ébauches, lui créaient dans l'Académie des inimitiés & des jalousies qui le privaient de ce droit acquis d'être envoyé à Rome, & le réduisaient à faire le voyage d'Italie avec un amateur fort insoucieux des querelles d'école. D'un autre côté, le *Discours sur l'origine & l'état actuel de la peinture* (1785) dit que Boucher resta peu de temps en Italie, & dans un état de maladie continuel qui lui défendait toute application. Le Nécrologe & les brochures semblent contredire ces deux assertions, en nous montrant Boucher revenant d'Italie au bout des quatre ans que les élèves de l'Académie passaient en Italie. Et presque aussitôt son retour il était agréé, — ce qui ne prouve guère un mauvais vouloir de l'Académie à son égard.

Déjà estimé dans le petit monde des artistes, Boucher était encore inconnu hors de là. Il lui fallait étaler à tout prix, pour arriver jusqu'au public. C'est alors, sans doute, qu'un sculpteur-marbrier, nommé Dorbay, exploitait ce besoin & cette impatience du jeune homme en lui faisant remplir, presque pour rien, sa maison de peintures, au milieu desquelles figurait ce bel *Enlèvement d'Europe*, passé depuis dans la collection de M. Watelet. Après le marbrier venait un véritable amateur : le baron de Thiers com-

---

(1) *Abecedario* de Mariette.   (2) OEuvres de Diderot. Salons d'exposition. Belin, 1818.

mandait au jeune peintre des tableaux qui fe trouvèrent comme à leur place dans fa précieufe galerie (1).

III.

Vif & prompt à toutes chofes, mais furtout au plaifir, plein de cette ardeur qu'il garda toute fa vie, Boucher n'avait pas perdu fa jeuneffe. Il avait gaîment & largement vécu, battant monnaie avec fa facilité, à tout moment preffé par des befoins d'argent, & fe jetant au travail au fortir d'une partie de femmes, d'un fouper, avec une verve fingulière qu'échauffaient la fatigue & les folies de la nuit à peine envolée, de la fête à peine éteinte. Ses amours, fa peinture vous les dira : liaifons de caprice & d'à-propos, aventures charmantes & banales, bonnes fortunes auxquelles il donnait fa bourfe & qui ne lui demandaient rien de fon cœur. Ce n'eft pas lui qui, comme le peintre Doyen, amoureux de la petite Hus, eût pris fi fort à cœur fon amour qu'il en eût perdu la force de travailler. Les femmes qui paffent dans une vie laborieufe fans l'occuper, les Manon, les Morfil, voilà les femmes à fa guife : il aime les romans tout faits. Un de fes biographes lui rend le témoignage qu'il n'employa jamais la féduction (2) : le mot juge Boucher & fes maîtreffes.

Un peu laffé de la vie de garçon, Boucher avait fongé à fe marier. Il avait époufé, le 21 avril 1733, Marie-Jeanne Bufeau (3), une fort jolie perfonne de dix-fept ans, qu'il avait choifie fur la mine pour être fa femme d'abord, & auffi pour être un peu, felon

---

(1) *Galerie françoife*, par Reftout.

(2) *Id.* — Nécrologe de 1771. Eloge de Boucher.

(3) Voici l'acte de mariage de Boucher, retrouvé par nous fur les regiftres de la paroiffe de Saint-Roch. Cet acte eft d'un certain intérêt biographique : il montre l'erreur de la plupart des hiftoriens de l'art français qui, trompés par une fynonymie, ont donné pour femme à Boucher Marie-Françoife Perdrigeon, époufe d'Etienne-Paul Boucher, fecrétaire du Roi, morte le 30 janvier 1734, à dix-fept ans, & peinte par Raoux en veftale.

« Paroiffe de Saint-Roch.

« 21 *avril* 1733. — François Boucher, peintre du Roy, âgé de vingt-neuf ans, fils de Nicolas, auffi peintre, & d'Elifabeth Lemefle, fes père & mère, demeurant rue Saint-Thomas-du-Louvre, paroiffe Saint-Germain-l'Auxerrois, d'une part, et Marie-Jeanne Bufeau, âgée de dix-fept ans, fille de Jean-Batifte, bourgeois de Paris, & de Marie-Anne de Sedeville, fes père & mère, demeurant de droit & de fait rue l'Evêque, en cette paroiffe, d'autre part, après la publication d'un ban faite en cette églife, vu le pareil certificat d'un ban faite en l'églife paroiffiale de Saint-Germain-l'Auxerrois, la difpenfe des deux autres bans accordée par Mgr notre archevêque, en date du quatorze des préfens mois & jour de la préfente année, figné Robinet, régen, & plus bas Martin, duement fcellée, controllée & infinuée, les fufdits jour & an, fignée Frain, des extraits batiftaires defdits époux & époufe, le tout en bonne forme, les fiançailles célébrées hier, ont été mariés en face d'Eglife, fans aucune oppofition, par meffire Jean Santarel, prêtre, docteur en Sorbonne & vicaire de cette paroiffe; préfens le père & mère de l'époux, demeurant rue des Foureurs, paroiffe Sainte-Opportune; le père de l'époufe; Laurent Quénot, muficien, demeurant rue l'Evêque, en cette paroiffe; tous lefquels témoins, parens, amis & autres fouffignés, nous ont certifié les noms, furnoms, âges, qualités, libertés & domiciles defdits époux & époufe, & lecture à eux faite ont figné, excepté la mère de l'époux, qui a déclaré ne fçavoir figner. — BOUCHER, MARIE-JANE BUSEAU, NICOLAS BOUCHER, BUSEAU, QUENOT, DUBESSE, SENTAREL. »

l'habitude du temps, un modèle & l'inspiration de son dessin. Assise à son foyer, Mme Boucher, entrée presque enfant dans l'atelier du peintre, ne tardait pas à suivre l'exemple des femmes & des filles d'artistes d'alors, touchant presque toutes au métier qu'elles voyaient faire, à la peinture, au pastel, à la gravure : elle se mit, avec une certaine adresse & une aptitude assez heureuse, à copier en miniature les tableaux de son mari. Ces miniatures, généralement attribuées aujourd'hui à Boucher lui-même, eurent une vogue qui popularisa un instant, dans le monde des curieux, le nom de Mme Boucher : on ne compte pas moins de huit de ces petits cadres dans le catalogue de vente du peintre Aved. Mme Boucher toucha même à la pointe de graveur de son mari, & il existe une planche de deux paysans dormant où, à côté de *Boucher inv.*, on lit : *Uxor ejus sculpsit*.

Boucher ne fut pas très-fidèle à sa femme. La jeune femme fut-elle plus fidèle à son mari? Il y a contre sa constance une assez jolie anecdote. Selon une note manuscrite d'un bibliothécaire de M. de Paulmy, le roman de *Faunillane* ou l'*Infante jaune*, fantaisie du comte de Tessin, illustrée de dessins de Boucher & imprimée, en 1741, à Badinopolis, chez les frères Ponthome, n'aurait été, de la part du comte, qu'un adroit moyen d'introduction dans l'intérieur du peintre. M. de Tessin n'aurait écrit son livre que pour en demander l'illustration à Boucher, approcher de cette façon délicate Mme Boucher, la voir pendant qu'il expliquait les sujets à son mari, & lui faire sa cour en retournant la scène du Peintre sicilien derrière le chevalet du pauvre homme occupé à peindre. Les dessins faits & gravés par Chédel, — la comédie avait eu sans doute un dénoûment au gré de M. de Tessin, — le livre était tiré à deux exemplaires, & le comte faisait cadeau des cuivres à l'académicien Duclos, qui, pour les utiliser, écrivait, sur les compositions de Boucher, le roman allégorique d'*Acajou & Zirphile* (1).

IV.

En 1734, Boucher était reçu académicien sur la présentation de son tableau de *Renaud & Armide*, exposé aujourd'hui au Louvre.

Alors commence l'œuvre de Boucher ; alors commence autour de cet œuvre l'applaudissement du public plus ardent à chacune de ces expositions qui, fermées depuis 1704, rouvrent en 1737, & donnent aux tableaux & à la gloire de l'heureux peintre une popularité sans exemple (2). Et de salon en salon, de triomphe en triomphe, son

---

(1) *Archives de l'Art français*, par Ph. de Chennevières & A. de Montaiglon. Paris, Dumoulin, 1851, vol. vi.

(2) Boucher envoyait à l'exposition de 1737, — la première exposition du règne de Louis XV, l'exposition qui suivit l'exposition de 1704, — quatre tableaux cintrés représentant divers sujets champêtres, deux petits tableaux ovales représentant les quatre Saisons.

Boucher exposait, en 1738, un tableau chantourné

imagination se déroule en souriant. De ses pinceaux, de ses crayons, qui ne se lassent point, sort la mythologie du xviii° siècle. Son Olympe, ce n'est ni l'Olympe d'Homère, ni l'Olympe de Virgile : c'est l'Olympe d'Ovide. Et quelle ressemblance entre ces deux peintres de la décadence, entre ces deux maîtres de sensualisme, Ovide & Boucher! Une page de l'un a l'éclat, le feu, la manière & l'aspect d'une toile de l'autre. Il y eut un poëme d'Ovide, *l'Art d'aimer*, qu'on mit en ballet sur un théâtre de Rome : n'est-ce pas ce poëme que Boucher retrouva à l'Opéra, & dont il fit son génie?

La volupté, c'est tout l'idéal de Boucher : c'est tout ce que sa peinture a d'âme. Ne lui demandez que les nudités de la Fable; mais aussi quelle main preste, quelle imagination fraîche dans l'indécence même, quelle entente de l'arrangement, pour jeter de jolis corps sur des nuages arrondis en cous de cygnes! Quel heureux enchaînement dans ces guirlandes de déesses qu'il dénoue dans un ciel! Quel étalage de chair fleurie, de lignes ondulantes, de formes qu'on dirait modelées par une caresse! Comme il s'entend aux poses indiscrètes, aux coquetteries des molles attitudes, aux provocations de la Nonchalance couchée tout de son long devant le public sur un décor d'apothéose comme sur un tapis de harem! La sévérité du nu est inconnue à Boucher : il ne sait pas envelopper un corps de sa beauté, ni le voiler de sa pudeur; la chair qu'il montre a

représentant Vénus descendant de son char, soutenue par l'Amour pour entrer au bain, & un autre tableau représentant l'Education de l'Amour par Mercure.

Boucher exposait, en 1739, un grand tableau d'une largeur de 14 pieds sur 10 de haut, représentant Psyché conduite par Zéphir dans le palais de l'Amour. Ce tableau devait être exécuté en tapisserie pour le Roi à la manufacture de Beauvais; il exposait un second tableau de forme chantournée, un dessus de porte pour l'hôtel Soubise, représentant l'Aurore & Céphale.

Boucher exposait, en 1740, un tableau en largeur de 5 pieds sur 4 de haut, représentant la naissance de Vénus; un autre, de même grandeur, représentant une forêt; un autre, un paysage où l'on voit un moulin.

Boucher n'exposait rien en 1741. Il exposait, en 1742, un tableau en largeur de 2 pieds 1/2 sur 2 de haut, représentant Diane sortant du bain avec ses compagnes; un autre, de même grandeur, représentant un paysage des environs de Beauvais; une esquisse de paysage en largeur de 3 pieds sur 2, représentant le hameau d'Issé, qui devait être exécuté en grand pour l'Opéra; huit esquisses de différents sujets chinois pour être exécutés en tapisserie à la manufacture de Beauvais, un autre tableau représentant une Léda; un autre, un paysage de la fable du frère Luce.

Boucher exposait, en 1743, un tableau ovale représentant la naissance de Vénus; pendant, Vénus sortant du bain; un autre tableau chantourné, de 6 pieds de largeur sur pareille hauteur, représentant la muse Clio présidant à l'histoire & à l'éloge des grands hommes; un autre, de même forme, faisant pendant, représentant la muse Melpomène qui préside à la tragédie; un autre représentant un paysage où paraissent un moulin & une femme donnant à manger à des poules; son pendant, représentant une vieille tour, &, sur le devant, des blanchisseuses; autre petit paysage, de forme chantournée, représentant un vieux colombier & un espèce de pont ruiné sur lequel une femme & son enfant regardent pêcher.

Boucher exposait, en 1745, un tableau chantourné représentant un sujet pastoral; une esquisse à gouasse représentant Vénus sur les eaux, & plusieurs dessins réunis sous un même numéro.

Boucher exposait, en 1746, un tableau, de forme chantournée, représentant l'Eloquence avec ses attributs; un pendant, de même forme, l'Astronomie; ces deux tableaux devaient être placés dans le cabinet des médailles, à la bibliothèque du Roi.

Boucher exposait, en 1747, un tableau ovale représentant les forges de Vulcain; ce tableau était destiné à la chambre à coucher du Roi, à Marly. Il avait encore envoyé deux pastorales & une grisaille représentant le sujet allégorique d'une thèse dédiée à M. le Dauphin.

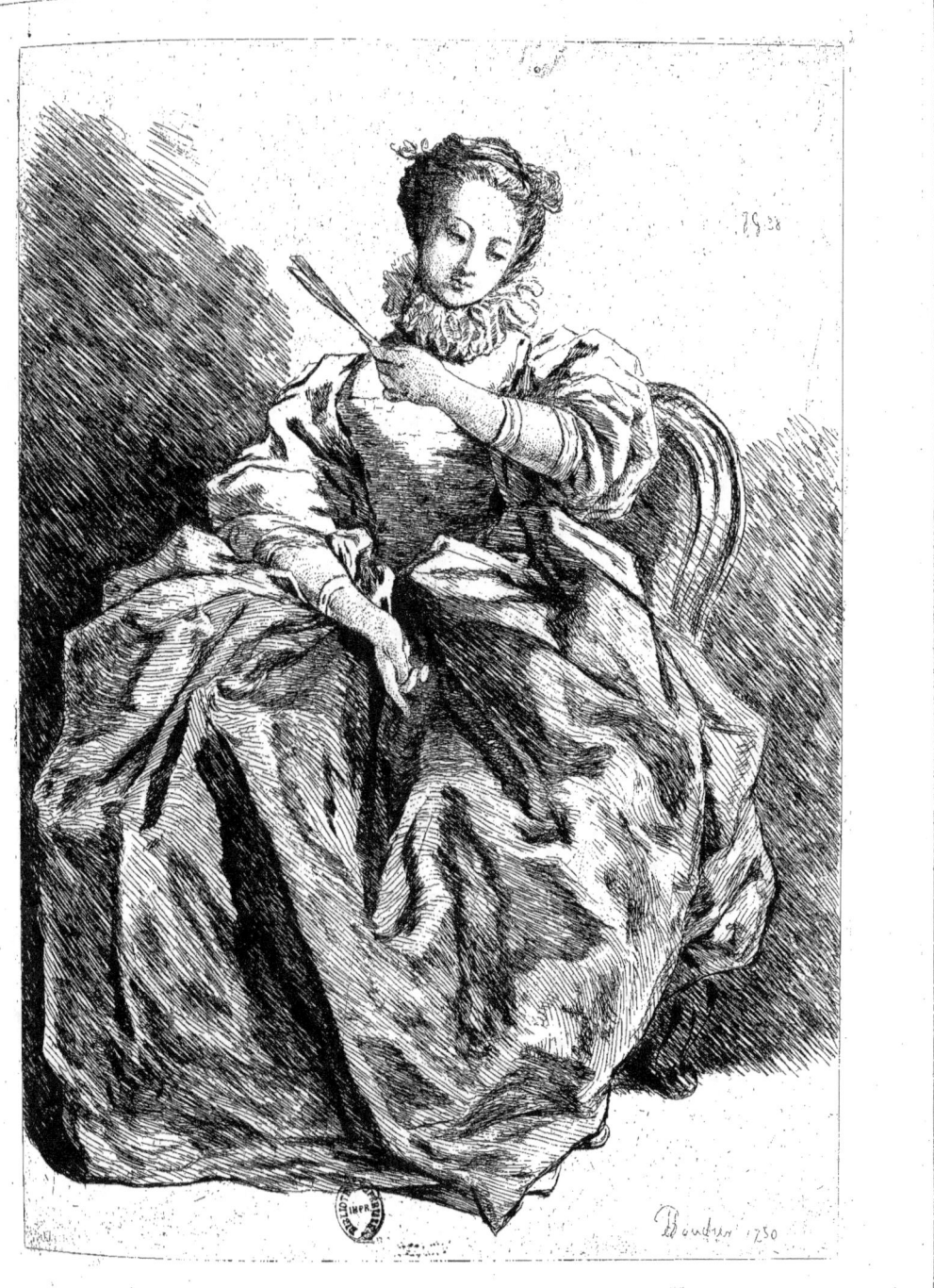

comme une effronterie piquante; ſes divinités, ſes nymphes, ſes néréides, ſes femmes nues ſont toujours des femmes déshabillées. Mais qui a déshabillé la femme mieux que lui? La Vénus que Boucher rêve & peint n'eſt que la Vénus phyſique; mais comme il la fait par cœur! Comme il eſt habile à lui donner toutes les tentations du geſte abandonné, du ſourire facile, du maintien engageant! Comme il l'entoure d'une miſe en ſcène irritante! Et comme il incarne dans cette figure légère, volante, & ſans ceſſe renaiſſante, le Déſir & le Plaiſir!

Autour de cette Vénus, dans le ciel de cette Cythère, au milieu de ce ſérail aérien, au travers de ces nuages éclairés par le corps des déeſſes, le peintre jette une pluie d'amours. Il les ſuſpend en grappe; il les noue en couronne, il les répand & les eſſaime comme dans une friſe de Clodion; il les culbute dans le giron des Grâces. Il diſperſe leur bande, il la raſſemble; il donne à tous l'envolée, il les jette nus & poliſſonnant ſur la nuée. Ce ſont les enfants gâtés du pinceau de Boucher. Joufflus, les cheveux friſés & leur volant au front en gros accroche-cœurs, leurs larges prunelles ſouriant à travers leurs grands cils, le petit nez au vent, la bouche en cul de poule, le menton fendu par une foſſette, ils ſont partout dans ſon œuvre. Ils voltigent autour de leur mère, comme une cour d'oiſeaux; ils jouent aux pieds des Muſes avec les attributs des arts & des ſciences; ils enjambent le char attelé de colombes; &, qu'ils mangent à pleine bouche le raiſin des Bacchanales, ou qu'ils viſent au blanc dans la cible d'un cœur, qu'ils

---

Boucher expoſait, en 1748, un tableau ovale repréſentant un berger qui montre à jouer de la flûte à ſa bergère, & un autre petit tableau carré repréſentant une Nativité.

Boucher expoſait, en 1750, — il n'y avait pas eu d'expoſition en 1749, — un tableau en hauteur de 5 pieds & demi ſur 4 de largeur, repréſentant une Adoration des Bergers pour la chapelle du château de Bellevue, & quatre paſtorales de forme ovale : la première repréſentant des amants ſurpris dans les blés ; la ſeconde, un berger accordant ſa muſette près de ſa bergère ; la troiſième, le ſommeil d'une bergère à laquelle un ruſtaud apporte des fleurs, & la quatrième, un berger qui montre à ſa bergère à jouer de la flûte.

Boucher n'expoſait pas en 1751. Il expoſait, en 1753, deux grands tableaux en hauteur de onze pieds ſur neuf de large, dont l'un repréſentait le Lever du Soleil; l'autre, le Coucher du Soleil. Ces tableaux devaient être exécutés en tapiſſerie à la manufacture des Gobelins par Coretté & Audran. Il expoſait encore quatre tableaux repréſentant les quatre Saiſons figurées par des enfants, & deſtinés à la ſalle du Conſeil, à Fontainebleau.

Boucher n'expoſait ni en 1754, ni en 1755. Il expoſait, en 1757, un tableau de 10 pieds en carré, repréſentant les forges de Vulcain. Ce tableau, qui était au Roi, devait être exécuté en tapiſſerie dans la manufacture des Gobelins. Il expoſait encore le portrait de la marquiſe de Pompadour.

Boucher n'expoſait pas en 1759; il expoſait, en 1761, des paſtorales & payſages ſous un même numéro.

Boucher expoſait, en 1763, le *Sommeil de l'Enfant-Jéſus*, tableau cintré de 2 pieds de haut ſur 1 pied de large.

Boucher expoſait, en 1765, deux tableaux ovales d'environ 2 pieds de haut ſur 1 pied 1/2 de large : *Jupiter transformé en Diane pour ſurprendre Caliſto; Angélique & Médor*. Ces tableaux étaient tirés du cabinet de M. Bergeret de Grandcourt. Il avait encore envoyé deux paſtorales de 7 pieds 6 pouces de haut ſur 4 de large, quatre paſtorales de 15 pouces de haut ſur 13 de large, une autre paſtorale ovale de 2 pieds de haut ſur 1 pied 6 pouces de large, un tableau de 2 pieds 6 pouces de haut ſur 2 pieds de large, repréſentant une jeune femme attachant une lettre au col d'un pigeon ; enfin, un payſage de 2 pieds de large ſur 1 pied 6 pouces de haut.

Boucher n'expoſait pas en 1767, ce dont Diderot le tançait vertement dans ſon *Salon* de l'année; il expoſait, en 1769, un ſeul tableau, une *Marche de Bohémiens ou Caravane dans le goût de Benedetto Caſtiglione*, tableau de 9 pieds de large ſur 6 pieds 6 pouces de haut.

2

représentent les Saisons, qu'armés du maillet & du ciseau ils aient l'air d'Amours échappés de l'Opéra de *Pygmalion*, ou qu'ils soient seulement des enfants qui s'amusent, ils sont charmants à voir avec leurs petites mains engorgées, leurs jointures bouffies, leurs ventres ronds où le nombril semble une fossette, leurs derrières de Cupidon, leurs mollets dodus, leurs formes ébauchées & renflées, qui parfois, sous le crayon de Boucher, prennent une ampleur presque superbe. Et quels jeux de lutins & de petits dieux ils font autour des allégories, près de l'eau où se baigne Diane, sur les genoux des nymphes adossées l'une contre l'autre, ou dans le triomphe de ces déesses que le maître, en ses jours d'élégance parmégianesque, aime tant à poser de dos, les épaules abattues, la croupe rebondie, la courbe de la hanche saillante, une jambe repliée sous l'autre & laissant passer sous la cuisse une plante de pied aux plis douillets! Boucher a si bien en main le type de ces jolis amours, que, presque toujours, c'est leur visage qu'il donne à ses femmes. Un ovale raccourci & poupin, un front court, des yeux saillants & écartés, placés bas, loin des sourcils, presque sur la ligne du bout de l'oreille, un nez retroussé, une bouche en cœur, un menton d'enfant, ce sont là les traits qu'il répète d'ordinaire. Par là, sa beauté est petite & ne dépasse que bien rarement une sorte d'agrément fade & un peu lourd. Ses figures sont bovines tout à la fois & mignardes. Ce n'est guère que dans ses charmantes illustrations de Molière, dans les jolis dessins de l'*Ecole des Femmes* & des *Précieuses*, qu'il a attrapé l'expression, le fin sourire d'une figure & d'une physionomie de femme du temps, la beauté du diable & de l'esprit.

Descendue de l'Olympe, l'imagination de Boucher se délassait dans la pastorale. Mais il la peignait de la seule façon dont il était alors permis de la peindre : il ôtait à l'idylle « cette certaine grossièreté qui sied toujours mal. » Il la représentait sous le travestissement le plus galant, dans un costume de bal masqué de cour. La vie champêtre devenait sous ses pinceaux le roman ingénieux de la nature, l'allégorie des plaisirs, des amours, des vertus gardées, loin de la ville & du monde, dans les *déserts enchanteurs* de Mme Deshoulières. Il évoquait les Sylvandre, les Philis, les Lycidas, les Alexis, les Céladon, les Sylvanire, dans toutes ces compositions qui font le tour du Lignon : *Pensent-ils au raisin*, les *Charmes de la vie champêtre*, les *Bergers à la Fontaine*, le *Pasteur complaisant*, le *Pasteur galant*, la *Foire de campagne*. Bergères adorables, bergers délicieux ! ce n'est que satin, pompons, paniers, mouches au coin de l'œil, colliers de rubans, joues fardées, mains faites pour broder au tambour, pieds de duchesse échappés de leurs mules, moutons de soie, houlettes fleuries ; les paysans sont tournés comme une révérence de Marcel, les paysannes ont l'air de sortir des mains d'une habilleuse des Menus... Un monde tombé sur l'herbe d'une pastorale de Guarini, avec un madrigal aux lèvres & des bouffettes roses aux souliers ! C'est l'églogue à la façon de celle dont Fontenelle parlait, lorsqu'il disait, comme s'il eût prévu la fantaisie de Boucher : « Il en va, ce me semble, des églogues comme des habits que l'on prend dans des ballets, pour représenter des paysans. Ils sont d'étoffes beaucoup plus belles que ceux des payfans véritables; ils font même ornés de rubans & de points, & on les taille feulement en habits de payfans. »

Autour de ces églogues & de ces fcènes agreftes, pour leur fervir de fond & d'accompagnement, Boucher crée un payfage, une nature. Il ne trace pas les profondes perfpectives de Watteau; il n'ouvre pas les grandes charmilles en éventail, il ne fait pas fuir derrière le dos de fes perfonnages ces grands parcs qui vont s'éteindre à l'horizon & dont l'ombre finit comme un murmure. Les eaux, chez Boucher, ne difparaiffent pas au loin dans la vapeur; la campagne n'eft pas cet afile de rêverie, ce lieu de filence & d'apaifement où la volupté fe recueille. La nature, pour lui, eft un joli tapage. Ce qu'il aime, c'eft un petit coin de terre bruyant, pétillant de couleurs fraîches, rempli d'éclats de verdure, encombré d'arbres rameux, de faules étêtés, de fufées de branches. Toujours au devant, un ruiffeau clapote & jafe, une eau courante fe mire au foleil, quelque petite rivière de France d'où fe lèvent des bancs de rofeaux jette au premier plan fa fraîcheur & fa gaîté. Il fait monter la mouffe aux congélations des marbres ruinés; il cache l'herbe fous les larges feuilles du bouillon-blanc; il entrelace les faxifrages, il noue la vigne folle en rideaux, il encadre les payfannes & les nymphes dans des tentures de fapins aux grands bras qui penchent & balancent leurs longs effilés verts fur le corps des baigneufes. Et l'on croirait voir, dans ce luxe & ce caprice de végétation, le cabinet de verdure, tel que le rêvait le XVIIIe fiècle à fes heures d'imagination tendre & d'appétits ruftiques.

Quand, attaché à la manufacture de Beauvais, Boucher peint d'après nature les vues des environs, cours de fermes entrevues fous les arcades ruinées, hangars ruftiques abritant des amas de chofes, toits de chaume où pouffent les fleurs femées par les oifeaux, couvertures de joncs foutenues par les poutres à peine équarries qui les percent, roues de moulins, appentis rapiécés avec des planches, pigeonniers aux tuiles mouffues, margelles des lavoirs, dont la pierre s'effeuille fous le genou des leffiveufes, baffes-cours où l'œil s'égare fur les débris, les reftes de paille, les vieilles échelles, les brouettes, les paniers à couver, — il donne à tout cela une richeffe & une abondance de défordre, un pittorefque nouveau jufque-là inconnu & que le XVIIIe fiècle a défini d'un mot créé expreffément pour Boucher : *le fouillis*. Et pour donner plus de pêle-mêle encore à fes payfages, pour y mettre plus de vie, une confufion & une animation plus étourdiffantes, il jettera dans fes ciels des volées d'oifeaux; à terre, il fera battre les poules, aboyer les chiens, courir les enfants dans les cours où le pied gliffe fur le grain; par les chemins, il lancera dans la pouffière les marches d'animaux, les caravanes de Caftiglione, les forties de l'arche, l'émeute des moutons preffés, les retours du marché avec les baudets tout fonnants de la vaiffelle de cuivre qui leur bat au dos. — Payfagifte, Boucher ne femble avoir d'autre préoccupation que celle de fauver à fon temps l'ennui de la nature.

V.

Ce qui popularifa Boucher non moins que fes tableaux, ce furent fes deffins. Jufqu'à lui, les deffins des maîtres français — ébauches, croquis d'après nature, aurores d'une idée, d'une ligne, infpirations du moment jetées de verve fur le papier par une main hâtée — n'avaient ni valeur commerciale, ni publicité courante. Jetés la plupart du temps en recueil au verfo d'un mauvais cahier, — c'était là la méthode de Watteau, de Lancret, d'Oudry & d'autres ; ou bien, feuilles volantes fixées par un clou au mur, dans un coin de l'atelier, ils étaient gardés fans grand foin par l'artifte comme un fouvenir, le premier effai d'une toile, ou bien comme un document, une fource de compofition, un *Livre de vérité*. Ils ne fortaient guère de chez le peintre qu'emportés par l'enthoufiafme d'un ami, la plupart du temps homme du métier lui-même; ou bien, à la mort de l'artifte, vendus en paquets, pour quelques livres, par l'huiffier prifeur, ils fe difperfaient aux quatre vents. Boucher fut le premier qui fit du deffin une branche de commerce pour l'artifte, qui le lança dans la publicité, qui appela fur lui l'argent, le goût & la mode. Les feuilles de papier où il femait fes études & fes caprices fortirent des cartons des amateurs, des collectionneurs exclufifs de deffins, pour parer les appartements, figurer fur les panneaux, entrer dans la décoration des plus riches intérieurs. Ils prirent place familièrement dans le boudoir, le falon, la chambre à coucher, à côté du tableau. Les femmes en voulurent; les Joullain & les Bafan en achetèrent : il était de bon air d'en avoir.

Ces deffins, fi fêtés & fi plaifants, c'étaient de vives & faciles croquades forties fans effort de la main du peintre, des figures rondement enlevées à la pierre d'Italie ou à la fanguine, des fcènes de campagne graffement efquiffées, des bergerades où l'on retrouve la hardieffe de touche & jufqu'aux têtes tondues des deffins du Carrache, des tableaux mythologiques où des corps de déeffes & de nymphes fe débrouillaient voluptueufement dans toutes les attitudes du plaifir & dans toutes les coquetteries du déshabillé ; ou encore, le crayon noir affeyait dans le papier quelque marquife à la jupe caffé par mille plis, à la collerette à l'efpagnole. Souvent, fur un deffous de fanguine chauffant le deffin d'une fleur de rouge effacé, le biftre faifait rage dans un payfage poché à grands coups de pinceau. Quelques rares aquarelles échappaient au peintre, blondes & douces, lavées à grande eau, baignées dans des tons de vieille foie & dans des harmonies de demi-jour. Puis il reprenait fon crayon, & fous fes lignes courantes, roulantes, graffes comme les touches d'un ébauchoir, des rondes, des troupes, des bouquets d'amours naiffaient & s'épanouiffaient ; des académies de femmes en pleine chair & tout étoilées de foffettes fe levaient dans une nudité opulente &

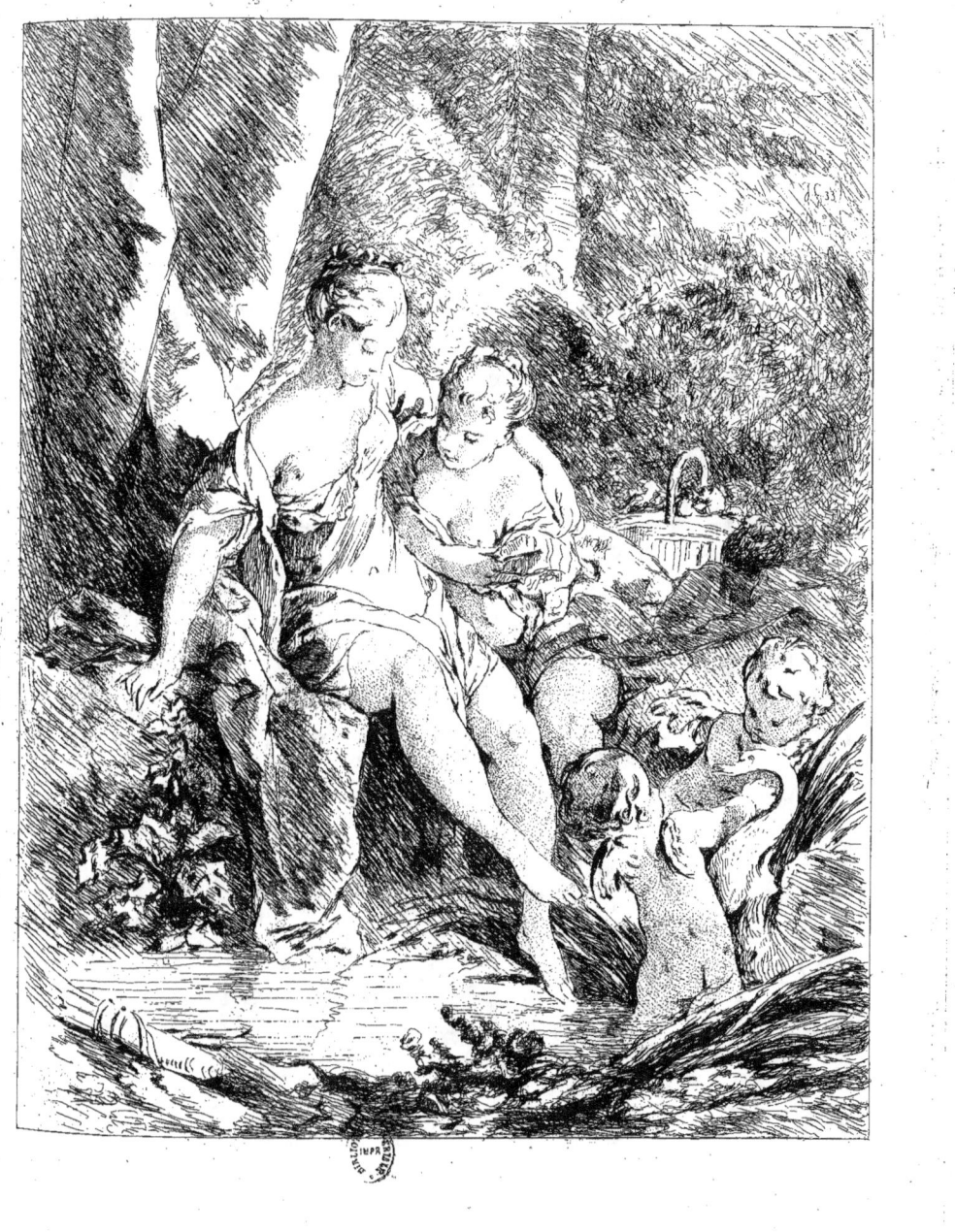

montraient le fang du maître chez le bâtard de Rubens, — éternelle & charmante
étude d'un même corps potelé & douillet, jeune & déjà éclatant de fanté, dont le type
fut donné à Boucher par un modèle qui a prefque une hiftoire.

Rien de plus inconnu au XVIIIe fiècle que les modèles des peintres. Rien de plus anonyme que l'immortalité qu'ils reçoivent du pinceau, du crayon. Une empreinte de leurs formes, c'eft tout ce qui en refte. Il n'eft guère d'autre document à leur fujet que cette correfpondance où le père d'un élève de Doyen, témoigne pour les mœurs de fon fils, une fi grande peur de ces demoifelles ; & encore cette gravure de l'Académie où Cochin nous a repréfenté le modèle du temps en grande tenue, la jupe falbalaffée & retrouffée par la mule au haut talon, les cheveux furmontés d'une couronne, pofant pour la tête d'expreffion. Arrêtons-nous donc un inftant au modèle de Boucher & donnons ici ce fragment de la chronique intime des ateliers du règne de Louis XV. Ce modèle habituel du peintre, que Paris appelait la petite Morfil, était la demoifelle Murfi, d'origine irlandaife, fœur du modèle en titre de l'Académie de peinture, dont elle avait la furvivance. Quand Mme de Pompadour fe réfigna à chercher des maîtreffes au Roi, ce fut la Murfi qu'elle fit peindre dans une *Sainte Famille* deftinée à l'oratoire de Marie Leczinska ; & fes prévifions ne furent pas trompées : le portrait parla aux défirs du Roi ; & le modèle de Boucher eut l'honneur d'ouvrir, pour la première fois, la porte du Parc-aux-Cerfs (1). Mais alors Boucher n'avait plus befoin de la Murfi ; il ne recourait plus guère au modèle ; il en avait fini avec les enfeignements de la nature & les tâtonnements de l'étude. Reynolds raconte que lorfque, dans fon voyage en France, il alla voir Boucher, il le trouva occupé à peindre un fort grand tableau pour lequel il n'employait ni efquiffe ni modèle d'aucun genre ; & comme il lui en témoignait fa furprife, Boucher lui répondit qu'il avait regardé les modèles comme néceffaires pendant fa jeuneffe, mais qu'il y avait longtemps qu'il ne s'en fervait plus.

Quoi de plus charmant que ces académies de femmes de Boucher ! elles amufent, elles provoquent, elles chatouillent le regard. Comme le crayon tourne au pli d'une hanche ! Quelles heureufes accentuations de fanguine mettant dans les ombres le reflet du fang fous la peau ! Quel deffin gras, facile, lutinant la chair ! L'habile eftompage de blanc & de noir donnant à la peau des reflets de fatin ! De larges hachures de craie fuffifent à Boucher pour faire circuler & ferpenter le jour fur un épiderme qu'il femble fabrer de lumière. Un coup de noir, une pointe de blanc, voilà une foffette pofée comme une mouche. Et quelle variété, quelle diverfité de poftures, renouvelant fans ceffe ce poëme de la nudité agaçante ! Le corps de la femme joue fous fon crayon comme dans le paravent de glaces d'une alcôve. Boucher le jette fur les courtines d'un lit ; il le dreffe debout contre un nuage de foie, il l'adoffe, il le renverfe. Ici c'eft une bergère

---

(1) *Mémoires de d'Argenfon.* Paris, Jannet, vol. IV. — *Les Maîtreffes de Louis XV*, par Edmond & Jules de Goncourt. Paris, Didot, vol. II.

fans voile, là quelque Vénus triomphante ; & s'il prend un papier chamois, s'il s'amufe à vivifier fon académie d'un foupçon de rofe étendu fous le doigt, s'il croife la fanguine & le crayon noir en tailles entrelacées, s'il égrène la craie fur la peau miroitante, s'il jette une fleur de paftel de côté & d'autre fur un fond de ciel ou un coin de draperie, il réalife fur un carré de papier le charme de la nudité la plus aimable.

Auffi que d'amateurs pour ces deffins! Les fermiers généraux en rempliffaient leurs portefeuilles. M. Néra les difputait à M. de La Haye, M. de Grandcourt à M. de Fontanieu, & M. D'Azincourt à M. d'Argenville. Mme de La Haye & Mme d'Azincourt luttaient à qui ferait la collection la plus riche. Et comme Boucher était un homme heureux en toutes chofes, il arrivait, au beau milieu de cet engoûment pour fes deffins, qu'un graveur trouvait un procédé pour les graver en manière de crayon : Demarteau, par fes étonnants *fac-fimile*, les faifait circuler dans toutes les mains.

Il reftait encore, il y a deux ans, près de la Sorbonne, dans une vieille maifon, la maifon habitée par Demarteau, un curieux témoignage de la fatisfaction du peintre fi bien interprété par lui. Charmant remercîment du maître à fon graveur que ce falon peint par Boucher dont les quatre murs vous montraient l'intérieur élégant d'un artifte du fiècle paffé! Ce falon femblait une tonnelle & une volière. Un treillis en échiquier, pareil à la marqueterie deffinée fur les côtés des meubles en bois de rofe, courait fous les plinthes, encadrait la glace, montait autour des deux fenêtres & ne laiffait à jour que quatre grands panneaux, quatre petites portes & le deffus des portes. Entre ces treillis, la campagne s'ouvrait. Ici l'on voyait un bord de rivière encombré de flamants rofes & de paons faifant la roue ; au delà d'un arbre déraciné & tombé à l'eau, des cygnes fe battaient. Là c'étaient les ébats d'un chien de chaffe & le fautillement d'une pie à travers des rofes trémières montant au ciel ; & de l'eau encore au loin fillonnée de canards de toutes couleurs. D'un autre côté reparaiffaient une rive & de fraîches verdures égayées d'oifeaux diaprés, rofes, bleus, verts. Sur le dernier panneau, une architecture en treillage, mangée par les rofes montantes, prenait pied dans un défordre d'outils ruftiques & dans une bataille de coqs & de poules. Des colombes fe becquetaient au deffus des quatre portes fur lefquelles des amours en camaïeu, graffement peints, écrafaient des fruits contre leurs lèvres ou faifaient jaillir l'eau d'une fontaine entre leurs doigts à demi fermés.

VI.

Les commandes qui l'affiégeaient, les peintures & les deffins qui lui étaient demandés de partout, étaient loin de laffer l'activité de Boucher. La befogne, tout énorme qu'elle était, ne fuffifait pas à cette fièvre de production, à cette furie de travail qui l'avait faisi le jour où il avait pris les pinceaux, & devait l'asseoir, jusqu'à sa mort, dix heures par journée à son chevalet (1). Boucher trouvait encore des loisirs dans ce labeur; & il jetait à tout moment, comme en marge de son œuvre, mille idées, des riens pareils aux récréations qu'un grand artiste donne à sa main sur la feuille d'un appui-main. Il s'amusait à laisser tomber un coup de crayon, un reste de couleur sur toutes sortes de petites choses, dans les cadres les plus minces. Il touchait de son pinceau les moindres bijoux de la mode, des éventails, des étuis de montres, des œufs d'autruche, des porcelaines, des panneaux de voiture, que sais-je encore? M. Thoré dit avoir vu de lui un petit cartouche peint à l'huile pour Mme de Pompadour, un médaillon grand comme la main où il avait mis une belle déclaration d'amour d'un berger à sa bergère avec des paniers de roses, des chapeaux enrubannés, des oiseaux encagés, & de l'air, & de la volupté & de l'espace! Il eût fait tenir Cythère dans le cercle d'une pierre gravée de Guay.

C'est son délassement de descendre à tout, c'est sa vocation de ne point laisser passer une vogue sans y mettre la main. Il y a des heures, dans la vie de ce premier peintre du Roi, où il semble dessiner le soir à la lampe pour l'amusement d'une table d'enfants dont la curiosité lui pousse le coude. Lorsqu'au milieu du siècle éclate à Paris une de ces manies qui prennent périodiquement la société française, la manie des pantins & des pantines, succédant, de 1746 à 1748, à la manie des découpures, lorsque la duchesse d'Orléans se met en tête d'avoir un pantin de 1,500 livres, mais du meilleur faiseur & qui vaille son prix, c'est Boucher qui dessine & peint le pantin, en riant d'avance de la mauvaise épigramme que le pantin lui vaudra dans les chansons de Maurepas (2).

Il a beau faire, beau chercher, descendre au joujou, il n'est pas absorbé tout entier. Il lui reste du temps, de la verve, des idées, & le voilà qui brosse des décorations de théâtre. En 1737, en 1738 & en 1739, il avait travaillé aux décorations de l'Opéra; il y travaille de nouveau depuis le mois d'août 1744 jusqu'au 1er juillet 1748, aux appointements de 2,000 livres (3). Il ne donne pas seulement des décors à l'Opéra: Monnet, qui fut son ami, essayant de remonter l'Opéra-Comique & voulant débuter d'une façon brillante à la foire Saint-Laurent du mois de juin 1743, par une parodie des *Indes Galantes*, lui demande les décorations & les dessins de la pièce, si fort applaudis. Dans le théâtre élevé par Monnet, en trente-sept jours, à la foire Saint-Laurent de 1752, c'est Boucher qui dessine presque toute la salle, le plafond, le décor, les ornements, & qui dirige toutes les peintures. Et à la foire Saint-Germain de 1754, c'est encore la main & le pinceau de Boucher que l'on retrouve & que tout Paris vient

---

(1) *Galerie françoise*, par Restout.
(2) *Journal historique & anecdotique de Barbier*. Paris, Renouard, vol. III.

(3) *Histoire manuscrite de l'Opéra*. Papiers de Bessara, Bibliothèque de l'Hôtel-de-Ville.

applaudir dans la mife en fcène du ballet des *Fêtes chinoifes* de Noverre (1). Et ce n'étaient point des aperçus de décors, des maquettes infignifiantes que fourniffait Boucher aux deux Opéras; c'étaient des toiles qui avaient trois pieds fur deux, comme cette décoration du hameau d'Iffé envoyée par lui au Salon de 1742.

Cette activité, cette imagination féconde, toujours prêtes à fe répandre en œuvres de charme, en créations d'élégance & de goût coquet, en modèles pour la manufacture de Vincennes (2), Boucher les apporta dans la direction d'une des grandes induftries d'art du XVIIIe fiècle. Oudry, chargé par Fagon, intendant des finances, de relever la manufacture de Beauvais fondée par Colbert & tombée dans une forte d'anéantiffement, fe voyait obligé d'appeler à fon aide le peintre au génie multiple & fi expert dans toutes les chofes de luxe & d'ornementation galante. Et lorfque Boucher, nommé directeur de Beauvais, remplaçait, le 21 juin 1755, Oudry dans l'infpection des travaux des Gobelins, les entrepreneurs, aigris par l'infpection tracaffière d'Oudry, faluaient l'inftallation du nouveau directeur comme une délivrance, & remerciaient chaleureufement M. de Marigny d'un choix fi heureux & fi mérité (3).

VII.

Pfyché conduite par Zéphyr dans le palais de l'Amour, la Naiffance de Vénus, le Bain de Diane, les Forges de Vulcain avaient placé Boucher au premier rang de l'école de fon temps, quand, pour répondre au reproche de ne plus faire que des tableaux de chevalet (4), il expofait, en 1753, *le Lever & le Coucher du foleil* (5).

Dans la première de ces grandes toiles, des amours au haut du ciel écartent le voile de la Nuit & plient l'ombre comme une tente. L'Aurore, portant au deffus du front l'étoile du matin, effeuille du bout de fes doigts les rayons & les rofes dans la lumière qui s'éveille. Sous la careffe du jour qu'elle répand, le jeune Apollon fe lève dans fa gloire naiffante; la pourpre lui vole en écharpe autour du corps; fous fes pieds, l'écume des flots fe brife en vapeur & s'écroule en nuage. Une déité volante lui tend les rênes de fon quadrige & la bride de fes chevaux qui piaffent dans l'éther, tandis que les filles de Doris, les nymphes de la mer, à mi-corps dans l'onde qui leur bat les reins, nouent fur les jambes du dieu les rubans de fes brodequins. Au devant du lever de

(1) *Supplément au roman comique ou Mémoires pour fervir à la vie de J. Monnet.* Barbou, 1772.
(2) *Obfervations fur les ouvrages de MM. de l'Académie de peinture & de fculpture expofés au falon du Louvre en 1773*, par l'abbé Leblanc.
(3) *Notice hiftorique fur la manufacture de tapifferies des Gobelins*, par Lacordaire. Paris, 1853.
(4) *Lettres fur les peintures, fculpture & architecture, à M. ***.* 1748.
(5) Ces deux tableaux, vendus à l'inventaire de Mme de Pompadour & paffés alors en poffeffion de M. de Saincy, appartiennent aujourd'hui à lord Hertford.

Phœbus, un amour joue avec le collier de perles tombé du cou de l'Aurore ; des tritons interrogent, dans un coquillage, le murmure des mers, le flux & le reflux de l'écho; des dauphins aux yeux & aux narines de rubis, balancés au branle de la vague, bercent les néréides accoudées sur l'oreiller de leur tête & tournant au public, qu'elles provoquent d'un sourire jeté par dessus l'épaule, leur dos humide où le flot pleure encore en gouttes de nacre.

Dans *le Coucher du soleil*, des amours & des génies apportent & déroulent en haut du tableau le manteau sombre & bleu de la Nuit. Le jour meurt en reflets sous leurs pieds qu'il éclaire. Au milieu des vapeurs violettes & roses perdues là-bas dans un fond de ténèbres où se dénoue, au dessus du clapotement des vagues vertes, une guirlande d'amours, l'Apollon rayonne dans l'apothéose du crépuscule. Son char rocaille, autour duquel bourdonne une ronde d'amours, entre doucement dans la mer & coule à l'abîme ; de ses coursiers blancs, aux naseaux roses & fumant des derniers feux du jour, l'un est encore argenté de lumière, l'autre a déjà plongé dans l'ombre. Le dieu, svelte comme un éphèbe, s'élance en étendant les bras vers Thétis. Allongée dans une pose d'accueil amoureux, la déesse vogue vers lui sur une conque, parée des couleurs de la mer, la robe teinte des nuances d'une vague, les cheveux gris-argenté & comme poudrés de l'écume des flots. Une néréide, réfugiée contre elle & s'appuyant à sa conque, se gare, avec sa main jetée coquettement devant ses yeux, du dernier rayon du dieu ; & tout autour de Thétis, sa cour de tritons & d'amours fatigue l'eau du sillon de ses jeux, jusqu'à ce groupe de femmes enroulées, ondulantes, que la mer baigne, chatouille & renverse sur son sein qui palpite.

Ce sont là les deux pages triomphales de Boucher. Elles ont le rayonnement, le flamboiement, la magnificence de ce char du Soleil versant dans les *Métamorphoses* le feu des crysolithes & des pierreries. Elles sont le plus grand effort du peintre, les deux grandes machines de son œuvre. Elles ont excité l'enthousiasme ; elles sont demeurées éblouissantes. Et cependant, je crois que pour la juste appréciation du talent de Boucher, pour les intérêts de sa gloire, il vaut mieux le juger dans des tableaux moins grands, moins pompeux, moins officiels. Peintre de verve, il ne manifeste jamais plus heureusement sa personnalité que dans ces compositions de dimension moins ambitieuse, où ses idées & sa main peuvent courir jusqu'au bout de la toile sans rencontrer la fatigue. Une esquisse brossée vivement en une matinée avec le diable au corps de l'improvisation, une ébauche modelée avec des tons d'aurore, un groupe de corps *bleutés*, un torse dont la ligne molle se débat dans une clarté pâle & vaporeuse, une déesse jetée au ciel d'un lit, voilà la vocation & le vrai triomphe de cette peinture à la touche fluide & coulante, de ce peintre dont les amis comparaient le coloris à des feuilles de roses nageant dans du lait. Et ne resterait-il de Boucher que cette ravissante Vénus couchée de la collection Marcille, il serait impossible de méconnaître en ce magicien un grand tempérament de peintre, & de refuser au coloriste cette justice que David lui-même lui rendait en disant : « N'est pas Boucher qui veut. »

VIII.

Une femme régnait alors en France, dont la protection ne pouvait manquer à Boucher. Cette maîtresse de roi qui eut l'esprit de faire de sa faveur une espèce de ministère des arts & des lettres, Mme de Pompadour, trouva son peintre quand elle rencontra Boucher. Ne semblait-il pas né pour elle? N'était-il pas l'artiste providentiel, & précisément à la taille de son règne, à la mesure de ses goûts, né, formé & grandi pour être son courtisan, son poëte, son historien? Sans lui, la figure de la favorite manquerait de je ne sais quel accent & quelle lumière : il éclaire & complète le personnage de la femme artiste de la même façon que Bernis signifie le caractère de la femme d'Etat.

Dès qu'elle commence à marcher du caprice d'une nuit au commandement d'un règne, Mme de Pompadour s'attache Boucher. Elle lui donne des commandes. Elle l'installe dans une sorte de privilége de décoration des bâtiments & des demeures du Roi. Dès 1746, elle lui faisait peindre l'Eloquence & l'Astronomie, destinées au Cabinet des médailles. En 1747, elle mettait son tableau des *Forges de Vulcain* dans la chambre même de Louis XV, à Marly, comme pour tenir son protégé en présence du Roi. En 1750, elle le chargeait du tableau devant décorer la chapelle du château de Bellevue; & dans le château, elle lui faisait décorer de chinoiseries le joli boudoir meublé en perse dorée en or; elle lui donnait à remplir de ses plus vives couleurs & de ses plus gaies fantaisies les tableaux de cette galerie imaginée & dessinée par elle, où de merveilleuses guirlandes de fleurs fouillées par le ciseau de Verbeck encadraient les imaginations du peintre (1). C'était elle qui achetait ses deux grands tableaux : *le Lever & le Coucher du Soleil*. Lui fallait-il, pour réveiller avec les sens l'amour du Roi, mettre sous les yeux de Louis XV des allusions libertines? elle recourait à Boucher, qui jetait dans une suite de panneaux une histoire qui commençait par l'idyle & finissait par la priapée. Voulant avoir son portrait, c'était Boucher qu'elle choisissait avec Latour, pour laisser d'elle une image qui survécût à sa fortune & l'empêchât de mourir tout entière. Et Boucher la peignait dans la pose de paresse que donne une chaise longue, avec l'air d'attention distraite d'une femme aimée qui attend l'amour en tournant à demi la tête. Le bras droit de Mme de Pompadour s'accoudait sur un coussin de

---

(1) *Dictionnaire historique de la ville de Paris*, par Hurtaut. Paris, 1779, vol. 1.

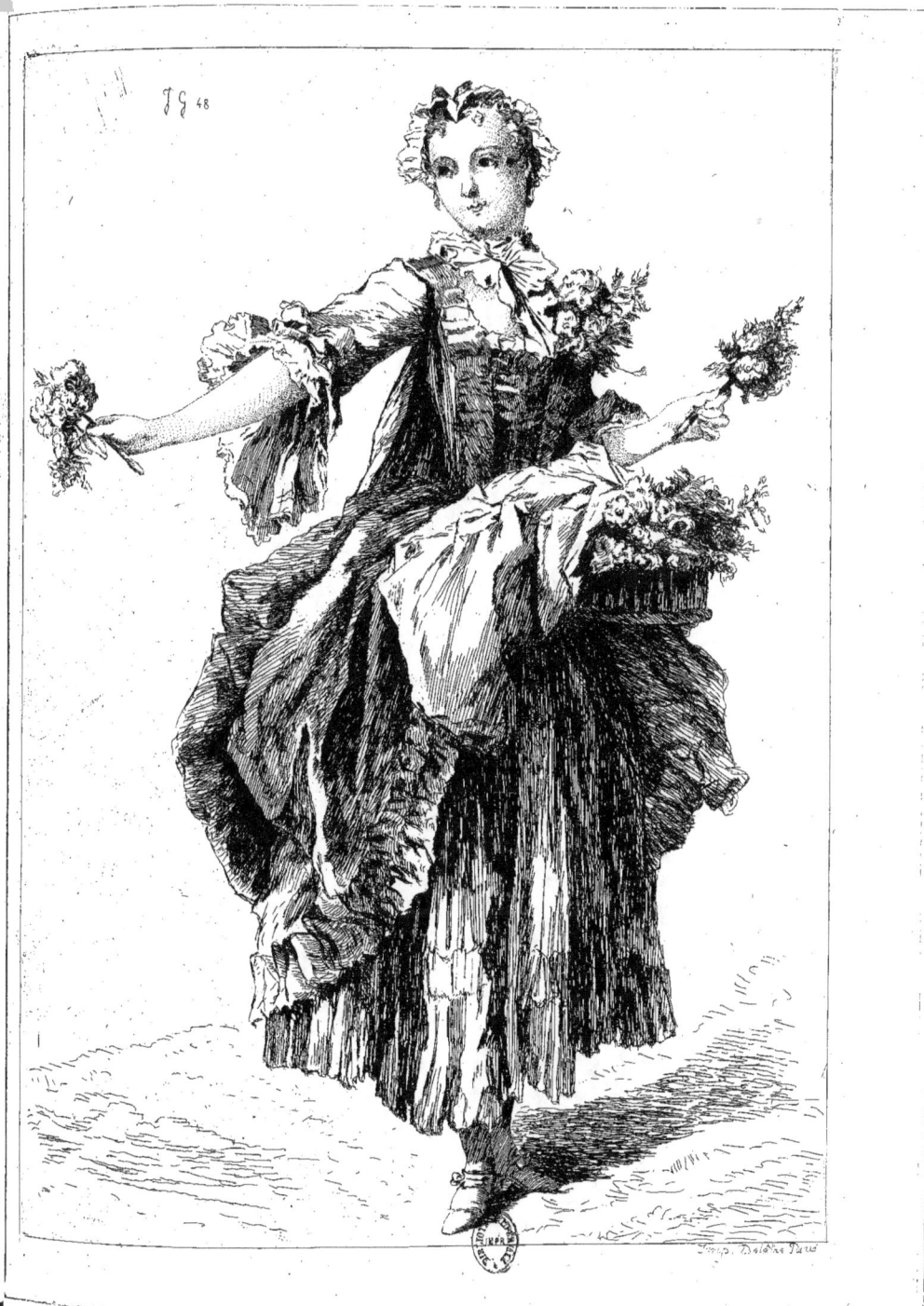

pékin peint; son bras gauche retenait mollement un livre sur ses genoux. Boucher jetait dans ses cheveux un œil de poudre & des fleurettes; il la décolletait en carré, évasant un peu à la naissance de la gorge l'échancrure de cette magnifique robe bleue falbalassée, toute semée de petites roses, toute ruisselante de dentelles d'argent; & au bout de la jupe paraissaient les deux pieds mutins de la favorite croisant, selon leur habitude, l'une sur l'autre les mules roses brodées d'argent. Et partout c'étaient des rubans & des nœuds, au cou, à la saignée, au cœur du corsage. La figure sortait d'un appartement de soie jaune & semblait s'avancer, entre deux rideaux à grands plis, du fond d'une glace reflétant dans sa transparence, comme dans une vapeur, une bibliothèque surmontée d'une pendule en lyre aux heures gardées par un amour. Sur le parquet, aux pieds de Mme de Pompadour, Boucher avait semé & comme effeuillé les amusements & les goûts de sa protectrice : un porte-crayon monté de sanguine & de crayon noir, un carton de dessins ouvert, un plan de château à demi déroulé, des rouleaux de musique, une pointe de graveur emmanchée, étaient çà & là entre un king's-charles au repos & deux roses gisantes. A sa droite, & plus près d'elle, le peintre semblait avoir voulu caractériser sa vie plus sérieuse, les affaires de la faveur : l'on voyait de ce côté une petite table à écrire de bois de rose, un flambeau d'argent chantourné, le cachet de la marquise, un bâton de cire, une lettre décachetée, une plume enfoncée dans un encrier & sortant d'un tiroir ouvert, des brochures, des livres, des maroquins aux armes, & encore deux roses oubliées là par la femme au milieu de tous ces outils de la favorite & du premier ministre.

Ce portrait est pour ainsi dire le portrait de luxe & de représentation de Mme de Pompadour; la coquetterie y a une ampleur, le chiffonnage, l'enrubannement, les fanfioles y ont une opulence & une somptuosité royales : c'est la grande toilette de la faveur en robe de sacre.

Boucher ne fut pas seulement le protégé, il fut le familier de Mme de Pompadour. Il avait ses grandes entrées dans la pièce où Guay avait son touret. La favorite l'honorait de la confidence de ses goûts, de ses projets, de ses rêves. Elle le consultait sur les décorations dont elle avait l'idée. Elle parlait avec lui de ce monde de l'art dont elle avait pris en main le patronage. Elle se plaisait avec cette imagination du peintre qui donnait un si joli corps à tout ce qu'elle voulait de riant & d'aimable autour d'elle. Boucher était un curieux avec lequel elle aimait à causer curiosités, un professeur d'eau-forte qui l'initiait au maniement de la pointe & qui menait la main incertaine de la graveuse sur les copies de ses planches : *les Buveurs de lait, le Petit montreur de marmottes, le Faiseur de bulles de savon*, & sur toute la suite des pierres gravées de Guay. Il était l'artiste auquel elle donnait ses commissions intimes, auquel elle confiait les travaux de ses appartements, la parure de ce qui l'entourait. Chaque jour elle se découvrait un nouveau besoin de cet homme prêt à tout, qui était son dessinateur intime. Voulait-elle des figures pour les statues de son château de Crécy (1), un amour ou un frontifpice pour le graver, un portrait à envoyer à une amie? elle recourait à Boucher, qui auffitôt jetait des figures de bergères pour modèle au fculpteur, efquiffait des Cupidons volants, ou bien, avec trois coups de paftel, improvifait un médaillon de la marquife dans un cadre de fleurs & d'attributs.

Mme de Pompadour avait donné au Roi une telle habitude du nom & du talent de Boucher, que, même morte, elle le protégea encore ; & à la mort de Vanloo, c'était fous les aufpices de la favorite difparue que Boucher était nommé premier peintre du Roi (2).

IX

Que difait cependant la critique du temps de ce maître fi bien fait à l'image de cette fociété dont il femble l'enfant gâté? Comment le XVIIIe fiècle jugeait-il le peintre né de fes entrailles, doté de toutes fes grâces, complice de toutes fes modes, l'artifte envoyé pour lui donner l'immortalité qu'il eût choifie & qu'il méritait?

Les critiques d'alors s'accordaient à admirer fes compofitions toujours riches, abondantes, de grande manière ; fa couleur agréable & fraîche, la molleffe tendre de fes attitudes, l'arrangement heureux de fes groupes, le pittorefque de fes tableaux champêtres en action, de fes marches. Ils lui reconnaiffaient une imagination riante, vive & féconde, des airs de tête toujours gracieux & d'un goût fupérieur, de la variété, des expreffions toujours fines. Ils s'entendaient prefque unanimement pour trouver qu'il peignait bien l'hiftoire, le payfage, l'architecture, les fruits, les fleurs; qu'il compofait & qu'il deffinait également bien. Ils louaient la facilité de fon pinceau coulant, fon entente parfaite de la lumière dont il favait tirer de beaux effets, fes compofitions éclairées en plein air, fes draperies volantes & faites pour le nu. Et les critiques allaient jufqu'à reconnaître un air célefte aux Vierges de fes Nativités & de fes Saintes Familles : il eft vrai que ces mêmes critiques lui indiquaient la tête de la petite Coupé de l'Opéra comme un modèle de tête de Vierge (3).

Dans ce concert d'éloges des connaiffeurs & des juges autorifés, qui n'étaient que l'écho affaibli de l'enthoufiafme général & des idolâtries du public, à peine s'il fe gliffait quelques voix accufant timidement Boucher de donner trop de fineffe aux phyfionomies, de peindre trop cru, de faire trop brillant, d'éparpiller les lumières, de ne pas

---

(1) Catalogue de différents objets compofant le cabinet de feu M. le marquis de Ménars, 1781.

(2) Lorfqu'on préfenta Boucher au Roi, ce prince, le croyant plus jeune par la chaleur & la vivacité de fes ouvrages, lui marqua fon étonnement de le trouver plus vieux qu'il ne penfait. « Sire, lui répondit Boucher, l'honneur dont Votre Majefté m'a comblé va me rajeunir. » — *Galerie françoife*, par Reftout.

(3) Réponfe à un écrit anonyme intitulé : *Lettre critique fur les ouvrages de Meffieurs de l'Académie expofés au Salon du Louvre*, 1759.

affez les contrafter par des ombres, de tomber dans la pourpre (1), de n'avoir pas
affez de repos, de montrer des femmes plus jolies que belles, plus coquettes que nobles, de faire des draperies trop chargées de plis, trop caffées & ne flattant pas affez
le nu, de manquer enfin d'expreffion.

Mais ces quelques voix étaient étouffées par le murmure & l'acclamation de l'opinion, par l'enthoufiafme qui écrivait : « Le pinceau de Boucher eft un enchanteur qui
fufpend toutes les fonctions de l'âme pour ne laiffer agir qu'une tendre admiration (2). » Boucher avait cette gloire du fuccès, la popularité. Sa réputation rayonnait
de tous côtés & commandait partout. L'admiration autour de fon nom & de fon
talent était comme une contagion dans l'air. La jeuneffe qui partait pour étudier les
chefs-d'œuvre de l'Italie, partait avec fes tableaux dans les yeux; & quand elle revenait de Rome, elle revenait, non pas avec les leçons des grands maîtres du paffé, mais
avec le fouvenir du maître parifien, avec l'imitation de Boucher au bout de fes pinceaux.
On eût dit que l'avenir allait être fon école.

Un feul homme réfifta énergiquement, brutalement, à l'enivrement, à cette efpèce
d'enforcellement que le talent du peintre exerçait fur fes contemporains : ce fut Diderot. A tout moment, il fe foulève de toute fa force & de toute fa verve contre le fuccès & la peinture de Boucher; au nom feul de Boucher, tombé fous fa plume, il femble qu'il perde le fang-froid comme au nom d'un ennemi perfonnel. Il lapide le dieu,
il barbouille le peintre, il foufflette l'homme. Entendez-le quand il s'arrête au Salon
devant une de fes toiles admirées, il jette fon jugement, fon mépris, fa colère en mots
preffés, furieux, crayonnés de rage : « Des grâces empruntées à la Defchamps... des
mines, de l'afféterie... rien que des mouches, du rouge, des pompons... des caillettes,
des fatyres libertins, de petits bâtards de Bacchus & de Silène... la dégradation du
goût, de la couleur, de la compofition, du caractère, de l'expreffion, du deffin... l'imagination d'un homme qui paffe fa vie avec les proftituées du plus bas étage... » Voilà
tout ce que Diderot voit dans l'œuvre de Boucher, de ce Boucher dont il dira pourtant
un jour en s'oubliant : « Perfonne n'entend comme Boucher l'art de la lumière & des
ombres. » Mais prenons garde, ce n'eft pas un juge infaillible que Diderot : il y a
bien des boutades dans fon goût. Le génie du merveilleux écrivain, c'eft la paffion; &
fa critique même, avec fes élans, fes débordements magnifiques, fes tableaux qui vivent, fes flots d'idées & de couleur, fes improvifations, fes apoftrophes, fon éloquence
parlée qui caufe & s'exalte, fa critique n'eft que paffion; l'emportement d'un grand inftinct la foutient toujours : la mefure d'un fentiment jufte lui fait fouvent défaut. Puis

---

(1) A cette accufation de donner à fes chairs le reflet d'un rideau rouge, Boucher répondait en s'excufant fur l'affaibliffement de fa vue, qui ne lui préfentait plus, di-fait-il, qu'une couleur terreufe dans les objets où les au-tres croyaient apercevoir le cinabre & le vermillon. —
Galerie françoife, par Reftout.

(2) Defcription raifonnée des tableaux expofés au Salon du Louvre, 1789. De l'imprimerie de Claude-François Simon fils.

l'appréciation de Diderot a-t-elle été toujours bien perfonnelle? Les artiftes, les gens du métier qui l'entouraient, & dans le commerce defquels il apprit la technologie de l'art, Cochin, Chardin, Falconnet, n'infpiraient-ils pas fon premier mouvement devant une toile, un marbre, une eftampe, par une converfation, une remarque, une ironie d'atelier? Souvent le critique ne prit-il pas en toute bonne foi la févérité de fes opinions dans une rivalité de confrères? Mais il n'eft pas befoin d'aller fi loin : il y avait une grande raifon pour que le critique manquât de juftice envers Boucher. Rappelons-nous que fi Diderot a reconnu Chardin, il a inventé Greuze. Diderot était avant tout — au moins il le croyait — un philofophe d'art, l'apôtre de l'art utile & profitable à l'humanité. Il profeffait que la vocation du beau n'était pas feulement d'être le beau, mais encore d'être le bien. Il demandait aux œuvres plaftiques un enfeignement pratique, un apport à la fomme de vérités ou de fenfations morales en circulation dans la fociété. Singulier point de vue pour juger Boucher, & qui devait mener Diderot à reprocher férieufemeut aux amours du peintre d'être inutiles, de n'être propres ni à lire, ni à écrire, ni à tiller du chanvre!

Boucher ne mérite pas plus ces févérités cruelles de Diderot qu'il ne méritait l'enthoufiafme furieux de fon temps, du public, de la fociété, des femmes & des petits-maîtres. Il n'eft ni un barbouilleur d'éventails, ni « un maître en tous les genres. » Il eft fimplement un peintre original & grandement doué, auquel il a manqué une qualité fupérieure, le figne de race des grands peintres : la diftinction. Il a une manière & n'a pas de ftyle. C'eft par là qu'il eft fi fort au-deffous de Watteau, avec lequel les gens du monde le nomment & l'accouplent affez volontiers, comme s'il y avait parité entre Boucher & le maître qui a élevé l'efprit à la hauteur d'un ftyle. La vulgarité élégante, voilà la fignature de Boucher. Ce n'eft pas feulement dans l'enfemble de la compofition, c'eft dans le contour de fes lignes, dans les extrémités de fes corps, dans l'accentuation de fes têtes, qu'il manque d'une expreffion, d'un caractère, d'une certaine grâce rare & délicate échappant à la banalité de la pratique. En un mot, alors même que fon imagination eft la plus facile & fa main la plus heureufe, Boucher a dans fon deffin, dans fon modelé, je ne fais quelle rondeur, quelle molleffe d'habitude & de procédé. Pour tout dire & ofer un terme de l'argot des ateliers qui peint un peu durement fon talent : il eft *canaille*.

Le peintre, chez Boucher, était bien fupérieur au deffinateur. Il y a en lui, répétons-le, une rare organifation de colorifte, & il eft peut-être le plus grand tempérament de peintre de l'école françaife. Mais Boucher né peintre, & qui a fu s'élever, dans le milieu de fa carrière, à ce ton de couleur mâle & vrai, chaud comme un coucher de foleil d'une école d'Italie, Boucher a été égaré & perdu, ainfi que toute fon école, par les tentations & les exigences d'un art induftriel. On a oublié de le remarquer : c'eft la tapifferie qui a fait de Boucher un décorateur. Suivez fes tableaux & fa couleur, vous y trouverez d'année en année la corruption que font les commandes de Beauvais

& des Gobelins dans cette gamme de tons de la peinture françaife qui s'annonce fi puiffante, aux débuts du fiècle, par *l'Omphale* de Lemoine & *l'Embarquement de Cythère* de Watteau. A mefure que Boucher peint pour les ouvriers de Cozette & d'Audran, fa peinture fe charge de tons faux, fa couleur pâlit & papillote en même temps. Obligé de fe plier aux harmonies de la laine & de la foie, de rejeter les valeurs d'ombre, de facrifier à la couleur gaie, de chercher à tous les coins de la compofition le clair, le tendre, le pétillant, Boucher noie fes tons dans le délayage & l'affadiffement. Ses verdures s'évaporent dans le bleu, fes arbres dans le gris, fes lointains dans le lilas, fes lumières dans du blanc caillé ; & à la fin, le regiftre de tons du tapiffier remplace fi bien dans les mains de Boucher la palette du peintre, qu'il ne femble plus broffer qu'en tranfparent des campagnes de paravent, des figures couleur de rofe, des féeries de papier peint.

X.

Les honneurs venaient à Boucher, dont la réputation fe répandait en Europe, & que l'Académie de Saint-Péterfbourg nommait affocié libre. En 1765, à la mort de Vanloo, la place de premier peintre du Roi lui était donnée (1), & l'Académie, pour lui laiffer tout entier l'héritage de Vanloo, lui décernait la place de directeur, qui n'était pas toujours attachée à celle de premier peintre du Roi.

Ce fut une affez pauvre direction que la direction de Boucher, déjà vieux, fouffrant, & tout occupé de fes tableaux qui lui rapportaient plus de cinquante mille livres par an (2). Le goût, la force, le loifir & l'activité lui manquaient pour exercer cette charge pleine de fatigues, pour ordonner par lui-même tous les ouvrages de peinture & de fculpture, pour diriger perfonnellement l'école & s'acquitter confcienciufement de fes devoirs de patronage envers le peuple des artiftes. Il imita fon prédéceffeur ; il prit de la place le titre & les avantages, & il laiffa le refte, le travail & le détail, à Cochin qui avait déjà mené l'Académie fous Vanloo. Avec ce directeur infouciant & laiffant aller les chofes, il arrivait que les 600 livres du modèle de l'Académie n'étaient pas payées, que la penfion des jeunes gens de l'école n'était pas mieux foldée, & que fans la foupe de Michel Vanloo, ils n'auraient guère mangé. Un moment, l'Académie, réduite à fon revenu de la vente du livret aux Expofitions, était prête à fermer : elle n'était fauvée que par une contribution d'amateurs venant à fon aide. C'eft Diderot

---

(1) Voici la date des promotions académiques de Boucher : agréé à l'Académie, 1731 ; adjoint à profeffeur le 2 juillet 1735 ; profeffeur le 2 juillet 1737 ; adjoint à recteur le 29 juillet 1752 ; recteur le 1ᵉʳ août 1761 ; directeur le 23 août 1765.

(2) *Notice fur François Boucher*, par Durozoir. *Annales de la Société libre des Beaux-Arts*, vol. vi. Année 1841 à 1842.

qui fait ce tableau de l'Académie en 1769 (1). Peut-être bien Diderot exagère-t-il fes misères ; il est difficile d'admettre que Boucher, avec fon caractère de bonté & de générofité, ait pouffé l'incurie jufqu'à ce point où elle devient de l'infenfibilité. Mais le vrai & le certain, c'est qu'il fut un directeur fans zèle & fans initiative.

XI.

Boucher, tout entier au travail, renfermé dans fon atelier, ne le quittait en ces années que pour un court voyage. En 1766, M. Randon de Boiffet, voulant avoir fon goût & fes confeils fur de groffes acquifitions qu'il projetait, l'emmenait en Hollande, dans cette patrie de Rubens fi fort enamourée au XVIIIe fiècle du maître français qu'elle appelait Boucher *l'unique Boucher*.

La fin de fa vie s'écoula dans cet atelier où le peintre était fi bien chez lui, & où il retrouvait tout autour de lui ce bouquet de tons enchantés, ces fplendeurs & ces lueurs qu'il femait fur la toile. Il vivait là au milieu de chofes où fa palette prenait des rayons, dans un monde d'objets éblouiffants de feux qui jetaient fur fa peinture le reflet de leur flamme & l'enchantement de leur lumière. A mefure qu'il vieilliffait, il appelait à lui ce foleil magique des pierres précieufes qui réchauffait fes yeux & fon génie ; il entaffait dans fon atelier ces pétrifications d'éclairs, les pierres fines, les quartz & les criftaux de roche, les améthyftes de Thuringe, les criftaux d'étain, de plomb, de fer, les pyrites & les marcaffites. L'or natif, les buiffons d'argent vierge en végétation, les cuivres gorge-de-pigeon & queue-de-paon, les morceaux d'azur, les malachites de Sibérie, les jafpes, les poudingues, les cailloux, les agates, les fardoines, les coraux, tout l'écrin de la nature était vidé çà & là fur les étagères. Puis, dans ce merveilleux mufée des couleurs céleftes de la terre, venaient les coquilles avec leurs mille nuances délicates, leurs prifmes, leurs reflets changeants, leurs chatoiements d'arc-en-ciel, leur rofe tendre & pâle comme une rofe noyée, leur vert doux comme l'ombre d'une vague, leur blanc careffé d'un rayon de lune : les tuyaux de mer, les buccins, les pourpres, les tonnes, les volutes, les porcelaines, les huîtres, les pétoncles, les cœurs, les moules, végétations de perle, d'émail & de nacre, groupées comme des parures dans les meubles de Boule, dans les cabinets de bois d'amarante, ou répandues fur les tables d'albâtre oriental, à côté des torchères de bois fculpté (2).

---

(1) OEuvres de Diderot. *Salons d'expofition*, Paris, Belin, 1818.

(2) Voyez *Catalogue raifonné* des tableaux, deffins, eftampes, bronzes, terres cuites, laques, porcelaines de différentes fortes, montées & non montées ; meubles curieux, bijoux, minéraux, criftallifations, madrépores, coquilles & autres curiofités qui compofent le cabinet de feu M. Boucher, premier peintre du Roi. A Paris, chez Mufier. MDCCLXXI. La vente de ce cabinet, eftimé 100,000 écus, produifit 110,919¹, 19ˢ.

Mais ce n'était pas seulement sa palette qui l'entourait. A côté de cette gamme idéale des couleurs féeriques, sa fantaisie aussi était là à portée de sa main. Le pays de caprice, adoré du XVIIIe siècle, la Chine avait apporté ses porcelaines céladon, ses porcelaines bleu céleste, ses porcelaines truitées, ses porcelaines craquelées, & toutes ses curiosités exquises & fantasques, depuis la chaufferette à anse garnie de joncs jusqu'à une arithmétique ; petit pays de chimères où l'imagination de Boucher se plaisait, s'amusait, s'oubliait, malgré les reproches des critiques du temps, jetant avec amour sur le papier & sur la toile, sur les dessus des portes, sur les éventails, sur les cartes d'adresse des marchands de tableaux, ces costumes & ces figures baroques repris à Watteau, qui devaient, sous la main du premier peintre de Mme de Pompadour, faire de la Chine une des provinces du Rococo !

Ainsi entouré, dans ce paradis de ses yeux & de ses goûts, Boucher vivait heureux. Il semble qu'on le voie assis près de sa boîte à couleurs à onze tiroirs, ayant à côté de lui sa pierre à broyer de porphyre, tenant son appui-main garni d'ivoire, laissant dans ses distractions aller son regard à tous ces petits modèles qui garnissaient les murs : le petit vaisseau, la petite galère, le petit canon, le petit carrosse monté à la Dalène, merveilleux joujoux que suivaient d'autres joujoux plus consultés par lui : la petite charrue, la petite herse, la petite brouette, le petit tonneau, le petit bateau de pêcheur, mobilier d'une ferme d'enfants, accessoires en miniature de la vie rustique, que vous retrouverez si bien enjolivés à toutes les pages de sa Pastorale. Et dans cet atelier où chaque jour entrait quelque nouvel objet curieux ou charmant, où les cartons ventrus s'emplissaient de dessins sans que Boucher les trouvât jamais assez emplis, quelques amis intimes venaient tous les jours, après le dîner, passer de longues heures. Ils admiraient l'acquisition, l'objet nouveau, la belle tentation à laquelle Boucher n'avait pu résister ; puis ils se plaisaient à le regarder peindre ou dessiner, jouissant de voir les formes naître & se former si vite sous le badinage de ses crayons & de ses pinceaux, prenant plaisir à ce rare spectacle d'une facilité divine, d'une fécondité inépuisable. Ils attendaient, ils enlevaient au passage les dessins réussis, les compositions bien venues, les inspirations d'une verve bénie. De ceux-là, le premier était ce M. de Sireul qui, dans sa passion pour Boucher, avivée par la mort du peintre, continuant à réunir ses dessins, les premières idées de ses compositions les plus capitales, devait laisser cette prodigieuse collection appelée si justement par l'expert *le portefeuille de M. Boucher* (1).

Compagnie familière, amitié confidente, cour d'amateurs, causerie qui, de son bruit ailé, accompagne le travail, inspiration de tant de choses rayonnantes, éclats de lumière jouant dans le feu des curiosités naturelles, échos des rêves & des imaginations du peintre partout répétés, rien ne manquait donc à Boucher dans ce lieu où il se sentait

(1) Catalogue des Tableaux & Dessins précieux qui composent le cabinet de M. de Sireul, Paris, 1781.

fi près de fa mufe, que l'idée lui vint un jour de s'y repréfenter vifité par Vénus & l'Amour.

Pour retrouver Boucher dans fon atelier, ce portrait nous manque. Mais nous avons le paftel de Lundberg confervé au mufée du Louvre : Boucher eft là jeune, la phyfionomie animée & comme allumée, l'œil brillant, l'air vif, heureux ; Lundberg femble avoir faifi fon vifage dans le feu d'un fouper, au milieu des cauferies qui pétillent & du plaifir qui rit. Nous avons encore le portrait peint par Roflin (1) & gravé par Salvador Carmona pour fa réception à l'Académie, image officielle du peintre qui va être le premier peintre du Roi. Il eft en riche habit de velours ; les plus fines dentelles fe chiffonnent en jabot fur fa poitrine & jouent en bouillons autour de fa main armée du porte-crayon. Regardez fa tête, fon gros & grand nez, fes yeux faillants, fes larges paupières pliffées, fa bouche largement taillée en pleine chair, humide comme la bouche de Piron, fes traits forts, fon regard fin : c'eft une aimable figure de vieillard épicurien, une phyfionomie fympathique qui ne refpire que bonté, gaieté, fenfualité, volupté fpirituelle. Et l'homme, de l'accord de tous les contemporains, ne démentait point fon mafque : cœur fenfible, caractère obligeant & défintéreffé, généreux de fes productions jufqu'à la prodigalité, incapable de baffe jaloufie, au deffus des vils appétits du lucre & fe refufant à abufer de fa vogue pour élever le prix de fes tableaux, plein de répugnance pour l'intrigue & laiffant à fon talent & au hafard des circonftances le foin de fa fortune, c'eft ainfi qu'ils vous le peindront. Ecoutez-les encore : pas de peintre plus habile à railler les défauts de fa peinture que lui-même (2), pas d'homme plus indulgent aux autres ; & pour tout vice, le plus aimable des vices fociaux, un trop grand goût pour le plaifir, qu'il garda toute fa vie, en compagnie de Toqué, qui aimait le plaifir prefque autant que lui, & de Monnet, l'entrepreneur de fpectacles, qui l'aimait bien autant que Toqué ; joyeux convive, amufant conteur, qui apportait à la table égayée de vins, de femmes & de chanfons, l'efprit de l'atelier, un efprit dont le fel ne devint jamais amer dans fa bouche, — voilà Boucher.

Ami de la jeuneffe, aimant à s'en entourer, à s'y retremper, il laiffait à toute heure libre accès dans fon atelier. N'ayant point de ces tâtonnements, de ces incertitudes de main, de ces défaillances qui font qu'un peintre fe cache pour produire, il donnait leçon les portes ouvertes, difant « qu'il ne favait confeiller que le pinceau à la main (3) » ; & deux ou trois touches pofées par lui fur la toile apportée en apprenaient plus au jeune peintre que tout ce qu'il aurait pu lui dire. Auffi était-il entouré de l'affection de cette jeuneffe qui l'avait vu, tant qu'il lui était refté un peu de fanté, foutenir le bon droit & donner fa voix à la juftice avec toute la chaleur de fon caractère. Elle fe rappelait ce qu'il avait fait pour Vien. Revenu de Rome, Vien, refufé deux fois par

---

(1) Ce portrait eft au Mufée de Verfailles.
(2) Le Chinois au Salon, 1769.

(3) Almanach littéraire, 1778.

l'Académie, avait fupporté courageufement le premier refus ; mais accablé par le fecond, il avait déclaré qu'il renonçait pour toujours à l'honneur d'appartenir à l'Académie. Boucher, voyant fon tableau, fautait au cou du candidat défefpéré, & lui déclarait que fi fes confrères ne le recevaient pas, jamais lui, Boucher, ne remettrait les pieds à l'Académie. En 1767, lorfqu'une intrigue de Pigalle & de Lemoine fait obtenir le premier prix de fculpture à Moitte, au détriment de Milon, auquel l'attribuait le jugement général, dans cette émeute des élèves de l'école fur la place du Louvre, voulant faire faire le tour de la place à Milon fur le dos de Moitte à quatre pattes, les huées s'élèvent contre Cochin, Pigalle & Vien, que les élèves puniffent de leur partialité en les faifant paffer à travers la double haie de leurs dos tournés ; mais, quand Boucher paraît, tous les dos fe retournent, la jeuneffe lui fait face, les bras l'étreignent, tous l'embraffent : il s'eft oppofé de toutes fes forces à l'intrigue, il a foutenu avec Dumont & Vanloo la caufe de Milon, la caufe de tous les élèves (1).

XII

Boucher avait eu de fa femme un fils qu'il eut le fecret chagrin de ne pouvoir élever à la peinture d'hiftoire & à l'héritage de fon nom, & qui fe confina modeftement & fans bruit dans l'architecture & l'ornementation. Il eut auffi deux filles dont il maria l'aînée à Deshayes. Deshayes mourait à trente-quatre ans, dans la pleine jeuneffe de fon talent, laiffant ce beau tableau de *Saint Benoit mourant*, qui promettait prefque un maître à l'école françaife ; & fa femme le fuivait au tombeau quelques années après. Boucher avait donné fa feconde fille à Baudouin. Celui-ci, quoi qu'en aient dit les jugements du temps, répétés de confiance par le nôtre, était un homme de talent & un peintre de mœurs. Mettez-le, dans ce fiècle, à côté de Crébillon fils, vous lui aurez rendu fa place. Il a la légèreté, l'audace piquante, l'indécence bien apprife, le joli ton, le badinage délicat, la tournure lefte, le ton français des meilleurs morceaux de *la Nuit & le Moment*. Il n'eft point un miniaturifte graveleux ; il eft un deffinateur de la galanterie, deffinateur infpiré de toutes les élégances friponnes du temps, toujours fin, toujours fpirituel, qui réalife dans une férie de fcènes à la Collé le Théâtre de fociété du fiècle. Supérieur par le fentiment de la compofition, par le mouvement de l'arrangement, à tous les vignettiftes fes contemporains, il révèle dans fes gouaches de rares qualités de colorifte. Quelle diftance de ces gouaches peinées, forties de la main lourde des Allemands appliqués, les Lawrence, les Freudeberg, à ces libres & pétillantes efquiffes de Baudouin, réchauffées de terre de Sienne dans les ombres, toutes pim-

(1) OEuvres de Diderot. *Salons d'expofition*, Paris, Belin, 1818.

pantes de vert tendre, de blanc, de bleu, de rofe, éclaboufffées de ces touches que Hall imitera de fi loin, lavées d'une aquarelle fi brillante qu'elle dépaffe Fragonard & atteint Bonington !

Boucher aimait ce gendre ; il aimait l'homme & fon talent. Baudouin adorait fon beau-père : & voilà qu'à la fin de la vie de Boucher, de cette vie attriftée par la mort des fiens, Baudouin partait encore avant lui & mourait tout jeune. C'était en 1769. Boucher, depuis longtemps fouffrant d'un afthme, ne préfentait plus à fes amis, depuis quelques années, que « l'image d'un fpectre. » Cependant il travaillait toujours, s'enfermant dans cet atelier qu'il aimait, s'acharnant au labeur comme l'ouvrier pourfuivant fa journée dans le jour qui tombe. Quand la mort vint, le 30 mai 1770 (1), à cinq heures du matin, il y avait fur fon chevalet un tableau ébauché qu'il avait prié fa femme de donner à fon médecin Poiffonnier (2).

Boucher, qui ne fe vantait pas, difait, c'eft Desboulmiers qui le rapporte (3), qu'il comptait n'avoir pas compofé moins de dix mille deffins, croquis ou finis ; n'avoir pas peint moins de mille tableaux, en y comprenant les ébauches & les efquiffes.

(1) Voici l'acte de décès de Boucher, tel que nous le retrouvons fur les regiftres de la paroiffe de Saint-Germain-l'Auxerrois. Remarquons que cette heure de la mort de Boucher, cinq heures du matin, détruit abfolument la legende romanefque qui le fait mourir à fon chevalet.

« Paroiffe Saint-Germain-l'Auxerrois.

« May. 1770. Le jeudi trente & un, Sr François Boucher, premier peintre du Roy, ancien directeur & recteur en fon académie royale de peinture & de fculpture, affocié libre de l'académie royale de Saint-Péterfbourg, âgé d'environ foixante & fept ans, époux de dame Marie Jeanne Buzeau, décédé d'hier à cinq heures du matin au château du Louvre, a été inhumé en cette églife en préfence de Sr Jufte Nathan Boucher, architecte, fon fils, de François Jean Baudouin, fon petit-fils, & de Sr Charles Etienne-Gabriel Cuvillier, premier commis des bâtiments du Roy, ami. — BOUCHER, CUVILLIER, PIERRE, VIEN, MONTUCLA, VANLOO, CHAPEAU, curé. »

(2) Nécrologe de 1771. Eloge de Boucher.

(3) Mercure de France, feptembre 1770.

Les quatre deffins de Boucher que nous donnons dans cette étude, gravés à l'eau-forte : — une académie de femme vue de dos, — une femme tenant un éventail, — le *Bain de Diane*, — la *Bouquetière galante*, — font partie de notre collection.

LA TOUR

Tiré à 200 exemplaires.
Les planches, tirées par A. Delatre, feront effacées après le tirage.

LYON
IMPRIMERIE LOUIS PERRIN
Rue d'Amboife, 6.

EDMOND ET JULES DE GONCOURT

LA TOUR

ÉTUDE

CONTENANT QUATRE DESSINS

gravés à l'eau-forte.

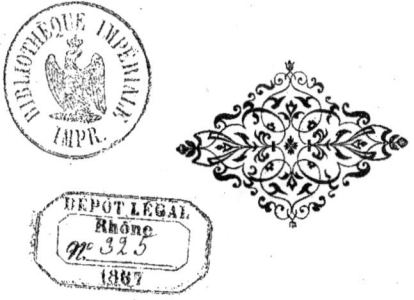

PARIS

E. DENTU, PALAIS-ROYAL, GALERIE D'ORLÉANS.

1867

Droits de traduction & de reproduction réservés.

I

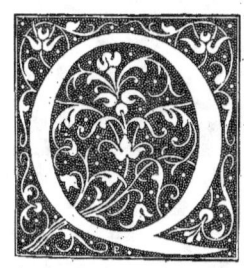UELQUEFOIS, dans ces collections d'amateurs logées au quatrième étage d'une maison de Paris, & qui repréfentent l'occupation, la privation & la joie de toute une vie, il arrive d'apercevoir, fur un coin de mur, un petit cadre noir (1), au bas duquel un bout de papier porte d'une vieille écriture, d'une encre jaunie, un nom qui fe laiffe à peine lire. Là dedans, dans le châffis de fapin, fous un verre à vitre, il y a une feuille de papier qui a dû être bleue autrefois, & qui a maintenant le *paffé* du temps : elle eft de travers dans le cadre, l'encadreur n'a fait que plier en quatre la grande feuille, & l'a fourrée tant bien que mal dans le bois noir. Vous regardez ce qu'il y a fur le papier : quelques coups de crayon de couleur heurtés, de larges lumières à la craie, des balafres

---

(1) Ce petit cadre noir eft le cadre dans lequel La Tour avait encadré toutes fes *préparations*, préparations qu'il femble avoir précieufement gardées jufqu'à fa mort, & dont il avait fait autour de lui comme un mufée. C'eft dans ces cadres noirs qu'on les retrouvait encore, il y a quelques années, au mufée de Saint-Quentin.

de fanguine & de noir, rien que cela — & c'eft une tête. Vous regardez toujours; cette tête vient à vous, elle fort du cadre, elle s'enlève du papier, & il vous femble n'avoir jamais vu, dans aucun deffin de n'importe quelle école, une pareille repréfentation d'une figure, quelque chofe de crayonné qui fût autant quelqu'un de vivant. Et à mefure que vos yeux étudient, votre admiration croît devant cette brutalité créatrice & cette puiffance d'animation, devant cette fcience incomparable de l'anatomie du vifage humain, l'armature des traits, l'indication de l'orbiculaire enchaffant les yeux, le rendu prodigieux du fens & du lacis des mufcles expreffifs, des élévateurs du nez & de la lèvre, du *riforius* qui fait le fourire & l'ironie de la bouche... Qu'eft-ce donc, cette tête dans ce mauvais cadre? Un premier jet, une ébauche, l'empoignement au premier coup d'une reffemblance, ce qu'on appelle en langue d'art une *préparation* de La Tour, — un de ces chefs-d'œuvre qui arrachaient à Gérard ce cri d'humilité : « On nous pilerait tous dans un mortier, Gros, Girodet, Guérin & moi, tous les G, qu'on ne tirerait pas de nous un morceau comme celui-ci (1) ! »

II

La Tour naquit à Saint-Quentin en 1704 (2). Son père était un muficien attaché au chapitre royal de la Collégiale. Il eut l'enfance ordinaire & légendaire de prefque tous les peintres : au collége, fous le principalat de Nicolas Desjardins, il couvrait fes cahiers, grecs & latins, avec l'image de tout ce qu'il voyait, des croquis de la claffe, de fes camarades, du magifter & de fa férule (3). Cette vocation toucha peu fon père qui avait l'idée d'en faire un ingénieur, malgré fa vue courte. Cependant, en dépit des corrections, l'enfant perfiftait dans fes goûts, copiait à la plume toutes les eftampes qu'il trouvait, mangeait fon petit argent d'écolier à acheter des crayons & des modèles de deffin. Au milieu de cela, tombaient à Saint-Quentin des académies

---

(1) *La Tour*, par M. Charles Blanc. *Hiftoire des peintres de toutes les écoles*. Paris, Renouard.

(2) Nous donnons ici l'acte de naiffance de La Tour, d'après M. Charles Defmazes. (*Maurice-Quentin de La Tour* 1854.)

1 « Paroiffe Saint-Jacques, année 1704.

« Le cinquième de feptembre eft né & a été baptifé par le fouffigné, prêtre curé, Maurice-Quentin, fils légitime de M° François de La Tour, chantre, & de Reine Zanar, fa femme. Le parrain, M° Maurice Mégniol; la marraine, demoifelle Marie Méniolle, époufe de noble homme M° Jean Boutillier l'aîné, ancien mayeur de cette ville, lefquels ont figné.

« Signé : MAURICE MÉNIOLLE, MARIE MÉNIOLLE, DE LA TOUR & MAILLET, curé. »

(3) Les biographes parlent d'une vue de Saint-Quentin deffinée dans ce temps par le jeune homme, & offerte à Nicolas Desjardins. Le deffin, confervé au mufée de Saint-Quentin fous le n° 94, & attribué à La Tour père, ne ferait-il pas cette vue?

deffinées par le peintre Vernanfal, & apportées par un de fes élèves : le jeune La Tour les voyait, &, pris de la paffion d'en faire autant, il déclarait vouloir être peintre à fon père, qui, pénétré d'idées bourgeoifes, & fans nulle confiance dans ce métier hafardeux, oppofait à cette fantaifie d'enfant un refus net & dur. Alors le jeune-homme fe fauvait à Paris : il avait à peine quinze ans.

L'intérêt de ces détails, que l'on trouve dans l'*Abecedario* de Mariette, eft de nous faire voir, contrairement au récit du chanoine Du Plaquet & du chevalier Bucelly d'Eftrées, l'arrivée de La Tour fur le pavé de Paris, non plus en peintre déjà connu, mais en véritable échappé de collège, fans reffource, fans talent, armé déjà pourtant d'un caractère, & prêt à affronter la vie & l'avenir avec le courage des vraies vocations. Ne connaiffant perfonne de l'art à Paris, & ayant lu fur une eftampe le nom de Tardieu le graveur, il lui avait écrit pour lui demander aide & confeil ; & Tardieu, croyant que le jeune homme voulait fe faire graveur, lui avait répondu qu'il pouvait fe mettre en chemin & venir le trouver. A fon arrivée, quand le jeune homme lui eut dit qu'il voulait fe faire peintre, grand embarras. Où le placer ? Tardieu a l'idée de penfer à Delaunay qui tenait boutique de tableaux fur le quai de Gefvres. Là, La Tour eft refufé. Vernanfal, chez qui on le conduit, ne lui fait pas un meilleur accueil. Enfin, il trouve à entrer chez Spoëde, peintre médiocre, mais bonhomme, chez lequel il travaille avec la volonté d'un homme qui a tout à apprendre & à conquérir.

Les biographes Saint-Quentinois placent tout au début de fa carrière un voyage à Reims, où le peintre alla, difent-ils, ne fe trouvant pas affez riche pour faire le voyage d'Italie, & défirant étudier les œuvres laiffées dans la ville hiftorique par les artiftes que le facre de nos Rois y attirait. Les détails fi précis donnés par Mariette, & qui ne laiffent aucun doute fur l'échappée de La Tour à Paris, nous permettent de reporter à une date bien plus préfumable ce voyage du peintre à Reims. Rappelons-nous que La Tour eft venu à Paris à quinze ans, c'eft-à-dire vers 1719. Il y eft refté quelques années. Quelle occafion a pu vers ce temps le faire aller à Reims ? N'eft-ce pas le facre de Louis XV, qui a lieu le 25 octobre 1722 ? La Tour a dix-huit ans ; il a reconnu la faibleffe des talents, l'infuffifance des leçons de fon maître ; il veut effayer fa fortune, travailler à fa guife. Quelle plus belle chance, pour les débuts d'un peintre de portraits inconnu comme lui, que le facre, le concours de tout ce monde, des célébrités, des étrangers, de la haute nobleffe ! La même penfée, le même efpoir, mêlé peut-être au défir d'étudier dans les Flandres Rubens & Van Dick, le mène, quelques années après ce féjour à Reims, à ce Congrès de Cambrai, indiqué depuis 1720 & ouvert en janvier 1724 ; grand congrès où toutes les puiffances de l'Europe envoyèrent pour terminer, entre l'Empereur & l'Efpagne, les queftions non réglées par la paix de Bade ; grand congrès où, dans le long temps que dura l'affemblée, « les cuifiniers, au dire de Saint-Simon, eurent plus d'affaires que leurs maîtres ; » vrai Camp du drap d'or de la diplomatie d'alors, dont le faſte, la lutte ruineuſe, l'émulation folle à qui aurait le plus de carroſſes & d'équipages magnifiques, le plus de gentilshommes, le plus de riches livrées de toutes façons, faillirent amener un règlement pour les entrées & la ſuite des ambaſſadeurs de toute l'Europe (1). L'endroit était bon pour toutes les induſtries de luxe qui y affluaient. Dans l'oſtentation, l'entraînement de dépenſe, le mouvement de ſociété de ce monde, il y avait de l'argent & du bruit à gagner pour un peintre. Un talent devait y être bientôt reconnu & prôné. A peine La Tour avait-il fait là quelques portraits, que leur reſſemblance inſpirait à chacun le déſir d'être peint par le jeune peintre. Il peignait l'ambaſſadrice d'Eſpagne. L'ambaſſadeur d'Angleterre lui ayant offert un logement dans ſon hôtel à Londres, il paſſait en Angleterre. Le haut patronage ſous lequel il ſe préſentait le faiſait réuſſir. Il ramaſſait des guinées, &, après un aſſez court ſéjour, il revenait à Paris avec les germes d'un vrai talent & un peu d'or qui aſſurait la liberté à ſon travail. Toutefois, craignant de perdre à Paris le bénéfice de ſes ſuccès de Londres, ſachant l'inſtinct de l'homme & du Français à admirer les talents de l'étranger, le ruſé Picard avait la ſpirituelle idée d'exploiter le commencement d'anglomanie du ſiècle : il ſe donnait & ſe faiſait annoncer comme un *peintre anglais* (2).

III

La Tour peignait ſes portraits au paſtel. L'irritabilité de ſes nerfs, la délicateſſe de ſa ſanté, l'avaient forcé d'abandonner la pratique de la peinture à l'huile (3). En ſe

---

(1) *Mémoires complets & authentiques du duc de Saint-Simon*, 1858. Vol. XVIII.

(2) *Eloge hiſtorique de M. Maurice-Quentin de La Tour*, peintre du Roi, conſeiller de l'Académie royale de peinture & de ſculpture de Paris, & honoraire de l'Académie des ſciences, belles-lettres & arts d'Amiens, fondateur de l'école royale gratuite de deſſin de la ville de Saint-Quentin, prononcé le 2 mai 1788 à l'hôtel de ville de Saint-Quentin par M. l'abbé Du Plaquet. A Saint-Quentin, F. T. Hautoy. 1789. — Mémoires de la Société des ſciences, arts, belles-lettres & agriculture de la ville de Saint-Quentin, 1834-36. *Notice hiſtorique ſur Maurice-Quentin de La Tour*, par M. Bucelly d'Eſtrées.

(3) Les amateurs doivent renoncer, croyons-nous, à voir ou à acheter de la peinture à l'huile de La Tour. Il n'en exiſte pas un échantillon authentique qui puiſſe ſervir de morceau de comparaiſon. Les têtes à l'huile expoſées au muſée de Saint-Quentin n'ont rien qui puiſſe juſtifier une attribution à La Tour. Une légende du pays voudrait lui donner une peinture poſſédée par M. Rigaut : un portrait de femme, en mantelet de dentelle noire ſur une robe rouge, des mitaines de ſatin aux mains. Trois petits traits ſur le petit doigt, en manière de coups de paſtel, ne ſuffiſent guère à baptiſer La Tour ce portrait qui n'a pour lui ni la ſignature du faire, ni la recommandation d'une tradition bien authentique ; portrait d'ailleurs fort ordinaire, & dans le genre de ceux que nous voyons journellement attribuer dans les ventes à Chardin ou à Tocqué.

consacrant à ce genre de peinture aux crayons de couleur, où il devait trouver son génie, il suivait son temps. Il obéissait à cette mode qui semblait ranimer & renouveler, dans la France du XVIIIe siècle, le goût des *crayons* français du XVIe. Et qui sait s'il n'y eut pas dans sa vocation une influence de ce passage de la Rosalba à Paris, en 1720 & en 1721? La Tour avait pu assister à ce triomphe du pastel, à cette fortune des crayons de la Vénitienne, visitée par le Régent, recherchée du plus grand monde, écrasée de commandes & d'argent, sollicitée, suppliée pour un portrait par les Parabère & les de Prie (1), les plus grandes dames de la cour, prises au charme de cet art donnant à la femme je ne sais quelle légère vie de nuage, un souffle de ressemblance dans une fleur de couleur. Quoi qu'il en soit, La Tour bénéficiait bien vite de cette popularité faite au pastel par la Rosalba. « Il mettait peu de temps à ses portraits, dit Mariette, ne fatiguait point ses modèles, les faisait ressemblants, n'était pas cher. La presse était grande. Il devint le *peintre banal*. »

Vers ce temps, quelques portraits qu'il avait faits pour la famille de Boullongne, étant tombé sous les yeux de Louis de Boullongne, le premier peintre du Roi, y découvrant, sous le lâché du faire, le don natif qui met la ressemblance au bout d'une main de portraitiste, voulut voir La Tour, l'encouragea, lui promit un avenir s'il voulait travailler. Et ne serait-ce pas la voix de Boullongne, qui, au milieu des compliments unanimes donnés à un portrait terminé du jeune peintre, lui jeta ce conseil sévère : « Dessinez, jeune homme, dessinez longtemps (2)? » Grande parole qui sauva La Tour du métier. Renonçant au gain, aux faciles succès, il resta deux ans sans peindre, enfermé & enfoncé dans l'étude du dessin ; & de ces deux ans passés à se chercher, des années d'efforts qui les suivent, conseillées & guidées par l'amitié de Largillière & de Restout (3), il sort ce grand dessinateur, le plus grand, le plus fort, le plus profond de toute l'école française, le dessinateur physionomiste ; il sort ce pastelliste tout nouveau, s'élevant à la puissance, à la solidité, à toutes les énergies d'effet avec ces crayons de tendresse & de caresse, uniquement faits, semble-t-il, pour exprimer le pulpeux du fruit, le velouté de l'épiderme, le « duvet » des habillements du temps ; il sort ce créateur du pastel, qui de cet art de femme s'adressant à la femme, des dessins de la Rosalba, de cette peinture de coquetterie flottante, à demi fixée, volatile, pareille à la poussière de la grâce, tire & fait lever un art mâle, large

---

(1) *Diario degli anni MDCCXX & MDCCXXI scritto di propria mano in parigi Da Rosalba Carriera dipintrice famosa.* In Venezia, MDCCXCIII.

(2) Notice de Du Plaquet.

(3) « ..... Il m'avoua qu'il devait infiniment aux conseils de Restout, le seul homme du même talent qui lui ait paru vraiment communicatif; que c'était le peintre qui lui avait appris à faire tourner une tête & à faire circuler l'air entre la figure & le fond en reflétant le côté éclairé sur le fond & le fond sur le côté ombré ; que, soit la faute de Restout, soit la sienne, il avait eu toutes les peines du monde à saisir ce principe, malgré sa simplicité ; que, lorsque le reflet est trop fort ou trop faible, en général vous ne rendez pas la nature; que vous êtes faible ou dur, & que vous n'êtes plus ni vrai, ni harmonieux. » *Le Salon de 1769*, par Diderot, publié par M. Walferdin, *Revue de Paris*, septembre 1857.

& férieux, une peinture d'une telle intenfité d'expreffion, d'un tel relief & d'une telle illufion de vie, que cette peinture arrive à menacer, à inquiéter toute l'autre peinture, & qu'un moment les portes de l'Académie fe ferment par peur au genre du maître (1).

IV

La Tour commence à expofer en 1737 (2). A cette première expofition, il eft remarqué, reconnu : le *Mercure* fignale l'effet de fon envoi fur le public.

---

(1) L'Académie réfout de ne plus recevoir de peintres en paftel. *Lettre fur la peinture, la fculpture & l'architecture*, 1749. — Sur cette réfolution, un peintre en paftel, du nom de Loir, quitte le paftel pour la fculpture. C'eft ce Loir & non La Tour, qui avait déjà modelé un portrait de Vanloo & une figure du fatyre Marfyas. *Réflexions nouvelles d'un amateur des beaux-arts.* — A mefure que les fuccès de La Tour grandiffent, ce mouvement d'hoftilité, de jaloufie contre le paftel s'accufe plus nettement. *Le Jugement d'un amateur fur l'Expofition des tableaux* dit, en 1753 : « M. La Tour a pouffé le paftel au point de faire craindre qu'il ne dégoûte de la peinture. » La même année, le *Salon* fe plaint de ce « qu'on préfère le paftel pour les portraits à l'huile ; » & le critique attaque le paftel, fa crudité, fa pouffière farineufe, fa touche « dure & défagréable, que l'art & le talent ne peuvent fauver. Il eft vrai que la glace lui donne un vernis brillant, mais elle déguife les défauts fans les détruire. Elle n'empêche pas que le grain du crayon ne fe détache par la fuite, & que la fleur de la peinture ne difparaiffe peu à peu. L'efprit qui anime les paftels de M. de La Tour en a impofé. »

(2) Voici la lifte des expofitions de La Tour :

1737.

Addition des agréés.
Sur la face à droite de l'efcalier, à côté du portrait de MADAME DE MONTMARTEL :
Deux portraits au paftel, l'un repréfentant Mme BOUCHER, & l'autre celui de l'auteur qui rit.

1738.

Le portrait en paftel de M. RESTOUT, profeffeur de l'Académie, deffinant fur un portefeuille.

Un portrait en paftel repréfentant Mme de ***, habillée avec un mantelet polonais, réfléchiffant, un livre à la main.
Un portrait en paftel de Mlle DE LA BOISSIÈRE, ayant les mains dans un manchon, appuyée fur une fenêtre.
Autre, repréfentant Mme RESTOUT en coiffure.
(Le *Mercure de France* mentionne à cette expofition le portrait de M. MANSARD, architecte, non mentionné dans le livret.)

1739.

Le portrait en paftel de M. DE FONTPERTUIS, confeiller au Parlement.
Au-deffous, celui de M. DUPOUCH, appuyé fur un fauteuil.
Un portrait au paftel repréfentant le Frère FIACRE de Nazareth.

1740.

Un portrait en paftel repréfentant M. DE BACHAUMONT.
Autre repréfentant Mme DURET dans une bordure ovale.
Un portrait jufqu'aux genoux de M. de ***, qui prend du tabac.

1741.

Un tableau en paftel de 6 pieds 2 pouces de hauteur fur 4 pieds 8 pouces de large, repréfentant M. le préfident DE RIEU en robe rouge, affis dans un fauteuil, tenant un livre, dont il va ouvrir le feuillet, avec les attributs qui compofent un cabinet, comme bibliothèque, table, paravent & un tapis de Turquie fous les pieds.
Autre tableau repréfentant le bufte d'un nègre qui attache le bouton de fa chemife.

L'année suivante, dans le flux & le reflux des spectateurs, la foule s'arrête, stationne devant ces portraits frappants de vérité, dont le *Mercure* note brièvement & naïvement le succès, en les marquant de l'astérisque avec lequel il désigne les morceaux

1742.

Le portrait de Mme la présidente DE RIEU, en habit de bal, tenant un masque.

Celuy de Mlle SALÉ, habillée comme elle est chez elle.

Celuy de M. l'abbé ***, assis sur le bras d'un fauteuil, lisant à la lumière un in-folio.

(C'est sans nul doute l'abbé HUBERT, conservé au musée de Saint-Quentin.)

Celuy de M. DUMONT LE ROMAIN, professeur de l'Académie royale de peinture & de sculpture, jouant de la guitare.

Un petit buste de l'auteur, ayant le bord de son chapeau rabattu.

1743.

Un portrait au pastel représentant M. le duc DE VILLARS, gouverneur de Provence, chevalier de la Toison d'or.

Autre représentant M. ***.

(Le Mercure nous apprend que ce portrait est celui de PAROCEL, peintre de l'Académie.)

Autre, représentant Mlle de ***.

1745.

Le ROY.
Le DAUPHIN.
M. ORRY, ministre d'Etat, contrôleur général, peint en grand.
M. ***, amy de l'auteur, aussi en grand.

(Mariette, dans son *Abecedario*, nous donne le nom de cet ami : M. DUVAL D'ESPINOY, secrétaire du Roi.)

Plusieurs autres portraits sous le même numéro.

1746.

Quatre portraits au pastel sous le même numéro.

(Les *Réflexions sur quelques causes de l'état présent de la peinture en France*, 1746, nomment deux de ces portraits : le peintre RESTOUT & PARIS-MONTMARTEL.)

1747.

Plusieurs portraits au pastel sous le même numéro.

(Le *Mercure* & la *Lettre sur l'exposition des ouvrages de peinture de l'année* 1747, nomment, dans l'ordre où ils sont placés du côté de l'escalier, les portraits suivants :

Mme la comtesse DE LOWENDAL, M. le maréchal DE SAXE; de l'autre : M. le duc D'YORCK, Mme DE MONTMARTEL; plus bas, au milieu : M. le comte DE CLERMONT; à sa droite, M. LE MOINE, sculpteur, M. BINET, M. l'abbé LE BLANC; à sa gauche, M. GABRIEL, premier architecte du roi, M. CUPIS, M. MONDONVILLE.)

1748

Portraits en pastel représentant :
Le ROI.
La REINE.
Le DAUPHIN.
Le prince EDOUARD.
M. le maréchal de BELLE-ISLE.
M. le maréchal DE SAXE.
M. le baron DE LOWENDAL.
M. le comte DE SASSENAGE.
M. ***.
M. ***.

(Les *Réflexions sur quelques circonstances présentes*, 1748, nomment ces deux derniers portraits : M. SAVALETTE père, M. SAVALETTE fils. Le portrait de M. Savalette père fut réexposé, en 1780, au *Salon de correspondance* de la Blancherie.)

M. DE MONCRIF, de l'Académie françoise.
Madame ***.
M. DU CLOS, de l'Académie françoise & belles-lettres.
Madame ***.
M. DU MONT LE ROMAIN, adjoint à recteur.

1750.

Plusieurs têtes au pastel, sous le même numéro.

1751.

Plusieurs portraits au pastel sous le même numéro.

(Le *Mercure* nous permet de nommer parmi ces portraits M. DE LA REYNIÈRE, Mme DE LA REYNIÈRE & M. DILLE.)

1753.

Le portrait de Mme LE COMTE, tenant un papier de musique.
Celui de Mme DE GELI.

les plus remarqués au Salon. Le public va au Reftout, à ce joli portrait de Mademoifelle de la Boiffière, que nous retrouvons dans la gravure de Petit, avec fon attitude aifée, naturelle, & felon le mot du temps « artiftement négligée » : tête nue,

Mme de Mondonville, appuyée fur un clavecin.
(Ce portrait fut expofé avec celui de M. de Mondonville, au *Salon de correfpondance*, en 1782.)
Mme Huet, avec un petit chien.
Mlle Ferrand, méditant fur Newton.
Mlle Gabriel.
M. le marquis de Voyer, lieutenant général des armées du Roy, infpecteur général de la cavalerie, honoraire affocié libre de l'Académie royale de peinture & de fculpture.
M. le marquis de Montalembert, meftre de camp de cavalerie, gouverneur de Villeneuve-d'Avignon, affocié libre de l'Académie royale des fciences.
M. de Silvestre, écuyer, premier peintre du Roy de Pologne, directeur de l'Académie royale de peinture & de fculpture.
M. de Bachaumont, amateur.
M. Watelet, receveur général des finances, honoraire affocié libre de l'Académie royale de peinture & de fculpture.
M. Nivelle de la Chaussée, de l'Académie françoife.
M. Duclos, des Académies françoife & des Infcriptions, hiftoriographe de France.
M. l'abbé Nollet, maître de phyfique de M. le Dauphin; de l'Académie royale des fciences & de la Société royale de Londres.
M. de la Condamine, chevalier de Saint-Lazare, de l'Académie royale des fciences, de la Société royale de Londres & de l'Académie de Berlin.
M. Rousseau, citoyen de Genève.
M. Manelli, jouant dans l'opéra du *Maître de mufique* le rôle de l'imprefario.

1755.

Le portrait de Mme la marquife de Pompadour, peint au paftel, de 5 pieds 1/2 de haut fur 4 pieds de large.

1757.

Plufieurs portraits peints au paftel fous le même numéro.
(Le *Mercure* nomme parmi ces portraits le médecin Tronchin, le directeur de l'Opéra-Comique Monnet, & la grande chanteufe Fel. Il mentionne encore un capucin, dont l'*Eloge de La Tour*, par Du Plaquet, nous révèle le nom : c'eft le Père Emmanuel, capucin de Saint-Quentin, le confeffeur de la jeuneffe du peintre.)

1759.

Plufieurs portraits en paftel fous le même numéro.

1761.

Plufieurs tableaux en paftel fous le même numéro.
(Le *Mercure de France* & les *Obfervations d'une Société d'amateurs* nous donnent cette année-là les noms du comte de Lusace, de Crébillon le tragique, du duc de Bourgogne, de Mme la Dauphine, de M. Bertin. Le *Salon* de Diderot nomme M. Laideguive, notaire.)

1763.

Portraits en paftel :
Monfeigneur le Dauphin.
Mme la Dauphine.
Monfeigneur le duc de Berry.
Monfeigneur le comte de Provence.
Le prince Clément de Saxe.
La princeffe Christine de Saxe.
Autres portraits fous le même numéro.
(Le *Mercure* & la *Defcription des tableaux expofés au Salon du Louvre* mentionnent, dans ces portraits innommés, le portrait de Lemoine, le fculpteur.)

1767.

Le livret de l'Expofition de 1767 ne mentionne rien de La Tour. Le *Salon* de Diderot indique de lui, cette année-là, l'ébauche d'une tête de femme, le portrait de l'oculifte Demours & de l'abbé de Lattaignant.

1769.

Plufieurs têtes fous le même numéro.
(La *Lettre fur le Salon de peinture de 1769* parle de quatre portraits de La Tour, parmi lefquels elle cite le portrait de Gravelot.)

1771.

(Le livret ne mentionne rien cette année de La Tour; mais le *Mercure* parle de trois paftels dont le *Dialogue*

en coiffure plate, à demi souriante, la mine intelligente, malicieuse, les yeux noirs & éveillés, charmant type de la laide piquante, enveloppée dans cette toilette à la polonaise, de soie, de fourrure & de dentelle, qu'aime le pastelliste, les deux coudes appuyés sur la pierre d'appui d'une fenêtre, les deux mains cachées dans un petit

sur la peinture nous apprend l'arrivée tardive au Salon, & sans doute après l'impression du livret.)

1773.

Plusieurs têtes sous le même numéro.

Ajoutons à cette liste des expositions la liste des portraits gravés d'après La Tour. Nous ne mentionnons pas les gravures modernes, parmi lesquelles nous ne connaissons de reproductions de portraits inédits que Mme de Pompadour, gravée par Massard, & Mme de Mondonville, gravée par de Montaut.

La Tour (en chapeau bordé), pastel de Saint-Quentin, gravé par son ami G.-F. Schmidt, graveur du roi, en 1772. In-fol.

La Tour (coiffé d'un petit bonnet), gravé par son ami Schmidt, 1742, in-fol.

(Schmidt dit, dans son catalogue : « On a des épreuves avant la lettre, mais elles sont rares. »)

La Tour, gravé par son ami Smith. Londres, 1751.

(Schmidt dit, à propos de cette copie, dont le graveur anglais a cherché à enlever la vente avec une mise en scène de son crû : « On a fait en Angleterre une copie plus petite de ce portrait, en manière noire. Elle est assez fidèle, excepté dans les accessoires. Au lieu d'une porte fermée, elle offre une femme vue par le dos, levant sa chemise & montrant le derrière. Nous laissons au lecteur à juger de ce trait de satire. On aperçoit aussi sur le canevas du chevalet l'esquisse d'une femme qui lève sa chemise & montre son devant; ce qui n'est pas dans l'original. »)

— Messire Jean Pâris de Montmartel, la tête d'après M. Q. de La Tour, l'habillement & le fond dessinés & le tout conduit par C. N. Cochin le fils, gravé par L. J. Cathelin. Gr. in-fol.

— Charles-Louis-Auguste Foucquet de Belle-Isle, duc de Gisors, pair & maréchal de France. De la Tour, *effigiem pinxit*. Moitte, *sculptor regis tabulam integram delin. & sculp*. In-fol. — Ce portrait a encore été gravé par Mellini & Vangelisti.

— Woldemar de Lowendal, maréchal de France. Les ornements inventés par Gravelot. Gravé par Will. 1749, in-fol. — Gravé encore par Levesque & Romanet.

— Jean Restout, peintre ordinaire du Roy, gravé par Moitte. 1771, in-fol.

— Jacques Dumont le Romain, peintre du Roy, gravé par J. J. Flipart. In-fol.

— René Fremin, sculpteur, gravé par P. L. Surugue le fils, 1747, in-fol.

— Charles Richer de Roddes de la Morlière, gravé par Lépicié. In-fol.

— Marie-Gabrielle-Louise de la Fontaine Solare de la Boissière, gravé par Petit. In-fol.

— Antoine Vicentini, dit Thomassin, gravé par T. Bertrand. In-fol.

— Sylvia, actrice, gravé par Surugue le fils. In-4.

— Marie, princesse de Pologne, reine de France & de Navarre, gravé par Petit. In-4.

— Louis, dauphin de France, gravé par Petit. In-4.

— Encore gravé par Basan, Aubert, Larmessin.

— Josephe de Saxe, dauphine de France, gravé par Petit fils. In 4. — Encore gravé par Aubert.

— Marc-René de Montalembert, gravé par A. de Saint-Aubin. In-4.

— Crébillon, gravé par Moitte. In-4. — Gravé encore par Cathelin & Ingouf junior, 1784.

— L'abbé Nollet, gravé par Molès, 1771, in-4. — Gravé encore par Beauvarlet.

— De Moncrif, gravé par Cathelin. In-4.

— Hubert Gravelot, gravé par Massard. In-4. — Encore gravé par Gaucher.

— Pierre Demours, médecin oculiste, gravé par Masquelier, 1792, in-4.

— Bernard le Bovier de Fontenelle, gravé par Dupin. Chez Odieuvre. In-8.

— J. J. Rousseau, gravé par A. de Saint-Aubin. In-4.

— Gravé encore par Ficquet, &c.

— Voltaire, gravé par Cathelin. In-4. — Gravé encore par Ficquet, &c.

— D'Alembert, gravé par Maviez, 1788, in-8. — Encore gravé par Dagoty, &c.

— Nivelle de la Chaussée, gravé par Ingouf junior. In-8.

— Sophie Arnould dans le rôle de Zyrphé de l'opéra de *Zelindor*, gravé par Bourgeois de la Richardière. In-8.

— Charles Duclos, de l'Académie française, gravé par Duflos. In-12.

Le catalogue Paignon-Dijonval mentionne encore : Charles, prince de Galles, gravé par M. Aubert.

manchon qui raccommoderait, dit l'auteur de la *Lettre à la marquife de S. P. R.*, les femmes les plus brouillées avec ces petits manchons (1).

En 1739, le portrait populaire de l'expofition de La Tour était le père Fiacre, quêteur des PP. de Nazareth, un perfonnage des plus répandus dans le monde & que venaient reconnaître au Salon tous les enfants de Paris ; « portrait impatientant de reffemblance, » s'écrie un critique. Un nouveau côté du talent du peintre apparaiffait là : devant ce perfonnage marqué de tous les fymptômes de fon état, & de tous les fignes de fa robe, commençait dans le public la reconnaiffance du fingulier génie de La Tour à peindre le métier, l'état, le caractère focial de fes perfonnages (2). Et le fuccès de fon Salon l'amenait à peindre, à quelques mois de là, la maîtreffe du Roi, Madame de Mailly (3).

En 1740, fon expofition de trois paftels eft un triomphe. Les gazettes parlent d'une explofion d'admiration.

En 1741, le paftellifte, jaloux d'élever & d'agrandir fon genre, arrivait à l'expofition avec un portrait compofé & de dimenfion fupérieure à toutes fes autres œuvres. Il montrait dans un grand paftel, — un *tableau*, comme il eft dit dans le livret du Salon, — le préfident de Rieux, vêtu d'une fimarre noire & d'une robe rouge, affis dans fon cabinet, fur un fauteuil de velours cramoifi, adoffé à un paravent, & ayant fur fa droite une table couverte d'un tapis de velours bleu enrichi d'une crépine d'or ; grand morceau qui faifait s'extafier fur chacun de fes détails : la perruque, le rabat, la dentelle, la légèreté du cheveu, la fineffe de la trame du linge & l'apprêt de l'ouvrière, la délicateffe & le deffin immenfe de la dentelle, tout cela fe voyait, fe fentait. Ce n'était plus du crayon, c'était de la « *Saxe même*, M. de La Tour avait le fecret de toutes les manufactures. » La tabatière fur la table, une tabatière de ces *Maubois entrelaffées*, & une plume un peu jafpée d'encre fur fes barbes, étaient déclarées le dernier mot de l'illufion. Un chef-d'œuvre fans prix, — difaient les critiques & le public, parmi lefquels courait le bruit que le cadre & la glace feuls avaient coûté cinquante louis (4).

En 1742, l'année où deux pièces de vers du *Recueil* de Maurepas célèbrent fon beau portrait de l'ambaffadeur turc (5), c'eft la même affluence, la même foule devant fes paftels. On les affiége, on ne veut pas les quitter, on y revient. La curiofité ne fe raffafie pas de voir le portrait de Mademoifelle Salé (6), « comme elle eft chez elle, »

---

(1) *Defcription raifonnée des tableaux expofés au Louvre*. Lettre à Mme la marquife de S. P. R. 1738.

(2) *Defcription raifonnée des tableaux expofés au Salon du Louvre*. 1739.

(3) « 23 décembre 1739. L'on peint actuellement Mme de Mailly en paftel. C'eft un nommé La Tour. » *Mémoires du duc de Luynes*, vol. III.

(4) *Lettre de M. de Poireffon-Chamarande, au fujet des tableaux expofés au Salon du Louvre*. 1741.

(5) *Recueil manufcrit de Maurepas*, vol. XXXI.

(6) Ce portrait, décrit en 1741 dans le *Mercure*, fut fans doute expofé cette année-là fans être mentionné au livret, après l'impreffion duquel il eft à préfumer qu'il arriva, comme certains autres paftels de La Tour. — Voyez fur le « *chez elle* » des grandes danfeufes & des grandes chanteufes de l'Opéra du temps les curieux détails donnés par le *Code de Cythère ou Lit de juftice d'amour*. A Erotopolis, 1746.

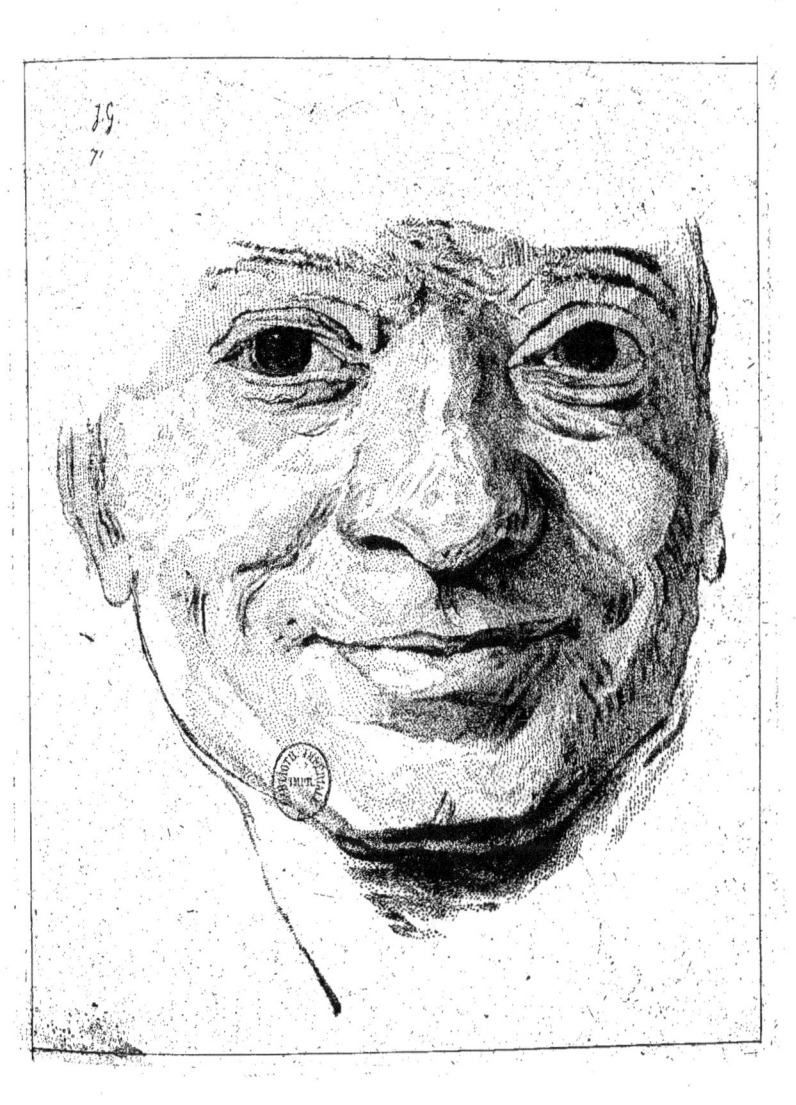

un portrait d'intimité, de déshabillé familier & galant, où la célèbre danseuse est représentée dans la vérité & la simplicité d'une pose d'habitude, assise sur un fauteuil de damas vert, « les bras à côté l'un de l'autre, les mains avancées vers les coudes, » sans gants, en habit couleur de rose (1). Et cette année-là, il y a une recrudescence, un déchaînement de vers des Pesselier en l'honneur de La Tour.

Les expositions se suivent, les envois de La Tour se succèdent, l'enthousiasme augmente ; les acclamations de l'admiration publique étouffent l'envie, la jalousie, déchaînées par ce genre de peinture qui fait déjà concurrence à la peinture à l'huile, lui prend de ses clients & de sa gloire, lui enlève des talents comme Coypel ne peignant plus qu'au crayon & devenant le charmant pastelliste du portrait de Madame de Mouchy en toilette de bal masqué.

En 1745, par les portraits du Roi, du Dauphin, du ministre d'Etat Orry, La Tour touche à la cour, à ce Versailles où il va demain avoir ses grandes entrées & faire éclater tout haut ses caprices.

En 1746, il donne au Salon le portrait de Montmartel. On croirait voir le Roi de l'argent du temps, dans ce financier que nous représente la gravure de Cochin (2), tranquille & majestueux, le regard hautain & froid, la bouche grande & fermée, assis pesamment & carrément, les jambes croisées, dans la sereine & sévère digestion du million, un peu renversé dans son fauteuil doré, les bas roulés, le brocart tendu sur un ventre arrondi, les mains au repos dans des manchettes de Valenciennes, contre les chamarrures superbes de son habit. Et que d'opulence l'encadre ! La rocaille s'élève tout autour de lui à une espèce de somptuosité ronflante ; & l'écrasante splendeur du rococo éclate dans ce cabinet, ces boiseries, ces tapisseries, ces ors, ces cuivres, ces sculptures, ces ciselures, cet éblouissement de meubles chantournés qui

---

(1) *Mercure de France*, septembre-octobre 1741.

(2) Il faut s'arrêter ici sur une indication qui n'a fait réfléchir aucun des biographes de La Tour. La gravure de ce portrait porte au bas la mention : « La tête seulement d'après M. La Tour, l'habillement & le fond dessinés & le tout conduit par C. N. Cochin. » A l'extrême rigueur, cela pourrait s'entendre d'une gravure dont la tête aurait été faite d'après l'original, & le restant d'après une réduction dessinée par Cochin. Mais nous trouvons au bas d'un autre portrait en pied celui du maréchal de Belle-Isle : « *De La Tour effigiem pinxit ; Moitte, sculptor regis, tabulam integram delin. & sculp.* » Dans ce portrait encore, la tête seule est attribuée à La Tour. Ces deux mentions positives, si on les rapproche du peu de détail accordé à ces deux pastels par les critiques de Salon, pastels perdus d'ailleurs, & sur lesquels on ne peut vérifier la touche de La Tour, ces deux mentions attestent sans réplique que ces deux portraits, sans doute d'une dimension semblable à ses têtes ou à ses mi-corps ordinaires, ont été ainsi agrandis & arrangés pour la gravure par des mains étrangères. Quoique nous ayons entendu dans la bouche d'une fille de M. Lebas de Courmont, le traducteur de *Vasari* & un des amis de La Tour, cette tradition, qu'elle tenait de son père, que La Tour ne peignait jamais que la tête & qu'il renvoyait à un spécialiste pour les étoffes, cette terminaison de ses pastels par un autre pastelliste ou graveur n'a dû être que très-accidentelle dans l'œuvre du maître. Nous en avons pour preuve l'harmonie générale, le travail d'une même main de ses pastels ordonnancés, la grande part d'éloges faite au portraitiste par le temps, pour sa science des détails, des étoffes, des accessoires dans les portraits de Rieux & de la Pompadour, pour cette illusion de vérité des objets, des livres, des porcelaines que le grand peintre fait toucher d'une touche si personnelle, & dont il accompagne avec tant de goût ses figures.

font des bijoux d'art. Eftampe magnifique : la Richeffe n'eut jamais de plus riche portrait.

En 1747, le nouvel académicien (1) envoie au Salon onze paftels que la notoriété diverfe des perfonnages, grands ou connus, recommande à l'intérêt. Le portrait de l'abbé Le Blanc était reconnu pour un des plus forts paftels de La Tour, celui de M. de Mondonville pour un des plus piquants. On trouvait dans ce dernier, paraiffant écouter fi fon violon eft d'accord, un admirable naturel d'attitude, une expreffion parlante, une flamme des yeux où fe voyait l'impatience de l'infpiration & le génie du muficien (2).

En 1748, La Tour avait une expofition encore plus nombreufe. Sa lifte commençait comme la première page de l'Almanach royal : le Roi, la Reine, le Dauphin. Et les portraits de la Reine, celui du duc de Belle-Ifle, celui de Dumont le Romain dans fa robe de chambre rayée, étaient proclamés comparables à ce qu'il avait fait de plus beau (3).

En 1750, l'année où des vers du *Mercure* nous apprennent qu'il a fur le chevalet le portrait de Sylvia, le Salon eft pour La Tour une victoire, & une victoire fur un rival que fon écrafante fupériorité relègue d'un coup au fecond rang. Il y avait un agréé dont les paftels, depuis 1746, portaient ombrage à La Tour. « Il craignait, dit Diderot, que le public ne pût fentir que par une comparaifon directe l'intervalle qui les féparait. » Une idée d'affez vilaine malice vient à La Tour : il propofe fon portrait à peindre à fon rival. Celui-ci s'y refufe par modeftie. La Tour infifte, le preffe, décide enfin, à force d'infiftance, l'innocent artifte qui peint le maître, en furtout noir (4). Pendant qu'il travaille, La Tour fe met fournoifement de fon côté à fe peindre. Arrive l'expofition. Perroneau, c'était l'agréé, expofe le portrait du maître, un La Tour en furtout noir, en gilet de brocart rofe galonné d'or, la main paffée dans le jabot de dentelle, — un très-beau & très-fin portrait qui tient aujourd'hui vaillamment fa place au Mufée de Saint-Quentin, au milieu de tous les paftels de fon grand rival. La Tour femble avoir malignement pofé pour ce portrait, un lendemain de plaifir (5), relevant

---

(1) La Tour avait été nommé agréé de l'Académie le 27 mai 1737. Il fut reçu académicien le 24 feptembre 1746, & élu confeiller le 27 mars 1751. Note communiquée par M. Duvivier.

(2) *Lettre fur l'expofition des ouvrages de peinture de l'année 1747.*

(3) *Réflexions fur quelques circonftances préfentes, contenant deux lettres fur l'expofition des tableaux au Louvre cette année 1748.*

(4) *Salon de 1750.*

(5) Un livre du temps, rare & inconnu, qui révèle un La Bruyère religieux du XVIIIe fiècle, l'*Ecole de l'homme*,

1752, lance à ce propos cette épigramme amère à La Tour : « Prends ton temps pour te peindre, ambitieux *Toural;* tu es en bonne humeur, tes yeux brillent, & tu as le teint clair & vif. Saifis le moment ; peins-toi. Une longue infomnie te rend aujourd'hui le vifage terni, tu as la vue chargée par un cruel mal de tête, tu es bouffi, méconnaiffable. Qu'attends-tu ? Peut-il y avoir un inftant plus propre pour faire faire un portrait qui ne te reffemble pas ? Ne l'échappe point ; cours chez ton rival, aide encore l'occafion qui travaille contre lui : fais-toi peindre ; paye, & largement. »

de fatigue; fa figure encore jeune, matoife & futée, fe laiffe voir là, ufée & tirée, avec le teint & la paupière rougis d'un roué. Mais au beau milieu de ce fuccès de Perroneau, voilà le portrait de La Tour par La Tour qui paraît (1). La Tour s'eft entendu avec Chardin pour le placer à côté du portrait en furtout noir. Et Perroneau eft tué par le voifinage. La Tour avait fait un tour de fourbe. Du refte, Perroneau s'en releva. Contrairement a l'affertion des biographes de La Tour, fon concurrent ne s'expatria pas en Danemarck. Il refta en France, & les Salons de 1751, de 1753, de 1755, nous le montrent avec une réputation vivante. Il femble le peintre officiel des demoifelles de l'Opéra, des *demoifillons* à noms amoureux & vagues, qui s'appellent au livret Mademoifelle Rofalie, Mademoifelle Silanie. En même temps, des princeffes comme la princeffe de Condé lui donnent la préférence fur La Tour. Enfin, des académiciens tels que Oudry, Adam, Lemoine, continuent à demander à fes crayons leurs portraits ou ceux de leurs femmes. Et l'on aurait tort de faire, à côté de La Tour, une fi petite figure de fon émule : dans ce portrait qui nous refte de lui au Louvre, d'un homme en habit gris, le ragoût des petites touches, le modelage dans le tapotage, le travail artifte, léger, fpirituel, le verdâtre corrégien des demi-teintes d'où s'enlèvent des tons de fanté & le rofe du front, du nez, des pommettes, du menton, l'animation riante de toute la tête, nous montrent un artifte que La Tour a eu raifon de redouter, & qui, en marchant derrière lui, a fouvent dû l'atteindre.

En 1753, le public, tout accoutumé qu'il était à cette féconde production de chefsd'œuvre par le portraitifte, ne laiffait pas que d'être un peu furpris en lui voyant expofer dix-huit portraits. Au milieu de cette véritable galerie, la curiofité fe preffait devant un portrait de Rouffeau qui avait manqué fe fâcher avec fon peintre, dit Fréron, pour s'être trouvé trop mollement affis fur une chaife garnie de paille & dont les bâtons étaient ornés de pommes : un banc, une pierre, ou même la terre, il n'aurait voulu que cela (2). La préférence des amateurs fe portait fur Madame Lecomte, la maîtreffe de Watelet, tenant un papier de mufique d'une main qui femblait fortir du cadre, au bout d'un bras ayant le clair-obfcur & la couleur d'un morceau peint à l'huile (3). Ils faifaient auffi grande eftime du portrait de Sylveftre, touché de cette

---

(1) Ce portrait n'eft point, comme le dit Diderot, le portrait de La Tour en chapeau rabattu, la moitié du vifage dans la demi-teinte & le refte du corps éclairé, expofé en 1742. Ce n'eft point non plus le portrait riant expofé en 1737 & publié par Schmidt en 1743. C'eft un portrait qui figurait parmi les quatre têtes anonymes expofées en 1750.

(2) Ce portrait, dans lequel Diderot ne voyait que « l'auteur du *Devin de village*, bien habillé, bien peigné, & ridiculement affis fur une chaife, » d'abord deftiné à Mme d'Epinay, fut donné par Rouffeau à la maréchale de Luxembourg. La Tour fit de Rouffeau un fecond portrait, que Rouffeau voulut bien accepter, & duquel il remercia La Tour en lui écrivant « que cet admirable portrait lui rendait, en quelque forte, l'original refpectable. » Un de ces portraits eft à Saint-Quentin; l'autre, felon une indication de M. Mantz, ferait chez M. Coindet, de Genève. Une très-belle préparation d'un de ces portraits de Rouffeau appartient à M. Eudoxe Marcille.

(3) *Obfervations fur les ouvrages de MM. de l'Académie de peinture & de Sculpture*, 1753.

façon avec laquelle La Tour femblait vouloir parler fpécialement au goût des peintres. Car, prefque dans toute fa longue carrière & à toutes fes expofitions, il eft à noter que le paftellifte eut deux manières : l'une pour le public, l'autre pour les artiftes, la première fondue, la feconde libre & heurtée. La remarque en avait déjà été faite en 1741, lors du contrafte entre le faire du préfident de Rieux & celui du nègre ; en 1746, entre le Reftout vifant à l'effet prefque brutal par les touches pofées, non mariées, du vifage, & le Pâris-Montmartel d'un travail fi moelleux & fi raccordé. A ce moment, vers cette expofition, la manière artiftique de La Tour commençait à dominer chez lui ; & au Salon de cette année, la critique conftate l'entraînement du paftellifte à cette touche moins careffée, même dans fes portraits de femmes (1).

V.

La Tour eft maintenant arrivé à la plus haute fortune de l'art. Le voilà connu, célèbre, en pleine poffeffion de fa réputation. Il eft du monde, de la plus grande fociété, de la meilleure compagnie, des dîners du lundi de Madame Geoffrin, où Mariette le voit venir affidûment pendant des années. Il eft de cette agréable & *opéradique* fociété de M. de la Popelinière à fa maifon de Paffy (2). Il eft de l'intime familiarité du miniftre Orry. Il a les plus charmantes, les plus flatteufes relations, des liaifons de grands feigneurs, de littérateurs, de favants. Son atelier, dans fon logement du Louvre, ce palais dont l'ancienne monarchie avait fait l'hôtel royal de l'Art, fon atelier au n° 8 (3) voit paffer tout le fiècle : Nollet, fon bon voifin, Crébillon, l'abbé Hubert, dont il aimait tant la converfation ; le vainqueur de Fontenoy, auquel il fit avoir, felon une légende des biographes, fa penfion de 200,000 livres fur les États d'Artois ; Paulmy d'Argenfon, Mondonville, Buffon, la Condamine, Duclos, Helvétius, Dupuis, d'Alembert, Diderot, tout le perfonnel de l'Encyclopédie, l'Académie des philofophes ; Reftout qu'il appelait « fon maître, » le fculpteur Lemoine qui a fait fon bufte (4), Largillière qui avait encouragé fes débuts, Rigaud, dont il avait vaincu la jaloufie & qui était venu chercher fon amitié après fon paftel de Louis XV, Gravelot, qui lui deffinait l'encadrement de fes portraits gravés, Carle Vanloo, Pigalle, Vernet, Parrocel,

---

(1) *Sentiments d'un amateur fur l'expofition des tableaux du Louvre*, 1753. — *Lettre à un ami fur l'Expofition des Tableaux faite dans le grand falon du Louvre le 25 août 1753.*

(2) *Mémoires de Marmontel.*

(3) Ce logement fut accordé à La Tour en 1750.

(4) C'eft aux dîners de Lemoine, où venaient Le Kain, l'avocat Gerbier, Grétry, que Mme Lebrun fit connaiffance de La Tour. Voyez fes *Mémoires*.

Greuze. Il gagne tout l'argent qu'il veut. A fa table largement fervie s'affeyent tous les jours des compatriotes, des amis, dont il promène l'après-dîner avec lui dans le jardin de l'Infante (1). Au milieu de cette vie de large aifance, d'une fimplicité opulente, frottée à toutes les gloires, à tous les grands efprits, à tous les grands talents du temps, un billet d'ami, de l'abbé Le Blanc (2), nous montre l'artifte paffant de fon atelier dans les couliffes, allant perdre la fatigue de fon travail dans des parties avec les comédiennes, gaies parties, fins foupers, foirées délicieufes, d'où devait fortir la paffion qui remplira la vie du célibataire, & fera à l'octogénaire boire fes derniers verres de vin à la mémoire de fa maîtreffe. Nommer la femme, la chanteufe pour laquelle le poète Cahufac mourut fou dans les loges de Charenton, du regret de ne l'avoir pas époufée (3), la chanteufe pour laquelle le chroniqueur Grimm tomba malade de cette fingulière maladie d'amour, de la léthargie que raconte Rouffeau, la chanteufe qui créa la Colette du *Devin de village*, la chanteufe à la voix fi légère, la chanteufe « au timbre d'argent (4), » nommer Mademoifelle Fel, c'eft expliquer ce grand & long amour de La Tour. Nous la retrouvons au Mufée de Saint-Quentin ; tête étrange, imprévue & charmante, qui femble dépayfée là, au milieu de cette galerie de femmes du xviiie fiècle, avec fon front pur, fes grands fourcils, la langueur de fes grands yeux noirs veloutés de cils dans les coins, fon nez grec, fes traits droits, fa bouche pareffeufe, fon ovale long, tout cet enfemble de phyfionomie exotique fi bien couronnée par cette coiffure, un mouchoir de gaze liferé d'or, coupant le front de travers, defcendant fur l'œil droit, chatouillant une tempe, & remontant fur le bouquet de fleurettes piqué à l'autre : ainfi l'on fe figurerait une Levantine, rapportée d'Orient fur une page de l'album d'un Liotard; ou plutôt telle on rêverait l'Haydée de Don Juan (5).

Latour eft riche, il eft amoureux, il eft heureux. Dans le portrait qu'a gravé Schmidt, où le peintre s'eft repréfenté, dit l'annonce du *Mercure* de 1743, dans le négligé pittorefque de fon coftume d'atelier, & où fon gefte moque le carillonnage à la porte de

---

(1) *Mémoires de Diderot*. Septembre 1765.

(2) Lettre de l'abbé Le Blanc à La Tour, fans date. Remife au lendemain d'une partie qui n'a pu s'exécuter jeudi, à caufe d'une répétition dont Mlle (le nom eft biffé) ne pouvait fe difpenfer. *Catalogue de Laverdet*. Octobre 1862.

(3) *Le Colporteur*, par Chevrier.

(4) *La Bigarrure*, vol. IX.

(5) Les derniers biographes de La Tour, MM. Champfleury & Dréolle, n'ont pas héfité à lire & à reconnaître Mlle Fel dans Mlle Fay, le nom hiftorique de ce portrait. Sans doute, la reffemblance des deux noms, la prefque fimilitude de leur prononciation, la tradition, le portrait de Mlle Fel expofé en 1757, la répétition qu'en expofa Ducreux, l'élève de La Tour, au Salon de converfation, le genre de relations de La Tour, l'intimité dans laquelle la grande chanteufe vivait avec les amis du peintre, prefque toutes les vraifemblances doivent faire fuppofer que la maîtreffe de La Tour fut bien la Fel, & non une Fay, également actrice, mais oubliée par le bruit & les almanachs de théâtre du temps. Pourtant on regrette qu'il n'y ait pas un document pofitif pour vous ôter là-deffus l'inquiétude qui vous vient en lifant dans un catalogue d'autographes une réclamation fignée en 1811 d'une Fay, mère de Léontine Fay, réclamant contre fa démiffion à l'Opéra, & montrant le nom de Fay déjà attaché au théâtre. (*Catalogue menfuel de Laverdet*. Septembre 1863, n° 7050.)

l'abbé Hubert (1), La Tour, dans fa petite vefte de travail, paraît jouir de l'exiftence & en refpirer les joies. Une vie de bonheur rit dans l'homme, pétille dans l'éclair de fes yeux bleus, palpite dans la fenfualité de fes traits, fur fes lèvres minces, fur fa bouche railleufe, fur fon mafque d'ironique gaîté. Dans cette tête forte, carrée, fpirituelle, épanouie & gouailleufe, au crâne déjà dégarni, dans cette figure de Démocrite & de Scapin, il y a comme une félicité de cynique; & du peintre philofophe il femble qu'il fe dégage la phyfionomie d'un Voltaire trivial, charnu, matériel, prefque fatyriaque.

VI.

En 1755, La Tour n'expofait qu'un paftel : le portrait en pied de Madame de Pompadour, de 5 pieds 1/2 de haut fur 4 pieds de large. C'eft le paftel qu'on voit au Louvre.

Habillée d'un fatin blanc où courent les branchages d'or, les bouquets de rofes & les fleurettes, robe d'argent aux grandes manchettes de dentelles s'ouvrant au coude, au corfage enrubané d'une *échelle* dont le violet pâle eft tendre comme le calice d'un pavot lilas, Madame de Pompadour eft affife fur un fauteuil de Beauvais, dans une attitude familière qui retrouffe un peu fa jupe & laiffe voir un bout de jupon de dentelle, & fous le jupon deux pieds qui croifent l'une fur l'autre deux mules rofes

---

(1) De l'abbé Hubert, & non de l'abbé Le Blanc. Car, en dépit de l'allégation de Buceily d'Eftrées affirmant le goût de La Tour pour la converfation de l'abbé Hubert, il y avait des jours où le peintre en était fatigué. Nous en trouvons la preuve dans les deux defcriptions que Schmidt donne, dans le catalogue de fon œuvre, des deux portraits qu'il a gravés de La Tour :

« N° 50. Le portrait de La Tour. Il eft repréfenté à mi-corps, regardant par une fenêtre, fur laquelle il s'appuie, & montre de la main gauche une porte fermée qu'on voit dans le fond; il a la mine riante. Derrière lui il y a un chevalet. Voici l'occafion qui lui donna l'idée de fe peindre dans cette attitude. M. de La Tour avoit parmi fes amis un certain abbé qui venoit le voir très-fréquemment, & paffoit fouvent une partie de la journée chez lui, fans s'apercevoir qu'il l'incommodoit quelquefois. Un jour, notre peintre, réfolu de faire fon propre portrait, avoit fermé la porte au verrou afin d'être feul. L'abbé ne tarda pas à venir & à frapper à la porte. M. de La Tour, qui l'entendoit & qui étoit dans l'attitude de deffiner, fit le gefte de pantomime que nous voyons dans fon portrait. Il femble fe dire à lui-même : Voilà l'abbé, il n'a qu'à frapper, il n'entrera pas. Cette attitude ayant plu au peintre, il prit le parti de s'y peindre..... » — « N° 45. Le portrait du peintre de La Tour en oval fur un chevalet. Il eft vu à mi-corps, tourné vers la gauche de l'eftampe. La tête, vue de trois quarts, eft coiffée d'une perruque & couverte d'un chapeau bordé, dont le bord rabattu par devant. Vêtu fimplement, il a une table devant le chevalet, fur laquelle il y a quelques livres, une boîte à paftels & des feuillets fur lefquels eft écrit : Maurice-Quentin de La Tour, peintre du roi & confeiller en fon Académie royale de peinture & de fculpture. On voit encore derrière ce chevalet attaché au mur ce portrait de l'abbé, dont nous avons fait mention fous le n° 50. »

Or, quel eft ce portrait? C'eft le portrait de l'abbé Hubert, une figuration parfaitement reconnaiffable du grand tableau de Saint-Quentin.

au haut talon. Sa main droite appuie à peine, d'un geste qui voltige, sur le papier d'un cahier de musique qu'elle tient de l'autre main, le bras plié & accoudé sur une console. Ses cheveux sont sans poudre. Son regard n'est point au cahier de musique; doucement distrait, il semble écouter, tandis qu'un demi-sourire erre sur ses lèvres. Derrière elle, c'est une tenture bleue, coupée de baguettes dorées qui encadrent sur un côté un panneau de peinture : une marche de paysans dans un chemin de campagne. Auprès d'elle, sur un canapé, une guitare encore frémissante dort sur un cahier de musique. Sur la console où son coude repose, des volumes reliés en veau, comme des livres d'usage & des amis de tous les jours, montrent, à portée de sa main, la compagnie de son esprit : c'est le *Pastor fido*, sorti des presses d'Elzévir en 1679, la *Henriade*, vendue à sa mort sous le n° 721 de sa bibliothèque, le tome III de l'*Esprit des lois*, & le tome IV de l'*Encyclopédie*. A côté d'une sphère, un livre à couverture bleue à demi ouvert, portant sur le dos : « Pierres gravées » laisse pendre sur la console au pied d'or une gravure au bas de laquelle on lit : *Pompadour sculpsit*, & ces mots : « Représentation de la situation où est le graveur en pierres fines & des divers instruments… » Au bas, un carton noué de bleu & armorié aux trois tours, est le carton de l'œuvre gravé de Madame de Pompadour.

Dans ce portrait, qui est le grand effort de La Tour, & où il a tenté de faire son chef-d'œuvre, on peut voir toutes les ambitions du portraitiste. Au lieu de chercher, comme un Nattier, à enlever son modèle dans l'Olympe, dans une divinisation de mythologie, il travaille à l'asseoir devant l'Histoire dans une sorte d'immortalité de réalité. Il indique la *virtuose* avec ce papier de musique, la musique d'un opéra des Petits Appartements, qu'il lui met à la main & dont il lui fait mourir l'harmonie aux lèvres. Il signifie la maîtresse avec cette pose, cet air distrait & occupé, cette attitude de trois quarts, ce regard « à vue perdue, » cette attention à la cantonnade, ce sourire comme à un vague bruit de porte intérieure, à la venue espérée & attendue du roi. Mais ce n'est pas assez. Rompant avec la tradition française des Rigaud & des Largillière, abandonnant les allégories flottantes, les pans de rideaux nobles, les colonnades pompeuses, les fonds tragiques & vagues inventés pour être l'atrium banal de tous les portraits solennels, La Tour ose cette révolution de mettre la personne qu'il représente dans le cadre de sa vie, dans le milieu de ses habitudes, & le décor de son rôle. Pour compléter la physionomie d'un portrait, il songe à peindre autour du personnage la physionomie de ses entours & ce qu'il y a de son caractère dans les choses autour de lui. De même qu'il a représenté le président de Rieux au milieu de l'opulence du magistrat, il représente la favorite dans un appartement tout rempli d'elle, où vivent ses goûts, où sont ses livres, ses meubles, ses gravures, le charme & l'excuse de son règne. Dans ce mobilier, ces accessoires qui ne semblent qu'accompagner cette figure de la Pompadour, l'amour de l'art & la liberté d'idées qui circulent parmi les objets autour d'elle, le grand & nouveau portraitiste a visiblement cherché à mettre la célébration, l'apothéose des pensées, des occupations, de l'esprit & de l'âme de celle que Voltaire pleurera comme un philosophe (1).

VII.

Il y a sur ce portrait de la favorite une anecdote curieuse, & qui peint La Tour. Mandé à Versailles pour peindre Madame de Pompadour, il répond : « Dites à madame que je ne vais pas peindre en ville. » Pourtant un de ses amis le décide. Il promet donc de se rendre à la cour au jour fixé, mais à condition que la séance ne sera interrompue par personne. Arrivé chez la favorite, il réitère ses conventions, & demande la liberté de se mettre à son aise. On la lui accorde. Tout à coup, il détache les boucles de ses escarpins, ses jarretières, son col, ôte sa perruque, l'accroche à une girandole, tire de sa poche un petit bonnet de taffetas & le met sur sa tête. « Dans ce déshabillé pittoresque, notre génie, ou, si l'on aime mieux, notre original commença le portrait. Il n'y avait pas un quart d'heure que notre excellent peintre était occupé, lorsque Louis XV entra. La Tour dit, en ôtant son bonnet : Vous aviez promis, madame, que votre porte serait fermée. Le Roi rit, de bon cœur, du costume & du reproche du moderne Apelle, & l'engage à continuer : Il ne m'est pas possible d'obéir à Votre Majesté, réplique le peintre, je reviendrai lorsque madame sera seule. Aussitôt il se lève, emporte sa perruque, ses jarretières, & va s'habiller dans une autre pièce en répétant plusieurs fois : Je n'aime point à être interrompu (2). »

Telles sont les façons de La Tour. Le peintre à la mode use & abuse de la mode. Nul peintre n'a imposé comme lui à son siècle la tyrannie de l'artiste & le bon plaisir

(1) Jusqu'à cette exposition, la critique n'a guère pour La Tour que des éloges montés au ton d'enthousiasme de l'abbé Le Blanc. A peine y a-t-il un Lieudé de Septmanville pour mettre très-injustement les pastels de La Tour au-dessous des pastels de la Rosalba & des pastels si durs, aux tons d'émail recuit, de Vivien. A ce Salon, la critique commence à critiquer. La *Seconde lettre à un partisan du bon goût* conteste la ressemblance de la marquise, trouve que le portrait n'est pas posé d'une manière avantageuse avec sa tête de trois quarts, ses regards perdus ; que la coiffure, les cheveux relevés par derrière & sans poudre, est peu gracieuse. Le critique accuse La Tour d'avoir trop visé au portrait d'un philosophe dans un portrait de femme. Il est mécontent du dessin du col, qui, avec ses ombres fausses, ne lie pas la tête au corps, & des plis de la robe, dont on ne reconnaît pas l'étoffe. La *Réponse à une lettre adressée à un partisan du bon goût* reproche à La Tour d'avoir enlevé à l'original toutes ses beautés & placé le portrait de M⁽ᵐᵉ⁾ de Pompadour bien au-dessous du portrait que le peintre avait fait de lui-même. La *Lettre d'un particulier à un de ses parents*, revenant sur la position désavantageuse de la tête, dit que si le pastelliste l'avait fait regarder le public, il aurait évité « le désagréable de ce long & large reflet qui prend depuis l'oreille jusqu'à la clavicule, & qui, caractérisant trop la pomme de la joue & la mâchoire inférieure, donne des années de plus au modèle. »

(2) *Almanach littéraire*, ou *Étrennes d'Apollon pour l'année 1792*.

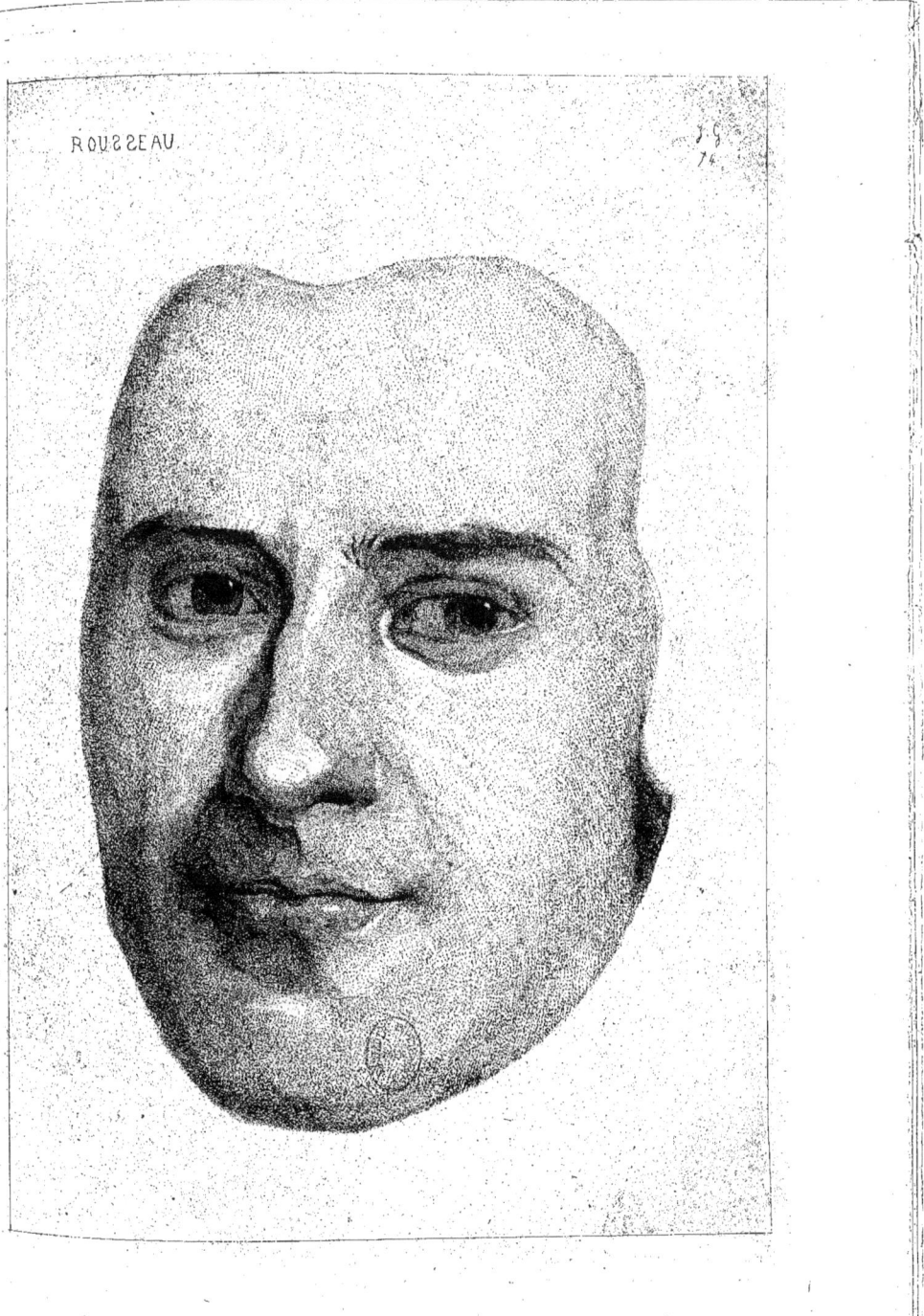

du talent. Il faudra que le Roi, dont il est le locataire & le pensionnaire, subisse ses impertinences, pour avoir son portrait de sa main (1). Le portraitiste n'achève pas les pastels des filles du Roi, de Mesdames de France, pour les punir de rendez-vous manqués. La Dauphine ne peut obtenir le sien, parce qu'elle a eu l'imprudence de vouloir changer l'endroit des séances, Fontainebleau, dont on était convenu, pour Versailles (2). *Mon talent est à moi*, disait fièrement La Tour. Avec les plus grandes dames, il faisait ses conditions, des espèces de traités ; & manquait-on à la plus petite des clauses ? il ne revenait plus ; rien ne le ramenait, le portrait restait là. Consentait-il à les peindre ? il était le maître absolu de la pose, des traits, du teint du modèle, & vengeait durement les portraitistes du siècle du supplice d'obéir à toutes les exigences contemporaines de la femme qui se faisait peindre (3).

Avec la finance, son caprice va jusqu'à l'insolence. On connaît l'histoire de son portrait de la Reynière. Mécontent de son travail pour lequel il n'avait pas été ins-

---

(1) Quand il est mandé pour faire le portrait du Roi, on l'introduit dans une pièce qui reçoit le jour de tous les côtés. « Ah ! s'écrie La Tour, que veut-on que je fasse dans cette lanterne, quand il ne faut pour peindre qu'un seul passage de lumière ? — Je l'ai choisie exprès à l'écart, répond Louis XV, pour n'être pas détourné. — Je ne savais pas, Sire, réplique l'artiste, que vous ne fussiez pas le maître chez vous. » Un jour, il fatiguait le Roi par l'éloge irritant qu'il faisait des étrangers. « Je vous croyais Français, dit le Roi. — Non, Sire. — Vous n'êtes pas Français ? dit le Roi d'un air surpris. — Non, Sire : je suis Picard, de Saint-Quentin. » Une autre fois, raconte Chamfort, plaignant la France devant le Roi de n'avoir pas de marine, il s'attira cette fine riposte de Louis XV : « Et Vernet donc ? » Il disait au Dauphin, mal instruit d'une affaire qu'il lui avait recommandée : *Voilà comme vous laissez toujours tromper par des fripons, vous autres*. C'est l'homme qui se « vante de n'aller à la cour que pour dire leurs vérités à ces gens-là ; « un singulier type de donneur de leçons au maître, dont la liberté déplacée, regardée comme une folie, amuse, fait rire & désarme. *Almanach littéraire*, 1792.
— *Salon de Diderot*, 1763.

(2) *Abecedario* de Mariette.

(3) Donnons ici un amusant croquis de ce supplice des peintres de portraits d'alors : « *Milord*. On ne se livre pas à un artiste, on veut le diriger. — *M. Rémi*. On dirait, milord, que vous avez vu peindre quelques-unes de nos femmes. C'est une chose plaisante... Mais, monsieur, je ne suis pas pâle comme ça... Vous me faites de grands yeux bêtes, battus jusqu'au milieu du visage... J'ai la bouche moins grande, le nez pas si gros, le menton moins pointu... Voilà une clavicule excessive, des os menaçants sur la poitrine. Ensuite viennent les avis de la galerie, & le pauvre diable de peintre est obligé de tout écouter. — *Milord*. Et de tout faire. Il faut alors donner de la gorge, de petites bouches, des bras ronds & potelés, du blanc à foison & du carmin surtout pour animer les yeux, car à toute force on veut les avoir vifs. C'est un article sur lequel on ne peut jamais se relâcher ; & puis les six boucles de chaque côté, ni plus, ni moins, la toque élevée, les sourcils noirs avec les cheveux blonds, les cheveux roux avec un teint de brune. — *M. Fabretti*. Je l'imagine bien. Elles se voient dans leurs portraits comme elles sont, & veulent qu'on les rende comme elles feroient dans leur miroir. Aussi rien n'est dans la nature avec un teint factice, une coiffure, un habillement symétrique ; il est impossible d'avoir la vérité des Van Dick & des Rembrandt. En France, on doit trouver tout simple le costume indien : des pendants de nez, du jaune, du vert sur la figure & des dessins à compartiments sur les bras & la gorge. — *Milord*. Ce devroit être. Cependant les femmes ne conçoivent pas qu'il y ait des pays dans le monde où on puisse décemment paraître en compagnie sans l'épingle du milieu à la coiffure, sans les nœuds, le parfait contentement & autres meubles de cette importance. On appelleroit cela ici n'être pas habillée. Si j'étois peintre, je me prêterois point à toutes ces fantaisies. Je sçaurois les réduire, & il faudroit qu'après une bonne lessive on m'abandonnât son corps tout entier pour en tirer tout le parti convenable... » *Dialogue sur la peinture*, 1773. A Paris, imprimé chez Tartouillis, aux dépens de l'Académie.

piré, le peintre demande une dernière féance. Le jour fixé, le financier envoie un domeftique dire à La Tour déjà affis à fon chevalet, qu'il n'avait pas le temps de venir. « Mon ami, dit Latour au domeftique, ton maître eft un imbécile que je n'aurais jamais dû peindre... Ta figure me plaît, affieds-toi là, tu as des traits fpirituels, je vais faire ton portrait. Je te le redis, ton maître eft un fot... — Mais, monfieur, vous n'y penfez pas ! Si je ne retourne pas à l'hôtel, je perds ma place... — Eh ! bien, je te placerai... Commençons. » La Tour fait le portrait, M. de la Reynière chaffe fon domeftique. La Tour alors envoie le portrait au Salon, l'anecdote s'ébruite, on veut connaître le fpirituel valet d'un fot fi riche, & bientôt il n'a plus que l'embarras du choix d'une place (1).

Y a-t-il feulement dans ce trait de La Tour l'ennui & le regret d'avoir peint un imbécile ? N'y trouverait-on point une autre rancune contre le financier & fa richeffe ? Car le peintre eft avide. L'eftime qu'il fait de lui & de la valeur de fes œuvres le rend exigeant & âpre fur les prix qu'il en demande, & dont il femble proportionner la cherté à la fortune de fes modèles. En 1745 il fe fâche prefque avec fon ami de cœur, Duval d'Epinoy, pour le payement de ce portrait envoyé au Salon avec ces vers qu'il avait fait graver fur la bordure :

<blockquote>
La peinture, autrefois, naquit du tendre amour,
Aujourd'hui, l'amitié la met dans tout fon jour.
</blockquote>

Mondonville, fon ami, un de ceux chez lefquels il allait le plus familièrement, n'avait pas eu beaucoup plus à fe louer de lui, à propos du portrait de fa femme. Avant de le commencer, Madame de Mondonville lui fait l'aveu qu'elle n'a que vingt-cinq louis à dépenfer. Là-deffus, La Tour la fait affeoir & fait d'elle un portrait charmant. Enchantée à fa réception, Madame de Mondonville tire auffitôt l'argent de fa caffette, &, le mettant dans une boîte fous des dragées, l'envoie à fon peintre. La Tour garde les dragées & renvoie l'argent. Madame de Mondonville imagine dans ce jeu une galanterie & fe figure que La Tour veut lui faire préfent du portrait. Ne voulant pas être en refte de procédés délicats, elle lui fait remettre un plat d'argent manquant, à ce qu'elle a vu, dans fon buffet, & du prix de trente louis. Le nouveau préfent n'eft pas plus accepté que le premier ; il eft renvoyé, & Madame de Mondonville apprend que M. de La Tour a mis à fon portrait une taxe ordinaire de douze cents livres, & qu'il ajoute à cela qu'il ne doit avoir aucun égard pour des gens qui ne penfent pas comme lui fur le compte des Bouffons, dont la mufique & les repréfentations comiques divifaient en ce moment tous ceux qui à Paris fe piquaient de fe connaître en mufique. L'argent femble auffi avoir joué fon rôle dans le portrait de la Reynière. La Tour, paraît-il, avait fait entendre qu'il voulait dix mille livres du portrait du finan-

---

(1) *Notice* par Bucelly d'Eftrées.

cier & de la financière. Sur cette prétention, M. de la Reynière prit le parti de laiſſer au peintre les deux paſtels. Cependant, au bout de pluſieurs années, laſſé d'avoir ces deux figures dans ſon atelier, La Tour faiſait ſignifier par exploit à M. de la Reynière de les reprendre, &, devant la menace d'un procès, le financier ſe réſolvait à payer à La Tour quatre mille huit cents livres, le prix auquel les artiſtes Sylveſtre & Reſtout avaient réduit le payement de leur ami (1).

Enfin, ſur les exigences de La Tour pour le fameux portrait de Madame de Pompadour, donnons ce curieux renſeignement perdu dans le *Journal des Arts* du 25 nivôſe an VIII :

« Serait-il hors de propos de rappeler à ces hommes une petite anecdote ſur le peintre de portraits au paſtel, La Tour ? Il venait de terminer celui de la marquiſe de Pompadour, & avait modeſtement demandé quarante-huit mille livres. Madame la marquiſe trouva les prétentions de l'artiſte exorbitantes, & lui envoya vingt-quatre mille livres en or. La Tour, furieux, ſe promenait dans ſon appartement, criant à l'aviliſſement de ſon talent, lorſque Chardin, ſon voiſin aux galeries du Louvre, l'aborde d'un grand ſang-froid, & lui demande s'il ſait combien tous les tableaux qui ornaient Notre-Dame, & au nombre deſquels ſe trouvait le chef-d'œuvre de Leſueur, ceux de Lebrun, de Bourdon, de Teſtelin, ont coûté. — Non. — Eh bien, calculez : quarante tableaux environ à trois cents livres, cela fait douze mille ſix cents livres... Encore, ajoute Chardin, chaque artiſte donnait-il le petit tableau aux marguilliers en charge... — La Tour ſe tut. »

VIII.

Singulier homme que ce La Tour ! Nature brouillée, complexe, bizarre aſſemblage des plus diſparates morceaux d'humanité. Rapace, écorchant les gens, preſſurant le goût du temps pour ſes portraits, il eſt tout à côté déſintéreſſé, généreux, charitable. Grand ſeigneur dans l'aumône, il ne donne que de l'argent blanc. Il eſt tantôt bon, tantôt irritable & fantaſque. Tout ſe mêle en lui, de petites vanités, de beaux orgueils, de la paſſion & de la ruſe, des côtés de charlatan & d'homme de cœur, de la bourgeoiſie à la Chardin & de la gentilhommerie à la Voltaire. Il eſt de Saint-Quentin & du dix-huitième ſiècle, du temps de Rouſſeau & de M. de Monthyon. De Londres, il eſt revenu avec l'indépendance du citoyen libre. On le voit, ſauvage à la cour, bourru

---

(1) *Abecedario* de Mariette.

avec les puiſſants, inſolent avec les riches, montrer un type de Duclos dans un payſan du Danube. Aux princes, il apporte comme une leçon la brochure de l'abbé Coyer ſur le mot : *Patrie* (1). Au maréchal de Saxe, il reproche le ſang de ſa gloire. Un touche-à-tout, grand liſeur, barbouillé, indigeſtionné de lectures & d'études, politiqueur hardi & frondeur, réglant les deſtinées de l'Europe en donnant ſéance à ſes modèles (2); un homme à ſyſtèmes, ſe créant pour lui-même un ſyſtème de l'art, de la religion, de la médecine (3); plein de manies, ne faiſant rien comme tout le monde, voulant toujours ſe diſtinguer de tous, donnant à deviner comment il venait de Paris à Paſſy chez M. de la Popelinière, ſans monter en voiture, ni en barque, ni à cheval, ni ſur un âne, ſans marcher, ſans nager, en s'accrochant à un bateau qui le remorquait (4), — voilà l'original.

Soyons juſte pourtant pour cette originalité de La Tour. Elle ſe ſauve, s'excuſe & s'ennoblit chez lui par l'élévation de l'âme, la perſonnalité du caractère, la hauteur des aſpirations de l'homme & du peintre, le ſentiment qu'il a de la dignité de l'art, les prix qu'il fonde, les charités qu'il répand (5), le grand exemple de modeſtie ſuperbe

---

(1) Le rédacteur des *Mémoires de Condorcet* place cette anecdote en 1788, & en fait une anecdote révolutionnaire. Il ſe trompe. La brochure de l'abbé Coyer parut en 1755.

(2) *Mémoires de Marmontel*, vol. II.

(3) Donnons, ſur la médecine de La Tour, cette curieuſe lettre, communiquée par M. J. Boilly aux *Archives de l'art français*, vol. II :

« Mon cher Monſieur,

« Je ſuis fort ſenſible à l'honneur de votre ſouvenir & de la charmante galanterie que vous me voulez faire de votre nouvelle édition de Londres. J'ai offert à monſieur votre couſin de luy fournir ce que vous ſouhaiterez de chocolat; il me fait grand plaiſir d'apprendre qu'il vous fait du bien; je voudrois qu'il vous fît appeler à préſent la jeune reine, quoiqu'on ſoit jeune tant que l'on ſe porte bien. Je crois que de l'eau à jeun eſt un bon préſervatif contre les maladies : elle nettoye l'eſtomac, lave les reins & prépare une bonne digeſtion. On s'y accoutume peu à peu on peut parvenir à deux pintes par jour. Ceux qui ſuivent mon régime m'appellent leur faveur. L'intérêt que je prens à votre ſanté me fait jouer icy le rôle de médecin d'eau douce ; on n'eſt jamais auſſi ſûr des autres remèdes que de celuy-là : c'eſtoit l'axiome de M. Cochi de Florence.

« J'ay l'honneur d'être, mon cher Monſieur, avec la franchiſe & la cordialité d'un Picard,

« Votre très-humble & très-obéiſſant
ſerviteur. DE LA TOUR.

« Aux galeries du Louvre, le 24 avril 1774. »

(4) *Mémoires de Mme de Genlis*, vol. I.

(5) La Tour fondait à Paris, en 1776, trois prix : le premier d'anatomie, le ſecond de perſpective, le troiſième de *demi-figure peinte*, pour la rente deſquels il remettait, le 27 avril 1776, 10,000 fr. aux notaires devant leſquels fut paſſé l'acte de fondation que ſignaient Pierre, Dumont le Romain, Couſtou, Doyen, Chardin, Cochin, Renou.

Il fondait un autre prix de 10,000 fr. pour une médaille de 500 fr. à décerner à la plus belle action ou à la découverte la plus avantageuſe dans les arts en Picardie.

Il conſacrait une trentaine de mille francs à la fondation dans ſa ville natale d'un *bureau de charité* chargé de fournir des vêtements à l'enfant pauvre qui vient de naître, des ſecours à la femme du peuple en couches, des ſecours à l'artiſan infirme.

Il fondait encore à Saint-Quentin, en 1778, d'après une indication du *Mercure*, qu'a relevée M. Mantz, une école gratuite de deſſin, pour laquelle il appelait, par une lettre du 21 ſeptembre 1781, encore datée des galeries du Louvre, la protection de l'intendant d'Amiens, en le remerciant de protéger « un établiſſement qu'il a eſpéré devoir être utile à tous ſes concitoyens. »

L'école de deſſin de Saint-Quentin était reconnue avec le titre d'École royale, par lettres-patentes du mois de mars 1782, &, au mois de mars 1783, s'ouvraient les trois cours : géométrie & architecture, figures & animaux, fleurs & ornements.

Les premiers dons de La Tour pour la fondation de

qu'il donne feul dans le fiècle en refufant la croix de Saint-Michel & la nobleffe qu'elle confère.

IX.

La Tour a au Louvre une grande & magnifique place. Il y eft repréfenté par treize paftels (1) d'un voifinage écrafant pour fes prédéceffeurs, pour les paftels durs & noirs de Vivien, pour les paftels aimables & légers de la Rofalba. C'eft d'abord la Pompadour, fon grand tableau populaire ; puis fon portrait par lui-même (2), qui reffemble, dans fon effacement & fa fonte, à un portrait de fantôme ironique dans une aube de couleurs ; le René Frémin à la coloration puiffante ; le perfonnage au Saint-Efprit qui étonne par le miraculeux différenciement des trois noirs de fon habillement, fe touchant fans fe confondre : le noir du velours de l'habit, le noir du fatin de la doublure, le noir de la foie des bas ; le Roi, le Dauphin, le maréchal de Saxe, la Marie Leckzinska, un délicieux paftel où l'on admire cette fi douce & fi jolie tonalité de la figure, le rendu & le modelé de cette chair douillette, de ce teint de malade & de dévote, fur lequel jouent de tranquilles lumières & que ramènent au ton général de petits badinages de jaune pur dans le bleuâtre des demi-teintes. Un admirable deffin de demi-fourire caché la bonté aux deux coins de la bouche. La pâte du paftel, arrêtée à l'ombre qui n'eft pour ainfi dire qu'un glacis de crayon, donne à toute la

---

cette école étaient de 18,000 fr. ; mais, reconnaiffant l'infuffifance de cette fomme, il y ajouta tous les ans des fuppléments, qui, joints aux largeffes dont il groffit fes autres fondations, élevèrent, dans un compte fait le 16 thermidor an IX, le principal des libéralités du peintre à 90,174 livres 3 fols 4 deniers.

(1) Voici la lifte de ces paftels que M. Reifet, confervateur des deffins du Louvre, a l'obligeance de nous communiquer :

Paftels expofés :

27,611. Portrait du maréchal de Saxe. — 27,612. Portrait de Chardin. — 27,613. Portrait d'un perfonnage vêtu de noir portant l'ordre du Saint-Efprit & tenant un livre fur fon genou (marquis d'Argenfon ?) — 27,614. Portrait en pied de Mme de Pompadour. — 27,615. Portrait de Louis XV. — 27,617. Portrait de Louis de France, fils de Louis XV — 27,618. Portrait de Marie Leczinska. — 27,621. Portrait de Louis de France, fils de Louis XV, plus âgé que dans le n° 27,617.— 27,622. Portrait de La Tour. — 27,623. Portrait de Marie-Jofèphe de Saxe, dauphine de France. — 27,624. Portrait de René Frémin.

Paftels non expofés :

27,616. Portrait de Jean Reftout, en mauvais état.— 27,619. Portrait de Dumont le Romain, en mauvais état. — Un autre portrait de Marie Leczinska, catalogué fous le n° 27,620, n'a pu être retrouvé jufqu'à préfent ; peut-être faifait-il double emploi avec le n° 27,618.

(2) Quelle métamorphofe, dans ce vieillard inculte & diabolique, du La Tour jeune, du La Tour que nous montrent le portrait de M. Lagrange & le portrait même de Perroneau, pimpant, le nez au vent, portant haut, monté fur fes 5 pieds 2 pouces, bien pris dans toute fa nerveufe perfonne, propret, coquet, recherché dans fes habits !

tête la transparence de la chair. Le pastelliste a fait des merveilles d'adresse & d'exécution dans cette robe agrémentée, comme les aimait la femme de Louis XV, toute enjolivée de fanfreluches, de passequilles, de pompons, entremêlée, entrelacée de chenille, de cordonnet, de milanaise, d'or, de dentelle frisée, que piquent, de distance en distance, des touffes de cette passementerie qu'on appelait, je crois, *soucis de hanneton* (3). Pourtant ce portrait même de Marie Leczinska, si achevé, si complet, n'est pas au Louvre l'œuvre la plus remarquable de La Tour. Il y a de lui un meilleur morceau, bien supérieur au grand portrait de Madame de Pompadour, quoiqu'il n'en ait ni l'importance ni la célébrité : c'est le portrait de la Dauphine de Saxe jouant avec la monture d'un éventail renversé, — un coquet mouvement qu'affectionne le portraitiste & qu'il a déjà donné à Marie Leckzinska. Le travail du portrait de la Reine est un peu froid, un peu sage : ici, dans la Dauphine, quelle liberté s'ajoute à la finesse du faire! Qu'on se figure une vraie chair d'Allemande, une admirable lumière bleue des yeux, un teint éblouissant que vergètent de santé de petites hachûres rouges, la pommette des joues avivée dans leur doux vermillon avec deux ou trois égrenures de carmin, des tremblottements de crayon friable sur le fondu du pastel, des jeux de crayon d'une autre couleur qui tournent & jouent dans le sens des muscles, brisant, diversifiant la teinte générale, lui donnant la coloration rompue & nuancée de la chair; là-dessus, un dernier travail presque imperceptible de hachures de craie, étendant comme la trame d'un blanc laiteux sur toutes ces teintes assemblées; & çà & là dans le portrait, des miracles de dessin, de touche, d'éclairage, le reflet de dessous le menton, les pâleurs de la gorge où trois petits crayonnages d'azur semblent mettre le bleu de veinules; & cette main! cette main délicate, de l'indéfinissable rose pâle d'une main de femme à demi éclairée, avec son coup de jour nacré & ces touches de lumière qui jouent sur le satiné de la peau & le perlé des ongles... Mais tous les mots peignent mal un tel portrait : il faut le voir, aller en respirer le charme devant le pastel même.

X.

Qu'est le Louvre cependant pour l'histoire & l'étude de La Tour auprès du vrai musée du pastelliste, de son musée à Saint-Quentin (2) ? Ici, ce n'est plus quatorze

---

(1) Cette tête de Marie Leczinska semble devenir l'effigie consacrée de la Reine. Le *Mémoires de Luynes* nous apprennent qu'en mai 1747 il y avait dans les appartements de Versailles une exposition d'un grand portrait de la Reine par Vanloo qui avait copié la figure sur le pastel de La Tour.

(2) Voici la provenance de cette précieuse & intéressante collection de pastels de La Tour. C'est un legs

pastels : c'est une salle entière, garnie du haut en bas, peuplée, encombrée jusque sur le retour des murs des œuvres du maître ; une collection de plus de quatre-vingts portraits terminés ou préparés, finis ou ébauchés, déroulant le défilé des contemporains, les ordres & les types du temps, montrant côte à côte, dans le coudoiement de

fait par le frère de La Tour, Jean-François, héritier & possesseur des tableaux qui garnissaient l'atelier du peintre, dans deux testaments remis au notaire Defains, le 20 septembre 1806, & que nous donnons d'après M. Dréolle.

« ..... Je soussigné Jean-François de La Tour, ancien officier de cavalerie, demeurant en cette ville de Saint-Quentin, rue de la Tour, n° 657, nomme & institue mon légataire universel, mon cousin-germain maternel, Adrien-Joseph-Constant Duliége, prêtre, vicaire de la paroisse & desservant l'Hôtel-Dieu de cette ville de Saint-Quentin, à condition & à la charge par lui d'acquitter & de payer, dans l'espace d'un an à dater du jour de mon décès, tous les legs ci-dessous énoncés & tous ceux que je pourrai faire à la suite du présent testament & en marge ; savoir, &c.

« ..... Je donne & lègue à l'école gratuite de dessin, au bureau de charité des vieux pauvres infirmes, au bureau de charité des pauvres femmes en couches, trois fondations faites par mon frère, Maurice-Quentin de La Tour, tous les tableaux ci-dessous désignés, pour le produit de la vente qui en sera faite à Paris être distribué & partagé entre les trois bureaux de la manière que je dirai ci-après :

1. Le portrait de l'abbé *Hubert*, lisant à la lumière de deux bougies.
2. Le portrait de Crébillon, poëte tragique.
3. Le portrait de Duclos, de l'Académie française.
4. Le portrait de Jean-Jacques Rousseau.
5. Celui de Forbonnais, qui a écrit sur les finances.
6. Celui de l'abbé Le Blanc, qui a écrit sur les Anglais.
7. Celui de l'abbé Pommier, conseiller en la grande-chambre.
8. Celui de Mondonville, tenant son violon à la main.
9. Celui de Manelli, célèbre bouffon italien.
10. Celui de Sylvestre, peint en robe de chambre.
11. Celui de Peuche, peintre de l'Académie, maître de dessin de mon frère.
12. Celui de Lemoine, sculpteur.
13. Celui de Dion, père capucin.
14. Celui d'un frère quêteur, sa tirelire à la main.
15. Celui d'un carme.
16. Celui de Diogène, sa lanterne à la main.
17. Celui d'un vieillard avec une barbe.

18. Celui de Monet, ancien directeur de l'Opéra-Comique.
19. Celui de Parrocel.
20 et 21. Et deux superbes dessins du même.
22. Celui de la Reynière, riche financier, peint en habit de velours cramoisi brodé en or, assis dans un fauteuil, ayant une main dans sa veste & l'autre main sur sa cuisse.
23. Celui d'une dame, peinte en bleu.
24. Celui de Marie Leckzinska, épouse de Louis XV.
25. Celui du prince Xavier de Saxe, qui vient de mourir.
26. La tête du fameux comte de Saxe.
27. Celui du marquis d'Argenson, peint en cuirasse.
28. Celui de Dachery, notre concitoyen, & ami de mon frère, dans un cadre semblable à celui de Jean-Jacques Rousseau.
29. Celui d'un Arménien.
30. Celui de Neuville, fermier général, en habit de moire.
31. Celui de Charles Maron, ancien avocat au Parlement.

Tous ces tableaux, en pastel, ont été peints par mon frère ; les suivants, peints à l'huile, sont de plusieurs auteurs célèbres, savoir :

32. Le portrait d'une jeune personne qui peint.
33. Une esquisse de Mlle Clairon, peinte en Médée, tous deux par Charles Vanloo.
34. Celui d'un jeune Flamand.
35. Celui d'un jeune Savoyard, par le célèbre Greuze.
36. Le portrait du maréchal comte de Saxe.
37. Une chasse au faucon, par Wouwermans.
38. Alphée & Aréthuse.
39. Le fleuve Léthé.
40. Marc-Antoine distribuant du pain à son peuple.

« J'entends & je veux que tous ces tableaux soient vendus à Paris, comme étant le lieu où on pourra en tirer un meilleur parti, surtout si les Anglais & les Russes y étaient revenus, & que le prix de cette vente soit partagé, savoir : la moitié pour l'école gratuite de dessin, un quart pour le bureau des vieux artisans infirmes, & l'autre quart pour le bureau des pauvres femmes en couches. Je désire qu'il soit conservé sur les revenus de l'école une somme suffisante pour donner des prix

la contemporanéité, le philofophe Rouffeau & le financier la Reynière, la danfeufe Camargo & le marquis d'Argenfon, M. de Breteuil & le directeur de théâtre Monnet, la chanteufe Favart & l'économifte Forbonnais, le bouffon Manelli & le prince Xavier

d'encouragement & de récompenfe aux jeunes élèves.

« ..... Je fouffigné, Jean-François de La Tour.....

« Je donne & lègue de plus à l'école gratuite de deffin, pour refter à demeure dans la falle d'étude, favoir :

41. Le portrait de mon frère, peint en habit de velours noir & en vefte rouge galonnée en or, par Perroneau, & non une copie qui en a été faite.

42. Mon portrait peint à l'huile & en grand uniforme.

43. Celui d'un jeune homme qui boit.

44. Celui de Dachery, en habit bleu.

45. Celui de Bertout, en habit gris. (Reftout.)

46. Un finge qui peint.

47. Celui d'une jeune perfonne qui coud.

48. Celui d'une dame hollandaife en domino.

50. Celui de M`me` de la Popelinière.

51. Celui d'une jeune perfonne qui tient un pigeon fur fon bras.

42. Celui d'une autre jeune perfonne à demi nue.

53. Celui d'une autre jeune perfonne (à demi nue), qui eft au-deffous de Mondonville.

54, 55, 56, 57. Quatre têtes de vieillard.

58, 59, 60. Trois figures de l'école flamande dans des cadres noirs

65, 66. Cinq autres figures flamandes dans des cadres dorés.

67. Deux autres tableaux flamands qui font dans la chambre jaune, à côté de ma bibliothèque.

113. Quarante-fix têtes d'étude dans de petits cadres noirs.

122. Neuf autres têtes d'étude dans de petits cadres noirs.

123. Le fuperbe tableau de la famille royale, qui n'a pas été achevé.

124. Une petite dormeufe, toutes les figures en plâtre blanc.

125. La Vénus aux belles feffes.

126, 127. Le bufte de Voltaire & de Jean-Jacques.

« ..... Cependant j'autorife meffieurs les adminiftrateurs à vendre tout ou partie defdits tableaux, même ceux que je laiffe fpécialement à l'école, s'ils trouvaient des occafions de les vendre avantageufement.

« Fait & figné par moi, à Saint-Quentin, ce 20 feptembre 1806.

« Signé : DE LA TOUR.

La donation de Jean-François de La Tour, mort le 14 mars 1807, fut acceptée par le confeil municipal de Saint-Quentin, le 15 mai de la même année. L'autorifation d'accepter ce legs fut accordée par un décret impérial du 5 feptembre de la même année, et renouvelée par un fecond décret rendu le 9 mai 1808. Cette même année 1808, en exécution des teftaments de Jean-François de La Tour, une vente était tentée à Paris. La feuille rariffime de cette vente, communiquée par M. Lemafle à M. Dréolle, porte l'en-tête fuivant :

« Catalogue des tableaux à l'huile de différents auteurs célèbres & des portraits au paftel par le célèbre De La Tour, peintre du ci-devant roi & de l'Académie de peinture & de fculpture, qui font à vendre chez le frère de l'auteur, à Saint-Quentin, département de l'Aifne. Tous les tableaux en paftels font fixés par l'auteur, & font d'une fraîcheur comme s'ils venaient d'être peints; ils font regardés & eftimés par les plus grands connaiffeurs comme des chefs-d'œuvre uniques en ce genre, que l'auteur a porté au plus haut degré de perfection.... »

Dans cette vente, le portrait de Rouffeau, ainfi annoncé : « Affis fur une chaife, dont il n'exifte que deux originaux, favoir : celui qu'il a donné à M. le duc de Luxembourg & celui que l'auteur a gardé pour lui, » montait à 3 francs! Quelques paftels étaient vendus 20 à 25 francs, parmi lefquels il y a fans doute à regretter le Mondonville, « peint tenant fon violon à l'accord, » que nous ne retrouvons plus dans la collection de Saint-Quentin. C'eft à l'infuccès de cette vente, privée des enchères ruffes & anglaifes, que la France & Saint-Quentin doivent la confervation & la réunion de ces paftels, fi fort méprifés alors, qu'en 1811, à la vente Lelut, on vendait fous un feul numéro vingt-cinq préparations de La Tour avec quatorze deffins de Larue !

Voici, de ce Mufée, le catalogue qui en a été rédigé par M. Mennechet, & auquel nous allons ajouter nos obfervations & annotations. Reprochons tout d'abord à M. Mennechet de n'avoir point fait de diftinction entre les attributions provenant de la comparaifon des gravures ou des paftels de répétition, les attributions indiquées par les teftaments du frère de La Tour, & les attributions ayant pour elles l'authenticité du nom de la perfonne écrite de la main de La Tour. Regrettons encore que dans le réencadrement, dans le paffage des préparations de leur petit cadre noir original à leur nouveau cadre doré, les indications de nom, écrites d'ordinaire fur une bande de papier collé fur le bois, ou bien

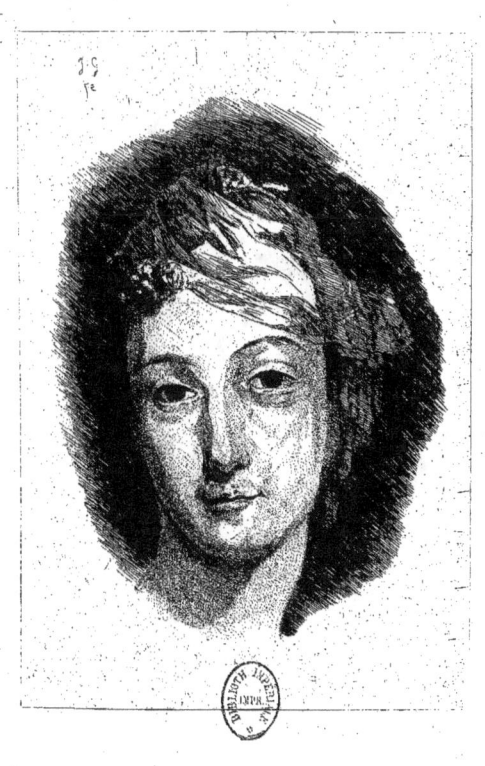

de Saxe, Moncrif & Parrocel, l'abbé Le Blanc, & Sylveſtre, & le tragique Crébillon, l'iconologie preſque entière de l'époque.

Stupéfiant muſée de la vie & de l'humanité d'une ſociété ! Quand vous y entrez,

cachées dans le dos de la préparation, dans un repli de la feuille, n'aient pas été religieuſement conſervées & placées ſous le verre. Par exemple, pour mademoiſelle Fay, la petite note d'écriture ancienne : *Mademoiſelle Fay, actrice, maîtreſſe de La Tour*, que M. Champfleury vit, en 1855, collée ſur le cadre du paſtel, cette précieuſe authentification a diſparu. Et nous ne trouvons, dans toute la collection, d'indication préciſe du temps ou de la main de La Tour que ſur trois figures : la Camargo, M. de Julienne, dont les noms ſont écrits à l'encre, & Mlle Puvigny, qui eſt écrit au crayon noir. Quant à ces noms de Mme Boëte de Saint-Léger, de Mme Rouffel, de Mme Maſſé, de Mme Rougeau, ces noms, qui n'ont pour eux ni la mention dans les teſtaments du frère, ni une indication écrite du temps, ni un rapport avec un portrait gravé, nous nous demandons ſur quoi le catalogue, qui doit au public la raiſon de ces baptêmes, a ainſi baptiſé ces figures.

1. L'abbé HUBERT, aſſis devant une table, & liſant.
2. M. DE LA REYNIÈRE.
En habit de velours cramoiſi galonné d'or, aſſis dans un fauteuil, une main ſur la cuiſſe, l'autre paſſée dans la veſte.
Carnations jaunâtres, paſtel fade & paſſé.
3. Portrait du prince Xavier DE SAXE.
En habit bleu, portant un grand cordon bleu & un crachat avec la deviſe : *Pro fide, lege & rege*. Paſtel très-ordinaire.
4. Portrait de M. le marquis D'ARGENSON.
Bon paſtel, qui nous montre le marquis avec la phyſionomie douce, jeunette, naïve, d'un Jehan de Saintré. La cuiraſſe, ſi mauvaiſe dans le portrait de Louis XV, eſt ici admirablement réuſſie.
5. DIOGÈNE tenant ſa lanterne à la main.
Paſtel fait ſous l'inſpiration de Rubens ou de Jordaens.
6. Portrait de SYLVESTRE.
Peint en robe de chambre & coiffé d'un mouchoir lilas clair à la manière du portrait de Dumont le Romain, & tenant ſa palette de la main gauche.
7. Portrait de VERNEZOBRE, marchand de couleurs de La Tour.
Coiffé d'un bonnet de fourrures à fond écarlate & drapé d'un manteau gros bleu. Très-vigoureux paſtel jouant l'huile, mais un peu dur, mais reſſemblant plus à un paſtel de Vivien qu'à un paſtel de La Tour.
M. Dréolle nous apprend que ce portrait, déſigné au

teſtament ſous le nom d'un Arménien, a été reconnu poſtérieurement pour être le portrait d'un marchand de couleurs & de paſtels du quai de la Ferraille, qui fourniſſait La Tour.

8. Mme de MONDONVILLE.
Grand paſtel à l'état d'eſquiſſe. Mme de Mondonville eſt vêtue d'une robe roſe pâle, avec un collier de rubans bleus au cou, une échelle de rubans bleus au corſage; accoudée ſur un clavecin, le menton dans une main, tandis que l'autre, dans le plus élégant ſentiment de deſſin, eſſaye un accord. La tête ſeule eſt un peu avancée ; les ombres de la gorge ſont faites d'un écraſis de crayon violet, les bras & les mains ſont à peine colorés, gazés de paſtel. Long-temps ce portrait a paſſé pour le portrait de Mme de La Popelinière, & l'ancienne attribution mérite quelque conſidération : le portrait de Mme Mondonville, poſſédé par M. Eudoxe Marcille, & dont l'authenticité ſemble faite par le nom de Mondonville, jeté ſur la partition de muſique, ne reſſemble pas à la Mondonville du muſée de Saint Quentin ; & le clavecin ſur lequel elle eſt appuyée, & qui doit être une des cauſes de ſa nouvelle attribution, ne dit-il pas l'ancien état de Mme de La Popelinière, qui était chanteuſe à l'Opéra ?

9. Portrait de DUPEUCHE, maître de deſſin de La Tour.
Il eſt peint en veſte & bonnet noir, appuyé, les bras croiſés, ſur une chaiſe de brocard violet, une main froiſſant un mouchoir bleu.
Paſtel d'une touche & d'une vigueur un peu brutales.

10. MONNET, directeur de l'Opéra-Comique.
Peint en habit noir, avec gilet à chamarrures d'or & jabot de dentelles.
Portrait parlant, à l'œil noir, ayant l'eſprit & le perçant de l'homme de théâtre & d'affaires qu'était Monnet.

11. M. DE LA POPELINIÈRE.
Peint en habit de velours, gilet brodé & jabot en dentelle. Paſtel fatigué, mais qui a gardé une belle & chaude coloration.

12. Jean-Jacques ROUSSEAU.
Peint en habit & en gilet gris, aſſis ſur une chaiſe.
Paſtel d'une grande fineſſe, mais manquant un peu de relief.

13. DACHERY.
Peint en habit gris. Paſtel ſupérieur au n° 19, un autre portrait du même perſonnage, tout barbouillé des

une fingulière impreffion vous prend, & que nulle autre peinture du paffé ne vous a donnée ailleurs : toutes ces têtes fe tournent comme pour vous voir, tous ces yeux vous regardent, & il vous femble que vous venez de déranger dans cette grande falle, où toutes les bouches viennent de fe taire, le Dix-huitième fiècle qui caufait.

tons noirs & durs du maquillage théâtral ; une tête, d'ailleurs, horriblement ingrate.

14. PARROCEL.

Je paffe les numéros qui ne font pas de La Tour ou les têtes fans attributions.

16. MANELLI, bouffon du Théâtre-Italien.

En habit de velours bleu, foutaché de galon d'or, une cravate dénouée de foie rofe au col, la perruque en pyramide, la figure bouffonnante, un rire de vieille dans un mafque de carnaval.

17. Charles MARON, avocat au Parlement.

Paftel bavocheux, où le deffin eft perdu.

18. RESTOUT, directeur de l'Académie de peinture.

Paftel ordinaire.

20. DE NEUVILLE, fermier général.

Peint en habit de moire lilas ; vraie figure de financier, dont le teint fleuri eft admirablement rendu avec des accentuations & des lumières de pure craie.

21. DUCLOS.

Peint en habit de velours bleu. Bon grand paftel pouffé au fini.

22. Portrait d'un homme à longue barbe.

23. L'abbé POMMIER, chanoine de Notre-Dame.

Tête jeune, vive & fpirituelle, figure eccléfiaftique. Le faire un peu commun.

24. L'abbé LE BLANC.

Paftel dur & briqueté.

25. Le père EMMANUEL, capucin, confeffeur de La Tour.

Mauvais & maladroit paftel.

26. Le Maréchal DE SAXE.

27. DE FORBONAIS, écrivain fur les finances.

Les deux études 28 & 29, dans lefquelles des perfonnes voulaient voir une manière première de La Tour, font des répétitions ou des copies de la Rofalba ; l'une, la femme tenant une couronne de laurier, eft une copie dont l'original eft au Louvre.

30. La préfidente DE RIEUX.

Femme en coiffure baffe, poudrée, dans un peignoir blanc, tenant un mafque à la main, la tête feulement faite, tout le refte à peine frotté de couleur. C'eft le portrait indiqué au teftament fous le nom de : Une dame hollandaife. Ne ferait-ce pas plutôt le portrait de Mlle Zuilen, l'élève & la correfpondante de La Tour, qui devint Mme Charriere ? Pourtant le nom de

Mme de Rieux, a pour lui l'autorité du livret de 1742.

31. Jeune homme buvant un verre de vin de Champagne.

34. Préparation pour le portrait de Mme BOETE DE SAINT-LÉGER.

38. Préparation pour le portrait de CHARDIN, en coftume de chaffe, dit le catalogue.

39. Préparation pour le portrait de Mlle PUVIGNY, fans doute *Puvigné*, la danfeufe de l'Opéra, jeune figure au type bovin, ne juftifiant pas les vers :

Enfant pour qui la nature
Épuifa tous fes tréfors
. . . .

42. Préparation pour le portrait de Mme ROUSSEL.

44. Préparation pour le portrait de CRÉBILLON le père.

46. Préparation pour le portrait de M. DE JULIENNE.

Fine & délicate préparation, dans un ton un peu vineux, rappelant le type de la gravure de Watteau.

49. Préparation pour le portrait de Mme MASSÉ.

51. Préparation pour le portrait du duc DE BOURGOGNE, petit-fils de Louis XV.

57. Préparation pour le portrait de M. DE BRETEUIL.

59. Préparation pour PARIS DE MONTMARTEL.

Attribution douteufe : pas la moindre reffemblance avec le portrait gravé par Cathelin.

60. Préparation pour le portrait de la CAMARGO.

63. Préparation pour le portrait de Mme DE LA BOISSIÈRE.

Eft-ce la mère du jeune modèle, Mlle DE LA BOISSIÈRE, que nous montre la gravure de Petit ?

64. Etude de tête de femme inconnue.

Une préparation, moins avancée que celle de Saint-Quentin, & que nous poffédons, avec le nom écrit par La Tour, nous permet d'affirmer que c'eft Mlle DANGEVILLE.

68. Préparation pour le portrait de LA TOUR.

69. Préparation pour le portrait de Mlle FAY.

73. Préparation pour le portrait de LOUIS XV.

74. Préparation pour le portrait de Mme DE POMPADOUR.

Très-fupérieure à la préparation n° 84, répétant le même modèle.

De cette foule, de ces cadres, de toutes ces figures où La Tour, felon la remarque de Gautier Dagoty, a fi bien vaincu la difficulté de garder le lumineux de la peau fans la laiffer noircir par le blanc de la poudre, fe dégagent & fe lèvent tout d'abord une tête & un tableau.

75. Préparation pour le portrait de René FREMIN. Fauffe attribution. Il ne reffemble nullement au grand portrait du Louvre.

78. Préparation pour le portrait de Mme FAVART.

79. Préparation pour le portrait de Marie-Jofèphe DE SAXE, femme du Dauphin.
Etude pour le grand tableau n° 85.

80. Préparation pour le portrait de M. D'ALEMBERT. Admirable préparation.

81. Préparation pour le portrait de M. DE LOWENDAL. Attribution douteufe : figure ramaffée, nez court, tandis que dans la gravure de Wille, c'eft une figure oblongue, un nez très-long.

82. Préparation pour le portrait de Mme ROUGEAU.

83. Préparation pour le portrait de M. DE MONCRIF. Déteftable préparation & attribution un peu douteufe.

85. Grande efquiffe repréfentant la DAUPHINE faifant l'éducation du duc DE BOURGOGNE, fon fils.
Grand paftel. Mauvaife proportion des figures. Compofition très-chargée d'acceffoires mal rangés : bufte de Louis XV, confole, tenture, tabouret où jouent un chien & un chat, table chargée de livres à images. La Daüphine, en robe de velours rougeâtre, agrémentée de fourrure, affife, donne la main à fon fils, tout vêtu de bleu, avec broderies & brandebourgs blancs, le cordon bleu en fautoir, fon bonnet à plumes à la main ; la tête de la Dauphine & les bras ébauchés. Admirables lumières de velours dans la robe de la mère & dans le bleu de l'enfant, mais point d'effet. Un petit fond à droite prefque grotefque : filhouette de foldat montant la garde ; & au delà, des *remueufes* promenant des enfants.
Cette préparation eft intéreffante, parce que la tradition veut que le tableau, terminé & offert par La Tour à l'Hôtel de Ville de Saint-Quentin, ait été lacéré en 1793.

Pour compléter ce catalogue de l'œuvre de La Tour, il faudrait indiquer tous les paftels éparpillés dans les collections, gardés dans les familles ; travail impoffible avec ce nombre de préparations, montant à quatre ou cinq pour une figure, fe graduant, en partant d'une première étude, où il n'y a qu'un peu de crayon noir & de craie avec un accent rouge fur les lèvres, allant de là à une feconde ébauche, rehauffée de fanguine, & fabrée de crayons de couleurs, mettant dans une troifième de vrais tons de chair qui font prefque difparaître le bleu du papier ; & dans une quatrième, une cinquième, plus couverte, s'avançant toujours plus près du grand paftel définitif. Contentons-nous d'indiquer ceux que nous connaiffons :

Chez M. Eudoxe Marcille, citons dans le nombre un grand paftel de Mme de Mondonville, appuyée fur un clavecin, vêtue d'un mantelet bleu garni de fourrure, & d'un corfage à coques jonquille ; fur le papier de mufique ouvert fur le clavecin on lit : *Pièces de clavecin de madame de Mondonville* ; — un portrait de Mme de Graffigny, en mantelet noir, en guimpe de dentelle fur la tête ; — deux préparations très-avancées de Voltaire & de Rouffeau ; — deux autres préparations de Chardin & de Raynal, &c.

Chez M. Camille Marcille, une préparation du Dauphin, père de Louis XVI, & de Sylveftre, &c.

Chez M. Laperlier, au milieu de préparations d'inconnus, un grand & magnifique portrait de Schmidt, le graveur du portrait de La Tour, coiffé d'un bonnet noir garni de fourrure, la tête appuyée fur la main ; — un portrait de Dupeuche.

Chez M. Carrier, quinze paftels, parmi lefquels le Dauphin, fils de Louis XV.

Chez M. Walferdin, plufieurs paftels, parmi lefquels celui de Watelet.

M. Léon Lagrange poffède un beau portrait terminé de La Tour dans fa jeuneffe.

M. de Montbrifon, un paftel d'homme inconnu de la plus belle qualité.

A l'Expofition d'amateurs du boulevard des Italiens, en 1860, M. Didier avait envoyé un portrait de Jeaurat & un grand paftel d'une femme affife, vêtue d'une robe bleue, à jabot de dentelle, tenant un fac brodé, provenant de la vente Véron (1858).

M. His de La Salle, une préparation du maréchal de Saxe.

Il exifte à Chartres un portrait de M. de Boifroger en habit gris, à brandebourgs & à fourrure, large, chaud & puiffant.

M. Gaullieur de Laufanne avait un portrait de Mme Charrière.

A la vente de la collection de M. Boittelle, il s'eft vendu un portrait de La Tour & un portrait de Cupis.

Nous poffédons un grand portrait d'homme en habit de velours noir & en cordon rouge, venant de la vente Auffant, & catalogué à cette vente comme le portrait de

La tête, c'est le portrait de Sylvestre coiffé d'un mouchoir lilas, en robe de chambre de lampas bleu à ramages; une admirable étude où la conscience & l'art ont tout rendu d'un masque de vieillard, la clarté de carnation froide des vieilles chairs, le *brugnoné* du teint, le travail des rides, le pli de l'amas des années, le chiffonnement puissant du front, les bourfouflures flasques des joues & du menton, la sculpture tremblée de la vieillesse sur la face de l'octogénaire.

Le tableau c'est l'abbé Hubert (1). — Le bonhomme d'abbé est représenté à mi-jambes, assis de côté sur un bout de fauteuil, le coude appuyé sur une table couverte d'un damas vert. Devant lui, un gros in-folio, relié en veau se dresse sur deux gros volumes jetés l'un sur l'autre, & faisant pupitre. Une de ses mains disparaît, posée sur la page ouverte; l'autre joue dans la tranche rouge du volume d'où sort une marque blanche. La figure de trois quarts, l'abbé lit. Penché sur la table, son large estomac relevant le rabat gros bleu du temps qui s'envole à demi, les lèvres avancées, la mine gourmande, il semble enfoncé en plein dans une jubilation ecclésiastique & une jouissance épicurienne de bénédictin. On le voit sucer la moelle du gros bouquin, savourer des lèvres l'épèlement des lettres, des lignes, de la page. Juché sur un carton, un chandelier de cabinet à deux branches porte devant le lecteur deux bougies; une seule brûle encore, faisant flamber sur le noir sourd du fond le prisme de sa flamme à base bleue, & au bout du fumignon charbonné de sa mèche en feu, sa langue de lumière blanche; de l'autre bougie, creusée, ravinée par un fumeron, et qui a laissé pendre en grappes, en stalactites, en cascades, sur la bobèche, les énormes coulées de sa cire, il se lève en l'air les deux ronds de fumée d'une lumière éteinte à l'instant même. C'est tout le tableau. Un abbé, un livre, & deux bougies, — de cela, La Tour a su faire, avec l'harmonie du vrai & l'intérêt de la lumière, ce chef-d'œuvre où, dans un cadre à la Chardin, le pastel s'élève presque à Rembrandt.

Pourtant, ce n'est point encore là, dans tous ces morceaux achevés, dans tant de portraits précieux, que se trouve pour l'amateur la grande révélation, l'enchantement du musée de Saint-Quentin. Les *préparations* lui révèlent & lui font goûter un La Tour de premier jet, peut-être supérieur à l'autre, le La Tour de ces études prodigieuses qui mettent un vrai visage, avec son premier mouvement, derrière le verre d'un cadre. Qu'on regarde sur le mur de droite, toute cette ligne d'esquisses posées sur la cimaise,

---

M. de Goyon, sous-gouverneur de Bretagne; un autre portrait achevé, & de la plus grande finesse, d'une femme inconnue, en robe de velours bleu, garnie de cygne & de dentelles; — un masque de La Tour, une préparation de Mlle Dangeville & une autre de Dumont le Romain.

Le musée de Valenciennes possède deux portraits d'homme & de femme inconnus.

La galerie de Dresde, un portrait de la Dauphine Marie-Josèphe de Saxe & celui de Maurice de Saxe.

(1) Cet abbé Hubert, représenté dans ce magnifique pastel, n'est guère connu que par l'inspiration comique donnée par lui par son portrait riant de La Tour, & par les tribulations qu'il valut à Rousseau de la part de Mme de La Popelinière, enveloppant tous les Génevois dans la haine qu'elle avait vouée à cet abbé génevois qui avait failli faire manquer son mariage avec M. de La Popelinière.

toute cette rangée de têtes coupées qui font songer, sans qu'on sache pourquoi, à ces portraits de la Terreur, au bas desquels le bourreau a arrêté la main du peintre : le procédé disparaît, le pastel s'efface, la nature apparaît présente & toute vive, sans interposition d'interprétation & de traduction. Sur ces visages d'hommes & de femmes on ne voit plus les couleurs qui font le teint, mais le teint même ; ce n'est plus de l'art, c'est la Vie.

Merveilleux spectacle que ces figures dont l'existence & le cou s'arrêtent, sur les papier bleu, dans quelques raies du dernier pastel employé & tout sale, ou bien dans les larges hachures d'un crayon brun ! Leurs cheveux ne sont qu'une espèce de tamponnage à la diable, ayant le massé & le nuage gris de la poudre, avec une noire hachure à grands coups au-dessus d'une apparence fuyante d'oreille ; et là dedans, dans cet encadrement brutal, il y a une physionomie, prise au vol, fortement, victorieusement, par une main de génie & de fièvre, par un maître hardi & inspiré à froid, en lutte enragée avec la nature, oubliant les règles, les principes, ce qu'il a appris pour ce qu'il voit. Ce sont des transparences de dessous de nez faites avec des touches de pur carmin, des appuiements de blanc de Troyes rayant de lumières caffées & ressautantes la fonte & le marbre d'une teinte, des fouettages de crayon, des bleus ou des jaunes purs brisant la platitude d'un ton, des sillons dans le courant des muscles laissant comme un passage d'étrille sur la rondeur d'une joue, toutes sortes d'audaces arrachées par la verve du moment, la vue du modèle, & qui jettent sur le papier, bien mieux que le pinceau sur la toile, la vivacité, l'intensité d'animation, le trompe-l'œil miraculeux des traits & de la chair.

Et ces préparations sont des ressemblances où l'historien, l'observateur, le médecin, le physiologiste, peuvent étudier le tempérament de l'individu. Le caractère de santé, d'âge, d'esprit, la constitution de l'homme ou de la femme, les variations de coloris du sang, de la bile, de la lymphe, la particularité des natures, tout est exprimé par le pastelliste.

Dans le plaisant de cette bouche, dans cette face fine & presque simiesque, dans l'ironie de ces yeux qui brillent sans point lumineux, ne retrouve-t-on pas le mystificateur grimacier, le mime philosophe du persiflage & des imitations, — d'Alembert tout entier ?

Cette figure ramassée sous cette ébauche de cheveux battus d'un flottement d'étoffe, ces yeux écarquillés, ce nez polisson, court, épaté, sensuel, ce retroussis d'une bouche habituée à jeter des lazzis au public, cette femme, le masque effronté de la malice au village, voilà Bastienne & Madame Favart.

A côté, une autre apparition de théâtre : sur un fond frotté de bleu vif, d'un bout de chevelure poudrée sortant d'un tire-bouchonnage de crayon noir, se détache une sèche petite figure, vivement martelée de tons bleus & roses qui la fouettent d'une vie rosée. Elle a le front spirituellement bossué, des sourcils noirs finement arqués, de ces yeux noirs qu'on appelait des pruneaux, un nez légèrement & délicatement buſqué, une bouche ſardonique, des traits affinés, ciſelés, preſque pincés, une charmante maigreur de l'ovale & la vivacité de teint d'un tempérament nerveux ſanguin : c'eſt la Camargo.

Voulez-vous la Pompadour vraie, celle de l'étude & non du portrait, la favorite bourgeoiſe, priſe à cru & à nu, avant l'idéaliſation du paſtel officiel ? La voici, l'œil à fleur de tête, l'œil bleu de faïence, un duvet très-marqué au-deſſus de la lèvre ſupérieure, le teint ſans jeuneſſe, brouillé, chlorotique, tranſpercé de bleuiſſements, *truité* comme dit une chanſon du temps, avec du roſe fané aux pommettes & du vermillon pâle ſur la lèvre.

Et à côté de ces têtes connues & célèbres, que d'autres têtes anonymes ſur cette même ligne, jeunes ou mûres, voluptueuſes ou penſives, mutines ou profondes, devant leſquelles la penſée s'attarde & s'oublie, cherchant & croyant retrouver à un ſigne une femme des *Confeſſions* de Rouſſeau ou l'héroïne d'un conte paſſionné de Diderot !

XI

Ces têtes de La Tour ne vivent pas ſeulement par la vérité de leur conſtruction, la réalité de leur deſſin, l'illuſion matérielle du phyſique de l'individu ; le peintre obſervateur ſaiſit le moral de la reſſemblance. Il fait, en prodigieux phyſionomiſte, le portrait du caractère dans le portrait de l'homme. Ses viſages penſent, parlent, s'avouent, & ſe livrent : à tous, La Tour donne cet eſprit & cette âme des yeux, le *mens oculorum*, l'expreſſion par où ſort & jaillit la perſonnalité. Les contemporains diſaient juſtement : qu'on ôte à Mondonville ſon violon, il reſtera la figure de l'enthouſiaſme muſical ; qu'on dépouille Manelli de ſon coſtume théâtral, qu'on le décoiffe de ſa perruque ridicule, ce ſera toujours le type du bouffon ultramontain ; & qu'on regarde le portrait de M. de La Condamine, on ſentira, on verra la ſurdité. Diderot méconnaît ce grand côté du talent de La Tour, quand un jour il ne veut reconnaître en lui qu'un grand praticien, un machiniſte merveilleux. La Tour eſt plus que cela. Il diſait lui-même de ſes modèles : *Ils croient que je ne ſaiſis que les traits de leurs viſages, mais je deſcends au fond d'eux-mêmes à leur inſu, & je les remporte tout entiers* (1). Voilà ce qui chez le portraitiſte dépaſſe le praticien : c'eſt l'effort & l'ambition d'être, avec ſes crayons un confeſſeur d'humanité. Entrer dans la peau de ceux qu'il peint par la fréquentation & un

(1) *Tableau de Paris*, par Mercier, vol. II.

pénétrant commerce, les fortir d'eux-mêmes par la converfation, les tirer à lui, les accoucher du fond & du fecret d'eux-mêmes, les « remporter tout entiers, » comme il dit, c'eft là ce qu'il veut & ce qu'il lui faut pour fes portraits : embraffer toute l'individualité d'un perfonnage, fignifier tout l'homme par le dedans comme par le dehors, par la pofe habituelle, le mouvement de nature, le gefte échappé, l'attitude révélante, caractérifer jufqu'à l'homme focial par les marques de l'état ou les fignes du métier, tels furent la haute idée, le grand rêve pourfuivis par La Tour, & qui élèvent fa vue & fa gloire d'artifte au-deffus de celle d'un fimple grand ouvrier d'art. Écoutez-le lorfqu'il en parle : « *Il n'y a dans la nature, ni par conféquent dans l'art, aucun être oifif. Mais tout être a dû fouffrir plus ou moins de la fatigue de fon état. Il en porte l'empreinte plus ou moins marquée. Le premier point eft de bien faifir cette empreinte, en forte que s'il s'agit de peindre un roi, un général d'armée, un miniftre, un magiftrat, un prêtre, un philofophe, un portefaix, ces perfonnages foient le plus de leur condition qu'il eft poffible. Mais comme toute altération d'une partie a plus ou moins d'influence fur les autres, le fecond point eft de donner à chacun la jufte portion d'altération qui lui convienne, en forte que le roi, le magiftrat, le prêtre, ne foient pas feulement roi, magiftrat, prêtre de la tête ou du caractère, mais foient de leur état depuis la tête jufqu'aux pieds...* (1). »

Comme l'homme, La Tour peint la femme du temps en la pénétrant. Dans les portraits qu'il fait d'elle, il exprime les penfées & les réflexions qui occupent la tête de ces «lifeufes de Newton.» Il lui donne la profondeur, la diverfité & la complexité de fa phyfionomie. Tout en lui gardant fa poudre, fes mouches & fes modes, il l'élève au-deffus de ce joli de convention dont abufent les portraitiftes d'alors. Il lui ôte ces airs de poupée éveillée qui font d'elle, dans la peinture courante, le type vide, creux & fripon, qu'on imaginerait à une « caillette » d'*Angola*. Le peintre de Marie Leczinska & de la Dauphine de Saxe, fait donner à la femme la douceur attentive, la bonté réfléchie, le férieux de la grâce, les plus délicates fignifications du vifage féminin au repos. J'ai là, de lui, fous les yeux, un portrait de femme inconnue, au collier de ruban bleu, au corfage de velours, de dentelle & de cygne : dans fes yeux clairs, aux paupières un peu abaiffées & prefque clignotantes, il y a le plus doux recueillement d'idées que l'on puiffe imaginer, & fur la lèvre férieufe gliffe le plus méditatif des fourires. A côté de ce paftel, voici une préparation : la Dangeville ; l'expreffion ici eft tout autre : c'eft la myftérieufe & énigmatique expreffion d'une Joconde fenfuelle, une Joconde des Menus-Plaifirs. Dans ce carton entr'ouvert, cette image de la Sylvia, eft-ce la folâtre & piquante figure qu'on attend d'une comédienne italienne ? Non, dans ces traits fins, ce regard perçant, ce mafque délicat de perfpicacité, on croirait voir le portrait d'un diplomate habillé en femme. Et comparez tous les fourires de femmes de La Tour, aucun n'eft banal ; chacun eft perfonnel, appartient à la perfonne, deffine & fouligne

---

(1) Le *Salon de 1769*, par Diderot, publié par M. Walferdin. *Revue de Paris*, 1ᵉʳ feptembre 1857.

un peu de fon caractère, de fon humeur, de fon intelligence, de fon âme, de fon cœur. Voyez par exemple, à Saint-Quentin, l'oppofition de ces deux femmes qui fourient à côté l'une de l'autre : dans l'une, Madame Maffé, c'est le demi épanouiffement fin, délicat, voluptueufement fpirituel, de cette quarantaine qui est l'âge d'accompliffement de la femme du XVIIIe siècle, un fourire noyé comme dans une douce réminifcence, répandu fur tout ce vifage graffouillet, fe continuant dans le riant modelage des foffettes des joues, mouillant prefque la tendre gaieté des yeux; & à côté, quel contrafte, dans ces lèvres de jeune fille poupine, innocentes, moutonnières, ingénues, ouvertes à l'ignorance de la vie avec un fourire qui a la pure effronterie des dix-fept ans! — Là, comme dans tous fes portraits de femmes, La Tour fe montre le deffinateur le plus exquis de la plus fine expreffion féminine : de la bouche.

XII

Nul peintre du XVIIIe siècle n'eut, comme La Tour, le cerveau occupé, tourmenté, obfédé par l'idée & la conception philofophique de l'art. Dans l'effort de fon talent, « dans cette lutte avec une nature ingrate qui s'oppofait à fes progrès, » il a été l'artifte le plus méditant, le plus raifonneur avec lui-même, le plus appliqué à chercher les grandes lois & les fecrets de la peinture. Pour le juger, l'embraffer tout entier, il faudrait avoir fes converfations en petit comité avec Diderot qui le déclare « bon à entendre, » & qui nous a gardé du peintre cet échantillon de penfée & de critique originale à propos de la *Petite fille au chien noir* & de la manche de chemife manquée par Greuze :

« *L'origine de ce défaut*, difait La Tour, *l'eft auffi d'une infinité d'autres plus effentiels. Cela vient de ce qu'on prêche de trop bonne heure aux enfants d'embellir la nature, au lieu de la rendre fcrupuleufemeut. Ils fe livrent au prétendu embelliffement avant de favoir ce que c'eft; en forte que quand il s'agit d'imiter fervilement, comme il faut s'y réfoudre dans ces petites chofes, ils ne favent plus où ils en font...*

Les profeffeurs de notre école, reprenait-il, *font deux fautes graves : la première, c'eft de parler trop tôt aux enfants de ce principe; la feconde, c'eft de le leur propofer fans y attacher aucune idée. D'où il arrive, qu'entre les enfants, les uns s'affujettiffent en efclaves aux proportions de l'antique, à la règle & au compas, d'où ils ne fe tirent plus, & font à jamais faux & froids; & que les autres s'abandonnent à un libertinage d'imagination qui les jette dans le faux & le maniéré, d'où ils ne fe tirent pas davantage.* »

Il terminait en confiant à Diderot « *que la fureur d'embellir & d'exagérer la nature*

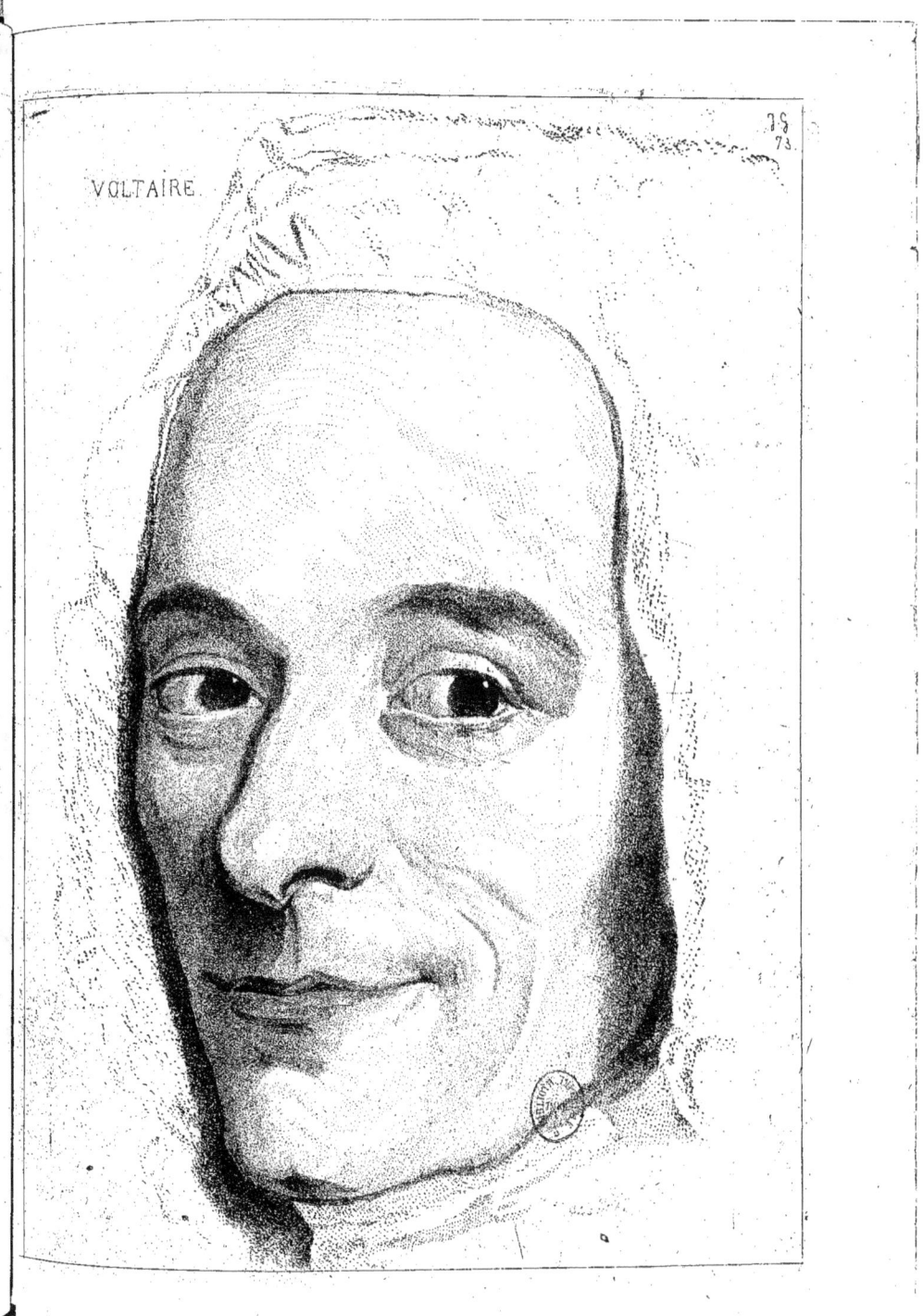

s'affaiblissait à mesure qu'on acquérait plus d'expérience & d'habileté, & qu'il venait un temps où on la trouvait si belle, si une, si liée même dans ses défauts, qu'on penchait à la rendre telle qu'on la voyait, penchant dont on n'était détourné que par l'habitude contraire & par l'extrême difficulté qu'on trouvait à être assez vrai pour plaire en suivant cette route (1). »

A rouler, à retourner ainsi & dans tous les sens la pensée fixe & la méditation des moyens & du but de l'art, à chercher des principes & des théories, à vouloir trouver la règle d'idéal de son métier, La Tour perdait peu à peu la spontanéité de son talent. Son esthétique à la longue paralysait son inspiration. Et comme il arrive à ces vieillesses de peintres, trop méditatives, trop réfléchies, trop théoriciennes, il en venait à perdre le feu de son travail & de ses œuvres.

« J'ai vu peindre La Tour, dit Diderot ; il est tranquille & froid ; il ne se tourmente « point, il ne souffre point, il ne halète point, il ne fait aucune de ces contorsions « du modeleur enthousiaste sur lequel on voit se succéder les ouvrages qu'il se propose « de rendre, & qui semblent passer de son âme sur son front, & de son front sur sa « terre ou sur sa toile. Il n'imite point les gestes du furieux ; il n'a point le sourcil « relevé de l'homme qui dédaigne, le regard de la femme qui s'attendrit, il ne s'exta-« sie point, il ne sourit pas à son travail, il reste froid (2). »

Diderot écrit cela en 1767, c'est-à-dire à cette heure même du refroidissement de La Tour. Le peintre qu'il nous montre, c'est le sexagénaire au soir de son talent. L'apogée de force & de puissance de La Tour, est autour de cette année 1742, l'année du pastel de l'abbé Hubert. Depuis longtemps, le coloriste s'alourdit. On lui reproche des tons briquetés qu'il n'avait pas à ses premières expositions (3), & un travail d'estompage qui fatigue ses pastels. Le portrait de Madame de Pompadour n'a pas répondu à tout ce qu'on en attendait. Et en effet ce morceau capital & populaire de La Tour est loin de valoir, comme exécution, ses premières productions : la figure de la favorite est plate, sèche, découpée ; son teint ne vit pas ; tout le pastel est pâteux, farineux, plucheux, écorché, relevé de lumières dures & criardes comme dans les ors de la console. L'harmonie aimée de La Tour, & dont il fait presque toujours le fond de ses portraits & de ses préparations même, l'harmonie bleuâtre, rappelée partout dans ce grand tableau, y prend je ne sais quel affadissement, quelle tonalité fausse de papier à sucre. Mais là n'est point encore le déclin de La Tour ; on peut suivre au Louvre la décadence du grand artiste, en allant de ce beau portrait de la Reine, de ce chef-d'œuvre, la Dauphine de Saxe, à ce portrait de Chardin, si lourd, si peiné, au ton de brique, sillonné de craie, la barbe comme frottée de suie, toute la carnation allumée sans une lumière de chair, un vrai pastel de province, justifiant toutes les critiques des ennemis & des envieux du maître. A Saint-Quentin même, à côté des plus belles

---

(1) Le *Salon de 1769*, par Diderot.
(2) Le *Salon de 1767*, par Diderot.

(3) *Lettre sur la sculpture & l'architecture*, 1749.

choses, il tombe à ce détestable pastel du père Emmanuel, où il est si indignement battu dans sa lutte avec le faire de Chardin pastelliste. On ne l'a pas assez remarqué : dans cet art si chanceux, où le mieux est si périlleux, La Tour n'a pas échappé à une inégalité qui étonne souvent. Cependant l'enthousiasme de l'abbé Le Blanc s'est tû ; &, dans la critique, il se fait tout doucement ce silence dans lequel se perdront ses dernières expositions. Encore quelques années, & les *Dialogues de la peinture* parleront de son talent comme d'un talent mort. Et c'est déjà un talent glacé, perdu par les théories, un talent ne produisant guère plus rien de neuf, un talent mortel, entre les mains faiblissantes du peintre, à ses œuvres anciennes. Le vieillard a la manie de les reprendre ; il veut les retoucher avec l'acquit de ses nouvelles connaissances, & il les gâte (1).

« Quel dommage (2) ! » entend-il dire autour de lui à propos de ces portraits refaits &

---

(1) « Il ne fait pas, dit Bachaumont, s'arrêter à propos. Il cherche toujours à faire mieux qu'il n'a fait, d'où il arrive qu'à force de travailler et de tourmenter son ouvrage, souvent il le gâte. Il s'en dégoûte, l'efface, & recommence, & souvent ce qu'il fait, est moins bien fait que ce qu'il avoit fait d'abord. De plus, il s'est entêté d'un vernis qu'il croit avoir inventé, & qui très-souvent lui gâte tout ce qu'il a fait. » *Mémoires de Wille*, vol. II, note de Bachaumont.

(2) Donnons ici une lettre de La Tour, adressée à Mlle de Zuilen, qui fut depuis Mme Charrière, lettre publiée par M. Piot, (*Cabinet de l'amateur & de l'antiquaire*, 1861-62), où La Tour parle du travail de ces retouches, & se montre comme dans le déshabillé désordonné de ses idées :

« Mademoiselle,

« Accablé de projets qui se heurtent & se croisent, d'embarras qui se multiplient, je ne say le plus souvent que devenir ; quelque dissipation que je prenne, mes torts me suivent partout, & je passe mes jours à n'en rien faire de ce que je devrois & voudrois ; quand je suis dans la meilleure intention, des importuns me font remettre au lendemain, suivi d'autres lendemains. Je profite de cet instant pour me jeter à vos pieds & obtenir le pardon que je crois mériter par la vivacité de mes regrets.

« Quand on a feu enfin où j'étois à la campagne, on m'a envoyé le joli étuy d'Aix-la-Chapelle, garni d'un billet digne de vous, aussi prétieux que vous-même. Le cœur & l'esprit plein de vos charmes, j'ai été enlevé au plaisir de vous en témoigner ma sensibilité, ainsi que le chagrin d'avoir perdu l'occasion de recevoir M. le baron de Thuyl ; il n'étoit plus à Paris lorsque j'y fus accouru. Je n'ai jamais été à la campagne si à contre-temps. Je voudrois bien que la curiosité de voir les fêtes de Mgr le Dauphin pût me procurer la satisfaction de vous prouver combien je suis & ferai toujours plein de la plus vive reconnoissance & du plus tendre attachement pour tout ce qui porte le nom de Zuylen & de Thuyl. Je vous supplie de présenter mes hommages & mes souhaits pour tout ce qui peut être agréable à M. le baron, votre très-honoré père, messieurs vos frères, & monsieur & madame votre cher oncle & chère tante, madame & mesdemoiselles de Mars, milord & milady, & tout ce qui vous appartient.

« J'ai l'honneur d'être, avec le dévouement le plus respectueux,

« Mademoiselle,

« Votre très-humble & très-obéissant serviteur,

« DE LA TOUR.

« Aux galeries du Louvre, ce 5 mars 1770.

« Je vais ajouter un mot à cette lettre, que je n'ay pas jugée digne de vous être envoyée, ainsy que bien d'autres jetées au feu. Vous jugerez combien je crois avoir rempli mes devoirs dès que je m'en suis occupé ; cette tournure d'esprit m'a fait beaucoup de torts & me laisse dans un désordre pénible, & dont je ne sortiray peut-être jamais.

Toujours occupé de perfections en tous genres, & par conséquent du bonheur du genre humain, je m'oublie comme un atome dans l'espace de l'univers. Je devrois être dégoûté de ce zèle de perfection, puisqu'il m'a fait gâter tant d'ouvrages. Ce n'est point par vanité que je les regrette, c'est qu'il prive la nature des sentiments de reconnaissance pour les talents singuliers qu'il luy plaît de dispenser. Les poètes, les musiciens reviennent à ce qu'ils ont fait de mieux, quand leur correction éteint le feu qui avait produit le sublime ; mais tout est perdu dans mon pastel quand je me suis livré à l'instant qui diffère de l'instant donné : l'unité est rompue.

défaits, à propos de ce portrait de Reſtout, ſon morceau de réception à l'Académie, qu'il reprend & retravaille, changeant le brillant habit de ſoie en un ſimple habit de couleur brune, pour obéir à ce grand & juſte principe de ſacrifier aux têtes tout l'éclat des acceſſoires (1). Mais ſes vieux doigts ne ſervent plus bien ſon idée ; ſes yeux ne voient plus la fleur des choſes. Au milieu de tout cela, ſur ce triſte & ſuprême labeur, dernier effort de ſa conſcience, mêlé à la recherche d'un vernis (2) qui ſauve

Le peintre à l'huile, avec de la mie de pain & de l'eſprit-de-vin, retrouve l'eſprit.

« Comme je voudrois que les tableaux euſſent des touches, des manières de peindre auſſi différentes entre elles que les choſes repréſentées le ſont dans la nature, de même je déſirerois que nos poètes euſſent varié leur ſtyle ſuivant les perſonnages : de grands vers nerveux pour les hercules, pompeux pour les héros, majeſtueux pour les grands hommes, terribles pour les ſcélérats, doux, coulants, faciles, tendres, ſuivant le caractère des femmes miſes en ſcène, de meſure & de rime variées, redoublées quelquefois, ainſi que pour les ſujets ſubalternes. C'eſt s'occuper de chimères, on ne fait ny tableaux, ny poèmes tels que je les déſire. Cette perfection eſt au-deſſus de l'humanité ; je l'éprouve actuellement : j'ai ſur le chevalet le portrait de feu M. Reſtout, fait & donné à l'Académie en 1744 ; j'ai voulu, depuis ſa mort, lui témoigner ma reconnaiſſance des grands principes de peinture qu'il m'a communiqués, en remaniant cet ouvrage. Après avoir fait cent changements, on me dit : « Quel dommage ! » Il y avoit un mouvement qu'il communiquoit à ceux qui le voyoient. Je ſuis encore après & ay changé juſqu'à ce jour ; je ne puis dire quand il ſera fini. On attend d'autres ouvrages faits antérieurement, que j'ai eu la fantaiſie de remanier ; je les renverrai ſi un compagnon de voyage arrive avant. Il n'y a pas d'apparence que je puiſſe faire ce que vous déſirez pour celuy de madame d'Athlone. J'ai bien du regret que vous ne vous ſoyez pas amuſée auſſi agréablement dans le temps que j'avois le bonheur d'être à Zuylen ; je vous aurois conſeillé de ne pas tourmenter les teintes quand elles ſont juſtes, de paſſer légèrement le petit doigt, d'employer peu de couleur & de conſerver le papier pur pour les couches fortes ; l'ouvrage en ſera auſſi plus légèrement fait.

« Quant aux taches de moiſiſſure par le ſel qui eſt dans les pierres noires & dans preſque tous ceux en paſtel, il faut éviter qu'ils faſſent corps, épaiſſeur ; ſimplement frottés ſur le papier, ils ne font pas taches ; alors avec la pointe d'un couteau elles s'enlèvent ; on leur préſente un fer chaud près, pour épuiſer l'humidité du ſel qu'ils contiennent, & en ôter avec le couteau l'épaiſſeur. C'eſt l'eſſay que j'en ai fait depuis peu, ainſi que de mettre avec une broſſe une légère teinte d'ocre jaune à l'eau ſimple, bien délayée enſemble avec un peu de jaune d'œuf ſur du papier bleu ; cela empêche le lourd, qu'il eſt difficile d'éviter par la quantité de couleurs néceſſaires pour couvrir le bleu du papier.

« *Poſt-ſcriptum.* — Me flattant toujours pouvoir vous annoncer que mes tourments alloient finir, j'ai différé d'achever ce barbouillage d'écritures ; les regrets de l'Académie m'obligent de tâcher de remettre le portrait de M. Reſtout à peu près comme il étoit. Voilà bien du temps perdu & des efforts *in vanum*. Mieux que bien eſt terrible ! On ne ſe corrige pas, puiſque j'ay tombé dans le cas plus de cent fois. Bonne leçon pour vous, Mademoiſelle, qui courez cette carrière. Si vous n'avez pas l'ambition de trop bien faire, je vous eſtimeray bien heureuſe de vous être procuré un auſſi agréable amuſement ſans qu'il vous ſoit auſſi pénible qu'il me l'a été. On vient m'enlever, je ne ſay quand je pourrois reprendre. J'avois mille choſes à vous dire ſur tout ce que vous méritez & les bontés de votre honorable famille ; mais la crainte de vous impatienter me force de finir par les aſſurances de tous les ſentiments que vous a voués, Mademoiſelle, le plus humble & le plus obéiſſant de tous vos ſerviteurs.

« DE LA TOUR.

« Aux galeries du Louvre, le 14 avril 1770.

« A mademoiſelle de Zuylen, à Utrecht. »

(1) *Dictionnaire des Arts*, par Watelet. Supplément.
(2) La Tour chercha toute ſa vie la fixation du vernis. Dès 1747, l'abbé Le Blanc, dans ſa *Lettre ſur l'Expoſition des ouvrages de peinture*, dit « que le vernis de La Tour fixe la durée du paſtel ſans en altérer la fleur, & qu'il eſt à eſpérer que ſes ouvrages dureront autant que les choſes humaines peuvent durer. » La même année, Lieudé de Septmanville, dans ſes *Réflexions nouvelles d'un amateur*, dit : « Il eſt vrai que M. de La Tour s'eſt donné la torture pour trouver un vernis qui lui a manqué totalement & qui lui a gâté totalement quantité de tableaux. On n'ignore pas qu'il a offert une ſomme d'argent au ſieur Charmeton, qui s'eſt flatté d'avoir trouvé la façon de fixer le paſtel. On convient qu'il a découvert par ſes

cette peinture éphémère, qui l'empêche de s'en aller « moitié difperfée dans les airs, moitié attachée aux ailes du vieux Saturne, » le génie du paftel fe débat, s'agite, expire peu à peu dans le paftellifte diftrait de l'art par de plus hautes fpéculations : « Je fortais du Salon, dit Diderot, je fuis entré chez La Tour, cet homme fi fingulier qui apprend le latin à cinquante-cinq ans, & qui abandonne l'art dans lequel il excelle pour s'enfoncer dans les profondeurs de la métaphyfique qui achèvera de lui déranger la tête (1). »

XIII.

Malgré la délicateffe de fa complexion, la faibleffe de fanté de fa première jeuneffe, les dépenfes d'une vie prodiguée au travail & au plaifir, La Tour arrive à la vieilleffe, une vieilleffe fans infirmités. Ses vieilles années, il va les repofer & les rafraîchir au vert de la banlieue. Prefque octogénaire, il quitte les galeries du Louvre pour vivre dans fa petite maifon d'Auteuil, cette retraite de patriarche, où venait le vifiter le maréchal de Saxe, & près de laquelle le Roi ne paffait jamais fans envoyer demander de fes nouvelles. Puis, lorfque fes quatre-vingts ans font fonnés, il veut revenir pour mourir là où il eft né (2), & le 21 juin 1784, l'artifte, de retour dans fa ville natale,

---

foins quelque *corps fubtil* avec lequel il prétend donner plus de confiftance à cette façon de peindre. » Cette fixation eft, du refte, une grande recherche de tout le fiècle. Dans ce goût & cette mode du paftel qui « met les crayons de couleur à la main de tout le monde, » aux mains des hommes, des femmes, du chevalier de Boufflers & de Mme Charrière, qui peuple les expofitions de la place de Dauphine des paftels des Montjoie, élèves de La Tour, il y a une émulation d'inventions, de procédés, de fecrets, pour affurer un peu de durée à cette peinture fragile. De 1768 à 1773, ce n'eft, dans l'*Avant-Coureur*, qu'annonces de découvertes : les demoifelles Beauvais préviennent le public qu'elles ont trouvé un fecret pour fixer le paftel fans altérer la beauté & la vivacité des couleurs ; un fieur Mauge entretient le public, dans une longue lettre, fur un nouveau procédé ; un fieur Bréa déclare qu'on peut paffer, fur les paftels fixés par lui, la main, même la pierre ponce. M. de Saint-Michel, gentilhomme piémontais, peintre du roi de Sardaigne, muni d'un certificat de Cochin, fe vante d'être parvenu à fixer le paftel d'une manière inaltérable, & d'avoir trouvé la compofition d'un paftel très-beau. Il propofe fon fecret à mille foufcripteurs, à raifon de trois louis, en échange defquels ils recevront chacun un livre qui contiendra les fameufes recettes. On donne le procédé du prince de San-Severo, qui confiftait à employer la colle de poiffon. On indique un autre moyen de fixation, qui eft de couvrir tout le paftel de pouffière de gomme arabique paffée au tamis, de diffoudre cette pouffière avec de la vapeur d'eau chaude, & de recouvrir cet enduit d'une couche de vernis à l'huile. M. Monpetit attaque tous ces procédés, qui ont le défaut de brunir & de charger les tons du paftel, & renvoie à l'invention de Loriot, qu'il regarde comme la meilleure. Enfin le fecret de Loriot eft divulgué, & publié en 1780 par Renou, fecrétaire de l'Académie royale de peinture. — Quant au fecret de La Tour, dont on peut étudier l'effet à Saint-Quentin, il eft encore enfermé dans une lettre autographe du peintre, que M. Villot doit publier.

(1) Le *Salon* de 1769, par Diderot. *Revue de Paris*, feptembre 1857.

(2) La tradition d'une anecdote rapportée par M. Dréolle veut que ce retour de La Tour à Saint-Quentin ait été une efpèce d'enlèvement. Sous le prétexte de l'emmener à la Villette pour une afcenfion de Montgolfier, un de fes amis & de fes compatriotes, M. Cambronne, l'aurait entraîné, avec une douce violence, jufqu'à fa ville natale.

salué par le canon, le carillon, les acclamations de ses compatriotes, reçoit, à son entrée dans sa maison, une couronne de chêne avec laquelle Saint-Quentin cherche à payer les fondations de son bienfaiteur & à honorer la gloire de son grand peintre.

Il survécut quatre ans à cette ovation, entouré des soins pieux d'un frère (1), l'esprit & le cœur tombés dans une sorte de douce enfance, la raison attendrie & vacillante, à demi-fou, pris d'une espèce d'amour délirant de l'humanité & de la nature. Cette tête allumée, & qui, sous le bonnet de taffetas noir dont le peintre se coiffe dans ses portraits, ressemble à la tête fumante de Diderot, ce cerveau grisé de lectures, de sciences, de mathématiques, de politique, de théologie, de métaphysique, de morale, de poésie, bourré, à éclater, de notions immenses, entassées, confuses; cette imagination généreuse & désordonnée, pleine du chaos d'une Encyclopédie & de l'utopie d'une Révolution, allaient aux derniers jours, chez le vieillard, à l'exaltation, à l'égarement. Ses idées se perdaient dans une cosmogonie insensée & sublime (2), & un panthéisme passionné mettait en lui comme une adoration embrassante de la création & de la créature. Dans la campagne, par un beau jour vivant de printemps, il tombait à genoux, remerciait Dieu du soleil, parlait aux arbres, & les mesurant de ses bras, en pensant à l'hiver, leur disait : — *Bientôt tu seras bon à chauffer les pauvres* (3).

Il mourait le 17 février 1788 (4), en mettant, avec les derniers mouvements de son agonie, des baisers sur les mains de ses domestiques.

XIV.

« *Un magicien,* » c'est le baptême donné par Diderot au pastelliste. La Tour gardera ce nom. Son œuvre est un miroir magique où, comme dans le seau de résurrection du comte de Saint-Germain, les morts reviennent & revivent. Il fait revoir les

---

(1) La Tour eut deux frères : l'un, qui entra dans la finance, & dont il hérita; l'autre, qui se fit militaire, & eut une célébrité de duelliste. C'est Jean-François, auquel il légua, en mourant, sa fortune & ses pastels.

(2) *Dictionnaire des Arts,* par Watelet. Supplément.

(3) *Eloge de La Tour,* par Du Plaquet. — *Notice de Bucelly d'Estrées.*

(4) Nous donnons, d'après M. Desmaze, l'acte de décès de La Tour :

« Paroisse Saint-André, année 1788.

« Cejourd'hui lundi, 18 du mois de février 1788, le corps de M. Quentin de La Tour, peintre du roi, conseiller de l'Académie de peinture & de sculpture de Paris, & honoraire de l'Académie d'Amiens, transporté à l'église de Saint-Remy, sa paroisse, en cette église, a été inhumé dans le cimetière de cette paroisse, en présence de M. Jean-François de La Tour, chevalier de l'ordre royal & militaire de Saint-Louis, son frère, & de M. Adrien-Joseph-Constant Duliége, chapelain de l'église de Saint-Quentin & vicaire de la paroisse de Notre-Dame, soussigné.

« Fait double, les jour & an que dessus.

« Signé : DE LA TOUR, DULIÉGE & LA BITTE, curé. »

hommes & les femmes de fon temps. De fa galerie de contemporains fe dégage pour nous la phyfionomie de l'Hiftoire. Il nous fait entrer dans ce merveilleux « falon des reffemblances » qu'évoquent, d'une cour, d'une fociété, les grands portraitiftes de vérité & de fentiment, comme Holbein & Van Dick. Ici ce font les princes, les feigneurs, les grandes dames, l'éblouiffement de Verfailles ; là, ce font les têtes de la Philofophie, de la Science, de l'Art, les fronts où le peintre a vu du génie, & que fes crayons, fi froids au portrait des « imbéciles, » ont peint avec amour, avec enthoufiafme. Voilà ce que La Tour a fait & ce qu'il a laiffé. De la pouffière du paftel, de cette peinture tombée, pour ainfi dire, de la poudre de l'époque, il a tiré comme la fragile & délicate immortalité, la miraculeufe illufion de furvie que méritait l'humanité de fon temps. Dans fon œuvre, il y a le grand & charmant portrait de la France, fille de la Régence & mère de Quatre-vingt-neuf. Le Mufée de La Tour, c'eft le Panthéon du fiècle de Louis XV, de fon efprit, de fa grâce, de fa penfée, de tous fes talents, de toutes fes gloires.

Les quatre paftels de La Tour que nous donnons dans cette Étude, gravés à l'eau-forte : — *le mafque de La Tour*, — *Rouffeau*, — *Mlle Fay*, — *Voltaire en 1736*, font partie : le premier, de notre collection ; le fecond & le quatrième, de la collection de M. E. Marcille ; le troifième, du Mufée de Saint-Quentin.

GREUZE

Tiré à 200 exemplaires.
Les planches effacées après le tirage.

LYON
IMPRIMERIE DE LOUIS PERRIN
Rue d'Amboife, 6.

EDMOND ET JULES DE GONCOURT

GREUZE

ETUDE

CONTENANT QUATRE DESSINS

gravés à l'eau-forte.

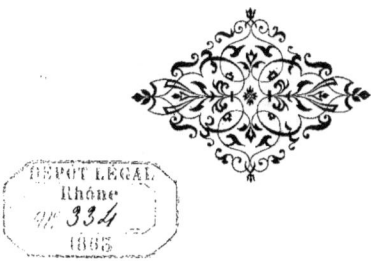

PARIS

E. DENTU, PALAIS-ROYAL, GALERIE D'ORLEANS.

1863

Droits de traduction & de reproduction réservés.

I.

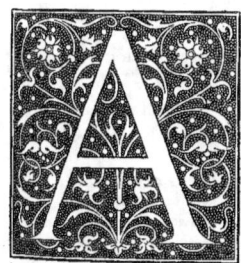U milieu de ce grand livre de corruption, les *Liaifons dangereufes*, il eft une page inattendue & qui fait contrafte avec tout ce qui la précède, tout ce qui la fuit, tout ce qui l'entoure. C'eft la fcène où Valmont va dans un village fauver de la faifie du collecteur les meubles d'une pauvre famille qui ne peut payer la taille. Le collecteur compte fes cinquante-fix livres ; échappée à la paille, toute la famille, cinq perfonnes pleurent de joie & de reconnaiffance ; les larmes coulent, des larmes heureufes & qui éclairent de bonheur la figure de patriarche du plus vieux. Autour du groupe, le village bourdonne, fes bénédictions murmurent ; & voici qu'un jeune payfan, amenant par la main une femme & deux enfants, entoure Valmont de l'adoration des fiens & les agenouille à fes pieds comme aux pieds d'une Providence humaine & de l'image de Dieu.

Cette page, dans le livre de Laclos, c'eft Greuze dans le dix-huitième fiècle.

II.

Greuze naquit à Tournus, le 21 août 1725. Sa famille, originaire des environs de Châlons-fur-Saône, était, difent les biographes, de bonne bourgeoifie, & gardait avec orgueil le fouvenir d'un de fes ancêtres, procureur du Roi de la prévôté royale & feigneur de la Guiche. L'acte de naiffance de Greuze dérange un peu l'affertion en faifant de Jean Greuze le fils d'un maître couvreur (1). Dès l'âge de huit ans, Greuze deffinait en jouant, ne s'amufant qu'à cela. Sa vocation déjà le preffait & commençait à le poffféder. Mais le maître couvreur avait arrangé l'avenir de fon fils : il le deftinait à l'architecture. De là, la défenfe de deffiner faite à l'enfant qui fe cachait, prenait fur fes nuits & fon fommeil pour échapper à fon père, fuivre fon goût & fon plaifir. Un deffin à la plume, une copie d'une tête de faint Jacques qu'il offrait à fon père le jour de fa fête & que fon père prenait pour une gravure, lui ouvrait enfin la carrière qu'il voulait : le couvreur fe décidait à envoyer fon fils à Lyon étudier chez Gromdon, le père de la femme de Grétry. L'atelier de Gromdon était une véritable manufacture de tableaux : Greuze n'y apprit guère qu'à fabriquer un tableau par jour; au bout de quoi, à l'étroit dans ce métier, fentant fes forces, impatient d'un grand théâtre, il vint à Paris avec fes rêves, fes ambitions, un talent déjà perfonnel fans être mûr, & fon tableau du *Père de famille expliquant la Bible* (2).

A Paris, Greuze difparaît. On ne le trouve dans aucun atelier. Il travaille enveloppé de filence, d'obfcurité, de folitude. Il peint de petits tableaux pour vivre, fans bruit, fans nom, achevant de fe former fans maître, fe dégageant de lui-même. Le public l'ignore, le tableau avec lequel il eft venu tenter fortune ne trouve point d'acquéreur. Seul, le fculpteur Pigalle le devine, le foutient contre le découragement, lui promet un bel avenir. Hors cet encouragement, il ne trouve que mauvais vouloir, hoftilité & jaloufie autour de lui. A l'Académie où il vient deffiner, on le relègue à la plus mauvaife place fans égard pour fon talent. Les humiliations à la fin révoltent fon orgueil déjà facile à s'emporter (3). Il court chez Sylveftre, fes œuvres à la main. L'ancien

---

(1) Jean, fils légitime de fieur Jean-Louis Greuze, maître couvreur, demeurant audit Tournus, & de Claudine Roch, fa femme, eft né le vingt & unième août mil fept cent vingt-cinq, a été baptifé le même jour par moi, vicaire fouffigné; le parrain a été fieur Jean Bezaud, auffi maître couvreur, & la marraine demoifelle Antoinette Auberut, femme d'Hugues Brulé, boulanger en ladite paroiffe ; tous lefquels fe font fouffignés, excepté ledit parrain qui ne le fait de ce enquis. Signé : J.-L. Greuze, Antoinette Auberut & Gornot, vicaire. (*Acte de naiffance de Greuze*, communiqué par M. le maire de Tournus.)

(2) *Greuze, ou l'Accordée de village.* Paris, 1813. Notice de Mme de Valori.

(3) Il exifte un témoignage de la hauteur avec laquelle Greuze fubiffait à l'Académie les leçons du profeffeur. Dans un portefeuille de deffins français du XVIIIe fiècle, provenant de l'évêque de Callinique & confervé à la bibliothèque de l'Arfenal, fe trouve une académie d'homme. Une note au bas de l'académie apprend que Natoire, alors profeffeur, après l'avoir louée, lui fit remarquer qu'elle était eftropiée. A quoi Greuze répondit: « Monfieur, vous feriez heureux fi vous pouviez en faire une pareille. » (*Archives de l'Art français*, vol. VI.)

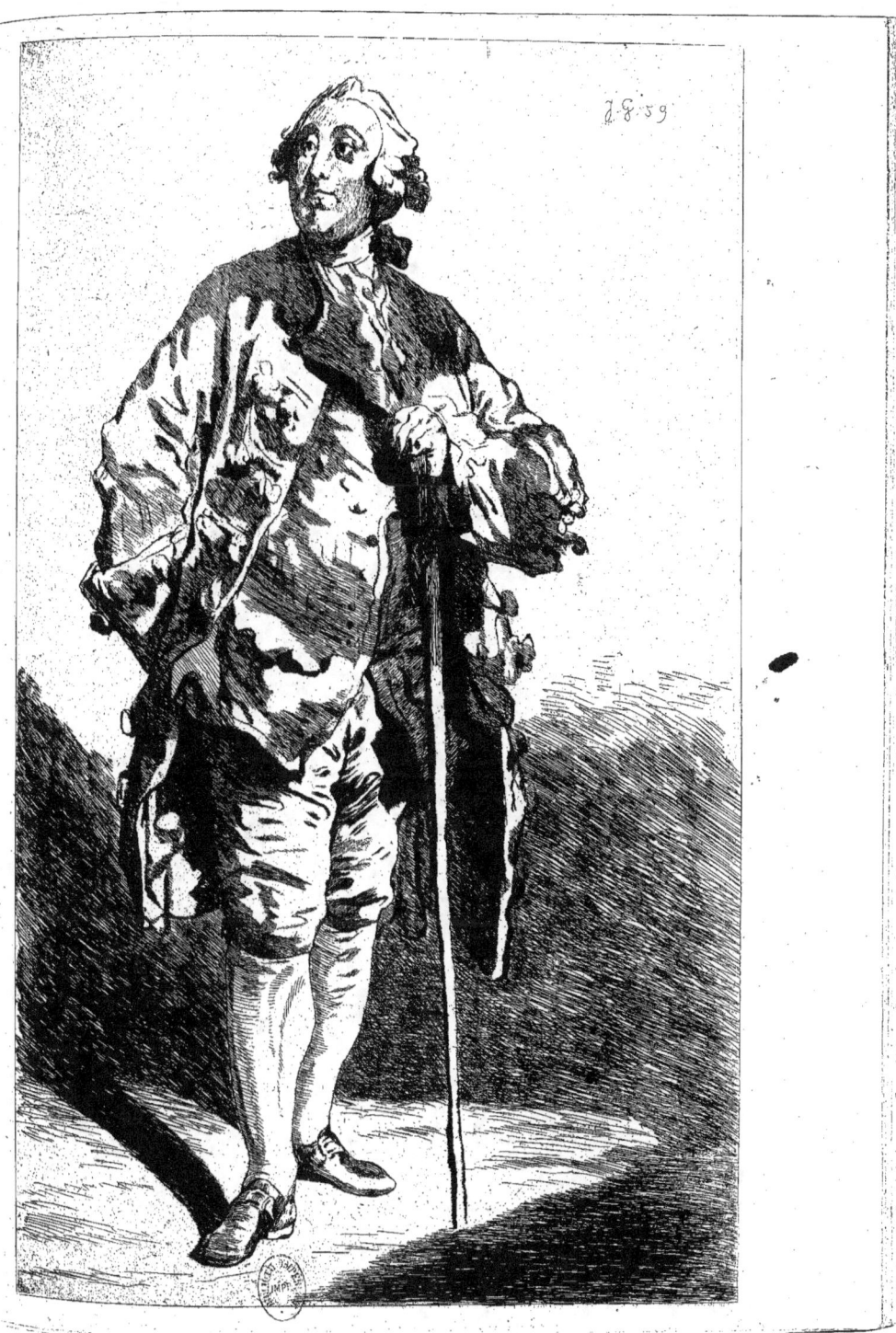

maître à dessiner des Enfants de France est étonné, charmé. Greuze obtient de lui la permission de faire son portrait, un portrait qu'il exécute sous l'œil de ses rivaux, de ses confrères, à la grande satisfaction de Sylvestre qui le prenant sous sa protection le faisait agréer le 28 juin 1755.

Mais déjà Greuze était sorti de l'ombre où il avait grandi mystérieusement. Un amateur possédant le goût, le tact & le flair, un curieux intelligent, passionné & sincère, le collectionneur des plus fins morceaux de l'art français, l'homme habile entre tous pour saisir un artiste dans sa fleur, un talent dans sa fraîcheur, une gloire dans un grenier, M. de la Live de Jully avait acheté le tableau du *Père de famille*, & il en avait fait chez lui une sorte d'exposition publique à laquelle il avait convié tous les artistes & tous les amateurs. Le tableau avait fait fureur. La belle tête du vieillard, robuste, saine & sereine, patriarcale & rustique, rappelant les vieillards villageois de Rétif de la Bretonne, & qui semble une figure à jeter en tête de la « Vie de mon père »; les deux jolis garçonnets mettant auprès de ses cheveux blancs leurs têtes blondes où jouent le soleil & la jeunesse, le plus grand avec son habit trop court & sa belle chevelure bouclée séparée *à la grève* sous son tricorne; faisant face au père, les femmes laissant passer une tête de marmot étonné, immobile, le menton posé sur la table, la mère attentive & tranquille, confiante & sérieuse, la fille ingénue & curieuse, écoutant de tous ses yeux, le corps abandonné, les bras coulés le long du corps; ce blanc des corsages & des habits de village que Greuze révèle & qui va mettre dans son œuvre une sorte de volupté virginale, l'animation de toute la composition, l'agrément des détails, les coins de tapage, les bruits d'enfance dans cette scène de recueillement & de récréation pieuse, & jusqu'au petit polisson qui excite là-bas, près de la grand'mère qui file, les aboiements d'un chien, tout était apprécié, admiré par la foule choisie accourue chez M. de la Live. Et quand le tableau était exposé au Salon de 1755, le public, déjà curieux de l'homme & de son talent, déjà prévenu en sa faveur, faisait à l'œuvre de Greuze une espèce d'ovation.

Greuze, quoique enivré, sentait qu'il manquait à son talent une éducation & un achèvement: le voyage d'Italie. Il partait dans les derniers mois de 1755. Mme de Valori affirme qu'il voyagea à ses frais; il est à croire qu'elle se trompe. Greuze fut emmené & sans doute défrayé par l'abbé Goujenot, que l'Académie recevait associé honoraire le 10 janvier 1756, alors qu'il était encore en Italie, pour le remercier en quelque sorte de s'être chargé « de conduire en Italie M. Greuze dont les talents, aujourd'hui si connus, ne faisaient qu'éclore & venaient de lui mériter le titre d'agréé (1). » Jusqu'à Prudhon, l'Italie, les musées, l'art italien, l'art antique, glissent sur nos artistes sans les toucher: leur temps, leur goût, la France & le dix-huitième siècle résistent en eux aux exemples, au passé, aux sollicitations des chefs-d'œuvre; ils traversent les leçons de

(1) *Éloge de l'abbé Goujenot*. Le Nécrologe.

Rome sans en emporter rien. De ce voyage en Italie, qui n'eut guère plus d'influence sur le talent de Greuze que sur le talent de Boucher, que rapporta Greuze? un souvenir qui demeura vivant & présent dans sa vie au milieu de tant d'autres aventures, une histoire d'amour que Greuze se surprenait parfois dans sa vieillesse à laisser échapper, lorsque les femmes niaient trop haut devant lui le désintéressement des hommes dans les affaires d'amour. L'anecdote est jolie & le témoignage de Mme de Valori lui donne assez d'authenticité pour qu'elle mérite d'être contée. Elle est dans le temps de Casanova comme le dernier soupir de ces vieilles & tendres légendes sur lesquelles travailla le génie de Shakspeare. Elle a comme le dernier parfum de cette terre d'Armide, de ce jardin d'Italie où la jeunesse de nos artistes a trouvé tant d'amour pendant plus d'un siècle. Et quelle chaîne non interrompue, depuis ceux-là auxquels l'Italie donne le plaisir où le bonheur, la maîtresse ou la femme, jusqu'à ceux qu'elle enivre de passion & qu'elle tue sous le baiser d'un trop grand rêve!

Greuze avait reçu des lettres de recommandation pour le duc dell'Orr... qui l'avait parfaitement accueilli. Le duc veuf avait une fille charmante qui aimait la peinture, & dont Greuze devint bientôt le professeur. Au bout de quelques leçons, Greuze amoureux devinait l'amour de Lætitia, c'était le nom de son élève; mais effrayé de la distance que mettaient entre elle & lui la naissance & la fortune, il fuyait la tentation en ne retournant plus au palais. Enfoncé dans la tristesse, poursuivi par les épigrammes de ses camarades de Rome, par les moqueries de Fragonard, qui ne l'appelait plus que « le chérubin amoureux », — les cheveux blonds & frisés de Greuze prêtaient à la comparaison, — Greuze apprenait que la jeune princesse était malade, sans qu'on pût savoir d'où son mal était venu. Le voilà errant autour du palais, demandant, cherchant des nouvelles, prêt à tout avouer à la malade. Au milieu de son trouble & de ses angoisses, un jour qu'il dessinait à Saint-Pierre, il est rencontré par le duc qui l'emmène voir dans son palais une acquisition récente, deux têtes du Titien : « Ma fille, ajoutait le duc, se promet de les copier quand elle sera rétablie; j'espère que vous viendrez la voir travailler, elle le désire. » Et comme le duc demande à Greuze une copie pour l'envoyer de suite à un de ses parents, Greuze ne peut refuser; il retourne au palais & y travaille toute la journée. Chaque matin, il s'informe de la santé de Lætitia à la nourrice. La nourrice, l'éternelle nourrice des *Novellieri*, qui a déjà deviné le secret de Lætitia, devine le secret de Greuze, & s'empresse de porter à la malade l'assurance de la passion du peintre, dont l'aveu, selon elle, n'est arrêté que par le respect & la crainte de déplaire. Là-dessus, elle va chercher Greuze qu'elle introduit secrètement dans la chambre de la princesse malade, toute maigre, mais *ayant encore sa belle tête de Cléopâtre*. Après un premier silence, la princesse, sur la sollicitation de la nourrice, avouait à Greuze qu'elle l'aimait. — « Oui, reprenait-elle après un instant, monsieur Greuze, je vous aime! Répondez-moi franchement, m'aimez-vous? » Et comme Greuze demeurait muet de joie & de ravissement, la princesse, se méprenant fur la caufe de fon filence, fe cachait la tête dans fes mains & fondait en larmes. Alors Greuze fe jetait à fes pieds, parlait avec des baifers, laiffait déborder fon cœur. « Je puis donc être heureufe! » s'écriait Lætitia. Elle frappait fes jolies mains l'une contre l'autre. C'était une joie d'enfant. Elle courait & allait embraffer fa nourrice, elle fe redifait fon bonheur comme au matin on fe répète une penfée qui vous éveille en riant : — « ..... Ecoutez-moi tous deux, voilà mon projet, j'aime Greuze & je l'époufe..... — Y fongez-vous, ma chère fille! s'écriait la nourrice; & votre père?... — Mon père n'y confentira pas, vas-tu me dire, ma bonne; il n'y confentira pas, je le fais, il veut que j'époufe fon éternel Cafa..., le plus vieux, le plus vilain des hommes, ou le jeune comte Palleri... que je ne connais ni ne veux connaître. Je fuis riche du bien de ma mère, je puis en difpofer & je le donne à Greuze que j'époufe, qui m'emmène en France, où tu nous fuivras. » Et fe grifant avec l'avenir, elle arrangeait & détaillait, avec une volubilité délicieufe, la vie qu'ils mèneraient enfemble à Paris : Greuze continuerait à travailler, il deviendrait un Titien, fon maître favori; fon père à la fin ferait fier de l'avoir pour gendre. « Ne voulez-vous pas? » difait-elle naïvement à Greuze; & le rêve recommençait plus fou, plus enivrant. Quand Greuze la revoyait, il avait fait des réflexions férieufes. La princeffe le plaifantait fur fon air de réferve & de gravité, combattait fes raifons avec de la folie & de la tendreffe, puis devenait furieufe, l'appelait perfide, lui reprochait d'avoir feint de l'aimer pour mieux lui déchirer le cœur, pleurait, s'arrachait les cheveux. Greuze finiffait par tomber à fes pieds & jurer de lui obéir aveuglément. Au fortir de l'entrevue, le fang-froid, la vue nette des chofes lui revenaient. Il prévoyait le défefpoir du père, fa malédiction, fa vengeance, tout le malheur qui retomberait fur leurs amours; & décidé à ne plus céder, à ne plus revoir Lætitia, à ne plus laiffer fes réfolutions tourner au fouffle de fa parole, il fimulait une maladie qui bientôt devenait réelle; elle le tenait trois mois au lit avec la fièvre & le délire (1).

Quand Greuze fut rétabli, la princeffe était prête à fe marier. Elle ne demandait qu'un mot du peintre; elle l'implorait de lui pour rompre fon mariage. Ce mot, Greuze eut le courage de ne pas le dire; mais pris d'une terrible jaloufie pour le fiancé de la princeffe, qui était jeune, beau, fait pour fixer une femme, le peintre s'enfuyait, après un éternel adieu, emportant fecrètement une copie du portrait de Lætitia qu'il venait de faire pour fon père; copie précieufe à l'amant qui, plus tard, infpirera au peintre ce joli tableau de l'*Embarras d'une couronne*, où l'on croirait voir l'Ingénuité fe confeffer à l'Amour, un bas-relief de Dorat où paffe la flamme d'Anacréon. Et n'avait-il point encore l'image de cette femme fous les yeux, au fond du cœur, devant la penfée, lorfqu'il peignait la *Prière à l'Amour*, & cette belle brune aux cheveux dénoués, aux beaux yeux noirs implorants, aux mains jointes, tout élancée dans une invocation

---

(1) *L'Accordée de village*, Notice de Mme de Valori.

ardente & douloureuſe? Au bas de la planche gravée, on lit une dédicace à la princeſſe Pignatelli : on s'arrête inſtinctivement à ce nom de princeſſe italienne placé là comme une conſécration, peut-être comme le mot & la clef des initiales trompeuſes jetées par Mme de Valori, ainſi qu'un voile ſans doute, ſur l'amante & l'amour du peintre.

III.

En 1757, Greuze expoſait (1) une ſuite de ſujets italiens, italiens ſeulement par les coſtumes, les acceſſoires, les fiaſcones de vin d'Orviéte. Greuze, répétons-le, reſte

---

(1) Voici la liſte des expoſitions de Greuze :

1755

L'Aveugle trompé. Hauteur, 2 pieds. Largeur, 1 pied 7 pouces.
Un père de famille qui lit la Bible à ſes enfants. H., 2 p. L., 2 p. & demi.
Un Enfant qui s'eſt endormi ſur ſon livre. H., 2 p. L., 1 p. 7 p. & demi.
Tête d'après nature.
Portraits de M. Sylveſtre, directeur de l'Académie, de M. Lebas, graveur du cabinet du Roi.

1757

Une Mère grondant un jeune homme pour avoir renverſé un panier d'œufs que la ſervante apportait du marché; un enfant tente de raccommoder un œuf caſſé.
Une jeune Italienne congédiant (avec le geſte napolitain) un cavalier portugais, traveſti & reconnu par ſa ſuivante.
La Pareſſeuſe italienne.
Un Oiſeleur qui, au retour de la chaſſe, accorde ſa guitare. (Ces quatre tableaux ſont dans le coſtume italien : deux ont 2 p. 3 p. ſur 2 p. 11 p. de large, & les deux autres, 1 p. 1 p. de haut ſur 1 p. & demi de large. Les deux derniers tableaux appartiennent à M. Boyer de Fonſcolombe.)
Portrait de M. Pigalle, ſculpteur du Roi.
Portrait de M***, en ovale.
Un Matelot napolitain.
Un Ecolier qui étudie ſa leçon.
Deux têtes, l'une d'un petit garçon, l'autre d'une petite fille.

Des Italiens qui jouent à la more, eſquiſſe à l'encre de la Chine.
Autres ouvrages.

1759

Le Repos, caractériſé par une femme qui impoſe ſilence à ſon fils, en lui montrant ſes autres enfants qui dorment. (Appartenant à M. de Julienne.)
La Simplicité, repréſentée par une jeune fille. Ovale. H., 2 p.
La Tricoteuſe endormie. H., 2 p. L., 1 p, 8 p. (Du cabinet de M. de la Live de Jully.)
La Devideuſe. H., 2 p. 3 p. L., 1 p. 10 p. (Appartenant à M. le marquis de Bandel.)
Une jeune fille qui pleure la mort de ſon oiſeau. Ovale.
Portrait de M. de *** jouant de la harpe. H., 5 p. 7 p. L., 2 p. 9 p.
Portrait de Mme la marquiſe de *** accordant ſa guitare. H., 2 p. 10 pouce. L., 2 p. 3 p.
Portrait de M***, docteur de la Sorbonne. H., 2 p. 3 p., L., 1. p. 10 p.
Portrait de Mlle de *** ſentant une roſe.
Portrait de Mlle de Amici en habit de caractère. H., 2 p. L. 1 p. 8 p.
Portrait de M. Babuti, libraire.
Trois têtes, études. (Appartenant à M. Sylveſtre, maître à deſſiner du Roi.)
Deux têtes. (Appartenant à M. Maſſé, peintre du Roi.)
Une tête. (Appartenant à M. Wille.)
Autre tête.
Deux eſquiſſes à l'encre de la Chine.

1761

Portrait de Monſeigneur le Dauphin. H., 2 p. L., 1 p. 6 p.

français en Italie : il échappe à l'air de Rome, à ses leçons, à la contagion des grandeurs & des beautés de l'art italien. Il reste le disciple du maître parisien dont il reprendra

Portrait de M. Babuti. H., 2 p. L., 1 p. 6 p.
Portrait de M. Greuze, peint par lui-même. H., 2 p L., 1 p. 6 p.
Portrait de Mme Greuze en vestale. H., 2 p. L., 1 p. 6 p.
Un Mariage à l'instant où le père de l'accordée délivre la dot à son gendre. H., 2 p. 6 p. L., 4 p. 6 p. (Appartenant à M. le marquis de Marigny.)
Un jeune Berger qui tente le sort pour savoir s'il est aimé de sa bergère. Ovale. H., 2 p.
Une jeune Blanchisseuse. H., 1 p. 6 p. L., 1 p.
Une tête de nymphe de Diane.
Plusieurs têtes peintes. (Même numéro.)
Des Enfants qui dérobent des marrons ; dessin.
Un Paralytique soigné par sa famille, ou le fruit de la bonne éducation. Dessin.
Un Fermier brûlé demandant l'aumône avec sa famille. Dessin.

1763

Portraits de Monseigneur le duc de Chartres & de Mademoiselle. H., 3 p. 6 p. L., 2 p. 6 p.
Portrait de M. le comte d'Angevillers. H., 2 p. L., 1 p. 6 p.
Portrait de M. le comte de Lupé. H., 2 p. L., 1 p. 6 p.
Portrait de M. Watelet. H., 3 p. L., 2 p. 6 p.
Portrait de Mlle de Pange. H., 1 p. 3 p. L., 1 p.
Portrait de Mme Greuze. Ovale. H., 2 p. 4 p. L., 1 p. 6 p.
Une petite Fille lisant la croix de Jésus. (Du cabinet de Julienne.)
Tête de petit Garçon. (Du cabinet de M. Mariette.)
Tête de petite Fille. (Du cabinet de M. Presle.)
Autre tête de petite Fille. (Du cabinet de M. Damery.)
Le tendre Ressouvenir. (Ces cinq tableaux ont chacun 1 p. 3 p. de haut sur 1 p. de large.)
Une jeune Fille qui a cassé son miroir. H., 1 p. 6 p. L., 1 p. 6 p. (Du cabinet de M. de Boisset.)
La Piété filiale. H., 3 p. L., 4 p. 6 p. (Appartenant à l'auteur.)

1765

Une Jeune Fille qui pleure son oiseau mort. Ovale de 2 p. de haut. (Appartenant à M. de la Live de la Briche, introducteur des ambassadeurs.)

L'Enfant gâté. H., 2 p. 6 p. L., 2 p. (Appartenant à M. le duc de Praslin.)
Tête de Fille. (Appartenant à M. Godefroy.)
Une petite Fille tenant un capucin (Appartenant à M. de la Live de Jully, introducteur des ambassadeurs.)
Tête de petite Fille. (Appartenant à M. le chevalier Damery.)
Une tête en pastel. (Appartenant à M. le baron de Besenval.) Ces quatre tableaux ont 1 p. 3 p. sur 1 p. de large.
Portrait de M. Watelet, receveur général des finances. H., 4 p. 6 p. L., 3 p. 6 p.
Portrait de M. Wille, graveur du Roi.
Portrait de M. Caffiery, sculpteur du Roi.
Portrait de M. Guibert.
Portrait de Mme Taffart.
Portrait de Mme Greuze. (Ces cinq portraits ont 2 p. 6 p. de haut sur 2 p. de large.)
Portrait de M. de la Live de Jully, introducteur des ambassadeurs.
La Mère bien-aimée. Esquisse.
Le Fils ingrat. Esquisse.
Le Fils puni. Esquisse.

1769

L'empereur Sévère reproche à Caracalla, son fils, d'avoir voulu l'assassiner dans le défilé d'Ecosse.
La Mère bien-aimée, caressée par ses enfants. H., 3 p. L., 4 p.
Jeune Fille qui fait sa prière au pied de l'autel de l'Amour. H., 5 p. L., 4 p. (Appartenant à M. le duc de Choiseul.)
Jeune Enfant jouant avec un chien. H., 2 p. L. 1 p. 6 p.
Portrait du Prince héréditaire de Saxe. H., 1 p. 6 p. L., 1 p. 3 p.
Portrait de M. Jeaurat. H., 2 p. 6 p. L., 2 p.
Portrait de M. de ***. H., 2 p. 6 p. L., 2 p.
Trois têtes d'Enfant. (Même numéro.)
La Mort d'un Père de famille regretté par ses enfants. Dessin.
La Mort d'un Père de famille dénaturé, abandonné par ses enfants. Dessin.
L'Avare & ses enfants. Dessin.
La Bénédiction paternelle. Dessin.
Le Départ de la bercelonnette. Dessin.
La Consolation de la vieillesse. Dessin.

les fcènes & jufqu'aux titres dans fes coquettes imitations du *Benedicite* & de l'*Ecureufe*. Mais en même temps que ces tableaux médiocres & fans accent, bruyants & fans effet, où l'on croirait voir le tapage d'un élève de Boucher dans la compofition d'un élève de Chardin, Greuze envoyait deux têtes, l'une d'un petit garçon, l'autre d'une petite fille, qui, ouvrant en fouriant l'aimable galerie de fes portraits d'enfants, commençaient & révélaient la grâce de fon œuvre. Encore aujourd'hui, le charme de Greuze, fa vocation, fon originalité, fa force apparaît là, & ne fe montre que là, dans ces têtes enfantines. Elles feules rachètent toutes les faibleffes, toutes les fauffetés & toutes les mifères de couleur fi vifibles dans les grands tableaux de Greuze, les blancs baveux, la gamme générale à la fois fourde & grife, le délayage des tons violet & gorge de pigeon, l'indécifion des rouges, la faleté des bleus, la molleffe & le barbottage des fonds, l'épaiffeur des ombres. Depuis que la mode a abandonné ces pages tant admirées, on dirait que la lumière les a quittées : c'eft une peinture de porcelaine qui tourne au noir. Mais que l'on rouvre les yeux fur une de ces petites têtes blondes qu'un rayon éveille, que le foleil careffe & frife, on fent que la main, la main infpirée d'un véritable peintre a paffé fur ces joues fouettées par le pinceau du rouge de la fanté, a bombé & liffé ce petit front où le jour vit, a mis dans cet œil au regard bleu l'éclair & le ciel, a jeté une careffe d'ombre fous le fourcil ébauché, a fait de l'arc de la bouche, preffé fur les deux joues, la moue d'un chérubin. Rien de plus frais, rien de plus vivement & de plus légèrement touché : le ton eft tendre & comme tout mouillé d'huile, l'empâtement fleurit la chair en l'effleurant, la phyfionomie naiffante, les formes à peine dégagées femblent, fous le frottis qui badine avec elles, trembler comme les chofes à l'aube. Une vie graffe anime toutes ces petites figures joufflues qu'on croit avoir déjà vues animées d'une vie folide dans les portraits de famille de Van Dick (1).

Peintre de l'enfance, Greuze eft prefque un maître lorfqu'il touche à la tête de la jeune fille. Il excelle à repréfenter cette beauté de la femme qui fe lève & flotte encore dans les traits de la petite fille. Il a des fineffes, des tendreffes de ton adorables pour les chevelures à peine retenues par un ruban, envolées, poudroyantes, pour le rayonnement doré que la naiffance des cheveux fait au haut d'un front, pour le réfeau des petites veines bleues ramifiées à la tempe. Il donne à l'œil de la jeune fille la profon-

---

(1) Il n'eft pas fans intérêt de donner ici une note de Greuze adreffée à Ducreux, & contenant pour ainfi dire le catéchifme de fa pratique :

« Finiffé vos ouvrages tant que vous pourés revenés y trente fois fi il le faut vos fonds bien empaftés tachés de faire au premier coup & ne craignés jamais de revenir après pourvu que ce foit en glacis ; n'empaftés jamais vos dentelles ni vos gazes ; foyés piquant fi vous ne pouvés pas être vrai, ne faites jamais vos tete plus groffe que nature ni au deffous autant qu'il vous fera poffible. Faites des etudes pour vous orner la mémoire furtout du payfage pour devenir armonieux, n'entreprenés ce que vous pourrrés faire dans votre effence & hatés vous lentement taché d'établir fi il eft poffible vos ombres & de les degrader furtout pour les grandes maffes & alors ne pofé votre ton quaprés favoir comparés du fort au foible vous ferés toujours furs de faire tourner.

« Faites des etudes avant que de peindre en deffinant furtout. » (*Note autographe de Greuze, communiquée par M. A. Wyatt-Thibaudeau.*)

deur & la flamme voilée ; il fait rendre le *noyé* du regard, en attendrir l'expreffion, en mouiller la lueur, faire trembler l'émotion ou la paffion dans la douceur d'une larme arrêtée par les cils. Il anime tout de jeuneffe : la narine eft frémiffante, un fouffle entr'ouvre la bouche, les lèvres pleines fe tendent & s'avancent dans un vague mouvement d'afpiration. Des glacis relevés de martelages de pâte sèche, des traînées de lumière jetées fur des demi-teintes fluides & qui éclatent fur l'inconfiftance des deffous, il n'en faut pas plus à Greuze pour faire fortir de la toile tous ces jolis vifages, ces teints rofés, cette chair blanche, douillette & chaude, vivante de fang, baignée de foleil, ces cous effilés, ces épaules rondiffantes & careffantes à l'œil comme un couple de colombes, ces feins gonflés d'hier, fur lefquels paffe & joue le reflet d'une gaze ; bonnes fortunes du colorifte, morceaux peints d'inftinct, enlevés de verve, qui parfois rappellent le grand maître dont Greuze, grimpé fur une échelle, en compagnie de fon ami Wille, au Luxembourg, interrogeait le génie, dont il flairait la peinture, le nez fur la toile pendant de longues heures : Rubens ! Et ne faut-il pas toujours revenir à ce grand nom, comme à la grande fource de tous nos talents français ? Tous defcendent de ce père & de ce large initiateur, Watteau comme Boucher, Boucher comme Chardin. Pendant cent ans, il femble que la peinture de la France n'ait d'autre berceau, d'autre école, d'autre patrie que la Galerie du Luxembourg, la Vie de Marie de Médicis : le Dieu eft là !

Déjà du vivant de Greuze, c'étaient ces têtes qui faifaient le régal des connaiffeurs, la tentation des fins amateurs. Il faut voir la fièvre de joie du graveur Wille, lorfqu'il les achète, l'orgueil avec lequel il en infcrit l'acquifition dans fon journal, la fermeté qu'il met à les défendre contre les convoitifes du comte de Vence. Il s'enflamme fur leurs beautés, il les eftime précieufes entre les plus précieufes peintures de l'époque ; il les couvre de beaux louis tout neufs. Le peintre, malgré fon nom qui fe faifait jour, était loin d'être riche ; & ce fut une providence dans la gêne de fes commencements que cet enthoufiafme d'un ami pour les têtes de jeunes filles échappant fi facilement à fon pinceau. Wille l'aide, le pouffe, le vante, le fait connaître, le met en relation avec l'Allemagne, ce grand marché & ce grand débouché de l'art français. Il envoie les étrangers qui viennent chez lui demander leur portrait à Greuze ; il lui rend les mille fervices dont Greuze le paiera par un chef-d'œuvre. Un jour, Wille, invité à prendre le chocolat chez Mme Greuze, était prié par fon mari de fe placer auprès de fon chevalet ; & Greuze, avec le feu de la reconnaiffance & un certain entraînement de cœur, faifait du graveur faxon à la phyfionomie dure, aux joues couperofées, au petit œil ardent & effaré, ce beau portrait dont la forte & vivante peinture efface tout ce que le modèle avait d'ingrat (1).

L'expofition de Greuze au Salon de 1759 réuffiffait auprès du public. Deux années

(1) *Mémoires & Journal de Jean-Georges Wille*, publiés par G. Dupleffis, Renouard, 1857.

après, en 1761, un tableau qu'il finiffait pendant l'expofition, & qui n'était expofé que pendant les dix derniers jours du Salon, l'*Accordée de village*, emportait l'admiration générale. C'était une acclamation, une émeute d'enthoufiafme, un prodigieux fuccès répandu partout, qui rempliffait les falons, qui montait même fur les théâtres : dans les *Noces d'Arlequin* jouées la même année, le théâtre Italien faifait au peintre l'honneur jufque-là fans exemple de repréfenter fon tableau fur la fcène (1). Le public fermait les yeux fur l'inharmonie des couleurs, le défaccord des tons, le défagrément des nuances, fur le papillotage des lumières, fur toutes les taches & les infuffifances d'exécution du chef-d'œuvre : il était fafciné, ravi, pénétré par la fcène, l'idée, l'émotion circulant dans la toile. Il ne voyait que la bonhomie du vieux père, l'heureux mouvement de la mère fe rattachant par une dernière étreinte au bras de fa fille, la trifteffe de la fœur cadette cachant fes larmes, la curiofité naïve de l'enfant fe hauffant fur la pointe des pieds, le groupe aimable des fiancés, l'embarras pudique du bonheur de la jeune fille, le combat fur fon vifage de l'amour & des regrets, du cœur de l'enfant & des penfées de l'époufe. On battait des mains à la délicateffe des détails, à l'efprit des riens que la penfée du peintre avait touchés çà & là, à l'ingéniofité de toutes fes intentions, à cet abandon du bras de la fiancée laiffant pendre le bout de fes doigts fur la main du fiancé, à l'allégorie du premier plan où l'on voyait une poule & fes petits, & fur le bord de la terrine, le pouffin, bec en l'air, cou tendu, effayant fes ailerons. C'étaient dix jours de triomphe ; & le tableau était encore l'événement & l'entretien de Paris, du monde des artiftes, du monde des curieux, lorfqu'il quittait le Louvre pour entrer dans le cabinet de M. de Marigny (2).

IV.

Le fuccès de ce tableau affermiffait Greuze dans fa voie, dans fa vocation, la repréfentation des mœurs bourgeoifes & populaires, à laquelle prenaient goût la curiofité & l'intérêt du grand monde laffé de galanteries mythologiques, de nudités friponnes & de *tableautins* galants. Le peintre fe mettait en quête de matériaux, d'idées, de modèles, d'infpirations dans le Paris où Mercier glanait fes obfervations (3), cher-

---

(1) *Hiftoire du théâtre Italien*, par Desboulmiers, vol. VII.

(2) Payée 3,000 livres par M. de Marigny, l'*Accordée de village* était achetée à fa vente (1781), pour le Roi, 16,650 livres. Ce tableau eft maintenant expofé au Louvre.

(3) Le vieux Mercier difait à Delort fur une banquette du reftaurant Labbaye : « Greuze & moi, nous fommes deux grands peintres, du moins Greuze me reconnaiffait pour tel... Greuze, qui m'aimait, voulut me céder fon logement à la galerie du Louvre, rue des Orties, parce qu'il n'avait point de foleil, & moi je n'ai pas befoin de foleil pour écrire. » (*Mes voyages aux environs de Paris*, par Delort. Paris, 1821; vol. II.)

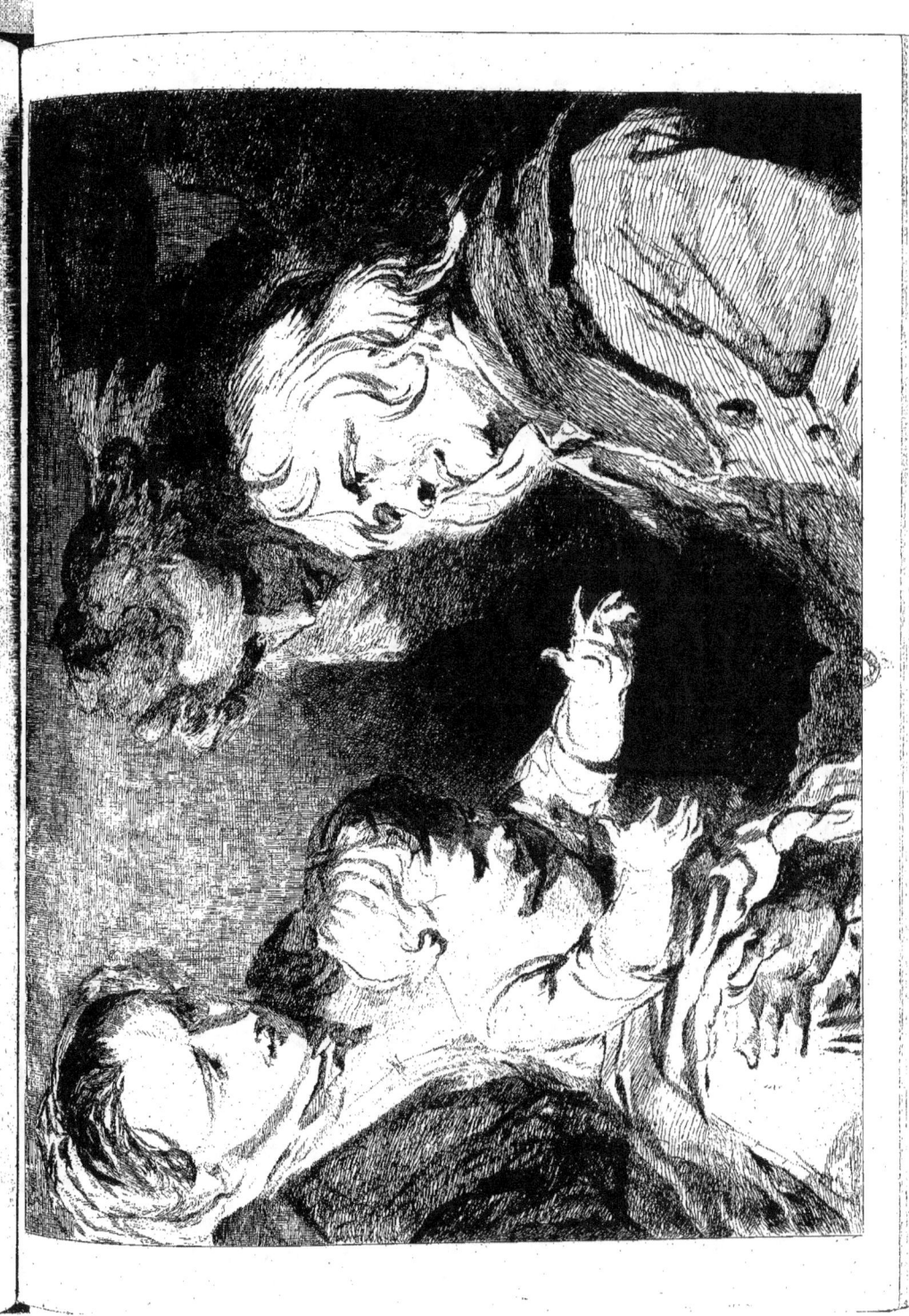

chant, comme ce peintre à la plume, ſes notes & ſes croquis dans la rue & dans les fauxbourgs, dans les marchés, ſur les quais, en plein peuple, en pleine foule. Il ſe promenait, il écrivait, il eſſayait de ſaiſir ſur le vif, toutes brutes, toutes chaudes, les paſſions humaines. Le ſoir, il allait voir s'agiter la vie nocturne de la grande ville aux petits ſpectacles, aux guinguettes, aux parades, aux cafés de ces boulevards qui ne dormaient point. Il battait le pavé, trouvant ici une figure, là un trait, parfois illuminé tout d'un coup par un mot qui lui traçait dans la tête un tableau (1). Ecoutez-le raconter au *Journal de Paris* comment il attrape au vol, en paſſant ſur le Pont-Neuf, ſon ſujet de la *Belle-Mère* :

« 13 *avril* 1781.

« *Permettez, meſſieurs, que je profite de la voie de votre journal pour donner une note hiſtorique de l'eſtampe que je dois mettre au jour le 28 du préſent mois & que j'ai fait graver par M. le Vaſſeur. Elle a pour titre la Belle-Mère. Il y avait longtemps que j'avais envie de tracer ce caractère, mais à chaque eſquiſſe l'expreſſion de la belle-mère me paraiſſait toujours inſuffiſante. Un jour, en paſſant ſur le Pont-Neuf, je vis deux femmes qui ſe parlaient avec beaucoup de véhémence; l'une d'elles répandait des larmes & s'écriait* : Quelle belle-mère! Oui, elle lui donne du pain, mais elle lui briſe les dents avec le pain. *Ce fut un coup de lumière pour moi; je retournai à la maiſon & je traçai le plan de mon tableau, qui eſt de cinq figures : la belle-mère, la fille de la défunte, la grand mère de l'orpheline, la fille de la belle-mère & un enfant de trois ans. Je ſuppoſe que c'eſt l'heure du dîner & que la jeune infortunée va ſe mettre à table comme les autres; alors la belle-mère prend un morceau de pain ſur la table, &, la retenant par ſon tablier, elle lui en donne par le viſage. J'ai tâché de peindre dans ce moment le caractère de haine réfléchie qui vient ordinairement d'une haine invétérée. La jeune fille cherche à l'éviter & ſemble lui dire* : Pourquoi me frappez-vous? je ne vous fais point de mal. *Son expreſſion eſt la modeſtie & la crainte. Sa grand'mère eſt à l'autre bout de la table : pénétrée de la plus vive douleur, elle élève vers le ciel ſes yeux & ſes mains tremblantes, & ſemble dire* : « Ah! ma fille, où es-tu? Que de malheurs, que d'amertume! » *La fille de la belle-mère, peu ſenſible au ſort de ſa ſœur, rit en voyant le déſeſpoir de cette femme reſpectable, & avertit ſa mère en la tournant en ridicule. Le petit enfant, qui n'a pas encore le cœur corrompu, tend ſes bras reconnaiſſants vers ſa ſœur qui prend ſoin de lui. Enfin, j'ai voulu peindre une femme qui maltraite un enfant qui ne lui appartient pas & qui, par un double crime, a corrompu le cœur de ſa propre fille.* »

Malheureuſement, il était plutôt dans le génie de Greuze de goûter le vrai que de l'oſer, de s'inſpirer de la nature que de la reſpecter. La vérité n'était pour lui qu'un point de départ. Il ſe croyait obligé d'arranger le ſujet qui lui était jeté ainſi par le haſard de la rue. Il prêtait de l'eſprit au cœur, des intentions à la paſſion, une élégance à la grâce. Il mettait de la manière dans la naïveté & de la convention dans le pathétique. Ses croquades, ſes ſilhouettes de la rue, en paſſant du papier ſur la toile,

---

(1) *Nouvelles des Arts*, par Landon, an XIII, vol. IV. — *L'Eſpion anglais*, vol. X.

de fa feuille d'étude à la fcène de fon tableau, perdaient la fincérité du mouvement & comme la franchife de la vie. Idées, expreffions, lignes, tout devenait fatalement aimable fous les pinceaux de l'homme qui devait changer la croix en flèches brifées dans les mains de fainte Marie l'Egyptienne. Feuilletez fon œuvre : vous le verrez enjoliver la Misère après avoir enjolivé la Beauté. Ses enfants, fes petits déguenillés à la culotte fendue, regardez-les bien : ne font-ce pas des amours de Boucher habillés en Savoyards & defcendus par la cheminée? Il y a quelque chofe comme la main d'un metteur en fcène qui paffe dans toutes ces compofitions : les perfonnages jouent & font tableau, les occupations femblent réglées, le travail eft un fimulacre, les favonneufes ne favonnent pas. Les murs mêmes, les fonds, les chambres, les intérieurs ont la rufticité convenue & décorative d'une chaumière du temps dans un parc de grand feigneur. Un opéra-comique arrêté fur un coup de théâtre, n'eft-ce pas toujours l'effet d'une toile de Greuze?

En même temps qu'elle fixait le genre du peintre, l'*Accordée de village* décidait la vocation des idées de Greuze. Il devenait le peintre de la Vertu. Il fe faifait le difciple de Diderot, de Diderot fon maître & fon flatteur; il deffinait, il compofait d'après les règles & la poétique du philofophe; il afpirait à réalifer le programme jeté en tête de fon théâtre; il vifait, comme lui, à faire réfonner ou frémir dans les âmes la corde de « l'honnête ». Il voulait, avec des couleurs & des lignes, toucher d'une manière intime & profonde, émouvoir, infpirer l'amour du bien, la haine du vice. D'un art d'imitation, il voulait faire un art moral; de fes toiles, une école où le fentiment ferait dramatifé comme dans le *Père de famille* ou le *Fils naturel*. Sa grande ambition n'était plus de montrer la main, l'âme, le génie du peintre, de faire toucher, avec les yeux, de la chair, du foleil, de la vie; il affignait des devoirs à fon talent, il lui donnait charge d'âmes. Entrer jufqu'au cœur du public comme y entrent le poëte, l'orateur, le romancier; atteindre au fuccès d'émotion du *Doyen de Killerine* ou de *Cleveland*, jeter aux regards une forme qui dégage une idée, incarner la morale domeftique, provoquer les bonnes mœurs à coup de pinceau, les répandre par l'image, tel fut le rêve qui abufa le peintre prédeftiné à fonder en France la déplorable école de la peinture littéraire & de l'art moralifateur.

L'idée morale pourfuit le peintre dans toute fon œuvre. Greuze eft fans ceffe occupé à l'indiquer, à la fouligner; il ne la trouve jamais affez vifible, affez lifible; il la fignifie par le titre de fes fujets; fouvent même, pour la faire plus parlante, il la jette, la répand, l'explique & la commente en marge de fes efquiffes. Que de *moralités* autour de fes allégories! La penfée jaillit avec le flot autour de fes barques de bonheur & de malheur, repréfentant la félicité ou le malheur du ménage. « Le but du mariage : Deux eftres fe réuniffent pour fe garer des malheurs de la vie... Je fuppofe que la vie eft un fleuve... » j'ai vu cela, de fa main, crayonné à la hâte fous un bateau voguant au gré de l'eau, qui portait un homme, une femme & des enfants. Hogarth, déve-

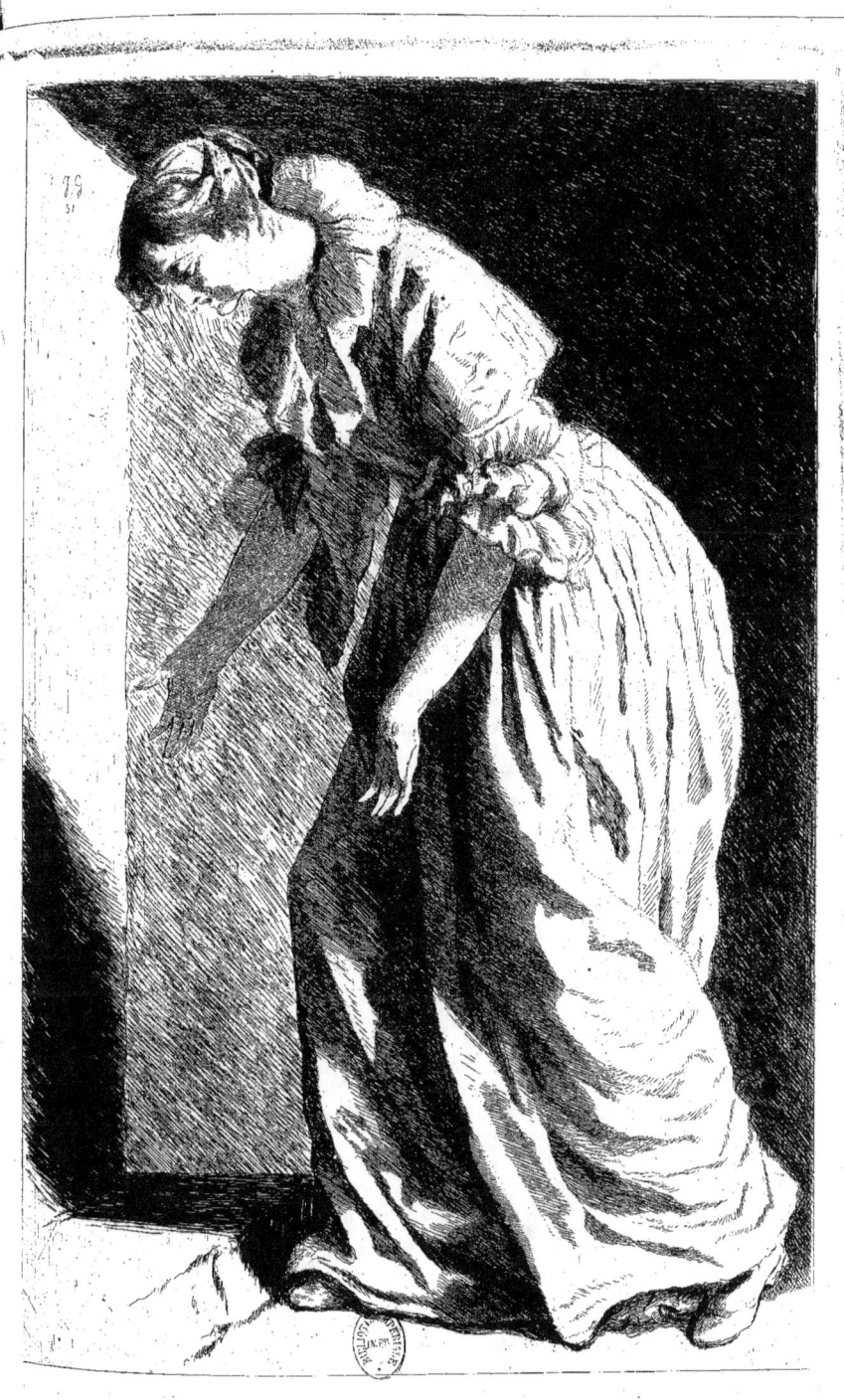

loppant en une férie de planches la vie du libertin, l'induftrie & la pareffe, était un exemple qui le tentait. Greuze rêvait des déploiements de caractère, de paffions, d'aventures qui euffent déroulé, de tableaux en tableaux, la morale d'un roman de Rétif de la Bretonne. Il nourriffait le projet de peindre en partie double l'hiftoire d'une bonne & d'une mauvaife vie. Et le fond de l'homme, l'âme du peintre, où les trouver? Dans une confidence de fon imagination, dans la dictée de *Bazile & Thibaut, ou les Deux éducations*, le canevas d'un roman en vingt-fix tableaux dont la fin était la fentence de mort de Thibaut le meurtrier, prononcée par fon ancien ami Bazile, devenu lieutenant-criminel (1).

V.

Il y avait dix ans que Greuze était agréé. Malgré toutes les follicitations, il n'avait point encore envoyé à l'Académie le chef-d'œuvre préfenté d'ordinaire par les agréés dans les fix mois de leur réception, & décidant leur nomination d'académiciens. Le fuccès croiffant de Greuze, l'eftime que l'Académie faifait de fon talent, la crainte qu'elle avait de paraître méconnaître ou jaloufer un peintre qui ne lui ménageait pas les méprise, tout cela décidait les académiciens à exiger de Greuze qu'il déférât dans le délai le plus court aux obligations du règlement, & qu'il prît dans l'Académie la place que le public lui donnait. En 1767, Greuze ne s'étant point encore occupé de les fatisfaire, ils lui interdifaient l'expofition du Salon (2). Mais la rigueur de la mefure était atténuée & expliquée par une lettre de Cochin, fingulièrement flatteufe, & qui témoignait officiellement à l'agréé tout le défir que l'Académie avait de le poffèder. La réponfe de Greuze à cette lettre était, au dire de Diderot, un modèle de vanité & d'impertinence : « un chef-d'œuvre feul pouvait la faire pardonner. » Enfin, le 29 juillet 1769, Greuze confentait à apporter à l'Académie un morceau de réception. Il avait choifi pour fujet « Septime Sévère reprochant à fon fils Caracalla d'avoir attenté à fa vie dans les défilés d'Écoffe, & lui difant : Si tu défires ma mort, ordonne à Papinien de me la donner. »

L'Académie affemblée, le tableau expofé fur un chevalet fubiffait l'examen des académiciens, tandis que Greuze attendait dans une pièce d'attente, fans grande inquié-

(1) *Annuaire des Artiftes*, 1861. Un roman de Greuze, par Ph. de Chennevières. C'eft le roman dont parlait le *Journal de l'Empire* (11 frimaire an XIV). « ... Greuze avait conçu le projet de repréfenter dans une galerie les événements différents que la bonne ou mauvaife éducation reçue dans l'enfance peut amener dans le cours de la vie. On a dû trouver dans fes papiers le plan de ce petit roman dont il fe plaifait beaucoup à parler, mais qu'il n'a jamais exécuté. »

(2) *Mémoires pour fervir à l'hiftoire de la république des lettres*, vol. III.

tude. Au bout d'une heure, la porte de la falle d'expofition s'ouvre à deux battants. Greuze entre. « Monfieur, lui dit le directeur, l'Académie vous reçoit. Approchez & prêtez ferment. » Les cérémonies de la réception terminées : « Monfieur, reprenait le directeur, l'Académie vous a reçu, mais c'eft comme peintre de genre (1); elle a eu égard à vos anciennes productions qui font excellentes, elle a fermé les yeux fur celle-ci, qui n'eft digne ni d'elle ni de vous. » Greuze fentait le coup, la phrafe lui entrait au cœur. Place de profeffeur, fonctions honorifiques, l'Académie enlevait d'un mot à fes ambitions tout ce qui était le privilège du peintre d'hiftoire. Etourdi, perdant la tête, Greuze, qui avait tout à la fois d'un enfant la timidité & l'orgueil, voulait répondre, fe défendre, foutenir l'excellence de fon tableau. L'Académie l'écoutait en fouriant, & l'on vit le moment où Lagrenée, tirant un crayon de fa poche, allait marquer fur la toile les incorrections des figures (2).

L'Académie n'avait fait qu'apprécier juftement le tableau d'hiftoire de Greuze. Diderot lui-même, qui a pour le peintre de fa Morale une fi partiale indulgence & tant d'entrailles, Diderot eft obligé d'abandonner la défenfe de fon tableau académique; il a beau chercher, il ne peut trouver de paffable dans toute la toile que la tête de Papinien & la tête du fénateur. Du jugement de l'Académie, Greuze appelait au jugement de ce public qui l'avait tant gâté & gonflé. Le public reftait froid, & une petite brochure fe chargeait de traduire & d'expliquer ce refroidiffement & ce défappointement, en proclamant Greuze « vrai dans le fimple, fublime dans le naïf, mais incapable dans le genre héroïque. » Pourquoi, difait le critique à Greuze, au lieu de prendre le fujet indiqué par Diderot, la mort de Brutus, avoir été déterrer un événement ignoré, un fait énigmatique & compliqué que l'art ne peut rendre? Et après une analyfe des défauts de compofition, de deffin & de couleur, déparant ce tableau, il demandait fi Téniers était moins Téniers pour n'avoir pas peint la cour d'Augufte, & fi Préville n'était pas un des premiers acteurs de la Comédie-Françaife pour ne pas jouer le rôle de Mithridate? *In pelle propria quiefce*, c'était le dernier trait de cette critique réfumant en un mot le confeil & le vœu de l'opinion (3).

Cet infuccès, cet avortement de Greuze, cette défaillance dans la grandeur, la nobleffe, le pathétique févère de l'hiftoire, n'avaient-ils d'autre raifon que le tempérament du peintre, le défaut d'élévation d'un génie facile, mais étroit, le vice de coquetterie d'un deffinateur fans puiffance? Son défenfeur & fon confeffeur, Diderot, veut

---

(1) L'Académie attacha une certaine importance à cette réception de Greuze uniquement comme peintre de genre. Une communication de M. Duvivier, de l'Ecole des Beaux-Arts, nous apprend que fur les regiftres de l'Académie, les mots *peintre de genre* ont été renvoyés en marge du procès-verbal & fignés comme approbation fpéciale du renvoi par MM. Lemoyne, directeur; Boucher & Dumont le Romain, recteurs, & Allegrain, profeffeur. D'ordinaire les renvois étaient fimplement paraphés par Cochin.

(2) *Supplément aux Œuvres de Diderot;* Belin, 1818. *Lettres fur le Salon de 1769.*

(3) *Lettres fur l'expofition des ouvrages de peinture & de fculpture au Salon du Louvre;* 1769.

que les hauteurs de l'art, les grandes œuvres aient échappé à Greuze, non parce qu'il manquait de quoi y atteindre, mais parce qu'il eut toujours dans sa vie un tourment, une fatalité, une misère journalière & domestique appesantie sur lui & tenant courbées les facultés de l'artiste sous les ennuis de l'homme & les peines du mari. Le ménage, selon lui, lia Greuze & l'abaissa. La femme qu'il avait assise à son foyer, la jolie Gabrielle Babuty, flétrit quelque chose de l'âme de l'artiste en lui donnant la passion de l'argent. A force d'exigences, de débats, de scènes, de violences, de tortures sottes & de méchancetés bêtes, elle enleva à l'imagination de Greuze la paix, le ressort, le courage de l'effort, la liberté & le silence d'esprit qui bercent la création des choses belles & fortes. Diderot la montre lassant le peintre avec ses taquineries, le diminuant avec ses petitesses, usant ses forces morales, dérangeant ses journées & son labeur, tracassant nuit & jour ses pensées, ses compositions, ses esquisses, mettant un enfer autour de son chevalet, le caprice de ses inconstances autour de son travail. C'est son ouvrage & sa faute que le tableau académique de son mari ; elle a fait traîner & languir l'œuvre commencée depuis huit mois, elle a inspiré & commandé les malheureux changements qui ont gâté l'esquisse, une esquisse sublime. Que Diderot exagère, qu'il cède à l'illusion en croyant qu'une femme est capable de faire le jour ou l'ombre dans l'inspiration d'un peintre, d'être le bon ou le mauvais génie de sa palette, sa déposition n'en est pas moins précieuse. Si elle n'apporte rien à la critique, elle donne à la biographie le secret des chagrins de Greuze, elle éclaire la plaie de sa vie.

Revenons au mariage du peintre, à cette femme, d'abord adorée par lui, son enchantement, ses amours. La voici vivante, parlante, souriante dans le croquis de Diderot, comme dans un médaillon battu d'un coup de soleil : — « Je l'ai bien aimée, quand j'étais jeune & qu'elle s'appelait mademoiselle Babuty. Elle occupait une petite boutique de libraire sur le quai des Augustins, poupine, blanche & droite comme le lys, vermeille comme la rose. J'entrais avec cet air vif, ardent & fou que j'avais, & je lui disais : « Mademoiselle, les Contes de La Fontaine, un Pétrone, s'il vous plaît. — « Monsieur, les voilà. Ne vous faut-il pas d'autres livres ? — Pardonnez-moi, « mademoiselle ; mais... — Dites toujours. — *La Religieuse en chemise*... — Fi donc ! « monsieur ; est-ce qu'on a, est-ce qu'on lit ces vilenies-là ? — Ah ! ah ! ce sont des « vilenies, mademoiselle ? Moi, je n'en savais rien... » Et puis un autre jour, quand je repassais, elle souriait, & moi aussi (1). »

Greuze passait devant cette boutique quelques jours après son retour de Rome. Comme Diderot, il entrait ; comme Diderot, il revenait ; puis un beau jour, à force de revenir, il se mariait, ou plutôt il se trouvait marié sans avoir fait grand'chose pour cela. Il prenait bien vite son parti d'être heureux. Sa femme était charmante. Elle avait la jolie tête que les pinceaux de son mari ne pourront oublier, & que son talent aimera

(1) *OEuvres de Diderot ; Salon de 1765.*

toujours : une mine d'enfant, un front rond & tout uni, des fourcils écartés de l'œil qui prêtaient à la phyfionomie une expreffion de naïveté, de longs cils qui donnaient au regard baiffé de l'ombre & de la careffe, un petit nez de jeune fille, fin, droit, éveillé, une bouche humide, découpée, coquette, l'ovale juvenil & encore plein, la chair douillette & délicate, une rondeur aimable, un petit air de fentiment relevant & animant ce que le vifage avait d'un peu moutonnier, — c'était de cela qu'était faite la beauté de Mme Greuze, la beauté dont vous retrouverez les traits, le charme typique, une forte de figuration officielle dans la petite eftampe de Maffard. Mais la femme même, un autre portrait vous la repréfentera mieux; la reffemblance fera plus intime, l'individualité plus apparente & plus fignifiée dans le tableau où Mme Greuze eft peinte dans fon intérieur fous le titre de la *Philofophie endormie*. Ici, la Volupté fe dégage & paraît fous la Jeuneffe. C'eft Mme Greuze furprife dans fon fommeil & trahie par le fourire d'un rêve. Affife & comme gliffée fur une bergère, elle a la tête renverfée de côté contre l'oreiller jeté fur le doffier du fiége. Un *battant l'œil* ouvert & flottant met autour de fes cheveux roulés la blancheur & la légèreté de fon chiffonnage. L'efpèce de gilet déboutonné qui enferme fa poitrine & foutient fa gorge s'écarte fur un fichu de cou. De fes deux bras abandonnés, l'un pofe fur un livre ouvert que porte une table, l'autre defcend le long du corps jufque fur le genou, où veille, couché, un carlin aux oreilles rognées, au mufle froncé, aux yeux en colère. A fes pieds, auprès de fes mules aux hauts talons, elle a laiffé tomber fon tambour à broder & gliffer fa bobine. Elle dort de tout le corps; le fommeil la poffède & délie fes membres fous le déshabillé, tout ruché & tout feftonné, dont les lignes & les plis paraiffent prendre la molleffe & l'abandon de la dormeufe. Les étoffes font comme affaiffées, la toilette eft entr'ouverte, la pofe eft morte, les paupières font clofes, la bouche eft chatouillée, l'haleine palpite..... Et ne femble-t-il pas qu'un fonge de plaifir baife cette femme fur les yeux?

Greuze peindra encore fa femme d'une façon un peu moins voilée dans la *Mère bien-aimée* fortant la tête de cette couronne de têtes d'enfants qui l'étouffent de baifers, avec un air & un rire qui mettent fous la plume de Diderot un rappel à la pudeur adreffée au peintre & au mari.

Il faut dire, pour l'excufe de Greuze, qu'en peignant ainfi fa femme il ne faifait que la peindre en pied. Mme Greuze était, au moral auffi bien qu'au phyfique, la *Voluptueufe* qu'il repréfentait dans fes tableaux. Huit ans ne s'étaient pas écoulés depuis leur union, qu'elle avait fait éprouver à Greuze tout ce que l'infidélité conjugale a de plus amer, pouffant l'adultère jufqu'à cette effronterie, le cynifme jufqu'à cette infolence dont rien ne peut donner l'idée, fi ce n'eft le Mémoire navrant du malheureux mari, que nous croyons devoir donner ici comme le document le plus intime fur les mauvais ménages d'artiftes au dix-huitième fiècle :

CITOYEN (1), je vais vous révéler, malgré moi, des choses sur lesquelles j'avais jeté un voile funèbre ; vous verrez que l'on a entassé outrages sur outrages ; mon honneur, ma vie, ma fortune & celle de mes enfants, engloutis par une mère dénaturée.

Peu de jours après être arrivé de Rome, je ne sais par quelle fatalité, je passai dans la rue Saint-Jacques, j'aperçus Mlle Babuty dans son comptoir ; elle était la fille d'un libraire ; je fus frappé d'admiration, car elle avait une très-belle figure ; je demandai à acheter des livres pour avoir le temps de l'examiner ; sa physionomie était sans caractère & même moutonnière ; je lui fis des compliments tant qu'elle en voulut ; elle me connaissait ; ma réputation était déjà commencée, j'étais reçu de l'Académie. Elle avait déjà près de trente & quelques années, par conséquent menacée de faire la sainte Catherine toute sa vie ; elle employa toutes les cajoleries possibles pour m'engager de l'aller revoir, & que je n'avais que faire de prétextes, que l'on me verrait toujours avec plaisir. Je continuai à faire des visites pendant à peu près l'espace d'un mois. Un après-midi je la trouvai plus animée qu'à son ordinaire ; elle tenait une de mes mains & me regardant d'un air très-passionné, elle me dit : « Monsieur Greuze, m'épouseriez-vous si j'y consentais ? » Je vous avouerai que je fus confondu de pareille question ; je lui dis : « Mademoiselle, n'est-on pas trop heureux de passer sa vie avec une femme aussi aimable que vous ? » Je crois que cette manière de répondre était tout à fait insignifiante ; cela n'empêcha pas sur-le-champ elle prit son parti, & dès le lendemain matin elle s'en fut avec sa mère sur le quai des Orfèvres ; elle fit faire chez M. Strass, des boucles d'oreille de diamants faux, & dès le lendemain elle n'eut rien de plus pressé que de les mettre à ses oreilles. Comme elle demeurait dans une boutique, toutes les voisines ne manquèrent pas de lui en faire compliment & de lui demander qu'est-ce qui lui avait donné ; & a demi-voix, les yeux baissés, elle disait : « C'est M. Greuze qui m'en a fait présent. — « Vous êtes donc mariée ? » — « Ah non ! » (comme on dit oui en secret à tout le monde). Mes amis ne tardèrent pas à m'en faire compliment ; je les assurai qu'il n'y avait rien de plus faux & que je n'étais pas dans un état de fortune à me marier. Outré d'une pareille effronterie, je n'y retournai plus. Je demeurai alors dans le faubourg Saint Germain, rue du Petit-Lion, dans un hôtel garni que l'on appelait l'Hôtel des Vignes. Il s'était passé trois jours sans que j'eusse entendu parler de rien ; je l'avais même déjà oubliée, lorsqu'un beau matin elle vint frapper à ma porte, accompagnée d'une petite cuisinière qu'elle avait ; je ne répondis point ; elle savait que j'y étais, elle redouble des pieds & des mains comme une vraie furie. Alors, voyant qu'elle pouvait se perdre de réputation, j'ouvris ma porte, elle se précipite dans mon appartement tout en larmes ; alors elle me dit : « J'ai tort, monsieur Greuze ; mais c'est l'amour qui m'a égarée, c'est l'attachement que j'ai pour vous qui m'a fait servir d'un

---

(1) Ce Mémoire, possédé par M. Jules Boilly, a déjà été publié, avec de curieuses annotations, dans les *Archives des Arts* par notre ami M. de Chennevières qui le donne pour un Mémoire dicté par Greuze en vue d'une séparation juridique, vers 1791.

pareil stratagème ; ma vie est dans vos mains. » Alors elle se précipite à mes genoux, elle me dit qu'elle ne se relèvera pas que je ne lui aie promis de l'épouser; elle tenait mes deux mains qu'elle baignait de ses larmes, j'en eus pitié & je lui promis tout ce qu'elle voulut. Cependant nous ne fûmes mariés que deux ans après dans la paroisse de Saint-Médard (qui n'était pas la sienne), de crainte des plaisanteries que l'on aurait pu lui faire, attendu qu'elle avait dit qu'elle était mariée. J'entrai en ménage avec trente-six livres, le lendemain de mes noces.

Les sept premières années de notre mariage ne furent point accompagnées d'événements extraordinaires; nous avions eu trois enfants ; il nous en restait deux à qui il fallait veiller, les instruire de leur religion & conduire à la messe au moins une fois le dimanche; mais comme elle n'a aucune espèce de religion & que pendant vingt-sept ans que nous avons été ensemble, elle n'a pas été une seule fois à la messe : cette tâche était trop forte pour elle, elle les mit au couvent, où elles ont resté l'une onze ans & l'autre douze. Là elles furent abandonnées, ou visitées rarement; ma fille ainée me disait un jour que je l'allai voir : « Il y a un an & sept jours que maman ne nous a pas vues. » Elle en était pénétrée de douleur.

J'avais donné a graver mon Paralytique à M. Flipart, il devait le mettre au jour dans le courant de l'année. Mme Greuze crut apercevoir une lueur de fortune, me dit : « Monsieur, il me faut un domestique. » Je lui répondis : « Vous savez que nous n'avons pas de rentes & que par conséquent ce n'est pas une chose que nous puissions faire, dans ce moment-ci surtout, mais si vous voulez attendre après Pâques, je ferai en sorte de vous satisfaire. » Pour toute réponse elle m'appliqua un soufflet à tour de bras; je vous avouerai que je fus tout transporté de colère & que je le lui rendis.

Revenons à mon commerce d'estampes que compose le corps de mes ouvrages, que j'ai fait graver par quatre graveurs différents : M. Massard, M. Gaillard, M. Levasseur & M. Flipart, qui ont été mes associés.

Mme Greuze avait écarté ses enfants qui pouvaient devenir ses juges ; il fallait jeter du froid entre mes associés & moi, elle le fit fort habilement; de ce moment je n'eus aucune part au commerce, tout se faisait sans ma participation; j'étais d'ailleurs très-peu propre aux affaires; l'amour que j'ai toujours eu pour mon art, m'a fait oublier mes intérêts & la fortune de mes enfants. Quelques fois je me suis avisé de calculer & de dire : « Vos comptes ne me paraissent pas clairs. » Elle me répondait : « Monsieur, vous n'y entendez rien & croyez que je régis vos affaires mieux que vous ne feriez vous-même. » Je rentrais dans mon atelier, mes pinceaux à la main j'oubliais toute la nature; une pensée nouvelle, le plaisir de la tracer m'empêchait de voir l'abime qui était sous mes pas. Toujours avec sa même habileté, elle calcula que je pourrais bien un jour lui demander des comptes, & comme elle avait déjà distrait des sommes considérables de mon commerce & que je pourrais lui en demander compte, elle me dit : « J'ai bien du malheur, j'ai mis sans votre aveu, je m'en repens, trente ou trente-six mille livres sur un vaisseau, croyant faire votre fortune ; les Anglais viennent de la prendre à la sortie du port. » Mais je lui dis : « Comment avez-vous pu faire une pareille chose sans le faire assurer & comment s'appelait le capitaine? » Jamais elle ne put m'en dire le nom. Comme le temps de notre séparation s'approchait; & qu'il fallait rendre ses comptes & mettre de l'ordre dans nos affaires, elle prit son parti en grand maître & déchira tous les registres; enfin je ne pus jamais savoir les sommes qu'elle avait reçues. Les comptes furent toujours très-exacts avec mes associés & tout fut réglé comme il convenait. « Mais Madame, pourquoi avez-vous déchiré les registres? » — « Parce que cela m'a plu & que je n'ai point de comptes à vous rendre. » Le commerce avait rapporté trois cent mille livres, & il en a manqué cent-vingt mille dans la maison, non compris les estampes que je lui avais données à son profit pour la récompense des peines qu'elle se donnait pour le commerce, elle ne devait faire tirer que cinquante épreuves pour elle & notre associé; au contraire c'est qu'elle en faisait tirer cinq cents qu'elle vendait à son profit, trois à quatre louis pièce. Il y a eu neuf planches de gravées pendant que nous avons vécu ensemble, dont elle a fait son profit.

(Fin de l'article du commerce.)

EVENEMENTS DOMESTIQUES

à commencer sept ans après son mariage.

Ce fut M. Dazincourt (Blondel d'Azincourt) qui premier fut cause des désordres de ma maison. Il y vint d'abord comme amateur; bientôt Mme Greuze s'en empara & elle l'aima avec fureur, & m'en fit un jour la cruelle confidence, mais que c'était un attachement tendre & pur. Il eut grande part au désagrément que j'éprouvai à l'Académie, parce qu'il était lié avec tous les artistes; j'ai violemment soupçonné Mme Greuze d'avoir préparé ce désagrément avec lui. Ce n'est donc plus ma femme, c'est avec une ennemie avec qui je suis obligé de vivre, que je vais trouver à chaque pas.

Sur la fin du règne de M. Dazincourt, Mme Greuze prit du goût pour un élève que j'avais chez moi; je rentrai un jour sur les neuf heures, je trouvai Mme Greuze fort embarrassée de sa figure, mon élève debout devant la cheminée ne sachant que devenir; je crus qu'il convenait de renvoyer ce jeune homme & je le fis, alors le désespoir fut dans la maison. Mme Greuze, toujours un poignard à la main pour se tuer, n'en faisait cependant rien, & je fus inexorable. Bientôt Mme Greuze changea de goût; certain fruitier-oranger qui m'avait servi lorsque je restais rue des Vieux-Augustins, chez un vitrier, en chambre garnie, m'avait fourni des falourdes; il vint me voir & me dit que son fils avait des dispositions pour la peinture, que je l'obligerais infiniment si je voulais lui donner des conseils. Il avait seize à dix-sept ans & Mme Greuze près de cinquante. Ce jeune homme lui plut, elle le prit sous sa protection; elle lui confia nombre de choses d'une assez grande valeur, jusqu'à la concurrence de quinze mille livres. Ce jeune homme était devenu libertin; je crois que Mme Greuze eut lieu de s'en plaindre, puisqu'elle le fit arrêter comme lui ayant volé la somme ci-dessus; il fut conduit chez M. Muron, exempt de police; le père fut averti pour réclamer son fils; ce galant homme, désolé de voir son fils soupçonné de vol, ne put s'empêcher de dire : « Madame, mon fils est un enfant, & vous êtes une femme raisonnable; pourquoi lui avez-vous confié une si grande somme? Mais comme je suis un honnête homme & que je ne veux pas que vous perdiez tout, je vous donne sur ma maison, sise rue des Vieux-Augustins, deux mille livres que vous prendrez après ma mort. » L'acte en fut passé chez M. Prevot, notaire, rue Croix-des-Petits-Champs, dont elle a reçu l'argent à la mort de cet honnête homme; dont une partie fut employée à acheter un carosse. Les incommodités de Mme Greuze ne firent qu'augmenter, elle fut obligée d'avoir recours à M. de Veluose, qui avait un excellent sirop anti-vénérien qui ne réussit pas, & elle fut obligée d'avoir recours à M. Louis, chirurgien, secrétaire de l'Académie de chirurgie, qui termina la cure. Si Mme de Veluose n'est pas morte, elle peut certifier ce que je dis : car elle ne voulut pas la payer. Peu de temps après, elle fit connaissance de M. de Saint-Maurice, conseiller au Parlement, à présent émigré. Sa figure en dessous, son air sournois & rampant, m'en avaient si fortement imposé qu'il fallait que je le visse pour le croire; il avait si cruellement corrompu son cœur que les atrocités ne lui coûtaient rien. Rentrant chez moi, je la trouvai derrière le paravent dans le salon de compagnie, dans une situation qui n'était point équivoque; je me retirai, & le lendemain je lui en fis des reproches; elle me dit : « Cela est vrai, mais je m'en f..... » Ce n'était plus rien pour moi, je connaissais trop bien sa conduite, un crime de plus ou de moins n'était rien; je ne vivais déjà plus avec elle depuis plusieurs années. C'est par ses conseils qu'elle absorba toute ma fortune, c'est lui qui doit avoir toutes les sommes que Mme Greuze a soustraites de ma maison; dans des contrats faits sur sa tête à lui-même & dont il lui payait la rente, & lui avait donné des obligations des sommes qu'il avait à elle; d'autres parties doivent être placées sur la tête de son fils, à rentes viagères, dont Mme Greuze avait donné le tiers pour jouir de la totalité pendant sa vie, & après sa mort retourner sur la tête de son fils. Elle a pris toutes ces précautions pour que je ne puisse jamais savoir les sommes qu'elle m'avait volées.

AUTRE ANECDOTE.

Un de mes amis venant me voir, trouva encore derrière le fatal paravent la même personne. Comme nous étions près de nous séparer, elle fut le consulter & comme elle se servait très-improprement du nom d'honnête femme : « Ah! Madame, vous avez oublié le paravent. »

Nous quittâmes la rue Thibotodé & nous vinmes dans la rue Notre-Dame-des-Victoires (1). L'âme plus perdue que jamais, ayant déjà sa propriété particulière, abandonnait sa maison à ses domestiques, négligeant même sa cuisine, au point que ses casseroles étaient probablement pleines de vert-de-gris; je le présume, car on me fit chauffer un bouillon que je pris le veille de Noël & qui me mit aux portes de la mort; car je fus quatorze heures dans les

---

(1) Par brevet du 6 mars 1769, Greuze occupait un logement aux galeries du Louvre.

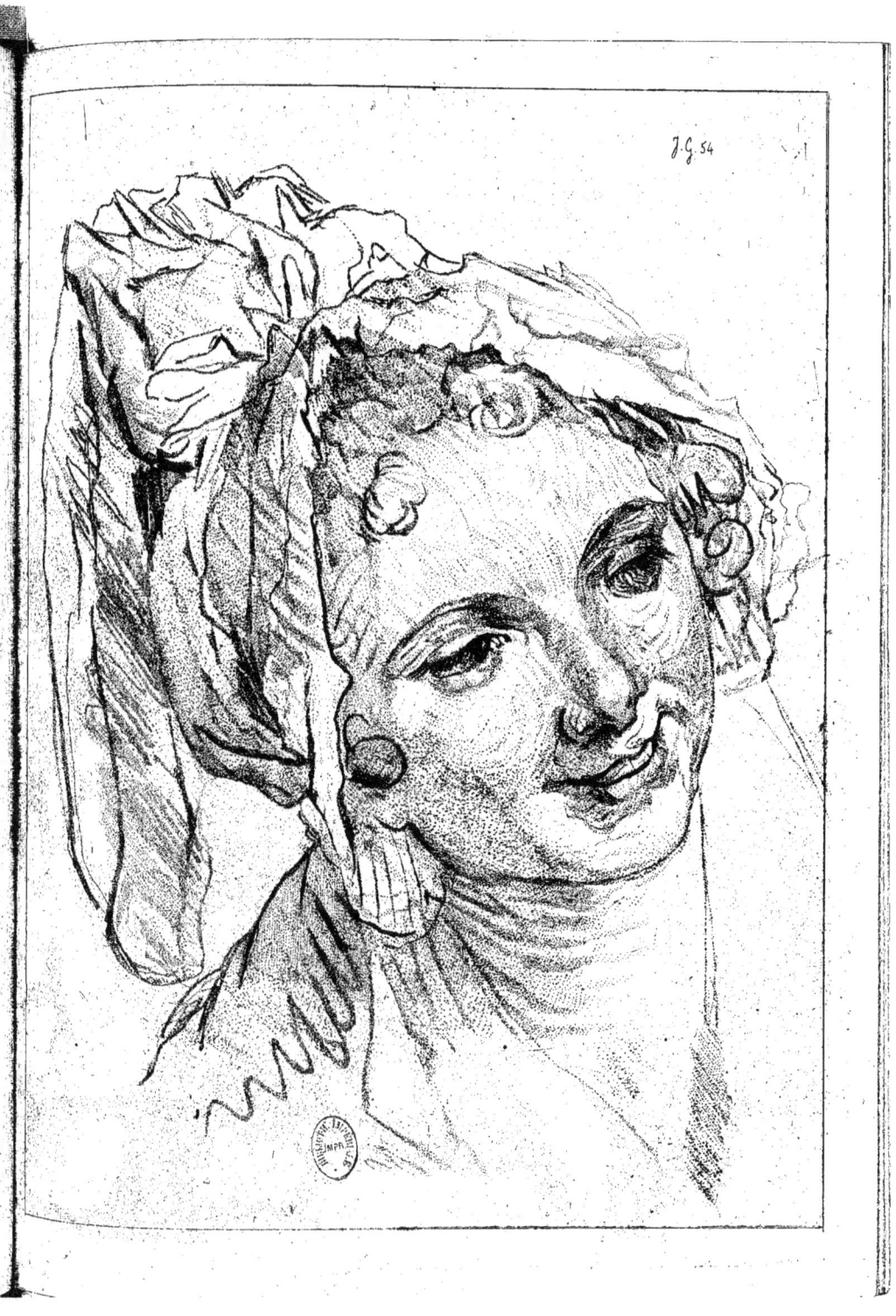

convulsions, sans secours ; vainement l'on envoya chercher les chirurgiens & médecins, personne ne voulut venir que vers les sept heures du matin, M. Le Doux qui vint par hasard pour me voir & qui m'ordonna du thériaque ; il y a à peu près douze ans ; il m'en est resté une douleur dans la poitrine qui existe encore.

Nous couchions toujours dans la même chambre ; lorsque je me réveille en sursaut, j'aperçus Mme Greuze, à la lumière d'une lampe de nuit, qui allait m'écraser la tête avec son pot de chambre, & alors je lui fis, comme vous devez bien penser, de vifs reproches ; elle me dit : « Si tu raisonnes, je crie à la garde, par la croisée & je dirai que tu m'assassines. »

Je quittai la rue Notre-Dame-des-Victoires, & je vins demeurer rue Basse (porte Saint-Denis), où je demeure à présent. Elle prit son appartement & moi le mien. Nous fûmes dès ce moment-là tout à fait séparés.

Plusieurs personnes me dirent que Mme Greuze recevait de fort vilain monde chez elle, & comme j'avais deux demoiselles, il était important que je ne souffrisse pas cette conduite-là. Je pris mon parti, je restai chez moi ce jour-là & je vis entrer chez ma femme, vers les sept heures du soir, un jeune homme d'environ trente ans, qui jadis avait été coiffeur, qui pour le moment avait un petit emploi que l'on lui avait fait donner ; j'entrai chez elle sur-le-champ & je lui demandai ce qu'il voulait, que je n'avais pas l'honneur de le connaître ; il me dit tout bonnement : « « Je viens voir Mme Greuze, » & je lui répondis : « Ma femme ne reçoit que les hommes que je lui ai présentés & je ne vous connais pas ; » il me dit : « Cela m'est égal & je viendrai chez vous toutes les fois que Madame le requerera. » Je me suis aperçu que c'était un piège que l'on me tendait pour faire une esclandre ; je me retirai sans rien dire, me promettant bien de m'adresser aux magistrats ; j'adressai ma plainte chez M. Chenu, commissaire de police, rue Mazarine.

Notre séparation fut alors résolue. Nous convînmes de faire notre partage en deux parties égales, quoique nous fussions trois contre un ; je lui donnai tous les ustensiles nécessaires, dont j'ai acte du tout, passé pardevant notaire ; & treize cent cinquante livres de rente pour sa pension, dont un contrat, chez M. de Saint-Maurice, de mille livres de rente & les deux autres de trois cent cinquante livres dont elle jouit depuis près de sept ans.

VI.

L'humiliation de cette réception académique exaspérait Greuze, & le rendait furieux d'orgueil. Les livres, les brochures, les Salons de Diderot peignent tout l'excès de cette vanité du peintre, nerveuse, irritable, gonflée & débordante, que Greuze affichait, étalait avec des brutalités & des grossièretés d'ouvrier (1). A la moindre critique faite

---

(1) Il y avait de la brutalité de sabotier, dit Mariette, dans l'homme. Le Dauphin lui demandant, après qu'il eut terminé son portrait, de faire le portrait de la Dauphine, Greuze répliqua, devant la Dauphine présente, qu'il le priait de l'en dispenser, parce qu'il ne savait pas peindre de pareilles têtes, faisant allusion au rouge dont elle était couverte.

à fes œuvres, l'artifte entrait dans les colères les plus naïves, parfois les plus plaifantes. Mme Geoffrin s'étant permis de critiquer la « fricaffée d'enfants » de la *Mère bien-aimée*, il s'écriait : « De quoi s'avife-t-elle de parler d'un ouvrage de l'art? Qu'elle tremble que je l'immortalife ! Je la peindrai en maîtreffe d'école, le fouet à la main, & elle fera peur à tous les enfants préfents & à naître (1). » Les falons avaient beau rire, Greuze continuait à faire précéder l'exhibition de fes tableaux d'un exorde à peu près conçu en ces termes : « Oh ! monfieur, vous allez voir un morceau qui m'étonne moi-même qui l'ai fait... Je ne comprends pas comment l'homme peut, avec quelques minéraux broyés, animer ainfi une toile, & en vérité, dans les temps du paganifme, j'aurais crains le fort de Prométhée (2)... » Cette admiration de lui-même, cette adoration de fon génie, de fes œuvres, réfiftait à tout chez Greuze. Le ridicule n'y touchait pas, l'ironie gliffait deffus. Au Salon de 1765 : « Cela eft beau, lui difait M. de Marigny, arrêté devant *la Pleureufe*. — Monfieur, je le fais : on me loue de refte, mais je manque d'ouvrage. — C'eft que vous avez une nuée d'ennemis, lui répondait Vernet, fon confrère de la loge des Neuf-Sœurs, &, parmi ces ennemis, un quidam qui a l'air de vous aimer à la folie & qui vous perdra. — Et qui eft ce quidam? — Vous (3). »

Vernet exagérait : Greuze ne fe nuifait point tant à lui-même. Son orgueil avait une forte d'ingénuité impudique & de candeur effrontée qui défarmait. D'ailleurs le peintre rachetait l'homme. Toutes fortes d'indulgences étaient acquifes à ce tempérament bouillant, à cet artifte brûlant d'infpiration, abforbé dans fon art, enfoncé de toute fon âme & de toute fa tête dans fon œuvre, animé & tout plein de ce qu'il peignait, vivant pour ainfi dire fes tableaux, à ce point que le foir, dans le monde, la trifteffe ou la gaieté de fa compofition du matin était encore comme un reflet fur fon front & dans fon efprit.

Sous le dédain des académiciens, cet orgueil, habitué à la careffe, fe révoltait. Dans le premier moment d'exaltation, Greuze déclarait à l'Académie qu'il ne voulait point en être ; à quoi Pierre lui répondait « que Sa Majefté le lui ordonnerait. » Greuze n'infiftait pas, mais il s'excluait volontairement des expofitions de l'Académie. Dans fa bouderie, il quittait Paris, allait fe fixer en Anjou dans une famille amie, & là peignait des toiles longtemps admirées dans la galerie de Livois, & ce portrait de Mme de Porcin qui eft aujourd'hui au mufée d'Angers. De retour à Paris, fon reffentiment ne s'apaifait point. Il affectait de lutter feul contre l'Académie, difant que l'on ne voyait que « des enluminures » au Salon, & qu'il fallait venir dans fon atelier pour trouver des « tableaux (4). » La faveur publique, entourant Greuze, l'encourageait dans cette guerre à l'Académie, dans ce mépris de fes expofitions. Il expofait chez lui, & la foule accourait devant fes tableaux. L'*Éloge de l'impertinence*, *Adèle & Théodore*, ne manquent point

---

(1) Diderot, *Salon de 1761*.
(2) *Correfpondance fecréte*, par Métra, vol. v.
(3) Diderot, *Salon de 1765*.
(4) *L'Efpion anglais*, vol. x.

de faire entrer la visite de l'atelier de Greuze dans la liste des occupations remplissant la journée d'une femme élégante. Le plus grand monde, les gens les plus haut nommés, la meilleure compagnie, la cour, la noblesse, les princes du sang, les rois de passage à Paris (1), venaient admirer bien haut chez le peintre le portrait de Franklin, la *Dame de Charité*, la *Malédiction paternelle*, le *Fils puni*, la *Cruche cassée*, *Danaé*. Tout Paris y passait (2). A la suite des grands seigneurs & des grandes dames, venait la bourgeoisie du temps, mêlée alors à toutes ces choses de l'art ; & Mme Roland nous a laissé dans ses lettres ce curieux récit d'une visite au peintre :

« Du 19 septembre 1777.

« Je me suis rappelé avec attendrissement, jeudi dernier, le plaisir que nous goûtâmes ensemble, Sophie, en allant chez M. Greuze il y a deux ans : j'y fus pour la même cause qui nous y avait conduites alors. Le sujet de son tableau est la Malédiction paternelle ; je n'entreprendrai pas de t'en donner le détail : ce serait trop long. Je me contenterai seulement de remarquer que, malgré le nombre & la variété des passions exprimées par l'artiste avec force & vérité, l'ensemble de l'ouvrage ne produit pas l'impression touchante que nous ressentîmes toutes deux en considérant l'autre. La nature du sujet me semble donner la raison de cette différence. On peut reprocher à M. Greuze ce coloris un peu trop gris que je l'accusais de mettre à tous ses tableaux, si je n'avais vu ce même jour un morceau d'un autre genre qu'il me montra avec une honnêteté toute particulière. C'est une petite fille naïve, fraîche, charmante, qui vient de casser sa cruche : elle la tient à son bras près de la fontaine où l'accident vient d'avoir lieu ; ses yeux ne sont pas trop ouverts, sa bouche est encore à demi béante ; elle cherche à se rendre compte du malheur, & ne sait si elle est coupable. On ne peut rien voir de plus piquant & de plus joli : tout ce qu'on serait en droit de reprocher à M. Greuze, c'est de ne pas avoir fait sa petite assez fâchée pour qu'à l'avenir elle n'ait plus la tentation de retourner à la fontaine. Je le lui ai dit : la plaisanterie nous a amusés.

« Il n'a point critiqué Rubens cette année ; j'ai été plus satisfaite de sa personne. Il m'a raconté avec complaisance ce que l'empereur lui avait dit d'obligeant : « Avez-« vous été en Italie, monsieur ? — Oui, monsieur le comte ; j'y ai demeuré deux ans. « — Vous n'y avez point trouvé ce genre, il vous appartient ; vous êtes le poëte de « vos tableaux. » Ce mot est d'une grande finesse : il a deux ententes ; j'ai eu la méchanceté d'appuyer sur l'une, en reprenant avec un ton de compliment : « Il est vrai

---

(1) Au mois d'août 1777, le comte de Falkenstein envoyait à Greuze le diplôme de baron & quatre mille ducats, en lui commandant un tableau.

(2) Quand la curiosité se lasse un peu, que Paris dé-

sapprend le chemin de son atelier, Greuze cherche à l'aiguillonner avec des épîtres dédicatoires aux journaux, qui donnent, comme pour la *Veuve & son Curé*, la description de son tableau.

« que fi quelque chofe peut ajouter à l'expreffion de vos tableaux, c'eft la defcription
« que vous en faites. » L'amour-propre d'auteur m'a bien fervi : M. Greuze m'a paru
flatté. Je demeurai chez lui trois quarts d'heure ; j'étais tout uniment avec Mignonne ;
il y avait médiocrement de monde : il était prefque tout à moi (1). »

VII.

Quand les fiècles deviennent vieux, ils fe font fenfibles : leur corruption s'attendrit.
Heure étrange dans le dix-huitième fiècle ! on croirait voir le cœur d'un libertin tomber
en enfance. Humanité, bienfaifance, ces mots lui apparaiffent tout à coup comme une
révélation. Les malheureux intéreffent, la misère touche, Monthyon fonde fes prix, la
philantrophie naît. La charité devient le roman des imaginations. La famille femble
renaître. Le mariage eft retrouvé. A l'idée légère du plaifir fuccède l'idée grave du
bonheur. Les félicités bourgeoifes ont une apothéofe. Le ménage eft glorifié. On
replace au foyer les dieux du devoir. La mode eft d'être mère, la gloire d'être nourrice : le fein, fous la lèvre d'un marmot, devient fier d'orgueil. De tous côtés, la féchereffe du temps cherche la rofée, les efprits demandent une fraîcheur, les larmes veulent
couler. Une douce & chaude émotion flotte dans l'air de ces années palpitantes &
troublées où fe lèvent l'aube & l'orage d'une révolution. Rouffeau paffionne & Florian
enchante. Il y a de l'idylle dans la brife & de l'utopie dans le vent. Toute la fociété
careffe l'image d'une vertu qu'elle pare comme une poupée. Les ducs, dans leurs villages, couronnent des vierges que les filles de Paris viennent applaudir. Des rofes d'innocence fleuriffent à Salency. La morale fe met au petit-lait. Les financiers deffinent des
Moulin-joli. Trianon élève auprès de Verfailles ce petit village d'opéra-comique, un
village bâti pour être le fond du théâtre de Sedaine. L'illufion eft univerfelle, l'ivreffe
eft nationale ; l'hiftoire même paraît fourire à ce rêve enfantin en mettant au haut de
ce temps un ménage royal qui rappelle les types d'une comédie de Goldoni : le Roi
eft d'une bonhomie ruftique ; c'eft le Seigneur bienfaifant que les contes du temps font
arriver à pied chez les fermiers. On le voit retrouffant fes manches pour fortir d'embarras un charretier embourbé. Et la Reine n'a-t-elle pas derrière elle « les Traits
d'humanité » de la Dauphine ?

Greuze eft en peinture le repréfentant de ce fentiment. Il eft le peintre de cette
illufion. Son infpiration eft le fuprême élancement de ce monde vers les tendreffes ra-
jeuniffantes, vers les penfées, les tableaux, les fpectacles qui rapportent les lueurs du
matin à l'âme d'une fociété fur fon déclin. Il parle à la fenfibilité de fon temps, il

---

(1) Lettres de Mlle Phlipon aux demoifelles Canet.

s'attaque à ses sensibleries. Il représente & personnifie sa charité dans la *Dame de charité*. Il caresse & satisfait ses instincts, il donne un corps à ses rêves en retraçant à toutes les pages de son œuvre les fêtes & le couronnement de la vertu, en donnant, avec ses toiles, des canevas aux historiettes morales de l'abbé Aubert. La *Paix du ménage*, le *Gâteau des Rois*, la *Maman*, la *Grand'maman*, le *Paralytique servi par ses enfants*, la *Mère bien-aimée*, tels sont les sujets de ses tableaux, leur thème, leurs titres. Son poëme roule dans le cercle de la famille ; il y naît, il s'y développe, il s'y réchauffe, il s'y parfume. Son œuvre se déroule dans le décor villageois de la félicité laborieuse ; ses drames même, le *Testament déchiré*, la *Belle-Mère*, la *Malédiction paternelle*, le *Fils puni*, sont tirés de la vie domestique. Le doux attendrissement qui vient de l'enfance est répandu dans toutes ces toiles, les *Sevreuses*, la *Bonne éducation*, la *Privation sensible*, le *Retour de nourrice* : le cœur de son œuvre est un berceau.

Quelle sensation laissent pourtant aux yeux & à l'âme cette œuvre, cette peinture, les tableaux de Greuze, les estampes gravées d'après lui? Quelle impression demeure après la vue d'une de ses toiles, après l'étude d'une de ses compositions? Est-ce l'impression simple, une & saine qui reste d'un Chardin? Se sent-on pénétré devant ses scènes de foyer par le calme, la sérénité bourgeoise, tout ce qu'il y a d'harmonie sévère & de naturelle honnêteté dans le *Benedicite* ou la *Toilette du matin*? Greuze apporte-t-il à l'esprit une image nette de la famille, une franche représentation du ménage & de ses joies? Fait-il toucher, comme Chardin, l'ordre de la maison, les bonheurs de la médiocrité? Montre-t-il dans la vérité de son attitude, dans la réalité de sa mise austère, « évangélique, » selon le mot d'une femme du temps, la Mère qui élève le Tiers-Etat? Quitte-t-on enfin une peinture de Greuze l'esprit rempli & content, élevé par une sincère & droite idée morale, par ce que laisserait d'émotion douce & de lumière pure à la pensée le rêve aimable du Bonheur & du Devoir? Greuze ne produit rien de pareil. Son œuvre n'a point cette harmonie qui pénètre, cette simplicité qui touche, cette pureté qui élève. L'impression qu'il donne est complexe, trouble, mélangée. C'est que cette peinture de Greuze a plus qu'un défaut, elle a un vice : elle recèle une secrète corruption, elle est essentiellement sensuelle, sensuelle par le fond & par la forme, par la composition, le dessin, la touche même. La vertu qui revient sans cesse sous ses pinceaux semble toujours sortir des *Contes* de Marmontel. Les tableaux de famille, dès qu'il y touche, perdent leur austérité, leur gravité, leur recueillement. Sa main a je ne sais quoi de coquet & de léger qui ôte à la maternité son caractère de sainteté, ses signes de dignité. Qu'il penche sur la bercelonnette d'un enfant endormi les deux figures du bonheur conjugal, il ne saura donner aux parents que le sourire du plaisir, à la femme que le geste & la caresse de la *fille du monde*. Partout le tempérament du temps, le tempérament de l'homme traverse les idées du peintre, mettant à toute cette morale en action une pointe de libertinage, ne laissant par moments entrevoir dans le moraliste qu'un Baudouin officiellement vertueux. Involontairement, devant ses tableaux, le souvenir revient de ces *Pantins du boulevard* qui portent en épigraphe, en face d'une image ordurière :

> Ce tableau fait pour Greuze annonce ses autels.

A travers ses toiles les plus pures, il semble qu'on aperçoive ses cheveux blancs, ces cheveux blancs qu'admirait & vénérait Mme Lebrun, promenés, traînés, souillés dans les *taudions* de Nicolet, des Associés, des Beaujolais, des Délassements-Comiques. Ses femmes laissent deviner ses modèles & reconnaître des demoiselles Coffet...

Arrangements de groupes, accessoires, poses, attitudes, costumes, tout chez Greuze concourt à cette irritation sensuelle. Les poses sont faciles, abandonnées; les gorges s'avancent, provoquantes & serrées, des corps ramassés. La robe & tout l'habillement ajoute encore à cette voluptueuse mollesse des tissus ondoyants, des couleurs amoureuses. Entre la femme représentée par Greuze & le Désir, il n'y a plus la barrière, le fourreau rigide, le fichu sobre, la toilette droite, solide, presque monastique, des bourgeoises de Chardin ; tout flotte, tout vole, tout est nuage, caprice & liberté autour de ses membres; le linge joue avec ce qu'il ensevelissait de ses grâces, & ce linge, jeté par Greuze sur la peau de la femme, la chatouillant à la saignée des bras, à la naissance des seins, n'est plus le rude linge de ménage, frais sorti, un peu bis, du cuveau & de la lessive de ferme : il est le linge du déshabillé galant, souple au tuyautage & au chiffonnage, le linge des bonnets envolés, le linge des barbes qui battent contre le bout de l'oreille rougie, le linge des fichus de gaze au travers desquels passe le rose de la chair & qu'agite le cœur de la femme, demi-voiles qu'un souffle dérange avec un rien! Ce ne sont que corsets & brassières aux lacets lâches, aux nœuds floches, toilettes déliées, sans résistance, ne tenant à rien, & que la première attaque, semble-t-il, va faire couler à terre. Car c'est là le raffinement de Greuze : il change en provocation la simplicité & le négligé de la jeune fille. Il donne une coquetterie friponne, des plis irritants au voile habitué à toucher la vierge & tout empreint encore de sa chasteté. Et la couleur consacrée à la jeunesse, à la candeur de la femme, la modestie rayonnante de son costume, le *blanc* devient, dans les scènes du peintre, un aiguillon, une délicate excitation de débauche, un appât, un réveillon qui rapporte sans cesse au regard un coin du *Lever des ouvrières en modes*.

De ce blanc, des transparences du linon, de cette batiste en désordre, quelle femme, quelle figure fait sortir le peintre de la *Cruche cassée*, de l'*Oiseau mort*, du *Miroir brisé?* Une beauté qui a toujours l'œil désarmé, la bouche éclairée d'une lumière humide, le regard coulant, perdu, vif pourtant & aux aguets sous les paupières baissées. C'est l'innocence de Paris & du dix-huitième siècle, une innocence facile & tout près de sa chute; ce sont les quinze ans de Manon, la petite blanchisseuse si commodément naïve dans la chambrette de Desforges. Greuze ne prête point à la jeune fille dont il répète si souvent les traits d'autre pureté que le sourire, la jeuneffe, la faibleffe & les larmes. La pudeur virginale telle qu'il l'exprime ramène la penfée à ce livre qu'il nous rappelait déjà tout à l'heure ; l'ingénuité qu'il perfonnifie eft l'ingénuité même de Cécile Volanges, l'ingénuité fans forces & fans remords, cédant à la furprife, aux fens, au plaifir, avec le charme & l'adreffe d'une hypocrifie angélique & d'une fauffeté naturelle. Et ce type de l'ingénue de Greuze, qui fit fon fuccès & fa gloire, étudiez-le à fond : il vous femblera que le peintre l'a apporté à un fiècle vieux, aux appétits ufés du dix-huitième fiècle, ainfi qu'on amène à un vieillard l'enfance d'une femme pour le réveiller.

VIII.

Greuze avait gagné beaucoup d'argent. Ses tableaux fe vendaient fort cher. L'affociation qu'il avait faite avec Maffard, Gaillard, Levaffeur, Flipart, pour l'exploitation & la gravure de fes tableaux, lui avait rapporté une fortune. Pendant quelques années, Paris, la province, l'étranger, n'avaient voulu & n'avaient acheté que des fujets de Greuze. Les Baudouin, les Lawrence, toutes les eftampes friponnes remontaient au grenier, chaffées par cette morale en images de Greuze qu'on retrouve encore aujourd'hui aux murs des vieilles maifons provinciales. A cet engouement fe joignait pour les bénéfices de la fociété le caprice des amateurs habilement careffé, excité, irrité par des recherches & des *remarques* dont n'avait pas encore ufé le commerce de l'eftampe françaife. Il y eut l'alléchement de toutes fortes d'états & de différences, une véritable échelle de tirage faite pour piquer le goût ou la vanité de la curiofité. Rien ne fut oublié : épreuves avant la lettre, avant les armes, avant la dédicace, avant l'adreffe, avant le titre de peintre du Roi, avant le point. Ce furent comme les toilettes de l'eftampe, depuis le déshabillé jufqu'au grand habit : on la vendit fous tous les coftumes, on la para de toutes fes coquetteries, & le fuccès de l'opération fut fi grand que, pour échapper à la contrefaçon des états & pour authentifier les planches, Greuze & fes graveurs les fignèrent au dos (1).

La Révolution prenait tout à Greuze. Sa fortune s'envolait en affignats, fon nom fe perdait, fon œuvre paffait & s'effaçait. Gliffant dans la gêne, il difparaiffait dans l'oubli. Il vieilliffait en fe furvivant, traînant le lourd fardeau d'une réputation morte. Son temps était déjà le paffé, fon public avait vécu. Rien autour de lui n'était plus de fon âge. A chaque toile de David, un peu plus de filence & de mépris tombait fur la ci-devant peinture. Greuze paffait fes dernières années à écouter le bruit fe taire fur fa mémoire : il croyait affifter à l'ingratitude de la poftérité. Trifte fin, qui reffemble à une expiation du fuccès ! Dure épreuve par laquelle passèrent tant d'enfants gâtés du dix-huitième

---

(1) Lettres d'un voyageur à Paris à fon ami fir Charles Lovers, demeurant à Londres.

fiècle, jetés par-deffus la Révolution, dépayfés, égarés, exilés dans le temps, n'ayant plus de patrie ni de foleil pour leur gloire, pareils à des échappés de naufrage qui demeureraient feuls d'un monde englouti !

Cette vieilleffe miférable, oubliée, frappée au cœur, on l'entend gémir dans cette fupplique douloureufe au miniftre de l'intérieur :

« *Le tableau que je fais pour le gouvernement eft à moitié fini. La fituation dans laquelle je me trouve me force de vous prier de donner des ordres pour que je touche encore un à-compte pour que je puiffe le terminer. J'ai eu l'honneur de vous faire part de tous mes malheurs : j'ai tout perdu, or le talent & le courage. J'ai foixante-quinze ans, pas un feul ouvrage de commande; de ma vie je n'ai eu un moment auffi pénible à paffer. Vous avés le cœur bon, je me flatte que vous aurés égard à mes peines le plus tôt poffible, car il y a urgence. Salut & refpect.*

« GREUZE.

« *Ce 28 pluviôfe, an IX.*   « *Greuze, rue des Orties, gallerie du Louvre, n° 11 (1).* »

Quelque chofe cependant fourit encore dans la vieilleffe de Greuze : une femme fut laiffée à fes côtés qui mérita le nom d'Antigone. Le dévouement d'une fille demeura & flotta jufqu'à fa mort autour de lui comme une careffe. C'étaient les mains de la Famille autour du Paralytique.

Greuze mourait le 30 ventôfe an XIII (jeudi 21 mars 1805), & pour fuivre le convoi de l'homme dont les gravures rempliffaient le monde, de l'homme qu'un empereur avait vifité, de l'homme qu'une fociété tout entière avait adoré, il n'y avait que Dumont & Berthélemy.

---

(1) Lettre autographe de Greüze, publiée par l'Iconographie (collection Chambry). Delort, dans *Mes Voyages aux environs de Paris*, nous apprend que cette copie de *Marie l'Egyptienne*, le dernier ouvrage de Greuze, fut commandée au peintre par le prince de Canino, touché de la misère de fes foixante-quinze ans.

Les quatre deffins de Greuze que nous donnons dans cette étude gravée à l'eau-forte : — une étude pour un portrait du duc d'Orléans, — la *Confolation de la vieilleffe*, — une étude de la *Dame de charité*, — une tête de femme, — font partie, le premier, du mufée du Louvre, le fecond & le troifième, de notre collection; le quatrième, de la collection de M. E. Marcille.

LES SAINT-AUBIN

Tiré à 200 Exemplaires.

LYON
IMPRIMERIE DE LOUIS PERRIN
Rue d'Amboife, 6.

EDMOND ET JULES DE GONCOURT

LES SAINT-AUBIN

ETUDE

CONTENANT QUATRE PORTRAITS INEDITS

gravés à l'eau-forte.

PARIS

E. DENTU, PALAIS-ROYAL, GALERIE D'ORLEANS

—

1859

Droits de traduction & de reproduction réservés.

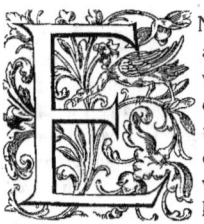N France rien ne réuſſit comme l'ennui. Charmez la France, amuſez-la avec la légèreté, la grâce, la gaieté, l'eſprit; que votre œuvre ſoit un ſourire de la vie contemporaine, la chanſon de votre âme & de l'âme de votre temps; vous, peintre, tracez, d'un crayon qui ſe joue, la comédie d'un peuple; dites, Chardin ou Watteau, l'idéal familier ou poétique de votre ſiècle; vous n'entrerez pas dans cette gloire ſolennelle: la conſidération de la poſtérité. Singulière patrie que la nôtre! ingrate ſeulement pour les enfants de ſon génie! Et voilà, ſans plus de phraſes, pourquoi les Saint-Aubin ſont ſi bien morts & ſi bien enterrés.

I.

Il eſt de ces familles qui vivent d'une induſtrie ſi rapprochée de l'art, qu'un beau jour les enfants ou les petits-enfants ſautent à pieds joints par-deſſus l'induſtrie paternelle, & paſſent à l'art. Il en fut ainſi des deux Saint-Aubin, Gabriel & Auguſtin, qui, nourris dans l'atelier de broderie de leur père Germain de Saint-Aubin, brodeur du Roi, s'échappèrent tout jeunes & coururent au deſſin. Et des quatorze enfants que le vieux père Germain avait eus de ſa femme Catherine Humbert, y en eut-il encore deux d'appelés & de tentés : Louis-Michel de Saint-Aubin, qui devint un peintre ſur porcelaine, & Charles-Germain de Saint-Aubin l'aîné, le deſſinateur ſur étoffes, qui fit les *Papillonneries humaines* (1).

II.

Gabriel-Jacques de Saint-Aubin était né à Paris en 1724. Il avait eu les leçons de Jeaurat, de Colin de Vermont, de Boucher. De bonne heure, il avait étudié d'après nature, à l'Académie royale de peinture, avec zèle, avec goût. Puis, vers 1751, après pluſieurs médailles de deſſin obtenues, il avait concouru pour le grand prix de peinture. Il n'eut que le ſecond prix. Murmurant, bleſſé, Gabriel avait rompu avec l'Académie. L'Académie & l'académique, en un jour il planta tout là, ſe ſecoua, fit peau neuve, perdit l'ambition, refit ſes dieux, & devint ſoudain le Gabriel de Saint-Aubin qu'il reſta toute ſa vie, un homme galant & droit, ayant fait un feu de joie des doctrines & des routines, des pratiques & des reſpects humains de l'art, replié ſur lui-même, vivant ſur ſon orgueil & ſa conſcience, miſanthrope, non, mais détaché du monde, & libéré des autres, penchant vers le peuple, & penché ſur la rue.

Ainſi il vivait, il travaillait dans ſon coin, hors la loi des coteries, hors la ſphère des engouements, comme fait tout eſprit qui a la foi, le courage, & le renoncement au ſuccès préſent ; jaloux ſeulement de ſe ſatisfaire & de s'applaudir, s'abandonnant à lui-même, ne réſiſtant pas à ſon âme, indulgent à ſon génie, & ſe laiſſant aller à ſa nature. Singulier homme ! ſachant tout là-deſſus, &, quoiqu'il eût gardé la naïveté de ſon talent, homme de ſcience qui eût pu en remontrer aux profeſſeurs en chacune des parties de la peinture ; à l'ombre pourtant, ſans fortune, ſans gloire, inconnu, s'il n'y avait eu pour le montrer au public, de loin en loin, pêle-mêle avec d'autres inconnus, une pauvre académie un peu mendiante, un peu errante : j'ai nommé l'Académie de Saint-Luc.

C'était là une académie au goût de Saint-Aubin : académie irrégulière, ſuſpecte, avec des expoſitions intermittentes, vivant entre la tolérance & la menace, déménageant des Auguſtins à l'hôtel Jabach, recueillie par M. Voyer d'Argenſon à l'Arſenal dans la Cour du Grand-Maître, mépriſée & pourtant haïe, tracaſſée & pourſuivie par l'Académie royale. Mais il faut ſi peu pour faire un mont Aventin ! Gabriel ſortit donc de ſon tonneau, & alla à l'Académie de Saint-Luc. De 1751 à 1774, il ne manque à aucune

---

(1) *Catalogue de tableaux, deſſins, eſtampes d'Auguſtin de Saint-Aubin*, par Regnault, Paris 1808.

de fes expofitions (1). Tout ce qu'il fait ou à peu près paffe là, portraits par dizaines, efquiffes, payfages, compofitions, plafonds; tous les faciles enfants de fon pinceau & de fon crayon. Là feulement il fe publie, & appelle le jugement, & court après le bruit

---

(1) *L'Explication des ouvrages de peinture & de fculpture de Meſſieurs de l'Académie de Saint-Luc* mentionne, au nom de Pougin de Saint-Aubin :

En 1751 :

N° 109. Un grand tableau en paftel, repréſentant M. & Mme Caprini & leur fils, habillés en payfans étrangers qui voyagent.

N° 110. Cinquante portraits & celui de l'auteur, par lui-même.

En 1752 :

N° 124. Le portrait de Mme d'E ***, en gouvernante efpagnole dans la comédie du *Magnifique*.

N° 125. Le portrait de Mme de C***, en jardinière.

N° 126. Le portrait de Mme de W*** & fon petit-fils.

N° 127. Le portrait de M. d'Aube, maître des requêtes.

N° 128. Le portrait de M. le maréchal de Balincourt.

N° 129. Le portrait de M. & Mme ***, fous le même numéro.

N° 130. Le portrait de M. de B.

N° 131. Le portrait d'une jeune fille.

N° 132. Le portrait de M. l'abbé ***.

N° 133. Le portrait de M. le comte d'A.

N° 134. Le portrait de M. de B.

N° 135. Le portrait de M. de R.

N° 136. Les enfants de Mme de Lanion, en Savoyards.

N° 137. Les enfants de Mme la marquife d'Efferteaux, même habillement. — Un nègre & une négreffe, fous le même numéro.

N° 138. Deux Pères capucins.

N° 139. Mme de***.

N° 140. La femme de l'auteur.

N° 141. Une efquiffe du troifième acte de la comédie *Arlequin & Scapin voleurs par amour*.

N° 241. Le portrait de M. de ***.

N° 242. Le portrait de Mme de ***.

N° 352. Le portrait de S. Exc. Mme l'ambaffadrice de Hollande.

Le portrait d'un homme tenant des bouteilles & un pain.

En 1753 :

N° 59. Le portrait de Mme de Saffenay.

N° 60. Le portrait de M. le comte de Lillèbonne.

N° 61. Le portrait de Mlle Fauconnet.

N° 62. Le portrait de M. l'abbé Tardif.

N° 63. Le portrait de M. le chevalier de Brebant.

N° 64. Le portrait de M. Vaultier.

N° 65. Le portrait de Mlle de Chameville.

N° 66. Le portrait de Mme la comteffe de Mory.

N° 67. Le portrait de M. P.

N° 68. Le portrait de M. D. L. R.

N° 69. Le portrait de Mme D. L. R.

N° 70. Le portrait de M. D. L. S.

N° 71. Le portrait de Mme la marquife de Beuvron & mademoifelle fa fille, en Savoyardes.

N° 72. Le portrait de M. l'abbé Fontaine.

N° 73. Le portrait de M. Mainhulle.

N° 74. Celui de Mlle d'Ambleville de Monconfeil, en fœur grife.

N° 75. Le portrait de Mme de Vernière.

N° 76. Celui de Mlle de Guéant.

N° 77. Le portrait de Mme de ***.

N° 78. Le portrait de M. l'évêque de L.

N° 79. Celui de M. d'Hamecourt.

N° 80. Le portrait de l'auteur peint par lui-même, peignant fon fils.

N° 80 *bis*. Le portrait de Mme Garnotelle, & plufieurs autres tableaux fous le même numéro.

En 1756 :

(Il demeurait alors rue Saint-Germain-des-Prés.)

N° 86. Douze portraits fous le même numéro.

En 1762 :

N° 67. Le portrait de M. D. D. C.

N° 68. Trois enfants de Mme la comteffe de ***.

N° 69. Le portrait de M. l'abbé Aubert.

N° 70. Celui de Mme de Bois-Roger.

N° 71. Mlle Dangeville, dans la comédie des *Mœurs du temps*.

N° 72. Mlle Dubois, dans la tragédie d'*Alzire*.

N° 73. Le portrait d'une femme âgée de 84 ans.

N° 74. Celui de l'auteur par lui-même.

En 1764 :

N° 46. Plufieurs portraits fous le même numéro.

En 1774 :

N° 54. *Le Triomphe de l'Amour fur tous les dieux*, plafond de 3 pieds de haut fur 4 de large.

N° 55. *L'Ecole de Zeuxis*. Ce vieillard eft fuppofé au milieu de fes élèves & faifant une étude de guerrier pour un de fes tableaux ; c'est pourquoi le modèle tient une épée. Zeuxis deffine fur une peau, le papier n'étant pas encore en ufage l'an du monde 3564. Hauteur : 1 pied 10 pouces ; largeur : 1 pied 6 pouces.

N° 56. *Effet du tremblement de terre de Lisbonne*. Hauteur : 2 pieds 6 pouces ; largeur : 2 pieds.

qu'il boude. Académicien de Saint-Luc, c'est tout le lot qu'il veut; professeur professant, l'Académie de Saint-Luc assemblée, c'est ainsi qu'il a voulu se présenter à la postérité dans le dessin à la pierre noire que possédait M. Paignon-Dijonval (1), précieuse feuille de papier perdue, qui aurait emporté avec elle le visage du charmant peintre, si un amateur, M. de Baudicour, n'avait eu la fortune de rencontrer cet autre portrait de Gabriel de Saint-Aubin que nous publions ici pour la première fois, — un portrait qui est tout l'homme, & où se lisent ses tristesses, ses amertumes, & l'énergie de sa volonté.

Au fond, l'académicien de Saint-Luc avait pris son parti du public. Il étudiait sans cesse, à sa façon, & comme pour lui. C'était en lui une rage de dessiner partout, toujours & tout au monde. Remuant & badaudant, églises, amphithéâtres, promenades, cours publics, toute occasion & tout endroit de réunion, le défilé vivant & mêlé des hommes & des choses, faisaient sa joie & sa proie. Crayon en main, il allait à toute heure & sans trêve; crayon en main, il était ici & là, & sur le pavé, en plein peuple & en pleine rue, attrapant à la volée, sur le vrai & sur le vif, la procession des passants. Rencontré, coudoyé, il ne s'en souciait, toujours croquant, démangé, possédé, avec une main à laquelle tout était bon pour fixer en une seconde une scène, un profil, un effet, un groupe, un rien, un tableau! Son frère Augustin avait gardé de lui des catalogues de ventes d'objets d'art tout chargés de croquis courant entre les adjudications, marchant sur les numéros de vente, enjambant de page en page (2). Si animé en cette manie d'étude toujours croissante, si débordant, ce Gabriel, en tout ce qu'il exécutait, imaginait ou saisissait, qu'il se répandait à côté, griffonnait les marges, éclaboussait son dessin de pattes de mouches, d'écritures, de mots, de dates, d'indications, d'adresses, de repères de sa vie, de toutes sortes de notules & de babillages, marquant le jour & l'heure où il a dessiné un coin du petit Tivoli de M. Boutin, « le 1er octobre 1774, à dix heures du matin; » traçant au-dessous d'une vue de l'expérience du bateau insubmersible de M. de Bonnière le vers « Le véritable honneur est d'être utile aux hommes, » & sur tous les côtés d'un petit projet de mausolée pour Carle Vanloo, dessiné le jour de sa mort,

---

N° 57. Un sujet des *Contes* de La Fontaine. Hauteur : 1 pied 3 pouces; largeur : 1 pied.

N° 58. *Fête de village* & pendent. Hauteur : 2 pieds; largeur : 2 pieds 8 pouces.

N° 59. *L'Amour maternel & filial*, représenté par une femme allaitant son enfant. Hauteur : 1 pied 4 pouces; largeur : 1 pied 2 pouces.

N° 60. *Une jeune Dame faisant réciter la leçon à un petit garçon.* Hauteur : 12 pouces sur 9 de large.

N° 61. Plusieurs tableaux sous le même numéro.

(1) *Cabinet de M. Paignon-Dijonval*, par M. Bénard, Paris 1810. Outre le dessin dont nous venons de parler, M. Paignon-Dijonval possédait de Gabriel de Saint-Aubin : *Le Poëte content & le Poëte mécontent*, deux dessins à la plume, lavés d'aquarelle; — *Promenade dans Paris de la figure colossale en osier du Suisse de la rue aux Ours*, croquis à la plume lavé de bistre; — *Statue de Louis XV élevée à Reims, en 1760*; — *Distribution du vin au peuple de Paris, en 1779*; deux dessins à la plume lavés de bistre; — *Deux Vues de l'incendie de l'Hôtel-Dieu*, à la gouache; — *Une Femme essayant des chapeaux*, devant une glace au-dessus de laquelle est la Folie; un jeune homme la regarde avec une lorgnette; au bas est écrit : *La Folie invente les chapeaux*; — *Vue de l'église Saint-Antoine, en 1774*, aquarelle; — *Figuré académique d'homme debout*, dessin au crayon noir & blanc sur papier gris.

(2) Catalogue d'Augustin de Saint-Aubin.

faisant grimper les vers & les regrets rimés (1); parlant, pour ainsi dire, tout autour de son dessin, comme s'il désirait nouer & s'entretenir avec les futurs collecteurs & les futurs amis de ses caprices. Si bien à cela & tout entier, qu'à la fin il n'avait plus de souci de lui-même, roulait vers le cynisme, s'habillait & se laissait vivre à l'aventure, — & qu'il mourut, pour avoir oublié de se soigner (2).

Qu'eût fait cependant Rome de Gabriel, s'il eût eu le grand prix ? Un peintre d'histoire. L'Académie fit bien en le laissant à Paris. Paris ! c'est le maître & le génie de Gabriel. Son frère Augustin prend Paris par le beau, par le haut, par le coquet, par le galant; lui le prend par le bas, par le gras, par le naturel & le populaire. Il fera son œuvre avec les joies de la canaille & les fêtes polissonnantes, sa place entre le peintre Ostade & l'historien Caylus. Il nous donnera toutes les liesses, & toutes les récréations, & tous « les jours de gaudriole » de la bonne ville : le dimanche, & la guinguette avec ses cabinets de verdure, & les *dansées* vigoureuses, & le bruit des petits pieds des mamselles Godiches sur le sable du jardin, & les beaux airs des soldats des petits corps, & la chanson des violons qui répondent aux violons de la veuve Trophée à l'entrée du Cours, & de la Glacière à Chaillot, & de madame Liard au Roule. Puis c'est le Pont-Neuf & ses charlatans dans une odeur de beignets, ses revendeuses & leur train, ses racoleurs & leurs plumets, & les *giroflées à cinq feuilles* claquantes comme un fouet, & les *dégoisements des dix-sept péchés mortels* ! Divertissements, réjouissances, bals de plain-pied avec la rue, & distributions de vin au peuple de Paris ! Avalanches de pains de Gonesse, brioches, aloyaux, gigots ! Et les farces pompeuses ! Et le reste des Fêtes des fous, cette procession du rire, la promenade de la figure colossale du Suisse de la rue aux Ours ! Et les parades en plein vent, ébahissement de Paris affairé qui s'arrête ! Et les amusements de Paris, aux fêtes de Saint-Cloud pleines de musiques ! Et le carnaval, ce règne du peuple ! Et le bœuf gras avec ses hérauts à cheval, son cortège de Turcs à soleil dans le dos, & son Amour qui était alors un petit roi couronné, portant en sautoir le cordon de Saint-Louis ! Et ce revenez-y du carnaval, la foire de Besons, traînant sur la route en triomphe le régiment de la calotte, & chevaux à plumets, & pyramides de pierrots, & chars débordant de masques & de lazzis sur l'air : *O réguingué ô lon lan la !* — tous les bonheurs de cet enfant : le peuple, c'est le domaine de Gabriel.

Les dessins de Gabriel étaient l'homme. Ils n'étaient que feu, ils n'étaient que mouvement. Ils vivaient, ils remuaient. Dessous balayés d'une sanguine lavée à grande eau, ombres & pénombres chauffées d'une couche de bistre, place nette au soleil, — une plume franche courait & galopait le papier, pochant d'encre les noirs, travaillant les ressauts; une plume, fille folle de la plume de La Belle, écrasée là, & tout aussitôt retournée, sur le dos, & d'un trait fin accentuant le geste d'une silhouette, le jeu d'une

---

(1) Dessins de Gabriel de Saint-Aubin, possédés par nous.

(2) *Nouvelles de la république des lettres & des arts*, par M. de La Blancherie, 1783, n° XXVII.

figure (1). Ils allaient, ces deffins, jufqu'au fouillis, jufqu'au gribouillis, étincelants toujours, charmants de cette impudence qui n'appartient qu'aux maîtres. Quelquefois, de l'eau fale de toutes les couleurs de fa boîte d'aquarelle, Gabriel jette la marbrure fur le croquis tout chaud de crayon ; fon pinceau s'épate & fe trémouffe en taches rouges, bleues, jaunes, furieufement, fans fe donner le temps de reprendre de l'eau ; ne craignez rien : laiffez faire au hafard, Gabriel eft derrière ; quelques coups de plume, — & de ce chaos gâché fortira la lumière & l'animation d'une foule immenfe en tumulte dans fix pouces de papier. Quelquefois ce font des folos de plume, fantaifies à toute bride, défis de l'adreffe, fe jouant de tout. Le plus fouvent, une expéditive mine de plomb, noire & tendre, lui fuffit. Eftompée fous fon doigt, elle deffine fon fujet doucement. Alors, d'un trait il le reprend & le faifit, d'un trait anatomique & fûr de lui ; & s'il arrive qu'il ait choifi le vélin pour ufer de ce procédé, rien n'eft comparable à l'attrait de ce deffin enfermé & flottant dans fa ligne, hors du nuage, & dans le nuage encore.

Ce deffinateur-là était né pour l'eau-forte. L'eau-forte eft une œuvre du démon. Le prime-faut, le premier coup, la vivacité, le diable au corps de la verve & de la main, il faut avoir toutes ces grâces, être plein du dieu. Gabriel était l'homme de ce procédé libre, courant, volant, plein d'imprévu, de bonnes fortunes, fouriant & capricieux, aimant la violence quand elle a l'efprit, & l'audace quand elle a le goût. Il fe jeta au cuivre, &, fans fe perdre aux tâtonnements, alla droit à l'effet, aux oppofitions d'ombres, à la maffe des groupes. Bientôt il s'eft trouvé une pointe à lui, allante & venante, brouillée parfois, mais fe retrouvant toujours, infolente prefque de *furia* & de bravoure ; & il va alors en avant, égratignant & comme griffant le cuivre, pouffant jufqu'aux ombres de Rembrandt, jufqu'à ces ombres qu'il attrape d'une fi fière façon dans certains deffins au biftre, habile à lutiner fes clairs-obfcurs à coup d'aiguille, à piquer fa compofition de *réveillons*, à la mordre de coups de foleil. Qu'il promène les mafques fur les chemins, ou qu'il faffe monter à des jupes de femmes l'efcalier du Salon du Louvre, ou qu'il groupe les nouvelliftes dans un café, c'eft toujours même rayon, même tapage, même badinage, même pétillement, même fignature de Gabriel de Saint-Aubin à tous les coins de la planche : petites œuvres d'aventure, faites de rien, en fe jouant ; qui fuffifent à fa gloire.

Une fois feulement, pointe en main, Gabriel a rencontré le beau monde, le monde de fon frère Auguftin. C'était aux Tuileries, fur des chaifes. En rentrant, il a mis deux petites bandes de cuivre au bout l'une de l'autre ; l'aiguille a roulé quelques heures de ci de là. Et voilà, fur les maffifs d'arbres fabrés à grands coups, tout ce monde, haut comme l'ongle, vivant, remuant, comme frappé dans un coin de Lilliput, le train & la vie d'une promenade vûe par le petit bout de la lorgnette. Et comment ? l'on ne fait :

---

(1) Nous citerons comme exemple de ce faire une grande *Vue du Pont-Neuf*, en 1775, année de la conftruction des pavillons du Pont, acquife par nous à la vente Sylveftre.

quelques milliers de rayures & d'éraflures ont fuffi à Gabriel pour montrer fur un fi petit théâtre *le Spectacle des Tuileries*.

III.

Auguftin de Saint-Aubin était né le 3 janvier 1736; & voici fon coup d'effai à feize ans : une petite planche fleurie d'Amours qui heurtent les cymbales, voltigent fur les baffes, font bégayer les flûtes, fe courbent fur les mandolines, fecouent les tambourins ; concert charmant & de la plus amufante rocaille, qui eft la carte d'entrée du *Concert bourgeois de la rue Saint-Antoine*. On avait de ces recherches en ces années de grâce. Auguftin était à bonne école, à l'école de fon frère Gabriel, qui le faifait deffiner, & deffiner; &, crayonnant fans repos, le tenait crayon en main, le renvoyant de temps en temps cependant aux leçons de Rubens & des vieilles eftampes. Gabriel penfait qu'il fallait tourner Auguftin vers la gravure férieufe, la gravure d'hiftoire ; & Auguftin penfait comme Gabriel. Ce fut fans doute dans cette idée qu'il entra chez Feffard ; & je lis au bas d'un petit Chrift en croix, petite image de dévotion à la Pompadour, je lis, de la main d'Auguftin : *J'ai fait cette drogue la première femaine que je fuis entré chez Etienne Feffard, en* 1755 (1). Et bien vite, le jeune homme s'échappe vers fon temps, & fe retourne vers les billets de fes plaifirs & les jolies annonces de fes induftries. Sa récréation eft là, & fa veine heureufe, & fon école buiffonnière, lorfqu'il tourne le dos aux froids deffins des antiquités de M. de Caylus. Lui auffi, il fera un ornemanifte de ces riens honorés & parés par l'art, qui fe prête à tout fans defcendre. Il sèmera les fleurs & les careffes de l'image fur ces mille cartes éphémères & volantes : adreffes de marchands, programmes de fête, entrées, entourages de lettres de mariage, bouts de papier voués au paffe-paffe, & que cependant nos pères voulaient enguirlandés du caprice des plus illuftres & des plus habiles. Belle mode ! qui mourut dignement : avec Prudhon !

Les grands maîtres de ces petites chofes, c'étaient Moreau, & Cochin, & Choffart, le premier de tous ; Choffart, l'encadreur merveilleux qui avec les fuites, les retours & les torfades d'un bouquet de rofes dénoué autour d'un cadre Louis XVI, était toujours neuf & admirable ; Choffart, l'annonceur des uns & des autres, de l'orfévre Vallayer, du marchand graveur Aubert à l'enfeigne du Papillon, du libraire Prault au quai des Auguftins, de l'horloger Danthiau, du brodeur ordinaire du Roi Balzac; l'annonceur de lui-même & de fon talent dans fes deux adreffes, l'une rue des Francs-Bourgeois, entre une *porte cochère & un pâtiffier*, l'autre rue des Cordeliers, celle-ci dans un fi joli nœud

---

(1) Œuvre d'Auguftin de Saint-Aubin, annoté & légué par lui à la Bibliothèque Impériale, cabinet des eftampes.

de rubans & une fi aimable guirlande de rofes feuillues & ouvertes comme des rofes trémières. Il était encore, Choffart, l'annonceur de Remy, le marchand de ratine au Vafe d'or. Caffaigne, apothicaire du Roi, lui commandait, pour la couverte de fes fioles, bouteilles, boîtes, flacons, pots, la gravure de feize modèles différents qui devaient boucher de leur charmante fantaifie tous les produits de cet apothicaire artifte; & Fougeron, un apothicaire d'Orléans, imitait l'apothicaire de Paris. Lui-même, Tronchin, demandait à Choffart fa carte de vifite & l'écuffon de fes armoiries : — le doćteur n'était-il pas noble de Parme & de Plaifance ? — écuffon entouré de lauriers, de lampes à tête de coq, & de plumes toutes taillées pour les ordonnances charlatanefques. Paupe, marchand, au Cordon-Bleu, tenant magafin de cordons bleus & rouges, lui faifait jeter un cordon du Saint-Efprit en fautoir fur fon adreffe. Tout voulait être orné & illuftré par Choffart. Tout voulait s'annoncer par le plaifir des yeux, & le répugnant même, & jufqu'au *Nouvel exutoire ou pommade épifpaftique fans cantharides*. Mademoifelle Werneau, qui vendait la véritable cire d'Efpagne, priait Choffart d'attacher le médaillon de Louis XV très chrétien au-deffus de l'annonce de fes produits. Les jolis bons de piaftres au porteur de la Compagnie des Indes ! la jolie mêlée de rocaille & de fleurs ! le joli cloutis de fleurs de lis des cadres ! & les jolies cornes d'abondance d'où dégringolent les pièces d'or ! fi je n'aime mieux cet élégant rinceau qui rondit autour d'une invitation de bal prenant pied dans une marotte & un mafque :

Bal
Pour lundy,
A 6 h^{es},
Les Dames fans
Punier.

Moreau deffinait l'adreffe de Chamot, marchand tailleur, rue de la Harpe. Les Amours qui allumaient des torches pour la fête de l'ambaffadeur de France étaient du peintre du *Monument du coftume*. De Moreau était l'adreffe de Fagard, l'horloger de l'abbaye Saint-Germain-des-Prés. Le nom de De La Ville, entrepreneur de bâtiments, était jeté par Moreau fur les échafaudages du Garde-Meuble, entre les lourds camions & les mufculeux limoufins. Et de cette fociété académique des Enfants d'Apollon tenue à l'hôtel Lubert, qui lui dut le portrait d'une partie de fes membres, Moreau traçait l'adreffe fous une tête d'Apollon rayonnante.

Le premier deffin que gravait Cochin fils, d'après lui-même, était l'enfeigne de Stras, le fameux bijoutier qui « peint toutes fortes de Pierres très avantageufement égales à celles d'Orient ; » une enfeigne où une petite Vénus du Parmefan dans le cortége des

Tritons foulait le corail & les bijoux. C'était encore l'enseigne de Roberdeau, orfèvre de Bordeaux; & les deux fois que le Dauphin se mariait, monseigneur le Dauphin chargeait Cochin du billet du bal paré qui était donné à Versailles ; & pour les divertissements donnés au Roi par madame la marquise de Pompadour sur le théâtre des petits appartements, Cochin était choisi pour dessiner la parade de trois pouces que jouaient Isabelle, Léandre, Pierrot : la carte d'entrée des petits appartements. — Gravelot dessinait la marque des livres de M. Thiroux d'Arconville, président au Parlement ; Eisen, dans les Amours, les boussoles, les sphères, les astrolabes, laissait tomber l'adresse de M. Magny, ingénieur pour l'horlogerie. Et Gabriel de Saint-Aubin, lui aussi, amusait sa pointe autour de l'adresse de Perier, marchand quincaillier.

Augustin de Saint-Aubin se mit de la bande, & y prit tout de suite son rang, en bonne place. Il traçait pour Slodtz, dessinateur des menus plaisirs du Roi, l'aimable encadrement du répertoire dramatique de la cour pendant les séjours de Fontainebleau, sous un Louis XV rayonnant & sous la légende : *Aspicit & fulgent*. Son burin faisait courir l'ornement autour du journal de musique de M. Lagarde, maître de musique en survivance des enfants du Roi. Il croquait les palmiers de l'adresse d'un apothicaire de Rennes. Le libraire Quillau, de la rue Christine, lui devait l'adresse de sa boutique ; le duc de La Rochefoucault, l'estampille armoriée de ses livres, à côté de laquelle — Saint-Aubin aimait les livres — le crayon de l'artiste bibliophile crayonnait une banderolle portée par un volant Amour, & les mots : *Ex libris Aug. de Saint-Aubin*. Déjà Fessard ne mettait plus guère que pour la forme, sur ces badineries d'une main déjà savante, un impertinent *direxit*. Augustin était maître à ce point de son art qu'au bas d'une vignette qu'il gravait pour le chapitre de la Peinture de Pline l'Ancien, il pouvait écrire : *Cette planche a été commencée & faite dans un jour*. Son succès était complet, si complet, que le duc de Chevreuse, ne sachant comment décorer les petits tiroirs d'un cabinet d'histoire naturelle, lui commandait quatre frises pour les coller sur les tiroirs de son bienheureux meuble.

Dans un cadre un rien plus large, que de menue imagination en tous ces frontispices qui font presque des volumes précieux de tant de méchants catalogues de vente ! Augustin est le vignettiste par excellence des collections à vendre : tableaux, bronzes, gravures, porcelaines, & les quatre règnes de l'histoire naturelle. Et quelle pointe assemblerait comme la sienne, dans une galerie d'Apollon, tout ce petit monde de *curiolets*, hommes & femmes, s'empressant vers le beau & le rare, chapeau bas, l'admiration & la curiosité béantes ?

Dès lors, Augustin était mûr pour son œuvre, pour sauver, par l'image, tout cela d'un peuple qui meurt avec lui : la vie ; tout cela d'un siècle qui échappe à l'histoire : les mœurs. Tailleurs de plume, enfileurs de phrases, jolis romanciers, brochuriers & sottisiers, vous avez immortalisé, moins que lui, l'homme & la femme du XVIIIe siècle. Dans cette petite planche, l'*Indiscrétion vengée*, n'est-ce pas le chiffonnage, le parfilage

& le friponnage féminin du temps ? Et ce concerto de trois violons, n'est-ce point la Jeunesse, & l'Espérance toute rose d'alors, — la Jeunesse, laborieuse & chantante, enfant gâtée de la misère & de la vocation, dont les pauvres dieux lares creux, mais heureux, sonnent gaiement de cette gaie musique italienne ? Je touche là le grenier d'art où Wille & Diderot disputaient des procédés & des systèmes. Ou plutôt non : je veux y voir la chambre d'Augustin, & j'ai pour moi le talent d'Augustin, & tous les violons qui passèrent à sa vente, & son violon de Crémone ! Le Palais Marchand, almanachs, guides, descriptions, me le montreront-ils mieux que cette enseigne irritante : une marchande de dentelles, jetée sur le pas de sa porte, haut tablier à brassière, coiffure basse, les beaux bras nus croisés sur la poitrine, en la pose amoureuse à la fois & modeste d'une madame Michonin qui se résigne ? Et où donc un homme pareil pour d'un tour de pointe saisir le caractère, &, d'un rien, montrer en pied & jusqu'au fond le militaire, le financier, le seigneur, — & toutes les marionnettes ?

Et touche-t-il au crayon, touche-t-il au lavis, — le voilà peintre. Car Saint-Aubin, en dépit de ses douze cents pièces gravées, est avant tout un peintre du pastel & de l'aquarelle. C'est un coloriste léger & tendre, un talent d'estompe & de caresse, dont les idées jouent dans une eau à peine rosée, dont la lumière est vapeur, & la chair, transparence. C'est le peintre de la femme, son portraitiste discret & coquet, le poète de son demi-jour & du reflet de son âme. Un souffle de pastel, un nuage d'aquarelle, c'est celle-ci, c'est celle-là, & toute la foule de celles qui ont brigué d'être peintes par lui : grandes dames, bourgeoises du haut monde, actrices, impures, vivantes encore aujourd'hui dans la fleur & le printemps de leur teint, dans le doux rayonnement de leur charme. Nul des contemporains, que je sache, ne s'est approché comme ce Saint-Aubin de la transfiguration de la femme par la physionomie. Nul n'a peint comme lui la femme du XVIIIe siècle dans le surnaturel de sa grâce. Nul ne l'a saisie comme lui, dans le ciel du frivole, dans la subtilité de son expression, dans le raffinement de son attitude morale, dans sa spiritualité, dans sa singerie, dans son papillotage ailé... Mais il faut laisser la parole à de pareilles choses. Il les faudrait, pour toute louange, réunis & montrés au public, ces portraits de Saint-Aubin. Il faudrait laisser la plume ici, & mener le lecteur à ces huit ou dix portraits de femmes acquis par M. de Janzé à la vente de Renouard, & à quelques autres dessins, éparpillés, jetés aux quatre vents des collections particulières, — & que notre musée du Louvre dédaignera bien cinquante ans encore.

Après avoir tenté une petite publication de 6 petites planches dessinées & sans nul doute gravées par lui : *l'Abbé blondin, la Provençale, Colin, Blaise, la Fruitière, Collette,* petites planches rarissimes & qu'il n'a pas admises dans son œuvre possédé par la Bibliothèque, Augustin de Saint-Aubin entre en 1759 en bonne connaissance avec le public. Il lance de l'hôtel de Cluny, son logis, une série de six dessins gravés par Duclos : *C'est ici les différens jeux des petits polissons de Paris.* Voulez-vous voir le *Sabot*, la *Fossette*, la *Toupie*, le *Coupe-tête* & la *Sortie de l'école*, & l'enfance culottée court, entricornée, poudrée, & la queue fautillante entre les épaules ? Oh ! les gentilles miniatures d'hommes, dont tout le défaut eft d'être un peu trop des Amours de fleuron & de cul-de-lampe ! L'année fuivante, le fuccès pouffant Saint-Aubin, autre férie : *Mes gens ou les commif-fionnaires ultramontains*; fix planches, fix effigies de ces bien portants Savoyards, aux belles dents blanches qu'achetaient un louis pièce les dames de la cour (1); & pour fermer la proceffion, le vielleur du Pont-Neuf, une célébrité de 1760. Mais là encore, le crayon de Saint-Aubin eft mal à l'aife. Il manque de ce parti pris, de ce contour mufclé, de ce trait carré, de cette figuration reffentie, de ce deffin fort, le lot des Bouchardon. Il eft, pour les *Cris de Paris*, bien trop familier avec les coquetteries & les amabilités du monde paré ; & tant pis pour les beautés drues du peuple ! fardiers & montreurs de marmottes, il les débarbouille, il les idéalife, il les déguife en commiffionnaires du pays du Tendre.

Ce fecond effai éclaira Saint-Aubin. Il reconnut que, s'il voulait toucher à la rue, il fallait en prendre le haut pavé, le côté ariftocratique & pimpant. Ce n'était pas à la Halle qu'il lui fallait aller, mais aux boulevards, à ce panorama de la femme, de la mode, du plaifir, à ce triomphe ambulant de tous les dieux de Paris, pour lequel Paris défertait, comme trop bourgeoife, la promenade des Tuileries. Et que d'applaudiffements quand Saint-Aubin fe fixe là ! quand il publie la *Promenade des Remparts de Paris*, & les *Portraits à la mode !* Comme elles vivent, ces deux revues du boulevard, du Temple à la porte Saint-Antoine ! C'eft le grand jour, un jeudi, je le parierais rien qu'à voir les carroffes à glaces fur les côtés, baiffées & relevées à chaque minute fur un falut, & les équipages verniffés, garnis de velours, de franges, de crépines, de graines d'épinard, & flanqués de grands efcogriffes, pris à la taille. Le défilé ne ceffe : diligences où Vénus Aphrodite eft peinte entourée d'Amours, d'une malice ! & les *allemandes*, & les *fabots*, & les *dormeufes*, & les *vis-à-vis*, & les *pareffeufes*, & les *diables*, & les *culs-de-finges*, & les leftes cabriolets ! C'eft un étourdiffement ; & quel bruit ! & que de bruits, le long des allées carillonnantes, chantantes, fonnantes des parades, des cris de l'aboyeur des figures de cire; & mille brouhahas, & les oh ! & les ah ! des nez en l'air, & le *grommellement* bourdonnant des buveurs (2), & le fifflement féducteur des bouquetières & des petites marchandes de nougat, & l'écorchante harmonie des vielleufes montagnardes, & les appels grinçants des joueurs de gobelets, & le clic-clac des fouets, & les trompettes, & les tambours... C'eft le monde d'Auguftin de Saint-Aubin, le royaume des pompons & des *fanfioles* de la toilette, le monde pour lequel s'ajuftent les franges, fe lofangent les galons, fe bouillonnent les feftons, fe contournent les olives, s'entrelacent les brandebourgs ; le monde des poufs, de la gaze, des habits ponceau tendre ; mieux que tout cela, les affifes en pleine rue des *adorables* &

---

(1) *Lettre de M. Raphaël, peintre de l'Académie de Saint-Luc, à M. Jérôme, râpeur de tabac, 1769.*

(2) *Déclaration de la mode portant règlement pour les promenades du boulevard.*

des femmes du *bon ton*. Et paſſez, repaſſez, boucles de ſouliers en lacs d'amour, bas couleur de chair, militaires aux mouſtaches papillotées, *chenillettes*, habits du matin & du ſoir, *veſpérales, cafardins, turquoiſes*; paſſez, nœuds d'épée & bourſes à la maréchale, & broderies ſi délicates aux baſques « qu'elles ſont à peine perceptibles pour les yeux d'une taupe; » veſtes garnies de blonde, cavaliers à plumet blanc, *lorgneries à bout touchant & juſque ſous le fichu*, financiers au petit doigt garni d'un rubis étincelant, friſures en ailes de pigeon poudrées juſqu'aux épaules, hommes à bonnes fortunes « jouant de la boîte d'or à portrait, » petits-maîtres à talons rouges, baignés d'eau de Chypre, armés de tous les colifichets de la Freſnaye, abbés... Regardez celui-ci : il vient de ſauter d'un *diable* qu'il conduiſait lui-même, & du milieu de la chauſſée, en rabat de gaze, en manteau de ſoie, il eſt là, l'apôtre à la blonde chevelure, le délicat mangeur de petits pieds, tout entier à jouer une parade avec cette dame qui paſſe en ſon char peint & doré. Et pendant que cette petite vendeuſe de fleurs, hauſſée ſur ſes talons, fait payer à un amoureux ſix francs le bouquet qu'elle vend douze ſous aux dames, dans ce coin penchez-vous : entre ces deux aimables, c'eſt une invitation à venir chaſſer les vapeurs du champagne du matin avec le ratafia de Neuilly.

Mais ſurtout voyez ce monde du boulevard, dans la *Promenade des Remparts*, attablé aux tables en plein air du café Gauffin, le café en vogue, renommé pour ſon punch & ſon orcheſtre. Le café, le voilà, à droite, avec ſon grand vitrage, ſur lequel courent des plantes grimpantes, ſon porche, abri des buveurs, enguirlandé de lanternes en barillet, & ſes armes parlantes : une roſe. Buveurs & buveuſes s'étalent ſur les chaiſes, & ſe penchent, & ſe renverſent, attrapant, dans l'abandon de leurs poſes, toutes les mines de leur temps, occupés de toutes les choſes de la jeuneſſe, & de toutes les affaires de l'inſouciance, tuant le temps ſans lui en vouloir, & laiſſant leur ſourire & leur cœur aller... Qui écoute, qui entend la muſique des petites vielleuſes, coiffées d'une marmotte, & la vielle attachée par ce large ruban bleu où Mercier ſe plaît à voir le cordon d'une majeſté déchue ? Au-devant des tables, les promeneurs vont tout doucement, au petit pas, tournant les yeux à droite, à gauche. En tête, danſantes & légères, les délicieuſes griſettes du temps ſe balancent au bras de beaux ſoldats. Le chignon plat, leur manteau à coqueluchon attaché au cou & traînant derrière elles, deux doigts de gorge ſautant au-deſſus d'un corſage lacé, une roſe entre les ſeins, & ſous la robe coupée une jupe falbalaſſée découvrant de petits pieds perchés ſur de hauts talons, elles agitent leur éventail au bout de leur bras nu, triomphantes, provocantes, impudemment jolies, effrontément jeunes, filles du peuple, du diable & de l'amour!

Un pas encore, & c'eſt le triomphe de Saint-Aubin, ſon chef-d'œuvre & deux chefs-d'œuvre : le *Concert* & le *Bal paré* (1). Le monde du XVIIIe ſiècle a trouvé ſon peintre,

---

(1) Ces deux deſſins d'Auguſtin de Saint-Aubin ont été gravés merveilleuſement par Duclos, & dédiés par lui, le *Bal paré* à M. de Villemorien fils, le *Concert* à Mme la comteſſe de Saint-Briſſon. Il y en a deux états

son historien, le courtisan, l'amant & le confesseur de ses immortelles grâces. Providence heureuse, qu'il se trouve ainsi à tout âge de la vie de l'homme, à tous les renouvellements d'âme & de corps d'un peuple, un homme, entre tous, marqué, désigné, prédestiné jusque par la manière de son talent à en donner le ton & l'allure, la fleur & l'accent, l'image & le rayon, — grands peintres qui portent leur temps : Abraham Bosse, Augustin de Saint-Aubin, Gavarni !

Le monde alors était un salon : l'été, dans l'après-dîner, un salon rond, où un peintre avait posé le ciel au plafond, joli ciel où tout ce qui va au ciel, soupirs & souvenirs, ne trouvait que des fleurs & des jeux d'amour. Au-dessous des trophées de musique, des rideaux de soie à tête bretonne, tirés non de côté, mais tout droit comme des stores, froncés & falbalassés, laissaient passer par la fenêtre la gaieté d'un beau jour. Entre les pilastres, les bustes des déesses de la musique, couronnées de fleurs & de lierre, & le sein nu ou soulevant la draperie, souriaient. Et en cercle, petites mules & hauts talons sur le carreau noir & blanc, paniers & basques çà & là sur les bois dorés aux formes rondissantes, autour du clavecin sonore, radieux des fantaisies de quelque Gillot, la belle compagnie écoutait. Elle écoutait quelque musique de M. de Laborde, ce choix de chansons qui a pour frontispice une lyre entre des lis & des roses. O le beau moment ! comme tout ce monde cueille l'heure présente ! que de bouquets & de nœuds de ruban ! que de perles au cou, & de paroles à l'oreille ! La harpe repose. Le clavecin parle sous les doigts de la plus jolie femme. A sa droite, la plus jolie personne chante, en tourmentant un éventail. Et de jolis hommes sont tout autour d'elle, assis ou debout, tirant des pleurs d'une basse, des fredons d'un violon, des prières d'une flûte, ou penchés, s'empressant à tourner les feuillets de la partition. C'est cela, l'été, en ce paradis.

L'hiver, autre salon, carré celui-ci, & tout glaces, & panneaux sculptés, & trumeaux. Des rosaces rocaille & chantournées pendent cinq lustres de cristal de Bohême, versant le doux jour des bougies. Les bras & les appliques chargés de feux leur répondent dans les glaces. Au milieu d'une, un cartel sonne une heure qu'on n'entend pas. Un orchestre dans une tribune, sur le côté, couvre le bruit du temps. Au fond, la causerie bourdonne comme une abeille. Les diamants jouent sur les têtes, les enfants ont des oranges, les yeux ont des sourires. Au milieu du salon, dans la pleine lumière, sur le parquet à dessins de bois, vibrant sous la danse, quatre couples rayonnent & se meuvent. Les nœuds de perruque battent sur les collets d'habit. Les colliers noués sur la nuque vont & viennent, les montres battent sur les jupes. Brandebourgs à l'habit clair & manchettes de fourrure, face à face avec sa belle, celui-ci, lui prenant la main en l'air, va

---

terminés : le premier avant l'adresse de Chéreau & le privilège du roi pour les deux planches, & avant la réduction de la planche pour le *Bal*.

Les dessins furent exposés au Salon de 1773, n° 291. Les dessins d'Augustin de Saint-Aubin, exposés depuis aux Salons de 1775, 1777, 1783 & 1789 ne sont que portraits, médaillons, études de têtes, figures de femmes à mi-corps, à la mine de plomb & au crayon noir légèrement pastellé, ou dessins de pierres gravées à l'encre de Chine, au bistre & à la sanguine.

la faire passer sous le pont d'amour de son bras. Celui-là, le jarret tendu, tenant déjà du bout des doigts les doigts de sa danseuse, la fait volter sur elle, & contre lui ; tandis que deux autres couples, presque dos à dos, mais se regardant par-dessus l'épaule, s'entrelacent & se nouent des deux mains par derrière... C'est l'Allemande dansée d'après les principes de M. Dubois, de l'Opéra (1). Au-devant, ce sont de belles femmes arrivant dans leurs pelisses, conduites par de vieux amis à gilet d'or ; des manteaux de danseuses oubliés sur un siége ; quelques mères qui regardent & applaudissent au fond d'elles ; quelque minois de jeune mariée qui se retourne vers une conversation d'hommes ; quelque dame menée au buffet qui est là, montrant par la porte le dressoir enguirlandé de roses, les pyramides de fruits, la vaisselle de Germain, & les plats de Saxe festonnés. Point de presse, point de coudoiement ; simplement, le ballet de la jeunesse dansé à huit devant un petit peuple d'amis qui se reconnaissent & se saluent d'un air de tête des quatre coins du salon. Point de tapage, dans ce bruit de la joie : le plaisir est en famille. Il y a, d'un bout à l'autre de ces fêtes sereines, un bercement tranquille, une paix & une harmonie, l'harmonie même de ce monde gardant ses rangs, l'ordre heureux de cette société sans cohue, où chacun avait une place, & sa place.

Le rare talent pour peindre tant de choses ! la fortune unique, d'avoir fixé la physionomie de la France, en son plus joli moment, en cette minute dans l'éternité où nous avons été moins un peuple qu'une fée ! la fortune méritée, de n'avoir laissé aux secs pinceaux de Lawrence que ces salons glacés & raides, aux formes droites, tout pleins de Necker, & l'oreille à l'avenir : les salons de Louis XVI !

Il était heureux, cet Augustin. Il était homme de travail, & homme d'esprit, gai comme le succès, & spirituel comme un souper. Il aimait le monde, & le monde l'aimait pour tout ce qu'il apportait de rire dans une fête, & de saillies dans un médianoche ; & que de beaux festins de grands artistes, de grandes comédiennes, auxquels il mit le feu, la verve, & l'enchantement ! Il était de plus un très joli garçon, une de ces aimables figures d'hommes auxquelles la poudre donnait alors je ne sais quoi de brillant, de piquant, de féminin, de mutin, & de tendrement voluptueux ; si joli garçon, que cela l'aida beaucoup à devenir le mari d'une très jolie femme. Vieux, Augustin donna à son ami Renouard le dessin de sa coquette petite personne en 1764. Et le voici. Mais, puisqu'il s'agit d'un peintre qui n'a pas de portrait gravé, ne faut-il point commencer par un portrait de lui, non de sa main, celui-ci, mais tracé en 1747 par son frère Gabriel ? Augustin de Saint-Aubin a onze ans ; il s'est endormi, pendant que son frère le dessinait, de cet honnête sommeil d'enfant qui lui permet de dormir, les jambes ballantes, sur un tabouret sans dossier. La tête plongée dans la poitrine, un bonnet de coton enfourché jusqu'aux oreilles & dressant en l'air sa mèche effarouchée, *ecco il bambino*. Ses petites mains, potelées, sortant des plis carrés d'un habit à la Chardin, se pelotonnent

---

(1) Voyez *Principes d'Allemandes* par M. Dubois, de l'Opéra, gravés par Mme Annereau. A Paris, chez l'auteur, rue Mazarine, à l'hôtel des Pompes.

dans sa poitrine, & se croisent sous les brandebourgs. De sa culotte courte tombent deux petites jambes aux petits mollets ronds, qui s'écrasent aux tournants du tabouret aux pieds tors. Il dort; mais le flot de ces cheveux frisés échappé du bonnet, la belle place de ces grands yeux fermés, ce bout de nez troussé, l'arc de cette bouche, & cet ovale délicatement plein disent l'avenir du minois, & promettent l'homme, un délicieux homme, un homme à croquer, comme disaient les femmes du temps, le Don Juan Apollon d'un Olympe de Crébillon fils. Et l'enfant est homme fait, en 1764, précisément l'année de son mariage. Il a vingt-huit ans. Mais qui les lui donnerait? Il a si jeune air sous cet accommodage du matin, sous sa perruque poudrée, aux cheveux retroussés comme un chignon de femme. Un peu de bistre, quelques coups de plume, & c'est lui, assis sur une chaise, les pieds sur un barreau, les genoux remontés, un carton sur les genoux, la main droite en l'air, armé du porte-crayon qui mesure, l'œil devant lui & allant du porte-crayon au modèle. Le joli œil, plein d'une flamme! & les cils, & les sourcils, & le gentil petit nez retroussé, & la petite bouche, & le rond petit menton d'enfant! Quelle amoureuse tête! avec laquelle tout s'harmonise, & la cravate négligée & roulée, & l'habit en désordre, & le fond d'où elle se détache : ce coin de mythologie friponne, cachée à demi sous un bout de toile, qui semble l'horizon des idées du peintre un peu libre du *Premier Occupant*. Ce portrait (1) dit tout, & il dit encore pourquoi mademoiselle Louise-Nicole Godeau s'est mariée. C'eût été mauvais goût à la Providence d'empêcher ce mariage, le plus charmant des mariages de convenance : elle était belle comme il était beau, avec enjouement. Les peintres alors avaient une bonne habitude : c'était de peindre leur femme, quand elle n'était pas laide, sous le masque d'une allégorie ou d'un titre. A ce jeu, nous avons gagné le portrait de madame Greuze dans la *Philosophie endormie* de son mari. Pauvre mari! c'était bien là sa devise! Madame de Saint-Aubin, elle aussi, nous la possédons sous le faux nom d'*Adrienne-Sophie, marquise de...* C'est, sous un pouf coquet & extravagant, un des plus fins profils de femme qu'ait traités la pointe de Saint-Aubin : un œil aussi noir, aussi vivant que celui de son mari ; un rien de bouche, & de beaux cheveux baignant de leurs grosses boucles une oreille ronde à la grande pendeloque, &, sous un fichu frisé, une gorge à ravir; adorable créature, parée d'un charme gai, & qui annonce la souriante sœur de charité qu'elle sera de la vieillesse souffrante d'Augustin.

Le mariage ne ralentit pas la verve de Saint-Aubin. L'avenir de quatre enfants bientôt nés, mais qui ne devaient pas vivre, l'aiguillonna de plus belle au travail. Son éducation de graveur menée à bonne fin par les leçons de Cars, Augustin de Saint-Aubin, membre de l'Académie, promenait son burin de Boucher à Greuze, de Leprince à Restout, de Cochin à Moreau, & de Moreau à Fragonard, sans pour cela négliger la place que lui avait fait obtenir l'abbé Barthélemy de graveur de la Bibliothèque, suffisant à tout,

---

(1) Acquis par nous à la vente Renouard, & publié ici pour la première fois.

& gravant antiquités fur antiquités, & pierres gravées fur pierres gravées. Il allait même jufqu'à la grande gravure, jufqu'à traduire la Léda de Paul Véronèfe ; & Diderot le félicitait de fa belle planche de la Vénus Anadyomène. Mais fa fortune, ce fut la gravure de toutes ces figures de morts & de vivants, d'Homère à M. Necker. Perfonnages de tous les temps & de tous les ordres, gens de l'Antiquité, de la Renaiffance, du fiècle de Louis XIV & de fon fiècle, rois, hommes de guerre, poètes, peintres, favants, maîtreffes de rois, prédicateurs, fculpteurs, muficiens, toutes les renommées, toutes les têtes couronnées de gloire, tombent fous fon burin que preffe l'argent des éditeurs, & qui fe joue du temps, de la befogne, & de la hâte. M. de la Live, l'introducteur des ambaffadeurs, & l'amateur des belles chofes, eut l'idée de graver cinquante portraits des grandes figures du fiècle de Louis XIV. Il voulait y joindre un texte qui aurait été comme une fuite aux hommes illuftres de Perrault. Mais le talent de M. de la Live était un talent d'amateur, partant n'accouchant guère feul. Il prit pour aide un mécanicien, très mauvais graveur, du nom de Charpentier. Ce Charpentier l'aida fi mal que M. de la Live eut recours à Saint-Aubin, qui tout bonnement effaça prefque toutes les têtes « & les refit dans le genre de l'auteur. » Quand ce fut fait, M. de la Live ayant fans doute payé d'une façon digne de fa générofité & du talent de Saint-Aubin, Saint-Aubin voulut le remercier. Il grava à l'eau-forte madame de Létine, la belle-mère de la Live de Jully. C'eft une merveille, ce portrait, cette bonne humeur de la vieilleffe fous fon bonnet à grandes dentelles battant l'œil, & ce chiffonnement des brides perdues dans la fourrure, & ce fourire des yeux qui parlent & de la bouche qui fe tait : un bijou, où fe marie la fûreté de touche d'un Mellan à la liberté d'un Fragonard, — bonne fortune admirable que Saint-Aubin rencontra prefque une feconde fois dans le pendant du portrait de madame de Létine, le portrait de M. de Laborde. Inutile d'ajouter que le cadeau fut complet : les deux portraits furent fignés la Live. Mais qui le crut ?

Ce burin, cette pointe furtout de Saint-Aubin, émule de fes crayons, que n'ont-ils été voués exclufivement à la femme ? Ce qu'ils auraient fait, ce qu'ils auraient fauvé, — voyez cette tête adorable que quelques-uns veulent être madame de Boufflers, voyez la petite eau-forte de la princeffe de Montbarrey, le portrait de la baronne de Rebecque, & de bien d'autres, de madame d'Etioles, de madame Heinecken, de madame le Coulteux de Moley, la belle inftigatrice du poème des *Jardins* de Delille dans fa maifon de la Malmaifon, — & vous le faurez. Ceux-ci, ces trois derniers, il vous faudra les découvrir dans cette iconographie de profil que Cochin tenta de fon fiècle. Ils font là, perdus, enfouis au milieu de tous ces contemporains illuftres dont Saint-Aubin deffina quelques-uns, & dont il grava fi grand nombre, égayant & variant de fon mieux cette monotonie de la face profilée dont Carmontelle avec fes filhouettes intimes donna peut-être l'idée; habile toujours, brillant, agréable, la taille fpirituelle jufque dans la perruque des gens, un peu rapide, un peu lâché, un peu abufant de lui, mais toujours pardonné & fauvé par l'adreffe, la légèreté, la lumière, & l'éclair de la reffemblance.

La tâche de Saint-Aubin dans cette œuvre est énorme; ce serait à croire qu'elle l'a accaparé, & qu'elle l'a occupé absolument. Mais non. Bien souvent, des importunités venaient le distraire sans profit. L'infatigable artiste ne savait point se refuser. Pointe ou crayon, tantôt c'était un portrait de jolie femme, tantôt un portrait de puissant protecteur exécuté par-dessus le fond ordinaire du travail. Ainsi, au bas d'un très vif & très adroit médaillon de M. de Saint-Florentin, Saint-Aubin a écrit au crayon dans l'exemplaire de son œuvre : *J'ay fait ce portrait pour l'abbé de Langeac, qui dans le temps me fit tout quitter pour le satisfaire en quatre jours. On pourroit croire qu'il a bien payé ce sacrifice, mais je n'ai jamais reçu un sou de l'abbé de Langeac, quoiqu'il ait souvent employé mes talents. Actuellement qu'il est riche, le chevalier devroit bien payer les dettes de l'abbé.*

Et puis, la Révolution arriva, changeant tout, mais ne changeant rien davantage que le crayon & le burin de Saint-Aubin. Malheureux petits poètes surpris par l'orage! Parny se cache dans l'ombre d'un bureau; & le chantre du *Concert* & du *Bal* le reconnaîtriez-vous? Cet autre suspect est tombé dans le gagne-pain. Les femmes à balance du tribunal de cassation, les feuilles de laurier des cartes de citoyen, les rayonnements fulgurants de la Loi, les déesses grecques des encouragements & des récompenses nationales, l'occupent aujourd'hui & le font vivre, petitement toutefois & ne le payant guère mieux de sa peine qu'il ne fut jadis payé du portrait de M. de Saint-Florentin. Il grave ce qu'on veut & des portraits encore, mais pour l'argent, à la hâte, sans souci de bien faire, ni de porter son nom descendu au commerce, ainsi que le prouve cette lettre adressée au graveur Tilliard :

« *Paris, ce 17 juin 1790.*

« *C'est d'aujourd'hui, mon ami, que nous commençons ensemble pour une nombreuse suite de planches. Vous savez que nous sommes convenus que nous pourrions facilement, l'un portant l'autre, faire par jour une planche de 4 têtes, &c.; mais il faut s'arranger à ne pas en rester là : il n'y a rien à ménager pour accélérer, surtout dans les premiers mois; il faut si bien s'arranger, que nous puissions nous servir de tous les bras possibles sans nuire à l'exactitude de l'exécution & sans qu'ils se nuisent l'un à l'autre. Préparez-moi le plus de planches que vous pourrez, & envoyez-les-moi à mesure; de mon côté, j'espère que rien ne languira.*

« *Pour ménager votre place chez vous, il me semble qu'il n'y auroit pas d'inconvénient à ce que les messieurs Varin fissent le fond à l'eau-forte chez eux; il ne s'agit que de faire la navette pour qu'ils ne manquent jamais de planches : qu'en pensez-vous? C'est lorsque les cuivres sont nuds qu'il faut les garder à vue. Tout le reste se fera chez vous ou chez moi.*

« *D'icy au 30 du mois il faut que nous ayons commencé & fini au moins 25 planches de deux têtes; vous voyez comme il faut marcher.*

« *Adieu, je compte sur votre zèle, tant à cause des engagemens que j'ai contractés, que parce que cet objet intéresse toute la nation.*

« *Je suis de tout mon cœur votre très humble serviteur & ami.* » De Saint-Aubin. »

« *Je vous envoye une planche dont les fonds sont achevés, sauf à les revoir après l'épreuve; faites-y mettre la lettre le plus tôt possible* (1). »

(1) Lettre communiquée par M. Duplessis.

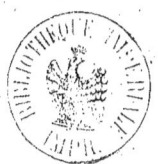

Le temps se fait dur, le travail rare, le salaire mince. Renouard lui vient comme une providence avec les portraits de ses réimpressions classiques (1). Comment vivre pourtant? Tout à coup les prix de la vie ont sauté à l'absurde, & le gain ne suit guère la folie de la dépense :

« Je vous remercie, citoyen, de votre attention ; mais je désirois avoir le plaisir de vous voir pour vous observer que nos anciens marchés ne pouvoient en aucune manière tenir pour les prix. Je viens de passer six semaines sur votre petit portrait, & ma cuisinière a dépensé plus de 600# par décade. Vous voyez que le prix que vous m'offrez ne peut convenir. Je ne vous ferai pas payer dix & douze fois & au taux où tout est monté, mais en conscience on peut bien porter cela à trois fois à peu près ; ainsi j'espère que quand vous me ferez le plaisir de venir me voir tout cela s'arrangera.

« Je vous salue de tout mon cœur,
« Votre concitoyen,
« SAINT-AUBIN. »

« Ce 27 prairial (an III). »

Maudit argent! il était rare alors ; manger c'était un point, mais vivre, mais se loger, trouver des écus pour le propriétaire ! Augustin avait la promesse du ministre Paré d'un logement aux galeries du Louvre, mais le logement promis est déjà conquis par de plus ingambes qu'Augustin ; & tandis qu'il dormait sur la parole du ministre au fond de sa rue des Prouvaires, son atelier de la Bibliothèque ci-devant royale lui était retiré. Sous ce coup le vieillard plia, & une plainte triste de toutes les misères de sa vieillesse s'échappa de sa main :

« Citoyen ministre,

« En 1777 j'ai été nommé à la place de dessinateur & graveur de la Bibliothèque actuellement nationale. Cette place est purement honorifique, il n'y a jamais été attaché ni émolument ni aucun avantage pécuniaire, si ce n'est un emplacement servant d'atelier, mais si malsain qu'on n'a pu le rendre habitable qu'à force de dépense, & en effet cela m'a coûté beaucoup d'argent en différens tems, sans que la place m'ait jamais rapporté un écu. Aujourd'huï on me retire cet emplacement, dont on a besoin, dit-on, pour les nouveaux arrangemens à faire pour le service de la Bibliothèque, & certe sur cela il n'y a aucune objection à faire, puisque le service public doit passer avant tout ; mais je me trouverois dans un embarras extrême s'il falloit rendre ce lieu sans en avoir un autre où je puisse déposer tout ce qui s'y est accumulé dans un aussi long espace de tems.

« Depuis plus de dix ans il m'a été promis un logement aux galeries du Louvre ; j'ai sur cet objet plusieurs lettres d'expectative de différens ministres, & je vous prie de me permettre de vous les faire voir ; mais, n'ayant jamais été averti à tems, ma mauvaise santé ne me permettant pas de faire les démarches convenables, il ne m'a été encore rien accordé ; tous mes cadets plus actifs & apparemment plus méritans que moi ont été pourvus honorablement.

« Citoyen ministre, dans ce moment-cy une double raison me force à avoir recours à votre justice & à votre bonté : vous savez combien depuis six ans les artistes ont eu à souffrir, surtout ceux qui comme moi n'avoyent pas de fortune acquise : il leur a fallu faire les plus grands sacrifices pour pouvoir subvenir aux charges publiques & faire honneur à leurs affaires, aujourd'huy où le numéraire est plus rare que jamais par le fait, quoiqu'il ait l'air de reparoître ; les propriétaires exigent leurs loyers en écus, la loi même les y autorise, & certes rien n'est plus fâcheux pour les véritables artistes qui n'ont profité en rien du mouvement du signe représentatif

(1) Une rare planche de Saint-Aubin prouve sa reconnaissance pour Renouard : c'est la famille Renouard, cinq têtes, sans fond, travaillées du plus fin de sa pointe fatiguée.

& des hasards de ce que l'on a si improprement apellé le Commerce. D'après cela, vous voyez combien il seroit urgent pour moi de pouvoir obtenir le plus promptement possible un logement qui m'affranchisse de la poursuite d'un propriétaire d'autant plus inexorable qu'il a eu lui-même longtemps à souffrir.

« Permettez donc, citoyen ministre, que je vous prie instamment d'avoir égard à ma demande. Si quarante ans d'exerciße dans mon art, une conduite irréprochable, un dévouement sans bornes à la chose publique sont des titres pour mériter, je crois les avoir. Si vous l'ordonnez, je vous mettrai sous les yeux le détail des travaux que j'ai faits ou auxquels j'ai coopéré tant dans l'ancien que dans le nouveau régime ; je sais que depuis un tems surtout on attache peu d'importance à l'art de la gravure, cette sœur cadette de la peinture, qui a souvent si bien servi son aînée ; on n'a rien fait pour elle, absolument rien, dans l'organisation de l'Institut national des sciences & des arts. Cet oubli humiliant provient des préventions & des idées fausses que l'on a d'un art vraiment original & utile, qui exige pour le bien professer les mêmes études que le peintre pour devenir habile homme, & auquel le gouvernement devroit s'intéresser, ne fusse que sous un point de vue politique & commercial. Je n'ai garde d'imputer cet oubli à un ministre sage & instruit que la voix publique désigne comme l'ami des arts & des artistes, & qui désire les encourager par tous les moyens en son pouvoir.

« Malgré le besoin pressant que j'aurois d'être promptement soulagé & dispensé de payer un loyer en écus, je me borne cependant, citoyen ministre, à vous demander seulement une lettre d'expectative pour le premier logement qui viendra à vacquer aux galleries du Louvre ; je n'ai tant travaillé toute ma vie que dans l'espoir d'obtenir un jour cette récompense qui m'est promise depuis si longtemps, que je regarde comme la plus flateuse qu'un artiste puisse recevoir, & qui, dans les circonstances actuelles, me seroit infiniment, je pourrois dire absolument nécessaire.

« A l'instant où j'achève d'écrire ce mémoire, je reçois un nouvel ordre du conservatoire de la Bibliothèque nationale, qui m'enjoint de rendre de suite l'emplacement que j'occupe depuis 40 ans & que l'habitude me fait ne le quitter qu'avec une peine infinie, quoiqu'il ne m'ait été d'aucun avantage. Mais ce qui me met vraiment au désespoir, c'est que d'une part je n'ai point de lieu où je puisse déposer tout ce que contient celui-cy, & que de l'autre ma mauvaise santé ne me permet pas d'être exposé à l'air dans cette saison-cy qui m'est extrêmement contraire, & j'y cours peut-être le risque de la vie ; venez à mon secours, citoyen ministre, vous voyez ma détresse, faites-moi donner un emplacement provisoire tel qu'il soit pour y mettre mes effets, & je m'engage de le rendre à l'instant où vous m'accorderez le logement objet du présent mémoire.

» SAINT-AUBIN. »

Sa demande ne fut pas accueillie, & il la renouvela sans plus de succès d'année en année (1).

(1) Dans une autre lettre que Saint-Aubin adresse au ministre (18 prairial de l'an IV), il dit : « Il avoit été créé sous Louis XV une place de dessinateur & graveur de la Bibliothèque nationale. A la mort du premier titulaire, en 1776, le savant abbé Barthélemy, qui projetoit de publier une partie des médailles du cabinet, demanda cette place pour le citoyen Saint-Aubin, l'obtint & lui en fit obtenir le brevet, à son insçu. » Dans une autre lettre adressée au ministre Chaptal, il parle ainsi de lui à la troisième personne : « Il a vieilli avec honneur dans l'exercice de son art, qui est aujourd'hui sa seule ressource, ayant eu le malheur de perdre, par les circonstances de la révolution, le fruit de quarante années de travail & de bonne conduite ; &, aujourd'hui que sa mauvaise santé ajoute au poids de ses années, ne lui sembleroit-il pas permis d'espérer que vous ne confondrez pas sa demande avec tant de prétentions indiscrètes ou exagérées...» Dans une autre lettre de l'an XII, cherchant à intéresser le ministre, après lui avoir rappelé qu'il a été reçu de l'Académie de peinture en 1771, il écrit : « ...J'ai formé plusieurs élèves qui aujourd'hui font honneur à l'art ; je n'en nommerai que deux ou trois, MM. Blot, Anselin, Duclos, Macret, &c.; enfin, j'ai soixante-sept ans, il y en a cinquante que je travaille ; aussi ma santé est fort altérée, & je suis tous les ans six mois sans pouvoir sortir de chez moi, ce qui me met dans une situation vraiment fâcheuse. J'avois une modeste fortune, fruit de l'ordre & de l'économie, mais que j'ai entièrement perdue par l'effet de la révolution.» Lettres autographes de Saint-Aubin possédées par nous.

Triste fin! point de repos, point de retraite pour le pauvre travailleur qui doit mourir burin en main & toujours aller. Il est malade, il est infirme, au premier froid l'hiver le confine dans sa chambre & le cloue au logis. Il ne peut se traîner chez Renouard même pour toucher son argent. Il se hâte pourtant & s'use, suant le jour & la nuit, forçant & tuant ce talent qui s'en va & s'éteint comme son maître. De profils en profils, sa main court indifférente de Diderot à Jules-César, de Cicéron à Pierre le Grand & de Pierre le Grand à Hamilton. La misère taille & rogne dans le petit musée de l'artiste; & ses beaux livres, ces exemplaires uniques, passent à d'autres. Les jours succèdent aux jours apportant la mort peu à peu au vieillard, qui s'acharne à vivre & se cramponne au travail. Il presse les commandes de la belle saison pour avoir le loisir d'être malade l'hiver. Il tousse des semaines entières & ne lâche pas son burin. Il prend & reprend un portrait de Racine qu'à peine il finira. Le 2 mars 1806, il écrit à Renouard :

« ..... Quant à moi, j'ai été si grièvement malade que je n'ai pas donné un coup de burin de tout le mois dernier ; je ne travaille pas encore : il y a deux jours, j'ai voulu dessiner une petite médaille d'une heure d'ouvrage, c'est tout ce que j'ai pu faire, mais non sans peine. Je me suis trouvé heureux dans mon malheur de n'avoir pas eu dans les mains quelque planche après quoi vous auriez attendu, puisque je n'aurois pas pu vous satisfaire.

« Il me tarde de voir revenir mes forces & le beau tems pour terminer votre Racine que je comptois bien devoir l'être dans le courant de février, & m'occuper un peu de celui de ces messieurs.

« Pendant tout ce tems je n'ai pas gagné un écu, mais en revanche j'en ai bien dépensé... »

Et savez-vous à quelle peine mourra ce talent ? sur quoi viendra expirer la dernière caresse du burin d'Augustin de Saint-Aubin ? L'agonisant fera son dernier effort sur cette grande planche : une imagerie d'Epinal, un tableau des rois de France, de Pharamond à Napoléon. Il ne sait même si on ne le forcera pas d'écrire sous chaque portrait le nom de baptême de l'histoire : le Bon, le Fainéant, le Dévot, & il supplie qu'on écarte de lui ce calice :

« 23 juillet 1807.

« Malgré mon étouffement continuel, malgré la chaleur excessive, enfin malgré tout, il faut pourtant travailler, & c'est ce que je fais le plus que je peux. Je vais bientôt faire mordre notre troisième race, à l'exception des trois derniers de la bande qu'il faudra faire après coup, le verny étant gâté en cet endroit ; je voudrois savoir si vous tenez beaucoup à ce qu'on mette tous les surnoms de ces rois : le Bon, le Dévôt, le Bien-aimé, le Courtois, &c.; dans la suite que vous m'avez envoyée d'après Cochin on en a supprimé beaucoup, je voudrois bien en faire autant. C'est moins pour abréger le tems que pour diminuer l'ennui que j'éprouve en traçant ces légendes. Si vous avez un instant à me donner, je serai bien aise de vous parler sur cela. Je souhaite que vos enfans aient retrouvé toute leur santé.

« J'ai l'honneur de vous saluer,
« SAINT-AUBIN.

« J'enverrai le 30 chez vous toucher 2 ou 300 fr., si cela ne vous contrarie pas. »

De cette lettre à la mort de Saint-Aubin il y a trois mois. Il mourut le 9 novembre 1807.

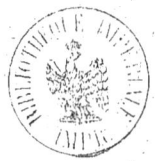

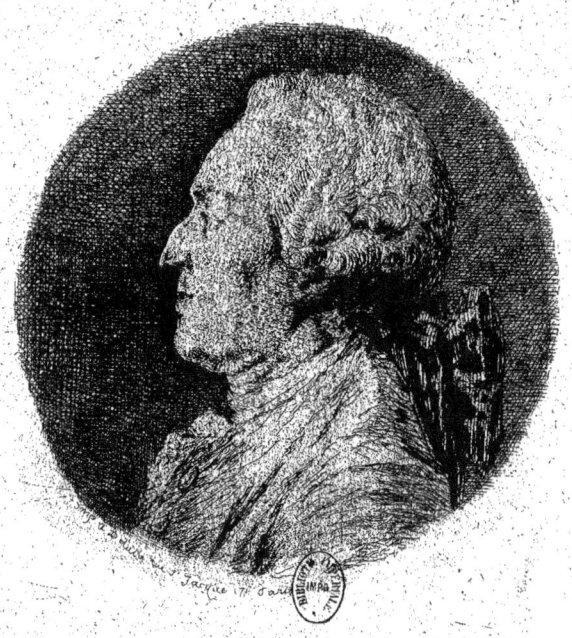

GERMAIN DE SAINT-AUBIN

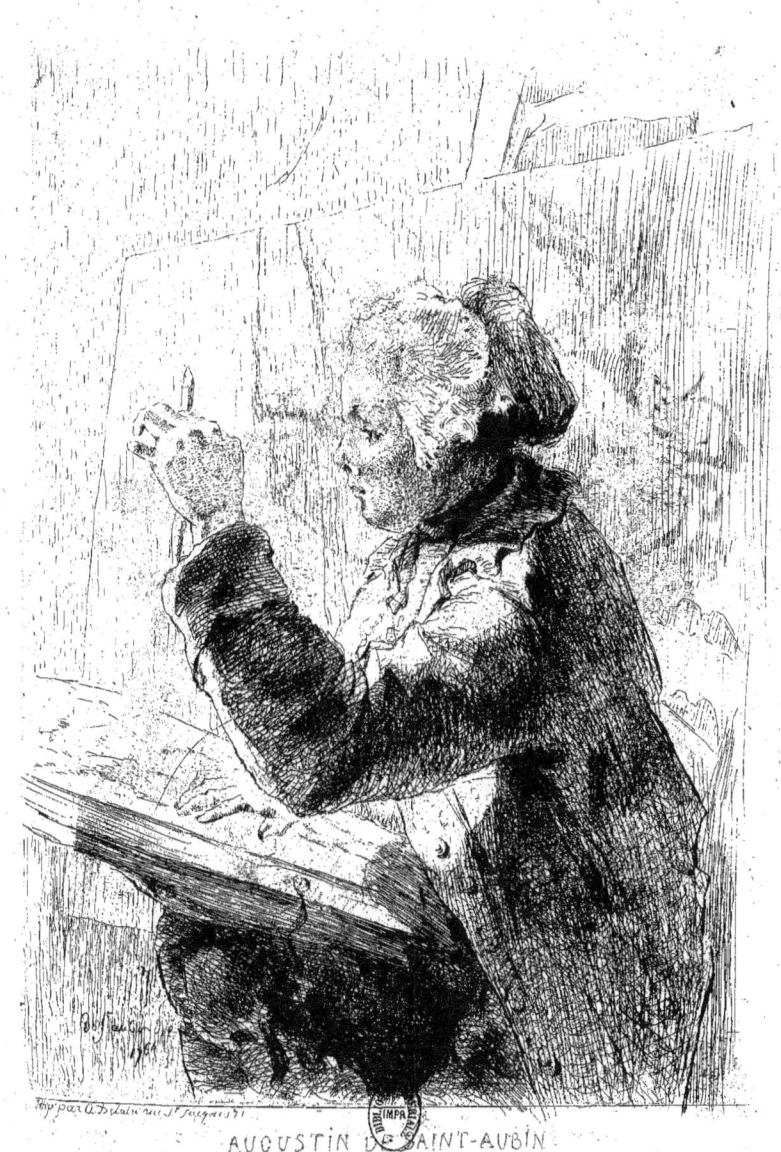

AUGUSTIN DE SAINT-AUBIN

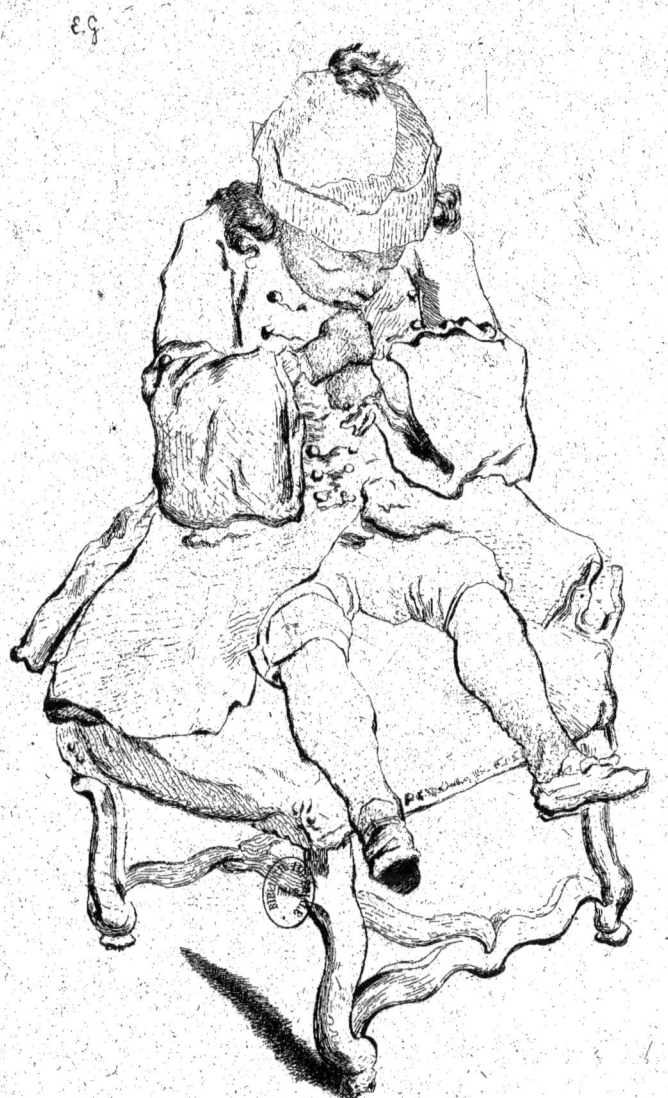

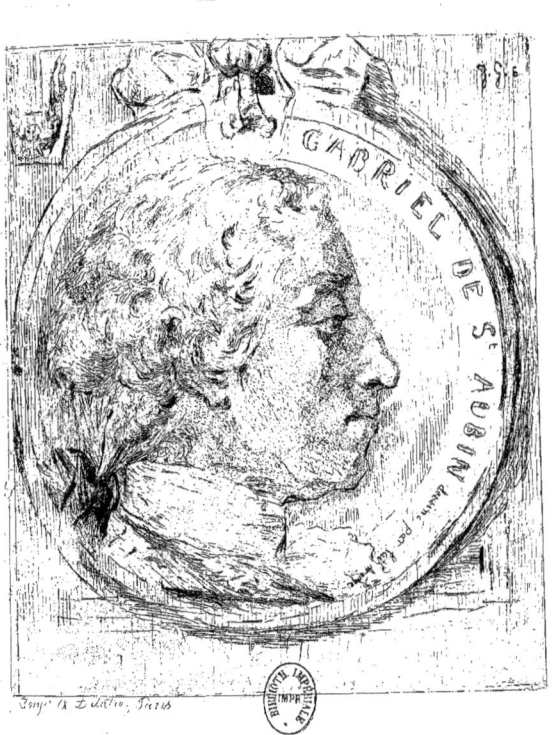

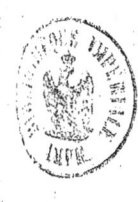 LES VIGNETTISTES

Tiré à 200 exemplaires.
Les planches, tirées par A. Delatre, feront effacées après le tirage.

LYON
IMPRIMERIE LOUIS PERRIN
Rue d'Amboife, 6.

EDMOND ET JULES DE GONCOURT

LES VIGNETTISTES

GRAVELOT — COCHIN — EISEN — MOREAU

ETUDE

CONTENANT QUATRE DESSINS

gravés à l'eau-forte

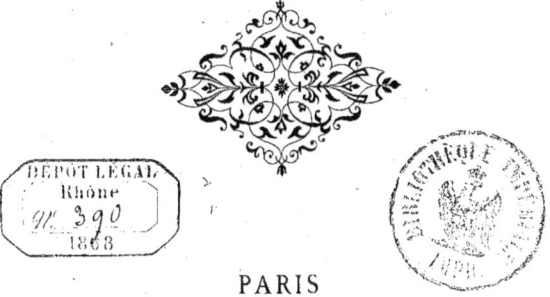

PARIS

E. DENTU, PALAIS-ROYAL, GALERIE D'ORLÉANS.

1868

Droits de traduction & de reproduction réservés.

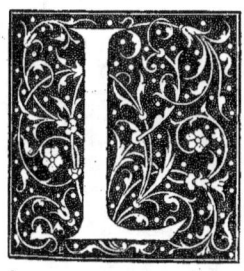E XVIIIe siècle est le siècle de la vignette. Ce temps, qui orna tout de l'amabilité de l'art, qui éleva le *joli* au style & répandit ce style dans les plus petites choses de ses entours, de ses usages, de ses habitudes; ce temps, qui appliqua la main du dessinateur & du graveur jusqu'au décor du moindre bout de papier, de ces mille petites feuilles volantes qu'une société se passe de main en main : adresses, cartes, invitations, billets de faire part, factures de marchands, passe-ports, contre-marques de théâtre ; ce temps, qui ne voulait pas un seul imprimé sans y trouver un plaisir pour l'œil, le XVIIIe siècle devait naturellement dépenser, pour l'embellissement & l'égayement du livre, un génie, une imagination, un goût nouveau & sans exemple. Aussi le règne de Louis XV est-il le triomphe de ce qu'on appellera plus tard « l'illustration ». L'image remplit le livre, déborde dans la page, l'encadre, fait sa tête & sa fin, dévore partout le blanc : ce ne sont que frontispices, fleurons, lettres grises, culs-de-lampe, cartouches, attributs, bordures symboliques. Bien peu d'ouvrages osent se présenter sans cette recommandation & ces tableaux

du texte, qui vulgarifent & font circuler dans la lecture la grâce artiftique de l'époque. Editeurs, imprimeurs, auteurs luttent à qui chargera fes éditions de plus d'images, les enjolivera de plus de tailles-douces. C'eft le fuccès, l'excufe ou le pardon de tout ce qui paraît; c'en eft quelquefois le prétexte & l'idée, & la gravure dicte le livre, comme ce paquet d'eftampes envoyé à Duclos pour lui faire écrire le conte d'*Acajou*. Le moment arrive où l'épigramme contre le plus illuftré des écrivains, Dorat, qu'on accufe de « *fe fauver de planche en planche*, » peut s'adreffer à prefque toutes les publications. Et, en 1772, dans l'édition de fon *Diable amoureux*, c'eft à peine fi Cazotte exagère la raillerie quand il écrit : « Malgré la néceffité *indifpenfable*, que tout le monde connoît, d'orner de *gravures* tous les ouvrages qu'on a l'honneur d'offrir au public, il s'en eft peu fallu que celui-ci n'ait été forcé de s'en paffer. Tous nos grands artiftes font abyfmés d'ouvrages, tous nos graveurs paffent les nuits & ont peine à y fuffire; l'auteur étoit défefpéré & ne pouvoit ni pour or ni pour argent trouver ni deffin ni gravure. Donner fon ouvrage fans cela, c'étoit le perdre... »

Art charmant après tout, & qui mérite l'apothéofe qu'en a faite Choffart à la dernière page des *Métamorphofes* d'Ovide : fous un amour affis fur un nuage, jouant avec une guirlande de fleurs qui fe change dans fa main en couronnes, roule & defcend, au milieu de feuilles de laurier, une chute de médailles, dont chacune porte un nom. La lifte s'allonge fur un piédeftal porté par une paire d'ailes, foutenant une palette, des pinceaux, des rouleaux de papier, une lyre avec une écharpe de rofes, dont la corde du milieu eft une torche flambante dans un ciel de gloire & comme rayonnant de l'éclat de la pléiade des vignettiftes dont les noms fe preffent & tombent un à un, jufqu'au bas du grand cul-de-lampe, pêle-mêle, deffinateurs & graveurs, Boucher & Le Prince, Monnet & le Mire, Auguftin de Saint-Aubin, Delaunay, Simonet, Née, Ponce, Bafan, Delongueil, de Ghendt, Duclos, Mafquelier, Baquoy, — jufqu'aux quatre petits grands maîtres du genre : *Gravelot*, — *Cochin*, — *Eifen*, — *Moreau*.

|

Hubert-François Bourguignon, dit Gravelot, eft né à Paris, le 26 mars 1699 (1). Il eft le deuxième fils de Hubert Bourguignon & de Charlotte Vaugon. Son père eft un maître tailleur d'habits ; mais, ambitieux pour l'avenir de fes enfants d'un état plus

---

(1) Voici l'acte de naiffance de Gravelot, relevé par M. de Manne fur les regiftres de la paroiffe Saint-Germain l'Auxerrois : « Du dimanche 29 de mars 1699, fut baptifé *Hubert-François*, fils d'Hubert Bourguignon, maître tailleur d'habits, & de Charlotte Vaugon, fa femme. L'enfant eft né le 26 de ce mois. »

relevé que le fien, il facrifie fes épargnes à leur éducation. Les deux frères paffent de la penfion aux Quatre-Nations où l'aîné, qui fera le géographe d'Anville, eft en train de faire fa rhétorique, quand fon cadet d'un an, moins appliqué & arrivé feulement à fa troifième, abandonne le collége, prend le crayon, fe voue au deffin. Il travaille, étudie. A quelques années de là, une occafion fe préfente pour envoyer le jeune homme à la grande école de fon art : fon père le fait partir pour Rome dans l'efpèce de bagage domeftique que traînaient les ambaffades du temps, à la fuite des équipages de M. le duc de la Feuillade, défigné pour être ambaffadeur là-bas. Gravelot eft déjà le grand lifeur & le petit poëte qu'il fera toute fa vie : à Lyon, il a déjà mangé tout fon argent à acheter des livres, & il écrit à fon frère des lettres mêlées de vers que publient les « Mercures » du temps. Là-deffus l'ambaffade s'arrête & le voyage manque. De retour à Paris, Gravelot tombe dans le plaifir, la diffipation, raffole de théâtre, ne s'occupe que de pièces, hante les comédies, les comédiens, les comédiennes, & roule fans doute à ces folies des jeunes gens d'alors que racontent les Mémoires de la Régence. Le père de Gravelot, qui était de fon temps, du temps de la paternité draconienne à lettres de cachet & à embarquement pour les îles, penfa alors à M. le chevalier de la Rochalard qui lui faifait l'honneur de le connaître & qui partait pour Saint-Domingue en qualité de gouverneur général. Il lui remit le jeune homme, auquel heureufement n'arriva pas l'aventure d'un jeune homme de la bonne fociété du temps, M. de Mezières, qui, pareillement embarqué pour les îles à treize ans comme mauvais fujet, fut tatoué par les fauvages : au retour, fes bas de foie laiffaient paffer les ferpents ineffaçablement peints fur fes mollets. Pour Gravelot, fon hiftoire fut plus fimple : recommandé à M. Frégier, ingénieur en chef de la colonie, il fut employé, en arrivant, au deffin d'une carte de Saint-Domingue, deffin où il fe montra le digne frère de d'Anville. Mais « l'enfant de Paris » fe fentait bien loin. Puis, au bout de quelque temps, il recevait le coup d'une mauvaife nouvelle : la perte d'un bâtiment de la Rochelle qui lui apportait une pacotille de quatorze mille livres en marchandifes pour les colonies américaines. De chagrin, il tombait malade à en mourir. La force de fon tempérament le fauvait. Mais n'efpérant plus de fecours de fa famille, il revenait : quatre monnaies d'or d'Efpagne, voilà tout ce qu'il rapportait d'Amérique. Il avait trente ans, l'expérience, la maturité des épreuves ; il entrait chez Reftout (1), fier plus tard de fon élève, deffinait férieufement, & fe mettait à travailler comme un homme qui a fa vie à faire (2).

(1) C'eft fans doute vers ce temps de fon entrée chez Reftout qu'il publie ces petits deffins à cartel quelquefois accompagnés de vers, montrant déjà fon goût pour les fcènes enfantines : L'*Ecole des garçons*, l'*Ecole des filles*, le *Café*, la *Laiterie*, la *Curiofité*, la *Parade de foire*, l'*Efcarpolette*, &c., & deux grandes planches : les *Petits Comédiens* où des deux côtés l'on voit, comme à la vraie comédie, des rangées de petits feigneurs fur les banquettes des couliffes.

(2) *Nécrologe* de 1774. *Eloge de M. Gravelot* (par d'Anville), la feule fource biographique pour Gravelot.

Le talent de Gravelot commençait à s'annoncer ; mais la concurrence était alors trop grande entre les artistes parisiens pour qu'il crût pouvoir faire son chemin à Paris. Il se décidait à passer à Londres, vers l'année 1732 (1). Il y trouvait du travail dès son arrivée, grâce à son talent de dessinateur de figures & aussi d'ornemaniste. L'œuvre de la Bibliothèque, malheureusement bien incomplet pour les planches publiées en Angleterre (2), nous fait sauter, après les broutilles de ses débuts, à des images faites à Londres, dont l'une, l'allégorie d'un mariage, datée de 1740, laisse voir déjà, dans le couple habillé & dans le nu des figures symboliques, cette grâce spéciale qui sera plus tard sa signature. Nous possédons de lui une autre grande composition, publiée la même année, gravée par Parr & représentant les *Divertissements de la loterie*. Au milieu se voit une figure de la Folie les yeux bandés, deux marottes plantées dans le

---

(1) Dans deux lettres, datées de Londres, du 20 août & du 2 septembre 1734, Gravelot donne à son frère des renseignements géographiques sur l'édition d'Albuféda non achevée, lui envoie une carte de Northumberland & lui promet la carte de tous les comtés levée géométriquement. Il attaque un certain Gordon qui a fait tous les métiers, est monté sur le théâtre, & s'est fait homme de lettres en désespoir de cause, se mêle de brocanter & même de dessiner. Il devait faire pour lui « le frontispice d'un ouvrage sur les curiosités égyptiennes conservées dans les cabinets de tous les curieux d'Angleterre : mais Gordon n'a pas voulu le payer de la moitié d'avance... » Son adresse est alors : *King street Covent-Garden, at golden Cup.* — Une autre lettre, également adressée à son frère, en 1736, lui annonce l'envoi d'une de ces montres d'or anglaises, alors si appréciées à Paris & qui ne valaient pas moins de soixante guinées. (Lettres autographes de Gravelot communiquées par M. de Manne.)

(2) Nous extrayons de documents, rassemblés à notre intention par M. Reed, le savant conservateur des dessins & des estampes du British Museum, & que veut bien nous transmettre l'obligeance amicale de M. Wyat-Thibaudeau, le catalogue succinct des pièces de Gravelot conservées au British Museum : *Moïse descendant du Sinaï*, 1733 ; — une série pour une traduction de l'*Histoire romaine* de Rollin, 1740 ; — le monument de Shakspeare à Westminster, 1741 ; — une suite pour la mort de Sophonisbe, 1742 ; — une série nombreuse pour des pièces : *the Duke de Foix, la Prude, Sophonisba, Socrates, Pandore, Sampson, le Droit, Olimpea, Triumvirata, Repository, Charlot*, &c. ; — une autre série pour des romans anglais ou des pièces : *the Disappointment of Treachery, the Reconciliation, the faithful shepherd, the Banquet of Love, the Triumph of Alzire, the welcome intruder, the tragical discovery, the death of Ariana, the rash connexion, the refined lover, the unglucky glauce, the surprise, the infortunate rescue, the quadrille party, the rival lovers,* &c., &c. ; — une *Folie tenant des balances & un fouet ;* — série de pièces pour une histoire d'Angleterre ; — une petite planche légère : *un soldat tenant une femme sur ses genoux.* Dans les dessins, citons *Deux études d'un gentilhomme assis,* l'une sur papier bleu, l'autre sur papier jaunâtre, toutes deux au crayon noir rehaussé de blanc, huit dessins d'encadrement pour les portraits des biographies de peintres d'Houbraken, & quelques autres encadrements de portraits de personnages anglais: Il existe encore de Gravelot au British Museum & dans deux autres collections, des retouches & des ajoutes d'une fine plume dans des personnages du paysagiste Chatelain, avec lequel Gravelot travailla & vécut à Londres. — Un détail ignoré, c'est que le plus grand travail de l'artiste en Angleterre fut la reproduction d'anciens monuments, églises, tombeaux, &c. Ce fut lui qui fit les dessins pour les planches de Price, d'après les tapisseries de la Chambre des lords, lui qui releva dans le Glocetershire les églises & les autres monuments avec un soin & un art tels que Vertue le comparait à Picart & le trouvait même supérieur à son favori Hollar. Walpole, dans ses anecdotes sur la peinture, cite de lui sa planche de l'abbaye de Kirkstall comme une merveille. — Disons enfin que l'artiste, dont les planches anglaises portent le nom anglaisé de *Gravelott*, a été tellement adopté par l'Angleterre, que le British Museum a l'intention, nous dit-on, de classer dans son catalogue notre français & parisien Gravelot dans les maîtres anglais. A ce compte, l'Angleterre pourrait aussi mettre dans son école Watteau & La Tour.

trou des oreilles ; & de cette tête part un riche encadrement à la Meiffonier deffinant, en ferpentements d'ornement, fix compartiments : la diftribution des billets, la confultation chez l'aftrologue, le tirage de la loterie, la fcène émouvante du bon & du mauvais billet, à la taverne, à la maifon, touchés dans une manière de deffin légère & claire, dans un efprit d'Hogarth coquet. La femme des plus charmantes illuftrations de Gravelot eft déjà là : elle s'y lève comme du jour pâle du pays.

De tels deffins faifaient vite une place à Gravelot parmi le public anglais ; & un Shakfpeare fe trouvant à illuftrer, c'était lui qu'on en chargeait. Pauvre art du haut en bas & des grands aux petits, l'art du XVIIIe fiècle, lorfqu'il fe dépayfe, lorfqu'il fort de la repréfentation du temps, lorfqu'il va aux grandeurs, aux poéfies, aux majeftés, aux terreurs du paffé, de l'hiftoire, ou du génie ! Shakfpeare & Gravelot ! Rien que le rapprochement des noms & l'écrafement de l'un par l'autre fait comprendre à quel degré de ridicule l'interprétation de l'aimable Français devait defcendre : elle dépaffe encore ce qu'on en peut attendre. Il faut voir Hamlet dans fa grande fcène, un Hamlet dans une pofe d'abbé galant, la reine en coftume d'une Gauffin, le roi en marquis de comédie, & dans le fond de jolis petits violons qui fe trémouffent & fe dégingandent comme à une tribune de mufique des *Fêtes roulantes!* Plus tard, aux Grecs, aux Romains, au tragique claffique, Gravelot s'attaquera avec le même « papillotage ». Il y mettra le mauvais bon goût national, la fauffe couleur, le pittorefque conventionnel, la fadeur de tradition, l'ennui rond & pompeux avec lequel tous fes confrères, Eifen, Cochin, Moreau, femblent peindre d'après les vers de Marmontel les hommes de Plutarque & les temps de Tacite ; monotone & banale antiquité de théâtre qui nous fera regretter tout ce temps perdu par l'illuftrateur fur les tragédies de Voltaire & tout ce qu'il nous devait à la place d'images vivantes de la vie contemporaine !

Cependant Gravelot entrait dans la connaiffance, fe pouffait dans l'eftime des peintres anglais les plus renommés. Il prenait auprès d'eux une affez grande autorité pour les décider à former une de leurs premières fociétés artiftiques poffédant un local où ils fe communiqueraient leurs productions, & des falles où ils deffineraient d'après le modèle ; & la fociété fondée, il n'était pas un des moins affidus à y venir deffiner la figure : il y modelait même en terre. En 1744, il publiait une férie de grandes études d'hommes & de femmes, dans le goût de certaines études habillées de Boucher, mais d'un deffin plus ferré, plus correct, plus près de la nature, & qui reffemblaient à de coquettes académies de pofes & de coftumes. Et quand il quittait l'Angleterre, la native élégance de fon deffin, où revenait un fouvenir de Watteau, avait gagné à ce long féjour comme un complément & un achèvement d'élégance anglaife. Elle y avait pris cette ariftocratie, cette rareté de diftinction qui fe dégage des chofes, des femmes & des hommes de là-bas. Elle en emportait le goût de ces jeunes coftumes d'honnêteté, de ces chapeaux de paille ingénus, de ces robes plates, de tout ce blanc, simplicité fraîche, blanche pudeur friande de la femme, qui va devenir bientôt chez nous la mode du linon & des fichus menteurs. Et c'est avec le souvenir de la toilette d'une Clarisse que le deffinateur va trouver le type de la Julie de Rouffeau.

En 1745, lors du fuccès des armes françaifes dans les Pays-Bas, bleffé dans fon patriotifme de ce que fes oreilles étaient forcées d'entendre, Gravelot quittait Londres, après un féjour de près de vingt ans, & revenait en France par la Hollande. Il ne revenait pas complétement inconnu, fon nom avait déjà paffé la mer; & le *Mercure* d'août 1738 annonçait qu'il faifait à Londres les illuftrations de la *Dunciade*. A Paris, il ne tarda pas à être occupé. Amateurs, éditeurs, reconnaiffent bien vite le talent nouveau qui fe révélait par ces deffins de vignettes ayant des qualités de petits tableaux, ces mines de plomb fi habilement & fi finement careffées fur le deffous chaud d'une première indication de fanguine, ces efquiffes au crayon où les appuiements de plume reprennent, corrigent & refferrent la ligne du mouvement, ces lavis limpides, pleins de clarté, d'un léger biftre aqueux & où, d'un trait d'encre, le deffinateur grave, d'un ftyle exquis, le contour d'une filhouette merveilleufement deffinée.

Par quel moyen, par quel procédé, par quelle étonnante réduction l'artifte faifait-il tenir un tel art, un art demandant & laiffant voir toute l'étude d'un peintre dans un fi petit cadre? Les contemporains fe demandaient fon fecret : on ne l'a eu que ces années-ci à la vente du général Andréoffy (1) quand, fous ce nom de Gravelot, ce nom qu'on n'avait jamais vu jufque-là figner que des deffins du format de fes gravures, il apparut aux enchères de grands deffins dans le faire de Lancret. Un deffinateur fupérieur à lui-même & plus haut que tout fon œuvre fe révélait dans ces efquiffes de fi belle tournure fur papier chamois, frottées de fauce, rehauffées de blanc, arrêtées de crayon noir. Le deffinateur, comme refpirant à l'aife, y avait bâti fes perfonnages à grandes lignes, chiffonnant puiffamment la rocaille des jupes, mêlant les frottis d'eftompe aux raies graffes de crayon, femant des mouvements & des repentirs d'ébauche, indiquant feulement des têtes avec le rond d'une tête d'après la boffe en croifant deffus la ligne des yeux fur la ligne du profil. A diftance, tout y vivait, la lumière, les vifages, les perfonnages, le jour fur les grands plis charbonnés des étoffes; & le relief en devenait tournant comme d'un deffin qui a pris fon moule fur la nature. De ces deffins, l'un paffé au carreau & que nous retrouvons réduit dans une vignette minufcule de *Tom Jones*, montrait que Gravelot avait la confcience de faire ainfi un grand carton de fa vignette. Et fait-on encore une autre de fes inventions, & comment il réalifait une autre illufion, ce menfonge charmant du vrai de fes perfonnages & de fes ajuftements? Il fe fervait pour cela de trois mannequins,

---

(1) Catalogue Andréoffy (1864). Tous les deffins de Gravelot paffés à cette vente avaient été achetés par le collectionneur lors de fon ambaffade à Londres fous l'Empire. Prefque tous font maintenant partie de notre collection.

modèles du trio ordinaire de ses scènes : c'étaient des mannequins fabriqués en Angleterre, hauts de deux pieds & demi, ayant des corps matelassés dans un tissu de soie tricoté, pourvus d'articulations en cuivre flexibles jusqu'au bout des doigts, & d'une garde-robe allant de la mode de ville à celle du théâtre, & jusqu'à la toge romaine.

La vérité de l'ensemble & du détail ainsi obtenue par Gravelot, le plein, le naturel que donnaient ces grandes études à ces petites planches, cet air tableau de ses vignettes, cette âme d'une composition libre & étoffée qui leur reste, cette fleur d'art galant qu'elles sont seules à avoir, arrivaient à faire mettre l'artiste, par les fins connaisseurs, au rang du premier vignettiste de son temps. Et ce n'était que justice : Gravelot est l'artiste complet & parfait de son genre ; il en réunit toutes les aptitudes, l'intelligence de la composition qui lui fait presque toujours abandonner le motif commandé de l'estampe, une lecture immense qui l'aide à trouver le milieu & toutes les convenances de la scène. Il a la science perspective, une imagination d'architecture riche, égayante, & fleurissant les fonds, le goût de meubler, de décorer l'appartement, de faire courir les élégances autour des personnages comme les serpentements de l'or & de l'argent autour d'une gouache de tabatière, avec l'effet du point de vue sur chaque objet. Il connaît encore le métier du graveur, en homme qui a eu la pointe en main (1), écrit son dessin, aide d'avance à la réussite de son interprétation. En un mot, dans sa spécialité, il est l'artiste vraiment unique, reconnu pour tel, indiqué par Boucher qui lui renvoie ainsi qu'au plus digne tous les sujets à trop petits cadres dont il ne veut pas se donner l'ennui.

Gravelot a peint. Et il n'a pas peint seulement ces panneaux que l'industrie artistique du temps demandait aux peintres, les *jolités* à la mode, des dessus de boîtes, des clavecins, ce clavecin de Rukert qui se vendait à la vente de Blondel d'Azincourt. Il a peint des tableaux ainsi que le témoigne le n° 5 de son catalogue, — *« plusieurs tableaux peints par feu M. Gravelot à Londres & à Paris, »* — & comme le prouve la gravure du *Lecteur*, par Gaillard, au bas de laquelle est écrit : *Gravelot pinxit*. La charmante planche représente une femme assise de profil : un jeune homme assis sur le bout d'une chaise, & penché vers elle, le regard baissé sur le livre dont il lui fait lecture. Assis à contre-jour, il semble dans une ombre d'amour. Un rayon d'une fenêtre derrière lui

---

(1) L'œuvre de Gravelot ne se compose guère que de deux eaux-fortes signées de lui & qui semblent des premiers essais montrant une intention de s'y adonner plus tard : la première, un *griffonnis*, ayant l'air de représenter un zéphyr enlevant une apparence de nymphe ; la seconde, une *Feuille de croquis*, toute couverte & encombrée d'études de têtes, de mains, de casques, de chiens, de dragons fantastiques, de vieilles à besicles, dont se détache, sur le gris d'une première morsure, le trait fortement mordu d'un chasseur tirant un coup de fusil, & la rocaille d'un charmant étui chantourné où un amour joue en haut avec un cygne, tandis qu'en bas une naïade trône dans une conque en avant d'un château d'eau, — vrai modèle à être ciselé par Duplessis ou Martincourt.

frife en paffant & va éclairer en plein le profil écoutant de la femme. C'eft un effet intime, tendre & difcret, une fcène de chambre qui, dans le gracieux, donne l'impreffion unique, prefque recueillie, que l'on reffent devant la gravure d'un tableau de Chardin, Ce tableau, notre ami M. Philippe Burty croit l'avoir vu à Londres, en 1867, à une expofition du Burlington-Club, où il avait été envoyé par fon propriétaire, M. Woman. Il nous donne la toile : l'homme en vefte marron, en gilet bleu, en culotte rouge, la femme en jupon rofe, en robe grife, pour une peinture fans harmonie, fèche & fans éclat, & n'ayant de valeur que la curiofité de la fcène, du coftume. Mais était-ce bien l'original ? Il faut dire cependant qu'il y a contre notre doute la phrafe du Nécrologe : « Gravelot prit plufieurs fois la palette, mais quoique les effais de fon pinceau euffent l'approbation de M. Boucher, il y renonça parce qu'il lui coûtait trop de peindre, & qu'il ne s'y était pas exercé d'affez bonne heure. » Et l'on pourrait encore oppofer à une velléité d'illufion fur fa peinture le prix dérifoire auquel fe vendit à fa mort ce lot de toiles que nous citions tout à l'heure : les contemporains l'eftimèrent 16 livres 18 fous. D'un autre de fes tableaux, tout à fait perdu celui-ci, d'un tableau de fociété qui nous eût montré le goût du monde d'alors à grouper la famille & fes amitiés dans le cadre d'une réunion intime & d'un falon des affections, il nous refte l'hiftoire & la trace dans une curieufe lettre. L'artifte s'y révèle avec fa délicateffe, fa dignité, fa pareffe, fon éloignement du portrait; il nous y donne auffi d'intéreffants renfeignements fur l'influence des dîners du lundi de madame Geoffrin, leur autorité dans les chofes de l'art, la crainte & le refpect qu'ont tous les artiftes, dans leurs affaires avec le public, de l'opinion, des jugements exprimés là, à ce tribunal du goût, par les illuftres amis de la maîtreffe de maifon. Lady Hervey, cette Anglaife, la feule étrangère qui figure dans le petit nombre des portraits de femmes de Cochin, a chargé d'abord Liotard, puis Gravelot, de la peindre avec fon fils, les Fitz-Gerald, quelques amis. Elle n'eft pas fatisfaite du tableau de fon peintre, s'en plaint tout haut, & le bruit qu'elle fait arrive jufqu'à remplir une foirée de lundi. C'eft fur cette efpèce de fcandale que Gravelot fe décide à écrire à lady Hervey & envoie à madame Geoffrin la copie de la lettre que voici :

Madame,

J'apprends avec quelque étonnement, je vous l'avoue, que vous vous plaignez vivement au fujet de votre tableau. Permettez-moi une expofition fimple des faits.

M. Liotart devoit peindre les fix têtes à dix louis chacune. Je fis marché avec vous à trente (1) *pour trouver la difpofition du tableau & le finir. Malgré les représentations que*

---

(1) Sur les prix du deffinateur, nous trouvons ce renfeignement dans Favart, qu'il lui en coûta cinq louis pour un deffin de Gravelot : le frontifpice de l'*Amitié à* l'épreuve. — Les *Archives de l'art français* ont auffi donné un reçu de Gravelot.

je vous fis dans le temps, combien le talent de la reſſemblance étoit peu le mien, vous m'engageâtes à riſquer celle de M. & de Mme Fitz-Gerald. Vous eûtes alors la bonté de paroître contente ainſi qu'eux de ce que j'avois oſé les entreprendre, juſques-là qu'à votre inſçu ils voulurent abſolument me payer leurs têtes le prix de M. Liotart : ce que M. Fitz-Gerald fit à un louis près, parce que dans le moment il ne s'en trouva avoir que dix-neuf ſur lui. J'ai depuis peint votre tête, qu'à la vérité je ne comptois pas finir, & j'ai diſpoſé le tableau. Si dès le commencement l'exécution en a été retardée, ce fut Monſieur votre fils qui l'a ſuſpendue, devant revenir, diſoit-il, ici avec ſon uniforme & un deſſin exact de ſon vaiſſeau qu'en attendant il traça lui-même ſur la toile tel qu'il s'y voit encore : mais il n'eſt pas revenu. Cependant j'ai eu deux ſéances pour votre tête, j'ai fait la diſpoſition du tableau, je l'ai ébauché, & je n'ai rien reçu là-deſſus. Vous l'avez ſouhaité tel qu'il étoit, & je vous l'ai envoyé. Oſerois-je à préſent, madame, demander de ce que vous pourriez tant vous plaindre ? C'eſt cependant ce qu'indirectement j'entends dire que vous avez fait, & même devant des perſonnes dont l'eſtime doit être précieuſe à tout homme qui a quelque délicateſſe. Auſſi ai-je peine à me le perſuader & ſurtout que vous m'avez mis dans le cas d'avoir beſoin d'une juſtification vis-à-vis d'elles.

Si j'ai remis le tableau à quelqu'un pour l'avancer, ç'a été dans l'envie de remplir mes engagements & après que M. Boucher m'a eu aſſuré que je m'adreſſois bien. Je ne comptois vous le livrer que ſatisfait moi-même de l'exécution & qu'après y avoir mis ce que j'aurois pu encore y déſirer. Il ſemble donc que ce ſeroit à moy à me plaindre de ce que dans le temps que j'avois pris un arrangement convenable pour vous ſatisfaire, vous m'en ayez tout d'un coup ôté le moyen, par la lettre que j'ai reçue de vous & que j'ai gardée.

Mais encore un coup, madame, je vous crois trop judicieuſe & trop équitable pour penſer qu'en vous plaignant peut-être d'un peu de négligence de ma part, vous ayez expoſé les choſes autrement que je viens d'avoir l'honneur de le faire. Quand eſt de les mettre en arbitrage, & ſur quel fondement, lorſque je n'ai rien reçu de vous, & que malgré la répugnance naturelle que j'ai de ſentir à vous délivrer le tableau dans l'état d'imperfection où j'avoue qu'il eſt, cela ne m'a pas empêché de le faire dès que vous avez paru le ſouhaiter avec quelque chaleur. En tout cas permettez-moi de prévoir la déciſion des arbitres dans cette affaire, ce ſeroit de vous propoſer de me renvoyer le tableau & à moi de tenir mes conventions.

J'ai l'honneur, &c. (1).

Il ajoute à la copie de ſa lettre la propoſition de dépoſer entre les mains de quelqu'un pour être remis à M. de Fitz-Gerald l'argent qu'il a reçu de lui, à condition que le tableau lui ſoit renvoyé pour y couvrir ce qui eſt de lui, n'y laiſſant abſolument

---

(1) Cette lettre nous a été communiquée par M. de Manne. Elle ne porte pas de ſuſcription d'envoi à madame Geoffrin ; mais la mention de « l'affaire du tableau traitée chez vous lundi dernier, » le jour du dîner des artiſtes, & la dernière phraſe du poſt-ſcriptum : « les idées déſavantageuſes des illuſtres amis », ne laiſſent aucun doute ſur le nom de la deſtinataire.

que ce qui ne lui appartient pas. Du reste, il s'en rapporte « à un sage ménagement & espère de son équité qu'elle voudra bien effacer les idées désavantageuses de ses illustres amis. »

Bientôt, presque tous les livres lui demandaient un frontispice, une vignette, un fleuron, un rien signé de lui qui fût le passe-port de l'imprimé, lui donnât sa place sur une toilette de duchesse, à côté de deux pots de vieux Saint-Cloud, entre l'essence de bergamotte & la poudre à la maréchale. Gravelot, paresseux & avare de son talent, accordait aux éditeurs un bout de dessin, souvent une planche, rarement beaucoup plus; en sorte que ce fut un événement de le voir illustrer entièrement le *Décaméron* de 1757, se vouer à ce grand travail, s'y prodiguer en frontispices, vignettes, fleurons, culs-de-lampe, le long de cinq volumes. Charmante fantaisie où le crayon & l'imagination du dessinateur, se jouant cette fois dans du passé qui n'était que le passé des contes, habille les Pampinées au goût de la rue Saint-Honoré, transporte sur le fond d'architecture de Saint-Sulpice les rendez-vous de Santa-Maria-Novella, l'horizon de Florence sur une terrasse du Grand-Trianon, & fait ainsi une traduction à la française où Boccace est arrangé à la mode de l'idéal que s'en fait la France de Louis XV. Assemblées, promenades, festins, petites personnes pimpantes, minois fripons, fines nudités ciselées, petit peuple de ballet enrubanné, fleuri, étincelant dans la vive lumière de la gravure ainsi qu'à la lumière d'une scène, tout cela défile comme une féerie badine de Cythère à Lilliput (1). Et la jolie fin de toutes ces *Journées* que ces jeux d'amour semés par Gravelot, petites figures symboliques du conte, tantôt jouant dans des cornes de maris trompés, ici portant dans une châsse de cristal l'Amour mort qui semble Cupidon enterré dans une tabatière de cristal de roche!

A la suite de ce grand succès, Voltaire voulait avoir le nom & le talent de Gravelot pour les royales éditions que Cramer élevait à ses œuvres. Et sur les flatteuses ouvertures de Cramer, Gravelot s'empressait d'envoyer à Voltaire un échantillon de ses dessins avec cette lettre d'hommage :

(1) Pour ce Boccace, Gravelot fit quelques estampes libres dont il choisissait lui-même les épreuves pour les amateurs (Favart, vol. Ier), quoiqu'il répugnât à ce genre, ainsi que le témoigne ce fragment de lettre inédite :

« ... Ce que vous me demandés se peut faire, mais pour rendre les choses suivant votre idée, cela exige de votre part une explication plus décidée & que susse bien jusqu'à quel point il s'agiroit de pousser la gaillardise ; car quoique dans ces sortes de compositions la gentillesse soit préférable à la grossièreté, il y a des gens comme vous sçavez à qui il faut des perdrix & d'autres qui aiment mieux la pièce de boucherie. Est-ce donc par la seule expression de la tête du jeune capucin que son action se doit faire connoître? Et la main sous sa robe fera-t-il assez sentir à quoi il s'occupe? En un mot, le bout de tabac doit-il paroître? Une autre réflexion : c'est de sçavoir si cette façon de couper les figures aux genoux, qui peut convenir au sujet que vous me marquez, iroit aussi bien à d'autres; tandis que la grandeur que vous m'envoyés me paroît suffisante pour des figures entières. Cependant à cet égard je me conformerai à votre dernière décision. Quant au fini que vous désirés, je vous promets d'y apporter mes soins & enfin de mettre à ces dessins toute la correction & l'expression dont je puis être capable; moyennant quoi je ne vois pas que je puisse demander moins de soixante francs pour chacun. »

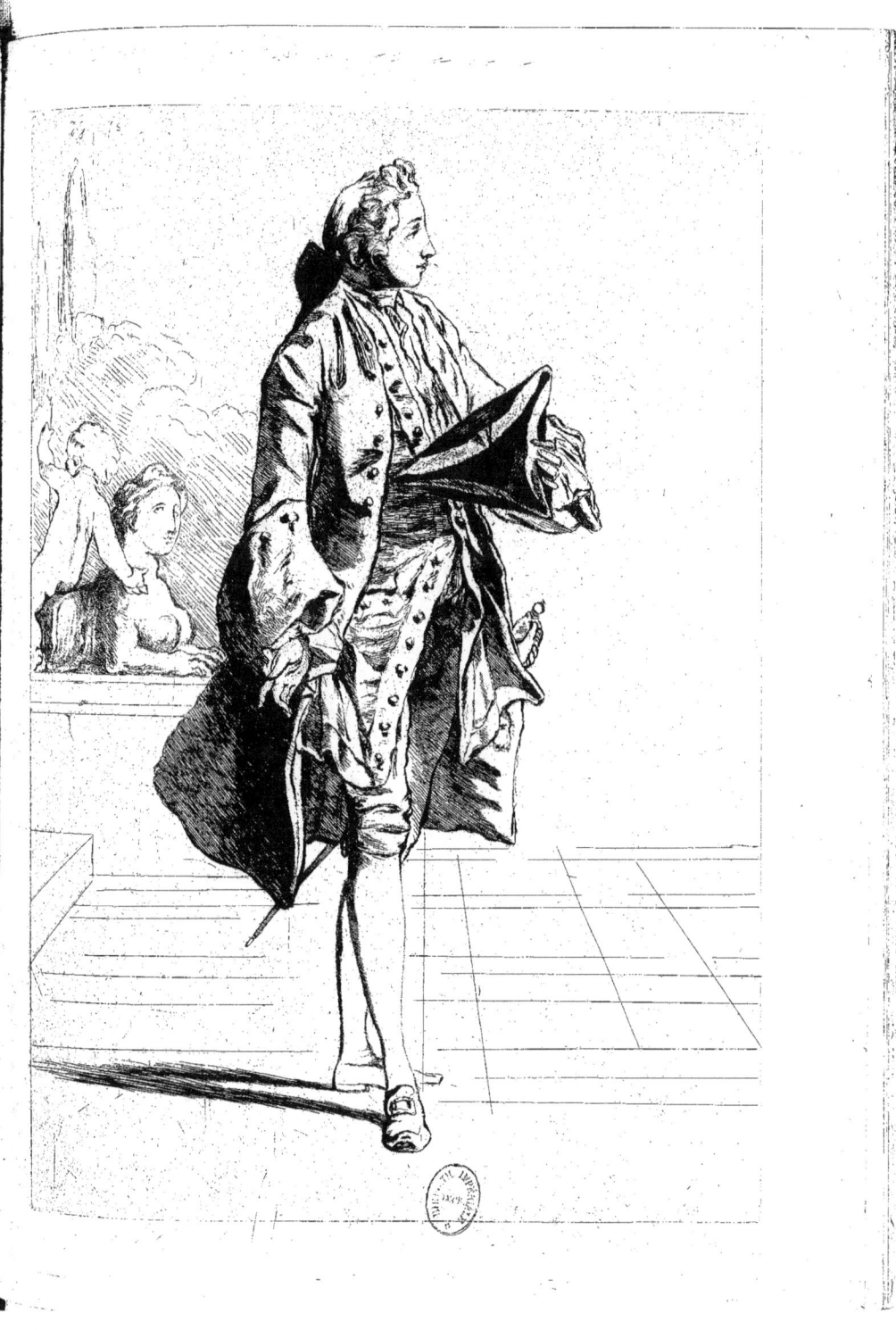

Extrêmement flatté, monsieur, du choix que M. Cramer fait de moi pour les deſſins de la grande édition qu'il projette de vos ouvrages, ſi quelque choſe pouvoit me flatter encore plus ce ſeroit vous ſatisfaire. C'eſt dans cette vue que je ſoumets à votre réviſion le choix que j'ai fait des ſujets pour votre Henriade. En penſant qu'il falloit retrouver dans les tableaux la marche du poëme, j'ai eu égard auſſi à la variété qui pouvoit les rendre plus piquants. Quant au talent que je puis apporter à l'exécution, vous en jugerez ſur les deux deſſins que j'ai remis à M. Cramer. Concevez, monſieur, à quel point je ſouhaite qu'ils ſe trouvent à votre gré, puiſque ce me ſeroit un moyen de participer en quelque façon à cette immortalité qui vous eſt ſi décidément acquiſe.

C'eſt avec les ſentiments d'un de vos plus vifs admirateurs que je ſuis, monſieur,
  Votre très-humble & très-obéiſſant ſerviteur.
                              GRAVELOT (1).

Et Voltaire était ſi enchanté de la lettre & des deſſins, que par Cramer il s'adreſſait au deſſinateur pour une vengeance contre Fréron (2). Gravelot, répétons-le, ſe faiſait illuſion : c'eſt ſa mauvaiſe immortalité que celle qu'il eſpérait de Voltaire, de la tragédie & du poëme épique. Il lui en était réſervé une meilleure & qui durera plus : celle que lui donnera l'expreſſion la plus délicate de ſon temps, ſoit dans l'illuſtration d'un roman anglais ou français, ſoit dans une vignette unique comme celle qu'il a jetée en tête des *Amuſements d'un convaleſcent*. Le joli cabinet d'épicurien ! le coin de feu tiède ! les rayons de livres aimables, la table avec ſes gorges de bronze, la taſſe de tiſane refroidiſſant ſur la cheminée contournée, & là dedans le charmant homme,

---

(1) Cette illuſtration eſt la grande nouvelle d'une lettre de Favart du 24 avril 1761. « ... Rien ne ſurpaſſera l'édition de Voltaire in-4°, que Cramer, libraire de Genève, a entrepriſe. Gravelot, l'un des plus célèbres de nos deſſinateurs, eſt chargé des figures ; il m'a déjà montré une vingtaine de deſſins... On n'a rien fait de plus élégant. » — Cramer écrivait à Gravelot : « M. de Voltaire, qui a été enchanté de vos deſſins, m'a donné un petit mémoire des ſujets pour ſes tragédies, » & lui parlant de l'embarras ſurvenu dans la gravure des petits deſſins, il lui contait ce trait piquant : « M. Baléchou, à qui j'avois envoyé le premier, m'a promis de l'achever ; mais un dominicain de ſes amis l'ayant vu travailler s'eſt douté de ce que ce pouvoit être & l'a prié de ne pas aller plus loin. » Il termine en lui annonçant que les quinze autres deſſins ont été remis à M. de Florian, qui vient de partir avec madame Fontaine & qui doit prendre le conſeil de Gravelot pour ſavoir à qui il faut s'adreſſer pour les gravures. (Papiers de Gravelot, communiqués par M. de Manne.)

(2) Lettre de Cramer l'aîné, du 1er novembre 1760, qui lui annonce que Voltaire eſt enchanté des deſſins de ſon théâtre, lui abandonne la direction de la gravure, & lui demande une planche de forme in-12, qu'il adreſſera par la diligence à M. Camp, aſſocié de M. Tronchin, quai de Saint-Clair, à Lyon : « Il faut deſſiner une lyre, ſuſpendue agréablement avec des guirlandes de fleurs, & un âne qui brait de toute ſa force en la regardant, avec ces mots au bas :

  Que veut dire
  Cette lyre !
  C'eſt Melpomène ou Clairon
  Et ce Monſieur qui ſoupire
  Et fait rire
  N'eſt-ce pas Martin F.... !

« Cette plaiſanterie doit ſe mettre à la tête d'un petit ouvrage qui n'attend que cette eſtampe pour paroître & que je vous envoierai d'abord. Si vous ne pouvez pas faire cette petite commiſſion, qui feroit grand plaiſir à notre cher philoſophe, mandez-le-moi d'abord... » — Le deſſin fut fait. La gravure, par Choffard, exiſte dans l'œuvre de Gravelot.

maigri fous l'ampleur de la robe de chambre du lever, regardant une idée au bout de fa plume prête à écrire, tandis que la baffe dont il vient de jouer gliffe, avec l'archet, le long de fa cuiffe... L'artifte donne là tout fon charme comme il donnera tout fon fiècle dans fes *Contes* de Marmontel tournant autour de l'hiftoire & des caractères du jour : le *Scrupule, Heureufement,* les *Deux infortunés,* la *Bonne mère,* le *Connaiffeur.* Et dans tous les livres auqxuels il apporte la parure d'une de fes petites fcènes contemporaines, il furprend, il émerveille par ce qu'on pourrait appeler chez lui le naturel de l'élégance, par le coquet décor de l'appartement, par le goût des colifichets meublants, par tout ce fin & microfcopique rococo amufant le fond d'où fe détachent fi bien fes duos & fes trios de perfonnages d'amour, ces comtes, ces marquis, ces Lindors aux habits étoffés, pochant fur la poitrine, à la taille pincée, aux bafques épanouies, tout charmants de l'air vainqueur de Fronfac & de Lovelace. Et ces femmes, ces petites créatures que le temps appelait *divines,* Gravelot n'eft-il pas le plus artifte à les peindre ? Elles font à lui & ne font qu'à lui, ces petites perfonnes fi vivement plantées au-devant de fes fcènes, les cheveux tignonnés fous un foupçon de bonnet-papillon, le chignon retrouffé & découvrant la nuque fine, les épaules filantes, la gorge ramaffée, la taille *joncée,* comme on difait, longues, fveltes & fluettes, la chair de la poitrine & des bras battue de dentelles, de garnitures, d'échelles de nœuds, d'engageantes de point d'Alençon : Gravelot les fait légères jufqu'à la pointe de la mule fous les fanfreluches & les rubans envolés de leur coftume ; il les transfigure avec cet idéal de mode qui va du déshabillé à la Pompadour à la robe à l'anglaife. Le deffinateur, qui a modelé, femble les fculpter pour ainfi dire au crayon, & les fort d'une rocaille de plis, pareilles à ces figurines de Saxe qui lui en montrent dans fon atelier le deffin de porcelaine & le relief éclairé ; & il les anime encore comme d'une pointe de poéfie au-deffus de la réalité du temps, d'une petite grâce intéreffante qui met en elles de l'héroïne de roman, les rapproche de Paméla.

Gravelot fort rarement de fon cadre. C'eft un hafard dans fon œuvre qu'une grande planche. Nous n'en connaiffons guère qu'une, la *Fondation pour marier dix filles, renouvelée en* 1751 *par les foins de M. le marquis de l'Hôpital, feigneur de Châteauneuf-fur-Cher,* & dont Moreau a fait l'eau-forte : une grande pièce qui a l'air d'un dénoûment d'opéra-comique de Sedaine faifant défiler la proceffion des couples villageois montant à l'églife & faluant leur feigneur, violons en tête. Il eft rarement le vignettifte de l'in-quarto, de l'in-octavo même, il eft le vignettifte de l'in-douze. Son deffin femble avoir befoin de la petiteffe du format pour être à fon aife & fur fon vrai terrain (1), &

---

(1) Un de fes feuls deffins fortant du petit format a été gravé à l'eau-forte par Saint-Non. C'eft un concert d'amateurs caricatural où tous les concertants emperruqués font rage, le batteur de mefure frappant du pied, l'abbé raclant la baffe, des violons fe démenant dans les fonds, devant deux péronnelles, le bouquet au corfage & les dentelles évaporées.

même dans l'in-vingt-quatre il s'amufe à un tour de force de crayon qui ne pouvait réuffir qu'à lui. Son *Almanach de la loterie de l'Ecole royale militaire* eft un vrai petit livre bijou & joujou. Qu'on imagine, au-deffus des numéros de la loterie, quatre-vingt-dix petites fcènes, toutes fe paffant entre enfants, comme fi les grandes perfonnes avaient été trop grandes pour y figurer; toutes, confacrées à la petite fille, la faifant repaffer, avec le bourrelet des *Amufements de l'âge* de Watteau, par tous les plaifirs, tous les caractères & tous les états de la femme, l'avertiffant de la vie par quatre-vingt-dix petites moralités rimées dans le cartouche & pour lefquelles le deffinateur-poëte follicite à la fin l'indulgence du public.

Son frère d'Anville dit : « Deux mariages contractés par fantaifie, & à l'infu de fes proches, ne lui avaient pas donné d'enfant. » Mariages de fantaifie, mariages d'amour, ce font alors les ordinaires mariages entre les artiftes pauvres, jeunes ou vieux, & les jeunes filles de la petite bourgeoifie. Leur hiftoire fe reffemble : d'abord une longue cour, &, de la part des écrivaffiers & faifeurs de vers, comme Gravelot, force lettres amoureufes, galantes, poétiques, fans compter les petits envois de deffins, de gravures. L'alliance eft retardée, s'éloigne, fourit de loin plus chèrement, par le refus des parents, la ruine des efpérances, l'argent pour s'établir qu'on croyait tenir & qui échappe. Vient enfin le grand jour, & l'artifte peut écrire ces lignes où parle le fage bonheur : « Nous allons donc être heureux tous deux par notre amour, par une *honnête médiocrité*, des défirs modeftes, un petit ménage décent, mon crayon, mes burins, mes livres, quelques amis, &, plaife à Dieu ! une bonne fanté furtout. » Telles, ces jolies unions, celle du graveur Miger avec demoifelle Griois, où, l'accord fait, Miger fe rend chaque matin place Vendôme à la foire Sainte-Ovide, pour monter, pièce à pièce, le ménage de tout ce qui lui manque par quelque emplette expédiée à la future madame Miger dans une miffive dont la collection s'appelle : les *Foires* (1). Et de Gravelot auffi nous poffédons quelques lettres d'intimité conjugale qui nous font entrer dans le ménage modefte & content du deffinateur avec fa première femme, Marie-Anne Luneau (2). C'eft la correfpondance du mari pendant les années 1755, 1756, 1758, le temps où madame Gravelot, pour remettre fa fanté délicate, va paffer dans fa famille, chez l'épicier Laurencin à Châteaudun, un mois de printemps, un mois d'automne. Gravelot y envoie à fa femme les riens du logis, les rares & petites nouvelles de la maifon de travail, les menus cancans, les ragots, les noms de fes vifiteurs, les compliments dont il eft chargé pour elle par Mlle Hay, Mme Dixi, Mme Bel-

---

(1) Biographie de Miger, par M. Bellier de la Chavignerie. Paris, Dumoulin, 1856.

(2) Malgré nos recherches à l'Etat civil de Paris & à celui de Châteaudun, il nous a été impoffible de découvrir l'acte de mariage de cette première femme de Gravelot. Nous favons feulement qu'elle eft la fixième enfant des treize enfants de Luneau, huiffier royal du préfidial de Blois, née le 5 août 1710, & morte en 1759, d'après les papiers annexés à l'acte du fecond mariage de Gravelot.

ricourt, M. Vimart, M. Cattier, le petit abbé, le docteur ; & encore les fantés que l'on a portées à fon honneur chez le comte d'Epinville, le tout affaifonné de gronderies fur fa pareffe, tempérées par l'affirmation qu'il ne peut garder de rancune contre *Nainé*. Le poft-fcriptum eft fouvent une bonhomie comme celle-ci : *A la fin, je crois que notre chatte n'eft pas pleine.* Il travaille au Voltaire, ou bien il a reçu deux pièces de vin que le tonnelier *nous affure être de grand vin & le meilleur qu'il ait encore bu.* Il la preffe de revenir, « quelque bien que le pays lui faffe. » Et il infifte par des vers comme ceux-ci :

> L'hiver, fes rumes, fes frimats
> Couvriront bientôt nos climats.
> Puis, à croire ton écriture,
> L'ennui te tient, fi ce n'eft pas
> De ta part flatteufe impofture.

Ailleurs, il la confole de l'ingratitude de fon amie Goton par une traduction poétique d'une fable d'Efope cruellement allufive aux procédés de la perfide, & au bout de fa fable, l'enragé lecteur, oubliant que c'eft à fa femme qu'il écrit, lui apprend doctement que c'eft le moine Planude à qui nous devons la vie d'Efope. Ce qu'elles montrent, ces lettres ouvertes, c'eft la fimplicité ouvrière d'un artifan lifeur, fimplicité fingulière, inattendue, contradictoire, chez un artifte de tant d'élégance, dans un deffinateur de fi rare délicateffe. Dans fon ménage, comme dans toute fa vie, il refte l'homme de fon portrait de La Tour : le bonhomme aux gros traits, aux yeux vifs, à l'air lourd, ruftique, anglaifé, à la phyfionomie d'un patriarche villageois de Greuze : ce payfan, c'eft Gravelot (1). Son frère nous le peindra défintéreffé, fans intrigue, fans mouvement d'ambition, fans occupation ni fouci de fa carrière, modefte jufqu'à courir, au grand fcandale de Boucher (2), pour donner des leçons, caché, s'effaçant, ne fe montrant prefque nulle part, fe dérobant aux fociétés, fuyant le bruit. Point de livre, point de journal, point de brochure qui parle de lui : dans ce temps où l'artifte tient toujours à une affociation, à un corps, il n'eft membre de rien : il n'eft que profeffeur de MM. les Ingénieurs du Roy. Il n'eft pas de l'Académie ; il ne fonge feulement pas à s'y préfenter. Son nom manque aux livrets de l'Académie de Saint-Luc. Incapable d'une follicitation, répugnant à la moindre démarche, ayant débarraffé fa vie des devoirs de politeffe & de bienféance, il demeure fe tenant compagnie à lui-même, cafanier, enfermé, fans aller voir parents ni amis. Son frère, auquel pourtant

---

(1) On connaît deux portraits de Gravelot : l'un d'après La Tour, gravé par Maffard ; l'autre d'après lui-même, dans un médaillon, avec une figure allégorique à côté, gravé par Henriquez.

(2) Gravelot ne fut jamais riche. « L'idée qu'on s'était faite dans un certain monde que M. Gravelot devait être riche dans fon état s'eft évanouie au moment de fa mort. Il n'avait pas été moins occupé ici que dans un pays étranger, il avait même touché la part qui lui revenait dans la fucceffion de fon père. Une vie affez unie, fans luxe & fans fuite, pouvait favorifer cette opinion. » (Eloge de Gravelot.)

il était fort attaché, raconte qu'il n'aurait point eu de commerce avec lui, s'il n'avait fait, quoique l'aîné, les frais de toutes les vifites. Une efpèce de pareffe, un goût d'indépendance qui s'était fortifié aux leçons de la libre vie de Londres, femble le tenir à l'écart de tout, plongé, abforbé dans les livres, dans la paffion de lire, de feuilleter, de bouquiner, qui lui prend fon temps, l'enlève à fon art, lui met à toutes les heures un volume à la main, un volume fous fon chevet, lui fait emporter une lecture à la promenade, & prefque toujours un Montaigne dans fa poche. Il lit feul, il lit devant ceux qui viennent le voir, & quand il eft forcé de caufer, fa converfation retourne à ce qu'il vient de lire. Doux philofophe fauvage! Surprenons-le dans cet intérieur dont il a tant de peine à s'arracher, dans cet atelier de la rue Saint-Honoré, entre ces murs où rient un Boucher, deux Defportes, des finges de Peyrotte, des figures paftorales en plâtre & des ftatuettes de Saxe (1) : nous le verrons avancer la main vers fes porte-crayons d'argent, travailler une heure devant ces petits mannequins, petit modèle de ducheffe ou de perfonnage tragique à la Voltaire, laiffer cela, griffonner des vers, travailler à un traité de perfpective, & toujours revenir à un volume quelconque de fa bibliothèque pour en relever les fautes d'impreffion, ou bien pour en reffentir l'émotion, comme l'artifte reffentait l'émotion du livre & du théâtre, à en fuffoquer, à en pleurer, à en étouffer de fanglots!

Les dernières années de Gravelot devaient apporter au lifeur, au deffinateur, la privation de ces chers paffe-temps. La petiteffe, la délicateffe de fes travaux de deffinateur lui affaibliffaient la vue, lui défendaient prefque tout travail. L'oifiveté, l'ennui, le vide d'un foyer folitaire, depuis la mort de fa première femme, arrivée en 1759, ce commencement d'aveuglement, peut-être le befoin des foins & du dévouement d'une garde-malade, lui faifaient, à plus de foixante-&-onze ans, époufer une fille de trente-quatre ans, Jeanne Ménétrier (2). On voit, au bas de fon acte de mariage, la jolie

(1) « Vente confiftant en tableaux, deffins, eftampes de différents maîtres, mannequins & autres effets à l'ufage de la peinture & du deffin, après le décès de M. Gravelot, deffinateur & ancien profeffeur de MM. les Ingénieurs du Roy, laquelle commencera le mercredi 19 mars 1773 de relevée & continuera les jours fuivants rue Saint-Honoré, au coin du cul-de-fac de l'Oratoire. » Nous avons dit le prix des tableaux de Gravelot dans cette vente ; les 40 deffins pour Voltaire furent retirés ; les 34 deffins pour le Corneille eurent le même fort. On vendit 110 petits deffins, 129 livres, & un porte-feuille rempli d'efquiffes, de croquis, de divers deffins de perfpective, avec un traité manufcrit par l'artifte, monta à 367 livres.

(2) « Paroiffe St-Germain-l'Auxerrois, novembre 1770.

« Du mercredi vingt-huitième, fieur Hubert-François Bourguignon, dit Gravelot, ancien profeffeur des Ingénieurs du Roy, âgé de foixante & onze ans & demi paffés, veuf de dame Marie-Anne Luneaux, d'une part, & Jeanne *Ménétrier*, âgée de trente-quatre ans & demi paffés, fille des défunts Simon Ménétrier, Manouvrier, & Anne Monginot, d'autre part ; tous deux rue Saint-Honoré de cette paroiffe, ont été mariés, de leur mutuel confentement, par nous fouffigné prêtre, docteur en théologie de la facrée faculté de Paris, & vicaire de cette paroiffe... en préfence du fieur Jean Baron, bourgeois de Paris, de fieur Jean-Baptifte *Antoine*, peintre au pavillon des Quatre Nations, tous deux amis du marié, de fieur Georges, maître de fieur Georges, bourgeois de Paris, de fieur Nicolas Dupré, marchand tailleur, amis de la mariée. »

écriture de la signature de ses dessins trembler dans ses deux noms : *Bourguignon Gravelot*.

Trois ans après, le 19 avril 1773, une maladie de huit jours, une indigestion, l'enlevait dans le premier mois de sa soixante-quinzième année (1).

(1) Donnons ici, d'après les registres de la paroisse Saint-Germain-l'Auxerrois, l'acte de décès de Gravelot : « Du mardy 20 avril, Hubert-François Bourguignon dit Gravelot ancien professeur de messieurs les ingénieurs du Roy âgé d'environ soixante & quatorze ans époux de Jeanne Ménetrier décédé à cinq heures du matin au cul-de-sac de l'Oratoire a été inhumé en cette église en préfence de Pierre-Paul Cartron bourgeois de Paris & de Zacharie Boivin lequel a déclaré ne sçavoir signer. »

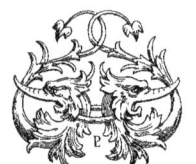

II

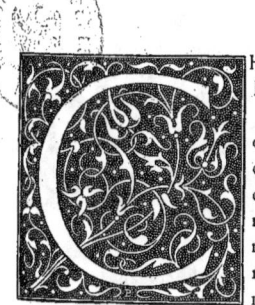HARLES-NICOLAS COCHIN fils eſt né à Paris, le 22 février 1715 (1).

Il ſort d'une famille de graveurs, d'une de ces familles où ſe continuait & ſe perpétuait, pendant des centaines d'années, à travers la ſucceſſion des générations, comme dans les corporations & les maîtriſes, la profeſſion d'un métier, la tranſmiſſion & l'héritage d'un art. Il a pour mère Madeleine Horthemels, la ſœur de Marie Horthemels qui épouſa Nicolas-Henri Tardieu, graveur ordinaire du Roi, la ſœur de Marie-Nicolle Horthemels qui épouſa Alexis-Simon Belle, peintre ordinaire du Roi; triple alliance qui, par les trois ſœurs, fait de trois familles d'artiſtes une ſeule famille à laquelle ſe rattacheront encore par des mariages les Cheron, les Rouſſelet, les Duvivier, les Aveline, les Saint-Aubin, & qui entourera le jeune graveur d'une parenté de graveurs (2). Sa mère grave; les

---

(1) Malgré toutes nos recherches à l'état civil, il nous a été impoſſible de retrouver l'acte de naiſſance de C. N. Cochin.

(2) *Archives de l'art français*, vol. IV. Notice de M. Tardieu ſur les Cochin, les Tardieu, les Belle.

trois sœurs font artiftes, graveurs, peintres comme leurs maris; & Madeleine Horthemels aura plus tard la joie de travailler d'après les deffins de fon fils, de mettre fon nom de mère à côté du nom de Cochin fils fur les planches du *Don Quichotte*, de la *Charmante Catin*, du *Chanteur de cantiques*, & de finir au burin, fous le voile & la modeftie de l'anonyme, quelques-unes de fes plus capitales eaux-fortes de fêtes de cour.

Il a pour père Charles-Nicolas Cochin père, cet admirable interprète des deux grands peintres de fon temps, de Watteau & de Chardin; le graveur rare, férieux, fouple, ferme, coloré, qui a fu, avec la pointe & le burin, s'approcher de leurs tableaux, rendre la touche des deux maîtres, exprimer le piquant magiftral de l'un, le grand ftyle bourgeois de l'autre.

Charles-Nicolas fils eft élevé dans cette rue Saint-Jacques dont le baptême eft refté à notre imagerie moderne, dans cette rue glorieufe de l'enfeigne des *Deux Piliers d'or* de Gérard Audran, de l'enfeigne de Charlemagne : *Quis major Carolo*, de fon père, de l'enfeigne *Au Mæcenas* de fon oncle Tardieu, de l'enfeigne *A la belle image* de Poilly, de l'enfeigne de la Veuve Chereau & des autres. Il grandit au milieu de ce quartier de la gravure & de l'enluminure, dont l'affichage & le commerce fe répandent & rayonnent dans les rues du Mont-Saint-Etienne, des Noyers, du Plâtre, de la Harpe, du Four, des Mathurins, partout où fe promène fon enfance. Un tel milieu, une pareille famille, l'intérieur avec l'exemple du père & de la mère toujours courbés fur l'établi du graveur, la rue avec fes eftampes parlantes, durent bien vite mettre aux mains du petit homme, comme fon premier jeu, l'amufement d'une pointe à demi guidée par les doigts des parents. De là des effais enfantins fur des bouts de planche, des rognures de cuivre, aboutiffant à deux petites copies d'eaux-fortes de Gillot, l'*Audience du lion*, les *Moineaux*, portant la date de 1727 (1). Cochin avait alors douze ans. L'enfant était précoce en tout, avec une aptitude fingulière pour les lettres, les fciences, l'étude des langues étrangères qu'il s'apprenait tout feul de manière à comprendre les auteurs latins, italiens, anglais (2).

Déjà il eft apprenti graveur fous la direction févère de fon père, qui le tient au logis. Mais il s'en échappe tous les jours au grand matin, &, courant à l'atelier de Lebas, il va y gagner en deux heures le petit écu de fes menus plaifirs, puis revient à la maifon, où fon père croit lui faire commencer fa journée (3), & l'applique à de férieufes études, à de laborieufes copies de Bolfwert, de Goltzius, de François de

---

(1) Voir l'œuvre en fix volumes in-folio de Cochin au Cabinet des eftampes de la Bibliothèque impériale; — le *Catalogue de l'œuvre de Charles-Nicolas Cochin fils*, par Charles-Antoine Jombert (Paris, 1770), catalogue fi curieux par fes notes; — & le vol. IV du *Dictionnaire des graveurs*, par le baron Heinecken.

(2) *Journal de Paris*, 2 juin 1790. Notice fur Cochin.

(3) *Portraits intimes du XVIII° fiècle*, par Edmond & Jules de Goncourt, férie II, Le Bas.

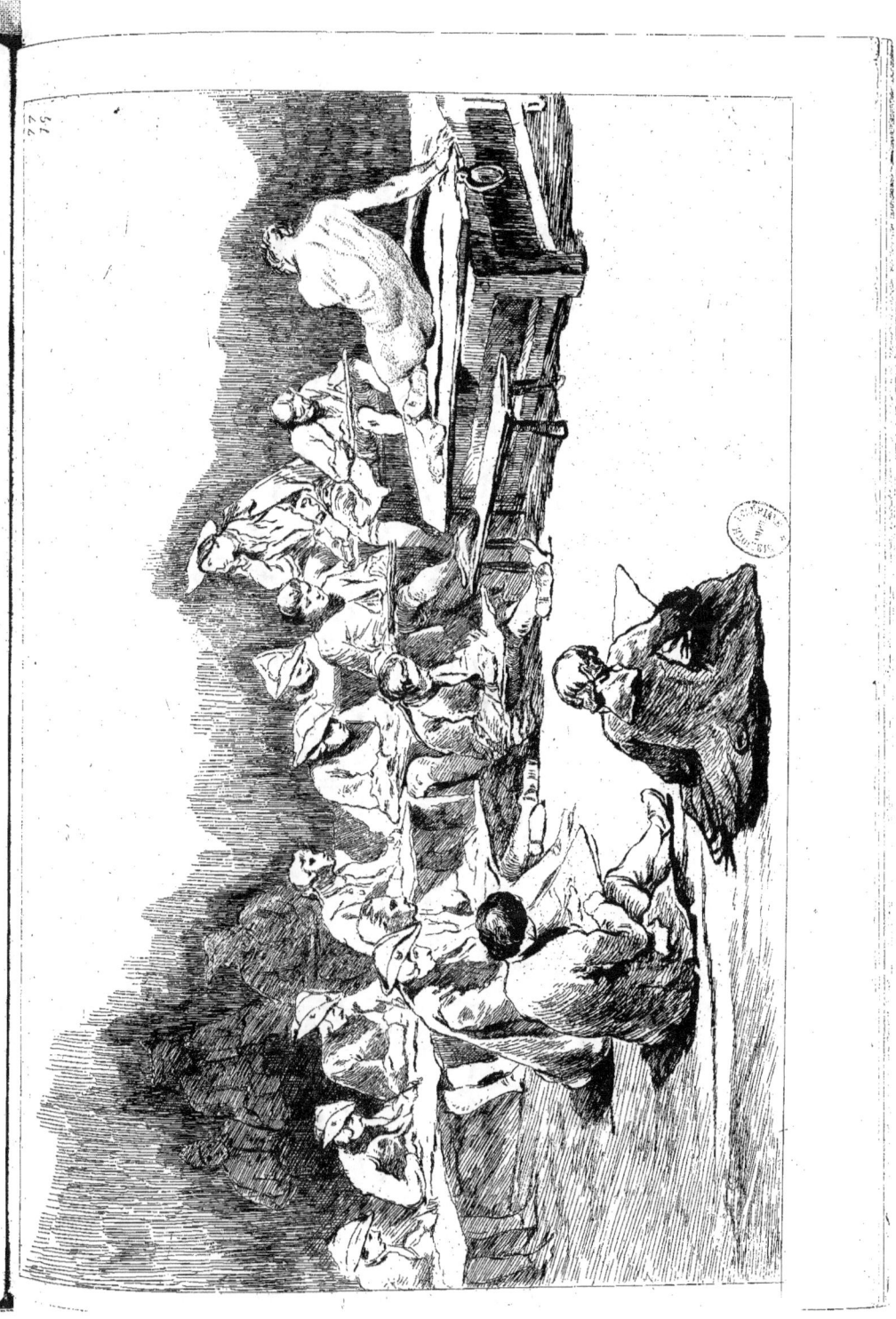

Poilly; à de pénibles travaux qui lui apprennent durement, pour l'avenir, la fcience du burinifte. A cette école, le jeune homme finit par prendre à la longue tant d'ennui & de dégoût, que fon père, craignant un découragement complet, lui permet la diftraction qu'appelle fa vocation : l'eau-forte; & dans l'œuvre du jeune homme apparaiffent une *Fuite en Egypte*, un *Chrift guériffant les malades*, pièces fort peu retouchées de burin, & qui fe font jour à travers nombre de gravurettes de commerce. Mais c'eft feulement en 1735 que Cochin s'annonce par une petite eftampe, une Vénus femant le corail & les bijoux dans un encadrement de rofeaux & de madrépores, petite figurine pour l'adreffe de Stras, le *marchand joyalier du Roi*, qui promet déjà le deffinateur & l'ornemanifte; planche curieufe pour l'hiftoire du talent de Cochin : c'eft la première gravure qu'il exécute d'après un deffin de fa compofition, car le jeune artifte eft déjà depuis longtemps un deffinateur. Il crayonnait à l'âge où il gravait, prefque enfant, copiait les eftampes, les académies, ce qui lui tombait fous la main, fous les yeux, furtout la rue vivante, & les jeux du pavé, le fpectacle des paffants. Jombert gardait de lui une fuite de deffins, déjà très-habiles, que le précoce petit obfervateur avait faits en 1731, à l'âge de feize ans, & auxquels il avait donné le titre de : *Diverfes charges des rues de Paris*. Cette efpèce d'école buiffonnière de fon crayon, hors de l'atelier, entre les heures du travail d'interprétation & de commande, devint une habitude à laquelle Cochin refta fidèle. Avec le temps, il fe fortifia dans le goût de ces croquis d'enfance. Il y revint, les reprit, les continua avec un talent plus mûr; & en 1737, alors qu'on ne le connaiffait que comme le deffinateur de quelques fujets des *Contes* de la Fontaine eftropiés par des graveurs médiocres, mal payés par un marchand vitrier nommé Célis, le public s'arrêtait étonné devant une fuite d'eftampes deffinées par le graveur : la *Ravaudeufe*, la *Charbonnière*, le *Maçon*, l'*Ouvrière en dentelle*, la *Blanchiffeufe*, le *Tailleur pour femme*, cette curieufe planche de l'hiftoire de la mode montrant la main du tailleur qui mefure le bufte d'une jolie femme pour la confection d'un *corps*. Et d'autres planches de mœurs fuivront : la *Charmante Catin* montrant la marmotte, & le *Chanteur de cantiques*, le *Retour du bal* où la fatigue chatouille de fommeil tous les yeux d'une fociété. Malheureufement Cochin ne s'arrêtera pas là : le fuccès des Chardin & de fes enfants à mi-corps l'entraîneront à de malheureufes imitations de la *Maîtreffe d'école* & du *Joueur de toton*; il fignera ces maladroites & gauches compofitions : le *Camouflet* & le *Château de cartes*.

L'année même de cette enfeigne de Stras, en 1735, Cochin rencontre fa fortune & fa veine dans la chance qui lui vient de graver à l'eau-forte le tableau de Pannini chargé d'immortalifer le feu d'artifice donné par le cardinal de Polignac à Rome, le 30 novembre 1729, pour la naiffance de monfeigneur le Dauphin. La gravure de ce tableau était pour Cochin la révélation de fa vocation. Sa pointe, en contournant la fpirituelle & galante filhouette des perfonnages du peintre, apprenait à fon crayon l'efprit, l'élégance d'une foule, le joli & le léger du bel air, ce piquant que le pinceau de l'Italien favait jeter & faire circuler dans une fête. Cochin devenait un Pannini, mais un Pannini de Verfailles, vraiment maître dans le goût & la fcience des repréfentations de cour, dans la croquade microfcopique de fon public. Et prefque auffitôt, en 1736, commence dans fon œuvre la longue fuite de ces illuftrations des fêtes & des deuils royaux, princiers ou publics : d'abord la *Décoration de l'illumination & du feu d'artifice donné à monfeigneur le Dauphin à Meudon* le 3 février 1735, puis l'*Illumination de la rue de la Ferronnerie donnée le 29 août 1739 par les foins des fix corps de marchands à l'occafion du mariage de Madame Première avec l'Infant don Philippe*, & en 1745 *pour la convalefcence du Roy*; l'*Audience donnée par le Roy à l'ambaffadeur de Turquie dans la grande galerie de Verfailles en janvier 1740*; la *Pompe funèbre de la Reine de Sardaigne célébrée en l'églife Notre-Dame de Paris le 22 feptembre 1741*. En 1745 & 1746, Cochin eft l'hiftoriographe de la courte exiftence de cette Infante d'Efpagne devenue Dauphine de France, & de la brufque aventure de fa vie & de fa mort, dans ces planches qui fe fuivent & fe preffent : la *Cérémonie du mariage du Dauphin de France célébrée dans la chapelle de Verfailles le 23 février 1745* ; — la *Décoration de la falle de fpectacle conftruite dans le manège couvert de la grande écurie de Verfailles pour les fêtes du mariage du Dauphin le 23 février 1745* ; — la *Décoration du bal paré donné par le Roy le 24 février 1745* ; — la *Décoration du bal mafqué donné par le Roy dans la nuit du 25 au 26 février 1745* ; — & enfin la *Pompe funèbre de la Dauphine dans l'églife de Notre-Dame le 24 novembre 1746*; grandes « machines » auxquelles Cochin ajoute encore, en fe jouant, la gravure de ces jolis billets d'entrée aux fêtes qui femblent des contremarques pour un fpectacle d'Olympe.

C'eft vers ces années que Cochin devient l'artifte couru, demandé, recherché par la cour & la ville, tourmenté par les intendants des Menus & les libraires pour toutes les grandes & les petites chofes du deffin & de la gravure, alors fi mêlés au luxe courant de la vie fociale. Sa facilité, fon abondance, triomphent du temps, du nombre des commandes, de la variété & de la multiplicité des travaux. L'heure va venir où les vignettes ne s'appelleront plus des vignettes, mais des *Cochin* (1). Un en-tête, un fleuron, l'artifte arrive à les enlever en quelques heures à l'eau-forte & au burin, en attaquant fa planche d'après une efquiffe croquée & lavée du premier coup à l'encre de Chine. Jamais il n'eft à court, & fa verve ne fe laffe pas. De fon imagination, comme d'une corne d'abondance d'illuftrations, fortent intariffablement tous les genres de vignettes, des cartels baroques, des adreffes d'orfévres, des premières pages d'almanach, des lettres grifes, des Flore, des Neptune, des Diane, des Bacchus, miniatures de dieux, & pêle-mêle, un frontifpice pour le diocèfe de Bayeux, des

---

(1) L'*An deux mille quatre cent quarante*. 1786.

estampes de don Quichotte, des images pour les *Nouvelles eccléfiaftiques*, des titres pour les cartes publiées par les fameux marchands de cartes Nolin & Bénard, des gracieufetés aimables pour orner les claffiques de Conftellier & faire rêver les yeux des colléges d'alors, jufqu'à de petites planches amufantes pour le *Calcul différentiel & intégral*, jufqu'à de petites figurines égayant une *Démonftration des propriétés de la Cycloïde!* Car c'eft par excellence l'enjoliveur de la fcience que Cochin. Il a l'efprit, la légèreté d'ingéniofité d'une efpèce de Fontenelle ; & c'eft l'homme inimitable, dans ce fiècle de Mme du Châtelet, pour faire efcalader un compas par des gamineries d'amours, femer leurs jeux, des nuages & des fleurs, dans la géométrie de Leclerc, égayer en petits culs-de-lampe les horreurs même de la guerre, & faire de l'éclat d'un obus ou de l'explofion d'une mine un deffin amufant à l'œil comme un deffus de boîte du temps.

Cependant, au milieu de cette production énorme & parfois un peu lâchée de Cochin, les artiftes remarquaient quelques œuvres travaillées, des morceaux d'ambition plus férieufe, parmi lefquels il faut placer au premier rang des académies encore un peu taillées dans le type de Boucher, mais d'une étude carrée & reffentie, remarquables par l'accentuation des méplats, l'indication à la fois nette & graffe des attaches de mufcles, une favante diftribution des lumières, le détaillé des plans dans la maffe ; excellents, fains & agréables deffins de nature, dont Cochin a fait les plus fpirituelles & les plus favantes eaux-fortes avec un travail fimple & brillant, des tailles larges & fouples mourant en traînées de pointillé fur le renflement de la forme, un modelé de pointe qui donne à ces figures, à diftance, le relief & comme le coup d'ébauchoir d'une terre. C'eft au moment de ce fuccès & de cette reconnaiffance générale que Cochin faifait un grand deffin fur papier bleu au crayon noir : on y voyait le génie du Deffin au milieu des Arts, s'élevant au temple de l'Immortalité, fous la protection du Roy, pendant que dans le lointain des vieillards décidaient du mérite des ouvrages qu'on leur préfentait. Sur ce deffin l'Académie s'empreffait de l'agréer le 29 avril 1741 (1), & lui en commandait la gravure pour fon morceau de réception. L'honneur de cet agrément fi rarement accordé à un deffinateur augmente les commandes & les travaux du graveur à la mode, à ce point que les années fe paffent fans qu'il trouve le temps de graver ce morceau de réception : en 1761, il prie l'Académie de vouloir bien accepter, au lieu & place de la gravure commandée, fon deffin de *Lycurgue bleffé dans une fédition.* Plus de repos : il faut du Cochin à tous les livres qui paraiffent. L'infatigable & intariffable artifte illuftre la *Religion*, le poëme de M. Racine fils, Boffuet, l'*Hiftoire de l'Académie françaife* par Pelliffon & d'Olivet, *Salluftius*, *Cornelius*

---

(1) Cochin expofe en 1741, 1742, 1743, 1745, 1750, 1755, 1765, 1767, 1769, 1771, 1773, 1775, 1781. Nous renvoyons au catalogue Jombert pour les deffins & les eftampes expofés à ces falons.

Nepos, *Virgilius Maro*, la *Bible de Royaumont*, le *Règlement pour l'Opéra*, l'*Abrégé chronologique de l'Hiftoire de France* par le préfident Hénault, la *Gierufalemme liberatta*, la *Manière de graver à l'eau-forte* par Abraham Boffe, une édition des *Contes* de la Fontaine, *Angola*, l'*Hiftoire des Voyages* de l'abbé Prévoft; & ne croyez pas qu'il s'arrête : tous les jours après fon travail, venant paffer quelques heures de récréation chez Jombert, il jette en s'amufant, fur la table, un deffin dont il fait, par chaque foirée, le cadeau à fon ami.

Ce labeur infini, inceffant, ne l'empêche pas de fe pouffer dans le monde avec ce qu'il a pour y plaire & y réuffir : de la gaieté, de l'efprit, du parlage d'art, une inftruction fupérieure à fes pareils, de la tournure, une jolie mine fine, cet air que Diderot lui voit, dans le portrait de Vanloo, à toujours vouloir dire « une malice ou une ordure (1) », & encore de la foupleffe, du « manège », dans la conduite, à en croire le peu bienveillant Mariette (2). Il eft entré en relations avec les gens de la cour par fon talent, fon genre de deffin, les commandes officielles. Il eft en rapports fympathiques avec le parti des dévots qui femble l'honorer du monopole de toutes leurs illuftrations, de tous les petits deffins dont la religion d'alors fait le paffe-port du livre de piété. Il eft affez attaché de ce côté-là pour avoir ofé, prefque feul parmi les artiftes, une caricature contre Voltaire dans la *Maleboffe*. Il eft intime avec Diderot (3) qui l'admire, le gronde, lui prend fouvent fon expérience d'art, & démolit fes allégories pour les refaire à la plume. Il eft apprécié des amateurs d'art tels que Bachaumont, auquel il dédie le portrait de Nyert, valet de chambre du roi, — bienvenu de Caylus, le grand feigneur antiquaire, — généralement aimé & eftimé de fes confrères, capable & digne d'avoir avec quelques-uns d'entre eux, comme avec Wille, cinquante-deux ans d'amitié fans nuage (4). Il eft lié avec les parlementaires dont il accompagne l'un, l'abbé Pommier, dans fon exil en 1771, à fon abbaye de Gandelu. Il eft le camarade des grandes comédiennes qu'il mène chez le graveur de leur portrait (5). Chez madame Geoffrin, il eft un des plus affidus dîneurs de fes lundis d'artiftes, l'oracle de la table & de la maifon (6). Et de l'amitié familière qui le liait à madame du Deffand, il nous refte un curieux fouvenir, une petite gravure tirée fans doute à quelques exemplaires pour les intimes, la feule image qui nous faffe entrer dans l'intérieur de l'épiftolaire aveugle. La planche s'appelle, dans le catalogue de l'œuvre de Cochin, *les Chats angola de madame la marquife du Deffand* (deffinés & gravés en 1746). Un coin de cheminée à côté duquel

---

(1) Le portrait de Cochin a été peint par Vanloo, Roflin, &c., gravé en petit médaillon d'après lui-même, par J. Daullé. 1754.

(2) *Abecedario* de Mariette, article de Cochin.

(3) *Salons de Diderot. — Supplément aux œuvres de Diderot*. Belin, 1818. — *Mémoires, Correfpondance*, &c.,
de Diderot. Garnier, 1841. Vol. II

(4) *Mémoires & Journal de Jean-Georges Wille*. Renouard, 1857. Vol. II.

(5) *Mémoires de Wille*.

(6) *Archives de l'art français*. Notice de M. Tardieu.

s'évafe une ample bergère aux pieds de bois, aux bras ruftiques, aux larges couffins mollets; fous la bergère, un panier à laine, en ofier, à l'apparence de charpagne; contre la cheminée, une petite fervante, au-deffus une petite étagère-bibliothèque à trois planchettes de livres; dans l'angle de la pièce, une encoignure avec quelques porcelaines; au fond dans la boiferie unie & plate, fans ornement & fans moulure, une porte vitrée donnant fur le noir d'un cabinet; & dans l'alcôve qui fuit, la tête d'un lit qui paraît recouvert d'une perfe à ramages, garniffant également le mur où l'on aperçoit un petit cartel; — telle eft la chambre à coucher de madame du Deffand: Chardin n'arrangerait pas plus fimplement celle d'une de fes plus fimples bourgeoifes. Et pour tous habitants, la tranquille pièce n'a que deux chats, deux chats ayant au cou l'énorme collier de faveur qu'ils portent gravés en or fur le dos des livres poffédés par la marquife: l'un tout noir prêt à defcendre de la bergère pour difputer à l'autre, tout blanc, une aile de poulet pofée à terre fur une affiette.

Cochin avait bientôt ce qu'on appelait « fes entrances » à la cour même & chez madame de Pompadour, à laquelle il offrait l'épître dédicatoire des œuvres de Métaf-tafe, où il l'avait repréfentée fous la figure de Minerve, protectrice des arts. Madame de Pompadour était alors fort occupée de préparer la pofition & l'avenir de fon frère. Dès 1746, elle l'avait fait nommer à la furvivance de la place de directeur & ordon-nateur général des bâtiments, alors remplie par M. de Tournehem; &, quand plus tard, après les trois ans d'apprentiffage & d'étude qu'elle impofait à M. de Vandières pour le rendre digne de fa place, elle penfait à lui faire compléter fon éducation de connaiffeur par un voyage en Italie, c'était fur Cochin qu'elle jetait les yeux pour fervir de Mentor à fon goût; & Cochin accompagnait avec Soufflot & l'abbé Leblanc le futur furintendant des Beaux-Arts « à cette fource, comme il l'appelle, où fe puife la connaiffance des vraies beautés de l'art (1). » Les voyageurs partaient le 20 décembre 1749; ils revenaient à la fin de feptembre 1751, Cochin fi chargé de notes & fi bourré de defcriptions, qu'il en remplira trois volumes.

Au retour, Cochin fe trouve être l'ami de l'ex-marquis de Vandières, M. de Mari-gny, lié à lui par tous les rapprochements du voyage; & la faveur que lui accordent le frère & la fœur ne tarde pas à éclater: prefque au débotté, le 27 novembre 1751, il eft reçu par acclamation à l'Académie; & Coypel venant à mourir l'année fuivante, il eft auffitôt nommé garde des deffins du Roi (23 juin 1752). La marquife lui ouvre le fpectacle des petits appartements, lui en fait exécuter la carte d'entrée badine, fe laiffe peindre par lui à l'aquarelle, montée fur ce petit théâtre intime & royal de fes talents, dans une repréfentation d'*Acis & Galathée* (2); elle le choifit

---

(1) *Voyage d'Italie ou Recueil de notes*, par M. Cochin. Jombert, 1769.

(2) Deffin poffédé par M. le comte de la Beraudière.

encore pour retoucher à fes eaux-fortes, pour mener au fini l'eftampe commencée par elle pour cette édition de *Rodogune* imprimée fous fes yeux, avec l'indication *Verfailles, au Nord*.

Pour M. de Marigny, Cochin en était devenu l'inféparable, l'homme de compagnie, attaché à fa perfonne, le fuivant habituel, ne manquant jamais dans ce groupe de familiers efcortant le frère de madame de Pompadour à l'ouverture des expofitions du Salon. Il ne fuffifait pas à M. de Marigny de l'avoir fous fa main au Louvre : il l'emmenait dans fon voyage de Flandre & de Hollande ; & à la vente de fa fucceffion, on vit paffer le fouvenir de tous les féjours de l'artifte à Marigny dans cette férie de vues de tous les côtés du château, du marché, des environs & du joli hameau au joli nom : *Ecoute s'il pleut* (1). Si près des bontés du frère, fi près des grâces de la fœur, Cochin ne pouvait manquer d'accumuler les places, les honneurs, les bénéfices. Le 25 janvier 1755, il était nommé fecrétaire & hiftoriographe de l'Académie royale de peinture & de fculpture. Depuis longtemps déjà, logé au Louvre, il y occupait deux logements (2). Au mois de mars 1757, fes protecteurs lui faifaient conférer des lettres de nobleffe (3), & plus tard le cordon royal de Saint-Michel. Et tout doucement, par l'afcenfion naturelle de fa pofition, il devenait le confeiller de la furintendance, l'homme entièrement chargé du détail des arts, — cette dépendance ordinaire de la place de premier peintre dont s'était fait décharger Carle Vanloo, — l'arbitre des récompenfes & des encouragements, l'examinateur des projets, le rapporteur bienveillant des requêtes, ainfi que le témoigne cette longue lettre :

Monfieur,

Vous me permettez de vous préfenter mes idées fur les bienfaits que vous avez à répandre. Cette confiance que vous me faites l'honneur de m'accorder eft ce qui pouvoit m'arriver de plus flatteur, mais elle m'alarme fur mes lumières ; & je ne puis m'empêcher de craindre de ne pas réfléchir avec affez de jufteffe. Je ne me raffure qu'en penfant que vous me pardonneriez fi je n'envifageois pas toujours les chofes du côté le plus convenable, & que vous redrefferez mon jugement en ne lui donnant que le degré de valeur qu'il pourra avoir par lui-même & fans égard à l'affection dont vous m'honorez.

Vous m'ordonnez, Monfieur, de vous parler au fujet du fieur Loriot, qui a trouvé le fecret de fixer les paftels & qui vous l'a confié ; je me garde bien de prétendre imaginer ce qu'il vous convient de faire à fon égard ; vous feul pouvez combiner le rapport de fa découverte & fon utilité avec la magnificence du Roy. Je ne puis vous marquer que l'idée que j'ai de ce

---

(1) Catalogue de différents objets de curiofité dans les fciences & arts qui compofaient le cabinet de feu M. le marquis de Menars; par Bafan & Joullain. Paris, 1781.

(2) Les numéros 26 & 27. *Archives de l'art français*. Vol. I.

(3) *Archives de l'Empire*. Ordonn. X. 8752.

monsieur. J'ay de l'estime pour lui, non-seulement à cause de l'utilité de son secret, mais encore parce qu'il me paroist que c'est un homme très-industrieux & qui applique ses talents à des découvertes vraiment utiles. Je sçay qu'il vous a suplié de lui accorder une pension de douze cents livres & la continuation de l'usage de son secret pendant sa vie. Je ne trouve point sa prière excessive, & voici quelles sont mes raisons. Si toute son industrie s'étoit bornée à la découverte de ce secret qui peut avoir été trouvé par hazard, peut-être n'est-il pas en soi assez important pour mériter une telle récompense ; mais si l'on y joint la découverte d'un moyen d'étamer les glaces (qui a de grands avantages sur celui qui est en usage) de la perfection duquel il est assez près pour qu'on pût dès à présent le préférer. Si d'ailleurs je considère l'histoire de sa vie, je vois qu'il avoit trouvé un moyen de perfectionner les fers blancs, dont il a de bons certificats. De plus, diverses améliorations dans les métiers à faire des étoffes & des rubans, qui les faisoient opérer avec plus de vitesse. Toutes ces choses sont assez bien prouvées, &, quoiqu'elles n'ayent servi de rien à sa fortune par différentes causes, elles prouvent du moins que son industrie est très-utile & qu'il est important d'empécher qu'elle ne tourne au profit de l'étranger. Par conséquent il paroist qu'il seroit utile de lui procurer le moyen de vivre honnestement & de continuer des recherches qu'il tourne à l'utilité générale. Je ne vois qu'une objection qu'on puisse faire au bien que vous lui feriez. Quelques artistes au premier coup d'œil trouveront peut-être étonnant qu'on donne une pension plus forte pour avoir trouvé un secret, qu'on ne leur en donne en récompense de leurs talents. Mais cette même objection, les militaires la leur font tous les jours, & ne trouvent pas moins étonnant qu'un homme à talents ait des récompenses plus fortes qu'un qui expose sa vie pour l'Etat ; ils ne font pas attention que leur nombre empêche qu'ils ne soient récompensés à l'égal de l'estime qu'on leur doit. Ce cas est à peu près le même, le nombre des artistes est assez grand pour forcer à borner leurs récompenses. Icy c'est un homme seul qui est ingénieux & qui étant encouragé peut perfectionner différentes choses qui le rendroient peut-être plus utile à l'Etat que ce que le Roy feroit en sa faveur ne seroit considérable. De plus, cette pension n'a pas de succession comme en ont celles données à l'Académie, & retourne au Roy même quand vous lui accorderiez la grâce qu'il désireroit en en laissant quelque partie à sa veuve. Après sa mort, tout cela s'éteindra.

Quant à ce que vous m'ordonnés de me charger de fixer ceux d'entre les dessins du Roy qui pourront en avoir besoin, je commencerai par un portefeuille d'environ deux cents dessins de Boels, études d'animaux, très-belles. Cette opération y est d'autant plus nécessaire, qu'ils sont mêlés d'un peu de pastel qui ne subsisteroit pas longtemps sans ce secours. Ainsi, Monsieur, je vous prie de me donner l'ordre de lui confier les dessins du Roy sur son récépissé.

Quant au prix, il a toujours déclaré qu'il en passeroit par la loy qu'on voudroit lui imposer, & qu'il les feroit même volontiers gratis en reconnoissance du bien que vous voudriez bien lui faire ; mais comme le Roy ne vend point les grâces qu'il accorde, je pense qu'il est mieux de convenir d'un prix, il fait payer chaque deſſin aux particuliers dix ſols, je crois qu'on peut les réduire pour le Roy à ſix ſols à raiſon de la quantité.

Les ſculpteurs qui peuvent prétendre à la penſion vacante par la mort de M. Vinache ſont principalement M. A. Slodtz & M. Falconnet; ils ſont tous les deux très-diſtingués dans la ſculpture, & je vous avoueray, Monſieur, que la modicité de la penſion de 200 francs ne paroît peu digne de leur mérite, s'ils n'avoient pas l'eſpérance de pouvoir faire le troc lorſqu'il viendra à en vacquer quelque autre, ils ſe trouveroient qu'ils auroient une moindre récompenſe que les autres ſculpteurs, dont quelques-uns ne les valent pas. Je crois donc, ſi vous le jugez à propos, Monſieur, que cette penſion ne doit être regardée que comme une introduction à en avoir une meilleure par la ſuite, & qu'elle devroit toujours reſter au dernier à qui elle ſeroit ſeulement une marque qu'il entre en rang pour avoir part aux bienfaits du Roy.

A l'égard de la préférence qu'il vous plaira donner à l'un d'eux, je ne vois d'autre moyen de ſe déterminer que la différence de leurs talents. Ils ne ſont pas plus avancés du côté de la fortune l'un que l'autre, & puiſque je dois vous parler avec vérité, je crois que quoique M. Falconnet ſoit un excellent ſculpteur, M. A. Slodtz lui eſt encore ſupérieur en beaucoup de choſes & principalement par la grandeur de ſa manière, la beauté de ſes caractères de teſte & l'art de traitter les draperies. Ainſi, Monſieur, je penſe que c'eſt à lui de paſſer le premier.

    Je ſuis très-reſpectueuſement,
        Monſieur,
        Votre très-humble & très-obéïſſant ſerviteur,
                C.-N. COCHIN (1).

Et à meſure que les années paſſent, que les deux hommes s'uniſſent par un peu plus de leurs jours paſſés enſemble, que la graiſſe envahit ce charmant bel homme de M. de Marigny, l'alourdit de pareſſe & d'inſouciance, l'influence de Cochin grandit & elle finit par être, derrière le ſurintendant & ſous ſa ſignature, le vrai gouvernement de l'art & de l'Académie juſqu'au bout du règne de Louis XV, — un gouvernement de bon camarade, après tout, pour les artiſtes.

Parvenu à cette fortune, à cette faveur, à cette grande place par un charme d'agrément perſonnel, une certaine ſoupleſſe & ſon talent, Cochin s'y conſolide & s'y établit par une autorité qu'on ne rencontre preſque jamais chez les artiſtes de ſon temps: l'autorité de l'écrivain, & de l'écrivain d'art. Cochin, il ne faut pas l'oublier, eſt le profeſſeur du goût public dans le *Mercure de France*. Il eſt l'eſthéticien de l'art con-

---

(1) On lit en marge de cette lettre que nous poſſédons : « Demande au Roy : 1000 # de Pon au Sr Loriot de fixer ſes deſſins à raiſon de 6 ſols pièce. Que ſon ſecret ſera dépoſé au bureau des Bâtiments pour n'en eſtre fait uſage public qu'après ſa mort. »

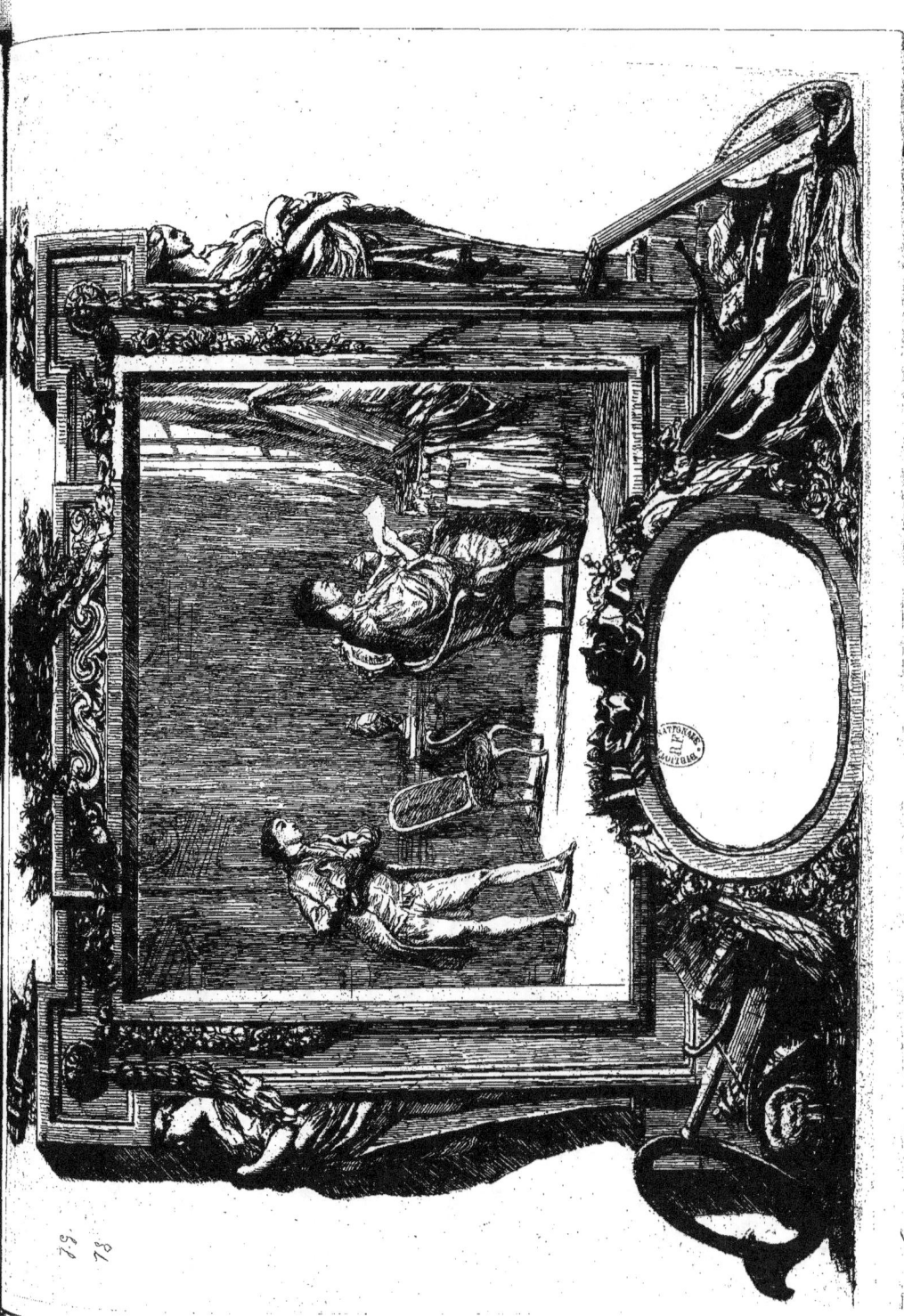

temporain. Il en formule les principes, les règles de jugement, la doctrine. Il fixe & arrête les tendances, les préférences de l'artiste, de l'amateur & du connaisseur du xviiie siècle français. Il rédige le catéchisme des admirations de l'époque, dérange l'ordre & la consécration des chefs-d'œuvre italiens. Il représente l'indifférence de la peinture française pour les maîtres trop hauts & trop sévères, son aveuglement complet pour toutes les origines des écoles d'Italie, l'entraînement général alors vers le Guide ; & dans sa *Lettre à un jeune artiste peintre*, sous les louanges froides données aux noms divinisés par le culte des siècles, l'on sent comme la tendresse de sa critique aller à Pietre de Cortone, le maître de Boucher, & à tous les tableaux de sa descendance. Et pourtant avec l'illusion de tant d'autres de ses confrères qui s'y trompent pendant tout le siècle, Cochin croit avoir rapporté d'Italie le « grand goût. » Il est persuadé que tant de notes, de dessins, d'études d'après les décadents, lui ont révélé la pureté du style ; & le voilà, curieuse contradiction, lui, l'artiste dont toute la valeur est de crayonner les grâces de son siècle, le voilà qui se fait, de tous les juges grondeurs d'alors, le plus injuste aux grâces dont il sort & dont il est le talent gâté. Il se drape en régent pédant, en censeur de la Rocaille. Il oublie tout ce qu'il a pris à cette ornementation qui fait le cadre de toutes ses compositions ; &, embrassant dans ses anathèmes & ses attaques orfèvres, ciseleurs, sculpteurs pour les appartements, il dénonce au public l'abondance, la folie des ornements extravagants & déraisonnables, les artichauts, les pieds de céleri, les herbages, les ailes de chauve-souris, les montées de palmiers contre les boiseries, le tourmenté des flambeaux, le tortuage des choses faites pour être carrées, le couronnement de tous les contours en S qui semblent avoir appris d'un maître d'écriture leurs mauvaises formes, l'arrondissement de tout empêchant de placer un meuble ou une chaise, la monotonie ennuyeuse d'une maison aux portes & aux fenêtres cintrées depuis le bas jusqu'aux mansardes. Et ne lui parlez pas du prétendu maître de ce décor, de Meissonnier : bomheur de toutes corniches, cintreur de toute ouverture, inventeur de contrastes, faisant rondir & serpenter toute forme dans un cartel, — Cochin ne trouve pas assez de qualifications méprisantes pour cet assassin de la ligne droite (1). A ces explosions de bon goût se mêlent à travers les volumes & brochures d'art du peintre, des dissertations sur l'effet de la lumière dans les ombres relativement à la peinture, sur les portraits, sur l'illusion, sur la connaissance des arts du dessin, sur le costume, sur la coupole de Sainte-Geneviève, les biographies de Slodtz, de Massé, de Deshayes, des ironies contre les *donneurs d'idées*, une nuée de penseurs pour tableaux qui commençait à s'abattre sur l'art & l'assommait déjà. Cochin écrit encore des revues, des critiques de Salon (1753 & 1755), vives attaques contre les bro-

---

(1) *Supplication aux orfèvres, ciseleurs, sculpteurs en bois pour les appartements & autres, par une société d'artistes*. (Recueil de quelques pièces concernant les arts, 1771.)

churiers où il se fait le vengeur des colères & des blessures de ses confrères, de tout ce susceptible monde de l'art fort étonné de voir cette nouveauté inouïe : les gens de lettres se mêlant de leurs affaires, jugeant leurs talents, & s'enhardissant à leur distribuer depuis quelques années le blâme & l'éloge dans le plus petit bout de journal qui paraissait. Les ripostes ne tardèrent pas ; & l'attaqueur eut bientôt à se défendre contre l'*Observateur littéraire* de Fréron. Grande bataille alors, la première des peintres & de la critique. On persifle Cochin, on se moque de sa prétention à récuser le jugement des gens de lettres, « trop éclairés & trop pénétrants pour certaines petites charlataneries. » On se moque des écrivains de hasard qui n'admettent de juges compétents que ceux qui savent le jargon & les petites conventions des ateliers. On rit du peu que les artistes demandent pour faire un écrivain, & de tout ce qu'ils demandent pour reconnaître « un connaisseur pour les arts. » Enfin, ce sont tant de morsures & de tous les côtés que Cochin s'impatiente & lance les *Misotechnites aux enfers* (1), joli petit volume illustré de satiriques têtes de pages & bourré de traits allusifs vieillis depuis, mais foudroyants alors pour *Philakei*, M. de Lagarde, le rédacteur des *Observations*, qui du coup fut guéri de l'envie de toucher à Cochin. Ainsi maître du terrain, le peintre écrivain ne reprendra plus sa plume que pour un badinage. Quand paraîtra la *Lettre de Raphaël, entrepreneur général des enseignes de la ville, faubourgs & banlieue de Paris*, cette poissarderie à la Caylus qu'on dirait sortir de la « Société du bout du banc, » l'historiographe de l'Académie, sous le pseudonyme de Jérôme, râpeur de tabac, fera une spirituelle réponse à l'entrepreneur d'enseignes dans la même langue forte en gueule (2).

Les travaux de l'écrivain, les occupations de secrétaire de l'Académie, une charge qu'il prend un peu plus à la légère que son prédécesseur Lépicié, mais qui pourtant lui fait rédiger de temps en temps quelque vie d'académicien défunt, ou lire quelque

---

(1) *Les Misotechnites aux enfers, ou Examen des observations sur les arts, par une société d'amateurs.* Amsterdam, 1773.

(2) *Lettre sur les peintures, gravures & sculptures qui ont été exposées cette année au Louvre, par M. Raphaël, peintre de l'Académie de Saint-Luc, entrepreneur général des enseignes de la ville, Faubourgs & banlieue de Paris, à M. Jérôme, son ami, râpeur de tabac & ribotteur.* Septembre, 1769. — *Réponse de M. Jérôme, râpeur de tabac, à M. Raphaël, peintre de l'Académie de Saint-Luc*, &c. — Cochin a beaucoup écrit sur toutes choses. Indépendamment de ses travaux d'art très-nombreux & fort incomplètement catalogués dans la *France littéraire* de Quérard, il a publié des lettres sur l'Opéra, des projets de folle de spectacle, &c. Il a encore publié une comédie : *Les Amours rivaux, ou l'Homme du monde.* Paris, 1774. — Un article du *Magasin Encyclopédique* de l'année 1795 mentionne un manuscrit légué par Cochin & existant alors à la Bibliothèque nationale, un manuscrit de cinq cents pages entièrement de sa main. Ce manuscrit contenait des anecdotes sur les Slodtz, sur Bouchardon, sur la tyrannie de M. de Caylus ; des espèces de mémoires de l'art du temps, où, d'après l'analyse du *Magasin Encyclopédique*, perçait une amertume à la Chamfort, l'amertume d'une vie d'homme de talent vécue dans la société des grands, une vengeance contre ces *importants riches*, contre ces Mécènes de cour & leur bas valets, si bien peints déjà par le vers de Gresset : « Des protégés si bas, des protecteurs si bêtes... » Les catalogues des manuscrits de la Bibliothèque impériale ne contiennent nulle trace de ce manuscrit, & les recherches qu'a bien voulu en faire, sur nos indications, M. Mabille, dans le fonds français, n'ont malheureusement abouti à aucun résultat.

mémoire fur le coftume ou les arts du deffin à l'Académie, la direction de la furintendance, la vie de la cour, mêlée à une vie de plaifir que nous indique Diderot, ce vif &
actif Cochin, fi répandu, mène tout cela de front, fans que fa production de graveur
s'arrête, fouffre même — malgré ce què dit Mariette — le moindre ralentiffement (1),
Dans le feu de la faveur, il achève entièrement à l'eau-forte cette œuvre d'immenfe
patience, la terrible planche fi chargée de la grande galerie de Verfailles, manquée
par Laurent; il redeffine & fait les traits des 276 planches du Lafontaine d'Oudry; il
dirige & retouche les 16 grandes eftampes chinoifes; & des ports de Vernet, des 14
grandes eftampes panoramiques de nos villes maritimes, il grave à l'eau-forte toutes
les figures & même une partie du payfage (2). Et le deffinateur ne chôme pas plus
que le graveur. Il jette fur le papier ces grands deffins de fêtes, de fpectacles, de diver-
tiffements, de ballets, pour quelques-uns defquels on n'a pas ofé faire la dépenfe de
la gravure, & qui étonnent par la grandeur, le fourmillement du détail. Précieux &
délicats deffins, de la touche la plus vive & la plus charmante : le coup de crayon, le
coup de plume, femblent y jouer, toujours adroits, avec de petites indications courantes & brèves, relevant & expliquant partout l'efprit de la compofition, de l'architecture, des perfonnages. Et que leur manque-t-il à ces fpirituelles miniatures pochées
d'affemblées & de foules? Un peu du rayon d'une main de peintre, un jeu plus vif
d'ombre & de lumière. Cochin a le tort de les laver du lavis du temps, de cette aquarelle froide, fale, inharmonieufe, toujours tranfpercée par le gris de l'encre de Chine
ou l'épargne jaunâtre du papier, plate, fans effet, fans coup de jour ni teinte envelop-
pante, & devenant, dans les groupes où Cochin veut la pouffer au vif, un bariolage
criard d'imageries de Baffet & de vues d'optique coloriées de l'époque. En dehors de
ces grands deffins, il eft un fujet auquel fon crayon femble revenir avec amour, avec
une efpèce de reconnaiffance. Il le répète, il le cherche, il le retourne. Il en fait des
vignettes in-folio. Il en orne des lettres grifes. Il y met fa penfée comme à un fouvenir

(1) Mariette, dans fa note critique, fait à Cochin un reproche mieux fondé. Il lui reproche fa feconde manière de deffin, ambitieufe & tendue, bien inférieure, à fon fens, à la *gentilleffe* de la première, perdue, croyons-
nous, par le deffinateur dans ce voyage d'Italie, fatal & comme écrafant pour prefque tous les talents français au XVIIIe fiècle, leur ôtant leur qualité d'originalité, l'efprit, & ne leur donnant rien de la force & de la moelle
des chefs-d'œuvre.

(2) L'œuvre de Cochin eft immenfe : il compte près de quinze cents pièces, dont nous mentionnons ici encore
quelques-unes, comme des documents pour l'hiftoire des mœurs du temps : — *la Décoration du théâtre pour la
repréfentation des tragédies du collège des Jéfuites à Ren-
nes, à l'occafion de la diftribution des prix*; — le frontifpice de *Catalogue raifonné des curiofités du cabinet de
M. Quentin de Lorangere*; — *Billet de bal paré à Verfailles pour le fecond mariage du Dauphin, 9 février
1747*; — petit trophée mortuaire gravé au bas des billets
d'invitation pour les fervices des morts de la loge de
Sainte-Geneviève; — *Pantin & Pantine*, deux figures à
mi-corps dont les bras & les jambes étaient poftiches,
d'après Boucher & Natoire; — *les Armes de madame
de Pompadour* pour être collées fur les livres de la bibliothèque de la marquife; — *madame Jombert couchée
dans fon lit, madame B..., fon amie, affife au pied du
lit*, deffinée d'après nature par Cochin fils en 1750, &
gravée par l'abbé de Saint-Non; — *une dame faifant un
méditateur*, &c., &c.

d'un lieu de son enfance, à une école aimée où il a trouvé ses talents & la gloire, à un berceau de sa carrière & de sa fortune. Ce sujet est l'*Académie*, la représentation du travail des élèves d'après la nature ou la bosse. Les dessins qu'il se plaît à en faire à la pierre d'Italie sur papier jaunâtre sont des meilleurs de son œuvre, de ceux que nous avons eu le plus de plaisir à rassembler. L'un, bien connu par la gravure, portant au bas : *le Concours pour le prix d'expression fondé dans l'Académie de peinture & de sculpture, par le comte de Caylus*, montre, sur le mur disparaissant sous les esquisses, le modèle de femme en grand habit de ville, des lauriers dans les cheveux, posant devant les élèves qui dessinent, leur carton sur les genoux, sous l'inspection d'une ligne de professeurs, tête nue, la main sur la pomme de leurs cannes, dont se détache très-reconnaissable le profil de Cochin. A côté de ce dessin achevé, caressé & demeuré léger sous l'application, un autre, un peu moins fait, représente encore le modèle de femme, mais cette fois dans des draperies, le dos presque tout à fait tourné, un bout de profil couronné de roses ; tandis qu'étagés sur trois rangs, les élèves, le crayon à la main, garnissent les bancs de toutes les poses appliquées, pliées, penchées, de l'attention & du travail. Enfin un troisième, simplement esquissé, mais non moins curieux, nous fait assister à la séance du modèle d'homme nu, couché sur la table à modèle, entouré d'un large cercle d'élèves habillés de l'habit carré du *Dessinateur* de Chardin & dessinant comme lui, les jambes sous eux, assis à terre.

Et ce n'est pas encore là tout l'œuvre du dessinateur : Cochin complète de jour en jour sa collection de médaillons. Il poursuit son iconographie du siècle, ajoute à cette longue série de petits profils des célébrités contemporaines, à ce défilé en buste des hommes, des femmes de la société, de la cour, de l'Académie, des lettres, de la médecine, de la science, des amis de Mme Geoffrin, des passants étrangers de distinction, de tout visage d'alors qui portait un nom, un talent, ou une grâce. Et combien en a fait Cochin, de ces petites effigies frappées comme des petites médailles, bien souvent échappées à la gravure (1), & dont le dessinateur envoie d'un seul coup deux douzaines à l'Exposition, tant il lui coûte peu de saisir, dans le rond d'un écu de six livres, avec quelques coups de pierre d'Italie, un crayonnage à la fois miniaturé & large, rarement rougi d'un rien de sanguine, ces physionomies dont il attrape, d'un tour de main, la ressemblance, une ressemblance merveilleuse, au dire des contemporains : au Salon de 1753, des gens qui n'avaient pas vu M. de Troy & le père Jaquier depuis quinze ans, les reconnaissaient à première vue (2).

Les applaudissements du temps ne manquent pas à l'artiste. La critique le comble d'éloges. Chacune de ses expositions est un triomphe. Dès 1741, ses productions sont

---

(1) *Le Catalogue de l'œuvre de Cochin*, par Jombert, qui s'arrête en 1770, en indique 121.

(2) *Observations sur les ouvrages de Messieurs de l'Aca-* *démie de peinture & de sculpture exposés au Salon du Louvre en l'année* 1753.

déclarées ineftimables. Le public y paffe des heures d'amufement, & s'écrie : « Que fera-t-il donc dans la fuite, s'il produit des chofes fi finies à l'âge qu'il a (1)? » Fertilité, juftefſe, exactitude de la main, on lui reconnaît la perfection dans tous les genres auxquels il touche. Les amateurs parlent, comme de merveilles, des exactes, exquifes & agréables copies d'après les plus grands maîtres, qu'il a rapportées de Rome (2). D'année en année, l'enthoufiafme croît, s'exclame plus haut, éclate. En 1769, devant « le neuf, la précifion, les traits de flamme de l'Hiftoire de France, » on l'appelle le deffinateur de l'efprit, du goût, de la fcience, de la penfée (3). Les vers fe mettent à fa gloire : la *Mufe errante au Salon* (1771) l'appelle : « Grand artifte, éclairé d'un célefte rayon… » En 1775, les *Obfervations fur les ouvrages expofés au Louvre* commencent ainfi : « Quelque raffafié que M. Cochin puiffe être des éloges reçus en tant d'expofitions… (4). » Et Diderot lui-même, emporté par l'éblouiffement public, finit par le reconnaître pour le « premier deffinateur françois. »

Cochin pourtant eft loin d'être ce grand artifte que fe figurait le temps. Ce font aujourd'hui pour nous de bien faibles deffins que fes deffins les plus férieux, les plus loués par le goût de fon fiècle; & le vignettifte, s'attaquant aux chefs-d'œuvre de Rome, femble un interprète bien mince & bien petitement corrompu. Ses compofitions académiques, dont le bruit fut prefque égal à la révolution future de David, le *Brutus qui fait mourir fes fils*, le *Virginius qui tue fa fille*, le *Lycurgue bleffé dans une fédition*, ne nous donnent plus que la fenfation des mâles terreurs de l'antiquité affadies & profanées dans une molle traduction. Et quoi de plus paffé, de plus mort à préfent dans cette œuvre, que ce genre auquel Cochin s'était fpécialement voué, & qui lui valut, dans l'eftime de l'art, une fi haute place, une reconnaiffance de grand peintre d'idées, prefque un brevet de génie ? C'eft pourtant là, dans le bel efprit de la vignette, dans la plus mauvaife poéfie du XVIIIᵉ fiècle, c'eft dans l'*Allégorie* que Cochin a le plus dépenfé d'effort & de travail. C'eft par là qu'il efpérait la gloire que le râpeur de tabac Jérôme promet à fes deffins pour l'abrégé de M. le préfident Hénault : « de vivre les années de cet immortel ouvrage. » L'*Allégorie* lui femble, comme à tous les faux délicats d'alors, « le voile délicat fous lequel la morale préfente aux hommes des vérités confolantes, des préceptes utiles. » A tout moment, avec Diderot, il s'enflamme fur des tableaux emblématiques, des fymbolifmes d'urnes, de Mort foulée aux pieds, de Temps, de faux brifée, de figures parlantes (5). Cochin paffe maître dans ce genre fi goûté qui va jufqu'à habiller dans l'*Iconologie* tous les mouvements de l'âme humaine.

---

(1) *Lettre à M. de Poireffon Chamarande au fujet des tableaux expofés au Salon du Louvre*, 1741.
(2) 1755. *Seconde lettre à un partifan du bon goût.* — *Sentiment fur plufieurs des tableaux expofés au Louvre cette année.*
(3) *Lettre fur le Salon de peinture de* 1769.
(4) *Obfervations fur les ouvrages expofés au Louvre.* 1775.
(5) *Mémoires de Diderot. Vol. IV.* — *Correfpondance de Grimm. Vol. V.*

Ce ne font, dans fon imagination, qu'incarnations d'idées abftraites & métaphyfiques. Sa tête travaille à des apothéofes de roi protecteur des arts & des fciences. Il précipite les Religions pour recevoir, dans des gloires, les âmes de princes portés fur des lits de têtes d'anges à collerettes d'ailes. Pour la fauffe convalefcence de la Pompadour, il grave une forte d'ex-voto à Hygie chaffant avec un caducée une Parque aux ailes de phalène. Autour des funérailles, il perfonnifie les Vertus, la Valeur, la Juftice, la Vigilance, l'Etude, la Prudence, la Pudeur, la Tendreffe conjugale. Il fait déchirer par un fquelette le voile de la modeftie d'une vie, écrire par l'Hiftoire dans un livre placé fur la poitrine de Saturne qui a les mains enchaînées derrière le dos. Dans fes Temples de Mémoire, il mêle l'ex-voto au madrigal, le Paradis à l'Olympe, les rayons chrétiens à la foudre païenne, les champs Elyfées de Fénelon aux nuages de l'Encyclopédie, fait planer Minerve avec fon hibou à côté de la Foi avec fa croix. Il fait une hiftoire de France en rébus avec des fonds où l'on voit l'Ignorance du moyen-âge aller dans la nuit, en bonnet d'âne, les yeux bandés ; il peint en groupes amphigouriques les règnes des rois à cuiraffe, entourés d'un tourbillonnement d'éclairs & de Renommées fonnant la trompette des événements. Jeux puérils d'ingéniofité, imbroglios de fineffe, d'attributs, d'allufions, charades fentant la poéfie jéfuite & la dictée d'un abbé de Marfy, où reviennent toujours les lourdes Vertus, les rondes & niaifes figures d'Idéal, les bovines têtes de femmes du deffinateur monotone. Sur cette pente, Cochin ne s'arrêtera pas : il ira jufqu'à cette *Iconologie* qui repréfente l'*Affabilité* par une jeune fille fimple, modefte, coiffée d'un voile très-clair, tenant des rofes & une guirlande de fleurs ; l'*Affection* fous les traits d'une femme habillée en vert, une poule & un lézard à fes pieds, des ailes au dos pour fignifier fa célérité à voler au fecours des perfonnes ; le *Scrupule* enfin comme un vieillard inquiet, regardant le ciel, en tenant un crible d'où s'envole la paille qu'il fépare du grain (1).

Le vrai talent de Cochin eft d'avoir été le deffinateur-décorateur des fêtes & des pompes de Louis XV. L'artifte en donne l'efprit, le mouvement, la grâce tortillée & ornementée de la rocaille qui les encadre ; la politeffe courant dans les faluts, les petits-maîtres cambrés, la carrure des petits habits, la vivacité des rencontres, le gonflement des révérences, la définvolture des gentilshommes, la main dans le gilet bombé, les petits feigneurs bien cambrés, bien campés, l'habit carré, l'épée en brette, les figurines de petites femmes avec leur taille de poupée & leur envergure de robe à la Watteau, les fociétés décroiffant dans la perfpective des plans, & arrivant à des proportions de quelques lignes qui gardent le gefte, la tournure, l'expreffion, la phyfionomie. Feuilletez ces pages où il a fixé le fouvenir des réjouiffances ou des trifteffes

---

(1) *Iconologie ou Traité complet des allégories, emblèmes, etc.;* « ouvrage utile aux artiftes, aux amateurs, & pouvant fervir à l'éducation des jeunes perfonnes. »

publiques du temps, vous verrez quel habile artiste est le dessinateur-graveur pour grouper des bourgeois devant l'illumination de la rue de la Ferronnerie ; & jette-t-il une cour de Meudon devant un feu d'artifice? comme il sait semer un public de duchesses & de grands cordons sur des chaises ou sur l'herbe, mêler des groupes, pencher des têtes, renverser sur le gazon des paniers aux cerceaux à demi soulevés, faire tendre des mains d'homme à des spectatrices assises, distribuer harmonieusement toute une pyramide de têtes dans l'ombre ! Partout, dans ces assemblées de beau monde, quel balancement & quelle variété des attitudes ! Quelle vie dans toutes ces petites marionnettes de l'attention & ces curieuses, le nez en l'air ! Voyez-vous ces petites femmes poussées & traînées sur des fauteuils à parasol en baldaquin, ces autres en mantelet & en fanchon noire, bouffantes & rengorgées, se promenant sur le sable du jardin, toutes un éventail à la main ; les abbés, leur petit manteau envolé du dos, passent en saluant ; des ducs causent appuyés sur leurs cannes ; sur les marges de marbre des bassins, la paresse s'étend & s'accoude ; il y a des pas de seigneurs qui se tendent comme pour un quadrille, & des marches tendres de couples qui vont doucement, la jambe de l'homme, chauffée de soie, poussée par le ballon de la robe de la femme : c'est le jardin de Versailles qui revient par un jour de fête, comme si on le regardait par le petit bout d'une lorgnette. Et voulez-vous les cérémonies du palais, de sa grande galerie, de sa grande écurie, son théâtre, sa chapelle, avec leurs majestueux événements d'un jour, les messes, les danses, les jeux ? Peu d'hommes aussi adroits que Cochin pour vous donner l'illusion & l'éblouissement de ces déploiements de luxe royal ordonnés par le premier gentilhomme de la chambre. Il sait spirituellement remplir ces estrades, ces tribunes, de femmes de la cour ; il les groupe comme en bouquets, il les penche l'une sur l'autre en médisances chuchotantes ; il excelle à ces rampes de têtes, à ces premiers plans de dos de seigneurs battus des larges bourses de leurs perruques, & montrant des bouts de manchon ; & encore à ces jeux dans la grande galerie, encombrée de tables, où le Roi & la Reine « tiennent appartement, » le Roi jouant au lansquenet, la Reine au cavagnol. Il a des planches, comme le mariage du Dauphin dans la chapelle de Versailles, où toute la cour semble éclater de richesse & de magnificence : sous la coupole, entre les deux colonnades de l'église, dans le chœur, on sent se presser tous les grands noms, toutes les charges, toutes les dignités, toutes les beautés & toutes les grandeurs de la cour, les officiers du Roi, les dames de la Reine, dans ces habits d'or & de broderie, ces robes sur grand panier, ces corsages busqués de pierres précieuses, ces grappes de têtes de femmes aux cheveux ruisselants de diamants, le repentir sur une épaule, armée de duchesses qui font cercle sur trois rangs autour de la bénédiction de l'anneau nuptial que le Dauphin passe au quatrième doigt de la main gauche de la Dauphine. Quelle grandeur encore, quel éclat, quelles perspectives de minois, quel rappel, quelle présence, pour ainsi dire, du spectacle & des spectateurs, dans ces figurations d'un spectacle à la grande Ecurie, le théâtre de cinquante-six pieds de profondeur où résonnent les vers de Voltaire & la voix de Clairon, la salle prodigieusement ornée, tarabiscotée, ses galeries en portique, aveuglées du feu des milliers de bougies, de ses girandoles, de ses candélabres chantournés, les loges à ventre regorgeant de spectatrices, inondées de lumières, & en bas, devant la balustrade de l'orchestre, le grand carré vide & respectueux bordé de quatre lignes de femmes en grand habit, qui s'étend, comme le tapis d'un trône, aux pieds des deux fauteuils du Roi & de la Reine, des deux tabourets du Dauphin & de la Dauphine! Et où retrouver la solennité superbe d'un bal paré de 1745, sinon dans cette vue de la salle du Manége couvert, montrant tout ce resplendissement de lustres pendus au plafond par des Amours avec des guirlandes de fleurs, sous le feu de milliers de flambeaux à branches, à pendeloques de cristal, reflétés dans les glaces; une espèce de théâtre à estrade, laissant une sorte de grande scène solennelle à la majesté du menuet dansé par le Dauphin & la Dauphine ? Et comme il déroule les panoramas de fête, les ordonnances réglées par M. de Richelieu ou M. de Bonneval, il déroule aussi, avec la même entente des foules, le même goût d'arrangement, le même sentiment de somptuosité ornementale, les grandes pompes funèbres qu'inventent les Perot & les Slodtz, pour être les apothéoses du néant royal ou princier. Cochin est le spécialiste sans égal pour donner l'impression de ces grandes basiliques, Saint-Denis ou Notre-Dame, sombrées dans le noir des vastes tentures trouées du feu blanc des cierges grésillant de lumière, sur un fond de nuit; & il se montre le vrai dessinateur de la Mort-Pompadour dans ces grandes planches d'enterrements ou de pompes funèbres qui ressemblent aux opéras du tombeau, avec le dais fleurdelisé à la voûte, le nuage de ballet sur lequel flotte le squelette armé de sa faux, le cercueil ronflant sur le soubassement orné d'une mythologie de fontaine de Versailles, la grotte de l'Eternité ornée de nymphes, d'Amours & d'un vieux fleuve, la chaire empanachée comme un lit à la polonaise, le prélat en dentelles gesticulant l'oraison funèbre, les « Princesses du deuil » faisant porter la queue de leur mante à trois gentilshommes, les tribunes emplies de femmes & d'abbés; archevêques, évêques, une ligne de prélats en chape, des hérauts d'armes encapuchonnés de noir sur leur tunique à fleurs de lis, les gardes de la porte, leur mousqueton sur l'épaule, & les deux files immenses de robes, — Parlement, Chambre des comptes, Cour des aides, Université, Corps de ville, — dont la moitié veille & dont l'autre dort.

En si haute position, assis à la droite de M. de Marigny, gouvernant, sous son nom & à son ombre, l'Art du temps, riche d'une aisance éclatante qui le fait traiter avec un luxe presque princier ses camarades à la sortie des apurements de comptes de l'Académie; zélé à la défense de ses confrères & des droits de son corps, champion des priviléges académiques au service desquels il met sa plume, des livres, des brochures, des articles de journaux, jusqu'à des dessins allégoriques échappés à sa colère & offerts

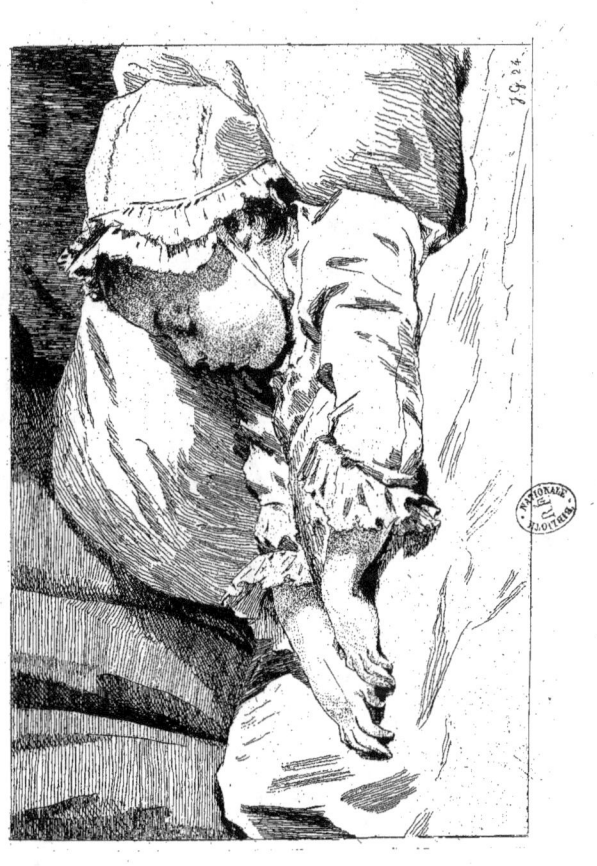

par lui à la Juftice (1), lors du procès intenté par les maîtres peintres de l'Académie de Saint-Luc à l'Académie royale de peinture, Cochin, l'académicien influent & militant, l'adverfaire en vue des premières tentatives révolutionnaires de l'art, ne pouvait échapper aux jaloufies, aux haines, aux colères qui commençaient à fe lever du bas de la peinture & de la fculpture contre les priviléges & les prétentions exorbitantes d'une ariftocratie de confrères. Ce fourd déchaînement contre lui éclata en 1767, à l'occafion du prix de fculpture, lors de fa lâche déférence pour les exigences de Pigalle, qui avait ofé dire : « Si l'on ne couronne pas mon élève, je quitterai l'Académie. » L'injuftice faite, Moitte couronné à la place de Milon, fifflets, mépris, injures, toute l'exafpération des élèves fe tourna contre lui. Vainement il criait que les mécontents vinffent s'infcrire chez lui : il n'apaifa rien. Et le famedi fuivant, en fortant du Louvre, il lui fallut paffer entre la haie des dos de tous les jeunes gens. Un moment même, fur le bruit d'une propofition de les décimer, ils firent menace, rapporte Diderot, de le cribler de coups d'épée (2). Et, tandis que fa perfonne fe dépopularife, fon talent, ce talent fi bruyamment & fi largement louangé, fe difcrédite. Les févérités commencent. On juge, on attaque l'artifte ; on jette le dédain fur ces deffins allégoriques de l'hiftoire de France auxquels il attache tant de prix. Vient l'heure de la réaction déjà indiquée contre les *eftampiers*, contre Gravelot, contre Eifen ; çà & là, dans les livres d'art, fe lèvent les infinuations, les récriminations contre la *gravure en petit*, accufée d'éteindre le feu du génie, de tuer le grand art de la gravure, de répandre dans la multitude un goût bizarre, d'être enfin cet abaiffement : un miférable moyen de gain pour les nouveaux befoins de luxe des artiftes. L'abbé Lebrun, dans fon réquifitoire contre la vignette, défigne clairement Cochin comme le plus grand coupable, lorfqu'il flétrit ce genre fec & maigre, enfant de l'intérêt, vrai paffe-partout des livres médiocres, genre pauvre qui, avec des traits mefquins, a la folle prétention de repréfenter de grandes chofes, « genre qui ne fit jamais la gloire d'un académicien (3). » L'attaque femble avoir touché Cochin, qui ne répondit pas cette fois, mais qui fe laiffa défendre par fon élève & ami Gaucher dans le *Défaveu des Artiftes*, fervant de réfutation à l'*Almanach hiftorique*, une brochure moqueufe où l'on fent paffer du dépit de l'homme qu'elle défend. Dès lors on ne voit plus Cochin expofer qu'une feule fois ; & quoiqu'il ait eu cette fortune de pouvoir travailler jufqu'au jour de fa mort, &

---

(1) *La Juftice protége les arts*, « compofé & deffiné par Cochin fils, qui a fait préfent de ce deffin à M. Séguier, avocat général du parlement de Paris, rapporteur de cette affaire, gravé en manière de crayon par Demarteau en 1764. » — *La Juftice fait prendre la plume, la Raifon dicte*, « eftampe deffinée & gravée par Cochin fils, qui a fait préfent de ce deffin au fecrétaire de M. Séguier, en reconnaiffance des foins qu'il s'eft donnés à l'occafion de ce procès gagné par l'Académie royale, gravé en manière de crayon par Demarteau en 1765. »

(2) *Mémoires & correfpondance de Diderot*. Vol. II. — Salon de 1767.

(3) Lettre par un amateur dans l'*Almanach hiftorique & raifonné des architectes, peintres, fculpteurs, graveurs & cijeleurs*. Paris, chez la V° Duchefne. Année 1776.

que sa main reste ferme, sûre & fine, dans les portraits signés des toutes dernières années de sa vie, il a l'air de bouder le public & de vouloir se retirer de lui, voyant & laissant venir ce qui vient, le triomphe de l'antiquité de Vien & la naissante gloire de David, avec un peu de l'aigreur d'un oublié & d'un vaincu. Donnons ici une lettre de lui, vraie Revue du Salon de 1785, qui nous montrera cette attitude de sa vieillesse, le trouble de ces vieux artistes de Louis XV, les yeux éblouis malgré eux & un peu blessés par la régénération de l'art :

Mon cher ami,

J'étois à la campagne lorsque vous m'avés adressé la lettre de change ; je n'ay pu la recevoir qu'à mon retour. J'ay payé la pension, & je joins ici la quittance. M. Belle, qui a diné chez moy hier, m'a dit qu'il avoit fait ce que vous aviés désiré ; que le jeune homme lui avoit fait dire qu'il devoit encore avoir entre les mains telle & telle chose ; qu'il avoit fait répondre qu'il les lui rendroit en temps & lieu, quand il en auroit l'ordre ; nous n'avons pas pu nous expliquer davantage, étant un nombre de personnes que je ne voulois pas qui nous comprissent.

J'ay vû un moment M. Goeslin, & j'ay été bien fâché de ne m'être pas trouvé en liberté de le prier d'accepter une soupe, pour boire ensemble ; mais j'étois engagé de manière à ne pouvoir m'en débarrasser.

Je suis bien fâché que vous ne soyés pas venu à Paris, mais peut-être aurois-je eû de plus le déplaisir de ne pouvoir jouir de votre présence, par les engagements de campagne que je ne pouvois rompre parce qu'ils étoient forcés par la reconnoissance d'un bienfait. Je suis fâché aussi que vous n'ayés pas pu voir le Salon, car il y avoit des choses qui vous auroient donné de la satisfaction. M. Vien s'étoit un peu surpassé, & son grand tableau d'Hector rapporté à Troye étoit fort bien composé. Vous jugés bien qu'il y avoit, comme de coutume, quelques figures qui, à force de chercher le simple & le naïf, approchent de la bêtise ; des draperies bridées & collées sur le nud, &c. ; mais l'ordonnance étoit belle & assés noble, & heureusement il a évité de tomber dans cette obscurité triste & fausse qui avoit déparé son tableau du Salon précédent. Lagrenée, l'ainé, n'a pas brillé autant qu'il y a deux ans. Sa composition étoit dispersée, ses figures paroissoient petites & mesquines. Il y avoit des beautés de détail, mais le tout étoit cruellement déparé par un ton général d'ombres bleuâtres qu'on avoit déjà eu lieu de lui reprocher il y a deux ans, mais qu'il a encore plus outrées cette fois-cy.

Lagrenée, le jeune, son frère, avoit un tableau qui étoit obscur, où toutes les couleurs locales étoient perdües : les arbres n'étoient pas verds, ou plutôt tout le tableau l'étoit. Il n'a rien gagné à être rapproché de la vue, car rien n'y étoit rendu avec soin & verité.

David a été le véritable vainqueur au Salon, non qu'il n'y eût à désirer, surtout dans la disposition des figures & des grouppes, dans le choix des caractères de tête, &c. Mais une exécution si belle & si ferme, une sûreté de dessin & des détails excellemment rendus ont, avec justice, mis ce tableau au-dessus de tous les autres, d'autant plus qu'il a abandonné cette cou-

leur noire qu'il avoit mise à la mode, & que les autres n'ont faisie qu'à son imitation. C'est un piége qu'il leur a tendu involontairement. Il s'en est tiré & les y a laissés. A la vérité, je ne crois pas que ce soit pour longtemps, car ils ont bien vu, à ce Salon, leur erreur, & le public, d'ailleurs, le leur a assés reproché.

Vincent & Peiron ont été principalement les victimes de cette mauvaise mode. Vincent avoit, à la vérité, l'excuse de ce que son sujet se passe dans une prison. Mais on n'est pas obligé de supposer une prison noire. Son tableau a beaucoup gagné à avoir été redescendu. On y a vu une belle correction & une exécution vraye & soignée.

Celui qui perdoit le plus étoit Peiron, qui, sans nécessité & dans une scène qui se passe dans un palais, s'étoit avisé de rembrunir tout son tableau au point qu'à peine voyoit-on ce que faisoient les figures, mais il a infiniment gagné à être vu de près. On y a vu de belles têtes, de l'expression, une composition ingénieuse, des draperies excellemment exécutées, quantité de beautés de détail; enfin quelques artistes m'ont dit qu'ils ne sçavoient quel tableau ils aimeroient mieux avoir fait de celui-là ou de celui de David. C'est trop dire. Celui de David l'emporte, mais Peiron est bien méritant.

Renaud avoit un tableau où il avoit de la chaleur; des figures traitées avec fermeté & hardiesse, mais dans le sistème de couleur noire, d'ombres forcées, d'une perspective de mauvais choix, &c. Il a gagné à quelques égards à avoir été descendu en bas, & perdu à d'autres.

Menageot & Berthelemy n'ont fait que de mauvais tableaux. Celui de Menageot bien noir & quelques lumières par tache, d'ailleurs mal dessiné; celui de Berthelemy bien composé, mais du coloris le plus triste & le plus monotone.

Les tableaux de Suvée, beaucoup de mérite de détail, mais secs, plats & sans aucun effet.

Taraval, Le Barbier, Taillasson, &c., tout cela ne vaut pas l'honneur d'être nommé. Espérons qu'ils acquerreront ce qui leur manque. Ils auront beaucoup à travailler.

Je n'ay point encore entendu rien dire, ni même parler de M. Tierce; je feray au guet pour sçavoir si l'on hasarde légèrement des reproches contre lui.

A propos de Taraval, il est mort hier. Ce n'est pas une perte pour l'art, mais c'en est une pour son épouse. Il s'étoit marié, il y a environ six mois; d'ailleurs c'étoit un homme estimable à tous autres égards que ceux de la peinture. On meurt à tout âge. Rendons grâces au ciel de ce que nous existons encore, & soyons prêts à tout événement. Je suis, de tout mon cœur,

Votre serviteur & ami,

COCHIN (1).

L'homme de plaisir ne s'était pas marié. Point de femme, point d'enfants dans son logis. L'artiste n'y met guère que son travail, y dînant à peine une fois par mois, passant toutes ses soirées dans un cercle d'amis avec lesquels il soupe quotidiennement pendant des années. Triste logis, que nous peint de couleurs si sombres le graveur

---

(1) Lettre autographe signée de Cochin, communiquée par M. J. Boilly.

Miger, son commis à deux cents livres par an. « La maison de mon maître, dit-il, se composait de M. Cochin, de sa mère, âgée de quatre-vingts ans; de sa sœur, personne de quarante ans; d'une cousine de cinquante ans, trois femmes bien dévotes & janfénistes par-dessus le marché; d'un domestique femelle pour ce trio & d'un laquais pour le chevalier (1). » De ce trio de *sempiternelles*, comme les appelle Miger, la vieille mère de Cochin, dont Wille vante l'extrême douceur, meurt en 1767, laissant cette belle mémoire qui met derrière son convoi le concours d'un monde infini. Et la maison reste plus vide & plus triste. Pour le mondain, le brillant chevalier, les jours s'allongent sans finir, vont au delà de la Révolution. Cochin mourait le 29 avril 1790 (2).

---

(1) *Biographie de Miger*, par Bellier de la Chavignerie. Dumoulin, 1866.

(2) Extrait du registre mortuaire de la paroisse Saint-Germain-l'Auxerrois pour l'année 1790; « Le vendredi trente avril 1790, Charles-Nicolas Cochin, écuyer, chevalier de l'ordre du Roi, graveur & dessinateur de Sa Majesté en son Académie de peinture & sculpture, garde des dessins du cabinet du Roi aux galleries du Louvre, secrétaire perpétuel de l'Académie de peinture & sculpture, censeur royal & membre de plusieurs académies, garçon, âgé d'environ soixante-dix sept ans, décédé d'hier à six heures du matin aux galleries du Louvre, a été inhumé en cette église en présence du sieur Clément-Louis-Marie-Anne Belle, peintre du Roi, recteur en son Académie royale de peinture & sculpture, surinspecteur des ouvrages de la couronne aux Gobelins, & de maître Antoine-Alexis Belle, avocat en parlement, conseiller du Roy, commissaire honoraire au Châtelet de Paris, ses cousins. Signé : Belle & Tardieu. » *Archives de l'art français*. Vol. IV. — Le marquis de Laborde nous communique un rare catalogue de la vente de Cochin après son décès : « Notice des différents objets de curiosité de feu M. Cochin, écuyer, chevalier de l'ordre du Roi, graveur & dessinateur de S. M. en son Académie de peinture & sculpture, dont il était secrétaire, garde des dessins du cabinet du Roi aux galeries du Louvre, censeur royal pour la partie des arts & membre de plusieurs académiens. Dont la vente se fera faite le lundi 21 juin & jours suivants, de relevée, dans son logement aux galeries du Louvre, 1790. Tableaux & médailles. N° 1. Deux par Joseph Vernet faits avec tout l'art & l'esprit possible : dans l'un on représente un naufrage au bord de la mer & diverses figures analogues au sujet; dans l'autre, non moins intéressant, on voit de hauts rochers, & sur le devant plusieurs groupes de figures; ils sont peints sur toile, portant 15 pouces de haut fur 12 de large, non compris leurs bordures. — 2. Quatre sujets représentant différents arts, exécutés d'après les dessins du sieur Cochin par feu Lépicié, représentant la peinture, sculpture, gravure & musique; ils sont peints sur bois de 4 pieds de haut sur 2 & demi de large, avec de simples baguettes dorées à l'entour. — 3. Un autre, peint par le même Lépicié, & de sa composition, représentant la mort d'Adonis, sur toile de 18 pouces sur 13 de haut, dans sa bordure dorée. — 4. Deux charmants tableaux en dessus de portes, peints par Chardin, en grisailles, imitant le bas-relief supérieurement, & représentant des enfants jouant avec un satyre, une chèvre, &c., sur toile de 33 pouces sur 15 de haut, entourés de simples baguettes dorées. — 5. Un très-petit, par le même, de forme ronde, représentant des livres & papiers posés sur une table, de 10 pouces de diamètre. — 6. Un sujet d'enfant, Génies des Arts, peints en camaïeux, par feu sieur Cochin, sur toile, de 22 pouces sur 18 de haut. — 7. Quelques tableaux de différents maîtres qui sont divisés en plusieurs lots. — 8. Saint-Michel, en émail, par Durand, avec cercle & ornements en or, destiné pour les chevaliers de l'ordre. — 9. Divers portraits en émail, la plupart par Bouquet. — 10. Un étui de mathématiques, plusieurs porte-crayons en argent & crayons divers. — 11. Plusieurs médailles en or & argent, dont une grande en or de 3 pouces de diamètre, envoyée au défunt par l'impératrice de Russie. — 12. Une boîte contenant un nombre d'empreintes en soufre de pierres gravées antiques, & de plus quarante empreintes en plomb, de différentes médailles gravées par Duvivier sur divers événements du règne de Louis XV, le tout dans deux bordures sous verre. — 13 Plusieurs plaques de fer-blanc battu & planches de bois de diverses grandeurs, couvertes en papier blanc propre à dessiner. — 13 bis. Diverses figures en plâtre & terre cuite, &c. — Dessins : 14. Vingt-quatre petits sujets

Belle, son cousin germain & son exécuteur testamentaire, disait de lui dans sa nécrologie du *Journal de Paris* (1) :

« J'ai montré jusqu'ici M. Cochin célèbre dans son art, mais il ne l'était pas moins du côté des vertus morales : charitable & sensible envers les pauvres, ou les personnes dans la détresse, il n'eût ambitionné de fortune que pour venir plus efficacement à leur secours. Protecteur & soutien de ceux qui se livraient aux arts, non-seulement il était

divers dans leurs bordures, dorés, faits en Italie par feu sieur Cochin, d'après différents tableaux célèbres de plusieurs grands peintres italiens, dont on fera des lots. — 15. Un projet fait pour le tombeau du Dauphin, père du roi, élevé à Sens, exécuté à la sanguine par le même. — 16. Un porte-feuille contenant un grand nombre de croquis & premières pensées de divers desseins exécutés par le même, ainsi que diverses contre-épreuves à la sanguine, dont il sera fait plusieurs lots. — 17. Un autre contenant diverses académies & études par différents artistes, qui sera divisé. Estampes encadrées, des ports de mer de Vernet, des estampes d'après ces desseins, *Lycurgue blessé*, &c. » Une nombreuse série de planches gravées dans la suite des ports de mer de Vernet ; & du n° 37 au n° 183, une immense collection d'estampes en feuilles & de livres à figures, parmi lesquels figure : l'œuvre de feu sieur Cochin, gravé par lui-même dès son adolescence, & successivement d'après ses propres dessins, ainsi que par différents artistes, formant deux volumes in-folio, composés de plus de 1,300 morceaux tant grands que petits, sujets & portraits ; le tout, en premières épreuves.

(1) *Journal de Paris*, n° du 2 juin 1790. La *feuille des affiches, annonces & avis divers* du 18 mai 1790 déplorait vivement « la perte d'une vie si remplie. » — La notice de Belle se terminait par cette réclamation d'une simplicité presque touchante : « Les personnes auxquelles le défunt avait prêté des livres sont priées de les rapporter chez M. Belle. » Cette notice de Belle respire un sentiment d'amitié, la reconnaissance que le souvenir de Cochin méritait de toute sa famille, aidée, obligée toujours par lui. Auprès de tous les siens, il joua ce rôle d'ami & de patron, dont M. Tardieu rend témoignage & qu'atteste cette lettre de la collection Boilly, adressée à Clément-Louis-Marie-Aimé Belle, au moment où celui-ci débarquait d'Italie & revenait à Paris :

« De Marseille, le 3 septembre 1751.

« Mon cher cousin & amy,

« Depuis longtemps je n'ay pu avoir le plaisir de t'écrire & j'avois remis cette occupation agréable après mon retour à Paris, où j'espère jouir d'un peu plus de loisir & de tranquilité, mais les nouvelles que j'ay reçues icy à ton sujet m'otent cette tranquilité & m'affligent. On dit que tu te disposes à te marier avec la demoiselle fille de la dame chés qui tu demeure. Je suis, je te l'avoue, bien surpris que tu ayes cette pensée & que tu ne voyes pas l'embarras effroyable où tu vas te précipiter. Je ne te conteste point que ce sont de très-honnestes gens, mais si tu trouve bon que je te dise ma pensée, leur état ny leur fortune ne me paroissent point propres à former une alliance dont tu puisses retirer ny avantage ni agrement, par la suitte d'ailleurs la demoiselle est si jeune qu'on peut dire que ce n'est qu'une enfant, elle ne peut t'etre d'aucune utilité. Je ne pense pas que tu sois assés fou pour faire quelque fonds sur les talents que tu esperes lui donner dont elle est encore fort loin & qu'il est bien douteux qu'elle acquiere jamais. Quand elle les auroit effectivement, quel profit tire-t-on des travaux d'une femme qui est toujours ou grosse ou en couche. L'exemple de ta mere & de la mienne ne fait rien icy elles avoient des talents tout acquis & elles n'étoient pas nées en Italie où tout le monde est paresseux, particulièrement les femmes ; je te prie de considérer que ton bien est assez borné pour ne pouvoir faire un état heureux à deux personnes & à une famille, ou peut etre il faudroit commencer par comprendre plusieurs parents de ta femme. Qu'à l'égard du fruit que tu peux espérer de l'usage de tes talents à Paris (car tu sçais bien qu'en Italie à peine certains talents suffisent-ils pour se procurer le simple nécessaire), le fruit qu'ils peuvent te procurer à Paris t'est inconnu puisque pour en etre certain il faudroit que tu en eusses fait l'essay, il y a beaucoup de gens de mérite dans cette ville & pour y aller de pair avec eux, il faut beaucoup de talents. Il est vrai que tu as lieu d'esperer d'y reüssir, mais pour ne te rien cacher il te faut encore du travail & de l'etude, etude facile à la vérité & qui, au point où tu en est, ne semble demander que de l'assiduité & de la santé. Tu t'es fait assez habile dessinateur, mais il est bon que tu taches de te fortifier dans la couleur, l'intelligence de lumière & le pinceau. C'est pourquoi aiant bien considéré ce que j'ay vu de belles choses en Italie & l'ayant encore plus

toujours difposé à aider les jeunes artiftes de fes confeils, mais il en a aidé plufieurs de fa bourfe, &, ce qui eft encore plus caractérifé, il en a appelé plufieurs auprès de lui & a fubvenu à tous leurs befoins par le feul défir de foutenir leurs efforts & fans aucune vue d'intérêt perfonnel. Si M. Cochin s'eft livré à des entreprifes, jamais fon intérêt perfonnel n'a été fa bouffole, jamais il n'a groffi fa portion légitime aux dépens de celle des artiftes qu'il employait, & s'il a rencontré dans fa vie des ingrats, leur ingratitude n'a jamais pu altérer en lui fon penchant décidé à vouloir faire le bien même; c'eft la feule paffion qui l'a accompagné dans fon tombeau & qui fe trouve retracée dans fon teftament. »

examiné dans l'intention de t'en écrire d'une manière qui te put etre utile (car je te prie de me regarder plutoft comme ton amy que comme ton parent) j'avois deffein de te preffer d'aller achever d'étudier à Venife. Rome ne fuffit pas pour faire un peintre malgré la quantité de belles chofes qui y font c'eft Paul Véronefe peut etre le plus grand & le plus étonnant de tous les peintres qui ont jamais exifté qu'il te feroit maintenant néceffaire d'étudier, grand & admirable génie, deffinateur excellent & plein de verités & de graces quoique quelquefois incorrect, couleur admirable, pinceau merveilleux. La quantité & la beauté des chefs-d'œuvre de ce maiftre eft digne d'admiration dans cette meme ville encore d'autres hardis coloriftes bons a étudier dont je ne te parleray point icy, les peintres de Florence ne font que des deffinateurs gris & fans couleur quoiqu'il y ait bien des chofes admirables à Bologne, l'Ecole de la couleur eft Venife. . . . .

Rends toy habile homme & alors on te pardonnera tout ce que tu voudras faire pourvu que je fois affuré que tu pourras te faire un fort agréable, c'eft tout ce que je demande; de la ville ou tu feras, tu peux aider

ou fecourir cette famille à qui tu prends interêt, mais abfolument ny refte point ni même dans l'état du pape jufqu'à ce que tu fois tout à fait formé. Cette demoifelle trop jeune peut fort bien attendre & même le doit pour fon propre bonheur : puifque de tes talents dependra fon bien ou mal etre. Je fuis faché d'etre obligé de te dire qu'il te manque encore quelque chofe pour etre habile homme, mais je te le dis en amy & pour ton bien. Je m'embaraffe moins de fçavoir qui tu époufe que de te fçavoir habile homme. Tu le peux, mais pour cet effet il faut rompre ou fufpendre cet engagement qui t'a empeché de prefque rien faire pendant tout le temps que j'ey été à Rome. Tu ne peux point travailler tranquile dans cette maifon, fors en, laiffe y plutoft tout ce que tu y as, c'eft une bagatelle en comparaifon de l'embarras ou tu te vas mettre. Vas à Naples plutoft, enfin fais-toy un habile homme je te repete, adieu mon cher amy, reflechis bien, décide-toi promptement, je fuis de tout mon cœur ton ferviteur & amy.

C. N. COCHIN.

Je ne t'écris cecy qu'en fuppofant que la nouvelle eft vraye.

III

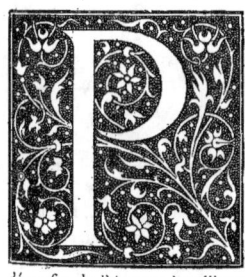ARMI les livres d'art & de luxe du XVIIIe fiècle, il en eft un qui eft une merveille & un chef-d'œuvre, l'exemple fans égal de la richeffe d'un livre. Cet ouvrage, le grand monument & le triomphe de la vignette, qui domine & couronne toutes les illuftrations du temps, nous l'avons nommé pour tous les amateurs, en en parlant : ce font les « *Contes de La Fontaine*, » l'édition dite des *Fermiers généraux* & méritant ce baptême de leurs noms, vrai livre royal des derniers financiers Mécènes, une des plus belles dépenfes de l'Argent intelligent & fenfuel du règne de Louis XV.

De ce livre pour lequel nulle dépenfe n'a été ménagée, de ce livre où les images fe preffent & annoncent chaque conte, où les meilleurs graveurs fe font difputé les planches, où Choffard a jeté prefque à chaque page fes ingénieux culs-de-lampe ; de ce livre, le modèle inimitable de la gravure galante décorant le conte libre, une page, la première d'un des deux volumes, montre, comme un pendant du portrait de La Fontaine, le portrait du deffinateur : Charles Eifen (1).

(1) Ce portrait a été gravé par Ficquet, d'après une peinture de Vifpré.

Ce deffinateur français fort de fouche flamande, de peintres flamands. Il a pour père François Eifen, qui était venu de Bruxelles chercher fortune à Valenciennes, dans cette province encore annexée à l'art de la Flandre. Marié là en 1716, François Eifen y peignait des faintetés pour les églifes du Béguinage, des Brigittines, des Urfulines, de l'abbaye de Vicoigne. En 1745, des difficultés avec l'adminiftration de Valenciennes, & une rivalité avec fon confrère, le peintre Gilis, le déterminaient à repaffer à Bruxelles, dont le chaffaient bientôt la guerre dans les provinces belges & la prife de Bruxelles par le maréchal de Saxe. Il rentrait en France & venait fe fixer à Paris. A Paris, il fe mettait à peindre de petits tableaux où il alliait le précieux de Miéris à la mode d'efpagnolerie que Vanloo effayait d'introduire dans l'hiftoire & dont plus tard Fragonard allait faire fa fantaifie. Badinages, fcènes d'efpièglerie & de poliffonnerie gaminante entre filles & garçons, les petits garçons en tuniques à crevés, au chapeau à la Henri IV, les petites filles à collerettes, à colliers de perles, à coiffures de plumes, le tout mêlé de chiens, de chats, de perroquets, des camarades domeftiques de l'enfance, telles étaient ces plaifantes compofitions, marquées de ce germanifme qui s'épanouira à la fin du fiècle dans les petites peintures de Wille & de Schenau. Elles eurent un grand fuccès, & elles lui euffent ouvert les portes de l'Académie, nous dit Hécart, s'il avait voulu s'y préfenter. Au bout de longues années, le genre ayant vieilli avec le peintre dont la main devenait moins prefte, François Eifen était forcé de rogner fur fes dépenfes & de fe réduire à un pauvre petit logement rue de la Huchette. Hécart, qui y fit fa connaiffance en 1770, nous dit que le peintre avait alors quatre-vingt-cinq ou quatre-vingt-fix ans, & fa femme prefque autant de vieilleffe que lui. « Il s'était affujetti au goût des marchands de tableaux qui lui donnaient de l'ouvrage, il peignait pour eux des tabagies, des caricatures, des bambochades. Les tableaux avaient fix & fept pouces de hauteur, il en faifait deux ou trois par mois & on les lui payait trois louis chaque. Ce gain fuffifait à fes befoins. Il était encore alors d'une vivacité pétulante & ne fe fervait pas de lunettes... Ses organes s'étant affaiblis à l'âge de quatre-vingt-dix ans, il fut reçu avec fa femme aux Incurables & ils mourront dans cet hofpice (1). » L'*Almanach des Artiftes* de 1776 dit de François Eifen : « Il fe fut immortalifé, fi l'hiftoire avait eu plus d'attraits pour lui. »

Pendant fon féjour à Valenciennes, François Eifen avait eu de fa première femme, Marguerite Gainze, fept enfants, dont le troifième, né en 1720, fut Charles Eifen (2). L'éducation de ce fils fut celle d'un artifte. Son père l'éleva à l'école de l'art naturifte

---

(1) *Biographie valenciennoife* (par Hécart), recueil de notices extraites de la *Feuille de Valenciennes*, de 1821 à 1826. Valenciennes, imprimerie de J.-B. Henry, 1826.

(2) Voici l'acte de naiffance de Charles Eifen, que nous empruntons à la brochure de M. Cellier : *Antoine Watteau, fon enfance, fes contemporains*. Valenciennes, 1867 :

« Le même jour (17 août 1720) fut baptifé Charles-

flamand, l'aftreignant, tout petit, à un deſſin exact & ſerré d'un linge, d'un manteau, d'une couverture, d'une robe de ſoie jetée ſur une chaiſe, le formant à l'art ſi difficile des draperies, & d'autres fois exigeant de lui le rendu conſciencieux & minutieux d'un animal, d'une plante, d'un meuble même. Puis, pour compléter le goût du jeune homme, ainsi tenu longuement le crayon à la main en face de la nature & devenu un bon deſſinateur, il le menait dans des cabinets de tableaux, l'arrêtait devant une toile, lui en faiſait remarquer les beautés & les défauts, &, de retour au logis, il exigeait de lui une répétition de la compoſition qu'il lui avait fait voir. Ce que ſa mémoire ne ſe rappelait plus, l'imagination du jeune Eiſen était bien forcée de le récréer : il apprenait ainſi l'invention ; & « c'était par ce moyen, & petit à petit, diſait le père Eiſen à Hécart, qu'il avait amené ſon fils à devenir compoſiteur. »

A vingt-deux ans, en 1742, le jeune Valenciennois eſt déjà à Paris. Il entre dans cet atelier de Le Bas, la véritable académie & la grande penſion de la gravure contemporaine (1) où nous avons déjà trouvé Cochin, où nous retrouverons Moreau, où paſſent tout ce monde & tous ces noms de l'art : Aliamet, Bacheley, Cathelin, Chenu, David, Duret, Ficquet, Gaucher, Godefroy, Guibert, Elmann, Julien, Laurent, Lemaire, Baquoy, Ouvrier, Filleul, Lemire, Lemoine, Longueil, Malœuvre, Martinaſie, Née, Riland, le Suédois Rehn, l'Ecoſſais Strange. Joyeux atelier ſous ce joyeux maître, rond, bonhomme & narquois, qui, ſans gronder ni diſcuter, corrigeait & châtiait ſes élèves avec un mot, un geſte, une mine, une farce : « Vous méritez bien que je vous embraſſe... » était ſa punition d'un mauvais deſſin, d'une mauvaiſe planche ; & l'embraſſade comique ne manquait jamais ſon effet (2). Bonne école, bonne famille, où les élèves étaient comme les fils adoptifs de la maiſon ouvrière & animée de toutes ces jeuneſſes travailleuſes. Le patron ne s'épargnait pas à l'ouvrage, & demandait que chacun *piochât le cuivre* comme lui ; mais, le travail fini, l'hiver, une eſtrade s'improviſait pour les violons, on danſait dans l'atelier démeublé ; & il fallait voir la fête, la replète perſonne de Le Bas faiſant vis-à-vis à Mlle Le Bas en belle robe, Lemire avec les demoiſelles Chenu, & dans le fond Mme Le Bas, regardant de ſon fauteuil le plaiſir des autres. Etait-ce l'été, un jour de vacance ? tout l'atelier partait monté ſur

---

Dominique-Joſeph, né ce jourd'hui, à dix heures du matin, fils de François Eiſen, peintre, demeurant au Foſſart, & Marie-Marguerite Gainze, ſa légitime épouſe. Parein fut Charles Du Bois, de la paroiſſe de la Chauſſée ; mareine, Marie-Marguerite Michez. Le père eſtant preſent. Ont ſigné François Eiſen, Charles Dubois, Marie Marguerite Miché. »

(1) Eiſen a gravé dans ſes commencements à l'eau-forte dans le goût de Boucher & du Bachiche. M. de Baudicourt cite de lui neuf pièces : *la Vierge allaitant l'Enfant Jéſus*, *Saint Jérôme*, *Saint Eloi prêchant*, *la Madeleine*, *l'Amour ramoneur*, *Hercule & Homphale*, *l'Adreſſe du ſieur Magny*, terminée au burin par Ingram. Mais la liſte n'eſt pas complète ; il en eſt d'autres, parmi leſquels un enfant couché, &c.

(2) *Portraits intimes du XVIIIe ſiècle*, par Edmond & Jules de Goncourt. 2e ſérie. 1858.

des roffes, galopait vers les verdures de Nanterre. Et voilà précifément Eifen dans la cavalcade : il figure dans cette lettre de Le Bas datée de 1746, & illuftrée, à la mode des lettres d'artiftes d'alors, de ces croquis qui jettent en marge l'image du récit. C'eft lui, ce chevaucheur à la débandade, ce maigre dégingandé perdu dans une immenfe houppelande, fous lequel Le Bas a pris la peine d'écrire : *M. Efin* (fic), *peintre en redingote* (1). L'année fuivante, en 1747, il eft déjà affez connu pour obtenir l'illuftration du *Boileau* édité par Saint-Marc : il fait là fes débuts par des vignettes où il s'effaye & commence.

Il était temps qu'il gagnât fa vie. Marié depuis deux ans, il était chargé de deux enfants. Une affez fingulière hiftoire, que celle de fon mariage : à fon arrivée à Paris, en 1741, dans la rue de la Huchette où il logeait, il avait avifé une voifine, la fille de Jean Aubert, marchand apothicaire, le père était mort, la fille vivait fous la garde de fa mère. Mal gardée, mal défendue par treize ans de plus que fon foupirant, elle mettait au monde, le 4 octobre 1744, un fils reconnu un peu moins d'un an après par fes auteurs que le vicaire de Saint-Séverin mariait le 20 feptembre 1745. Ce mariage, auquel fon père, François Eifen, n'affiftait pas, & qui avait pour témoins un fculpteur nommé Vincenot & un peintre nommé Jean Chevalier, donnait au jeune homme de vingt-cinq ans une femme de trente-fept (2). Tout en donnant fon temps, les années fuivantes, à des illuftrations de livres, Eifen faifait paraître « une œuvre fuivie » (3), une fuite de livres de décorations & d'ornements, vafes, tombeaux, niches, fontaines, groupes de figures, ftatues à l'ufage des architectes, fculpteurs, cifeleurs. C'eft un vrai portefeuille pour l'artifte & un vrai manuel de l'art induftriel du temps. De page en page, l'imagination féconde & facile d'Eifen y répand les

---

(1) *Portraits inédits d'artiftes français*, par Philippe de Chennevières. Le Bas.

(2) *Dictionnaire critique de biographie & d'hiftoire*, par A. Jal. Paris, 1867, article Eifen.

(3) Premier livre d'une *œuvre fuivie*, contenant différents fujets de décorations & d'ornements, comme vafes, tombeaux, niches, fontaines, groupes de figures, ftatues, à l'ufage des architectes, fculpteurs, cifeleurs, par Charles Eifen, peintre & deffinateur, affocié de l'Académie des beaux-arts de Rouen, & adjoint à profeffeur à l'Académie de peinture de Paris, au petit hôtel de Braque, place Maubert, 1753. Dédié à M. Voyer d'Argenfon. — Il a encore publié dans ce genre : *Divers fujets de chaffe pour les tabatières, utils* (fic) *& différents artiftes*, deffinés par Vigilex & Eifen. Paris, Demarteau l'aîné, avec privilège du Roy, 6 planches. Avant Gravelot, qui publiait plus tard les « Soldats conformément à l'ordonnance de 1766, » Eifen publiait en 1750 : *Nouveau recueil des troupes qui forment la garde & maifon du Roy*, gravé à l'eau-forte par Le Bas, férie curieufe des coftumes magnifiques de la monarchie, où fe voient « le Garde de la Manche » avec l'uniforme, revêtu d'une cotte d'armes à fond blanc femé de fleurs de lys d'or, avec la devife du Roy brodée en plein, la pertuifane à lame dorée & la main frangée de foie blanche & d'argent ; le « Garde de la Prévôté, » culotte & bas rouges, le hoqueton fur l'épaule droite, à bouillons d'orfèvrerie, les fleurs de lys & L couronnés d'or, dont le fond eft des couleurs du Roy, incarnat, blanc & bleu, couvert d'ancienne broderie, une maffe d'Hercule & deux épées nues au côté, avec ces mots : *Hæc quoque cognita monftris*. — Il aborde tous les genres, & l'on a encore de lui des *Principes de payfage pour apprendre à deffiner à la plume*, dédiés à mademoifelle de Maléxieux, & gravés d'après les deffins de M. Eifen, par M. M. C. P. D. G ; — & *l'Amour du Deffin ou Cours de deffin dans le goût du crayon*. 1757, gravé par François.

idées, les sujets, les frontispices à déesses & à Romains casqués, les cartouches empanachés & couronnés, les armoiries flamboyantes ornées de grands anges & de pluies d'attributs, des statues pédestres, des groupes d'Hercule & de Vénus descendant de Lemoine, des Flores dans des niches de verdure, des caryatides de femmes soutenant des écussons dans des architectures coquillageuses, des tombeaux de triomphe, des jeux d'amours dessinés pour des feux ou des bronzes de meubles, des fontaines à congélation aux vasques portées par des torsions de sirènes, des luttes d'Antée, toutes prêtes au modelage, de petits groupes des Trois Grâces faits pour porter la boule d'une pendule de boudoir. Rien ne manque, des dessins, des modèles, des attributs que réclament le goût & la mode : mufles de lions en portoirs, femmes-sphinx, bustes d'empereurs, motifs de pots-à-oille, projets de tabatières, brûle-parfums dignes d'être exécutés à Sèvres. Eisen a véritablement donné là comme l'album complet des croquis de la Rocaille.

Insistons sur ce côté du talent d'Eisen : il est un des signes de l'art du temps qui réclame de ses petits peintres d'être, à l'imitation de leur maître Boucher, ce grand touche-à-tout, non-seulement des peintres, mais encore des ornemanistes. L'artiste, tel que le veut & tel que le fait le XVIIIe siècle, ne doit pas avoir uniquement la science de l'homme & de la femme, du personnage ; il faut qu'il y joigne le sens du pittoresque & du caractéristique de cette ligne générale des choses, le style d'une époque ; il faut qu'il ait l'imagination du changement, du renouvellement, du rajeunissement que demande une société au décor de sa vie, qu'il soit l'inspirateur des formes à donner au bronze, à l'argent, à l'or, au bois, à la porcelaine, à la fayence d'un siècle, l'inventeur de ce que l'industrie, alors assimilée à l'art, exige des artistes, pour la façon de la matière, le guide enfin du bronzier, du ciseleur, du bijoutier, de tous les métiers du goût. Et l'art ne croit pas déchoir ni descendre à ce genre pratique du dessin : c'est le gagne-pain de Gravelot en Angleterre à ses débuts, c'est plus tard la fortune européenne du nom de ceux qui y touchent. Parmi tous, Eisen eut le don de cette invention, passant avec son génie de motifs toujours nouveaux, de l'enflure opulente de Meissonier aux profils droits de Goutières. Il est d'ailleurs de pays d'orfèvres. Tout jeune, à Valenciennes, il a dû s'inspirer des grands ouvrages de Moyenneville & de son école, morceaux de ciselure aussi beaux que des Balin, ces chefs-d'œuvre en vermeil, en argent & en cuivre, ces châsses du saint Cordon, de saint Pierre, de saint Paul, de saint Druon qui, promenées aux fêtes, étaient l'honneur & la magnificence des promenades de la ville (1). Et voyez-le dans ses moindres vignettes, quelle science, quelle entente de l'ornemaniste montrent ces culs-de-lampe, ronds comme ces tabatières en coquille ou ces boîtes de montre à bas-relief repoussé, d'où se lèvent les scènes de la Fable, ces petits tableaux, pareils à des émaux

(1) Biographie valenciennoise.

dans les ciſelures d'un cadre rubanné, ces plaques ovales que l'on voit encadrées dans le bois de violette d'un « bonheur du jour, » ces médaillons qui enſerrent avec des guirlandes de verdure des Amours dont le baiſer ſe pâme ſur des roſes, tant de compoſitions minuſcules accompagnées d'arabeſques mêlant Pompéi à Trianon : comme il ſait enchâſſer ſon deſſin, le monter dans une ſertiſſure à griffe, à biſeau, à feuille, dans des trophées de fleurs, des rinceaux, des entrelacs, des chutes de lauriers, de guirlandes, de roſettes, dans le ſerpentement, le contournement, le caprice du guilloché qui court ſur un « ſouvenir Louis XV! » — Eiſen eſt le bijoutier, c'eſt le Germain de la vignette.

Cette double aptitude, une main courante, un crayon toujours en verve, une facilité qui tient à la fois d'un jet de ſource & d'une production mécanique, permettent à Eiſen d'illuſtrer preſque tous les livres qui paraiſſent, de jeter au public des deſſins de toutes ſortes, payſages, études de chevaux, coſtumes de militaires, entrées d'ambaſſadeurs, ſujets ſacrés, mythologiques, antiques, contemporains, dont les titres ſuffiſent à remplir chaque année des pages entières du livret de l'Académie de Saint-Luc (1). Et qu'on ne croie pas que tous ces deſſins n'aient qu'un format de vignette:

(1) Nous donnons ici la liſte complète des expoſitions d'Eiſen mentionnées dans les huit livrets imprimés de l'Académie de Saint-Luc, en reſpectant les explications, ſouvent amphigouriques, de l'artiſte. Cette longue liſte pourra ſervir à mettre ſur la trace d'un de ſes tableaux ou de ſes deſſins:

EXPLICATION DES OUVRAGES DE PEINTURE ET DE SCULPTURE DE MESSIEURS DE L'ACADÉMIE DE SAINT-LUC.

1751.

Par M. Eiſen, peintre de cette Académie & de celle des beaux-arts de Rouen :

82. Un tableau repréſentant Icare & Dédale, fait pour ſa réception de l'auteur.

83. Un plafond allégorique, repréſentant la Nature qui tient une corne d'abondance d'une main & de l'autre retient le Génie par une de ſes ailes, qui ſemble toujours s'écarter du vrai. On y voit les attributs de l'Architecture, de la Sculpture & de la Peinture. Pluſieurs deſſins & eſquiſſes ſous le même numéro.

1752.

Par M. Eiſen, conſeiller :

50. Un tableau, toile de 3 pieds en hauteur, repréſentant l'atelier d'un peintre occupé à faire le portrait d'un jeune homme qui vient d'être tué, & qui eſt ſon fils, ce qu'on reconnaît à l'inſpection d'un vieillard, où la douleur & la fermeté ſe confondent. Ce ſujet eſt tiré de l'hiſtoire abrégée des peintres.

51. L'hiſtoire de Lucas Sinorelly.

52. Une eſquiſſe du Serpent d'airain, qui a été exécutée en grand.

53. Deux deſſins faits pour Mme la marquiſe de Pompadour, de la compoſition du ſieur Eiſen.

54. Un Printemps & une Automne, d'après un bas-relief d'ivoire. tous deux de même grandeur. Ces deux deſſins ont été gravés pour Mme la marquiſe de Pompadour, leſquels deux bas-reliefs lui appartiennent.

55. Deux deſſins qui avaient été faits pour ſervir d'ornement à l'Oraiſon funèbre de Madame Henriette de France.

56. Pluſieurs eſquiſſes ſous le même numéro.

1753.

Par M. Eiſen, adjoint & profeſſeur, rue du Foin:

32. Un deſſin d'une Vue de Paris du pont Royal au Pont-Neuf. Les figures repréſentent l'entrée de Son Excellence M. le comte Kaunitz-Ritzberg, embaſſadeur de l'Empereur. Le deſſin a environ 3 pieds & demi de large ſur 2 de haut.

33. Pluſieurs autres deſſins tirés des Contes de La Fontaine.

34. D'autres qui doivent ſervir d'ornement au poëme de la Chriſtiade.

quelques-uns atteignent la hauteur de fix pieds fur une largeur de quatre. Il expofe auffi nombre de tableaux; car contrairement à fes confrères, tout en étant deffinateur & vignettifte, il fort fouvent du cadre étroit de fon genre, il continue l'habitude du commencement de fa carrière & refte peintre. On le voit broffer de grandes toiles pieufes ou profanes : *Icare & Dédale, le Serpent d'airain, Signorelli peignant fon fils*

35. Le deffin du frontifpice fait pour la nouvelle édition d'Alphonfe du Frefnoy.

36. Autre pour la nouvelle édition du Puffendorff. Plufieurs vignettes pour le même ouvrage.

37. Plufieurs autres deffins d'un OEuvre fuivi, à l'ufage de différents artiftes, architecture, fculpture, cifelure, orfévrerie, bijouterie, que l'auteur fait graver pour lui, contenant fix feuilles chaque livre, dont il vient de mettre le premier au jour, qu'il a eu l'honneur de dédier à M. le marquis Voyer d'Argenfon, maréchal des camps & armées du Roy, &c.

38. Le portrait d'une demoifelle, peint à l'huile, de grandeur de tabatière.

1756.

Par M. Eifen, adjoint profeffeur, quai des Miramionnes:

48. Un frontifpice de l'Hiftoire militaire de Flandre. L'on voit dans ce deffein Minerve tenant une médaille qui repréfente le Roi; elle ordonne à la Renommée d'aller publier les exploits guerriers de ce prince & de le couronner de lauriers. Cette médaille eft foutenue par le Temps, que des enfants enchaînent, & dont ils arrachent la faux, pour retarder l'inftant où ce monarque bien-aimé doit être placé avec fes ayeux au Temple de Mémoire; c'eft le voeu que fait l'auteur, comme le plus refpeêtueux & plus fidel fujet de Sa Majefté. Hauteur de 11 pouces 3 lignes, fur 7 pouces de large.

49. Un frontifpice qui doit fervir en cour d'Hollande. L'on voit dans ce deffein une figure qui caractérife la Hollande fur fon trône, tenant d'une main une couronne d'abondance, de l'autre un caducée; un Indien qui lui préfente les tributs de la nation; à côté, un Génie tenant les armes de la maifon de Naffau; deux autres font occupés à tenir un gouvernail, l'autre met la bouffole autour du tronc; plufieurs ballots de marchandifes caractérifent le commerce; le fond repréfente un combat naval. De 7 pouces 8 lignes de hauteur fur 4 pouces 8 lignes de largeur.

50. La vignette de l'épître délicatoire du même ouvrage repréfente les armes de Monfeigneur le duc d'Orléans, que Minerve couronne; on voit à côté les Génies qui caractérifent la Guerre & les Arts. Ce deffein a 8 pouces de long fur 3 pouces de haut.

51. Le premier fujet de Paftor Phido repréfente Neve du grand Zèle (*fic*) môntant, prêchant au bord du fleuve Alphe, à l'ombre d'une plaine, lorfqu'un habitant des eaux, lui remettant fon fils entre les mains, lui recommande d'en avoir foin, devant être le bien & l'appui de fa patrie; l'on voit dans le fond le temple de ce dieu, & dans un côté du lointain un orage fe préparer. Ce deffein a 6 pouces de haut fur 4 pouces de large.

52. La Poéfie. L'on voit dans ce fujet des poètes & des philofophes appliqués à étudier cet art, & les autres s'empreffer de montrer leur ouvrage à Appollon pour avoir fes lumières.

53. La Peinture, la Sculpture & l'Architecture. L'on y voit la Peinture avec fes attributs; la Sculpture appliquée à faire un bufte du Roi; l'Architecture achevant un modèle en élévation; l'on voit au bas des Génies occupés à deffiner d'après la boffe.

54. L'Aftronomie. L'on y voit des étudiants aux aftres; un tient un papier, fur lequel eft tracée une mappemonde; dans le fond, des ingénieurs qui travaillent fur le terrain; au-deffus de ce fujet eft Appollon qui préfide.

55. La ftatue pédeftre du Roi, des jeunes militaires faifant l'exercice, auquel préfide Minerve. Ces quatre deffeins ont chacun 10 pouces 11 lignes fur 8 pouces 8 lignes de long.

Deux deffeins allégoriques de même grandeur.

56. Un jeune militaire étudiant l'art de la guerre, tandis qu'un officier de fes amis entre doucement dans le cabinet, accompagné de la Générofité voilée; elle pofe fur la table un dépôt, & elle femble appréhender d'être apperçue dans l'action généreufe qu'elle fait. Ces figures font hiftoriquement habillées, cependant repréfentent le jeune guerrier entrant dans le cabinet du Firmacie, fon bienfaiteur, accompagné de la Reconnaiffance, qui vient pour lever le voile de la Générofité, qui accompagne toujours ce philofophe, qui, fe levant preftement d'une main pour aller prendre le bras de la Reconnaiffance, & accueillant de l'autre le jeune mili-

mort, *Diane & Endymion*, des esquisses pour des salles de communion, des plafonds représentant la Nature, des sainte Geneviève pour des chapelles de château. De la première éducation de sa jeunesse il garde un fonds d'aspiration à la peinture noble, à la peinture d'histoire ; & d'un de ses bons jours, il nous reste une composition appliquée & réussie, *Henri IV & Gabrielle* enchaînés par des rondes d'Amour : Eisen y

taire, qui s'en saisit & la baise. Ces deux desseins ont chacun 6 pieds de haut sur 4 pieds de long.

57. Deux desseins de même grandeur. Le premier représente Hercule qui étouffe Antée. L'autre représente Bellerofon qui combat Chienne.

58. Deux autres desseins représentant saint Sébastien, faits pour servir d'esquisse à un tableau d'autel, de 8 pouces de haut sur 4 de large.

59. Un jeune seigneur au berceau, entouré des Arts, de 11 pouces de hauteur sur 5 de large.

60. Une étude d'un cheval, de 1 pied 1 pouce de long sur 8 pouces de haut.

Trois paysages dessinés au crayon rouge.

61. Un représentant l'entrée d'une forêt déserte, des animaux que des gens mènent. Ce dessein a 14 pouces 10 lignes de long sur 10 pouces de haut.

62. Les deux autres représentent une tempête sur mer, de chacun 1 pied de haut sur 10 pouces de large.

63. Une Pastorale lavée à l'encre de la Chine, de la longueur de 7 pouces sur 5 pouces de haut.

64. Une estampe représentant la Gallerie du Roy de Pologne. Le génie des beaux arts ordonne de placer la *Nuit* du Corrége, qui est le principal tableau que possède vos remarques. Au bas font des génies qui s'amusent à chercher l'avis du peintre, dont il examine les tableaux. Le fond représente la galerie où sont attachés les tableaux. Cette estampe a 8 pouces de long sur 6 de haut.

65. Plusieurs desseins de différentes grandeurs.

1762.

Par M. Eisen le fils, professeur, quai des Miramionnes :

16. Un tableau de 4 pieds sur 3 pieds, représentant Lucas Signiorelli qui peint son fils qui vient d'être tué.

17. Un projet dessiné pour une chapelle de communion.

18. Une esquisse du tableau d'autel de ce même projet, représentant Notre-Seigneur qui fait la Cène avec ses apôtres.

19. Autre esquisse représentant l'Annonciation de la Vierge, exécutée en grand. Ce tableau a 13 pieds & demi de haut sur 10 pieds de large, fait pour l'église collégiale de Douay, en Flandre.

20. Autre esquisse, représentant le mariage de la Vierge.

21. Le portrait de Mme Vincent.

22. Le portrait de M. l'abbé de ***.

23. Quelques esquisses & plusieurs desseins.

1764.

Par M. Charles Eisen, professeur :

9. Sainte Geneviève assise dans la campagne, faisant la lecture. Ce tableau est destiné pour la chapelle d'un château. Il porte 6 pieds de haut sur 4 pieds de large.

10. L'enlèvement de Proserpine.

11. Plusieurs desseins à la mine de plomb & lavés à l'encre de la Chine, représentant différents sujets sous le même numéro.

1774.

Par M. Eisen, adjoint à recteur :

9. Le Triomphe de Cybèle & les Forges de Vulcain, représentés tous deux par des enfants. Ces tableaux portent 12 pouces de haut sur 15 de large.

10. Diane & Endimion. Ce tableau est de la même grandeur que le précédent.

11. Erigone & l'amour sous la forme d'une grappe de raisin. Hauteur, 14 pouces ; largeur, 16 pouces.

12. L'Aurore semant des fleurs & chassant les ombres de la nuit. Hauteur, 15 pouces ; largeur, 16 pouces.

13. Sainte Famille, & pour pendant le Songe de saint Joseph.

Ces deux desseins sont à la sanguine, rehaussés de blanc.

14. La Charité, représentée par une femme entourée d'enfants. Dessein à la plume & au bistre.

15. Les Trois Grâces, petit dessin colorié, de forme ronde.

16. Deux desseins coloriés, dont un représente un marché. Ils sont pendants.

17. Des enfants jouant avec une chèvre. Dessein à la plume & à l'encre de la Chine.

18. Plusieurs desseins sous le même numéro.

atteint la grâce d'un petit Boucher hiſtorique (1). Puis, à l'imitation de ſon père, il peint encore de petits tableaux de genre, de mœurs & de ſociété : l'*Accord du mariage*, la curieuſe image de la bourſe remiſe par le fiancé, le *Bouquet*, ſcène enfantine, le *Trictrac* & la *Comète* gravée par ſon maître Le Bas, l'*Amour européen*, une déclaration dans un merveilleux décor d'appartement, la *Dame de Charité*, toutes planches agréables, coquettes, mais parfaitement froides (2).

Ces tableaux ſur leſquels Eiſen plaçait une partie de ſon orgueil & de ſa petite gloire, que ſont-ils devenus? Qui les connaît? qui en a vu? qui peut en dire la valeur? Avec les pertes faites par la France de tant d'œuvres originales, les fauſſes attributions & les ſubſtitutions ſi fréquentes des copies ſi nombreuſes du temps, la difficulté eſt devenue bien grande pour établir, quand il s'agit de tableaux de peintres ſecondaires comme Eiſen, l'authenticité qui demande, pour être affirmée, la comparaiſon de deux ou trois originaux poſitifs. Parfois, dans le coin d'une pauvre collection, ou dans le mauvais jour d'une expoſition provinciale, il vous apparaît une eſquiſſe noyée & blonde, s'enfonçant dans un verdâtre chaud où le gras pinceau a vivement poſé des tons rouges, bleus, jaunes, relevés de blancs qui laiſſent des traînées ſèches ſur des perſonnages bâtonnés, ainſi que Watteau bâtonne ſes bonshommes à la ſanguine, ſur des ſilhouettes de ſecond plan; croquées dans le bitume, perdues dans une pouſſière & une chaleur étouffée de bal : la mémoire vague & inſtinctive, qui reſte à l'œil, d'un artiſte qu'on a fouillé, étudié, dont on a pourſuivi la ſignature & le caractère à travers les gravures, les deſſins, vous arrête & vous fait dire, comme par un preſſentiment : ce doit être un Eiſen. Mais la certitude manque; & quelle autre œuvre ſimilaire & bien ſignée, pour vous la donner? Aucune. Le haſard vous fait-il rencontrer une toile plus terminée, d'un faire plus froid, autre écueil : vous êtes expoſé, par la reſſemblance du ſujet, à prendre pour une œuvre du fils une œuvre du père (3). M. de Pujol dit que l'on voit à Douai, dans la chapelle de la Vierge, à l'égliſe

---

(1) Nous poſſédons un petit deſſin de ce tableau crayonnage très-étudié, qui, recouvert preſque partout de petits traits de fine plume, joue, avec ſes oppoſitions d'encre de Chine & de crayon, l'effet d'une eau-forte fournie à deux morſures.

(2) Citons encore, parmi les pièces gravées d'après ſes tableaux & ſes deſſins, en dehors de l'illuſtration du livre, le *Concert méchanique*, inventé par Richard en 1769, gravé par de Longueil; le *Jour* & la *Nuit* de mariage, par Patas; le *Bal chinois chez François*, la *Vertu ſous la garde de la Fidélité*, les *Déſirs ſatisfaits*, par Patas; le *Modèle enchanteur*, les *Premiers aveux*, la *Ramaſſeuſe de ceriſes*, la *Vieille de bonne humeur*, la *Cuiſinière charitable*, la *Double fécondité*, la *Belle nourrice*, la *Jolie fermière*, le *Petit donneur d'avis*, le *Lever des enfants*, le *Sabot caſſé*, le *Vieux débauché* (ſic), planche rare, &c.; les *Amuſements champêtres*, le *Bal champêtre*, les *Plaiſirs champêtres*, par Delongueil, qui a encore gravé les deux jolies ſuites de quatre pièces : le *Matin*, le *Midi*, l'*Après-Midi*, le *Soir*, & le *Printemps*, l'*Eté*, l'*Automne*, l'*Hiver*.

(3) Le *Magaſin pittoresque* a donné, en 1841, le croquis d'un prétendu tableau de Charles Eiſen, repréſentant des jeunes filles & un perroquet, tableau de la collection de M. de Saint-Remy au Mans, qui poſſède encore du même artiſte un Enfant qui preſſe le robinet d'une fontaine & en fait jaillir l'eau ſur deux jeunes filles épouvantées. Nous n'avons pas vu ces tableaux ; mais le

Saint-Pierre, une *Annonciation*, pleine d'expression & de grâce, mais d'un mauvais ton de couleur. M. Cellier ajoute qu'elle porte le millésime de 1776. Il y a sans doute erreur de sa part : cette *Annonciation* doit être le tableau exécuté pour la collégiale de Douai & exposé à l'exposition de l'Académie de Saint-Luc en 1792.

Si les tableaux d'Eisen nous manquent à peu près, ses dessins nous restent, & ils sont nombreux. La plupart sont des plus séduisants. Ils ont par excellence le charme du dessin : l'esprit. Eisen les a exécutés, tantôt à l'encre de Chine relevée de plume, ou bien il les touche d'une aquarelle légère ; le plus souvent il les crayonne à la mine de plomb. Ceux-ci surtout révèlent toute sa grâce. Inspiré de Boucher, sorti de son enflure ronde, de son style douillet, Eisen s'en dégage par l'affinement, la délicatesse de sa manière, &, même en rappelant le maître, il reste toujours Eisen. Qu'on regarde ses moindres crayonnements, ces griffonnages courants, improvisés & courants ; qu'on l'étudie dans ce que le temps appelait si joliment & si justement des « *pensées*, » ces premières idées de peintre, jetées à la volée, à demi nées & encore flottantes, pour être soumises à l'éditeur : de la feuille de papier blanc teinté maintenant par les années d'un ton de Chine, où il semble qu'il n'y ait qu'un nuage gris, se lèvent peu à peu ces petites aubes de sujets, ces ondulations de formes, ces indications pâles, claires, légères, réveillées & repiquées çà & là, où l'œil poursuit & trouve des corps, des amours, de petites apothéoses, la silhouette d'une scène coquette. Rien d'égal à l'adresse, à la facile inspiration dans le badinage & le tâtonnement de ce crayonnage autour des profils, des figures, des habits & des lignes. Ces souffles de dessin ont le mouvement de l'attitude & des personnages, la liberté des étoffes, l'âme de toute une composition. Un volume entier, acheté par nous, de ces *Pensées* d'Eisen pour les *Contes de La Fontaine*, la *Henriade*, les *Métamorphoses d'Ovide*, les *Almanachs de la musique du roi*, &c., éclaire tout ce côté de son talent : brouillis où le trait rondit & joue autour d'apparences de formes, scènes vaporeuses de mythologie ou d'histoire, croquis microscopiques, essaims d'amours dans une poussière de mine de plomb, contours qu'on dirait estompés avec le reste du noir d'un tortillon d'atelier, harmonies effacées, douces, presque lointaines de ces demi-rêves du crayon, c'est là qu'apparaît le vrai génie du dessinateur rapetissé & calomnié par ses autres dessins, délices des bibliophiles, ces dessins terminés, abêtis pour l'intelligence & le travail du graveur, poussés au dernier fini sur le vélin du papier ou de la peau.

En 1762, paraissent les *Contes* de La Fontaine (1); magnifique publicité pour le

---

premier est assurément un sujet du père, que nous croyons même avoir vu gravé d'après lui ; & pour le second, la méprise est manifeste : il a été positivement gravé par Henriquez, avec le nom d'Eisen père, sous le titre de : l'*Espièglerie*.

(1) Il existe de ces *Contes* des exemplaires avec des planches doubles de nudités pour les contes de *Richard Minutolo*, les *Lunettes* & le *Rossignol*. Dans ces exemplaires, le *Cas de conscience* & le *Diable de Papefiguière* sont ce qu'on appelle, en termes d'amateurs, « découverts. »

vignettiste & qui montre quel goût a pour lui le grand public de ces années, & en quel honneur le tiennent les éditeurs. Voltaire daigne lui écrire & le féliciter (1). L'artiste semble dans le chemin de la fortune. Il est maître à dessiner des pages & des chevau-légers de la Garde du Roi. Il est mieux que cela, maître de dessin de Mme de Pompadour, il touche 7,500 livres de traitement pour l'occupation d'un jour ou deux par semaine. Il est, en outre, dessinateur du Roi. Comment cette carrière si bien commencée s'arrête-t-elle comme brisée tout à coup ? Comment n'a-t-elle point l'achèvement & le couronnement presque promis ? Comment Eisen n'arrive-t-il pas, ainsi que Cochin, à l'Académie ? Pourquoi cette main de Mme de Pompadour, volontaire & toute-puissante pour l'avancement de ses familiers d'art, se retire-t-elle si brusquement de lui ? D'où vient ce néant soudain, cette ruine d'ambition après cette faveur de cour ? D'une insolence, au dire de Pujol qui la raconte ainsi : « Eisen avait de l'esprit, mais il n'en fit pas toujours un bon usage. L'anecdote suivante prouve qu'il était bien impudent, ou qu'il eut des absences de raison qui dégénéraient en folie. Mme de Pompadour, qu'il apprenait à dessiner, lui avait commandé le dessin d'un habit pour le roi dans un goût simple, mais nouveau, désirant que Sa Majesté jouît d'un vêtement qui n'eût point encore paru. Qu'imagine Eisen ? Il s'en fait faire un semblable & se montre à Versailles avec cet habit, le jour même qu'on avait engagé le roi à porter le sien en lui disant qu'il était l'unique. Il encourut la disgrâce de sa protectrice (2)? »

Est-ce là une histoire vraie ou une légende ? N'est-il pas à croire bien plutôt qu'Eisen s'est perdu à Versailles par ce qui était resté en lui de l'ouvrier dans l'artiste, par les façons & l'âme peuple qu'on devine dans cette tête carrée & mâtinée de son portrait où le rustaud habillé passe sous le velours & les dentelles de l'homme de cour ? Sa carrière manquée, il faut l'attribuer à cette grossièreté de l'homme sans lettres & sans éducation, qui écrivait au dos d'une gravure : « *Je suis on peu pas plus contant don monsieur Massard a rendu ce cuq de lempe, ce 10 janvier 1771. Ch. Eisen* (3). » Son abaissement, il le dut à la bassesse de ses habitudes, de ses goûts, de ses passions, à des mœurs scandaleuses même pour ce temps peu sévère, à une jeunesse de sens que l'âge ne corrigea pas, & qui ne fit que s'exaspérer avec les années. A quarante-sept ans, il déloge du domicile conjugal où il laisse sa femme sexagénaire, abandonnant ses enfants, au mariage desquels il ne figure que par son absence ; & il emménage rue

---

(1) « Je commence à croire, monsieur, que la *Henriade* passera à la postérité en voyant les estampes dont vous l'embellissez : l'idée & l'exécution doit vous faire également honneur. Je suis sûr que l'édition où elles se trouveront sera la plus recherchée. Personne ne s'intéresse plus que moi au progrès des arts, & plus mon âge & mes maladies m'empêchent de les cultiver, plus je les aime dans ceux qui les font fleurir. » (Lettre de Voltaire à Eisen, insérée à la page 4 du volume I de la *Henriade*, édition de la veuve Duchesne.)

(2) *Galerie historique universelle*, par M. de Pujol, 1786. (Charles Eisen.)

(3) Vente d'autographes du 12 novembre 1860.

Saint-Hyacinthe avec la veuve d'un valet de chambre, une femme Martin, dont il fait sa gouvernante & sa maîtresse, mettant la Seine & les ponts entre son domicile de la rue du Faubourg-Saint-Denis (1).

Cela & le reste, voilà bien plus vraisemblablement ce qui lui ferme les portes de l'Académie royale & le rejette forcément à la sous-Académie du temps, la démocratique Académie de Saint-Luc, dont il fut, avec Gabriel de Saint-Aubin, une illustration & dont il parcourut & monta tous les obscurs honneurs, successivement conseiller, adjoint à professeur, professeur, & enfin, en 1774, adjoint à recteur (2).

Après les illustrations de livres de toutes sortes (3), Eisen illustrait, en 1770, les *Baisers* de Dorat, ce livre typique de sa vignette, le petit volume, débordant de gravures, où l'artiste jette & prodigue son double talent de dessinateur & d'ornemaniste. Et qui mieux que lui était fait pour enguirlander d'images cette poésie de Dorat, jetée naïvement par le petit poète comme le *sursum corda* de la galanterie & de l'amour au libertinage du siècle? Eisen y sème les médaillons & les allégories du Plaisir, les autels où les colombes se becquettent sous les colonnades de palmiers, les petits temples aux colonnes torses, aux chapiteaux d'acanthe, au dôme diadémé de fleurs, effleuré de coups d'ailes d'amours. L'érotisme des petits vers brûle & pétille dans ces en-têtes & ces culs-de-lampe qui montrent, du recto au verso des pages, des apothéoses de volupté, des couples sur des ottomanes, encensés par la fumée des brûle-parfums, des Cupidons foulant aux pieds toutes les couronnes de la terre, des Aurores, de la petitesse & de la finesse d'une pierre gravée par Guay, repoussant le voile d'une nuit heureuse au bas de la dernière rime d'un baiser. Et partout, dans cette sorte d'illumination & de pétillement de la gravure, dans le feu de joie des ciels & des paysages, brillent ces petites déesses, mignardes, debout, couchées ou plaisantes, les petites Vénus qui pourraient se faire une conque d'une foliole de rose, ces

---

(1) *Dictionnaire critique de biographie*, par Jal.

(2) Livrets de l'Académie de Saint-Luc. Eisen a fait le grand dessin de la gravure : *Indulgence plénière donnée à perpétuité par le pape Clément XI aux fidèles qui visiteront l'église de Saint-Luc en la Cité*. Planche faite avec les deniers de ladite confrérie en l'année 1760. Il semble, du reste, le dessinateur ordinaire des brevets & convocations de l'Académie de Saint-Luc. Nous avons là une curieuse gravure, non signée, mais où se retrouve son dessin. De l'encadrement des choses de l'atelier, une selle de sculpteur, une palette, des pinceaux, une tête de Niobé, un torse que dessine un groupe d'amours, se détache, tendu sur un chevalet, comme à un étal de boucher, avec sa tête & les pieds pendus sur le montant, la peau d'un bœuf, l'animal évangélique de saint Luc, dans le cadre de laquelle le Bâtonnier invite ses confrères aux premières vêpres qui se disent en la chapelle Saint-Luc, de l'église des R. P. Jacobins, à quatre heures du soir, le 17 du mois d'octobre.

(3) Mentionnons, de 1747 à sa mort, les Œuvres de Mme Deshoulières, 1747; l'*Art d'aimer*, 1751; *Angola*, 1751; *Voyage dans l'autre monde*, 1752; la *Chrisiade*, 1753; l'*Eloge de la folie*, d'Erasme, 1757; les *Lettres péruviennes*, Lucrèce, 1754; la *Thériacade*, les *Saisons*, 1759; les *Œuvres de Grécourt*, 1754; les *Sens*, 1766; les *Héroïdes*, de Blain de Sainmore, 1768; *Narcisse dans l'île de Vénus*, les *Quatre parties du jour* & les *Jeux de la petite Thalie*, 1769; la *Henriade* & le *Théâtre de Voltaire*, 1770; le *Tableau de la Volupté*, 1771; la *Pipe cassée*, les *Géorgiques*, &c., &c.

figures microscopiques de femmes en forme de poire, qui tiennent à la fois à la pendeloque & de la perle baroque; car Eisen est l'homme du nu féminin infiniment petit, du nu de l'in-12. Il excelle à faire tenir sur un rien de papier la nudité de la Fable telle que la comprend la poésie & l'art du temps. Et il n'a point d'égal, quand il enferme dans la grandeur d'un chaton de bague le déshabillé de la Mythologie du XVIIIe siècle.

Là est son vrai petit talent, un talent qu'il faut, après tout, se garder d'exagérer, & qu'il serait injuste de mettre sur la même ligne que le talent de son rival & de son maître Gravelot. Ne confondons pas, ne comparons même pas les deux artistes : l'un, avec son fond de Flamand, l'ouvrier mécanique & à la tâche, le pacotilleur de la vignette; l'autre, plus que Français, Parisien, plein de la conscience & de l'amour de son art, ne travaillant qu'à son heure, ne produisant qu'à sa satisfaction. Gravelot est un sérieux dessinateur. Sa vignette atteint au style du galant. Il donna en petit cette note absolue du charme de son temps, un rien de cet idéal de coquetterie que Watteau donne en grand. Eisen n'a presque toujours qu'une grâce inférieure. Son dessin mou, rond, sans étude, ne tient pas à côté de ce dessin de Gravelot serré, délicat, fini & vivant jusqu'au bout des extrémités des doigts d'une main. Ses personnages sont marqués au signe d'une vulgarité courante. Ses seigneurs, ses amoureux auraient besoin de prendre des leçons du marquis de Polinville, de la comédie de Boissy, pour porter leur chapeau « comme on le porte à la cour de France » : ils ont une face de Jeannot, l'air de farauds & de garçons-marchands endimanchés, ou de laquais gênés dans les habits de leurs maîtres. La femme, chez Eisen, dans toutes les figures qu'il a improvisées d'elle, ne semble que le type banal, égrillard, souriant & inerte de quelque modèle de la rue sur laquelle il a jeté une robe de dame; une sorte de poupée à grosse mouche à la tempe, décolletée & falbalassée, la jupe courte, le corsage à l'air, à laquelle le dessinateur ne fait prêter que la fadeur d'une monotone afféterie. Car Eisen, — regardez ses *Contes* de La Fontaine, ses grandes vignettes de la vie familière, — Eisen est toujours inexpressif, presque inanimé. C'est vainement qu'on chercherait chez lui ce qu'exprime & ce que respire de la femme du temps le dessin de Gravelot, les délicates attaches de corps, les fins emmanchements de col, d'épaules, de bras, de poignets, l'air, la tournure, le costume même, l'envollement étoffé de ce petit être fragile, divin & jamais crotté, qui touche à peine terre dans telle des vignettes pour les *Contes* de Marmontel, ou la miss *Jenny* de Mme Ricccoboni. Le plus subtil, le plus aimable de la délicieuse créature du siècle, sa physionomie espiègle, mutine, ou tendre; le piquant honnête de sa volupté, l'aristocratie de toute sa personne, tous les raffinements que lui avait donnés, comme à l'objet d'art par excellence, une civilisation extrême, cela a toujours échappé à Eisen : l'exquis & le suprême lui ont manqué dans son genre.

La vignette est alors triomphante : elle règne. Eisen est à l'apogée de son talent, dans ces années où il fait suivre les *Baisers* d'Anacréon du *Tableau de la Volupté*, de *Phrosine & Mélidor*, du *Temple de Gnide*, de *Tarsis & Zélie*, des *Fables* & du *Recueil de Poèmes* de Dorat. Il devient l'illustrateur patenté de la poésie, & ses dessins font passer jusqu'aux vers de M. de Pezay (1). A ce moment une réaction éclate, dans un grand parti de l'art, contre la vignette, & les attaques contre lesquelles Cochin lui-même n'est pas protégé par sa position officielle, sa réputation consacrée, ses écrits, l'effort du grand style de ses derniers dessins ; ces attaques se déchaînent, s'emportent à l'injure contre les vignettistes moins autorisés, contre les dessinateurs qui sont purement artistes, contre les talents de ces hommes qui ne sont rien, comme Gravelot, ou tout au plus obscurs professeurs de l'Académie de Saint-Luc, comme Eisen. Donnons ici des duretés, des injustices soudaines de l'opinion publique, la mesure & le ton, d'après ce singulier & curieux volume : *Dialogues sur la Peinture, Tartouillis*, 1773, qui met en scène le fameux marchand de tableaux Remi, un mylord & Fabretti. Ecoutez cette exécution :

« M. REMI. ... Notre gravure va un peu nous venger de la sculpture italienne.

MYLORD. Ah parbleu, Monsieur Remi, vous vous y prenez mal dans ce moment-ci, & je deviens partie.

M. REMI. Comment, Mylord, ce début est brusque.

MYLORD. Il ne l'est pas encore assez. Notre belle édition de l'*Arioste de Baskerville*, eh bien, ils l'ont polluée par de maudites vignettes de ce pitoyable Eis... (en), j'avois défendu expressément qu'on l'employât ; mais je me suis si fort fâché que pour les derniers chants il n'y aura rien de sa façon, il y a longtemps qu'il nous infecte de ses dessins, mais nous venons de le bannir honteusement de toutes nos presses.

M. REMI. N'en parlons plus, il y a d'autres dessinateurs.

MYLORD. N'allez-vous pas encore me citer votre Crav... (elot), son Tasse, son Corneille & ses nombreuses infamies ?

M. REMI. Il est défunt, le pauvre homme, son âme est en paradis.

MYLORD. Le purgatoire ne sert donc de rien, en France, & ses vignettes & ses tristes culs-de-lampe auront donc été faits impunément ? Mais ne troublons pas les cendres des morts . . . .
. . . .

M. FABRETTI. Je suis tout étonné de vous entendre. Je croyois qu'il n'y avoit que la France pour les vignettes & la gravure.

M. REMI. Pour la fécondité, on ne peut pas nous la contester. Tout est plein de nos vignettes. Eisen en une serée en rempliroit un in-folio.

---

(1) Grimm dit à ce propos : « Messieurs, vous vous faites trop imprimer. Si vous ne finissez, nous dirons incessamment que vous nous vendez les jolies images de M. Eisen pour faire passer vos vers, qui ne le font point du tout. » (*Correspondance littéraire*, vol. IV.)

Mylord. Je croyois que cet Eifen ne reparoîtroit pas. Qu'il rempliffe, s'il veut, les almanachs & les livres bleus... »

Cette vive attaque était un fymptôme. L'heure de la laffitude venait. A peu de temps de là, l'illuftration du livre s'arrêtait avec l'affolement paffé du fiècle : le regain de la mode ne devait lui revenir que quelques années plus tard avec Moreau. Mais, dans la période qui fuit la mort de Louis XV, la vignette tombe en difcrédit ; & les vignettiftes qui furvivent à fa vogue n'ont plus guère de débouchés. Eifen devait être un de ceux qui perdaient le plus à cette petite révolution. Eft-il à penfer qu'à un moment les éditeurs de Paris fe montrèrent auffi dégoûtés de fes deffins que les éditeurs de Londres, & qu'il fe trouva fans ouvrage en France? Fut-il chaffé par le manque d'argent ou par fes dettes? Quoi qu'il en foit, en 1777, il quittait Paris & fe rendait à Bruxelles; il y allait « pour fes affaires, » felon une déclaration de fa femme. Il alla s'établir rue au Beurre, chez un quincaillier nommé Jean-Jacques Claufe, où il meubla une chambre. « Il arrivait à Bruxelles, dit fon compatriote Hécart, rongé de goutte & tourmenté par les maux qu'entraînent le libertinage & la débauche. » On le voit : le libertin refta libertin jufqu'à la fin; à l'exemple de tous les maîtres, petits ou grands, du XVIIIe fiècle, qui ont eu le fentiment du nu féminin en étant des amoureux de la chair de la femme : Boucher, Greuze, Baudoin. Et la vie crapuleufe que le vieil artifte menait en Belgique accélérait fa fin. Il mourait le 4 janvier 1778 (1). En mourant, il n'avait pas dit un mot au quincaillier de fa femme ni des deux enfants lui reftant encore des cinq qu'il avait eus; il lui avait feulement laiffé l'adreffe de fa maîtreffe Charlotte Martin, veuve de René de Coudray, « Mme de Saint-Martin, » comme l'appelait noblement Eifen en pays étranger. Le Belge fe dépêchait d'envoyer à cette adreffe l'annonce de la mort de fon hôte dans ce français de fon pays : « ... Mais grâce à Dieu, *il s'eft bien converti pour mourir*. Le curé de Saint-Nicolas lui « a confeffay & qu'il en a été bien contens. Il eft enterré fur le fimetierre de Saint-« Gudule le 6 du coùrant, *je l'ay fait enterrer joliment*. » Puis il arrivait au trifte de fa pofition, déclarait que, tant dettes que débourfés, le défunt lui était redevable de 376 florins, faifant en argent de France 752 livres, fans compter ce qu'il devait aux autres, ce qui pouvait bien porter la fomme à mille livres. Il craignait que les meubles & la bibliothèque dont fon hôte, de fon vivant, avait vendu une grande partie fans l'en prévenir, ne payaffent pas la moitié des dettes. Le défunt l'avait affuré qu'il

---

(1) Les *Mémoires fecrets de la république des lettres* (vol. XI) enregiftrèrent ainfi la nouvelle de cette mort : « 18 janvier. Charles Eifen, fameux deffinateur, & ayant le titre de *peintre du cabinet du Roi*, eft mort à Bruxelles le 4 de ce mois. On connoît furtout fes deffins pour les *Métamorphofes d'Ovide*, ceux des *Contes de La Fontaine* & ceux pour une édition de la *Henriade*. On lui reproche d'avoir abufé de la fécondité de fon imagination & de la facilité, d'avoir gâté fa manière, &, pour courir trop après les grâces & l'élégance, de s'être fouvent écarté de la vérité ; d'avoir donné dans le gigantefque & le tortillage. » — Cette note eft répétée mot pour mot dans la petite notice nécrologique que le *Journal de Paris* confacre à la mémoire d'Eifen.

ferait payé fur fes meubles à Paris, au cas qu'il n'y eût pas affez chez lui pour le payer; & le quincaillier terminait fa lettre en priant Mme de Saint-Martin d'avertir le père du mort. Mais ce n'étaient là que les dettes de Belgique. La veuve en trouva bien d'autres après avoir fait renvoyer la Saint-Martin de la garde du fcellé appofé aux deux chambres occupées par Eifen dans la maifon de la rue Saint-Hyacinthe; elle voulut le faire lever pour l'inventaire : une nuée de dettes fe leva de cette ouverture. Et pour s'arracher le peu que laiffait le miférable infolvable, accoururent le chirurgien, le boulanger, le perruquier, le fruitier, le frotteur, auquel Eifen devait 45 livres depuis 1774, le propriétaire, maître Waffelin Desfoffés, profeffeur en droit, enfin le graveur Patuffe, qui réclamait 240 livres données à Eifen fur deux deffins qu'il devait lui livrer en 1773, & 36 livres données à compte le 7 février 1777 fur ces mêmes deffins « toujours promis & jamais faits (1). »

(1) *Dictionnaire critique de biographie*, par Jal.

IV

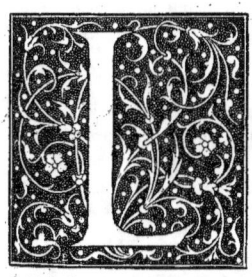ES peintres de mœurs font volontiers de Paris. Jean-Michel Moreau, plus connu fous le nom de Moreau le jeune, y naquit le 26 mars 1741. Son père était un perruquier de la rue de Buffy, qui prit plus tard une manufacture de faïence. L'enfant, qui devait être le deffinateur des dernières fêtes de cour & des fuprêmes élégances du XVIIIe fiècle, eut pour parrain un camarade de fon père, perruquier comme lui, & pour marraine la femme d'un marchand de vin (1).

Dans la notice manufcrite, mife en tête de l'œuvre de l'artifte à la Bibliothèque impériale par la piété de fa fille (2), Mme Vernet dit en parlant de fon père : « Il ferait difficile de dire à quel âge il entra dans la carrière des

---

(1) Nous devons à l'obligeance de M. Mahérault les actes de l'état civil de J.-M. Moreau. Voici fon acte de naiffance, extrait des regiftres de baptême de la paroiffe Saint-Sulpice, 1741 :

« Le 27 mars 1741 a été baptifé Jean-Michel, né hier, fils de Gabriel Moreau, perruquier, & de Marie-Catherine Villeminot, fon époufe, demeurant rue de Buffy; le parrain Jean-Baptifte Yvernault, maître perruquier, la marraine Michelle Villeminot, femme de Remy Darlot, marchand de vin. »

(2) Cette notice, publiée par les *Archives de l'Art français*, ne diffère guères que par quelques phrafes infignifiantes de la notice de Feuillet, inférée au *Moniteur* de 1813, n° 355.

8

arts. Sa mémoire, quelque bonne qu'elle fût, ne le lui rappelait pas, &, pour lui, avoir commencé de vivre & avoir dessiné étaient exactement une seule & même chose. » L'amour instinctif du dessin, l'occupation du crayon, ont pu être, chez Moreau, aussi précoces; mais, chose bizarre, des témoignages amicaux attestent que le développement de son goût, la formation de son talent, furent pénibles & longs. L'artiste s'arracha laborieusement à lui-même. Il fut obligé de disputer le succès à une sorte de premier sommeil de ses facultés, à un engourdissement qui donnait à son travail un effort ressemblant à un ruminement lourd. Lui-même racontait & confessait à Lemonnier la dureté de ses efforts longtemps infructueux, les déboires du commencement de sa carrière, & l'injurieux baptême que lui avait valu de ses camarades le malheureux labeur de sa patience : on l'appelait le *bœuf* (1). Sa première jeunesse se passa ainsi dans la lutte, mais dans une lutte où il fut soutenu, encouragé, entr'aidé, poussé & porté en avant par l'émulation fraternelle avec un frère de deux ans plus âgé que lui, artiste aussi qui sera plus tard le gouacheur, l'aquarelliste, le peintre méconnu, un des inspirateurs de la couleur future du paysage anglais sur la toile & le papier : Moreau l'aîné.

Il avait dix-sept ans quand son maître, le peintre Le Lorrain (2), était nommé directeur de l'Académie des Beaux-Arts de Saint-Pétersbourg : il le suivit en Russie, allant chercher la fortune dans le pays où son petit-fils devait un jour être reçu avec tant de gloire. Il était nommé là professeur de dessin à l'Académie impériale de peinture & de sculpture. Mais en 1759, après dix-huit mois de séjour, son maître était venu à mourir, Moreau se trouvant isolé & dépaysé, renonçait à sa place, aux espérances de cet avenir qu'assuraient en ce temps-là les pays de glace aux Français de talent; & il revenait à Paris (3). Le voyage, du reste, lui avait profité : le long trajet à travers la variété des peuples, la nouveauté de ces pays lointains, le caractère de ce bout du monde de l'Europe, les curiosités du sol, des mœurs, des usages, des monuments, des costumes, en frappant son attention, commençaient en lui l'éveil de l'esprit d'observation.

(1) *Notes biographiques sur Charles Norry & sur Moreau le jeune*, par Lemonnier (écrites à la sollicitation de la Société philotechnique dont Moreau faisait partie).

(2) Les renseignements sont assez maigres sur ce peintre fort peu connu. Un catalogue de vente, sans date, donne la description des tableaux, dessins, estampes, bronzes, marbres, stucs, bras de cheminée & feux dorés d'or moulu, dont il est obligé de se défaire, ayant eu l'honneur d'être choisi par l'impératrice de Russie pour être son peintre. Et à la vente du marquis de Menars passent sous son nom quarante dessins d'études & compositions faites pendant son voyage de Russie, les uns lavés à la sanguine, les autres à la pierre noire, un portrait de l'impératrice de Russie fait en 1758 à la pierre noire.

(3) Quel argent rapporta Moreau de Russie? Fut-il chargé de quelque mission ou commission près du gouvernement français? On ne trouve nul renseignement là-dessus; & cependant dans le registre des dépenses de la cour, connu sous le nom de *Livre rouge*, Paris, 1791, nous relevons l'inexplicable mention suivante, à la date du 30 septembre 1790 : « Une somme de 30,000 livres pour rentes viagères au sieur Moreau, peintre du Roi. »

A Paris, ne pouvant réussir à devenir peintre, ou plutôt peut-être forcé par la nécessité d'abandonner une carrière aux commencements si longs & si coûteux, il se décidait à entrer chez Le Bas. Le Bas commençait par lui confier une partie des planches de l'ouvrage de Caylus sur les antiquités grecques, romaines, étrusques. De sa première année d'essai dans la gravure, de cette année où il expose modestement à la place Dauphine, nous avons une très-petite pièce en hauteur, une *Apparition de la Trinité* au-dessus d'une foule de petites bonnes gens en hauteur, assez maladroitement gribouillée & signée : *M. Moreau invenit & sculpsit* 1761. En 1763, on le voit encore à l'apprentissage de son métier dans une espèce de fac-simile de Rembrandt, d'après Rembrandt : *La femme d'Uri au bain*, qui ressemble à un mauvais Norblin. Les années suivantes, il faisait l'eau-forte de quelques Greuze, entre autres de la *Lecture*, sur la marge de laquelle sa pointe, déjà habile & se jouant avec le cuivre, jetait un joli petit portrait de femme & des croquis ayant déjà la signature & la hardiesse de main d'un talent presque formé (1). Suivaient de nombreuses eaux-fortes pour les compositions de Vernet, des épisodes de ses ports de mer, des dessous de gravure pour ses grands paysages, une *Joute sur le Tibre*, entre autres, curieuse pour l'aspect du Tibre d'alors & la mémoire d'îlots sombrés depuis. Au bout de toutes ses planches, petites ou grandes, nous le trouvons qui donne, en 1768, l'eau-forte du *Coucher de la mariée*, d'après Baudouin, une planche qui révèle dans l'élève de Le Bas un aquafortiste tout à fait supérieur, essentiellement léger & clair, dégagé de la sécheresse & de la lourdeur du métier, la pointe spirituelle à la façon d'une pointe de peintre mordant au cuivre, la taille brillante, lumineuse, piquante, touchant les figures de femme comme avec un ton de crayon relevé d'un trait de plume, ayant enfin cette qualité artiste de l'eau-forte : le *croquant* qui fait aujourd'hui rechercher ce que Moreau a ainsi gravé, d'après les autres, comme des eaux-fortes originales de maître, tant ces interprétations lui sont personnelles. N'en citons que ces quelques exemples : le *Modèle honnête*, d'après Baudouin, cette *Philosophie endormie*, qui est Mme Greuze d'après Greuze, & la *Fondation des filles à marier*, de Gravelot.

Cependant, du jour où il s'était fait graveur, interprète du dessin, de la pensée des autres, Moreau n'avait pas cessé de dessiner, de composer : il n'avait pas renoncé à l'ambition d'inventer & de créer. Heureusement, il était chez Le Bas, ce maître qui avait comme les encouragements & les soucis d'un père pour les vocations & l'avenir de ses élèves. Le Bas aida Moreau à devenir dessinateur. Le samedi, il lui donnait la besogne qu'il devait faire le dimanche, & ne lui en redonnait que le samedi suivant, afin de ne pas le détourner des études de sa semaine. Avec cela, il le payait assez pour

---

(1) Dans le nombre de ces jeux d'eaux-fortes de Moreau, il faut citer de petites fantaisies, de vrais griffonnis de peintre, des fontaines jaillissantes égratignées d'une pointe vive & fine, & quelques petites bandes de têtes d'hommes & de femmes aiguillées qu'il a signées, je ne sais par quel caprice, J.-M. Moreau Parigino.

qu'il pût suffire aux dépenses de ses huit jours. Moreau avait ainsi la liberté de son temps pour dessiner d'après nature, chercher sur le papier les compositions qu'entrevoyait déjà son imagination, acquérir les aptitudes, les connaissances, toutes les sortes de mémoires qui devaient lui donner sa science future. Ses commencements sont timides; & il faut aller chercher les premières figures sorties de son crayon dans des planches dont l'ensemble est dessiné par d'autres que lui, mais qu'il n'a pas oublié pourtant de recueillir dans son œuvre. Petits essais qui devaient plus tard faire sourire le maître parvenu à son développement : ce sont des homuncules, des diminutifs déjà spirituels de figurines, hommes & femmes en costume héroïque ou parisien, meublant & peuplant maigrement des dessins d'architecture, des épures géométrales & pompeuses: projet de place au roi, temple des arts, arc de triomphe, décoration du théâtre des Italiens, 1763, signées de Le Lorrain, de Dumont, de l'architecte Louis. Il va jusqu'à jeter des personnages à travers des élévations & des profils de machines projetés par Sendrier de Bièvre, charpentier du roi, pour transporter la statue du Roi dans la place Louis XV; & par ces années où il semble passer par l'épreuve d'une misère que ni Le Bas ni Caylus ne purent tout à fait soulager, il est réduit à bâcler des dessins pour l'entreprise de l'*Encyclopédie*, un travail ouvrier « auquel, dit Ponce, il gagnait moins que le plus mince journalier.» Des cartes à jouer, oui, il y a des cartes à jouer dans son œuvre. Enfin, en 1766, il arrive à sortir ses personnages du cadre & de la signature des autres, dans les deux dessins : l'*Illumination de l'hôtel de Son Excellence l'ambassadeur plénipotentiaire de Son Altesse électorale Palatine* & les *Réjouissances à Reims*, annonces de son genre où son talent se montre non encore dégrossi, pataud, maladroit à remuer les foules, leurs joies, leurs danses.

La transformation de Moreau est une explosion subite, étonnante. A trois ans de là, son talent éclate, entier & triomphant, dans un dessin qui le met au premier rang. Tout à coup l'artiste a atteint la perfection du genre qu'il tâtonnait. Ses défauts de lourdeur & de maladresse ont disparu : ils ont fait place à une merveilleuse plénitude, à un accord admirable de toutes les qualités du plus savant, du plus charmant, du plus spirituel & du plus compositeur des dessinateurs. La *Revue du roi à la plaine des Sablons* (1), ainsi s'appelle cette grande page. Moreau s'y révèle tout entier avec sa

(1) Ce dessin, acquis par nous chez un chemisier du quartier Saint-Germain-l'Auxerrois, avait passé à la vente Le Bas, 1783, où il était catalogué sous le n° 25. Un curieux historique manuscrit de la vente, relié à la suite d'un exemplaire du catalogue Le Bas, acheté à la vente Duchesne, & qui semble rédigé par Joullain, l'expert du catalogue, nous apprend que ce dessin avait été commandé à Moreau par Le Bas, & que le prix convenu avait été de 600 livres payées comptant au dessinateur, avec la promesse de deux douzaines d'épreuves de la gravure, dont moitié avant la lettre & moitié après. Les épreuves ne lui ayant pas été livrées, Moreau exigeait de la succession 480 livres, qui faisaient monter le dessin à 1,080 livres. Nous possédons également le traité manuscrit passé entre Le Bas & le libraire Lamy pour la gravure de ce dessin. — Ce dessin a été exposé par Moreau au salon de 1781.

délicatesse & sa force. Il s'y montre déjà en pleine possession du dessin de l'homme & de la femme, maître d'un vaste sujet, admirable manœuvrier du mouvement des foules. Quel premier plan heureux, bien trouvé, ombré du passage d'un nuage, cette mêlée de carrosses à glaces & à baldaquins, à caisses sculptées, de vis-à-vis & de berlines à quatre portières, de chevaux piétinants, de badauds, de tinteurs de tisane, de femmes en grandes toilettes, épouvantées des fusils de soldats qui mettent la foule à l'alignement ! Comme Moreau a su toucher la petite figure du Roi à cheval, faisant aux troupes l'honneur de les suivre sur les pages du livret qu'il tient à la main ! Et l'amusant défilé des troupes dont on compterait les soldats ! L'ingénieuse idée que ce trouble-fête de coup de vent, polissonnant partout, jusque dans les drapeaux, animant & balayant toute la scène, lutinant les toilettes de femmes, jouant avec le ballon des jupes & la pudeur des fichus, décoiffant les hommes qui courent après leur chapeau, plaquant ou soulevant les robes, fouettant les petites silhouettes presque envolées des chambrières, montées sur le haut des carrosses ! Et quel espace, que d'air, quel tourbillon, que de monde sur le papier ! Sont-ils loin les chevaux qui là-bas font des voltes & des courbettes ! L'infini détail dans la masse ! Quels tours de force dans la marche de ses petits soldats qui n'ont pas un pouce, dans ce carré de musiciens hauts comme des moitiés d'épingles ! Quelle magie dans tout ce vivant panorama, décroissant, arrivant pour les personnes & les choses à une minusculité qui semble insaisissable au dessin de la main humaine, à un défilé, au plus loin de la grande plaine, de petits carrosses & de petits canons, si petits qu'ils vous font venir l'idée de ces petits chars auxquels l'antiquité attelait une puce !

L'année qui suivait, en 1770, à la demande de Cochin qui se retirait & qui avait pu juger du mérite & de l'avenir du jeune artiste, Moreau était nommé dessinateur des Menus-Plaisirs, chargé de dessiner & de graver les fêtes célébrées pour le mariage de Monseigneur le Dauphin & des Princes ses frères.

Il était marié depuis cinq ans. En 1765, Moreau, âgé de vingt-quatre ans, avait épousé Françoise-Nicole Pineau (1), fille de ce Dominique Pineau, maître sculpteur, dont il laissera le portrait. Sa femme paraît tenir par sa mère à la famille Prault, au grand imprimeur du temps qui, par l'entreprise de ses grandes affaires, pouvait être utile au

(1) Voici l'acte de ce mariage : « Extrait des registres de la paroisse Saint-Nicolas-des Champs. Le 14 septembre 1765, mariage de Jean-Michel Moreau, graveur, âgé de vingt-quatre ans, fils de Gabriel Moreau, manufacturier de faïence, & de Marie-Catherine Villeminot, demeurant de fait paroisse Saint-Sulpice, de tout temps de droit de la paroisse Sainte-Marguerite, avec Françoise-Nicole Pineau, âgée d'environ vingt-cinq ans, baptisée céans le 6 décembre 1740, fille de Dominique Pineau, maître sculpteur, & de Jeanne-Marie Prault, inhumée céans, le 8 novembre 1748, demeurant rue Notre-Dame de Nazareth ; — furent témoins Louis-Gabriel Moreau, peintre, demeurant rue de la Harpe, paroisse Saint-Séverin ; François-Didier Moreau, ingénieur, demeurant même rue, tous deux frères de l'époux ; Laurent-François Prault, libraire-imprimeur, demeurant quai de Gèvres, paroisse Saint-Jacques-la-Boucherie, & Jacques Ledoux, marchand joaillier, demeurant même quai, tous deux oncles de l'épouse. »

marié. Moreau en avait eu dans la première année de son mariage une fille, son seul enfant, la petite Catherine-Françoise, qu'il nous semble revoir dans ce double dessin si paternel, si bien signé du lavis d'encre de Chine & du trait de plume du père, dessinant deux fois, d'après nature, la dormeuse dans son grand lit : ici, dans son petit bonnet tuyauté, ses cheveux en houppe, sur son front, joufflue & reposant de profil, les bras allongés sur les couvertures, les mains mortes sur le ventre ; là, la tête renversée dans l'oreiller, la bouche en avant & respirante dans la ronde figure, les menottes allongées comme pour dormir à poings fermés. C'est cette enfant qui, plus tard, resserrera les liens d'amitié qui attachent Moreau aux Vernet : elle épousera Carle en 1787, à l'âge de dix-sept ans & demi, & elle sera la mère d'Horace.

En 1773, l'illustrateur de livres (1) se dégageait chez Moreau, un illustrateur nouveau & de premier ordre, qui devait voir pendant cinquante ans la seule annonce de ses « figures » assurer dans la librairie de toute l'Europe le débit & la fortune d'un ouvrage. C'était un livre de luxe, entièrement gravé, musique & paroles, les chansons du premier valet de chambre du roi, de M. de Laborde (2), dédiées à la Dauphine, qui fournissait à l'artiste l'occasion de se révéler comme le vignettiste unique de la romance. La romance amoureuse, pastorale & badine du temps, mêlant Berquin, Bouilly & Grécourt, n'a point eu en effet d'interprète plus inspiré que Moreau : il en est le vrai maître & le poétique imagier.

Rien de plus accompli dans son œuvre que cette série de scènes gracieuses dessinées & gravées par lui en 1772 & en 1773 : petits tableaux rustiques, bergeries dans un décor de Demarne, pastourelles virginales, Colins & Luciles, horizons blancs de troupeaux de moutons, défilés de bestiaux, chevauchements de laitière dans une aube de Joseph Vernet, fêtes de seigneurs sous un Mai, foires de Gonesse, jeux de quatre coins, mélancolies d'un Tircis au bord d'un ruisseau, danses de village autour d'un feu de Saint-Jean, maison de Collette à la treille de vieille vigne, soupirs d'ingénuité, brises de désir, peur d'orage favorable à l'amour, — l'éternel sujet des paroliers du temps, toute cette volupté aux champs chantée par la musique & les vers d'alors comme le renouveau du siècle, Moreau l'exprime avec une fraîcheur, un lumineux qui ne sont qu'à lui. La sentimentalité de son époque revit, comme à son matin, dans ces planches où les amours ne sont plus des amours de mythologie, mais des enfants de Greuze avec des ailes.

Et déjà s'annonce la nouveauté, l'originalité de la vignette de Moreau. Même avant son voyage d'Italie (3), il la dégage légèrement de la tradition du siècle ; il l'affran-

---

(1) Moreau avait déjà illustré plusieurs livres, entre autres une série d'auteurs italiens, imprimés par Prault, le *Tasse*, *Pétrarque*, *Boccace*, &c., & ornés de ses frontispices.

(2) Les dessins des chansons de Laborde se sont vendus à la vente Radziwill, faite à Paris en janvier 1866.

(3) Moreau fit en Italie un voyage que Feuillet, dans

chit des leçons de Watteau, de l'imitation de Boucher, dont defcendent jufqu'à lui prefque tous les vignettiftes. Entraîné peut-être prefque inconfciemment par le mouvement de l'art de Louis XVI, une Renaiffance dans la rocaille, il cherche dans fa ligne une forte de gracilité antique. On rencontre parfois dans fes allégories une académie d'homme qui vife à la ftatue grecque & qui fous l'efprit de fes doigts devient un Apollon en bifcuit de Sèvres. Mais furtout étudiez ces corps de femme qu'il fait fi bien jeter volantes, planantes, balayées d'écharpes, chatouillées fur les cuiffes de lambeaux de nuages de gaze, dans ces pièces de la Fable, dans ces entourages de portraits royaux, dans ces encadrements magnifiques des fpectacles de Louis XV & de Louis XVI (1), Vertus & Mufes vous feront penfer à des Grâces deffinées par Saint-Non à Pompéi. Avec leur fveltefle, l'allongement de leur torfe, leur gorge attachée haut, petite & drue, leur jeuneffe virginale, prefque éphébique, leur poitrine de Pfyché, & leur élancement de nymphes, toutes ces figures vous paraîtront comme la fin du dix-huitième fiècle fe renouvelant, allant d'Eifen à Girodet, annonçant la mode de corps des femmes du Directoire & de l'Empire, la Françaife déjà toute prête, avec fes feins remontés, à porter la ceinture fous la taille au retour prochain des modes grecques & romaines.

L'année 1775 allait donner à Moreau l'occafion de faire paraître toute la fcience, toute la force, toute la délicateffe, toute la pleine maturité de fon talent dans la grande repréfentation de la plus majeftueufe cérémonie de l'ancienne France & de l'ancienne monarchie, étudiée, exprimée, figurée avec une fidélité & tout à la fois un charme qu'aucune repréfentation de fête chez aucun peuple dans aucun temps n'avait atteint. Ce fujet populaire, où fe déploie le génie le plus heureux du deffinateur, c'eft le Sacre dans la bafilique de Reims, le Sacre antique mêlant dans fes rites, fon décor, fes ordonnances, fes coftumes & fes pompes, le moyen-âge au XVIIIᵉ fiècle. Voilà le chœur, & fous le dais pendu à la voûte, voilà le Roi Louis, feizième du nom. Sur l'autel l'attendent la couronne de Charlemagne, l'épée, le fceptre, la main de juftice,

la notice du *Moniteur*, place en 1784, que Mᵐᵉ Vernet, Pouce, Lemonnier, mettent à la date de 1785, & qui dut, en tout cas, fe continuer au-delà de ces années; car on lit au bas de la gravure d'une fcène de *Sophonisbe* : J.-M. *Moreau fecit in Roma*, 1786. Il y alla avec un Dumont, fans doute l'ami dont il fit le portrait en 1767 : Gabriel Pi. Martin Dumont, profeffeur d'architecture, membre des Académies de Rome, de Bologne, de Florence.

(1) Ce font trois merveilles que les trois encadrements pour les affichages des fpectacles dans les châteaux royaux, le *Répertoire des fpectacles* de la cour comme le temps les appelait. Le premier dans un cadre oblong, furmonté de la tête de Louis XV, coupant de longs corps de femmes & enjambé par des jeux d'amours qui y fufpendent des guirlandes de fleurs. Le fecond, carré & arrondi en coquille dans la partie fupérieure, furmonté de l'effigie de Louis XVI entre un fatyre & un génie féminin qui tient une palette, avec une chute d'amours muficiens. Enfin, un troifième, le plus rare, gravé par Ponce en 1770, furmonté de la tête du tout à fait vieux roi Louis XV, avec la Tragédie & la Comédie accoudées à la tablette, deux figures qu'on prendrait pour des Mufes de Prudhon.

les éperons, la tunique, la dalmatique, les bottines, & le manteau royal de velours violet semé de fleurs de lys d'or, doublé d'hermine; assis dans le premier de ses trois habillements, coiffé de la toque de velours à plumes blanches, à aigrette de plumes noires de héron, il n'a encore que la grande robe de toile d'argent en forme de soutane. A sa droite, à sa gauche, les pairs laïques du royaume, avec leurs couronnes de duc ou de comte sur la tête, dans leur manteau long de drap violet doublé & bordé d'hermine, l'épitoge toute d'hermine sous le manteau, en robe longue de drap d'or; à sa droite plus près de lui le grand-écuyer de France; derrière lui, le grand-maître de la maison du roi, debout, tenant le bâton bleu semé de fleurs de lys d'or & sommé de la couronne royale; & par derrière encore, un peu sur la gauche, le connétable assis, portant la pointe haute, l'épée de Charlemagne, entre deux huissiers de la Chambre, la masse à l'épaule, & le chancelier après le connétable, entre le grand-chambellan, le premier gentilhomme de la Chambre & le grand-maître de la garde-robe. Ici, sur les quatre stalles hautes du côté de l'Evangile, sont les quatre seigneurs otages qui le matin ont été à l'abbaye & à l'archi-monastère de Saint-Remy, se portant cautions solidaires, en présence du procureur fiscal de la sainte ampoule dont tout à l'heure l'archevêque de Reims va prendre une goutte avec une aiguille d'or pour faire les neuf onctions au Roi: ils s'appellent le vicomte de Larochefoucauld, le comte de Talleyrand, le marquis de Rochechouart, & le comte de la Roche-Aymon, tous quatre vêtus d'habit, veste, culotte, manteau de brocart d'or légèrement rayé de noir, les bas blancs à fleurs brodés d'or, les souliers ornés de rosettes couleur de feu avec réseaux d'or. Sous eux, les écuyers ont en main leurs guidons blancs chargés des armes de France & de Navarre d'un côté, des armes de leurs maîtres de l'autre. Près des piliers du chœur, dans leurs habits de chevalerie, pourpoints & chausses retroussés de satin blanc, manteaux de satin noir, la croix de la sainte ampoule brodée en or & en argent sur le côté gauche du pourpoint & du manteau, se tiennent les trois chevaliers barons de la sainte Ampoule, à cause de leurs seigneuries de Terrier, Bellestre, Neuvizy, Souastre, mouvantes & relevantes en plein fief de l'abbaye de Saint-Remy. Et les manteaux de Saint-Esprit, toutes les marques d'ordres, toutes les hiérarchies & toutes les dignités, & la Cour, & l'Eglise, & les chanoines procédants & assistants, & les tambours, & les trompettes & les hautbois placés entre les escaliers (1).

Le moment choisi par le dessinateur est le moment d'émotion du sacre, le moment du « serment du royaume, » la minute qui suit celle où après avoir soulevé le Roi de son fauteuil, les deux évêques de Laon & de Beauvais demandent, suivant l'ancienne formule, aux seigneurs assistants & au peuple s'ils acceptent Louis XVI pour roi. Le Roi vient de se rasseoir, la tête couverte, dans la majesté presque papale de sa robe

---

(1) *Le Sacre & Couronnement de Louis XVI*. Paris, chez Vente, 1775. — *Mémoires de la République des lettres*, 1775.

blanche; & devant l'archevêque dreffé debout devant lui comme le témoin de Dieu, fa main royale pofée fur l'Evangile, il lit tout haut en latin fur le livre que lui tiennent les deux évêques : «*Je promets au nom de Jéfus-Chrift, au peuple chrétien qui m'eft foumis, de faire conferver en tout temps à l'Eglife de Dieu...,* » ferment que vont fuivre le ferment de chef & fouverain du grand ordre du Saint-Efprit, le ferment de grand-maître de l'ordre militaire de Saint-Louis, le ferment de l'obfervation des édits contre les duels.

Un chef-d'œuvre, ce chef-d'œuvre de Moreau, ce grand deffin deffiné & gravé par lui, qui par l'ordonnance décorative, l'arrangement perfpectif, l'animation des perfonnages, eft le plus vivant & le plus fpirituel tableau de la cérémonie officielle, la vifion même du Sacre. Il faut voir, étudier, admirer chaque partie de la compofition : ce côté droit, ces tabourets, ces banquettes, encombrés de feigneurs, cet habile défordre, cette variété d'attitudes, ces aparté & ces groupes qui fe détachent de la maffe, tout ce coin traverfé & remué par l'impreffion de la cérémonie, une cérémonie où pleurera l'envoyé de Tripoli; ce coudoiement de manteaux courts, d'habits brodés, de colliers, de croix en fautoir, d'étoffes à fleurs d'or, cette haie de perruques & de têtes furmontées par les pertuifanes des gardes écoffais ; en face toute cette belle & grande ligne affife de prélats, d'évêques, de pairs eccléfiaftiques, les chafubles d'orfévrerie, les chappes d'étoffe d'or, les chaperons & les orfroys brodés d'or, les mitres d'or, les camails d'hermine, les rochets de dentelles, d'où fe lève la grande filhouette du grand-maître des cérémonies appuyé fur fon bâton de commandement; derrière les prélats, ces loges en retraite fous une vouffure où une pénombre d'avant-fcène met fa douceur fur le vifage des femmes, tandis qu'au-deffus, fous le feu des luftres, des bougies, des torchères, allumant un jour de théâtre dans le fombre des vieux vitraux, s'étagent toutes les grâces féminines que Moreau a voulu faire planer fur le Sacre, toute cette coquetterie de grandes dames, toutes ces légères définvoltures, toutes ces petites mines fouettées de lumière, toutes ces pofes de caquetage & de curiofité émue, tous ces petits échafaudages de coiffures, de poufs & de plumes, tous ces petits décolletages à collier de dentelle mouvant entre les deux feins nus éventés par tous les éventails que la chaleur fait jouer; un efcalier d'Opéra qui defcend jufqu'au balcon où la Reine trône, un bouquet au côté, Madame à fa droite, Mefdames Clotilde & Elifabeth à fa gauche (1).

---

(1) Nous poffédons le deffin de la première idée de cette compofition, un deffin fait largement & preftement lavé au biftre, avec une indication des perfonnages qui n'eft pas fans analogie avec le fpirituel pochage de Guardi. Pour la gravure, il agrandiffait très-heureufement le deffin, allongeait & meublait de feigneurs le coin de droite. A la vente Tondu, on a vu paffer ce fecond deffin, très-terminé, mais par malheur déplorablement piqué par l'humidité.

En ces années où Efnault & Rapilly, rue Saint-Jacques, *A la ville de Coutances*, commencent cette immenfe publication par livraifons, de coftumes & de coiffures, qui comptera plus de cinq cents planches in-folio & dont peut-être il n'exifte plus aujourd'hui en Europe un exemplaire complet, en ces années qui voient paraître ces images où tout fe réunit, la grandeur, la fidélité, le coloriage foigné, l'enluminure gouachée, le talent des artiftes, leurs noms, Leclerc, A. de Saint-Aubin, Watteau de Lille, &c., pour donner la plus prodigieufe & la plus complète reproduction des habillements d'un temps, il femble que le XVIIIe fiècle foit pris d'un grand orgueil de lui-même. Devant le fpectacle des raffinements, des perfections, des jouiffances & des parures de fa civilifation, le poli de fa fociété, l'orné de toutes chofes autour de lui, le fuprême moment de ce goût galant qui fait de la France l'arbitre, le modèle & le maître du monde pour les élégances de la vie, il femble que le fiècle ait eu le défir de laiffer un fouvenir exact, artiftique, & en même temps rigoureufement hiftorique de fes modes, de fes ameublements, de tous fes milieux. Les ufages du bon ton, il veut les fixer dans des attitudes & des actions gravées fur le cuivre & dont l'eftampe gardera la mémoire. Il veut faire furvivre, pour les hiftoriens, les peintres, les comédiens même de l'avenir, tout ce qu'il a imaginé dans la grâce & dans la délicieufe corruption de la fin de toutes les recherches, de tous les luxes & de tous les arts. C'eft alors que l'ambition fe lève dans quelques imaginations d'éditeurs de léguer à la poftérité un livre qui manque aux fociétés anciennes, un livre-monument qu'on puiffe appeler le *Code des modes & des manières de la France du XVIIIe fiècle*. Et bientôt paraît le livre fplendide, royal, de Prault, imprimeur du Roi, édité par Ebertz. Il s'annonce par un premier cahier, deffiné par Freudeberg, donnant comme la chronique intime & imagée de « l'extrêmement bonne compagnie » pendant les années 1773 & 1774. Mais l'éditeur n'eft pas content de cette première fuite, & il promet une nouvelle férie pour l'année 1775. C'eft Moreau qu'il a l'intelligence de charger de cette feconde fuite, qui paraît feulement en 1777.

La première férie offrait le tableau de la vie d'une jeune femme livrée aux amufements de la fociété jufqu'à l'époque de la maternité : celle-ci la prend à ce moment, & dans une férie de douze planches, continuant l'hiftoire des *Elégantes* qui deviennent mères au milieu des occupations & des diffipations de la mode, il la relève & la couronne par la maternité, nouvelle dans le fiècle, de la femme « du bon ton. » Ces douze planches s'appellent : *Les Adieux, l'Accord parfait, la Rencontre au bois de Boulogne, la Dame du palais de la Reine, les Rendez-vous pour Marly, la Déclaration de la groffeffe, N'ayez pas peur, ma bonne amie, J'en accepte l'heureux préfage, les Précautions, C'eft un fils, monfieur, les Petits parrains, les Délices de la maternité*.

Les *Adieux* fe paffent à l'Opéra. « La majeftueufe Préfidente, » en grande toilette, la haute coiffure empanachée de plumes, le bouquet au côté, le parfait contentement au corsage, des barrières de fleurs aux parements de la robe & aux volants de sa jupe, — se retourne sur le seuil de la loge n° 13 dont vient de lui ouvrir la porte l'ouvreuse Dumas, à moins que ce ne soit l'ouvreuse Pigoreau, avec son pauvre bonnet battant-l'œil & sa fanchon. Sa main droite, tenant mollement l'éventail entre le pouce & l'index, pose sur le poing du Président déjà entré dans la loge ; & elle abandonne sa main gauche au baiser d'un joli homme qui, ce soir-là même, à minuit, part pour son régiment. Planche coquette & magnifique, que remplit la splendeur de cette femme & l'opulence ballonnante de cette toilette.

De la musique, voilà l'instrument le plus en vogue dans l'*Accord parfait :* la harpe qui gracieuse l'attitude, penche ou renverse voluptueusement, arrondit moelleusement le bras, relève la jupe, découvre le pied, fait ressortir la blancheur de la peau d'une main sur la couleur *puce,* de son bois. Aussi quelle attention de l'amateur assis, les jambes croisées, la main appuyée sur sa haute canne, le chapeau renversé sur le genou, devant la leçon de la femme qui a jeté sur sa gorge & sa robe ce peignoir de fine mousseline & de garniture si recherchée que la mode vient de le mettre au nombre des déshabillés galants.

La *Rencontre au bois de Boulogne* nous montre, sur un cheval caracolant, à la crinière tressée, la femme en feutre à plumes blanches, les cheveux noués en queue de flambeau d'amour battant à son dos, avec un habit & une grande jupe nouée à la ceinture par une écharpe.

Une autre de ces toilettes est dessinée, avec une exactitude de patron, dans les *Rendez-vous pour Marly,* où deux femmes, attendues par leur carrosse au Pont-Tournant, promènent aux Tuileries leur chapeau à la Henri IV & leur robe à la Polonaise, l'uniforme libre & large de la campagne.

Ici rayonne la femme à la cour, sous la figure de la *Dame du palais de la Reine,* traversant un vestibule de Versailles, deux pages devant elle, un Brissac & un d'Ayen derrière, dans une mise de « Reine des cœurs, » plumes & diamants aux cheveux, esclavage de diamants au cou, robe ruchée, falbalassée, bouillonnée de guirlandes & de petits bouquets de fleurs, contre laquelle glisse un éventail : un éblouissement de costume, un édifice de parure, le rêve extravagant & charmant des imaginations d'une demoiselle Bertin ou d'une demoiselle Roussaud.

Mais arrivons à cette suite charmante où Moreau déroule les joies maternelles. « Croyez-vous, maman ?—Oui, ma fille, ce que vous éprouvez est le symptôme ordinaire. — Certainement, madame... » fait le vieux médecin ami de la maison, qui vient de prendre sa tasse de chocolat, & qui tient déjà, pour s'en aller, sa canne à bec-de-corbin. Et la jeune femme, en bonnet à la laitière, sans corset, la taille dénouée, une main dans la main de sa mère, la regarde avec des yeux heureux, pudiques &

souriants, tandis que, sur la porte du fond, une jeune sœur renvoyée fait signe qu'elle a deviné. Rien de plus délicat que cette composition : la *Déclaration de la grossesse*, si doucement émue du premier tressaillement de la mère.

N'ayez pas peur, ma bonne amie : cela est dit par deux femmes dans un petit salon à alcôve, garni d'un lit de repos sur lequel est allongée Céphise, en robe lâche. Adossé au montant de l'alcôve, où un socle de cuivre porte un vase de Sèvres plein de fleurs, un abbé, un merveilleux abbé sourit en taquinant d'une main son jabot. Et l'une des femmes répond : « Vous vous faites un fantôme de cela, & c'est la plus petite chose du monde. On souffre un peu, & quand tout est passé, on n'y pense plus. Comme vous d'abord, j'ai fait l'enfant, cela me tracassait, m'inquiétait, & jugez si avec la délicatesse dont je suis... — *L'abbé*. D'honneur, mesdames, vous êtes incroyables... Vous êtes l'objet de l'adoration de tous les mortels, & vous avez la noble & importante commission de fournir des hommes à la société... — *Céphise*. A la société ? Cela vous est bien aisé à dire, à vous autres... Vous en avez tous les bénéfices sans participer aux charges. — *La marquise*. Mais en vérité, ces abbés sont admirables... Et de quoi cela se mêle-t-il ? »

Passons dans la chambre à coucher. Devant le lit empanaché, la marchande de layettes a ouvert son joli coffre rose, garni de rubans, de gazes & de dentelles. — « C'est une layette de garçon, madame ? a demandé le mari. — Oui, monsieur. » Et la marchande a présenté un bonnet que le mari a pris sur son poing & qu'il montre à Céphise, qui gaiement lui dit : *J'en accepte l'heureux augure.*

La planche des *Précautions* nous amène sous la colonnade du vestibule ouvert de la maison. Céphise, un bras sous celui de son mari, laisse sa main s'appuyer sur celle d'un parent en élégante « chenille » et coiffé « en crapaud. » Elle essaye, sur la marche à descendre, un pied timide, devant la portière de la chaise à porteurs, qu'ont avancée deux grands laquais picards. Un dôme à croix, dans le ciel à jour, indique une sortie de dévotion, une visite à Dieu & à une église où elle va trouver un prie-dieu de velours, des coussins de duvet bordés de franges d'or, un grand sac cramoisi couvert de broderies & renfermant des Heures de l'édition la plus belle & du plus gros volume.

Maintenant, le dessinateur nous fait entrer dans le cabinet du père, un cabinet de *curieux*, marquant « le goût qui caractérise & honore le siècle », rempli de Claude Lorrain, de Van Uden, de Teniers, d'Ostade & de Greuze. On voit, devant un bureau de Riesener, le père se soulever à demi, lever les bras au ciel, au cri de la femme de chambre, découvrant dans les langes de dentelles l'héritier tenu en main par la grosse Bourguignote de nourrice, une vraie Madame Poitrine : — *C'est un fils, Monsieur !*

Le baptême suit naturellement ; & les parrains sont des enfants, les *Petits parrains*, la petite fille, gonflée dans sa jupe « dont la garniture & les frivolités sont immenses, » jouant aux grands airs, & posant en dame la main sur le gant de son petit compère, l'épée au côté, un nœud de rubans à l'épaule ; tous deux prêts à monter avec le nouveau-né dans une retentissante voiture « à l'anglaise, » qu'éclaire un valet avec une torche.

Et la férie se termine par une douce apothéose du bonheur donné par l'enfant, dans la planche si bien appelée : les *Délices de la maternité*, un des plus frais, des plus heureux, des plus ensoleillés dessins de Moreau.

En avant d'un de ces bosquets de treillage, tout garnis de ces légers feuillages à pointes de lance dont il aime le décor, sous une statue d'une Vénus fouettant l'Amour avec des roses, l'artiste a assis sur un banc de jardin la félicité des époux. Ils sont là, tous les deux, le père penché sur sa femme derrière le cou de laquelle il passe un grelot ; la mère un peu renversée sur lui, pour mieux laisser grimper après elle l'enfant en chemise écourtée, avec le petit ventre & les jambes nues, qui tend sa main au joujou. Ils sont là, le père souriant, la mère, tout le visage noyé de bonheur, la robe à demi ouverte encore, & le bouton de sein de la nourrice oublié à l'air. Autour d'eux, la joie du midi d'un jardin brûle dans les fleurs. La « remueuse » arrange la bercelonnette sur le sable de l'allée ; & une fille de chambre, une main appuyée sur le bois du banc, toute dans une ombre claire sous la soie d'une ombrelle, regarde cela (1).

La seconde férie de Moreau expose la vie d'un seigneur à la mode. C'est : le *Lever*, la *Petite toilette*, la *Grande toilette*, la *Course des chevaux*, la *Petite loge*, le *Souper fin*, *Oui ou Non*, le *Mariage*, le *Seigneur chez son fermier*, le *Pari gagné*, la *Partie de Wisth*.

Le *Lever*, la première planche, nous introduit dans la chambre à coucher d'un jeune duc, encore en bonnet de nuit à fontanges, en robe de chambre, abandonnant indolemment sa jambe à un valet de chambre qui lui passe son bas. Son maître d'hôtel lui apporte son chocolat ; son secrétaire, petit abbé coquet, écrit à une table les billets doux de M. le duc : une jolie parfumeuse, son carton de parfums & de savonnettes posé à terre, présente des gants à monseigneur qui, la lutinant, lui dit : « Combien ?... Mais je badine, ces marchés-là se font tête à tête.... »

Puis c'est la *Petite toilette* dans le cabinet orné d'un galant portrait de femme dans un cadre à nœud de torches, & de deux petits tableautins polissons, masqués de rideaux, avec des fleurs & deux ou trois livres badins posés sur le marbre d'une armoire de garde-robe. Monseigneur se fait coiffer, dans un manteau à poudrer, par deux valets coiffeurs ; un tailleur étale & déploie devant lui, sur un fauteuil, « un chef-d'œuvre de goût, » un habit dont il montre la manche, tandis que son garçon

---

(1) Citons, comme documents & comme autorités de ces descriptions, le texte rarissime des exemplaires de souscription, Prault, 1777 ; le *Tableau de la vie* ou les *Mœurs du dix-huitième siècle*, Neuwied : c'est un texte tout différent de celui qu'écrivit Rétif de la Bretonne pour la réédition de 1789 du livre de Prault, sous le titre de *Monument du costume*, & reproduit dans le format in-18 ; — *Tableau de la bonne Compagnie*, 1787.

en étale les basques ; & derrière son maître, le coureur, appuyé sur la pomme dorée de sa canne, coiffé de son casque à plume, tout galonné & chamarré, une écharpe, un tablier frangé tombant sous son gilet, le coureur se tient prêt à porter les billets du matin.

Monseigneur est habillé dans la *Grande toilette :* il a passé son cordon bleu ; son épée à nœuds & son chapeau bordé de plumes l'attendent sur son fauteuil ; on lui attache sa bourse & il a son bouquet. Une jolie femme en négligé du matin, la pelisse garnie & la robe rayée, est assise auprès du feu : l'ordre de laisser entrer est donné ; déjà deux officiers, la croix de Saint-Louis à l'habit, « ont été admis à faire leur cour, & l'on annonce un auteur qui vient présenter son livre relié en maroquin doré sur tranche, avec les armes de monseigneur sur le plat. »

Le voilà faisant de « l'anglomanie, » &, dans un costume d'anglomane, pariant pour M. de Lauzun à la *Course des chevaux* sur la route de Vincennes.

Et nous le retrouvons le soir à l'Opéra dans la *Petite loge* à l'ombre discrète, le dos tourné à la lumière de la salle, le bras sur l'appui de velours, la lorgnette à la main, en face d'un autre « agréable. » Une ouvreuse a été inviter de sa part une Guimard débutante à venir dans sa loge ; & présentée par une mère fausse ou vraie qui la pousse par la taille vers le duc, la déesse encore dansante dans la robe volante de Boquet, montant sur ses pointes & faisant un rond de bras, sourit à la main du duc qui lui prend légèrement le menton en lui « ramageant » quelques compliments du jour.

Et après l'Opéra, à la petite maison sur les boulevards du Temple : le *Souper fin* avec un partenaire & deux femmes « divines, » la partie carrée dans la salle à manger à médaillons d'amours, à guirlandes de fleurs, éclairée d'un feu doux de candélabres & d'une lanterne de cristal de Bohême ne donnant de jour qu'à la table & à la poitrine des soupeuses. Chaque couple voisine & se rapproche : le vin pétille dans les yeux, sur les lèvres : une femme verse à boire, une autre lit une lettre en riant. Autour de la table où l'ambigu a pour milieu le groupe des trois Grâces portant un ananas, point d'indiscret, point de domestique, « toutes les commodités, » comme dit le temps, rien que deux *servantes* où se glace le champagne & où les verres se lavent dans le *rafraîchissoir* de Sèvres.

Parfois, une fois... de l'amour, de l'amour comme dans le *Oui ou Non*. Délicieuse image d'un caprice passionné ! Le décor est fait d'un bosquet, d'un mélange d'arbrisseaux, qui a le fouillis d'une nature vierge où seraient tombés des vases, & des statues d'amour, un doigt sur la bouche : sur un banc rustique, la femme, la grande dame à la beauté souveraine, le buste un peu en retraite, montre d'une main une lettre à terre, & de l'autre semble arrêter le suppliant tout rapproché d'elle & les mains jointes dans un mouvement d'imploration adorante.

Arrive la fin ordinaire de ce défordre de grand feigneur : le *Mariage* repréfenté ici par la fortie de l'Opéra, un vendredi, le foir de la préfentation de la femme au monde de Paris. Dans le grand veftibule à pilaftres, fur le pavé de marbre blanc & noir, pendant que l'aboyeur appelle les voitures & que les femmes attendent au milieu de la foule brillante des lorgneurs, la jeune ducheffe qui a le chapeau & le bouquet de la huitaine du mariage, dans une toilette de dentelle toute blanche femée de rofes blanches, un fil de perles rattaché aux fleurs de fon côté, les bras gantés de blanc jufqu'au coude, paffe, rayonnante, écoutant un peu derrière fon éventail les propos qu'un joli homme murmure à fon oreille. Elle donne la main à fon mari, qui, frappant fur l'épaule d'un ami devant lui, paraît lui chuchoter quelque chofe dont ils fourient tous deux. Et, pendant ce temps, au premier plan, comme fi l'adultère s'ébauchait déjà, un cavalier gliffe par derrière une lettre à la fameufe bouquetière de l'Opéra qui va peut-être la remettre à la toute jeune mariée dans un paquet de rofes, avec la phrafe confacrée : « Ne lui mettez pas les pieds dans l'eau ! »

Et la férie fe continue par des fcènes de la vie de château : le *Seigneur chez fon fermier*, le *Pari gagné*, une image de cette nouvelle chaffe à l'arc mife en honneur & en pratique par M. de Monville dans fon « Défert ; » & la *Partie de wifth* à quatre avec un couple s'intéreffant au jeu : car « c'eft ainfi que s'amufaient nos amants du dix-huitième fiècle (1). »

Et il n'y a pas feulement à admirer dans ces planches le deffinateur, le fpirituel arrangeur de fcènes, le peintre ingénieux de fociété ; Moreau a encore un talent, un génie rare & qui lui eft abfolument perfonnel : il eft exact, fidèle, attaché au vrai de l'ameublement, du milieu, confciencieux obfervateur de la réalité, de la fpécialité, & pour ainfi dire de l'actualité des objets & des chofes. Il ne donne pas feulement la fcène, mais ce qui l'encadre, la phyfionomie & le caractère du lieu où elle fe paffe. Ses meubles font de l'année même, fes modes font du jour. De là cette précieufe illufion, ces inappréciables renfeignements de fes planches. Il n'invente ni un cabinet, ni un falon : il les prend fur nature ; on pourrait exécuter à Beauvais un paravent dont il deffine dans un fond de chambre les arabefques Louis XVI. Tailleur, modifte, tapiffier, il fe fait tout cela pour donner comme l'impreffion nette, abfolue, rigoureufe de fon temps fixé dans la chambre noire d'une gravure. Tandis que les autres vignettiftes fe laiffent aller à la fantaifie de leur imagination, à l'ornementation qui vient au bout de leurs doigts, Moreau étudie, copie, prend fes modèles ; il fait pofer une bergère ou une table de marqueterie. C'eft par cette étude patiente, fcrupuleufe, appliquée, pouffée à la dernière limite de l'obfervation & de la précifion, que Moreau eft un hiftorien. La particularité, ce qu'on appelle aujourd'hui la couleur locale, — il faut

---

(1) *Tableaux de la vie*, Neuwied.—*Tableaux de la bonne Compagnie*, Paris, 1787.—*Lettres juives*, par d'Argens.

appuyer fur cette qualité du deffinateur, — il la porte jufque dans la compréhenfion du pittorefque étranger, un fens qui a fait totalement défaut à l'art fi français & fi exclufif du dix-huitième fiècle. L'Orient, par exemple, cet Orient qui en eft refté pour les artiftes du temps au Mamamouchi de Molière & qui ne leur femble bon que pour les coftumes d'une mafcarade à l'école de Rome, ce pays falot, baroque & invraifemblable, le décor de *Tanzai* & *Néadarné*, l'Orient a fourni à Moreau le fujet d'un deffin, la *Réception de M. de Choifeul à la Sublime-Porte*; & l'on eft tout étonné de trouver un deffin férieux, reffenti, des filhouettes de Turcs & des profils d'Arnautes que ne défavouerait pas un peintre ethnographique de l'Orient. En tout, chez Moreau, c'eft la même exactitude : on le voit, malgré les difficultés qu'il y trouve, impofer à l'Opéra, à l'adminiftration, aux acteurs, la révolution du coftume. Et dans la repréfentation du 27 feptembre 1782, ce n'étaient ni l'air de bravoure de Mlle Lebœuf, ni le jeu paffionné de la Saint-Huberty, ni la danfe de la Guimard en Terpfichore qui faifaient le fuccès de la pièce : on applaudiffait le caractère des coftumes, « une amélioration, nous dit le *Journal de la République des lettres*, dont le public rapportait l'honneur aux foins du fieur Moreau qui en a donné les deffins. »

Moreau continue à deffiner tous les grands événements du temps. L'événement de 1778, un autre Sacre, le *Couronnement de Voltaire* (1) après la fixième repréfentation d'*Irène*, il le repréfente dans cette vue de la Comédie-Françaife, les deux côtés de la falle, ce tumulte du parterre pouffé jufqu'à la rampe, ces loges pleines de femmes debout. Le Dieu eft là-haut aux fecondes, avec fa perruque grifâtre à la vieille mode de Bachaumont, dans la loge des gentilshommes de la Chambre, entre Mme Denis & Mme de Villette : fur le théâtre plein du monde refoulé des couliffes & des foldats de la tragédie, devant le décor d'*Irène*, le bufte de l'auteur trône au milieu des acteurs, des actrices, rangés avec des guirlandes & des couronnes aux mains, Mme Veftris déclamant fur un papier les vers improvifés par le marquis de Saint-Marc :

« Aux yeux de Paris enchanté,.... »

A quelques années de là, arrive la naiffance du Dauphin. Aux fêtes qui la fuivent, à ces fêtes que Louis XVI, dans l'excès de fa joie de père, commande au Prévôt des marchands « les plus brillantes, » à ces fêtes auxquelles s'affocient l'allégreffe publique & toutes les efpérances de la France, à ce grand événement de la Reine & du Roi honorant de leur préfence la capitale où Louis XV, dans toute fa longue vie, n'était venu que cinq fois, Moreau confacre toute une férie d'images où revivent les journées du 21 & du 23 janvier.

(1) Le *Couronnement de Voltaire* a été gravé par Gaucher en 1782. Un croquis de ce deffin a paffé à la vente Greverat.

Ce font d'abord deux grandes planches en hauteur. La première eft le *Feftin royal* à l'Hôtel de Ville, offert à Leurs Majeftés. Moreau, avec un admirable fens perfpectif, a pris en enfilade la grande falle de cent trente-deux pieds de long ; il a fait fuir jufqu'au fond la hauteur des colonnades, le cintre de leurs arcades, la double rangée des luftres ; & fa gravure fait planer le regard fur la table immenfe, chargée d'un *furtout* de trois temples, & ne finiffant que là-bas, au haut bout où font placés le Roi, la Reine & les deux frères du Roi, les feuls hommes, avec le Roi, dînant à ce dîner de foixante-dix-huit couverts, où font affifes, après le fang royal, foixante-dix dames les plus nommées de France. Et avec quel art, quelle ingéniofité, & quelle variété de détails, de pofes, de groupes, tout autour de la table, derrière les chignons endiamantés & les épaules nues, le deffinateur a jeté une foule choifie qui circule, un monde de curieux, traverfé de valets qui courent, encombrant les buffets de defferts, la haie preffée du fervice d'honneur fait par le fieur Caumartin auprès du Roi, par le Procureur du Roi, le Receveur de la Ville, les échevins fervant les princes & princeffes, tout le Corps de Ville en gala, — la robe du magiftrat coudoyant l'habit de cour, & le rabat de l'édile penché fur des dentelles.

Le pendant du *Feftin* eft le *Bal*, le bal à l'Hôtel de Ville, le 23 janvier. De la grande colonnade qui fait un bas côté d'ombre, on aperçoit la falle inondée de lumière, houleufe de mafques, regorgeant de fpectateurs placés aux grandes fenêtres devenues des loges. Sur le premier plan, efcorté d'arlequins, de polichinelles, de pierrots gefticulant qu'ont peine à repouffer les gardes, devant un flot de foule qui femble refpirer l'amour monarchique en goguette & le royalifme des Halles au Mardi gras, le Roi s'avance, tête nue, en large domino blanc qu'il retrouffe pour marcher. La Reine, qui vient de fouper gaiement avec lui au Temple & de s'habiller chez le fieur Buffaut, tréforier de la ville, marche un peu en arrière, coiffée d'un grand chapeau à plumes & enveloppée d'une efpèce de chemife ruchée & flottante, qui lui laiffe la naiffance du cou & les bras nus. Preffée par le peuple, elle va dire tout à l'heure : « J'étouffe !.. » Et le Roi fera obligé de fe faire place à coups de coude.

Mais ce n'était pas affez que les fêtes de l'Hôtel de Ville : Moreau voulut auffi immortalifer les joies de la rue, le fpectacle du défilé. Il donnait une très-grande planche repréfentant la place de l'Hôtel-de-Ville à une heure un quart, l'heure jufte de l'arrivée de la Reine partie de la Muette vers les neuf heures. On y voit cette place de toutes les curiofités, parfois féroces de Paris, la Grève avec toutes fes maifons qui regardent, toutes fes fenêtres, toutes fes manfardes ouvertes, du monde partout ; tout le fond de la place rempli & mafqué par l'architecture improvifée de la riche galerie aux colonnes corinthiennes chargées de tentures, au fronton de cartels & d'écuffons aux armes de France, & la loge pour Leurs Majeftés faifant avant-corps, rotonde, & coupole, furmontée par un dauphin ; en bas fur le pavé, — le peuple, non plus le petit peuple en promenade qu'égrène Cochin groupe à groupe, ou dont il fait un mur de comparfes comme au théâtre, mais du peuple à poignée, un grand peuple mouvant, remuant, vivant, profond, le Paris qui à huit ans de là fera Quatre-vingt-neuf. Moreau eft en effet, à un degré fupérieur & fans exemple, le peintre de la foule : il la noie & la détaille. Au vague qu'ont les multitudes au loin, il oppofe comme repouffoir le détachement, la netteté des filhouettes de premier plan. Voyez dans cette planche : quel ondoiement dans ces maffes de petits ronds de têtes vitalifés par l'éclairage de l'ombre & du jour, par de petits points qui font, pour ainfi dire, les repères d'imperceptibles figures ! Comme le deffinateur rend l'efpèce de commotion électrique qui paffe dans tous ces corps de curieux ! quelle frénéfie pour voir ! quel tumulte ! quelle précipitation en avant des galopins, des décrotteurs, au milieu de Javottes ébahies, de petites fociétés ifolées du mouvement, de petites femmes bouffantes, le mantelet noir ferré aux épaules, à côté de lorgneurs philofophes ! Partout on fe preffe, on fe pouffe, on fe mêle ; des femmes de la Halle agitent des branches d'arbres, les chiens courent, la foule fe taffe derrière la haie des foldats, les voitures de la cour ont de la peine à marcher au pas folennel & balancé de leurs huit chevaux blancs, la crinière nattée, la tête empanachée. C'eft le moment où le carroffe de la Reine tourne devant l'Hôtel de Ville : la portière s'ouvre, Marie-Antoinette defcend, coiffée de plumes, la jupe fur grand panier ; & fon regard femble embraffer la foule.

Tout ce fpectacle, Moreau le fait voir comme il l'a vu ; & il fe fépare encore ici de Cochin & de fon ordonnance à l'italienne par une ordonnance effentiellement françaife & nationale. Car c'eft le deffinateur de la pure obfervation & de la nature, du fpectacle évoqué & faifi fur le vif. Etudiez fon eftampe : fur le côté, dans l'ombre, fur la bafe même d'une des deux colonnes triomphales qui fe dreffent à côté d'une vafque & couronnent d'un globe fleurdelifé porté par des dauphins, vous découvrirez, affis, fon épée & fon chapeau remis à un ami derrière lui, un artifte qui deffine, un carton fur fes genoux. Evidemment, c'eft l'artifte lui-même, l'artifte confciencieux qui prenait tous fes documents devant le mouvement de la vie, & cette réalité d'un moment qu'ont les chofes. N'était-ce pas Moreau qui mettait fur toutes fes planches : *Deffiné d'après nature*, pour affirmer le férieux & la vérité de fon étude ?

Une quatrième planche complétait cette fuite des fêtes de la naiffance du Dauphin : la vue du feu d'artifice tiré le 23 janvier. Les illuminations éclatent le long de la galerie où la Reine paraît au balcon de la tribune. Toutes les fenêtres de l'Hôtel de Ville refplendiffent de luftres éclairant en bas des eftrades. Des triangles blancs, des ifs brûlent devant l'hôtellerie de l'*Image de Notre-Dame* & les maifons qui vont au quai. Sur le quai, le Temple de l'hymen avec fes deux colonnes enguirlandées de flammes lance, dans le noir profond du ciel, la pluie de lumière d'un volcan ; & l'on devine, fur tout le pavé de la Grève, la foule qui y piétine, obfcure & perdue, fombre

& grouillante dans les ténèbres que déchirent çà & là, d'un accroc de lumière, des reflets de fufées ou la fumée blanche de coups de canon. Et là encore on peut conftater tout le « vu » de l'effet par Moreau, monté fans doute fur cet échafaud fignalé par Bachaumont, « des deffinateurs chargés de perpétuer aux yeux de la poftérité la mémoire des diverfes parties de ce fpectacle (1). »

Cette année-là il terminait l'ouvrage où devait fe montrer & fe répandre comme la poéfie, la tendreffe même de fon talent. Pour ce livre, comme pour les livres qu'il aime & qu'il veut dignement honorer, il abandonne les formats ordinairement choifis par le temps. L'in-octavo même ne lui fuffit pas. Sa vignette afpire au développement de la fcène, à l'ambition du tableau : il veut l'in-quarto ; & c'eft dans cette grandeur qu'il donne cette illuftration de la *Nouvelle Héloïfe*, vraiment admirable au milieu de toutes fes illuftrations.

Nul artifte du temps n'a fenti & compris Rouffeau comme lui, nul n'eft entré en pareille communion avec le charme nouveau & fympathique de fes perfonnages, avec l'âme de fes héroïnes. Elles refteront toujours attachées au livre, ces fcènes animées, vivantes, palpitantes, attendries ou dramatiques, coquettes ou pathétiques, éclairées par le peintre de la vignette, avec le romanefque de la lumière, tantôt d'un jour en écharpe frappant le centre de la compofition d'une filtrée de foleil, tantôt de la lueur & du jeu doux, voluptueux, difcret d'une bougie. C'eft le roman qui vit & prend corps fous le crayon de l'artifte. Le je ne fais quoi de tendre qui s'en exhale, au milieu des féchereffes du temps, le grand cri de la fenfibilité nouvelle qui en fort a, comme fon écho, dans les planches émues, dans les pantomimes paffionnées du deffinateur, dans les émotions des bouches entr'ouvertes de femmes, dans ces figures à fentiment, ces geftes qui parlent, ces regards profonds, ces têtes pénétrées. Moreau femble avoir au bout de fon crayon l'âme & la flamme de ces pages infpirées, & ce qui brûle dans le livre, brûle auffi dans fes gravures. Sa délicieufe Julie n'eft-elle pas la Julie même de Rouffeau, celle dont Saint-Preux voulait « le portrait modefte comme elle-même ? » — La *douce*, la *modefte*, l'*enchantereffe* Julie, élégante, fimple, « la gorge couverte en fille modefte & non pas en dévote. » Comme Moreau a fu incarner le type du

(1) *Gazette de France*. Supplément à la *Gazette* du mardi 29 janvier 1782. Relation de la fête que la Ville de Paris a donnée à Leurs Majeftés le Roi & la Reine. *Mercure de France*, janvier 1782. *Mémoires de la République des lettres*, id. — Moreau fit d'autres deffins de ces fêtes, mais fans doute devant les frais de gravure, les Menus reculèrent. Nous en poffédons un d'une largeur de 103 centimètres fur 45 centimètres de hauteur, exécuté à l'aquarelle fur un trait de plume, repréfentant la reine Marie-Antoinette allant rendre grâces à Notre-Dame & à Sainte-Geneviève. Ayant pris fes voitures de cérémonie au rond du Cour, la Reine paffe fur la place Louis XV dans un carroffe attelé de huit chevaux blancs & fuivie de cent gardes-du-corps. Le deffin eft pris du jardin en terraffe du palais Bourbon, où des curieux preffés contre la baluftrade regardent le défilé & la foule immenfe de l'autre côté de la Seine. Dans le coin à gauche, le prince de Condé & le duc de Bourbon caufent, les mains dans des manchons, avec un groupe de femmes.

romancier dans un type de Greuze honnête, en faire un modèle de goût & de candeur, une créature ravissante, printanière sous son costume de campagne, une femme qui garde comme la clarté de la jeune fille sous son petit chapeau de paille gondolé! Quel innocent envolement d'amour, quel feu pur de la vierge, quand elle se précipite au baiser de Saint-Preux & cache sa figure sur les lèvres de l'ami! Ici quel bonheur tendre, sur cette petite figure de blonde, mouvante & sensible, changeante au moindre sourire, quand la tête à demi détournée, le regard à demi pâmé, le souffle suspendu, elle abandonne une main, sur le bord d'un piano, à celui qui l'embrasse, comprimant de l'autre, dans son petit corsage soulevé, l'émotion du doux moment & les battements de sa félicité.... Et plus loin encore cet autre baiser de Saint-Preux à genoux sur cette main de la touchante inoculée qui, le profil perdu sur son oreiller, fait de ses deux bras étonnés comme le mouvement d'embrasser un rêve.... Le dessinateur est arrivé à peindre mieux que Rousseau lui-même ce baiser sur une main, qui passe sur un cœur.

On peut reconnaître là le grand compositeur qu'est Moreau. Il possède une flexibilité, une fécondité qui ne se répète jamais, une étonnante facilité à concevoir une scène, avec l'art d'en combiner les effets, de varier en les équilibrant les attitudes, de leur donner un naturel, une justesse & un aplomb, rares dans les grands tableaux, une netteté des plans, une intelligence de l'arrangement, une vérité des figures, de leur pose, de leur expression qui vous font toucher l'action représentée.

C'est qu'à ces facultés personnelles, il joignait l'acquis, le jugement, la solidité d'une lecture immense. Car Moreau était un liseur : chez lui, l'étude accompagnait le métier ; il avait une bibliothèque, cette bibliothèque que Lemonnier reproche aux artistes sans lettres du nouveau siècle de ne plus avoir, de ne plus consulter. De là cette autorité, à laquelle ses confrères rendaient pleine justice ; il était souvent leur conseiller, & David même ne dédaignera pas ses avis (1).

Moreau a donc lu Rousseau, il l'a relu ; & il apporte à cette illustration plus encore que son talent, la fièvre & la poésie de cette prose, mais encore une espèce de religion pour les idées du philosophe, un culte pour la personnalité de l'écrivain. L'admiration de l'œuvre qu'il avait l'honneur & le bonheur de traduire, voilà ce qui le fit entrer si avant dans le roman de l'homme de génie à la mémoire duquel il resta toujours fidèle, dévot. Il conserve & célèbre dans une pieuse image le souvenir de cette agonie du 27 juillet 1778, cherchant à s'envoler dans du soleil : « Ma chère femme, rendez-moi le service d'ouvrir la fenêtre afin que j'aie le bonheur de voir encore une fois la verdure. Comme elle est belle ! que le jour est pur & serein ! que la nature est grande !... » Il le grave dans une petite planche qui le représente herborisant à Erme-

(1) Notice de Lemonnier.

nonville, en juin 1778. De l'île des peupliers, de fon tombeau, il fait une eau-forte dans laquelle il agenouille, fur la rive, la prière, l'invocation d'une vieille femme aux mânes du grand homme ; prière jugée impie par la Sorbonne, & effacée après la première & unique épreuve connue de la planche terminée. Enfin, lui décernant l'immortalité, qu'il donnera plus tard à Mirabeau, il le repréfente arrivant aux Champs Elyfées, & reçu par Socrate, Platon, Plutarque, Montaigne, tandis que de petits génies fortent de la barque de Caron les livres immortels du philofophe. On le voit : Rouffeau eft le Dieu de l'artifte, un Dieu que les années ne lui font pas oublier. Nous trouvons en effet dans un catalogue de lettres autographes une demande de Bernardin de Saint-Pierre à la date de 1792, faite par fon ami Moreau, d'un paffage d'une lettre adreffée à un lord anglais où Jean-Jacques prédit notre révolution : Moreau veut l'infcrire mot pour mot, au bas de fon eftampe.

Tournez les feuilles, allez en avant, en arrière de ces gravures, l'œuvre de Moreau eft un piquant pêle-mêle de planches de toutes fortes : adreffes de marchands, cartes d'entrée pour les expériences du globe aéroftatique de MM. Charles & Robert, feuilles d'écran, la planche fi brillante d'un renouvellement de ménage à la *Cinquantaine*, avec les deux couples, l'un à vingt ans & l'autre à foixante-dix, montant au même autel, des coiffures à la *Mappemonde*, à la *Hériffon*, pour « le Manuel des Toilettes », des allégories comme pour le rétabliffement de la comteffe d'Artois, où Chirac tout nu, changé en Efculape, enlève la faux au Temps tandis que les ducs d'Angoulême & de Berry lui coupent les ailes, une caricature fur le partage de la Pologne, le *Gâteau des Rois*, que grave Lemire, des modèles de nez, de bouches, d'oreilles, des figures pour des Voyages à des terres fauvages & extravagantes devant amener entre l'artifte & le chevalier Mouradgea des différends aplanis par Wille, de charmantes eaux-fortes pour une efpèce de mécanique orthopédique à redreffer le cou des jeunes perfonnes ; enfin des petits bonshommes pour la coupe d'un Vauxhall, & mille autres menues pièces.

Car, quand il le veut, Moreau eft auffi un maître dans le petit. L'homme & la femme, il fait les réduire à une proportion prefque imperceptible, à une taille d'infecte, en leur gardant leur tournure, leurs geftes, leur grâce, leur phyfionomie. Et pour cela, il n'ufe point de l'efcamotage fpirituel mis en pratique par certains de fes confrères, il ne fe fauve pas par l'à peu près de l'indication, ou l'intention de l'élégance : il réalife fes bonshommes avec l'adreffe d'une main magique qui fe jouerait de leur mefure. Et ce n'eft pas feulement par le contour de la ligne extérieure, le dehors qu'il les exprime ; c'eft auffi par ce que les peintres appellent « le dedans. » On peut en juger par ces en-têtes des *A-propos de Société*, grands au plus comme de petits billets de vifite & où il fait tenir à l'aife tout le public d'une foirée de lanterne magique, des falons de femmes où l'on peut compter vingt dames ou cavaliers parfaitement figurés & dont on retrouverait à la loupe le moindre détail de coſtume. Dans un autre genre, il a de petites planches d'anecdotes antiques, des ſtatues de Pygmalion dans des ateliers grecs, nettes & inciſées comme la taille de la plus fine pierre gravée. Quand il lui plaît, il dépaſſe les microcoſmes de Blarenbergh, comme dans cette prodigieuſe gravure de la place Louis XV, qu'il remplit de perſonnages-mouches d'une exigüité que n'atteignit pas Callot lui-même, de ſociétés, de groupes, d'un petit peuple éparpillé, à perte d'horizon, dans le mouvement des carroſſes & des voitures. Ce rendu va juſqu'aux têtes : Cochin a pour les viſages trois points qu'il fait placer ; Moreau, lui, met des traits dans un rien de place. C'eſt ainſi qu'on reconnaît à première vue, dans l'aquarelle du Louvre (1), la tête mutine de Madame du Barry, le beau vieux profil caſſé de Louis XV. Ses plus petites Marie-Antoinette ſont vivantes ; & s'il lui avait plu, Moreau était homme à faire le portrait d'une femme dans le rond d'une des mouches de ſa figure.

En dehors de ces tours de force, de ces jeux de ſon deſſin auxquels il ne fait que s'amuſer & dont il ſort à tout moment par ſes grandes illuſtrations, on a encore de lui un certain nombre de portraits. Citons un portrait de Mlle Fanier, de la Comédie-Françaiſe, gravé par Mlle Saugrain, cette élève des deux frères Moreau qui grava d'une pointe ſi ſpirituelle les gouaches & les payſages de l'aîné ; un portrait de Joſeph Vernet, de Papillon de la Ferté, de la Borde, de Grétry, le médecin Guillotin au bas duquel on lit cette dédicace : *Civi optimo*, un tout petit portrait de M. de Choiſeul dont le maſque de doguin pétille de la malice d'un Figaro miniſtre ſous le trait vif de l'eau-forte ; un portrait du ſculpteur Pineau, celui de Louis-Auguſte, Dauphin de France, celui d'Eliſabeth de Ruſſie, ayant pour armes la médaille pour l'inſtallation de l'Académie de Moſcou en 1754 ; enfin le plus grand nombre des portraits de la *Société académique d'Apollon*. Et nous ne relevons ici que les portraits gravés de Moreau ; il y aurait toute une liſte à faire de ceux qu'il a deſſinés ſpécialement à l'encre de Chine, par exemple ce portrait ſi artiſtiquement miniaturé & éclairé, ce lavis ſi étudié & ſi vivant, ſi nuancé dans les plans de chair que nous avons là à notre mur : une vieille femme avec ſon grand bonnet de linge, ſon mantelet de ſoie noire, aſſiſe ſur une chaiſe de bois, près d'un chat qui fait le gros dos, ayant au mur derrière elle la gravure du *Concours de la tête d'expreſſion* par Cochin, qui doit indiquer quelque parente du graveur, & qui ſait ? peut-être ſa vieille mère Horthemels.

Diſons-le ici bien haut : on ne ſaurait rendre trop pleine juſtice aux deſſins de Moreau. Suivons-le donc dans toutes ces feuilles éparpillées à droite & à gauche, dans

---

(1) Le Muſée du Louvre poſſède quatre autres deſſins de Moreau : *Tullie faiſant paſſer ſon char ſur le corps de ſon père*, ſon morceau de réception à l'Académie, plume & biſtre ; — *Réception de M. de Choiſeul, ambaſſadeur de France à la Sublime-Porte*, 1779, biſtre ; — *Grande illumination du parc & du canal du château de Verſailles, à l'occaſion du mariage du Dauphin avec Marie-Antoinette d'Autriche*, encre de Chine ; — *L'Aſſemblée des Notables en 1789*, encre de Chine. (Note communiquée par M. Reiſet.)

cette collection si intelligemment ramassée depuis tant d'années par le zèle pieux d'un de ses derniers élèves, M. Mahérault, & qui nous le montre depuis ses débuts jusqu'à sa mort, depuis ses durs & criards lavis grecs ou romains de 1760 à 1770, auxquels il revint dans cette académie de société établie chez le duc de Chabot, jusqu'à ces dessins miniaturés de la fin de sa vie, que M. Maherault lui voyait faire en l'année 1810 avec la prestesse courante de ses vieux doigts, un pinceau chargé, l'autre trempé dans le godet d'eau, toujours prêt à effacer, à éponger. Après ses dessins de la *Mort de Cléopâtre*, de sacrifices antiques, les uns bistrés à la Vien, les autres lavés à l'encre de Chine sur papier jaune & rehaussés de blanc, allons à ce dessin qui sort tout à coup de ces tâtonnements sans originalité, à la *Revue du Roi*, une de ses encres de Chine les plus réalisées, les plus fondues, les plus douces à l'œil dans le contour; là-dedans, il y a toutes les adresses, toutes les habiletés, toutes les caresses du lavis, des ombres comme peintes qui n'ont jamais l'opacité du noir & gardent de l'encre le brillant d'un ton mouillé, un infini des plans obtenu par l'infini de la dégradation des teintes, des miroitements de jour dans les masses & les remuements des foules grises, enfin ce miracle d'une encre étalée & si bien graduée, nuancée, qu'elle amène l'œil qui cligne à l'illimité de la perspective, à l'illusion dioramatique. La science & la distribution de la lumière dans le dessin, voilà le plus grand art du dessinateur : on la retrouve dans ses moindres ébauches d'après nature pour ses foules & ses fêtes; c'est toujours le croquis de l'ombre & de la lumière qu'il prend. Voyez cette légère esquisse : l'enlèvement du ballon de Robert; sur ce bout de papier à peine teinté où les personnages ne sont guère que des bâtons & les têtes des petits *o*, on voit déjà toutes les grandes lignes vivantes & ondulantes de la terrasse des Tuileries, du jardin; tout l'effet y est. Mais une plus curieuse maquette de Moreau, prise au vol, prise sur un genou, est cet autre bout de papier que l'on reconnaît pour être l'ouverture des Etats-généraux, où l'on sent pour ainsi dire, la voûte, le dais, la famille royale, les rangées de banquettes dans le rien d'indication des lignes graphiques, un fouettage de mine de plomb, un peu de noir à des rideaux, & des coups de crayon écrasés pour toutes les têtes. — Moreau use aussi habilement du bistre que de l'encre de Chine; le bistre avec la chaleur qu'il donne à ses dessins est même son procédé favori, celui qu'il emploie pour le *Sacre de Louis XVI*, les *Monuments du costume*, la plus grande partie de ses suites de vignettes scintillantes d'un papillotage de lumière. Il en a, selon les années, de divers tons allant du foncé au clair, au pâle, à une espèce de jaune de soleil charmant & lumineux dans ses bergeries & ses marches de troupeaux du midi. Avec le bistre, il arrive presque à *fragonardiser*, mais de si près que l'attribution devient souvent presque embarrassante, comme dans ce volume d'illustrations de la *Pucelle*, ce curieux volume de brouillons qu'il a abandonné au Chant V, après trente dessins balayés de verve. C'est encore au bistre qu'il a fait nombre de petits paysages sur nature d'un feuillé très-étudié, & des ruines à la pierraille fi bien touchée. Moreau a, du refte, effayé avec fuccès de tous les genres de deffin ; de la mine de plomb pour des portraits, quelquefois d'un mélange de crayon & de fanguine qui, fous le précieux de fon travail, fait prendre au vifage l'apparence d'une jaune plaque d'ivoire rougie des premiers tons de la chair. Souvent il recourt à une dure fanguine taillée très-fine avec laquelle il obtient tous les traits déliés de la pierre d'Italie. J'ai vu de lui dans ce genre l'étude de la danfeufe pour la *Petite Loge*. Il fait d'autres ébauches du « monument du coftume » avec des rehauts de crayon rouge & blanc fur une très-légère indication de crayon noir de façon à prefque deffiner fon deffin par les lumières : de cette manière eft la femme du *Rendez-vous pour Marly*, dont la tradition veut faire une étude du mari d'après fa femme, fon modèle ordinaire. — Quelquefois encore le deffinateur, auquel on ne faurait guère reprocher par moments qu'un deffin trop fait, trop écrit, trop fouligné pour le graveur, une conception trop définie, & où ne flotte pas affez du deffin d'un peintre, le deffinateur a des fougues d'emportement, d'infpiration ; fur une feuille in-folio de ce gros papier d'un gris jaunâtre, le papier à deffin du temps, il jette dans un contour puiffant, répandu au pinceau, des taches fortes & expreffives que boit le plucheux du papier, des heurts d'ombres, de ténèbres noyées & de lumières fouettées de blanc gouaché, d'où fe lèvent des effets rembranefques, les coups de clarté dans le clair obfcur dont la magie reftera à fa planche. Ce font là les plus forts, les plus grands, les plus magiftraux deffins de Moreau, ceux qui donnent de lui la plus haute idée, ces efquiffes de la *Nouvelle Héloïfe*: l'*Inoculation & la Difpute*.

Il a touché auffi, mais plus rarement, à l'aquarelle. Laiffons fes grandes débauches de lavis teinté fur papier gris, ces bacchanales de nymphes en efpèces de camaïeux fales qu'il bâcle en fes commencements. Prenons l'aquarellifte dans cette grande aquarelle du défilé de la Reine fur la place Louis XV, le 21 janvier 1782. Prenons-le dans la fête de 1771, donnée à Louis XV à Louveciennes par Madame du Barry, — aquarelle qui porte au dos les armes & la devife de la comteffe, — fa plus agréable page en couleur, d'une couleur encore un peu timide comme celle du temps, & non dégagée tout à fait du lavis d'architecture, mais tout à fait fupérieure à celle de Cochin par la propreté, la clarté, la gaieté, la tranfparence. On en connaît d'autres, par exemple le *Projet d'un monument à ériger pour le Roi*, gravé en fac-fimile de couleur par Janinet, où des bronzes, des marbres, étonnent par le trompe-l'œil. Moreau a encore lavé fpirituellement de cette façon à plufieurs teintes des deffins de coftumes pour l'Opéra, datés de 1784.

Moreau a gagné, il gagne beaucoup d'argent avec l'illuftration de prefque tous les livres du temps, des claffiques, des ouvrages remuant les efprits : le *Télémaque*, la *Vie de Marie-Thérèfe*, le *Molière*, agréable interprétation à la mode de 1770, traduction un peu mince, manquant de l'envergure de celle de Boucher, & sans rien de ce large caractère louisquatorzien que Coypel, seul, a su rendre ; les *Incas*, les *Saisons* de Saint-Lambert, le *Code Noir*, l'*Histoire philosophique des Indes*, enfin la *Henriade*, & cette immense série d'estampes, dédiée à S. A. Monseigneur le prince de Prusse, destinée à orner les œuvres de Voltaire, se vendant chez l'auteur rue du Coq-Saint-Honoré & dont s'occupa l'artiste près de dix ans. Moreau n'est point à la merci des éditeurs ; il peut, avec ses ressources propres, aborder les opérations de la vente sans intermédiaire, exploiter lui-même son talent, & s'en faire les gros revenus d'une grande entreprise. A en croire les notices écrites sous l'inspiration de sa fille, point d'homme moins capable que lui de pareilles idées d'intérêt. On y lit : « Il s'en faut beaucoup que M. Moreau se soit occupé de sa fortune autant qu'on pourrait le croire d'après ses immenses travaux. Jamais peut-être on ne porta plus loin le désintéressement personnel, même l'incurie & surtout l'éloignement pour tout ce qui ressemblait à des entreprises dans un genre où il faut cependant en faire ou du moins y prendre part si l'on veut s'assurer quelque portion des bénéfices. Sous ce rapport il fut encore artiste dans toute l'étendue du terme. Il semblait trouver tout simple que, puisque les plaisirs & l'honneur du travail étaient pour lui, les profits fussent pour les autres. » Malheureusement, un document manuscrit du temps vient durement contredire ici l'éloge de la piété filiale. C'est à propos de Le Bas, du maître si paternel pour Moreau, de Le Bas qu'avaient ruiné les figures de l'*Histoire de France* de son ancien élève, & par ses lenteurs interminables. Le Bas aux derniers jours de sa vie avait jeté dans l'affaire la garde-robe de sa femme, son argenterie, ses meubles. Le pauvre homme mort, arrive sa vente en décembre 1783, cette vente qu'attendait depuis longtemps Moreau pour rattraper & exploiter les figures dont il avait fourni les dessins, & fait traîner la livraison, comptant bien que l'âge de Le Bas ne lui permettrait pas de pousser l'ouvrage à sa fin. A l'annonce de la vente, Moreau de crier partout, & de faire crier qu'il ne continuera les dessins de l'*Histoire de France* à aucun prix. A toutes les vacations même serment. Le matin même de la vente des planches, il va trouver le libraire Lamy & le prévient que, sachant son projet d'enchérir, il ne veut pas lui laisser ignorer qu'il ne fera plus un dessin. Lamy lui demande s'il a le projet de surenchérir. Moreau lui répond que non : qu'il est trop surchargé ; qu'il n'achètera qu'autant que la chose se vendra à bas prix. On met l'ouvrage sur table. Les libraires & les marchands sont sous le coup de la menace faite par Moreau de ne plus livrer de dessins. Lamy seul couvre les enchères d'un inconnu, mais il se laisse gagner au découragement & à la crainte de ses confrères. Et le nom de Moreau est jeté par cet inconnu à l'huissier priseur comme adjudicataire. Moreau devenait propriétaire pour 8,960 livres de 154 planches dont 5 n'avaient pas encore servi, de 5,598 épreuves dont 2,352 avant la lettre, & de 959 épreuves d'eau-forte. Et précisément à cette vente, la conduite de Cochin faisait contraste avec celle de Moreau. Cochin avait gravé les ports de mer en société avec Le Bas. Aux termes de l'acte de société, Cochin pouvait prendre la moitié des planches appartenant à Le Bas d'après l'estimation d'académiciens. Sa délicatesse se refusa à l'usage de son droit. Cochin ne voulut pas qu'on soupçonnât ses confrères de l'avoir favorisé. Il doubla la première enchère de prisée (1).

Les années 1788 & 1789 demandaient à Moreau les deux grands dessins de leurs grands événements : l'Assemblée des notables, & l'Ouverture des états-généraux. Et dans le commencement de la dernière année, l'artiste était nommé académicien, après avoir été agréé en 1780 (2). Il lui avait fallu attendre ce titre neuf années ; &

(1) Historique manuscrit de la vente de Le Bas, par Joullain.

(2) Voici les expositions de Moreau à partir de 1781 :

SALON DE 1781.

MOREAU LE JEUNE, agréé graveur du cabinet du Roi.

299. Cérémonie du sacre de Louis XVI.

Ce dessin a été ordonné par M. le maréchal duc de Duras, c'est le moment où Sa Majesté prononce le serment.

Estampe gravée d'après le même dessin.

L'estampe, de même grandeur que le dessin, a 30 pouces de long sur 19 de haut.

Dessin de l'Illumination ordonnée par M. le duc d'Aumont pour le mariage du Roi.

Cette vue est prise du bas du tapis vert, d'où l'on voit toute l'étendue du canal.

Dessin représentant Louis XV à la plaine des Sablons, passant en revue les gardes françoises & suisses ; l'instant est celui où les troupes défilent devant Sa Majesté.

Ce dessin a 1 pied de haut sur 2 pieds 3 pouces de long.

Trois études au pastel sous le même numéro, une tête de femme & deux de vieillards.

Le portrait de Paul Jones, dessiné d'après nature en 1780.

Vingt-neuf dessins in-4° des œuvres de J.-J. Rousseau, pour l'édition de Bruxelles.

Un cadre renfermant plusieurs dessins pour l'Histoire de France, gravés sous la direction de M. Le Bas, à qui ils appartiennent.

Autre cadre contenant cinq dessins in-8° pour les œuvres de l'abbé Métastase & une grande vignette pour mettre à la tête de la Description générale de la France ;

le sujet est l'établissement de l'ordre de la Toison d'Or par Philippe le Bon, duc de Bourgogne.

Une vue de l'Orangerie de Saint-Cloud.

Plusieurs dessins in-4°, sujets de la *Henriade*, qui formeront la première livraison des estampes proposées par souscription pour l'ornement des éditions de M. de Voltaire. Cette livraison paraîtra en janvier 1782.

Arrivée de Rousseau au séjour des grands hommes : sur le devant Diogène souffle sa lanterne. Cette estampe paraîtra au jour dans trois mois.

Plusieurs dessins & esquisses sous le même numéro.

SALON DE 1783.

306. Quatre dessins des fêtes de la ville à l'occasion de la naissance de Monseigneur le DAUPHIN.

Le premier, l'Arrivée de la Reine à l'Hôtel de Ville. Le second, le Feu d'artifice.

Ces deux dessins ont 27 pouces de long sur 17 de haut.

Le troisième, le Repas donné par la Ville à Leurs Majestés.

Le quatrième, le Bal masqué.

Dessins allégoriques pour la convalescence de Madame, comtesse d'Artois.

12 pouces de haut sur 9 de large.

Autre dessin allégorique. 14 pouces de long sur 10 de haut.

Douze dessins pour les œuvres de Voltaire, dont la collection est dédiée à S. A. R. Frédéric-Guillaume, prince de Prusse.

Fabricius recevant des députés au moment qu'il fait cuire ses légumes.

Ce dessin appartient à M. le duc de Chabot.

Fête projetée sur l'emplacement de l'Orangerie & de la pièce des Suisses pour la naissance de Monseigneur le Dauphin, en deux dessins de 33 pouces sur 13 de haut ;

ce n'était pas fans débats & fans conteftations que fe faifait fon élection. Le deffin qu'il avait préfenté dans la féance du 10 janvier ne fatisfaifait pas les académiciens qui s'ajournaient pour prononcer. Il en apportait alors le 19 avril un autre : *Tullie faifant paffer fon char fur le corps de fon père*, que tous s'accordaient à regarder comme très-fupérieur au premier ; & il était reçu, le 25 avril, fur la préfentation de fon

le premier repréfente le plan & la coupe fur la plus grande longueur, le fecond la vue perfpective prife de l'Orangerie.

Portrait de Madame de la Ferté.

1785.

285. Dix-huit deffins pour les œuvres de Voltaire.

Portraits, Deffins.

M. Renou, adjoint & fecrétaire de l'Académie de Rouen, confeiller de cour, & deffinateur du prince royal de Pruffe.

M. Martini, graveur.

M. Guillotin, docteur en médecine de la Faculté de Paris.

Mme Le Prince.

Mme Saugrain, graveur.

Mme de Corancès.

Deffins.

Caïus Marius qui, par fon feul regard, arrête le foldat qui veut le tuer.

Mort de Caton d'Utique.

Un cadre contenant quinze deffins pour les figures de l'Hiftoire de France, ouvrage dédié au Roi.

SALON DE 1787.

316. Un grand deffin repréfentant l'Affemblée des Notables. — Deffin ordonné par le Roi.

Autre repréfentant Tullie faifant paffer fon char fur le corps de fon père : il doit être gravé pour la réception de l'auteur. — Ce deffin appartient à Mme des Entelles.

Sept deffins deftinés à orner l'édition de Voltaire.

SALON DE 1789.

Quatre eftampes pour les fêtes de la ville.

Deffins.

Ouverture des Etats généraux du 5 mai 1789.

Conftitution de l'Affemblée nationale du 17 juin fuivant.

Tullie faifant paffer fon char fur le corps de fon père. C'eft le morceau de réception de l'auteur.

Patriotifme & fidélité au Roi. — Le 24 février 1525, Jean le Sénéchal, feigneur de Molac & de Carcado, capitaine de cent hommes d'armes, gentilhomme de la chambre de François Ier, fauva la vie à ce prince par le facrifice de la fienne. Voyant un arquebufier prêt à tirer fur le roi, il fe précipita au devant du coup & fut tué. Eftampe dédiée à M. le marquis de Molac, chef de nouvel-armes des grands fénéchaux féodés & héréditaires en Bretagne.

SALON DE 1791.

Deux cadres contenant dix deffins. Sujet tiré du Nouveau Teftament. Autre cadre repréfentant la proceffion d'Ifis.

Les deffins du frontifpice des Cérémonies religieufes.

Deux eftampes repréfentant les Etats généraux.

Un cadre contenant dix deffins. Sujet tiré du Nouveau Teftament.

Une tête de femme, deffin.

SALON DE 1793.

Deux cadres contenant chacun dix deffins pour les Evangiles.

SALON DE 1798.

Cadre contenant quarante-fept deffins faits pour une édition de Gefner.

Cadre contenant dix-huit deffins, Actes des Apôtres, pour l'édition in-8° du Nouveau Teftament de Saugrain.

Un deffin pour Anacharfis.

Un deffin repréfentant Régulus retournant à Carthage, pour les œuvres de Montefquieu.

SALON DE 1801.

Deux cadres renfermant plufieurs deffins in-8° pour les œuvres de Voltaire, édition de Renouard.

parrain Wille; encore lui manqua-t-il deux voix pour l'unanimité. Avec la Révolution, l'académicien de fraîche date devenait l'orateur des idées révolutionnaires de l'art dans les turbulentes féances de l'Académie. Il était de ceux qui le 6 février 1790 y parlaient, entre David & Giraud, avec le plus d'animation pour la révifion des ftatuts & l'égalité abfolue de tous les membres du corps académique. On le retrouve, s'exprimant avec la même énergie d'opinion, à l'orageufe affemblée du 6 feptembre 1790 où il emporte la nomination de la commiffion compofée de Pajou, Vincent, Miger, Lebarbier, Renou, & l'adjonction de feize affociés libres. Il eft encore parmi les quatre membres choifis parmi les « mieux parlants » qui doivent préfenter les ftatuts & règlements nouveaux au comité de Conftitution. La République de Voltaire, la République de Rouffeau paffe; & Moreau refte un révolutionnaire. Ce nom qu'il a mis au-deffous du Sacre, des Fêtes de 1782, de « l'Exemple d'humanité de la Dauphine, » du médaillon de la Reine foutenu par les tendreffes & la bonté, fon nom de deffinateur de cour, il n'a pas de fcrupule à le mettre au bas de la médaille gravée pour la *Commune des arts de peinture, fculpture, architecture & gravure*, conftituée le 18 juillet 1793 en vertu de la loi du 4 juillet 1793, de l'an II de la République françaife. Il figne la Minerve qu'un génie s'apprête à coiffer du bonnet rouge qu'elle tient fur fon poing. On trouve dans la collection de M. Mahérault un curieux deffin de Moreau vers cette époque : le coftume « du Français républicain » en redingote à crevés, chapeau à plumes, bottes molles, & le glaive fur la culotte (1).

SALON DE 1804.

Trois cadres contenant quarante deffins de la collection des œuvres de Voltaire.

Cadre renfermant 12 deffins, fujets tirés des Métamorphofes d'Ovide.

Cadre renfermant fept deffins, fujets de l'Enéide.

Séparation de Paul & Virginie, vignettes.

Sara préfente Agar à Abraham.

La maladie d'Antiochus.

SALON DE 1806.

Deux cadres renfermant douze deffins pour les œuvres de Racine.

Six deffins pour les œuvres de Boileau.

Trois deffins pour les Contes d'Hamilton : *le Bélier, Fleur d'Epine* & les quatre *Facardins*.

Cinq deffins pour les Confeffions de J.-J. Rouffeau.

Un portrait.

Stratonice ou la maladie d'Antiochus.

Les Adieux de Coriolan à fa famille.

SALON DE 1808.

Un cadre contenant foixante-huit deffins : trente pour Molière, douze pour Corneille, fix pour Greffet, deux pour Werther, quatre pour la nouvelle édition in-4° des Métamorphofes d'Ovide, deux pour le Mufée français de Laurent & Robillard ; l'un repréfente la peinture moderne, l'autre la gravure ; douze deffins pour l'Hiftoire de France.

SALON DE 1810.

Réception de S. M. l'Empereur à l'Hôtel de Ville, le 4 décembre 1809.

Fête donnée par la ville de Paris, le 10 juin, à l'occafion du mariage de Leurs Majeftés Impériales.

Ces deux deffins appartiennent à l'auteur.

(1) Rattachons à fes œuvres républicaines deux deffins, vendus à la vente du Defcamps (1868). Ces deux deffins, exécutés fur papier brun, avec le ciel complètement fabré de blanc & la foule noire indiquée à la Prudhon, repréfentaient la Fête de l'Être fuprême, l'un devant le palais des Tuileries, l'autre près du grand baffin du côté du Pont-Tournant.

De ce patriotifme, Moreau ne fut guère récompenfé par la Révolution. La Terreur lui fit perdre fes places, anéantit le capital ramaffé par fes économies, tarit fes revenus & fa fource de fortune en arrêtant les entreprifes de librairie ; & en 1797, il était obligé de prendre une place de profeffeur de deffin aux écoles centrales (1).

Cette place modefte & aftreignante, l'artifte la remplit confciencieufement. Il mit le porte-crayon à la main de plus de deux mille élèves ; & en fa qualité de grand-père profeffeur, il eut la fatisfaction de commencer au milieu de tant d'éducations celle du talent précoce d'un petit-fils, Horace Vernet, dont il montrait à tout le monde fur fa tabatière un *fixé* : un cavalier tirant un coup de piftolet, — œuvre des douze ans de l'enfant.

Mais fa place était fupprimée. Il reftait fans traitement, fans indemnité ; ce n'était que trois ans plus tard qu'une très-modique penfion lui était accordée. Il revenait alors forcément à fon crayon, à fon métier de vignettifte. Mais la Révolution avait paffé fur lui. Elle avait été pour Moreau comme pour tous les autres la mauvaife magicienne qui d'un coup de baguette lui a enlevé fon talent du dix-huitième fiècle. La décadence de l'artifte, fa chute foudaine, elle n'apparaît pas trop encore dans cet interminable *Nouveau-Teftament*, auquel il confacre une partie des années révolutionnaires, & qu'il n'aurait pas avant ces années plus réuffi que fon *Hiftoire de France*; mais elle étonne, elle afflige prefque dans ces deffins au courant de fon goût & de fon illuftration ordinaire : ce ne font plus des Moreau, ce font des biftres maigres, peinés, miniaturés qui ont la minceur & le fini pénible des Queverdo, des Chaffelat même. Sa tendance à arrêter fa forme dans la cernée d'un petit trait de plume, autre-

---

(1) A ce temps de fon profefforat fe rapporte une lettre de Moreau, qu'a bien voulu nous communiquer M. J. Boilly :

« Ce 23 brumaire an 5ᵉ de la République françoife.

« Citoyen Préfident,

« Je viens de lire la lifte des objets d'art que les commiffaires françois envoyés à Rome ont choifis pour être tranfportés en France, & les inftructions qui leur ont été adreffées à ce fujet par la claffe de l'Inftitut que vous préfidez : je n'ai point vu que dans cette nomenclature d'ouvrages célèbres, on ait défigné aucun de ceux qui font fortis du pinceau de Jules Romain ; & cependant, le nom de cet artifte figure avec affez de diftinction dans l'hiftoire des grands maîtres pour que l'on regrette de ne poffèder de lui au Muféum françois qu'un tableau peu capital. Aujourd'hui que ce Muféum va s'enrichir de tant de chefs-d'œuvre des écoles d'Italie, ne conviendroit-il pas d'y placer Jules Romain au rang qui lui donneroit une grande & jufte idée de fes talents. Les membres de la claffe des Arts de l'Inftitut fe rappelleront fans doute des tableaux de ce maître digne de fixer le choix de la commiffion ; j'oferoi cependant leur en indiquer un qui m'a particulièrement frappé & qui d'ailleurs eft à la difpofition du gouvernement romain ; c'eft le tableau du maître-autel de l'églife Sainte-Marie *dell'anina* : il repréfente une Vierge couronnée par des anges, avec faint Jofeph & faint Jacques & un autre faint qui l'invoquent.

« Je finirai ma lettre, citoyen préfident, par cette réflexion qui m'a encouragé à l'écrire : c'eft qu'elle ne peut être mal reçue des membres d'une fociété qui fait profeffion d'accueillir les idées bonnes & utiles, & qui, en rejetant celles qui ne le font pas, fait encore gré à leurs auteurs des motifs qui les leur ont infpirées.

« Je fuis avec refpect & fraternité, votre concitoyen,

« MOREAU, le jeune,
« *Profeffeur aux écoles centrales.* »

fois diffimulé, fauvé par l'efprit & le moelleux, en s'accufant chez lui de plus en plus avec les années, arrive à la féchereffe de ces deffins linéaires dont deux, datés de l'an III, ont pour fujet le *Départ d'un volontaire pour l'armée* & un *Enfant jouant avec un bonnet rouge*. Viennent des deffins toujours plus laborieux, des Enéides, fe traînant de loin derrière David ou derrière Prudhon. Et il va defcendant à de petites fuites d'images, où il femble voir tomber en enfance la fénilité de l'artifte, un Florian, un La Fontaine, délices des éditions de Renouard, que fe difpute le goût ignare des bibliophiles. Et enfin, comme fi le malheureux avait perdu tout fouvenir de lui-même, toute mémoire de fes petits chefs-d'œuvre, il ofait recommencer fon *Molière*, fes *Métamorphofes* ! Il ofait recommencer fa *Julie!* — Un moment il fait un effort, s'effaye une dernière fois à de grands deffins de cérémonies ; au falon de 1804, il expofe les fêtes données par la ville pour la paix de Vienne & le mariage de Napoléon, des fêtes qui, le catalogue nous l'apprend, ne font plus commandées, ni achetées.

En 1814, un des premiers actes du retour de Louis XVIII était de rétablir Moreau dans fon ancienne place de deffinateur du cabinet du Roi. C'était faire remonter le temps à l'artifte : & comme rajeuni par cette faveur, fa vieille tête fe montant, il rêvait de rentrer en fonctions par un ouvrage qui ferait au bout de fa vie le pendant de fon facre de Louis XVI : le facre de Louis XVIII. Mais il était attaqué depuis deux ans d'un mal incurable, d'un fquirre cancéreux au bras droit. Après deux douloureufes opérations, une troifième fut jugée impraticable ; & Moreau paffa les derniers mois de fa vie, n'ayant plus même la chère occupation de fa main pour fe diftraire des approches de la mort. Il mourait le 30 novembre 1814 (1).

L'artifte, — fon éloge & fa gloire eft dans un mot, le mot dit par les artiftes fur fa tombe : « C'eft un homme qu'on ne remplacera pas. »

L'homme, — il ferait injufte de le juger fur la figure de fon portrait (2), avec fa petite tête renfrognée & rogue, fon front entêté, fa bouche en avant & faifant la moue, fon phyfique grognon, la laideur de la ténacité découpée fur fon profil. Il était un père tendre, un ami chaud, un homme de bonté & de cœur ; mais d'enveloppe

---

(1) La Ruffie n'avait pas oublié l'artifte qui avait fait fes débuts chez elle. A fa mort, elle acquérait la plupart de fes planches. L'œuvre qu'il avait formée & qui remplit fept volumes à la Bibliothèque impériale, déjà reliée aux armes de l'empereur de Ruffie, allait partir à fa deftination, fans l'intervention de la fille de l'artifte. De Ruffie font également revenus les deffins pour le Monument du coftume vendus par M. Gigoux ces années dernières.

(2) Il n'exifte de Moreau qu'un portrait deffiné par Cochin & gravé par Saint-Aubin, dans la fuite de la *Société académique des Enfants d'Apollon*, fociété compofée de muficiens, de peintres mélomanes, dont Moreau a fait prefque tous les portraits : il a deffiné en outre, avec le fymbole d'une tête de foleil rayonnante, le billet d'entrée des concerts que la Société donnait le jeudi à l'hôtel Hubert, rue de Cléry, 96 ; M. Villers, dans fa notice fur *Jean-Baptifte Nini*, indique, mais avec réferve, un médaillon en terre cuite du modeleur comme le portrait de Moreau le jeune.

dure & rugueuse, d'apparence brusque, hérissé des vivacités, des brutalités d'une franchise qui ne savait rien cacher ni adoucir chez lui de l'impression ni de la pensée. Le charme social ne lui manquait pourtant pas ; d'immenses lectures avec lesquelles il avait refait une éducation un peu négligée, l'espèce de bibliothèque vivante qu'il était, cette mémoire extraordinaire & naturelle dans laquelle se rangeaient sans confusion les noms, les événements, les moindres dates; son amour de l'anecdote, des petits faits de l'histoire qui lui avaient valu de ses intimes le nom de *l'anecdotier*, le tour original qu'il prêtait aux choses en les racontant, le plaisir qu'il se voyait donner aux autres, l'animation qui lui en venait, dissipaient les restes de sa pesanteur trompeuse d'autrefois & le certain air bourru qu'il avait à froid : ses aspérités s'effaçaient, le causeur original arrivait à plaire, & l'on touchait dans cet esprit attrayant une âme sympathique.

Les quatre dessins, gravés à l'eau-forte, que nous donnons dans cette double livraison des vignettistes, sont : *Un homme de cour*, par Gravelot; — *la Séance du modèle d'homme à l'Académie*, par C.-N. Cochin; — *la Toilette*, par C. Eisen; — *Petite fille dormant dans son lit*, par Moreau le jeune. Ces quatre dessins font partie de notre collection.

DEBUCOURT

Tiré à 200 exemplaires.
Les planches, tirées par A. Delâtre, feront effacées après le tirage.

LYON
IMPRIMERIE LOUIS PERRIN
rue d'Amboife, 6

EDMOND ET JULES DE GONCOURT

DEBUCOURT

ETUDE

CONTENANT DEUX DESSINS

gravés à l'eau-forte

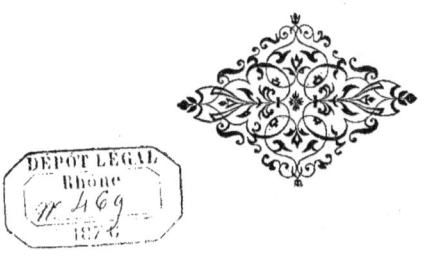

PARIS

E. DENTU, PALAIS-ROYAL, GALERIE D'ORLÉANS

1866

Droits de traduction & de reproduction reservés

I.

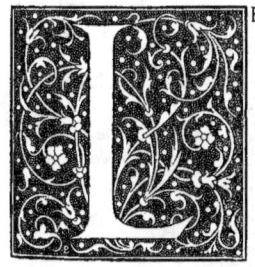E Palais-Royal, la *capitale de Paris*; le Palais-Royal, le « Salon des nations, » le rendez-vous de l'Allemand, de l'Espagnol, de l'Anglais, du Portugais, du Suédois; le Palais-Royal, « un diminutif du charmant tourbillon que Fontenelle apercevait dans la planète de Vénus; » le Palais-Royal que l'on devait visiter au moins une fois par jour, sous peine de heurter la mode & le bon ton; le Palais-Royal où le fameux médecin Dumoulin envoyait ses malades, par ordonnance, tous les matins, jusqu'à parfaite guérison; le Palais-Royal des cafés, du café du Caveau, du café de Chartres, du café Italien, du café mécanique, du café de Foy, du café de Valois; le Palais-Royal des hôtels, des billards, des restaurateurs, de la Taverne anglaise & de la Grotte flamande, du couvert espagnol & du salon chinois de Beauvilliers; le Palais-Royal, cet « abrégé de l'univers pour les nouveautés; » le Palais-Royal des brochures & des *Etrennes mignonnes*, des colifichets & des bijoux, des estampes & des tableaux, de Lenoir, d'Hamond, de Poixmenu, des fantoccini &

de la collection d'Adanfon, des horlogers, des fleuriftes, des faifeurs de portraits en filhouette ; le Palais-Royal des ombres chinoifes de Séraphin & du cabinet de figures de Curtius; le Palais-Royal des comédiens de Beaujolais & des Variétés amufantes; le Palais-Royal des entre-fols à fept louis par mois & des *trous de colombier ;* le Palais-Royal du marchand de marrons de Monfeigneur le duc d'Orléans & de la bouquetière de Madame la duchefse d'Orléans; le Palais-Royal de l'arbre de Cracovie, arbre de Dodone bourdonnant des nouvelles du monde, dont l'écrivain public du Palais-Royal, M. de Longueville, faifait fon *Hamadryade ;* le Palais-Royal où le vieux fuiffe Fribourg pourfuivait les poliffons jouant à la cligne-mufette, & chaffait parfois à coups de fouet « les ambulantes à la brune ; » ce Palais-Royal-là, le Palais-Royal du xvIII^e fiècle, — où le retrouver ?

Dans deux planches du peintre-graveur Debucourt.

La première de ces deux planches a pour titre : *Promenade de la gallerie du Palais-Royal* (1787) (1). C'eft le « promenoir en bois » avec fes pilaftres, fes arcades cintrées, fes réverbères fleurdelifés, les petits carreaux des cintres laiffant paffer le bleu du jour, & au-deffous, de feintes draperies rouges aux crépines dorées retombant fur des châffis de vitre. Là dedans, des boutiques de toutes fortes : fripiers, libraires, marchands de jouets, de portefeuilles, de fauciffons, l'efcamoteur & le fruitier, le faïencier & la lingère, fans compter les fpectacles forains : la Belle Zulima, & Judith tranchant la tête d'Holopherne. Mais la gravure ne nous montre que les numéros 162, 163, 164, 165, 166, étalant fous la main toutes les frivolités que vendent les petites Lolo : bijouterie, clincaillerie, éventails, jarretières, houppes, *pouponnes,* au milieu defquels vaguement s'aperçoivent des filhouettes de petits-collets rajuftant leur perruque auprès du comptoir. Devant les boutiques, c'eft ce qu'on appelait « la *bigarrure* » du Palais-Royal : le chevalier de Saint-Louis à côté du jeune officier, le clerc tonfuré auprès du commis, les quadrilles de familles provinciales & les vieux libertins à lorgnon, l'homme du bel air & le tout neuf débarqué de la *turgotine,* tous les allants & les venants de ce grand paffage de l'étranger & de la France, des perfonnages ridicules, des figures hétéroclites, de ces caricatures qu'attrappe & qu'affectionne le crayon du deffinateur, l'impertinence des petits bouts d'homme faifant jabot, les élégants à doubles breloques, le manchon fous le bras, fe careffant complaifamment le menton,

---

(1) Cette gravure, que Debucourt n'a pas fignée, porte au bas, au-deffus de la mention : *Vicq fculpt. Imprimé par Chapuy,* l'adreffe fuivante : *Cour du Louvre, la 5e porte à gauche en entrant par la Colonade, au premier.* C'eft l'adreffe du deffinateur & graveur de la planche. Un état du Louvre, dreffé vers 1794 nous donne le renfeignement fuivant : « Sixième département, angle de la cour à droite adoffé à la colonnade : Debucourt, 39 ans, peintre & graveur, trois pièces & une petite antichambre occupées par lui depuis douze ans & demi, obtenues à la follicitation de M. d'Angivilliers, » fans doute à la fuite de fon mariage avec la fille du fculpteur Mouchy. — Le *Mercure de France* (juin 1787) annonce ainfi la publication de la *Promenade du Palais-Royal* au prix de 12 livres : « Cette eftampe, du genre grotefque, a du piquant & de l'originalité. Les figures en font nombreufes, variées & divertiffantes. »

l'*anglomane* au tricorne infolent, cambré dans fa longue redingote à collet rouge, la cuiffe dans une culotte de peau de daim tendue, un fouet de baleine à la main, & l'éperon d'argent à la botte, des financiers « à col apopleétique, » à groffes perruques, à cannes à pomme d'or, à fouliers carrés, des *farauds* campés dans leur habit de *chyprienne* zébré des rayures au goût du temps, vertes & jaunes, & boutonné de ces grands boutons carrés qui portent, d'habitude, les lettres de l'alphabet. Des femmes paffent dans tout cela, à travers tous ces hommes, avec des regards *quêteurs*, des provocations, des mots qu'elles jettent, la bouche ouverte, aux paffants, des fignes de doigt qui font une menace ou un appel, des attaques qu'elles lancent avec un coup d'éventail, des rires qu'elles étouffent dans la fourrure de leurs manchons blancs de poils de mouton de Sibérie..... Tableau mouvant comme une optique que « ce camp des Tartares » au fond duquel rôdent, au bras d'une vieille, ces jeuneffes à jeun qu'on appelle des *cherche-dîners*. Mais au premier plan paffent les triomphantes, celles qui marchent à côté de la *Bacchante*, de la *Thevenin*, de la *Sultane*. On croit voir s'avancer dans la gravure toutes les célébrités de « l'allée Cythérée, » la groffe *Tonton-Minette*, *Dunkerque-la-Bique*, *Sainte-Marie-la-Pauvreffe*, fi bonne, fi donnante qu'elle eft réduite à emprunter des jupons à fes camarades, *Manon-Gogo*, la fille de la blanchiffeufe, *Latierce*, qu'on appelle la *Cavale*, au bras de *Beaujour-la-Boucaneufe*, *Afpafie Citron*, la blonde aux yeux bleus, ainfi baptifée pour avoir ruiné le fourniffeur des orangères. Celle-ci en redingote brune, coiffée d'un haut chapeau de feutre, fait fon marché, une badine à la main. L'une, en grande perruque poudrée & lui flottant dans le dos à la Confeillère, s'en va, mutine & fe rengorgeant dans fa peliffe bleu de ciel garnie de cygne; un laquais à la mode du temps la fuit, un de ces ridicules petits jockeys, dont ne peut fe paffer une fille, en vefte rouge, cheveux courts & rabattus fur le front, tenant fous le bras un carton prefque auffi grand que lui. Trois autres, bras deffus, bras deffous, forment un groupe enlacé qui fe balance en toutes fortes de pofes agaçantes & de gracieux penchements, & d'où part l'œillade de fix yeux noirs : trio charmant d'où fe détache, en avant, toute la perfonne de la plus jolie, en demi-redingote de taffetas couleur queue de ferin, le grand chapeau de taffetas noir couronné de plumes au-deffus de fon échelle de rubans; vraie figurine de la « demoifelle du bon ton » d'alors, la mouche au coin de l'œil, le décolletage voilé, le bouquet de rofes au fein, le corfage coupé voluptueufement en pointe, la taille *guêpée*, les deux chaînes de montre battant à la jupe, le petit foulier de gros-de-Naples bleu au pied. Toutes font rofes du rouge léger de la courtifane, & leurs petites mines apparaiffent perdues fous les chapeaux *bonnettes*, dans la folie de la mode, dans l'extravagance des boucles de leurs perruques & des poufs à la Chinoife, l'ampleur blanche des grands fichus menteurs, le voltigement des plumes & des rubans, le nuage des gazes, le bouillonné des fanfreluches, le falbalaffé du linon.

La feconde planche de Debucourt repréfentant le Palais-Royal s'appelle la *Promenade*

8

publique (1). Elle eſt ſignée D. B. & datée 92. Cette fois nous ſommes dans le jardin (2). Bien des choſes s'y ſont paſſées depuis 1787. Les maiſons de jeu y ont apporté leur fièvre, leur folie, l'argent qui roule à la débauche. Le Cirque s'eſt élevé ſur le miroir du gazon : on le voit dans le fond avec ſes pilaſtres & ſes jardins ſuſpendus, ſes vaſques & ſes jets d'eau. Et ſous les arbres plantés à la place des vieux arbres, confidents des rendez-vous de l'Opéra, dont on a fait des bières, ſous les arbres où Camille Deſmoulins a cueilli la verte cocarde de la liberté, c'eſt une foule, un coudoiement, le Longchamps à pied du plaiſir. L'allée de marronniers fourmille de monde, & juſque ſous les ombrages du fond on aperçoit une preſſe de promeneurs, des groupes mêlés d'où ſe détachent des perruques de robin & des calottes d'abbé. Au premier plan, les petits-maîtres en catogan font la roue dans leur haut collet noir, dans leur cravate de mouſſeline à trois tours, dans leur frac collant de caſimir écarlate, envoient des baiſers du bout des doigts, comme celui-ci qui eſt le duc de Chartres (3),

(1) On ſait le prix auquel la mode, revenant à ces planches hiſtoriques, les a fait monter en ces dernières années dans les ventes d'eſtampes. La *Promenade publique*, en état ordinaire, a dépaſſé des enchères de 200 francs. Une épreuve avant la lettre a été vendue 255 francs à la vente de M. Foſſé d'Arcoſſe. Il nous avait dit l'avoir payée quinze ſous ſur le pont Neuf !

(2) Une vue du jardin gravée en couleur & intitulée : *Promenade du jardin du Palais-Royal* avait déjà paru en 1787. Elle repréſente deux des quatre pavillons ovales en treillages qui exiſtaient alors au bord du baſſin rond, au milieu du quinconce de tilleuls. De l'un de ces pavillons qui était une ſuccurſale du café de Foy à l'autre qui lui ſervait de laboratoire, une tente de coutil à rayures bleues eſt tendue & donne de l'ombre aux conſommateurs attablés, aux perſonnes d'âge habituées à venir goûter la fraîcheur, regarder les poiſſons rouges du baſſin & les promeneurs. Moins fine, moins nuancée de teintes que la *Promenade de la Gallerie*, cette gravure un peu groſſière, pouſſée à la caricature, & où les groupes mal liés ne font pas foule, ne ſaurait être avec juſtice attribuée à Debucourt, dont elle ne porte du reſte ni la ſignature ni l'adreſſe.

(3) La ſuppoſition que tous les perſonnages de ces deux planches de Debucourt doivent être des portraits & des types, a une eſpèce de confirmation dans ce paſſage de *l'Ermite de la Chauſſée d'Antin*, que veut bien nous indiquer M. H. Vienne : « .... Il y a quelques jours qu'aſſis au coin de mon feu je m'amuſais à regarder deux anciennes gravures de 1778, dont une repréſente *une Promenade au Palais-Royal* & l'autre *une Soirée du Boulevard*. Au nombre de certains originaux qui ſe faiſaient remarquer à cette époque dans tous les lieux publics, j'eus la bonne foi de me reconnaître dans un petit groupe de jeunes gens paſſablement ridicules. L'intention maligne du peintre était pour moi d'autant plus facile à ſaiſir qu'il n'y avait alors en France que M. de Conflans & moi qui portaſſions nos cheveux coupés & ſans poudre, comme on les porte aujourd'hui. Cette petite découverte me fit un plaiſir extrême & me remit en mémoire une foule de circonſtances & de perſonnages qui auraient fort bien pu ne s'y jamais repréſenter. Les figures principales de ces anciennes caricatures avaient été touchées avec tant d'eſprit par Debucourt, que je retrouvais ſans difficulté les noms de tous ceux qu'il avait mis en ſcène... » Cette page de M. de Jouy a un autre intérêt que le renſeignement qu'elle donne : elle édifie ſur la façon dont les yeux des écrivains & des peintres de mœurs de la Reſtauration regardaient & étudiaient une gravure. La date de 1778 eſt fauſſe. *Une Soirée du Boulevard* n'eſt pas une ſoirée du boulevard, mais la promenade dans le jardin du Palais-Royal. Enfin, malgré la plus conſciencieuſe recherche, il nous a été impoſſible de découvrir, dans l'une ou l'autre de ces deux planches, une ſeule tête à cheveux coupés.

Ce qu'il y a de ſûr & de vrai, c'eſt qu'à côté de quelques portraits d'habitués hiſtoriques & populaires du jardin, tels que le duc de Chartres & le petit nain, il y a dans cette planche de Debucourt des ſouvenirs d'amitié ; par exemple, ce dernier groupe attablé, à droite, eſt un ménage avec lequel l'artiſte vécut dans l'intimité une partie de ſa vie. Il y a auſſi des vengeances. Ce petit vieillot ſi ridicule, entre ces deux caricatures de femmes, derrière l'habit écarlate, c'eſt la revanche du graveur contre l'ennui dont l'avait laſſé une famille provinciale.

ou bien regardent en fouriant comme celui-là, en habit d'amour, en frac rofe, en culotte rofe, un éventail à la main, fi indolemment allongé fur quatre chaifes. Des fouets fe plient fous tous les bras, des nœuds de rubans fleuriffent la tige des bottes. Des nabots, hauffés fur leurs pointes, font les jolis cœurs. Des jeannots en bonne fortune vont, béant, le tricorne étonné. Une rofe oubliée fur la paille d'une chaife marque un rendez-vous. Les nouvelliftes, autour d'une table, écoutent un habitué de l'affemblée militaire. Vefte rouge & la ferviette fous le bras, un petit garçon du café de Foy apporte deux glaces fur un plateau. Tout le Palais-Royal eft là, le Palais-Royal des fix cent trente-trois filles : le férail eft lâché. Les femmes entretenues, les courtifanes, les filles, laffes de fredonner en fe balançant fur une chaife à l'écart, défilent une à une, deux à deux, trois à trois. Elles font à la nouvelle mode : les robes à queue, « vrais balais du Palais-Royal, » laiffent voir maintenant, écourtées, les fins bas de foie ; l'extravagance des chapeaux a prefque difparu ; il y a des bonnets de linge, & des cheveux naturels frifés à l'antique, que relève feulement un ruban bleu. Partout, des toilettes envolées, légères, aériennes, gazes, linons, robes à tranfparents, couleurs gaies, vivantes, céleftes, qui avec du blanc, du rofe, du bleu, font éclater la mode tricolore. Vraie foire de volupté où des têtes d'hommes fe penchent fur le cou des femmes, où des matrones, pareilles à des fpectres, promènent des petites filles, où l'on voit, comme dans un mufée du vice, un échantillon de tous les coftumes & de tous les pays : là-bas, la grande belle Cauchoife ; ici, une petite femme à la jupe jaune, au corfage de dentelle noire, qu'on prendrait pour une *manola* de Goya ; plus loin, une négreffe qui eft peut-être l'*Efther*, « la noire parfaite » dont parle Rétif (1).

II.

Ces deux planches en couleur, on pourrait les appeler la bonne fortune de l'œuvre de Debucourt; & elles feront la fortune de fon nom. Par là, il aura fa petite immor-

(1) Le *Palais-Royal*. A Paris, 1790. — *Tableau du nouveau Palais-Royal*. Londres, 1788. — *Almanach du Palais-Royal pour l'année 1785*. Paris, Royer. — *Obfervations fur la deftruction de la promenade du Palais-Royal, lettre d'un Anglais établi à Paris*. Amfterdam, 1781. — *Tableau de Paris*, par Mercier, vol. VI & X, 1782-1789. — *Les Soirées du Palais-Royal...* contenant quelques lettres à une amie avec la converfation des chaifes du Palais-Royal. — *Sous l'arbre de Cracovie*, 1762. — *Lettre écrite du Palais-Royal aux quatre parties du monde*. Paris, 1785. — *L'Hamadryade du Palais-Royal*, par M. de Longueville, écrivain public. Amfterdam, 1780. — *Entretiens du Palais-Royal*, par Caraccioli, 1786. — *Requête adreffée à Monfeigneur le duc d'Orléans, par les demoifelles de Launay, Latierce, La Bacchante & autres, pour obtenir l'entrée du Palais-Royal, qui leur a été interdite*. — *Réponfe à l'auteur du fcandale du duc d'Orléans*, 1789. — *Nouveau tableau de Paris*, 1790. — *Almanach des adreffes des demoifelles de Paris, ou Calendrier du plaifir*. A Paphos, de l'imprimerie de l'Amour, 1791. — *Les Sérails de Paris*, an X. — *Magafin de modes nouvelles & anglaifes*, 1787-1788. — *Journal de la Mode & du goût, ou les Amufements du falon & de la toilette*, par M. Le Brun, 1790-1791.

2

talité; par là, il survivra à bien des petits peintres de son temps. Il leur survivra pour avoir sauvé & conservé l'*amusant* de la vie d'un temps, dans un genre de gravure peinte où passe, à travers la mécanique du procédé, la main d'un artiste, la touche qui fait jouer, sur le travail de l'outil, l'esprit de la gouache française.

L'agrément égayé qu'il demandait aux œuvres & aux traductions de l'art, le dix-huitième siècle l'avait, dès ses premières années, cherché dans la gravure en couleur. Reprenant la tentative d'un maître de Rembrandt, Lastman, un Allemand du nom de Leblond, après des essais en Hollande & en Angleterre, était venu à Paris apporter son procédé basé sur la théorie de Newton, & réduisant les couleurs à trois couleurs primitives, leur impression à trois cuivres. En 1735, il faisait graver par Tardieu une vierge de Carle Maratte qu'il ne voulait pas *mignaturer*, c'est-à-dire finir au pinceau avec des couleurs à l'huile comme les planches qu'il apportait d'Angleterre. Cet essai ne réussissait pas. La tentative était reprise par un homme qui avait travaillé sous Leblond, un Marseillais qui avait vu le travail des manufactures d'indiennes dans les rues de Marseille, l'ennemi des théories newtoniennes & l'auteur de la *Chroagenésie*, Gautier Dagoty, qui se mettait à chercher l'impression des tableaux en couleur au moyen de quatre planches & d'une palette de quatre couleurs : le noir, le bleu, le jaune & le rouge. Il gravait ainsi des paysages, des fruits, des fleurs, des coquilles, le *Dessinateur* & *l'Ouvrière en dentelle*, d'après Chardin; puis, comme son rival Robert, il se vouait exclusivement à la gravure de planches colorées d'anatomie. L'aspect triste & désagréable de ces planches, le noir de leur trame embouée comme d'essuyements de couleurs à l'huile, leur vernissage enfumé, leur ton verdâtre & jaunâtre de majolique, les condamnaient auprès du public. La plus grande cause de leur insuccès était attribuée, par les spécialistes, au peu d'habileté des graveurs français dans la *mezzo tinte*, cet art que Cochin avouait n'être pratiqué supérieurement qu'en Angleterre, & que M. de Mondorge disait abandonné depuis longtemps par nos artistes & nos imprimeurs français. C'est alors que Janinet, s'appliquant « à ce principe du nouvel art, » jetait dans le public des planches d'un aspect tout nouveau, entre autres le portrait de Marie-Antoinette (1774), très-supérieur à tout ce qu'avaient tenté dans ce genre Leblond & Gautier. Dès lors ce n'est plus à la vulgarisation du tableau, de la peinture à l'huile, que tend l'effort de la gravure : c'est à la multiplication du dessin colorié, au rendu du lavis qui avait trouvé déjà, pour ses manières monochromes de bistre ou d'encre de Chine, des fac-simile si exacts dans les nouveaux procédés de gravure au pinceau. La découverte des premiers inventeurs est alors reprise & perfectionnée : le graveur en couleur a quatre ou cinq planches de cuivre d'égale grandeur, qu'il a soin de faire raccorder exactement par le moyen de pointes fixées sur les marges en dehors de la gravure. Sur la première planche, il grave à l'aquatinte son sujet avec toutes ses valeurs. Les autres cuivres reçoivent les travaux qui doivent, cuivre par cuivre, imprimer les couleurs de la planche, un cuivre le rouge, un cuivre le bleu, un cuivre le jaune;

le vert fera fait par la fuperpofition du bleu & du jaune, & ainfi des autres couleurs compofées. Les noirs, les demi-teintes étant fournies par la première planche, les lumières pures feront données par le fond du papier laiffé blanc (1).

C'eft à cet art fi compliqué que Debucourt touchait avec la fcience d'un maître. Prefque du premier coup, avec fes premières planches à cinq cuivres, il efface fon prédéceffeur, fon rival Janinet, les Defcourtis à la fuite, & il défie d'avance toute la férie future de fes imitateurs. Avec lui, le fec de la gravure difparaît. Il diffimule ce grain plat & mécanique, cette efpèce de canevas de pointillé qui jufqu'à lui fait ces vilains deffous, froids, triftes, fales, tranfperçant l'enluminure & le coloriage des tirages. Le travail, le procédé, la manière & la peine de l'effet obtenu, échappent & fe cachent chez lui ; ce qu'il grave, les fcènes qu'il jette fur le cuivre, ont la légèreté, le jet du pinceau. Rien de dur ni de lourd dans fes ombres, dans fes fonds d'intérieur paftelleux, dans le nuageux de fes ciels : une fraîcheur d'aquarelle court à travers fes tons de fleurs & de fatin, les rofes, les jaune de paille, les gorge de pigeon. Les petites têtes délicatement modelées ont des taches de rouge éteintes comme fur un papier mouillé. Du moelleux des coftumes & des peliffes, de la douceur des blancs, il tire des tendreffes & des fatinages de ton qu'on dirait prifes à une robe de Netfcher. Les piqûres de lumière, les petits réveillons, les gais coups de jour, l'efprit, le pétillement, le joli & le vif de la touche, il les jette, il les fème par toute fa planche, avec le gras d'empâtement & la vivacité d'éclabouffure d'une gouache ; fi bien que l'illufion eft complète & que fa gravure, regardez-la encadrée à un mur : elle n'eft plus pour vous une gravure imprimée ; vos yeux croient s'amufer d'un deffin, & voient, dans l'épreuve, quelque chofe de la main même de l'artifte.

Il y a là un grand art de petit graveur. L'agrément de ces planches, l'illufion qu'elles donnent, cette harmonie qu'elles ont dans la vivacité & le bariolage, révèlent une fcience bien remarquable, un maniement bien habile & bien délicat des outils du graveur. Debucourt, en effet, a pouffé plus loin que perfonne le travail de fes deffous. Il s'y eft appliqué avec un foin, une légèreté de main, une maîtrife dans l'infiniment petit du procédé, qu'il eft intéreffant d'étudier, fi l'on veut lui rendre toute juftice, dans les effais bien rares à rencontrer de fes épreuves en noir. Il exifte un de ces tirages de la *Noce de Village*, où l'on peut voir, à l'état vierge, la fineffe des travaux, la tranfparence des tons dégradés, tout le piquant des petites touches dont les phyfionomies font éclairées. Mais peut-être où toute la délicateffe, toute la fpirituelle & confciencieufe dextérité de l'adroit graveur, fe révèlent le mieux, c'eft dans ces commencements de planches gardés par M. Jazet, travaux fragmentaires, parcelles

---

(1) *Lettres concernant le nouvel art de graver & d'imprimer les tableaux*, par Gauthier, graveur du roi en ce genre, Paris, 1749. — *Mercure de France*, juillet 1749.

— *Dictionnaire des arts de peinture*, &c., par Watelet Prault, 1792.

de fcène, qui nous font voir, pour ainfi dire, Debucourt gravant. C'eft d'abord un trait, un fimple trait mordu à l'eau-forte, fin comme le deffin d'une plume de corbeau. Dans ce trait, le *berceau* du graveur, auquel fuccédera plus tard la lourde roulette, s'attaque à un petit bonhomme, à une figure de femme, la careffe, la modèle, avec toutes les délicateffes & toutes les dégradations de l'ombre; & reberçant & regrattant, l'outil délicat & magique finit par étendre fur toute la planche une douceur d'eftompage. C'eft la manière noire, le procédé d'où font forties fes planches les plus réuffies, les plus peintes : le *Menuet de la Mariée*, la *Noce au Château*, l'*Almanach national*. Mais Debucourt ne s'en tient pas toujours à ce feul procédé : il le mêle & l'affocie à d'autres (1). Ainfi, dans la *Promenade publique*, après avoir fait les figures au berceau, il jette les grains réfineux de l'aquatinte fur les maffes, les terrains, les ciels; puis il fait mordre au pinceau les acceffoires, le feuillé, tout ce à quoi il veut donner le cerné d'une morfure à la teinte; heureux & dangereux mélange, qui fait merveille dans cette planche, mais qui, en envahiffant les gravures fuivantes, en s'y heurtant d'une façon trop vive & trop dure, en étouffant fous des morfures les demi-teintes de la manière noire, finit par perdre le talent de Debucourt.

La manière noire, c'eft, au fond, le triomphe & la fupériorité de fa gravure. Voyez dans fes effais, chez M. Jazet, la petite femme fur une chaife du *Menuet de la Mariée*. Du repouffoir d'une tache de noir, elle fort fur le blanc du papier avec le fini, le rendu, la fuprême & artiftique fineffe du plus fin lavis à l'encre de Chine : imaginez la réduction microfcopique d'un Reinolds. Car le graveur, chez Debucourt, rappelle l'art anglais & en vient. Il s'eft formé, on le devine, à l'école des gravures anglaifes. Comme la mode du dix-huitième fiècle français, il defcend & s'infpire du dix-huitième fiècle anglais. Et, — détail curieux & inconnu, — n'eft-ce pas dans une planche en couleur du Vauxhall de Londres qu'il trouva l'idée de peindre le Palais-Royal de Paris (2)?

III.

Debucourt avait commencé vers 1785 cette férie d'images de fon temps, images dont il eft à la fois le créateur, le peintre & le graveur. Trois rariffimes planches datées de cette année-là, — la *Porte enfoncée*, les *Amants pourfuivis*, *Suzette mal cachée* ou les *Amants découverts*, & la *Fille enlevée*, pittorefque barbouillis paffé à la vente Raifé (1864), — nous montrent fes débuts.

---

(1) M. Renouvier, dans fon *Hiftoire de l'art pendant la Révolution*, parle des planches de Debucourt comme de planches gravées au pinceau. Debucourt n'a ufé qu'accidentellement & partiellement de ce procédé.

(2) Drawn by Rolandfon, aquatinta by Jukes, engraved by Pollard, 1785.

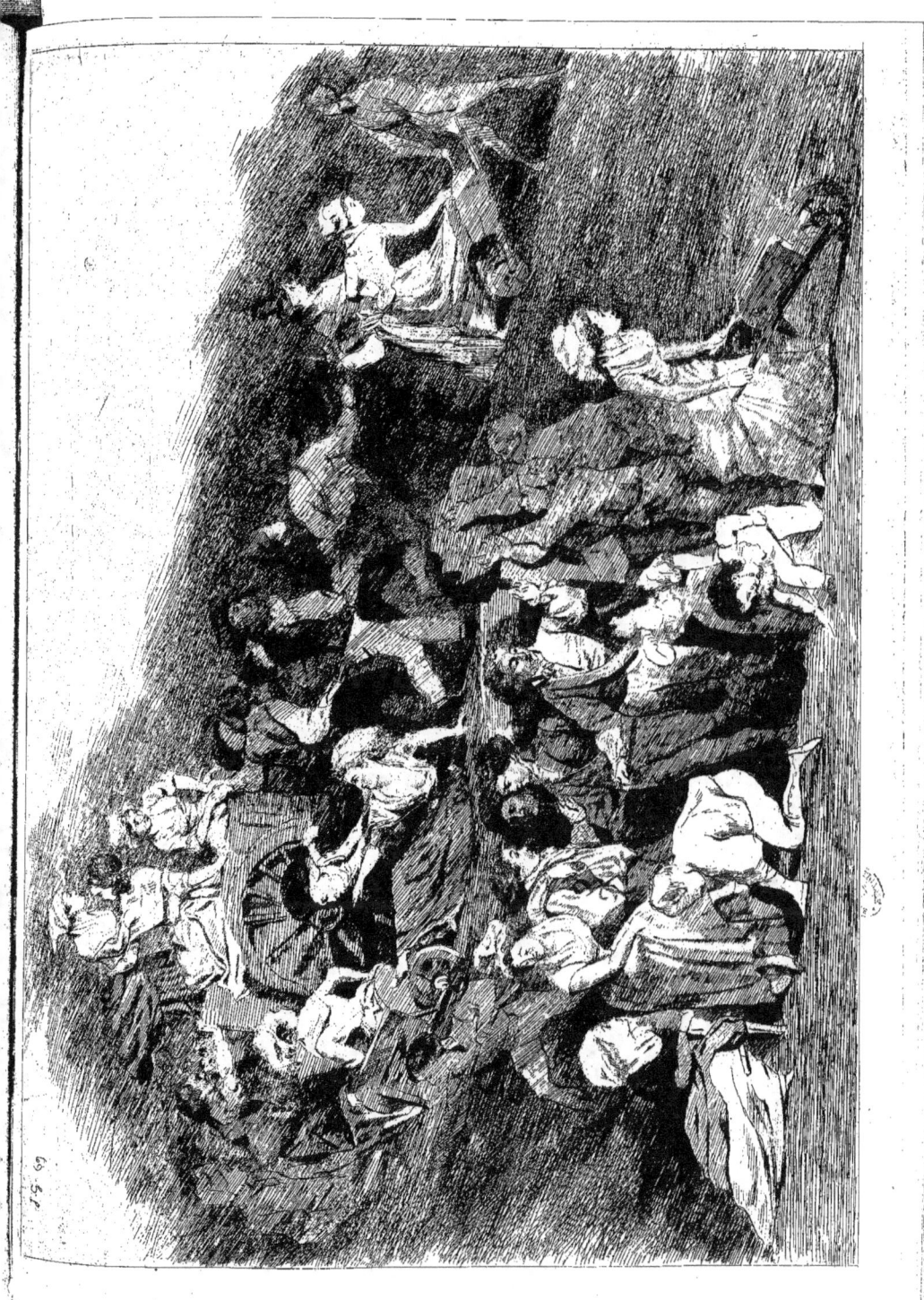

En 1786, il publiait les *Deux baisers*, gravés d'après son tableau de la *Feinte caresse* exposé au salon de peinture de l'année précédente, & le *Menuet de la Mariée*, un de ses chefs-d'œuvre. C'est une joie foraine, une espèce de kermesse à Salency, un petit tableau bien riant, bien clair, où un petit attendrissement à la Greuze se mêle à un fond de buveurs d'Ostade ; les belles dames de l'endroit sont assises ou debout avec leur petite figure balayée de l'ombre des dentelles de leur chapeau ; Jeannot le marguillier, Thomas le carillonneur, Lucas le magister & jusqu'au bon Guillaume, le père du joli Colin, tout le village fait cercle autour du gros & court bailli emperruqué, tout de noir vêtu, qui, rondissant la jambe pour la première danse, présente, sous son manteau, le poing à la main timide de la mariée, fluette, blanche, éblouissante, transparente, dans sa virginale toilette de villageoise d'opéra-comique.

En 1787, grande année de travail du graveur, outre la *Promenade de la gallerie du Palais-Royal*, Debucourt donnait au public la voluptueuse image de l'*Oiseau ranimé*, — un serin qu'une femme, en compagnie d'une amie qui lui rit sur l'épaule, s'amuse à faire revivre dans l'entrebaillement de son corset & la chaleur de son sein. Une autre de ses planches était l'*Escalade* ou les *Adieux du matin*; une autre, *Heur & malheur* ou la *Cruche cassée*, l'éternelle allégorie du joli péché, représentée ici par une Nicette à la fontaine, en chapeau de paille, rougissante dans l'ombre des bois & n'ayant plus de soulier qu'à un pied. Puis, la famille prenait place dans l'œuvre gravé de Debucourt avec le *Compliment* ou la *Matinée du jour de l'an*, une composition dédiée aux pères, qui montre le petit-fils en matelot, soufflé & pouffé par sa mère, récitant sa leçon aux grands parents, en regardant du coin de l'œil le polichinelle des étrennes à demi glissé de l'armoire (1).

En 1788, les joies de la famille reparaissaient dans le pendant pour les mères de la *Matinée du jour de l'an* : les *Bouquets* ou la *Fête de la grand-maman* qu'embrasse, pendue à son cou, une petite fille, tandis que le petit garçon cache un bouquet derrière la jupe de sa jeune mère (2). Puis venaient la *Main* & la *Rose*, les deux jardins à berceaux, à jets d'eau, à statues, les deux déclarations par de charmants hommes à de blondes amoureuses, mêlées de Paméla & d'Héloïse, déjà douces à leurs vainqueurs comme le mouton auquel en bas, dans le cul-de-lampe, un Amour met un bandeau sur les yeux.

---

(1) M. Renouvier (*Histoire de l'art pendant la Révolution*) cite, à la date de cette année, une allegorie à la mémoire de feu M. de Vergennes, que nous n'avons pas vue. L'incroyable rareté de quelques planches de Debucourt rend bien difficile un catalogue absolument complet de son œuvre en couleur. Notons, parmi ses pièces sans date & que les ventes ont vues à peine passer une fois : le *Songe réalisé*, & un « Recueil de têtes & de coiffures modernes » à l'usage des jeunes personnes qui « dessinent, » dans la manière de François & de Demarteau (les numéros 1, 5, 7, seulement). Vente de Lavalette, 1861.

(2) Une première idée de cette gravure, une esquisse peinte avec la touche grasse, libre, fouettée, de Fragonard, a été sauvée, par M. Jazet fils, d'un feu de châssis & de vieilles toiles brûlées par un domestique après la mort de Debucourt.

Debucourt datait de l'année 1789 la *Noce au château*, un de ces divertissements de châtelaine à la mode des proverbes de Carmontelle. Au bas de l'escalier d'une terrasse, pleine de saluts d'abbés & du jet des eaux sautantes, que garnit toute la société, la dame du château ouvre le bal avec le grand dadais de marié au gilet rose, en s'amusant & en souriant, au fond d'elle, de la gêne du villageois. Il donnait encore cette année la planche d'*Annette & Lubin*, souvenir du conte de Marmontel & de la comédie de madame Favart, qui porte en médaillon le portrait d'après nature des deux vieux amoureux de Cormeil en Parisis.

En 1791, tout le joli qu'il a su tirer de la gravure en couleur, il le met au service de la Révolution (1) dans l'*Almanach national dédié aux amis de la Constitution*, une de ses planches capitales, & l'une des plus artistiques de toute l'imagerie révolutionnaire. Qu'on se figure un grand socle construit avec les débris de la Bastille ; des deux côtés du socle, une chute de médailles de bronze où se lisent les noms des constituants législateurs ; au milieu une plaque de marbre d'où se détache un bas-relief bronzé, rappelant les lignes de Prud'hon, où l'on voit l'Assemblée nationale en Minerve, assise sur une chaise curule & traçant les lois constitutionnelles sur des tables soutenues par un cube, « emblème de l'égalité ; » au bas de la Minerve, le génie de la Liberté brûle les papiers, les parchemins, les ruines de l'ancienne France, & de l'autre côté, des enfants prêtent le serment civique. Sous le socle est l'almanach de l'année 1791, 3ᵉ de la Liberté. Et devant l'almanach, de petits groupes sur lesquels Debucourt a mis tout son esprit de dessin & toute sa gaîté de couleur, figurent le peuple & l'utopie, la rue & l'idée du temps : ici, un Français en uniforme national & un Anglais, pressés dans une embrassade amicale, invitent à une confédération fraternelle un Turc & un Indien, au milieu de l'enthousiasme qui agite les chapeaux au bout des cannes & des épées; de l'autre côté, un vieux vilain ménage d'aristocrates, médusé & faisant la grimace, tourne le dos à deux enfants, dont l'un est en petit grenadier de la milice, & qui montrent sur l'almanach la date du 14 juillet ; & le vieux ménage, en s'en allant, va donner dans un jeune ménage patriote, un mari en uniforme de la garde citoyenne donnant le

---

(1) La pente naturelle de l'artiste à la nouveauté & à la liberté, la reconnaissance pour le nouvel état de choses qui avait élevé son père au commandement de la milice nationale de la Chapelle, font de Debucourt un des dessinateurs & des graveurs des hommes & des choses de la Révolution. Il publie le portrait de Louis XVI, du Louis XVI de la patrie, en pied & en buste, le portrait de Lafayette, le brillant portrait en habit écarlate de Louis-Philippe d'Orléans. Il donne, en messidor de l'an II, les figures de la Liberté, de l'Egalité, de l'Unité & de la Fraternité. Indépendamment de l'*Almanach national dédié aux amis de la Constitution*, il invente le décor du *Calendrier républicain de l'an III*, la Philosophie, sur une montagne au bas de laquelle retombent les grenouilles du Marais, présidant à l'année qui commence par ces nouveaux saints : *Raisin, Safran, Châtaigne*... Il dédie aux Français le jeune Barra. Il grave la montre des dix nouvelles heures républicaines, le cadran de la nouvelle division du jour décrétée par la Convention nationale, au bas duquel il donne son adresse, Cour du Vieux Louvre, *la porte rouge*, au 2ᵐᵉ. Et même, dans les scènes de famille, où la morale de la République cloître les artistes, il introduit le patriotisme, met l'écho de la patrie dans l'enfance, place dans ses mains le fusil des pères, & coiffe les petites filles du bonnet de grenadier dans le rire des mères.

bras à fa femme en lifant quelque catéchifme du citoyen. C'eft là, dans ce petit coin charmant & pétillant de fa gravure, que Debucourt a jeté, en jolie poiffarde, la Preffe de la Révolution : au milieu de tous les journaux expofés fur deux bancs, au milieu d'un étalage de rubans, de fleurs, d'infignes patriotiques enroulés à des baguettes, pareils à des thyrfes de cocardes, une marchande de papiers-nouvelles est campée; coquette & débraillée, la fanchon jetée fur le bonnet dénoué, le fichu entr'ouvert, le tablier blanc fur la jupe, la jupe retrouffée fur le jupon bleu, les pieds fur des brochures antipatriotiques déchirées, elle aboie le journal, elle tend le papier : on l'entend crier le *Décret pour l'émiffion des nouveaux affignats*.

IV.

Là s'arrête & finit le Debucourt du dix-huitième fiècle, le Debucourt de la *gravure-gouache*. Les planches qu'il continue à publier, comme l'*Heureufe Famille*, la *Bénédiction paternelle* (1795), &c., ne femblent plus lavées ni peintes. D'autres, comme *la Rofe mal défendue*, deffinée en 1791, comme *la Croifée*, *Il eft pris*, au bas de laquelle il met : « Gravé par un procédé nouveau découvert par l'auteur en 1792, » ne reffemblent plus, avec leur pointillé de couleur, qu'à de mauvais Bartolozzi (1). Debucourt n'eft plus dès lors que le Debucourt du Directoire & de l'Empire. De la gaîté qu'il avait jetée dans fes tableaux de mœurs, il gliffe à la bouffonnerie, au grotefque. Il defcend & tombe dans la mode & le rire de l'époque, en pleine caricature.

Tout alors, difons-le, pouffait à cette groffe ironie du deffin la main d'un artifte doué comme Debucourt de la malice de l'obfervation. Le fens deffus deffous d'une révolution, le pêle-mêle de la fociété, l'aventure inouïe des fortunes, faifaient de ce monde un carnaval de gens, de figures, d'habits, de tournures. On eût dit que le corps humain avait perdu l'harmonie & le férieux de fes lignes. Les falons reffemblaient à un gros mardi gras de ftatues antiques, à une parodie de modèles de David. Les modes caricaturaient encore la caricature de ces filhouettes de parvenus : les tailles fous le fein, les collants à l'Elleviou, les fracs, les culottes écourtées, les robes plaquées, étaient là pour accufer impitoyablement le contrafte des gras & des maigres, mouler la pléthore & l'étifie, deffiner fans pudeur le cauchemar d'un Trénis accroché à une madame Angot. A peine fi Debucourt eut befoin d'un verre groffiffant pour

---

(1) Citons ce pauvre retour à la gravure en couleur, en 1801, par huit planches pour *Héro & Léandre*, de fon ami le chevalier de Querelles.

jeter la charge de cela au milieu de l'épidémie caricaturale qui féviffait alors en France (1).

Dans cet entraînement à la groffe farce gravée, Debucourt ne revient guère à la vraie peinture de mœurs que dans fa planche de Frafcati, le café des élégances de l'Empire. Il nous a gardé là ce fpectacle perdu d'un lieu de plaifir légendaire; le grand falon avec fon décor pompéien, les frifes à hippogriffes, les victoires volantes en char au-deffus des portes, les lambrequins de théâtre, les ftatues de flûteufes, les tuyaux de poêle mofaïqués, les luftres avec leur maigre quinquet au milieu des criftaux, les garçons en poudre & en tablier blanc apportant des glaces, les chaifes du dos defquelles retombent des écharpes rigides avec un pliffé droit de chlamyde, des hommes en bottes molles, des hommes en chapeau rond avec des habits carrés encore taillés par les cifeaux du Directoire, des femmes vêtues de lâches & de libres étoffes collées & filant fur elles en plis mouillés, des femmes au bras de grands perfonnnages en bas de foie & en habit brodé, la taille courte, le diadème dans les cheveux, de longs gants blancs jufqu'au coude, traînant leur queue avec une majefté de tragédie, — tout eft deffiné d'après nature; Debucourt n'a pas befoin de le dire au bas de la planche : on fent le temps, & c'eft une page de la petite hiftoire que fon Frafcati.

Un hafard que cette planche; car l'artifte original ne s'appartient prefque plus depuis longtemps déjà. Le graveur-peintre n'eft plus guère, depuis le Directoire, que le vulgarifateur de fon ami Vernet, le graveur de fes faciles improvifations, le graveur qui interprétera jufqu'à la fin, avec fes doigts de vieillard, les deffins & les fcènes, les caricatures & les chaffes, les militaires, les attelages, les chevaux, les routes, prefque tout l'œuvre de ce Carle qui favait bien devoir tant à fon graveur, lorfqu'il lui écrivait : « ..... Croyez au véritable attachement que je porte à votre perfonne & à la vénération *reconnaiffante* que j'ai pour votre talent, je dis reconnaiffante car fans vous mon faible favoir-faire ferait refté dans un cercle étroit dont vous avez centuplé la circonférence (2). » Le refte, la fin de fon talent, Debucourt l'ufe à ce métier. Et ce n'eft pas fans trifteffe, qu'au bout de cet œuvre, commencé avec tant d'efprit, & fi pimpant aux premières pages, vous trouvez de féniles imageries, des fcènes de brigands dans la neige, qui ont l'air d'illuftrations pour un mélodrame de Ducray-Duménil.

(1) Il publiait dans ce genre le *Turcaret du jour*, la *Promenade*, les *Cerifes*, l'*Efcarpolette*, *Au foir*, le *Prétexte*, la *Correfpondance fecrète*, les *Vifites*, le *Premier jour du dix-neuvième fiècle* (1801), la *Femme & le mari* ou les *Époux à la mode* (1803), les *Courfes du matin* ou la *Porte d'un riche* (ventôfe an XIV), l'*Orange* ou le *Nouveau jugement de Pâris*, la *Danfomanie*, la *Mufique* (1809), le *Carnaval* (1810), les *Gaftronomes affamés*, la *Fin des Gaftronomes*, & encore l'*Hiver* ou le *Mari*, le *Printemps* ou les *Amants*, la *Coquette* & fes *Filles*, les *Petits meffieurs*, les *Galants furannés* ou les *Petits papas*; l'*Innocence du jour*, le *Baifer à propos de bottes*, le *Coiffeur*, le *Tailleur*, &c., &c.

(2) Carle Vernet finit cette lettre en lui parlant de deux deffins qui font terminés, & lui demande s'il veut les prendre dans fes promenades à Paris, ou bien s'il faut qu'il les laiffe au café de Foy, « où leur ami M. Lenoir aura la complaifance de les garder. » (Lettre communiquée par M. Jazet.)

V.

Une étude fur Debucourt ne ferait pas complète, fi elle ne s'arrêtait un moment à fa peinture. Nous favons bien que dans la déconfidération où était tombée, fous l'Empire & fous la reftauration, la peinture du dix-huitième fiècle, Debucourt n'ofait plus fe qualifier du nom de peintre, & qu'il prenait l'humble titre de Debucourt le graveur. Mais devons-nous oublier comme lui & retrancher de fon talent ces productions qui le faifaient agréer dès fon début par l'Académie, & dont la critique du temps difait : « Petits tableaux de grande manière, d'une touche favante & d'un fini précieux ; ils réuniffent une grande connaiffance du clair-obfcur, la lumière y eft difcrètement ménagée & les effets en font doux, harmonieux (1). » Et c'était encore la même année les *Réflexions joyeufes d'un garçon de bonne humeur* qui, trouvant les débuts du jeune peintre auffi heureux que ceux de Hue, ajoutaient : « Ses tableaux font d'un ton qui tient aux grands maîtres qu'il a envie d'imiter, mais les figures reffemblent un peu à la porcelaine & ne font pas toujours correctement deffinées. Au refte, le public attend beaucoup de ce jeune artifte qui n'a que 26 ans. » Le peintre, on le voit, fi méconnu, fi ignoré aujourd'hui, attirait l'attention dès fa première expofition (2), & à l'expofition

---

(1) Panard au falon, 1781.

(2) Voici la lifte des expofitions de Debucourt :

1781. — *Le Gentilhomme bienfaifant*. — Un feigneur ouvre fa bourfe pour foulager une famille dont le père expire dans l'inftant que l'on vient, pour dettes, enlever les meubles de la maifon (20 pouces de large fur 17 de haut).

L'Inftruction Villageoife (15 pouces de large fur 12 de haut).

Le Juge de Village (même grandeur).

La Confultation redoutée (de 13 pouces fur 11).

Plufieurs petits tableaux fous le même numéro.

1783. — *Vue de la Halle*, prife à l'inftant des réjouiffances publiques données par la ville, le 21 janvier 1782, à l'occafion de la naiffance de Monfeigneur le Dauphin (3 pieds & 8 pouces de large, fur 2 pieds 9 pouces de haut).

Un Charlatan (8 pouces de large, fur 6 de haut).

Deux petites fêtes (même grandeur).

Plufieurs petits tableaux fous le même numéro.

(Il expofait la même année au falon de la Correfpondance de la Blancherie : *Intérieur d'un ménage flamand*, du cabinet de M. le comte de Coffé.)

1785. — *La feinte careffe*. — Un vieillard fourit en regardant le portrait de fa jeune époufe qu'il fait peindre tirant le fien en médaillon, tandis qu'appuyée fur fon épaule, elle lui careffe la joue, & profite de fa folle confiance pour gliffer un billet au jeune artifte qui lui baife la main (15 pouces de large, fur 12 de haut).

Autres tableaux fous le même numéro.

Debucourt, tout entier à la gravure en couleur, n'expofe pas les années fuivantes. Il ne reparaît au falon qu'en l'an XII (1804), avec une gravure : le *Chaffeur au tir*, d'après Carle Vernet. Dans les falons qui fuivent, outre fes gravures, & un effai de lithographie (1819), voici les tableaux qu'il expofe :

1810. — *La Confultation*, les *Voyageurs*, le *Colin-Maillard*, un *Ermite diftribuant des chapelets à de jeunes filles*.

1814. — *Un Médecin confulté par une jeune fille*, une *Fête de village*, un *Charlatan* (deffin).

1817. — *Une Proceffion dans un village aux environs de Paris*, un deffin.

1824. — Le *Lendemain d'une noce de village ou la pré-*

suivante, au salon de 1783, sa « Vue de la Halle à l'instant des réjouissances publiques données en 1782 à l'occasion de la naissance de Monseigneur le Dauphin, » obtenait, des brochures & des critiques, l'honneur d'une discussion accordée aux peintres les plus connus, aux morceaux les plus en vogue. *Changez-moi cette tête* ou *Lustucru au salon* lui reconnaissait une grande facilité, une touche spirituelle, & ne blâmait dans son tableau qu'une infinité d'échos de lumière du même ton sur tous les plans, un dessin mesquin dans les figures, & surtout dans les extrémités. *Sans quartier au salon* trouvait la scène pleine de détails intéressants, les figures fines & spirituelles. Mais il en critiquait la couleur générale froide « quand on la consulte dans le miroir convexe. » Il reprochait à Debucourt, après avoir fait une si grande étude de Téniers, « de ne rien rappeler de sa palette, » de n'avoir que l'esprit de sa touche, & d'abuser de cet esprit. Du reste, il reconnaissait le succès de la composition, faite pour amuser tout le monde, & pour donner au public l'illusion d'être à Vaugirard, ou dans une rue de la Courtille. Le *Songe* faisait une allusion moqueuse à l'habitude du peintre de peindre ses figures d'après des petites poupées en bois ; & interrogeant les personnages du tableau, il leur mettait dans la bouche cette satire : « Not' maître a été au chantier de la Boule-Rouge acheter une voie de bois noir ; il en a fait de petits bonshommes, tant bien que mal, quelques-uns d'après un bon vivant qui est mort depuis longtemps qui s'appelait Te... Téniers ; quelques autres d'après son imagination ; il les a pris pour modèles & nous v'la. De cette affaire, j'avons des maisons de bois, des têtes de bois, des habits de bois, des voix de bois... » Enfin le critique de la brochure *Messieurs, ami de tout le monde*, écrivait : « Ses petits tableaux sont toujours charmants ; effets de lumière piquants, touche hardie, fini du précieux le plus séduisant, tout se joint au faire le plus agréable & souvent très-savant. La *Halle* renferme des vérités de détail sans nombre & sûres de plaire ; mais toutes ses maisons ont l'air de tomber. Au reste, il serait cruel de traiter

---

sence de la Mariée, intérieur d'une ferme : danse de paysans.

En 1829, il expose à la salle Lebrun un trait d'humanité de Louis XVI, peint en 1785. Guyot a gravé en couleur ce tableau de Debucourt. Debucourt a encore été gravé par Legrand : *Réception du décret du 18 floréal* avec les trois états apportés par les trois changements de gouvernement ; par Moitte : les *Voisines laborieuses ;* par Robinson : l'*Heureuse Famille ;* par Leveau : le *Juge ou la Cruche cassée*, sujet dont Debucourt s'est amusé à faire une eau-forte, la seule qu'on connaisse de lui.

Debucourt, on le voit, n'expose de dessins que sur la fin de sa vie. Ses jolies planches du XVIIIe siècle font rêver des gouaches qu'il aurait traduites par la gravure : mais les ventes depuis vingt ans, toutes les collections ne nous ont pas montré un seul dessin de ce genre & de ce temps. Faut-il croire que c'était sur ces tableaux qu'il se gravait, comme la planche des *Deux baisers* gravée d'après la *Feinte caresse* donnerait à le penser? ou bien ne faisait-il que des croquis? Quoi qu'il en soit, les dessins de Debucourt d'avant le Directoire & l'Empire, les dessins entièrement purs, assez signés pour le faire pour n'être pas confondus avec des Greuze ou des Fragonard, ces dessins sont d'une singulière rareté ; & nous ne saurions en citer que trois : une étude de la vieille Annette pour le petit médaillon en bas d'*Annette & Lubin*, chez M. Jazet ; une esquisse à l'encre de Chine, chez M. de Chennevières, qui semble la première idée de la gouache de Paignon-Dijonval : une femme assise près d'un poêle, aveuglée par la fumée, tandis qu'un jeune homme embrasse sa fille ; & un autre grand dessin gouaché : les travaux pour la fédération du Champ-de-Mars, chez M. Delbergue-Cormont, présentant tous les caractères de dessin & de coloris du petit maître.

févèrement un artiste estimable qui donne de si belles preuves de ses talents. Quel est celui qui eût fait d'aussi charmants tableaux, après avoir perdu une épouse aimable & chérie, qu'il a possédée si peu de temps ? Je m'étonne même que l'artiste ait pu être assez maître de sa douleur, pour donner encore à son art des moments si bien employés. »

Tel est l'ensemble des jugements sur la peinture de Debucourt. Sans doute il y a à rabattre des éloges donnés par le goût du temps à ces petits tableaux de cabinet qui ont la minceur des procédés de l'artiste, la petitesse des pinceaux microscopiques, des vessies minuscules que Debucourt faisait préparer pour son usage particulier. Mais s'il est de l'école porcelainée des Boilly, des Wille, des Taunay, des Defrance, si le vernissé de sa peinture la fait comparer par une critique du temps à un panneau de carrosse (1), il est juste de reconnaître qu'il sait conserver là-dessous un peu de la blonde chaleur du coloris français, un fond de claire harmonie, sur lequel il fait agréablement tapager le bouquet de tons de l'éventailliste & le papillotage des jolies couleurs. Dans presque tous les tableaux des petits peintres de son école, en dépit du luisant, de la recherche du brillant, la couleur est noirâtre ; il y a une froideur & une sécheresse de lumière qui n'a jamais le jour ni la tiédeur du ciel : Debucourt, lui, est lumineux. Il est lumineux comme s'il y avait du lait dans sa pâte. Il cherche & trouve la blancheur, qui est sa note favorite, dans une sorte de rayonnement crémeux qu'il endort ou fait éclater toujours sur du blanc, sur le blanc d'une femme, d'une robe, dont il aime à faire le milieu & comme le cœur de son tableau. Cet éclairage nacré avec des bleuissements si fins, est sa signature ; c'est ce qui le fait reconnaître à première vue, & ce qui le distingue de ses camarades & de ses confrères en pastiche flamand. Un caractère encore le particularise : l'accent de ce Français qui refait des Téniers à la mode du dix-huitième siècle n'est pas tout à fait français. Quelque chose encore là, dans les tableaux de Debucourt, sent l'Angleterre, & quand on les regarde, il vous revient peu à peu involontairement un souvenir de Wilkie.

Il est bien entendu qu'ici nous ne jugeons pas Debucourt sur ces grandes mauvaises toiles de l'Empire, sur ses grossissements lâchés de ses premières kermesses, toiles vides & plates qu'on dirait délavées des tons de la peinture à la colle & maigrement relevées çà & là comme par des piqûres de trait de plume. Pour le goûter, l'apprécier, il faut le voir dans son bon temps, dans son vrai cadre, dans ces petits morceaux, assemblées de village, danses, scènes de charlatans, à peine grands souvent comme un dessus de tabatière. Il faut aller le retrouver dans un petit bijou entrevu par nous, sous le marteau du commissaire priseur à une vente près du Château-d'Eau, & que nous avons été heureux de revoir chez M. Jazet. Dans un porcelainage gras, doux & large, sous un ciel d'une limpidité émaillée, rosé de petits nuages volant sur des pâleurs de bleu, une

(1) Entretiens sur les tableaux exposés au salon de 1783.

noce de village joue, chante, danse & boit. Une goutte de lumière semble tombée du verre d'eau de Rembrandt dans le fond du cabaret sur les buveurs; une ombre molle glisse d'une tente sur le ménétrier, sur les groupes attablés; & du fond plein de foule se lève un petit coup de jour argenté qui rappelle, en écho mourant, cette clarté d'un lis dont la délicieuse petite femme du premier plan a sa robe toute pleine. Une petite perle, — voilà ce tableau.

VI.

Debucourt était né en 1755 (1) d'une honnête famille bourgeoise. Sa mère avait ses parents dans le commerce. Son père était huissier à cheval au Châtelet. En 1789 il se trouvait procureur fiscal à la Chapelle-Saint-Denis. L'on a de lui, datée du lendemain de la prise de la Bastille, le 15 juillet, à huit heures du matin, une demande, comme commandant en chef de la milice bourgeoise, à Messieurs les électeurs de Paris, de deux cents fusils pour armer ses hommes & assurer l'approvisionnement de la capitale. Poussé par le goût de la peinture, son fils Philibert était entré dans l'atelier de Vien; mais une certaine indépendance de caractère, une vivacité d'originalité, un précoce entraînement vers les petits maîtres flamands, faisaient vite abandonner au jeune homme les leçons & l'atelier du précurseur de David.

Il épousait à vingt-six ans une fille du sculpteur Mouchy (2), qui l'apparentait avec

---

(1) « Paroisse Saint-Nicolas-des-Champs. Le 13 février 1755, a été baptisé Philibert-Louis, né d'aujourd'hui, fils de Jean-Louis Debucourt, huissier à cheval au Châtelet de Paris, & de Marie-Luce Dieu, son épouse, demeurant rue Saint-Martin, le parrain Philibert Petit, marchand galonnier, demeurant rue Saint-Denis, de cette paroisse; la marraine Marie-Edmée Dieu, épouse de Judocus Couvent, marchand fabricant d'étoffes, demeurant rue Saint-Sébastien, paroisse Sainte-Marguerite, cousine de l'enfant, lesquels ont signé. » (Communiqué par M. E. Bellier de la Chavignerie.)

(2) « Paroisse Saint-Germain-l'Auxerrois. Du 29 janvier 1782, sieur Philibert-Louis de Bucourt, peintre, âgé de vingt-six ans & demi passés, fils de sieur Jean-Louis de Bucourt, procureur fiscal & de dame Marie-Luce Dieu, d'une part. Et demoiselle Marie-Elisabeth-Sophie Mouchy, âgée de dix-neuf ans & demi passés, fille de sieur Louis-Philippe Mouchy, sculpteur du roi, & de demoiselle Elisabeth-Rosalie Pigale, d'autre part, de droit & tous deux de fait aux galeries du Louvre de cette paroisse, ont été mariés de leur mutuel consentement par moi, soussigné, prêtre vicaire de cette paroisse, après que les fiançailles & publications de trois bans ont été faites en cette église, du consentement & en présence des père & mère du mari. Et encore du consentement & en présence des père & mère de la mariée, comme aussi en présence de sieur Adrien de Bucourt, marchand mercier, rue Saint-Honoré de cette paroisse, cousin du marié; de sieur Charles Le Dreux, bourgeois de Paris, rue Saint-Germain de cette paroisse, cousin du marié; de sieur Jean-Baptiste Pigalle, chevalier de l'ordre royal de peinture & de sculpture, rue Saint-Lazare, paroisse Saint-Pierre de Montmartre; de sieur Christophe-Gabriel-Allegrain, adjoint-recteur de l'Académie royale de peinture & sculpture, rue Meslée, paroisse Saint-Nicolas-des-Champs, tous deux oncles de la mariée, lesquels nous ont attesté le domicile, la liberté & la catholicité des contractants sous les peines portées par les ordonnances & déclarations du roi. Et ont signé : Debucourt, Mouchy, Pigalle, Le Dreux, Allegrain, Granchez vicaire. » (Archives de l'Etat civil de Paris.)

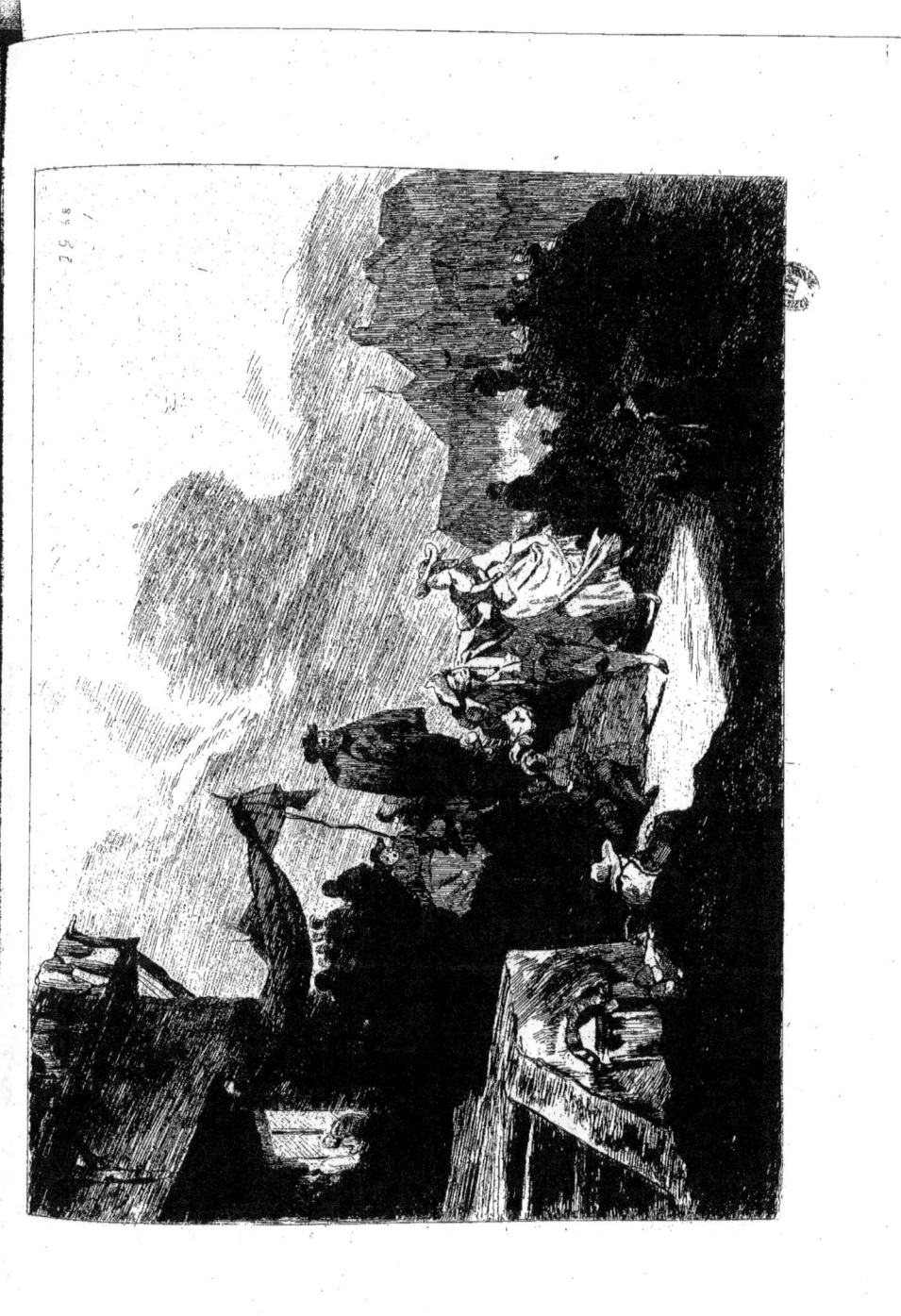

ſes deux oncles Pigalle & Allegrain. Courte union que briſait au bout de quinze mois la mort de la jeune femme (1), lui laiſſant un fils. Ce fils, dont Debucourt a deſſiné le portrait aimé & la ſilhouette élégante dans le jeune homme à l'orange du *Jugement de Pâris*, mourait en 1801 dans l'apprentiſſage de ſon art & le début d'un talent qui s'annonçait déjà. L'iſolement où cette mort laiſſait le père lui faiſait épouſer, près de la cinquantaine, mademoiſelle Marquant (2), tante de M. Jazet qui entrait alors dans l'atelier de Debucourt pour apprendre l'aquatinte. La famille Jazet conſerve de cette ſeconde femme de Debucourt un curieux portrait à la mode du Directoire, deſſiné & paſtellé par le mari futur. C'eſt une figure de femme de quarante ans, l'œil noir, le nez aquilin, les coins de bouche retrouſſés, avec cet air de bonhomie fine & de malicieuſe bonté qui ſemble le ſourire & l'expérience de l'âge. La tête ſort d'une perruque à mille boucles friſées, blanchie d'un œil de poudre, ſur laquelle eſt jeté un bonnet à grands tuyaux où court un ruban bleu. Le buſte eſt empaqueté par un grand fichu blanc tombant sur une robe bleue nouée par un ruban roſe. Et d'une main gantée d'un long gant, celle qui ſera madame Debucourt tient une lettre ſur laquelle le deſſinateur a écrit : *Mon amie... pour la vie, ton ami Debucourt, an* VII.

Pendant ces cinquante années, Debucourt eſt l'homme peint par ce trait que nous racontait le marchand d'eſtampes Guichardot. « Ma femme, nous ſortons, diſait-il à ſa femme un jour qu'il pleuvait à verſe. — Par quel temps! Et pourquoi, mon ami? — J'ai envie de ſortir. — Où va monſieur? demandait le fiacre. — Ah! diable... Tenez! menez-moi voir la ſtatue de mon oncle au Luxembourg, diſait le neveu de Pigalle. — Mais pourquoi ſommes-nous donc ſortis? lui demandait ſa femme au retour. — Pourquoi?... c'eſt que ça me crevait le cœur de voir de la fenêtre ce pauvre diable de cocher qui reſtait là, & qui avait l'air ſi malheureux ſur ſon ſiége... C'était pour lui faire faire une courſe. » L'homme de cette charité & de ce cœur demeure, toute ſa vie, — toute cette vie qui doit finir par un procès-verbal de carence, — le type parfait & complet de l'artiſte inſoucieux du lendemain, ignorant de l'épargne, enfant avec l'argent, la bourſe toujours ouverte à ſes fantaiſies, à ſes caprices, la main toujours prête à donner, empruntant, s'engageant, faiſant des billets, ſe fiant à la vie & ne comptant pas avec elle. Ordre, prévoyance, ſoucis bourgeois, il regardait tout cela comme incompatible avec le tempérament, la carrière & le talent d'un homme d'art. Et c'eſt à lui qu'é-

---

(1) 5 avril 1783. Paroiſſe Saint-Germain-l'Auxerrois.

(2) « Du ſeizième jour du mois de ventôſe, l'an onze de la République françaiſe. Acte de mariage de Philibert-Louis Debucourt, âgé de 48 ans, né à Paris, le 13 du mois de février 1755, profeſſion d'artiſte-peintre, demeurant à Paſſy, département de la Seine, fils majeur de Jean-Louis Debucourt & de Marie-Luce Dieu, ſon épouſe, tous deux décédés, & veuf de Marie-Eliſabeth-Sophie Mouchy; & de Suzanne-Françoiſe Marquant, âgée de 41 ans, née à Arcy, département de l'Oiſe, le 13 du mois de ſeptembre mil ſept cent ſoixante-un, demeurant à Paſſy, fille majeure de Louis Marquant & de Suzanne-Louiſe Letellier, ſon épouſe. En préſence d'Antoine-Henry Denoroy, propriétaire, Louis Gauthier, officier de ſanté, Emmanuel Michel Querelles, homme de lettres, Paul Bonnemain, graveur. » Archives de l'état civil de Paris.

chappa, dans un fourire de dédain, ce beau mot, — le mot d'un fiècle à un autre : fon neveu venait lui annoncer que fa publication du colonel Moncey avait eu quelque fuccès & qu'il pourrait placer quelques fonds. « Mon cher ami, lui dit Debucourt, vous ne ferez jamais un artifte ! »

D'ailleurs, il faut bien le dire, ce n'était guère le temps des âmes, des idées & des leçons bourgeoifes, que ces années où vivait Debucourt. C'était le Directoire, c'était l'Empire ; c'étaient des années déréglées, vives, étourdies, violentes au plaifir, héroïques & gargantuefques, pouffées à la diftraction, à la jouiffance, à la dépenfe, par l'imprévu du lendemain ; des années où les ateliers fermaient, auffitôt un tableau ou un portrait vendu, fe fauvaient dans quelque banlieue, & là s'oubliaient à s'amufer, à boire, à grifer des calembours, jufqu'à ce que l'argent fût mangé. Debucourt avait-il gravé une planche d'après Vernet qui fe vendait bien ? On partait pour la campagne, & le plus fouvent l'on s'arrêtait au Palais-Royal, où Debucourt laiffait l'argent des éditeurs. Même un jour il y laiffa l'enfeigne du Gourmand, l'affiche de fes faibleffes, qui, jointe à fes gravures de gueule à fond de gros pâtés en ruines & de bataillons de bouteilles vides, devait lui faire accorder par Fayot le titre de gaftronome, côte à côte avec Vernet, dans la lifte d'honneur des *Claffiques de la table*.

En 1803, Debucourt avait quitté Paffy qu'il avait longtemps habité & où il s'était remarié, pour aller s'inftaller dans une maifon de campagne qu'il poffédait barrière de La Chapelle, n°s 85 & 86. Là, à la tête de deux chevaux, de deux carrioles, il fe mit à mener largement & heureufement le grand train villageois d'un gentilhomme campagnard. Il s'entoura d'animaux ; il eut des lapins, des pigeons, des poules, mais qu'on ne tuait pas : ils étaient dans fa baffe-cour pour y mourir de vieilleffe. Dans fon jardin, il laiffait tout fleurir & mûrir à la grâce de Dieu, tout cueillir à la maraude des enfants du voifinage. N'y a-t-il pas là une charmante & douce tendreffe à la nature ? On fe figurerait ainfi la maifon des champs d'un La Fontaine.

Vers 1824, il abandonne la campagne où il avait laiffé couler fa vie, &, fa maifon vendue, il vient habiter le n° 3 du boulevard Saint-Denis. Mais en revenant à Paris, il y tranfporte & y emménage fes chères bêtes, une famille de chiens & de chats, vrais enfants gâtés du logis, habitués à n'être nourris que de poulet, de poiffon, de bifcuit, & pour lefquels chaque foir le falon fe transforme en dortoir où le chat favori a un petit lit avec des rideaux. Ses toutes dernières années, le vieillard allait les vivre à Belleville dans l'hofpitalière & affectueufe maifon de fon neveu, travaillant toujours, s'occupant jufqu'au bout de fon art. Il mourait (1) en pleine illufion, délicatement trompé par

---

(1) « L'an mil huit cent trente-deux, le vingt-trois feptembre, à onze heures du matin, par-devant nous François Denis Grebauval, maire de la commune de Belleville, officier de l'état civil, chevalier de la Légion d'honneur, font comparus M. Etienne-Jofeph Che- vrier, graveur, demeurant à Paris, rue de Lancry, n° 7, âgé de trente-neuf ans, & M. Jean-Pierre-Marie Jazet, propriétaire, demeurant à Belleville, rue des Bois, n° 18 bis, âgé de quarante-quatre ans, lefquels nous ont déclaré que le fieur Philibert-Louis Debucourt, peintre

M. Jazet, croyant jufqu'à la dernière heure qu'il devait le bien-être de fa vieilleffe à ce pauvre crayon que tenaient encore fes doigts affaiblis la veille de fa mort.

On a de lui un petit profil, un phyfionotrace (1), qui laiffe voir dans la fine tête découpée du vieillard la jeuneffe du joli homme, le trait net & délicat d'un vifage cifelé reffemblant à une médaille de mufcadin.

« & graveur, était décédé hier en fon domicile, à trois « heures de relevée, rue des Bois, n° 18, né au fixième « arrondiffement de Paris, le 13 février mil fept cent « cinquante-cinq, veuf en deuxièmes noces de demoifelle « Suzanne-Françoife Marquant, décédée à la Chapelle- « Saint-Denis (Seine), & les atteftants, alliés du défunt, « ont figné avec nous après lecture. » (Communiqué par « M. E. Bellier de la Chavignerie.)

(1) Ce phyfionotrace a été regravé avec au bas : *Carle Vernet pinxit.*

Le deffin & le tableau de Debucourt que nous donnons dans cette étude gravés à l'eau-forte : un fragment des travaux de *la Fédération* au Champ-de-Mars, — *la Noce de Village,* — font partie. le deffin, de la collection de M. Delbergue-Cormont, le tableau, de la collection de M. Jazet.

FRAGONARD

Tiré à 200 exemplaires.
Les planches, tirées par A. Delâtre, feront effacées après le tirage.

LYON
IMPRIMERIE DE LOUIS PERRIN
rue d'Amboife, 6.

EDMOND ET JULES DE GONCOURT

FRAGONARD

ETUDE

CONTENANT QUATRE DESSINS

gravés à l'eau-forte.

PARIS

E. DENTU, PALAIS-ROYAL, GALERIE D'ORLÉANS.

1865

Droits de traduction & de reproduction réservés.

I.

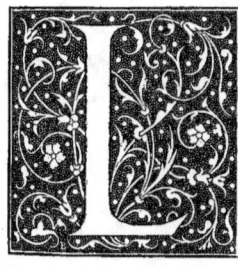ES poètes manquent au fiècle dernier. Je ne dis pas les rimeurs, les verfificateurs, les aligneurs de mots; je dis les poètes. La poéfie, à prendre l'expreffion dans la vérité & la hauteur de fon fens, la poéfie qui eft la création par l'image, une élévation ou un enchantement d'imagination, l'apport d'un idéal de rêverie ou de fourire à la penfée humaine, la poéfie qui emporte & balance au-deffus de terre l'âme d'un temps & l'efprit d'un peuple, la France du XVIIIe fiècle ne l'a pas connue; & fes deux feuls poètes ont été deux peintres : Watteau & Fragonard.

Watteau, l'homme du Nord, l'enfant des Flandres, le grand poète de l'Amour! le maître des férénités douces & des paradis tendres, dont l'œuvre reffemble aux Champs-Elyfées de la Paffion! Watteau, le mélancolique enchanteur, qui met un fi grand foupir de nature dans fes bois d'automne pleins de regrets, autour de la Volupté fongeufe! Watteau, le *Penferofo* de la Régence! — Fragonard, lui, eft le petit poète de *l'Art d'aimer* du temps.

Voyez-vous dans l'*Embarquement de Cythère*, en haut du ciel, à demi perdus, tous ces petits culs nus d'Amours, effrontés, poliſſonnants? Où vont-ils? Ils vont jouer chez Fragonard, & mettre ſur ſa palette la pouſſière de leurs ailes de papillon.

Fragonard, c'eſt le conteur libre, l'*amoroſo* galant, païen, badin; de malice gauloiſe, de génie preſque italien, d'eſprit français; l'homme des mythologies plafonnantes & des déshabillés fripons, des ciels roſés par la chair des déeſſes & des alcôves éclairées d'une nudité de femme! Sur une table, à côté d'un bouquet de roſes, laiſſez le vent d'un beau jour feuilleter ſon œuvre : des campagnes où ſe ſauvent, dans une fuite coquette, les robes de ſatin, le regard ſaute à des champs gardés par des Annettes de quinze ans, à des granges où la culbute de l'Amour renverſe le chevalet du peintre, à des prés où la laitière du pot au lait montre ſes jambes nues, & pleure, comme une naïade ſur ſon urne briſée, ſes moutons, ſes troupeaux, ſon rêve qui s'envole. A l'autre feuille, une amoureuſe, par un ſoir d'été, écrit un nom chéri ſur l'écorce d'un arbre. Le vent tourne toujours : un berger & une bergère s'embraſſent devant le cadran des heures, dont de petits Cupidons font le cadran des plaiſirs. Il tourne encore : & c'eſt le joli ſonge d'un pèlerin endormi à côté de ſon bâton & de ſa gourde, & auquel apparaît un eſſaim de jeunes fées écumant une groſſe marmite... Ne ſemble-t-il pas qu'on ait l'œil à une optique d'une fête de Boucher, montrée par ſon élève dans les jardins du Taſſe? Lanterne magique adorable! où Clorinde ſuit Flammette, où des lueurs d'épopée ſe mêlent au ſourire des *novellieri!* Contes de la fée Urgèle, petits badinages comiques, rayons de gaieté & de ſoleil qu'on dirait projetés ſur le drap où Béroalde de Verville promène ſa chercheuſe de ceriſes, — voilà la peinture de Fragonard. Le Taſſe, Cervantes, Boccace, l'Arioſte, l'Arioſte tel qu'il l'a deſſiné inſpiré par l'Amour & la Folie, elle rappelle tous ces génies de bonheur. Elle rit avec les libertés de La Fontaine. Elle va de Properce à Grécourt, de Longus à Favart, de Gentil-Bernard à André Chénier. Elle a comme le cœur d'un amoureux & comme la main d'un charmant mauvais ſujet. Le ſouffle d'un ſoupir y paſſe dans un baiſer. Et elle eſt jeune d'une éternelle jeuneſſe : elle eſt le poème du Déſir, poème divin! Il ſuffit de l'avoir écrit comme Fragonard, pour reſter ce qu'il ſera toujours : le Chérubin de la peinture érotique.

II.

Jean-Honoré Fragonard eſt né à Graſſe en Provence (5 avril 1732) (1). Riante patrie! Un verger de lauriers, d'orangers, de citronniers, de grenadiers, d'amandiers, de cédratiers, d'arbouſiers, de myrtes, de bergamotiers, d'arbres à parfum ; un jardin de tulipes, d'œillets éblouiſſants de couleurs inconnues du Nord, & pouſſant ſeulement dans le parterre des Alpes ; une campagne embaumée des aromes du thym, du romarin, de la ſauge, du nard, de la menthe, de la lavande, & toute murmurante du jet de ſes innombrables fontaines ; une terre « entre-tiſſue de vignes, » — c'eſt le mot dont la peint le prêtre de Marſeille, Salvien, — de vignes ſous leſquelles paſſent & repaſſent les grands troupeaux promenés de la baſſe à la haute Provence ; une terre ayant cet horizon d'azur : la Méditerranée! Nature de joie, pays de plaiſir, égayé de bruit, de rires, de muſiques & de muſettes, plein du bonheur gai, bavard, chantant & danſant, de ce peuple qu'on voit, au XVIIIe ſiècle, mener la vie comme une fête de Pan, ſous le ciel le plus pur & le plus doux de l'Europe ! Et quel berceau, dans ce jardin, que le berceau du peintre, ſa ville nourricière : Graſſe! cette diſtillerie dans un paradis ; la Graſſe des odeurs, des ſucres & des eſſences, de la parfumerie & de la bonbonnerie ; Graſſe avec ſes étages de jardins, les fruits d'or & les floraiſons d'argent de ſes hautes forêts d'orangers libres, & le ſerpentement de la Foux dans la verdure de ſes immenſes prairies, & ſa vue au midi, dont le large embraſſement touche Monans, la Mougins, Châteauneuf, la plaine de Laval, le ſombre Eſterel, & s'en va mourir au loin, dans cette infinie douceur de bleu, — qui eſt la mer où baigne l'Italie !

Fragonard naît là, & il naît de là. Il puiſe à cette terre, dont il ſort, ſa nature, ſon tempérament. Il grandit en s'imprégnant de cette atmoſphère des pays chauds, de ce climat qui remplit le pauvre & le nourrit preſque de ſa ſérénité. Et l'on reconnaît dans tout ſon œuvre le peintre qui a reçu tout jeune la bénédiction d'un ciel méridional, le coup de jour de la Provence. Il reflète la gaieté, le bonheur de la lumière, comme un homme qui y a trempé pendant toute ſon enfance. Rien qu'à voir une eſquiſſe de lui, on ſent une chaleur, preſque un parfum, l'odeur du pays dont il vient. Il a dans la main le reflet, dans l'eſprit la flamme de ſon ſoleil. Sa palette ne joue que ſur le blanc, le bleu, le brun rouge du Midi. L'éclair de ſes tableaux, c'eſt l'éclair qui court

---

(1) Voici l'acte de naiſſance de Fragonard, dont M. Sénequier veut bien nous envoyer la copie priſe par lui ſur les regiſtres conſervés à la mairie de Graſſe :

« Année mil ſept cent trente-deux.

« Le ſixième avril, a été baptiſé Jean-Honoré Fragonard, né le jour précédent, fils de ſieur François,

« marchand, & de demoiſelle Françoiſe Petit, ſon
« épouſe ; le parrain : ſieur Jean-Honoré Fragonard,
« ſon ayeul, & la marraine demoiſelle Gabrielle Petit,
« ſa tante, tous de cette Paroiſſe.

« Signé qui a ſu : Fragonard, Fragonard, Martin,
« curé. »

fur les orangers; & qu'il ouvre une fenêtre dans un de fes intérieurs ou dans le fond d'un conte de La Fontaine, fa fenêtre femble toujours donner fur un payfage de Provence & s'ouvrir à l'Italie. Ses perfonnages ruftiques ont le déshabillé de la vie en plein air, la demi-nudité des pays bénis où l'on foule le blé en plein champ. Ici & là, dans un coin de fon œuvre, paffe le chapeau blanc provençal, le bonnet du marin de la Méditerranée. Ses fcènes, il aime à les placer, à les grouper fous ces architectures cintrées, ces voutes baffes, ces cavées, ces antres romans où le Midi cherche l'ombre & le frais. Ses fonds, il les meuble de la vaiffelle de terre cuite que retrouvent fes fouvenirs, &, le plus fouvent, il y dreffe les grandes jarres qui, là-bas, gardent le vin & l'huile. Peint-il une fcène de nature ? il y jette fa patrie, il y brouille, il y enlace la végétation vive, les brouffailles folles & fortes; il y emmêle le fouillis vert & fleuri qui croît & fe mouille aux fontaines de la Traconnade, de la Foux, de Merveilles; & fa plante bien-aimée, la plante qui revient toujours dans fes compofitions avec le caprice & le retour qu'elle a dans un album japonais, c'eft la grande herbe friffonnante, légère, échevelée, d'élancement oriental, qui frappa fes yeux d'enfant aux bords des canaux de la Provence : le rofeau. Il femble en avoir rapporté des braffées pour en encadrer fon œuvre.

Tout ainfi chez lui, fa palette, fon imagination, fa fleur d'idées, de fentiments, de couleurs, vient du Midi; & ne dirait-on pas que toute fa peinture a été improvifée, fous l'azur du ciel, fur un chevalet pofé dans un jardin, entouré du bonheur de l'air, de la refpiration de l'été, de mufiques & d'échos où s'éteignaient enfemble une chanfon de troubadour, un *canzone* de Pétrarque, le dernier foupir des Cours d'Amours, & le bruit d'harmonie des eaux de Vauclufe?

Mais ce n'eft pas feulement le peintre, c'eft auffi l'homme que je veux retrouver dans fon acte de naiffance. Son pays, — la Provence, qu'on appelait la *Gueufe parfumée*, — n'eft-ce pas la fée qui le baptife? Il me paraît tenir encore du fol natal autre chofe que fon talent : fa race, fon humeur, la grâce de fa deftinée, fa bienveillance (1), une nature heureufe de vivre, une gaieté qui flotte fur le férieux de la vie, un doux entêtement à faire fon chemin, une activité fans hâte, une organifation pareffeufement travailleufe, l'ambition de ne cueillir que le plaifir de l'art & de la vie, l'amour d'une exiftence coulante & fans effort, le fans-fouci de l'avenir, — tout cela relevé, foutenu d'audace, & de cette gaie confiance dans la Providence qui lui faifait répondre plaifamment, quand on l'interrogeait fur fes débuts & la façon dont il s'était formé : « Tire-toi d'affaire comme tu pourras, m'a dit la Nature en me pouffant à la vie. »

---

(1) Il avait, à travers cette bienveillance, des boutades, des lubies, des originalités d'artifte. Un jour qu'il entrait dans le falon de Saint-Non, qui l'attendait au milieu d'une nombreufe compagnie, Saint-Non, l'apercevant, lève les bras pour le ferrer contre lui, en criant : « Voilà mon roi, mon prince! » Fragonard lui paffe fous le bras, tourne derrière lui, gagne la porte & s'en va.

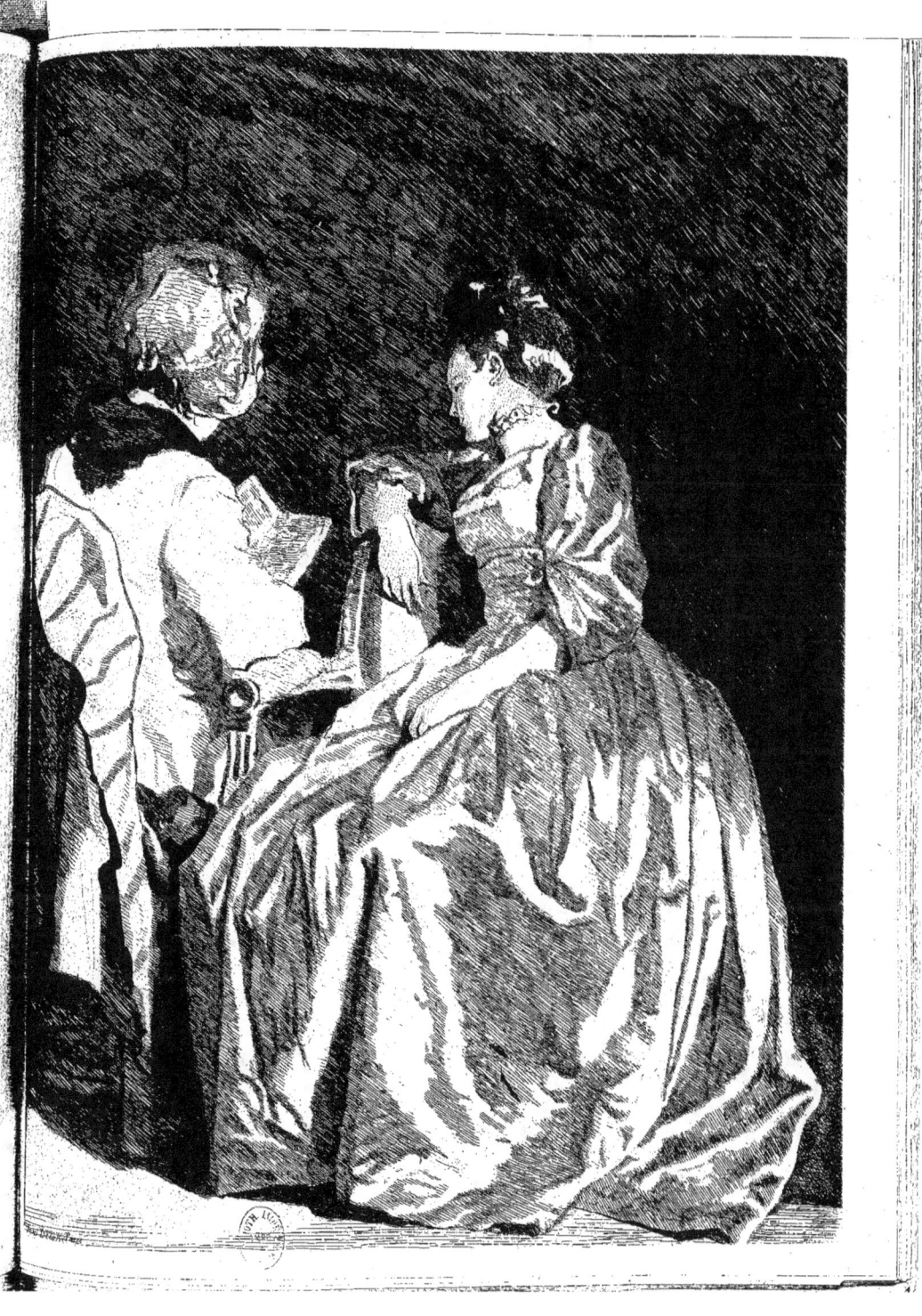

III.

Le père de Fragonard était négociant à Graffe. Il mit toute fa petite fortune dans la fpéculation des frères Périer, l'établiffement de la première pompe à feu à Paris. La fpéculation ayant complètement échoué, il vint à Paris avec fa femme, pour tâcher de rattraper quelque chofe de fes fonds engagés dans la malheureufe affaire. Mais il eut, à cette pourfuite, fi peu de fuccès, qu'il fe vit réduit à entrer comme commis chez un mercier. Son fils avait alors près de quinze ans. Ne fachant comment l'élever, il le plaça petit clerc chez un notaire. Mais le petit clerc, au lieu de groffoyer, ne faifait que des caricatures. A la fin, le notaire engageait les parents à le placer chez un peintre. Sa mère, un beau matin, le menait chez Boucher; mais Boucher lui difait qu'il ne montrait pas l'A B C, qu'il prendrait fon fils quand il aurait appris les premiers éléments de la peinture. Sa mère alors allait le préfenter à Chardin, qui le prenait pour charger fa palette, & ne lui donnait, tout Chardin qu'il était, que des eftampes du temps à deffiner, feule éducation que l'élève trouvait alors dans les ateliers. Là, Fragonard, fans goût pour la peinture & les fujets de fon maître, ne fit rien que pareffer, & annonça fi peu fon talent, que Chardin déclara à fes parents qu'il n'y avait rien à en faire & qu'il ne réuffirait jamais. Mais, tout en étudiant fi mal chez Chardin, Fragonard paffait une partie de fon temps, qu'on croyait perdu, dans les églifes de Paris, regardait les tableaux, les emportait dans fa mémoire, & chez lui les repeignait de fouvenir. Un jour il fe décida, muni de quelques efquiffes ainfi peintes, à fe repréfenter chez Boucher, qui, cette fois étonné, l'accepta & l'occupa à fes grandes peintures commandées par la manufacture des Gobelins, auxquelles il faifait travailler fes élèves. Tel fut le véritable apprentiffage de Fragonard. Sa palette fe forma à l'école de la peinture de tapifferie. Au bout de deux ou trois ans, Boucher lui dit : « Concours pour le prix de Rome; » & comme Fragonard lui objectait que, n'ayant pas fuivi les cours de l'Académie, il ne pouvait concourir : « Ça ne fait rien, tu es mon élève, » répondait péremptoirement Boucher. Sur le mot de fon maître, Fragonard concourait en 1752, & il remportait le prix à l'âge de vingt ans, fans avoir été admis aux cours de l'Académie, fait extraordinaire & fans doute unique dans l'hiftoire des prix de Rome. Il avait eu à lutter contre Gabriel de Saint-Aubin, qui n'eut que le fecond prix. Le fujet du concours était *Jéroboam facrifiant aux idoles*. On voit ce tableau à l'Ecole des Beaux-Arts. L'animation des groupes, la fougue des draperies, la pompe nuageufe des architectures, les blancs, les rouges, la couleur d'un Detroy plus vaporeux, plus *gouacheux*, promettent déjà beaucoup du peintre que fera Fragonard.

Le voilà auffitôt en Italie; mais ce joli peintre de pratique, jeté à Rome en face du modèle, perd tout à coup la tête, & si bien, que Natoire, surpris de la faiblesse de ce qu'il fait d'après nature, en vient à l'accuser d'avoir trompé les académiciens, de n'être pas l'auteur du tableau qui l'a fait envoyer à Rome. Il le menace d'écrire à Paris, & Fragonard obtient à grand'peine de lui un délai, un sursis de trois mois. Ces trois mois, il les emploie à travailler jour & nuit, d'après le modèle, d'après l'écorché. Natoire voit bientôt qu'il s'est trompé, lui accorde son amitié : & c'est à lui que Fragonard devra la prolongation de son séjour à Rome (1).

Au fond, en ces commencements, l'élève de Boucher se trouvait dépaysé à Rome. Les grands maîtres lui parlaient une langue trop sévère & qu'il ne comprenait pas. Il l'avouait à son retour : les peintures les plus renommées lui parurent d'abord tristes & monotones, & le découragèrent entièrement. « L'énergie de Michel-Ange m'effrayait, disait-il ; j'éprouvais un sentiment que je ne pouvais rendre ; en voyant les beautés de Raphaël, j'étais ému jusqu'aux larmes, & le crayon me tombait des mains ; enfin je restai quelques mois dans un état d'indolence que je n'étais plus le maître de surmonter, lorsque je m'attachai à l'étude des peintres qui me donnaient l'espérance de rivaliser un jour avec eux : c'est ainsi que Baroche, Pietre de Cortone, Solimène & Tiepolo fixèrent mon attention (2). »

Une fois que Fragonard a trouvé ces décadents de grâce plus accessible, il vit avec eux. Il les étudie, les interroge. Il les copie, il les pénètre. Il entre dans leurs toiles, & les dépouille presque. Il prend à Tiepolo son esprit, son pétillement ; à Solimène, il emprunte la volupté de son pinceau ; à Pietre de Cortone, ses rayons tremblants, sa lumière indécise & dansante ; à Baroche, son barbotement céleste & la *vaguesse* de sa peinture flottante. Ce travail passionné où il presse les maîtres qu'il aime & les serre de tout près, lui apprend à saisir leurs secrets, leur manière, à retrouver leur faire, leurs procédés, leur main même sous sa main. Et c'est ainsi qu'il devient le peintre qui un jour jettera sur la toile un Rembrandt dans l'or fumé de sa lumière, ou bien y mettra la vie pourprée d'un Luca Giordano ; pasticheur inspiré qui aura toujours, même dans sa peinture personnelle, le souvenir & le secours de cette familiarité avec la technique de ses maîtres (3).

Ce sont des copies, ce sont des dessins. Fragonard dessine dans les palais, dans les églises, dans les musées, allant de Raphaël à Lanfranc, & de Corrège au Caravage, amassant ces milliers d'études, ces bistres enlevés en courant, quelquefois carminés de laque, ces sanguines roulantes, ces pierres d'Italie fouettées & sabrées de crayon-

---

(1) Nous devons ces détails sur l'enfance & la jeunesse d'Honoré Fragonard, ainsi que les autres renseignements intimes sur sa vie, à l'obligeance de son petit-fils, M. Théophile Fragonard, le peintre sur porcelaine, que s'est attaché la Manufacture de Sèvres, & qui continue la tradition de grâce & l'honneur artistique du nom des Fragonard.

(2) *Biographie universelle.*

(3) La collection de M. Walferdin, cet amateur qui a passé sa vie à aimer, à retrouver, à sauver Fragonard, est pleine de ces tours de force du pinceau de Fragonard, & de ces étonnants emprunts à presque tous les grands coloristes.

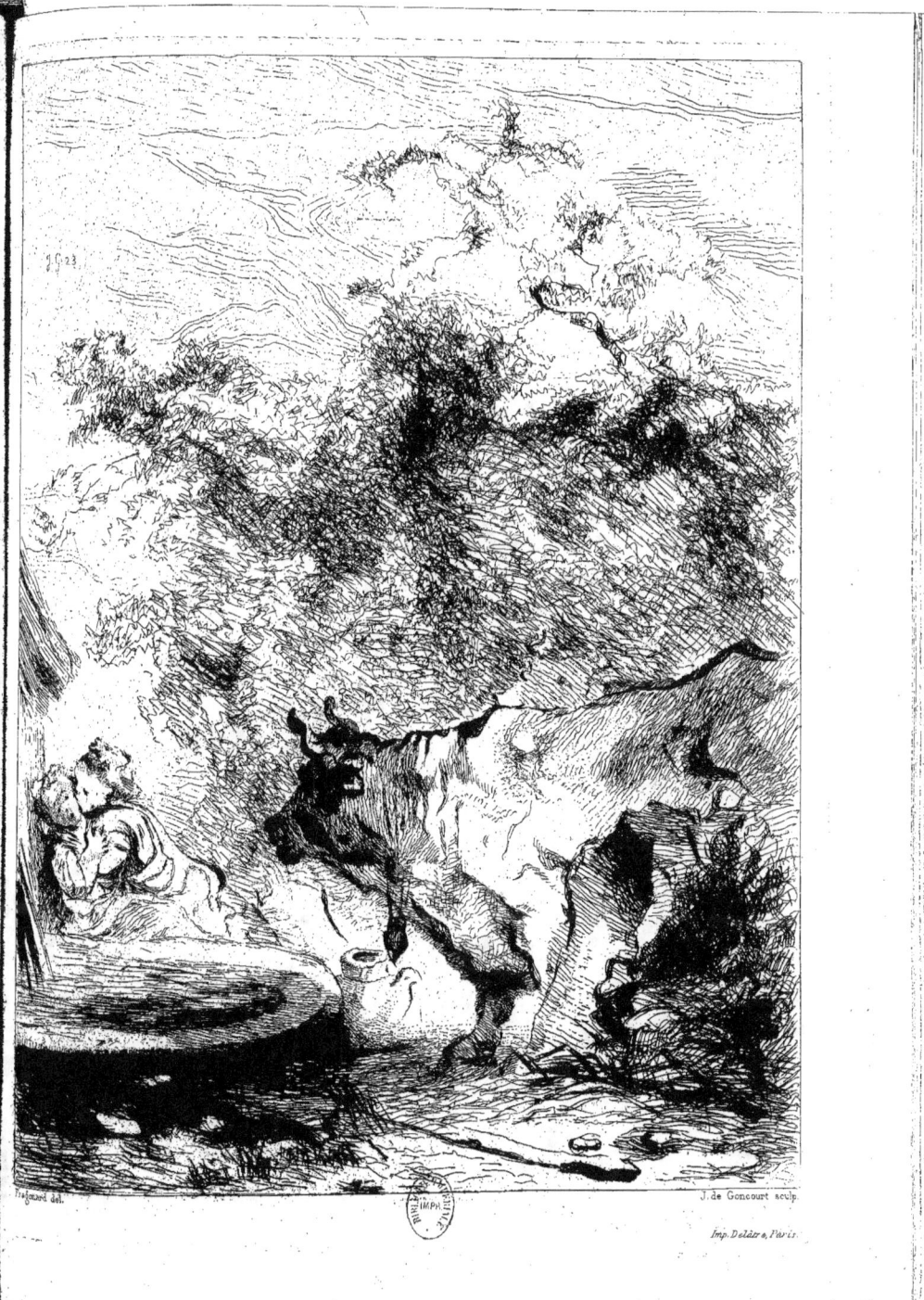

nages, toutes ces croquades joliment francisées & pimpantes de ce *flamboyant* apporté de l'atelier de Paris. Mais ce n'est pas assez : en concurrence avec Hubert Robert, Fragonard court & bat les vignes, les villas, les fabriques ; & là encore, sa grasse sanguine trouve à tout coin de chemin de quoi couvrir le papier. Sous ses crayons, sous ceux de Robert, la désolation de cette grande terre de Rome se met à sourire comme ce qu'on appelait le *Désert* dans les parcs du xvIIIe siècle. Plus rien de majestueux, mais plus rien de triste : sous le badinage & la légèreté de leur étude, la ruine joue avec la verdure ; la tombe antique égaye le paysage ; l'archéologie ne reconnaît plus ses reliques ; les monuments deviennent un décor. L'esprit des deux peintres français met à tout ce qu'ils voient cette imagination du joli qu'a leur temps ; & pour leur temps, il n'y a point d'autre Rome que celle qu'ils ont peinte, pareille à un poulailler de Boucher dans des démolitions d'arc de triomphe. Aussi est-ce à eux que va l'abbé de Saint-Non dès qu'il arrive en Italie. De 1759 à 1761, ils deviennent les dessinateurs en titre de tout ce qui arrête en route l'admiration ou la curiosité de l'abbé. Ils sont ses commensaux, ses hôtes, le crayon toujours en main, dans ses séjours de plusieurs mois à Tivoli, à la villa d'Este, que lui prête l'envoyé de Modène. Ils sont ses compagnons de voyage dans le midi de l'Italie, les amis qui lui dessinent, pour la gravure de son grand livre, Hubert Robert la campagne, Fragonard les musées de Naples.

Au milieu de ce travail passionné, de cette production incessante, au travers de ces études d'après nature, de ces esquisses, de ces vues, de ces paysages, de ces copies, de ces croquis, cette main de Fragonard, toujours allante, toujours vive, attaque encore le cuivre, à l'imitation des maîtres italiens se reposant du pinceau avec la pointe, & peut-être à l'encouragement de Saint-Non, l'aimable aqua-fortiste. Il y avait alors à Rome comme un petit foyer de spirituelle gravure, qui invitait à l'eau-forte nos peintres français si longtemps rebelles à jeter leurs caprices sur le cuivre. C'est là que Vien, en 1748, immortalisait dans sa série de planches l'ingénieuse mascarade de l'école de Rome (1), qui avait arraché aux ambassadeurs des puissances en guerre avec la France la reconnaissance de notre goût & le cri : *Vive la France !* De Rome encore sera daté en 1764 ce joli livre gravé (2), hommage des pensionnaires du roi saluant l'arrivée de madame Lecomte, la maîtresse de Watelet. Tous s'y mettront, Weirotter, Durameau, Hubert Robert, Radel, pour jeter les allégories où flotte dans le ciel, au-dessus de la voyageuse, un Amour chargé d'un carton de dessins ; Subleyras & Lavallée Poussin, pour entourer les sonnets italiens d'encadrements d'idylles, d'arabesques tombant dans des vues de Rome, de frises courantes où se dessinent des nymphes grandes comme

---

(1) *Caravane du sultan à la Mecque. Mascarade turque donnée à Rome par Messieurs les pensionnaires de l'Académie de France & leurs amis au carnaval de l'année* 1748. A Paris, chez Bazan & Poignant, marchands d'estampes, rue & hôtel Serpente.

(2) *Nella venuta in Roma di Madama Le Comte e dei' signori Watelet e Copette, Figure de Stephano della Valle Poussin*, s. l., 1764.

l'ongle, où sourient des minois d'amours sous la tiare papale. C'est entre ces deux livres & tout près du dernier, que Fragonard s'essaye & se trouve avoir, du premier coup, la pointe libre & griffonnante des Vénitiens. Il grave des Tintoret, des Lanfranc, des Ricci, des Carrache. Il grave & regrave des Tiepolo, son maître de gravure, tout cela en petites planches, grattées au vol, qui ressemblent au croquis fixant un souvenir & une impression sur une page d'album. Puis, dans le format & l'espace d'un billet de visite, il jette quelque jardin de villa abandonnée, un dôme d'arbres, une épaisseur d'ombre avec un trou de jour, une terrasse à statues avec sa niche où dort, carressée de verdures pendantes, la statue oubliée d'un dieu ; & sous le travail brouillé de son aiguille, son *grignotis*, comme dirait le temps, le petit paysage pétille de lumière & de vie, avec ses cascades de branches, son fouillis d'herbe, & ces rampes à balustres que gardent, allongés, deux sphinx. Mais ne le jugez pas encore là : il faut le voir où il est adorable, dans ces quatre planches de satyres, dans cette suite d'eaux-fortes gravées en Italie en 1763 (1). Ici deux satyres accroupis sur leurs pieds de bouc font un siége de leurs bras noués à une nymphe qui enjambe, avec un écart de volupté, en se soutenant de ses fines petites mains sur les muscles de leurs biceps. Là, à l'ombre, & comme sous le bras penché d'un roseau incliné laissant pendre les lances brisées de ses feuilles, un satyre soulève un enfant & lui fait donner sa petite main à un faunin que tient une petite nymphe agenouillée d'un genou, une cuisse chatouillée du sabot du faunin, toute riante de l'ingénuité d'un jeune corps antique. Puis c'est, dans un ovale, un satyre élancé, les mains appuyées au dos d'un jeune homme ; il se retourne pour embrasser une nymphe qui le chevauche & qui se retient à lui de ses jambes croisées autour de ses reins. Dans le cadre écorné par les branchages que l'on voit après, un satyre ithyphallique, une jambe levée & le sabot piaffant la mesure d'une *cordace*, serre contre lui deux enfants dormant sur ses épaules & dont les petites têtes laissent passer son sourire de nourrice ivre ; devant lui, précédé d'un faunin, les jambes, les bras en l'air, fou de tout son petit corps, une nymphe, comme envolée dans sa danse, un pied jeté en avant, la poitrine & la tête retournées en arrière, élève des deux bras en l'air la musique d'un cistre. Idées légères comme les plus légères de l'Anthologie ! Bas-reliefs délicieux auxquels la pointe du graveur a fait un si joli cadre de verdure, de nature, d'abandon & de désordre ! Ne dirait-on pas de divines terres cuites tombées dans l'herbe du socle d'un Priape ? Ou plutôt, avec leur entourage de mousse, de liserons, de roseaux, de fraîcheur aquatique, ne font-elles pas penser à des pierres gravées ramassées par le peintre français dans la grotte des nymphes où se baignait Chloé ?

Sorti d'Italie, revenu à Paris, Fragonard ne trouve plus le temps de toucher à la pointe. Il n'a plus le loisir ni la patience de l'eau-forte. Il n'y revient guère que pour aider de son adresse & de son expérience la main de sa belle-sœur. Une seule grande

---

(1) Un second état de ces eaux-fortes porte : *Suite d'eaux-fortes gravées en Italie*. A Paris, chez Jombert, rue des Mathurins, *Aux deux Piliers d'or*.

planche lui échappe en 1778, *l'Armoire* (1), où, fous un travail ferré & léger de fine vermicellure, dans une harmonie claire, fur des fonds endormis de grandes teintes plates, il lance un père & une mère irrités, le père avec un gourdin à la main, contre le jeune homme furpris, & tout penaud, rifquand un pied hors du bahut ruftique auprès duquel une fille de campagne pleure niaifement dans fon tablier; drame du village que regarde, au-delà d'un grand lit de ferme, par une porte entr'ouverte, une bande de marmots curieux, le nez en l'air dans un coup de foleil.

L'étude de l'Italie, copies, deffins, eaux-fortes, n'empêchait pas Fragonard de créer & de peindre. Nous trouvons dans le Journal du duc de Luynes, à la date du 29 avril 1755, mention d'un tableau de Fragonard, envoyé de Rome : *Le Sauveur lavant les pieds à ses apôtres*, expofé dans l'appartement du roi, felon l'ufage, avec les autres envois des élèves de l'Académie (2). Il compofait encor, terminait patiemment quelques petits tableaux, quelques jolies fcènes d'intérieur, dont l'une paffait en 1785 à la vente du bailli de Breteuil. On y voyait, dans une chambre ruftique, un jeune garçon cherchant à embraffer une jeune fille, à lui prendre le baifer qu'il lui avait gagné au jeu, fur le coup de cartes étalé fur la table. La jeune fille fe débattait, mais une amie, en riant, lui prenant les bras, la forçait à payer fa dette. Une note du catalogueur difait le tableau peint en Italie par Fragonard, & fans doute acquis par le bailli dans fon féjour de vingt ans là-bas. Ce tableau, *l'Enjeu perdu*, repaffait l'an dernier, fans que l'on en fût la provenance, à la vente du docteur Auffant, & il étonnait le public par le précieux, le moelleux, le fini d'un faire rare chez Fragonard (3), contraire à fes habitudes, & prefque à fon tempérament. La petite toile fe jouait finement fur la gamme de fuavité, les violets pâles, les jaunes paille, les verts de mouffe, les rofes tendres expirant dans l'adorable défaillance de la rofe thé; elle fe jouait fur la palette nuée du maître du *ffumato*, du grand peintre des Affomptions & des Nativités. Fragonard avait cherché la fonte du moelleux efpagnol, la vapeur de fes lumières, ces tons qui ont pour l'œil la careffe d'une gaze. Le corfage, les manches blanches de la femme embraffée, fa jupe jaune, fon jupon rouge, les vifages & les chairs, toute cette gaieté de couleur doucement flambante dans une lumière de grofeille faifait penfer à une miniature de Murillo.

Murillo, on le voit clairement dans ce petit tableau, eft alors l'admiration, la féduction du jeune peintre, une féduction dont il ne fe détachera jamais tout à fait, même à l'heure de fa peinture pochée & curfive. Il lui reftera toujours l'amour de ces couleurs volatilifées, de ces tons afpirant à une tendreffe célefte; toujours ce goût de Murillo qui lui infpire encore en Italie fa peinture religieufe, cette *Vifitation de la*

---

(1) On lit au bas : *Fragonard 1778, fculp. invenit*, chez Naudet.

(2) Ce tableau fe trouve aujourd'hui dans l'églife paroiffiale de Graffe.

(3) C'eft fans doute à cette première manière de Fragonard que Mariette, dans fon *Abecedario*, fait allufion quand il parle de la timidité de la main de Fragonard, toujours mécontent de lui, effaçant, retouchant.

Vierge achetée par Randon de Boiffet, & cette *Adoration des Bergers* faisant accourir Paris à la galerie du marquis de Veri.

IV.

En dépit de tout ce travail, de tout cet art qu'il femait là-bas, des mille deffins de « fes crayons flatteurs, » le jeune artifte n'était guère connu au-delà de l'Italie, au-delà de cette patrie d'adoption où il s'oubliait prefque douze ans (1). Son nom, Paris l'ignorait prefque. Mais Fragonard ne lui donnait pas le temps de l'apprendre. Il enlevait le fuccès & la célébrité d'un coup, avec fon tableau de *Callirhoé*, le tableau « d'agrément » qui le faifait recevoir à l'Académie par acclamation (2), ce tableau qui, au Salon du mois d'août, enthoufiafmait tout le public & avait l'honneur d'une commande royale de reproduction en tapifferie des Gobelins.

Imaginez un vafte tableau de neuf pieds de hauteur fur douze pieds de largeur, où les figures humaines ont leur grandeur, l'architecture fon déploiement, la foule & le ciel leur efpace. Entre deux colonnes d'un marbre miroitant & de reflets prefque irifés, au-deffus de la pourpre fourde d'un tapis à franges d'or, étendu & caffé à l'arête de deux marches, s'ouvre cette fcène de drame antique qui femble avoir fous les pieds un rideau de théâtre. Sur le tapis, fur cette nappe de l'autel païen, s'enlève un cratère de cuivre, près d'une urne de marbre noir à demi voilée de la blancheur d'un linge. Une colonne coupe par la moitié un grand candélabre fumant d'encens & orné de têtes de bouc, bronze superbe qu'on dirait arraché à la lave d'Herculanum. Contre le candélabre, un jeune prêtre fe précipite & s'agenouille, embraffant fon piédeftal ; de terreur il a laiffé tomber fon encenfoir à terre. A côté de lui, debout, eft le grand-prêtre Coréfus, couronné de lierre, enveloppé de draperies, & comme flottant dans la blancheur facerdotale de fes vêtements ; un prêtre imberbe, de fexe douteux, de

---

(1) Mariette écrit dans fon *Abecedario* que Fragonard revenait d'Italie en 1771, ramené par Saint-Non. Mais Diderot affure d'un autre côté qu'il ne revint que quelques mois avant la préfentation de fon tableau. Il y a tout lieu de croire ici Diderot ; car fa verfion a pour elle la date de plufieurs eaux-fortes de Fragonard d'après des tableaux italiens, une entre autres datée à Venife du 24 février 1764.

(2) Voici la lifte des envois de Fragonard, aux deux feuls falons où il a expofé :
1765.
Le grand-prêtre Coréfus fe facrifie pour fauver Callirhoé.
Ce tableau eft au Roi & eft deftiné à être exécuté en tapifferie dans la manufacture royale des Gobelins. Il a 9 pied 6 pouces de haut fur 12 pieds 6 pouces de large.
Un payfage.
Ce tableau de 22 pouces appartient à M. Bergeret de Grancour.
Deux vues de la villa d'Eft à Tivoli.
Appartient à M. l'abbé de Saint-Non.
1767.
Groupes d'enfants dans le ciel.
Tableau ovale tiré du cabinet de M. Bergeret.
Une tête de vieillard.
Tableau de forme ovale.
Plufieurs deffins.

grâce hermaphrodite, un énervé d'Adonis, une ombre d'homme. D'une main retournée, il s'enfonce le couteau dans la poitrine ; de l'autre, il a l'air de jeter sa vie aux cieux, tandis que sur son visage de demi-femme passe la faiblesse de l'agonie & la douleur de la mort qu'on s'arrache. Contre le grand-prêtre qui meurt, est la victime vivante, mais évanouie, presque morte de croire qu'elle va mourir. La tête abandonnée sur l'épaule, elle a glissé devant l'autel qui fume. Son corps a molli sur ses jambes pliées, ses bras ont roulé le long d'elle, son regard s'est perdu, la volonté de ses membres est brisée ; & elle est là, affaissée, sans mouvement, la gorge à peine soulevée par un souffle, pâlissante sous la couronne de roses que le pinceau du peintre fait pâlir avec elle. Entre son corps & l'autel, un jeune prêtre se penche dans une curiosité d'horreur. Un autre qui tenait sur un genou, devant la jeune fille, le bassin attendant le sang des victimes, demeure épouvanté, le regard fixe, la bouche béante. Par derrière, des figures de vieux prêtres à barbes grises se montrent, effarés, l'affreux spectacle. Au-dessus d'eux, les fumées du temple, les flammes, les parfums, les évaporations d'autel, se rejoignent dans le ciel à des nuées, à une nuit de miracle & d'enfer, agitée & roulante, au tourbillon ardent & sombre où un génie, brandissant une torche & un poignard, emporte l'amour dans le sillon de son vol sombre & de son manteau noir. De cette ombre, allez à l'ombre du bas du tableau : deux femmes s'y tordent de peur, reculent, se voilent la face ; un petit garçon se sauve contre leurs genoux, se cramponne à elles, & un coup de soleil, accrochant le bras de l'une des femmes, allume la chevelure & les deux petites mains roses de l'enfant.

Telle est cette grande composition de Fragonard, ce coup de théâtre dont il a dû prendre l'idée & peut-être l'effet même à une des reprises de la *Callirhoé* du poète Roy ; vraie peinture d'opéra, demandant à l'opéra son âme & sa lumière. Et pourtant quelle magnifique illusion que ce tableau ! Il faut le voir, embrasser de l'œil au Louvre la claire & chaude splendeur de la toile, le rayonnement laiteux de tous ces blancs habits de prêtres, la lumière virginale inondant le milieu de la scène, mourant & palpitant sur la Callirhoé, enveloppant ce corps défaillant comme d'un évanouissement de jour, caressant cette gorge qui s'éteint. Les rayons, les fumées, tout se mêle ; le temple fume ; les vapeurs de l'encens montent de partout. La nuit roule sur le jour du ciel. Le soleil tombe dans l'ombre & fait des ricochets de flamme. Les réverbérations d'un feu de soufre illuminent les visages & la foule. Fragonard jette à poignées, sur son coup de théâtre, les éclairs de la féerie : c'est Rembrandt chez Ruggieri.

Et quel mouvement, quel envolement, dans cette peinture agitée, bouleversée ! Les nuages, les étoffes tourbillonnent ; les gestes se précipitent ; les attitudes sont éperdues ; l'horreur tremble dans les poses, sur les bouches, & il y a comme un grand cri muet qui se lève de tout ce temple & de cette composition lyrique.

Ce cri d'un tableau si nouveau pour le xviiie siècle, c'est la Passion. Fragonard l'apporte à son temps dans ce tableau, plein d'une tendresse tragique, où l'on croirait voir la Mise au tombeau d'Iphigénie. La fantasmagorie de sa Callirhoé fait remonter l'art à l'émotion de l'Alceste d'Euripide ; elle montre à la peinture française un avenir : le pathétique.

V.

Le Salon fermé, la curiosité s'occupe & s'inquiète du tableau que le « nouvel auteur » apportera au prochain Salon. C'est un grand sujet de questions, d'interrogations ; & le public est fort désappointé quand, en 1767, il se trouve en face d'un tableau ovale représentant des groupes d'enfants dans le ciel. Ce tableau, que Diderot compare « à une belle omelette bien douillette, bien jaune & bien brûlée, » nous pouvons le deviner, le revoir dans ce groupe de trois amours conservés à Oisème chez M. C. Marcille, & dont M. Walferdin possède une répétition. Imaginez un Boucher fricassé, rissolé, recuit, teinté de pourpre vénitienne, battu d'ailes de saphir. Car Fragonard a beau vouloir lui échapper: son maître remonte sur lui. La manière, le coloris, le *lait* de Boucher le dominent, alors que Fragonard croit l'oublier. Boucher perce, transparaît, surnage au milieu de ses spirituels emprunts aux petits maîtres italiens, & même délayé chez lui aux derniers temps la roussissure de Rembrandt. Combien d'incertitudes sur nombre d'esquisses indécises, comme indivises entre les deux peintres ! Certains tableaux de Fragonard, *la Bascule* & *le Colin-Maillard* par exemple, qui ne les donnerait à Boucher, sans la signature que le graveur a mise au bas des planches? La mode du goût actuel a beau chercher à rabaisser le maître au profit de l'élève : Boucher, ne l'oublions pas, reste le père de la palette de Fragonard. C'est des entrailles roses de la peinture de Boucher qu'est sorti le charmant peintre qui devait mettre de la vie dans ses ordonnances, animer l'immobilité de ses compositions, passionner ses mythologies, les enflammer de sa verve méridionale & presque gasconne.

Grande est la déception devant l'envoi du peintre dont le travail de deux ans promettait quelque grande machine, un tableau d'histoire, une nouvelle tragédie. On se demande quelle est la cause du renoncement, de la démission d'un artiste s'annonçant avec tant de fracas; on la cherche dans le goût du plaisir. Bachaumont veut que le peintre ait le même motif de paresse que Doyen amoureux de mademoiselle Hus. Ne serait-il pas plus juste d'attribuer cette abdication du grand genre de l'histoire à un retour de Fragonard sur lui-même, à une reconnaissance modeste & sage de son génie & de sa véritable vocation? Il avait fait le tour de force de *Callirhoé;* il s'y tenait & ne jugeait pas à propos de le recommencer. Au fond, la grande peinture, il le sentait, n'était pas son vrai domaine. Il l'avait abordée avec des qualités plus saisissantes, plus éblouissantes que solides. Une plus petite scène convenait mieux à son talent de premier mouvement, à son dessin jeté, à ses jeux de lumière. De nature, il se reconnaissait improvisateur. Son grand succès, son triomphe, au lieu de l'abuser, lui avait donné sa mesure : sa vraie gloire, il la vit, tenant à l'aise, avec ses imaginations, dans le cadre d'un tableau de chevalet.

Ajoutez à ce qui décida le peintre (1), ce qui lia l'homme à la petite peinture & le fit devenir le peintre des fermiers généraux : un peu de mollesse, une sorte de doux lazzaronisme, la fatigue & l'ennui du grand effort, cette belle insouciance que le temps donne à ses artistes & surtout à Fragonard, l'insouciance de la grande fortune d'argent ou de nom, de l'avenir, de la postérité, de tout ce qui fouette l'activité moderne & la brûle de fièvre. Agréé, il ne se donne même pas la peine de devenir académicien : voilà Fragonard & son ambition. Son œuvre lui échappe sans luttes, sans tourment d'amour-propre. Ce qu'il produit lui coûte si peu, que l'art est son amusement plus que sa vanité. L'immortalité, y pensait-il ? Il n'a pas songé seulement à lui donner tout son nom : il lui en jette seulement la moitié à l'oreille : *Frago*, — c'est sa signature négligente & familière.

Donc, plus de peinture d'histoire, Fragonard y renonce pour ressusciter, dans des toiles moindres, le joli monde de convention, né d'un conseil de madame de Pompadour, sous les pinceaux de Vanloo, dans *la Conversation espagnole* (2). Et tout l'esprit du siècle ne revient-il pas à cette fausse & charmante Espagne de Vanloo ? La mise en scène de sa Conversation, Beaumarchais la reprend pour son délicieux tableau de la chanson à Madame (3). Fragonard badine avec cette espagnolerie flottante dans la mode de tout le siècle, sautant des productions d'Eisen père à l'honneur d'habiller Figaro. Il en jette les couleurs, les pompons, les rubans au dos de ses personnages, comme une mante d'incognito & un habit de théâtre retrouvés par le costumier des Menus dans une garde-robe du château d'Aguas Frescas. Rien d'aussi léger, d'aussi piquant, que la façon dont il joue avec les soies chatoyantes, les miroitements du satin, les plumes des toques, les manteaux, les pourpoints, les crevées éclatantes, les

---

(1) Fragonard fut peut-être encore dégoûté de la grande peinture par la difficulté de se faire payer son tableau de *Callirhoé*, dont il n'eut l'argent qu'au bout de trois ans ; peut-être aussi par la froideur hostile de la critique, froideur alors fort préjudiciable aux artistes & qui faisait dire à Greuze : « Chaque exposition me prive d'une année de commandes. »

(2) Une brochure (*Lettre sur le Salon de 1755*, à Amsterdam, chez Arkstée & Merkus, 1755) donne la preuve bien positive de cette initiative de madame de Pompadour : « L'amour des arts a inspiré à une dame qui les aime pour eux-mêmes une idée qui peut être utile à perpétuer les succès de la peinture. Ennuyée de ne voir que des Alexandre, des César, des Scipion, des héros grecs & romains, elle a proposé aux artistes qu'elle accueille en amis & non en protégés, de chercher dans les habillements européens quelque sujet qui pût faire effet. En vain lui a-t-on objecté que la plupart de nos habits courts, ne drapant point, ne pouvaient pas prêter au pittoresque... Elle a levé elle-même la difficulté en engageant M. Vanloo à traiter pour elle le sujet espagnol qu'on voit si agréablement rendu. »

(3) *Le Mariage de Figaro*, acte II, scène IV.

corsages marron aux manches jaune de soufre ; vestiaire d'un carnaval du Séville des romans, où le peintre mêle une opulente friperie seizième siècle au clinquant de topaze brûlée que Rembrant fait rayonner au corsage de ses portraits de femmes. C'est dans ce goût plein de *brio* que Fragonard exécute ses *Leçons de clavecin*, ses scènes d'intérieur, ébauches & débauches de couleur tendres, où il déguise & dépayse si joliment l'amour du temps, que la peinture, les jolis *meubliers* d'art d'alors, aiment tant à montrer dans la vérité de son costume, la couleur locale de son milieu, sa mode de la minute.

Fragonard pourtant ne met là que son esprit. Son génie est ailleurs, plus haut, dans le nuage de la Fable. Ses petits tableaux s'élèvent au ciel du XVIIIe siècle, un ciel de plafond : l'Olympe de Louis XV.

VI

Le temps de Louis XV, par ses sens, ses goûts, ses aventures, retourne à la Mythologie. Du volume comme du meuble, de la métaphore comme de l'ornement, de l'art comme de l'archéologie, des événements de la cour comme des mœurs de la nation, se lève un souffle de paganisme. Le nuage de Psyché, & Psyché elle-même reparaît à Versailles. Toutes les colombes de la Grèce reprennent leur vol, au bout des rimes, au coin des toiles, au chevet des lits. Paris s'efface, & signe ses livres de Cnide. Cythère touche à tout, baptise tout, plane sur tout. Un moment dans le siècle, il semble entendre chanter à tous les arts de la France, à toutes ses pensées, un prodigieux cantique de volupté, un immense *Pervigilium Veneris*. Et c'est vraiment Vénus dont on salue le retour. La science raconte son culte (1), & son culte recommence. L'imagination des corruptions de l'époque l'entoure d'une religion. Comme autrefois de l'écume des mers, elle sort de la légèreté des cœurs. Sa figure presque sacrée représente la fortune des Pompadour & des Du Barry. A force d'être célébré, son corps charmant devient comme la forme adorée de l'idéal du siècle. Elle revient, elle renaît, déesse & maîtresse, souveraine des aspirations, des illusions & des passions de ce monde. Elle ressuscite & s'incarne dans une divinité nouvelle, spirituelle & française, galante & folâtre. Et il semble qu'elle revive réellement dans l'œuvre de Fragonard, lumineuse, rayonnante, avec le sourire & le soleil de son dernier triomphe, telle que le maître la montre dans l'esquisse où elle descend remplir la coupe d'Anacréon, épuisée par la colombe du poète.

(1) *Mémoire sur Vénus qui a remporté le prix à l'Académie royale des Inscriptions & Belles-Lettres*, par Larcher. Valade 1775.

Et ne font-ce pas des apparitions, des Vifitations de Vénus, que ces deux tableaux de Fragonard? Dans le bas de celui-ci tout eft nuit. Sur un lit antique un jeune guerrier fommeille, accoudé, une main à la joue, un pied gliffé à terre dans une pofe de paix virgilienne. Près de lui, fur les marches d'ombre, à côté de fon cafque & de fon bouclier, un amour dort, la tête plongée dans les bras, le glaive du dormeur entre fes petites jambes; puis ce font des chiens, & un autre amour dont on voit le dos fur lequel gliffe un cornet de chaffe. De là, de ce fommeil & de cette nuit, fe dreffe comme une échelle de Jacob d'amours portant & foulevant l'Affomption d'une Vénus. C'eft une lumière où femblent mourir toutes les fleurs que fèment les Cupidons, où paraiffent brûler toutes les flammes que fecouent leurs torches. La Vénus fouriante & blanche de la gaze chiffonnée autour d'elle, les chairs d'enfants des petits dieux, les nuages colorés comme du feu des trépieds, tout avance fufpendu dans une fumée radieufe... La fcène change, & ce n'eft plus *le Songe d'Amour*, mais c'eft encore la nuit, une nuit de myftère & d'orage, pefant fur des arbres noirs & des maffifs aux parfums lourds. Un couple couronné de rofes eft lancé en avant. Le vent que fendit la courfe d'Atalante bat la gorge de la femme & repouffe fa tunique. Elle & fon compagnon n'ont encore qu'un pied pofé fur la margelle de marbre du baffin, — le baffin de *la Fontaine d'Amour* ; & affamés tous deux, l'œil brûlant, ils tendent la foif & le défir de leurs lèvres à la coupe enchantée que foutiennent des amours volants ou renverfés dans la vafque, mêlant leurs mains, croifant leurs doigts, trempant leur aile au breuvage qu'ils offrent. De la fontaine, l'eau tombe; du baffin, le nuage monte; & ce n'eft qu'amours, amours à demi perdus dans la nuée, amours à demi trempés de pluie, amours ruiffelants de lumière, amours fur le dos defquels le ruiffeau qui tombe & les ondes vaporeufes qui roulent, fe brifent en cafcades, en gouttelettes de perles & d'éclairs (1)!

De ces beaux fonges, l'imagination de Fragonard s'élève à de miraculeufes vifions, à des tableaux de raviffement & de fuavité brûlante, à une forte d'extafe (2). Il y a de lui des adorations de la paffion prefque myftiques de flamme & d'élan. Çà & là, dans un coin de fon œuvre, dans un jour tendre, fe dreffent des autels *Au Premier Baifer*, où le fang d'une colombe aux ailes déchirées a le fymbolifme d'un doux crucifiement, d'un culte au Sacré Cœur, au Cœur fanglant de l'Amour. La rofée d'une bleffure divine s'égoutte fur des calices de fleurs, des carquois, des couronnes, des guirlandes dénouées; partout ce font des ailes & des pétales de rofes. Pouffée, prefque foulevée & détachée de terre par de petits amours qui s'effayent à la porter & jouent fous elle dans la tranfparence de fes voiles, une femme s'avance entre deux rayons, deux rampes de jour montant devant elle, & fur lefquelles tremblent des vols d'amours dans des immobilités frémiffantes. Elle fourit, elle faiblit, & comme accablée fous la careffe de

---

(1) *Le Songe d'amour, la Fontaine d'amour*, gravés à l'aquateinte, par Regnauld.

(2) Le *Difcours fur l'état actuel de la peinture en France*, 1785, lui reproche « le délire de l'imagination. »

16

la lumière, elle laiſſe échapper une roſe à laquelle un génie ailé met le feu avec ſa torche : c'eſt *le Sacrifice de la Roſe* (1), — un ſouffle de ſainte Thérèſe dans une image de Parny !

Et comme ſa penſée, la palette de Fragonard s'enflamme. Elle s'allume à ces autels brûlants. Elle flambe dans la lumière d'apothéoſe dont il entoure l'Amour, dont il peint le Déſir. Quelle vapeur, quel embraſement dans ces firmaments clairs, ardemment limpides, palpitants de chairs de Cupidons, ruiſſelants de bouquets d'artifice, trempés de ces lueurs que les gravures en couleur de Janinet nous montrent, pareilles à des lueurs d'eau dans un incendie (2) ! Ciels de triomphe, tranſparents de feu, où rougeoient des fumées gorge de pigeon, où pleuvent des fleurs & des plumes, où la pourpre & l'azur s'embraſſent & ſe mêlent ſur le corps transfiguré des petits anges de la volupté !

L'amour, toujours l'amour ! Prenez un peu plus bas le poème du peintre, juſte entre ciel & terre, entre le *Rêve d'Amour* & le *Serment d'Amour*, ce qu'il chante c'eſt le Baiſer, le *Baiſer dangereux*, le *Baiſer amoureux*, le *Baiſer à la dérobée*... Tous les baiſers, morts chez Dorat, vivent chez Fragonard. Deux têtes qui ſe penchent, deux lèvres qui ſe rencontrent, il lui ſuffit de jeter cela ſur la toile pour trouver un tableau. Thème toujours charmant, & d'un deſſin qui renaît ſous ſes doigts ! Il le varie, il le retourne, le careſſe, il fait de ces deux bouches qui ſe cherchent deux âmes qui s'approchent. Rien qu'un baiſer — à peine ſi, dans l'ovale où il l'encadre, il met deux corps pour le porter. Ses perſonnages coupés à la hauteur du cœur ont l'air de cette ſculpture volante du ſculpteur lorrain, — ce baiſer ſuſpendu qui n'a qu'un piédeſtal pour ſoutenir deux bonheurs & deux amours (3) !

Fragonard reprend-il tout à fait pied, retombe-t-il dans ſon temps ? Sur ſon chevalet poſé en plein XVIIIe ſiècle, que trouve-t-il ? L'amour encore ; l'amour à la mode, galant, badin, raviſſeur, l'amour dans une élégance de poliſſonnerie ou dans un triomphe de violence. Au milieu d'un jardin de délices, il lance une petite marquiſe de Crébillon ſur une eſcarpolette, & ſi haut que ſa mule gliſſe du bout de ſon pied, ſi haut que ſa jupe s'ouvre devant un charmant indiſcret à demi-couché devant elle dans un parterre de fleurs. Heureuſement qu'au-deſſus de lui eſt un amour dont le geſte dit : Chut (4) ! Ou bien c'eſt la compoſition ſi connue, ce groupe enlacé d'ar-

(1) M. Walferdin poſſède, de ce ſujet, une petite merveille ; M. Eudoxe Marcille, un deſſin des plus careſſés, des plus achevés qu'ait jamais produits Fragonard. — Il a été gravé, d'après un tableau aujourd'hui inconnu, par Marguerite Gérard.

(2) M. Eudoxe Marcille poſſède la peinture & l'aquarelle d'un de ces ſujets gravés par Janinet : *la Folie*.

(3) Parmi ces baiſers de Fragonard, citons cette Muſe embraſſée par l'amour, gravée par Mlle Papavoine, ſous le titre de *Sapho*, & dont M. Marcille poſſède une délicieuſe griſaille où les lumières d'argent font courir ſur le corps de la Muſe comme un baiſer de clair de lune.

(4) *Les Haſards heureux de l'Eſcarpolette*, gravés par Delaunay. Donnons ici la très-curieuſe origine de ce tableau racontée par Collé, à la date d'octobre 1766 : « Croirait-on, me diſait Doyen, que peu de jours après l'expoſition de mon tableau au ſalon (ſainte Geneviève des Ardents), un homme de la Cour m'a envoyé cher-

deur & de faibleffe, l'homme en chemife, en caleçon, allongeant un bras nu & mufculeux jufqu'au verrou de la porte qu'il pouffe du bout des doigts; la tête retournée, il enveloppe d'un regard de défir la femme qu'il embraffe de fon bras droit, la femme éperdue, le vifage renverfé, les yeux effrayés & fuppliants, défefpérant d'elle-même & repouffant d'une main déjà molle la bouche de fon amant (1)... Sa chute, on la voit. Fragonard n'eft pas homme à oublier dans le fond du tableau ce qu'il fait fi bien ouvrir & défaire : le lit.

Et ne faut-il pas chercher Fragonard jufque-là? Là eft blotti fon génie. C'eft le nid du peintre & le rendez-vous de fes pinceaux. Le lit, — n'eft-ce pas pour lui la fcène délicieufe de la femme, le théâtre adoré, le trône douillet de fon corps? Il le trahit, il le reflète en tableaux toujours nouveaux dont il encadre l'ovale dans le cercle de fleurs d'un miroir d'alcôve. Il fait jouer deffus ce que le XVIIIe fiècle appelait « fes gaietés; » il lâche & fait envoler à fon ciel l'effaim de fes Cupidons. Il y enlève la nudité des dormeufes dans le nuage du linge. Sitôt qu'il touche à la batifte des draps, à l'oreiller foulé, aux rideaux indifcrets, à la couche en défordre, il a la flamme, la lumière, la vie, l'ivreffe; il a toutes les bonnes fortunes de l'attaque vive, de l'efquiffe brufque & courante. Il eft fur fon terrain de victoire. Il a le feu facré du XVIIIe fiècle, le diable au corps, le *Diable au corps* même du temps, & ce qu'il jette tout chaud à la toile eft comme une careffe du Corrége dans une page d'Andréa de Nerciat.

Le lit, & tous les fecrets qu'il a de la femme, la chemife & fes indifcrétions, les effarements du réveil, les culbutes des courtes-pointes, la furprife qui renverfe les têtes, les cache derrière le charmant mouvement du bras levé, les peurs qui courent à demi nues, ce premier furfaut de fi jolie impudeur mettant fur pied une chambrée de femmes, le vent qui joue, le linge qui fuit, un vifage qui fe voile, un dos qui fe montre tout du long, — comme Fragonard touche cela! Sa verve pétille avec le pa-

cher pour m'en commander un, dans le genre que je vais vous dire? Ce feigneur était à fa petite maifon avec fa maitreffe, lorfque je me préfentai à lui pour favoir ce qu'il me voulait. Il m'accabla d'abord de politeffes & d'éloges, & finit par m'avouer qu'il fe mourait d'envie d'avoir, de ma façon, le tableau dont il allait me tracer l'idée. — « Je défirerais, continua-t-il, que vous peigniffiez Madame (en me montrant fa maitreffe) fur une efcarpolette qu'un évêque mettrait en branle. Vous me placerez de façon, moi, que je fois à portée de voir les jambes de cette belle enfant, & mieux même fi vous voulez égayer davantage votre tableau, &c. » J'avoue, me dit M. Doyen, que cette propofition, à laquelle je n'aurais jamais dû m'attendre, vu la nature du tableau d'où il partait pour me la faire, me confondit & me pétrifia d'abord. Je me remis pourtant affez pour lui dire prefque fur-le-champ : « Ah! Mon-

fieur, il faut ajouter au fond de l'idée de votre tableau, en faifant voler en l'air les pantoufles de Madame, & que des amours les retiennent. » Mais, comme j'étais bien éloigné de vouloir traiter un pareil fujet, fi oppofé au genre dans lequel je travaille, j'ai adreffé ce feigneur à M. Fagonart (*fic*) qui l'a entrepris & qui fait actuellement cet ouvrage fingulier. — *Extrait de la partie inédite du Journal de Collé*, communiqué par M. Honoré Bonhomme, auquel nous devrons bientôt un journal complet de Collé.

(1) Le *Verrou*, gravé par Blot. Ce tableau faifait partie de la collection du marquis de Veri, collection prefque uniquement compofée de Français & de Français du XVIIIe fiècle. Il fut le pendant très-imprévu, raconte la Biographie, d'un paftiche de Rembrandt. Au *Verrou*, Fragonard donnait bientôt un pendant plus convenable : le *Contrat* que gravait Blot pour être acheté avec le

quet de pétards paffant par une trappe de plafond, qui éclate, jette fon bruit, fon nuage, fa fumée, darde fon jour çà & là, fur une épaule, une cuiffe, une jambe, fouette tout le lit des trois amies, leur court en éclairs fur la peau (1). Ici encore l'on fe fauve, l'on court, l'on crie : *Ma chemife brûle* (2)... c'eft le feu. Voici l'eau, deux jets partant d'une trappe du plancher, & trois femmes encore : l'une fuyant, la chemife au vent, les reins fuftigés ; une autre dans le lit, les jambes levées, effayant de fe défendre avec le drap qu'elle tend & retient du bout de fon orteil; la dernière, toute nue d'angoiffe, les pieds fur le tabouret de lit, & fe penchant pour voir d'où jaillit ce déluge (3). Fragonard adore ces efpiègleries du temps qui éclabouffent de lumière un corps de femme furpris dans l'inconfcience du premier mouvement. La niche des jets d'eau recommence dans le verre d'eau que tient au pied du lit une jeune fillette, guettant en fouriant la jolie réveillée, les reins à l'air & au jour, une jambe repliée, l'autre toute allongée nerveufement fur les draps qu'on lui retire, le haut du corps & les yeux encore engourdis & pefants de fommeil, les doigts de la main retournés dans la ruche de l'oreiller (4).

Mais furtout Fragonard eft charmé par les jeux de la femme, le matin, avec ellemême, dans la blancheur & la chaleur du lit, alors qu'elle fe renverfe, s'allonge & fe tiraille dans le réveil. Il aime ces moments abandonnés où fa chair refpire le foleil, s'oublie à la lumière, où fon corps échappe aux draps, reprend fes élafticités, où fa chemife roulée fous elle par la nuit ne la voile plus qu'à moitié. C'eft la volupté ingénue de cette heure badine, les ébats libres & fouriants du réveil, qu'il a voulu peindre dans ce joli tableau : le bonnet échappé, les yeux gais & pleins de fes feize ans, un large fourire à la bouche, une fillette fans fouci de ce que montre fa chemife pliffée en ceinture, foutient en l'air, au bout de fes pieds, un caniche frifé à figure de confeiller en perruque ; & toute riante, elle enfonce la plante de fes pieds dans les poils du chien qu'elle tient fufpendu & auquel elle tend d'une main l'anneau de la gimblette, pendant qu'un coup de lumière venu du pied du lit file en écharpe entre les rideaux, bat les couvertures, poliffonne en fautant fur toute cette chair rofée où le jour femble heureux : c'eft la *Gimblette* (5), une fleur d'érotifme toute fraîche, toute françaife,

Verrou, lui faire vis-à-vis, & le faire pardonner. Au *Contrat* commence, chez Fragonard, cette mauvaife & froide mode de fon temps, l'imitation des petits maîtres hollandais fi en faveur à la fin du fiècle dans l'école appauvrie. Voici les manteaux garnis d'hermine de Metzu, & la robe de fatin blanc de Terburg, l'éternelle robe que tous vont bientôt fe difputer & fur laquelle on ne faura plus quelle fignature lire : Fragonard ou Boilly. Là auffi commence, autant qu'on en peut juger par la gravure, la manière froide, léchée, miniaturée, de Fragonard, fi contraire à la vivacité de touche de fes tableaux-efquiffes qu'on a peine à y reconnaître fon faire original, & qu'elle vous fait venir l'idée de copie. — Du *Verrou*, M. Valferdin poffède un deffin d'une pâleur délicieufe.

(1) Les *Pétards*, gravés par Auvray.
(2) *Ma Chemife brûle*, gravée par Auguftin Legrand.
(3) Les *Jets d'eau*, gravés par Auvray.
(4) Le *Verre d'eau*, gravé par Pons.
(5) La *Gimblette*, gravée par Bertony. Fragonard eft fouvent revenu à ce motif dont on connaît plufieurs exemplaires. Le plus charmant eft l'un de ceux que poffède M. Walferdin, l'efquiffe en hauteur, aux rideaux jaunes, toute différente du fujet gravé.

dont vous ne trouverez le germe en ce fiècle que dans le fumier du livre des *Mœurs de la Popelinière* aux premières fcènes. C'eft le chef-d'œuvre des Fragonard en chemife, après lequel vous ne rencontrerez que cet autre chef-d'œuvre, le plus fuave peut-être des tableaux voluptueux. Au bas du lit, tombée & brûlante encore, eft la torche de l'amour. Vue de tout le dos, une jambe pendante hors du lit, une autre repouffant le drap, la tête retournée fur l'épaule, les cheveux dénoués & leurs boucles épandues par derrière dans le creux de l'oreiller, une femme ayant l'ombre de fes cils fur fes yeux fermés, à fa bouche un fourire endormi, effaie de retenir mollement des deux mains la chemife déjà ravie à fon corps, gliffant fur fes bras allongés, fuyant de fes coudes, & que tire en l'enroulant fur fes bras un amour renverfé en arrière dans l'effort de l'arracher, un amour volant & qui frôle prefque du pied le fein qu'il laiffe fans voile. Image charmante & poétique, fi délicieufement balancée par la lutte! penfée de grâce & de nudité prefque antique qui femble montrer le petit Eros colère, violant la pudeur vaincue & défaillante entre les bras du fonge qui la dépouille (1)!

Ces médaillons de nudité, ces petits tableaux fi vifs, ces poèmes libres, comment Fragonard les fauve-t-il? Quel charme met-il en eux pour être leur excufe & leur pardon? un charme unique : il les montre à demi. La légèreté eft fa décence (2). Ses broffes n'appuient pas. Ses couleurs ne font pas des couleurs de peintre, mais des touches de poète.

Il jette le mouvement, il indique le rhythme d'un corps. Il femble peindre avec la palette du rêve. Le lit chez lui eft prefque un voile comme le nuage, & la femme eft une apparition. Sur la batifte bleutée, roulante, prefque célefte des draps, entre les vagues de foie que font en bouillonnant les lourds rideaux, il ne renverfe que des corps de lait à peine rougis aux joues, aux coudes, aux genoux, à tous les endroits fleuris de la peau; il ne montre que des chairs blanches qu'on dirait éclairées de la lumière d'une veilleufe d'albâtre. Apparences voluptueufes, à la fois confufes & rayonnantes, vagues & magiques diffufions de lumière, académies d'aurore fe levant dans un étincelant brouillard matinal, voilà fes tableaux : une vifion féerique, rien de plus. Avec leur fang, fi pâlement rofée, la vie délicate & argentée de leur peau, leurs membres rondiffants dans la fluidité du contour, le deffin de leur vifage mourant dans l'huile graffe, fes femmes ne femblent vivre que d'un fouffle de défir. Tout fon œuvre, même brûlant, refte flottant, balancé entre ciel & terre. Qu'il dépaffe la *Chemife enlevée*, qu'il aille jufqu'à montrer tous les embrafements de l'amour dans cette débauche baptifée par fon poffeffeur : « Le feu aux poudres, » — l'impu-

---

(1) La *Chemife enlevée* a été délicieufement gravée par Guerfant.

(2) Dans cet ordre de compofitions, nous ne connaiffons guère qu'une toile où Fragonard ait pouffé le travail au-delà de l'efquiffe : c'eft le *Verre d'eau*, poffédé par M. de Villars. D'un cadre largement indiqué pour la gravure, d'un fond fabré de bitume, de rideaux maçonnés à grands coups, fe détache un corps de femme patiemment beurré, & d'une pâte plus remaniée & plus polie que les autres nudités de Fragonard.

reté même chez lui n'a ni ordure, ni dégoût, ni honte; le tableau demeure une inspiration lumineuse, une mêlée de torches, un vague essaim de corps d'amours devinés dans des frottis de terre de Sienne, un incendie d'Olympe d'où s'envole, à demi entrevue, la flamme d'une idée. Tout chez Fragonard se sauve ainsi, tout s'enfuit, frissonne, se cache à demi, dans cette pudeur de sa peinture : l'esquisse, qui fait trembler le nu devant les yeux, & voile la femme avec un éblouissement d'incertitude.

Mais l'esquisse est plus encore que le voile & que l'excuse de l'œuvre de Fragonard : elle en fait en quelque sorte l'idéal. Un écrivain, qui est, lui aussi, un peintre & un poète, M. Paul de Saint-Victor, a dit d'une façon charmante : « La touche de Fragonard rappelle ces accents qui, dans certaines langues, donnent à des mots muets un son mélodieux. Ces figures à peine indiquées, vivent, respirent, sourient & enchantent. Leur indécision même a l'attrait d'un tendre mystère. Elles parlent à voix basse, elles glissent sur la pointe du pied ; leurs gestes ressemblent à des signes furtifs échangés par des amants dans l'obscurité. On dirait les Mânes voluptueux du xviiie siècle (1). »

VII.

Un esquisseur de génie, voilà le peintre chez Fragonard. Il éclate dans l'ébauche. Il est un maître dans le premier jet, dans la préparation, lorsqu'il improvise des Grâces, des Nymphes, lorsqu'il fait jaillir les nudités ondulantes de la toile qu'il frappe & touche au vol. De l'huile délavée, des égratignures de pâte sèche qui semblent promener les rayures d'un peigne dans le sens de tous les muscles, de la poussière de pastel dont il paraît poudrer & brillanter ses tons, du *maquillage* adorable de sa peinture aux ombres bleutées, le fort des bouquets de chair, des morceaux de corps de femme, des rayonnements de peau blondissante, qui ont le charme, la douceur, l'harmonieux assoupissement d'une tapisserie de Beauvais passée ; c'est le blanc diffus, la fonte nuageuse, le demi-évanouissement des tons qui ne laissent à une trame de soie que le souvenir, la pâle & délicieuse mémoire des couleurs. Peinture mourante, expirante, & comme pâmée, toute pleine de la caresse cherchée par les décadences & les plus exquises corruptions d'art! Quelquefois aussi dans ses corps de femmes, Fragonard fait passer un ressouvenir de Rubens à travers l'éclat de Boucher : alors ce ne sont plus ces molles paresseuses perdues dans la blancheur des draps & la dernière ombre du sommeil ; ce ne sont plus ces blanches Vénus qu'on dirait sorties tout à la fois de l'écume de la mer & de la neige de blancs d'œufs fouettés, ces déesses blondes & mouton-

(1) Article de la *Presse* du 19 octobre 1860.

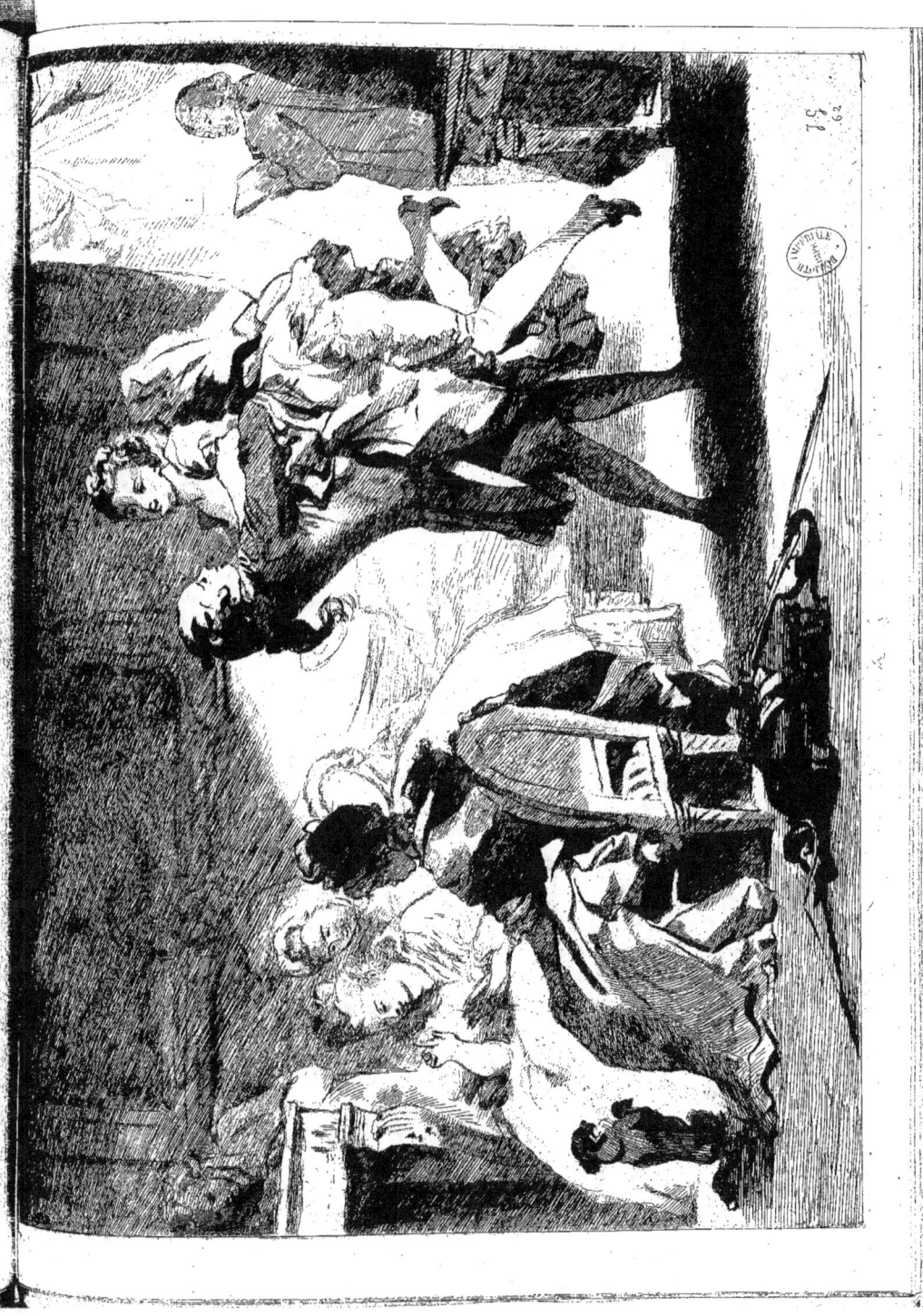

nières dont l'apothéose couleur de matin ressemble au Lever de la Duthé : ce sont des corps vivants, sanguins, ensoleillés ; des corps où le pinceau pose, sans les fondre, le vermillon, le bleu de Prusse, le jaune de chrome, pour faire la lumière, l'ombre & le reflet d'un bras ; des corps dont le coude est fait d'un coup de vermillon nageant dans un reflet de pur jaune d'or ; des corps dont le peintre transperce à demi la peau des rouges, des bruns, des verts de l'écorché, de tous les dessous de la vie (1) Car c'est le le miracle de Fragonard : cet accoucheur de songes, avec sa palette de nuages, l'homme de ces vermeilles & tendres esquisses, qui donne aux chairs le glacis bleuâtre ou verdâtre de chairs qu'on voit au travers de l'eau, qui fait de ces femmes nues des fleurs noyées, ce même Fragonard jette tout à coup des tons animés, le coquelicot, le soufre, la cendre verte, s'emporte dans une gamme de tapage, met le feu à ses couleurs, pique sa toile d'éclairs ; & de cette même main qui tout à l'heure glissait & coulait, empâte de telle façon que la trace de son pinceau reste comme l'indication de l'ébauchoir sur la glaise. Dans cette manière il a laissé des esquisses d'une verve & d'une chaleur inouïes, si carrément touchées qu'elles font penser à la cuiller à pot dont Goya se servait pour ses fresques, des déclarations de berger à bergère d'un coloris brûlé, d'une solidité qui touche au bas-relief, des coins d'intérieur recuits, troués d'un bleu de ciel, d'un azur cru perçant une broussaille fauve, — furieux embryons de tableaux où l'on retrouve le soleil des Vénitiens, les rouges sourds, les bruns puissants du Bassan.

C'est de cette façon vive, puissante, chargeant la toile, que Fragonard attaque & enlève ses paysages ; je ne parle pas de ses paysages froids, septentrionaux, où il n'est qu'un pasticheur adroit, épris d'Hobbéma & de Ruysdaël, mais de ceux où il est lui, peint la nature qu'il sent, son pays, les campagnes de son souvenir qu'il revoit tempêtueuses, toutes sillonnées de ces « orages d'eau » dont la Provence, déboisée de ses sapins & de ses chênes, est dévastée pendant tout le XVIIIe siècle (2). Quelle fougue, quelle tempête de pinceau dans l'*Orage*, ce chef-d'œuvre possédé par M. Lacaze ! Le ciel fumeux, sinistre, électrique, traversé de coups de jour blafards, l'air lourd, l'haleine de la terre accablée, soupirante, l'agitation trépidante, la panique de la Nature, l'effarement des moutons éperdus, des grands bœufs qui mugissent, le tourbillon qui rase l'herbe, tord en écharpe la grande toile du chariot que poussent des hommes en rouge, — tout est saisi dans le mouvement, & la brosse roule dans toute la scène avec le vent qui y passe.

Fragonard a été plus loin que personne dans cette peinture enlevée qui saisit l'impression des choses & en jette sur la toile comme une image instantanée. On a de lui, dans ce genre, des tours de force, des merveilles, des figures où il se révèle comme un

---

(1) Voir les *Baigneuses* de la collection Lacaze.
(2) *Essai sur l'histoire de Provence*, par Boucher. Marseille, 1785.

prodigieux *Fa Presto*. On voit dans la galerie Lacaze quatre portraits de grandeur naturelle à mi-corps. Au dos de l'un je lis ceci écrit, me semble-t-il de sa main : *Portrait de M. de La Breteche, peint par Fragonard en 1769, en une heure de temps*. Une heure ! Rien de plus. Il lui suffisait d'une heure pour camper, bâcler & trousser si fièrement ces grands portraits où se déploie & s'étale toute cette fantaisie à l'espagnole dont la peinture d'alors habille & anoblit les contemporains. Une heure pour couvrir toute cette toile ! A peine s'il jette ses touches ; il dégrossit à grands coups les visages, les indique avec les plans d'un buste commencé, tire les traits comme d'un fond de bile. Son pinceau étend les couleurs en lanières à la façon d'un couteau à palette. Sous sa brosse enfiévrée qui va & vient, les collerettes bouillonnent & se guindent, les plis serpentent, les manteaux se tordent, les vestes se cambrent, les étoffes s'enflent & ronflent en grands plis matamoresques. Le bleu, le vermillon, l'orange coule sur les collets & les toques ; les fonds, sous les frottis de bitume, font autour des têtes un encadrement d'écaille ; & les têtes elles-mêmes jaillissent de la toile, s'élancent de cette balayure furibonde, de ce gâchis de possédé & d'inspiré.

VIII.

Ce peintre de magie, qui créait si vite du soleil, du jour & de la lumière, était fait pour peindre ces murs où le siècle ne voulait pas la nudité du blanc, pour faire un mensonge de ciel aux plafonds sous lesquels les financiers & les courtisanes d'alors se sauvaient du ciel gris de Paris. Fragonard fut bientôt le décorateur à la mode, recherché, appelé, fêté par la Chaussée-d'Antin naissante, les folies d'hôtels du quartier neuf. On le voit, en 1773, occupé à couvrir de peintures tout le salon du petit palais de volupté de la Guimard. Et déjà il a donné sur le panneau d'honneur l'apothéose, les traits, les attributs & les séductions de Terpsichore à la divinité du logis, quand, sur une brouille & sur un congé qu'elle lui donne, il se venge par ce tour, une charge d'atelier où se montre son esprit & toute sa malice. Un beau jour il se faufile jusqu'au salon, & avec la palette & le pinceau de son successeur absent, il touche, en un rien de temps, au sourire de la déesse, l'enlève, lui fait une bouche de colère, un visage de Tisiphone à laquelle mademoiselle Guimard ressemble tout à fait, lorsque, arrivant pour montrer son salon à des amis, elle entre en fureur devant la vengeance du peintre (1).

(1) *Correspondance littéraire de Grimm* ; vol. VIII ; Furne, 1831. — Le récit que Mme Fragonard faisait à son petit-fils n'était pas tout à fait semblable au récit de Grimm. Selon elle, & elle devait être là-dessus mieux informée que Grimm, ce fut Fragonard qui donna son congé au lieu de le recevoir. Il était fatigué des grands airs & du peu d'égards de la princesse. Un jour qu'elle lui répétait pour la centième fois : Monsieur le peintre,

Déjà, à cette époque, madame du Barry avait voulu de lui quatre deſſus de portes pour Luciennes : les Grâces, l'Amour qui embraſe l'univers, la Nuit, & Vénus & l'Amour (1).

Une anecdote, la mention d'une quittance, des traditions, c'eſt à peu près tout ce qui reſte de ces travaux décoratifs de Fragonard. Ils ont diſparu avec les murs où ils étaient, avec les maiſons qu'ils éclairaient. Ils ont eu la courte éternité que la démolition fait aux pierres mêmes dans Paris.

IX.

Le ſouvenir de Fragonard eſt preſque tout entier dans les œuvres qui nous reſtent de lui. Derrière le peintre, l'homme paraît à peine. Qu'en ſait-on ? Preſque rien. Qu'a-t-il laiſſé ? Que reſte-t-il de lui dans les mémoires & les indiſcrétions du temps ? L'anecdote de Grimm ſur la Guimard, & c'eſt à peu près tout. Les notices, les journaux, les nécrologes ſe taiſent ſur le gracieux artiſte qui a trouvé la gloire ſans chercher le bruit. Avec lui, la biographie eſt déroutée ; elle cherche vainement, ne trouve que quelques dates, des traces & comme des lueurs de ſa perſonne. Mais quoi ? Ne nous plaignons pas tant. Trop de documents, trop de faits, pèſeraient, il nous ſemble, ſur cette mémoire légère. Un rien d'hiſtoire qui faſſe aimer le peintre, ne demandons pas plus. Que

ça ne finira-t-il pas ? C'eſt impoſſible ! — C'eſt tout fini, lui dit Fragonard. Il prit la porte, & jamais la Guimard ne put le décider à revenir. Un détail fort curieux, c'eſt que plus tard, à l'heure où David n'était pas encore à Rome & *vanlootiſait* à Paris, il vint trouver Fragonard & lui demanda ſon autoriſation pour finir les peintures commencées par lui & dont la Guimard venait de lui commander l'achèvement. Fragonard ſe hâta de lui accorder ſa demande, avec une grâce que n'oublia jamais, il faut le dire, la reconnaiſſance de David.

(1) *Mémoires des ouvrages de peinture de Drouais*, *Mélanges des bibliophiles*, 1857. Ce fut Drouais qui céda ces quatre Fragonard à Mme du Barry moyennant 1,200 livres. — Mme du Barry commandait à Fragonard quatre autres tableaux où Fragonard repréſentait les quatre âges de la vie. Mais, à la ſuite d'un déſaccord avec la favorite, le peintre roulait les quatre toiles qu'il emporta plus tard à Graſſe, & les mit en place dans la maiſon qu'il y habita, en complétant ſon idée par une cinquième toile reſtée inachevée : *l'Age de la Déſilluſion*. Fragonard eut toujours le goût de décorer ſes habitations. Il fit des peintures dans ſa maiſon de campagne de Carrières, puis dans celle de Petit-Bourg, à la décoration de laquelle il fit travailler ſon fils avec lui. — A Graſſe, dans la maiſon qu'il habita vers 1792, & où il paſſa le temps de la Terreur, il peignit des toiles & des deſſus de porte pour accompagner ſur les murs les toiles faites pour Mme du Barry. Son pinceau remplit même l'eſcalier des emblèmes de la République, d'inſignes révolutionnaires, de ſignes franc-maçonniques, de ſymboles de liberté & d'images de la loi, au milieu deſquelles ſe détachent deux portraits où l'on croit voir Robeſpierre & l'abbé Grégoire. Nous devons ces renſeignements à l'obligeance de MM. Pihoret & Malvilan. — Il faut joindre à ces travaux décoratoires de Fragonard une ſérie de quarante-deux portraits des princes & princeſſes de la branche royale de Bourbon & de la branche de Condé, exécutés pour le château de Chantilly d'après les portraits originaux. Parmi ces portraits figurent Louis XVI, Marie-Antoinette, Louis XVII. Ils appartiennent au duc d'Aumale & ont été expoſés pour la viſite du *Fine Arts Club*, le 21 mai 1862.

fon exiftence flotte comme dans une de fes efquiffes : le demi-jour fied à cette vie de poète, & la perfonnalité de Fragonard eft de celles qu'il plaît de voir, ainfi qu'une ombre heureufe, ayant un doigt fur la bouche.

Sa figure même échappe. Ses traits ont le vague charmant de fa vie. Sa fouriante reffemblance eft répandue & comme errante dans tout fon œuvre, fous le vifage éveillé, amoureux de fes jeunes fourrageurs d'appas, du joli garçon frifé qu'il tire de *l'Armoire*. Et pour tout portrait, il n'a qu'un médaillon : l'eau-forte où Lecarpentier le montre en cheveux blancs, & qui laiffe à deviner, fous la verdeur du vieillard, toute la jeuneffe de l'homme (1).

On fait que Fragonard, après une jeuneffe de peintre, une jeuneffe galante dont il garda toujours le culte de la femme, — vieux, on difait de lui que « c'était un jeune homme dans une vieille peau, » — on fait que Fragonard fe maria à près de quarante ans (2). Voici l'hiftoire de fon mariage, telle que nous l'a racontée fon petit-fils. Mademoifelle Gérard, l'ainée des douze enfants d'une famille de diftillateurs de Graffe, avait été envoyée & placée par fes parents à Paris chez un de leurs confrères, du nom

(1) On ne connaît point de portrait, du' moins de portrait gravé, de la jeuneffe de Fragonard. Le feul portrait peint que nous ayons vu de lui, portrait de la même époque que l'eau-forte de Lecarpentier, eft une peinture où fa main femble s'être mêlée à la main de mademoifelle Gérard. C'eft une toile toute noire & toute fombre, toute rembranefque, d'où ne fort que la blancheur d'un grand jabot & la fraîcheur fouriante de fon vieux vifage. Ce portrait appartient à M. Théophile Fragonard.

(2) Nous publions ici pour la première fois l'acte de mariage de Fragonard, copié par nous fur les regiftres de la paroiffe de Saint-Lambert de Vaugirard, pour l'année 1769 :

« L'an mil fept cent foixante-neuf, le dix-fept juin, vu la permiffion à nous adreffée par meffire Chapeau, curé de Saint-Germain de Lauxerrois en datte du quinze de ce mois de célébrer le préfent mariage, vu la publication d'un ban faitte pour l'époux & l'époufe en l'églife cathédrale & paroiffale de Graffe en Provence le troifième dimanche après la Pentecôte fans oppofition comme il nous appert par le certificat portant les extraits des parties en datte du cinq juin dernier, légalifé de même jour, difpenfe des deux autres bans accordée par Mgr l'évêque de Graffe en datte du quatre Juin dernier infinué & controlé le cinq, vu auffi la publication d'un ban faitte pour l'époux & pour l'époufe en la paroiffe de Saint-Germain de Lauxerrois le vingt & un mai dernier fans oppofition comme il nous appert par le certificat de Monfieur Armery vicaire de ladite paroiffe en datte du quinze du préfent, difpenfe des deux autres bans accordée par Mgr l'Archevefque de Paris en datte du vingt-fept mai dernier portant permiffion de fiancer le même jour figné Chriftophe archevefque de Paris, infinué le même jour figné Chauveau, vu le confentement des père & mère de la future paffé devant le confeiller du Roy notaire garde notte à Graffe du feptième de Septembre de l'année dernière, légalifé par M. Defaudon confeiller du Roy lieutenant général en la fénéchauffée de la ditte ville de Graffe en datte du cinq juin dernier, cejourdhuy ont été mariés avec notre permiffion & ont reçu la Bénédiction nuptiale de Mre Jean-Baptifte-Auguftin Granchier pretre licentié es loix & vicaire de Saint-Germain de Lauxerrois, fieur Jean-Honoré Fragonard, peintre de l'academie royale, fils majeur de François & de défunte Françoife Petit fes peres & mere d'une part, & Dlle Marie-Anne Gerard fille mineure de Claude & de Marie Gilette fes pere & mere d'autre part, tous deux de fait domiciliés au Louvre paroiffe Saint-Germain Lauxerrois & de droit de l'eglife cathedrale & paroiffale de Graffe en Provence, ont affifté du côté de l'époux François Fragonard fon père bourgeois de Paris demeurant au Louvre, François Grognet de cette paroiffe & du côté de l'époufe Jean Gerard fon frère bourgeois de Paris y demourant marché Neuf paroiffe Saint-Germain le vieux, Mre Denis Martial Cochemer prêtre de Saint-Germain Lauxerrois y demeurant, lefquels temoins nous ont certifiés des ages, domiciles, libertés & catholicité des parties ainfi que deffus & au defir de l'ordonnance ont figné: Fragonard, Gérard, Cochemer, Fragonard, Grognet, Granchier, A. Rouffelle, curé. »

d'Isnard, pour se former au commerce & gagner là sa vie. Mais la jeune fille n'avait aucun goût pour cet état. Elle s'amusait de peinture à l'eau, de coloriage, peignait des éventails. Bientôt elle reconnut qu'il lui manquait les conseils & les leçons d'un peintre. Comme elle s'enquérait à qui elle pourrait s'adresser, on lui parla d'un compatriote, de Fragonard; & Fragonard à qui on s'adressa dit qu'elle n'avait qu'à venir chez lui. Les leçons amenèrent l'amour & le mariage. La femme de Fragonard n'était point jolie. Un portrait d'elle, que possède M. Théophile Fragonard, nous la montre vers la quarantaine, avec des traits forts, des méplats sensuels, de perçants yeux noirs sous d'épais sourcils, un nez gros & court, une grande bouche, une coloration brune, des cheveux d'un brun ardent, je ne sais quel air réjoui & passionné de forte commère Hollandaise chauffée au soleil du Midi (1). Quand madame Fragonard accoucha de son premier enfant, d'une fille qui devait mourir à dix-huit ans, elle dit à son mari qu'elle avait au pays une petite sœur de quatorze ans, qui lui serait bien utile pour l'aider à élever & à soigner son enfant; & c'est ainsi que mademoiselle Gérard entra dans la famille pour n'en plus sortir. Au bout de peu de temps, Paris lui donna son coup de baguette; elle dépouilla sa naïveté, sa gaucherie provinciales; & de laide qu'elle était comme sa sœur, elle se fit, en devenant femme, jolie, même belle. Les plus beaux yeux noirs, l'ovale le plus pur, un dessin de figure romain, la faisaient comparer à une tête de Minerve, & dans les premières années qui suivirent la mode pour les femmes de ne plus porter de poudre, elle faisait sensation au théâtre avec le style de sa beauté.

Tout naturellement, l'ancienne *peintresse* d'éventails n'avait pas quitté ses pinceaux, aux côtés de son mari. Elle s'était mise, sous sa direction, à peindre des miniatures, assez difficiles à reconnaître des miniatures de Fragonard, du moins quand Fragonard y a mis sa retouche & sa griffe (2). Il se trouva que la petite sœur aima, elle aussi, la peinture, qu'elle en avait un goût encore plus décidé & plus heureux : charmante rencontre qui fit de mademoiselle Gérard, à l'imitation de mademoiselle Mayer & de mademoiselle Ledoux, les élèves de Prudhon & de Greuze, comme la pupille des leçons de son beau-frère, la filleule du talent de Fragonard.

Sur cette fraîche liaison de goûts & de sympathies, je trouve cette note presque touchante au bas de l'épreuve du Franklin que possède M. Walferdin : *Gravé par Marguerite Gérard, à l'âge de seize ans, en 1772. Hommage à mon maître & bon ami Frago. Marguerite Gérard.* « Le bon ami, » c'est ainsi qu'elle appelle le maître qui a mis à ses tout jeunes doigts la pointe de l'eau-forte, menant sa main d'écolière, lui jetant, par-

---

(1) Un autre portrait de madame Fragonard, dessiné à l'encre de Chine par son mari, existe au musée de Besançon, provenant du legs de l'architecte Pâris.

(2) On trouve mention de miniatures de madame Fragonard dans plusieurs ventes du XVIIIe siècle, & spécialement dans la vente du marquis de Veri. Le catalogue annonce de madame Fragonard, au n° 81 : « Huit miniatures très-précieuses & touchées avec toute la légèreté & la grâce possibles; elles représentent des têtes de jeunes filles & de jeunes garçons, toutes d'une vérité & d'une fraîcheur de ton qui ne laissent rien à désirer, elles seront vendues par couples.

deffus l'épaule, le confeil, l'avis, l'encouragement ; initiation charmante où le profeffeur touchait à tout moment à l'émotion d'une main de femme, au remerciement de fon fourire, doux travail en commun auquel Fragonard apportait fes retouches & donnait parfois tout fon talent, comme pour la planche de *Fanfan jouant avec M. Polichinelle* (1), une planche que l'élève croyait avoir faite, & que le maître lui faifait figner pour l'en convaincre. Voilà le fond de la vie de Fragonard chez lui : l'éducation d'art d'une femme dont il fait un aqua-fortifte, dont il fait un peintre, & qui a pour lui un culte d'affection, une vénération enjouée & tendre. Le maître & l'élève mêlent leurs occupations, leurs plaifirs, leurs études, comme ils mêleront leurs deux noms fur la toile du *Premier pas de l'enfance*.

Entre cette belle-fœur & fa femme, dans cette douce & careffante atmofphère de famille, Fragonard s'oublie aux joies de l'intérieur & laiffe couler le temps. Son exiftence s'enferme & s'enfonce dans fon atelier, un atelier animé & réjoui de plaifirs, un atelier où roule l'argent fi facilement gagné, où la table eft toujours fervie, où l'appétiffante odeur du pot-au-feu tente le gourmand Lantara ; véritable falon d'art décoré de peintures de la main du maître, rempli de tapifferies, de meubles de Boule, de curiofités (2), fier du vafe d'argent de Cellini paffé de chez mademoifelle Lange chez Rothfchild ; mufée des goûts de Fragonard, au milieu duquel on croirait entendre rire & chanter une vie largement bourgeoife dans un atelier de Solimène !

Pour achever ce crayonnage de la vie de Fragonard, qu'y mettre ? Ses amis : Hubert Robert, Saint-Non, fon camarade intime depuis le voyage d'Italie, Greuze, Taunay dont il aide les débuts & achète le premier tableau. Qui encore ? Bergeret, le receveur général des finances, l'ancien ami de Boucher, le Turcaret amateur qui emmène Fragonard & fa femme en Italie (3). C'eft lui qui poffède la première idée du facrifice de

---

(1) *Mofieu Fanfan jouant avec Monfieur Polichichinelle & compagnie.* Mofieu Fanfan eft le portrait en chemife du fils du peintre, Alexandre Evarifte, né en 1780.

2) Fragonard avait une fort belle collection d'eftampes de fon temps. Un jour, — c'était après le triomphe de David, — il voit de la fumée s'échapper de la porte d'une chambre, & il trouve fon fils devant un feu de joie de papier : — Miférable ! qu'eft-ce que tu fais là ? lui dit le père. — Je fais un holocaufte au bon goût, répond férieufement le fils : il brûlait la collection d'eftampes de fon père !

(3) Grâce au journal manufcrit de Bergeret, poffédé par M. Bonfergent, & que nous communique avec une gracieufe obligeance M. Benjamin Fillon, nous pouvons fuivre les voyageurs à la trace & jour par jour, du 5 octobre 1773 au 7 feptembre 1774. Et d'abord laiffons la parole à Bergeret pour décrire la bande & l'équipage :
« Notre bagage eft compofé d'une berline dans laquelle nous fommes 4 ; M. & Madame Fragonard, peintre excellent pour fon talent qui m'eft néceffaire furtout, mais d'ailleurs très-commode pour voyager & toujours égal. Madame fe trouve de même, & comme il m'eft tréutile, j'ai voulu le payer de reconnaiffance en lui procurant fa femme qui a du talent & eft en état de goûter un pareil voyage pour une femme. » La quatrième perfonne était une gouvernante. Le fils Bergeret fuivait dans un cabriolet avec un cuifinier ; deux grands cochers étaient affis fur le fiège de Bergeret, & fon valet de chambre courait la pofte avec le domeftique de fon fils. Grand train, comme on voit, auquel rien ne manquait, ni les provifions de toutes fortes, ni les livres, ni même les portefeuilles remplis de deffins de choix. On va de pofte en pofte ; » le laborieux & actif Fragonard » deffinant, fitôt qu'on s'arrête, jufqu'à l'heure du fouper. Près de Montauban, on fe repofe quinze jours dans la terre de Bergeret, à Négrepeliffe ; & j'ai là, dans un carton, *le Four banal de Négrepeliffe*, deffiné à ce paffage par Fra-

Callirhoé, & c'eſt à lui que le peintre adreſſe ces feuilles de papier du cabinet Walferdin, bâtonnées de deſſins à la diable, ſi amuſantes & ſi curieuſes, où le peintre en déshabillé, le gai farceur, « l'aimable Frago, » comme il s'appelle lui-même, ſe montre ſi drôlement dans le piquant bulletin d'une entorſe. Dans un premier croquis, on le voit tombant : *M. Frago qui ſe trompe de porte & tombe dans un endroit où il n'y avait point de chaiſe percée & ſe fait une entorſe cruelle à huit heures & demie & deux ſecondes.* Dans une autre, des dames lèvent de ſurpriſe & de douleur leurs bras au ciel : *Retour des dames à dix heures, effets douloureux & bien doux pour l'aimable Frago.* Le voici ſur un lit couché : *Situation d'ordonnance pour quinze jours.* Sur une autre feuille, c'eſt une enfilade de gens vus de dos ſur un banc ; d'abord deux enfants : *Roſalie, Fanfan*, puis *Frago & ſa femme*, & au-deſſus : *Confidence de Frago à ſa femme à huit heures & demie.* Puis *M. de la Gervaiſais*. Puis *M*^{lle} *Gérard*.

X.

Le deſſin, chez Fragonard, eſt ſa plume d'écrivain. C'eſt, comme on le voit, ſa manière de correſpondance, ſa forme de billet. C'eſt plus encore : on pourrait dire que le deſſin eſt le journal de ſon imagination. Tout ce qu'il penſe lui échappe par là : il

gonard. On repart, on marche, malgré les difficultés de poſte & de chevaux que fait le mariage du comte d'Artois, & l'on gagne Marſeille par Toulouſe, Carcaſſonne, Béziers, Lunel, Taraſcon, Aix. Puis, en felouque d'Antibes à San-Remo. Et la cavalcade juſqu'à Gênes, de douze mulets couverts de peaux de tigre. Voici Piſe, & bientôt on eſt à Florence, à la grande auberge de Vanini, où l'on vous reçoit le ſoir à l'arrivée avec un gros flambeau de poing, & où l'on a toujours à ſes ordres trois eſpèces de valets de chambre. De là, à Sienne, & au 5 décembre (1773) on eſt à Rome, au bout de deux mois de voyage. Auſſitôt viſite de la ſociété à Natoire, invitation à dîner chez le cardinal de Bernis, à ſon petit ordinaire de vingt couverts, à ſon grand ordinaire de quarante couverts, à ſa *converſation* du vendredi que Bergeret eſquiſſe, toute étouffée de prélats, de cardinaux, de nobles, de dames, ſuperbement illuminée, gorgée de rafraîchiſſements; invitation à la *converſation* de la marquiſe de Puiſmonbrun, nièce du cardinal de Bernis, à la *converſation* de la princeſſe Doria, à la *converſation* du cardinal Orſini, renommée pour la beauté de ſes invitées & la bonté de ſon chocolat. Toute la matinée de la bande, de huit heures du matin juſqu'à trois heures, ſe paſſe en courſes à l'aventure, en *poliſſons*, ou bien en viſites de palais & d'égliſes que guide l'architecte Pâris, le grand anecdotier hiſtorique. L'on rentre pour dîner & l'on a toujours à dîner quelque penſionnaire de l'école de Rome, Ménageot, Berthélemy, avec leurs cartons & leurs portefeuilles. Le lendemain, on recommence à aller ſe *ragoûter*, ſelon l'expreſſion de Bergeret, en allant dans chaque étude de penſionnaire de l'Académie voir ce qu'il fait. Les ſoirées, quand il pleut, on ſe uſe à regarder des gravures que les marchands envoient par mannes, à étudier des empreintes de ſoufre. Un jour la ſociété Bergeret donne un concert au palais de l'Académie; un autre jour elle imagine d'avoir ſa *converſation* chez elle, à ſon auberge qu'on appelle déjà « *le petit Paris*, » & elle fonde ſes dimanches, — une nouvelle dans Rome, — ſes matinées de dix heures auxquelles ſe preſſe toute l'Académie, accourent tous les artiſtes, les Romains, les étrangers ; matinées bruyantes, & toutes amuſées, enchantées d'art, où les brocanteurs, les revendeurs, les marbriers ſe preſſent, avec les objets qu'ils apportent, dans ce ſalon où ſe fait l'expoſition de tout ce que Bergeret a acheté & de tout ce que Fragonard a deſſiné dans la ſemaine. On s'arrache de Rome à la moitié d'avril (1774), l'on va à Naples, l'on revient à Rome au mois de juin, & l'on en repart, après une bénédiction du pape, pour Florence, Bologne, Padoue, Veniſe, Vienne, Dreſde, Francfort & Strasbourg. — Ce beau voyage devait déſunir ces deux grands amis, le peintre & le fermier général qui l'avait emmené, lui & ſa femme. Au retour, comme

s'y confeffe & s'y envole. La complète collection de fes deffins ferait l'hiftoire légère & poétique de fa vie, de fes idées, de fes goûts, de fes opinions, de fes humeurs : on y aurait les mémoires du peintre & de l'homme. L'on verrait fon culte pour Rouffeau, fes larmes fur «l'homme de la nature» dans tous fes deffins religieux de l'île des peupliers à Ermenonville. Ses amours en mufique, on les retrouverait dans ce deffin de Gluck, couronné de lauriers, affis à un pupitre idéal, entre le bufte d'Homère & celui de Virgile, la main fur une feuille de papier où Fragonard a jeté : *Et mon cœur & mes œuvres.* Son admiration pour Franklin, qui venait apprendre les fecrets de l'eau-forte chez l'ami Saint-Non, elle éclate, elle bouillonne dans ce deffin titanefque, l'apothéofe allégorique de l'arracheur de foudre. Ses tableaux n'en difent pas autant fur lui : dans fa peinture, il eft Fragonard ; dans fes deffins, il eft moins & plus : il eft *Frago* tout court & tout intimement.

Suivez-le dans le premier coup d'aile d'une idée, lorfqu'il jette au papier l'âme d'une compofition, lorfqu'il cherche & tâtonne à travers le nuage ; furprenez-le

---

Fragonard réclamait une malle pleine de fes deffins, qu'on avait dépofée avec les autres bagages à l'hôtel de Bergeret, Bergeret prétendit la retenir, pour fe rembourfer des frais du voyage du peintre. Là-deffus, fureur de Fragonard, procès, nomination d'experts, & condamnation de Bergeret à rendre les deffins à Fragonard ou à les lui payer trente mille livres. Bergeret paya, mais fe vengea affez lâchement en rayant fur fon journal manufcrit l'éloge du ménage Fragonard, & en le remplaçant par cette note en marge : « Obfervation faite au retour avec connaiffance de caufe, on peut prouver les bornes de fon talent dont moi-même je me fuis trop enthoufiafmé ; fes connaiffances qu'on peut encore borner font de peu de reffource à un amateur, étant noyées dans beaucoup de fantaifies ; — toujours égal parce qu'il avait joué cette égalité, & toute la foupleffe qu'il paraît avoir ne vient que de lâcheté & poltronnerie, ayant peur de tout le monde & n'ofant donner un avis franc en négative, difant toujours ce qu'il ne penfe pas, il en eft convenu lui-même. — Pour madame, il ne vaut pas la peine d'en parler, cela pourrait gâter mon papier. » A ces injures de colère qui ne méritent pas de pefer fur la mémoire du mari & de la femme, hâtons-nous d'oppofer la fincère & curieufe note que nous communique M. Th. Fragonard : « Il n'y a rien d'étonnant à ce que M. Bergeret en voulût davantage à madame Fragonard qu'à fon mari. Elle feule était chargée des affaires d'intérêt de la maifon, *c'eft ma caiffière*, difait, en parlant d'elle, l'artifte qui avait les chiffres en horreur, adreffez-vous à elle. Et en effet, les queftions d'argent le touchaient peu ; cela eft tellement vrai que le jour où l'on apprit que les rentiers perdaient les deux tiers de leur revenu, il fe mit à battre des entrechats. — Ah ! lui dit fa femme, eft-ce que tu deviens fou ? — Nullement ; mais je me réjouis. — De quoi ? que pouvait-il arriver de pire ? — Dame ! fi on avait tout pris. — Mais cette philofophie l'abandonna quand il perdit fa fille Rofalie, jeune perfonne de la plus grande efpérance, morte à dix-huit ans ; il fut fi violemment affecté qu'il éprouva une grave atteinte de choléra morbus, maladie rare alors, & c'eft à la fuite de cette épreuve que, fur l'avis des médecins, il alla paffer une année dans le pays natal. Cependant, peu de temps après fa brouille avec Bergeret le financier, un autre financier célèbre, le fameux Beaujon voulut créer quelque chofe comme les jardins d'Armide dans l'immenfe propriété qu'il poffédait fur l'emplacement qu'occupe aujourd'hui tout un quartier des Champs-Elyfées ; pour cela faire, il s'adreffa à notre artifte qui remua à plaifir l'eau & la terre du financier, & l'on parlait partout des merveilles de la folie Beaujon. Bergeret, qui poffédait à Caffan, près de l'île-Adam une affez belle propriété dont il faifait fes délices, devint jaloux de fon confrère, il regretta ce qui s'était paffé autrefois ; il fit tant qu'il obtint fa grâce, il put enfin emmener à Caffan l'artifte & toute la famille. Caffan prit alors une phyfionomie nouvelle ; mais de tant de merveilles il ne refte plus rien. Caffan, abandonné à l'Etat par Bergeret, qui, pour fauver fa tête, fe dépouilla de fon immenfe fortune à l'époque de la Révolution, & fe réduifit pour vivre à une rente viagère de quinze cents francs, Caffan, dis-je, tomba vite en ruine. — Bergeret ne vécut pas longtemps après cela ; mais jufqu'à fa mort il refta lié d'amitié avec Fragonard. »

dans ces deffins de matin, ces crayonnages qui s'éveillent; regardez ces lavis faits de fi peu, ces femis de jolies taches, ces fouffles, hélas! ces riens charmants, enviés du jour, dévorés de foleil, pâliffant, s'effaçant, plus adorables, femble-t-il, à mefure qu'ils meurent un peu (1) : fi petit que foit leur cadre, le maître eft là tout entier. Le plus fouvent, il ufe du biftre, un biftre qu'il jette vivement fur un trait de mine de plomb. C'eft fon procédé préféré pour effayer un effet, avoir la vifion d'un tableau futur, faire flotter fa lumière à demi fixée fur le papier mouillé qui boit les contours; & quel parti Fragonard fait en tirer! Chez lui le biftre n'eft jamais noir, n'eft jamais lourd, ni pâteux; il s'anime de la légèreté, de la tranfparence, de la chaleur fauve qui l'avait fait adopter à Rembrandt pour fes deffins. Le travail fur le papier mouillé, qui enlève la féchereffe même aux frottis de premier plan, eftompe & noie les plus grandes vigueurs dans la fonte d'une tache de marbre, le délavage des fonds, l'abfence de teintes cernées, ce pinceau qui ne femble prendre d'une couleur que la vapeur, au milieu des bruns de l'ombre l'admirable éparpillement du jour, ces rayons courant dans toute la compofition avec le jeu du foleil que renvoie une glace, ces nimbes de clarté dans lefquels le deffinateur fait rayonner les têtes & les épaules nues, ces coups de midi frappant le milieu de fon deffin, faifant expirer le biftre en teintes imperceptibles & ne laiffant plus fur le papier que la douceur grife du crayon, tout fait fortir de ces biftres de Fragonard une amoureufe lumière blanche, un éblouiffement gai de vifages, de chairs, d'étoffes. Et de là, quelles divines petites figurines de femmes fe lèvent, fines, fpirituelles, délicates, avec leurs bouquets de cheveux noués d'un ruban & noirs d'une goutte de couleur, leur profil de ftatuettes de porcelaine ombré & tournant fous un foupçon de lavis, la vie mutine que leur donne, à la façon de mouches de biftre, une piqûre de pinceau à la prunelle de l'œil, à la narine, au coin retrouffé de leurs petites bouches en cœur! Comment ne pas parler ici de la *Lecture* du Louvre? A côté d'une femme dont on ne voit que le dos, un fichu, un chignon, un bonnet, un bout de livre où elle lit, d'un platras de biftre fe détache une femme de profil, un pouf noir fur fes cheveux légers comme de la foie, un collier de ruban au cou; elle eft affife de côté, un bras replié fur le doffier du fauteuil, un autre abandonné dans le creux de fa jupe ouverte, ballonnante, argentée, caffée à grands plis de fatin blanc. Jamais, avec fi peu de chofe, Fragonard n'a fait une femme. Elle s'avance toute claire, toute fvelte, prefque diaphane, du fond noir & folide du deffin : c'eft une ombre de coquetterie, & « une petite reine », comme difait le temps, l'élégance & la

---

(1) Les biftres de Fragonard ont contre eux le foleil. Ses tableaux, & furtout fes tableaux finis, fouffrent d'autre chofe: ils fe fablent déplorablement de litharge. Ceci vient de l'habitude qu'avait Fragonard de fe fervir de ftil de grain d'Angleterre en guife de bitume, qui ne féchait pas affez vite pour lui. Puis les glacis fur le ftil de grain lui donnaient d'agréables tons blonds. Mais ce procédé avait l'inconvénient de faire repercer, comme on le voit aujourd'hui, le ftil de grain. Au fond, en dehors de fes couleurs de préparation, la grande caufe de la détérioration de fa peinture eft fon impatience de peindre; il ne voulait pas attendre, il jetait des tons fur des tons non encore fecs. De là, la volatilifation des deffous écartant les deffus de fa peinture.

grâce même du peintre. Ici, sous les zigzags d'un bouquet d'arbres, c'est un taureau blanc levant la tête d'un bassin, &, le mufle encore baveux de filets d'eau, regardant un couple d'amoureux qui s'embrasse au fond du dessin, dans la chaleur d'été du bistre. Fragonard s'amuse : prenez garde, il va polissonner. Et le voilà qui jette un *Maître de danse* dans un salon du temps. Tandis que des dames s'amusent, auprès de la cheminée, d'un petit chien qui fait le beau, à côté du tabouret où pose la pochette, le ravissant petit-maître, enlevant & faisant pirouetter entre ses bras sa belle élève, montre, sans le vouloir, un peu de ses jolies jambes au fin matois d'abbé lisant son bréviaire, là-bas, dans l'embrasure de la fenêtre. Et que cela est délicieusement troussé ! Le pinceau a la vivacité du geste & de l'envolée de la scène : un peu d'eau, un peu de bistre, un coup de main, — & le tour est fait !

Des bistres, — Fragonard en sème, en répand, il en laisse aller au papier de toutes les sortes, quelques-uns d'un tel flou, si noyés, qu'ils semblent tremper dans l'eau ; d'autres puissants, d'accusation vigoureuse & violentée. Ce sont des études de taureau dans l'étable, des ouvrières vaguant en manteau de lit dans leur dortoir, des danses de marionnettes, des portraits de femmes du temps dans le trifouillis de leurs fanfreluches, des scènes d'évocation inspirées par la magie de Cagliostro qui passe, des foules grouillant dans des jardins, sous les grands pins d'Italie, des paysages où le piétiné & le tremblé du pinceau fait un fourmillement d'herbes, d'animaux, d'arbres.

Plus rarement Fragonard, pour la claire & transparente incarnation de ses idées, use de l'aquarelle, d'une aquarelle à peine teintée : lavis charmant de douceur & de lueurs délicates. Parfois pourtant, échappant à ces timidités de coloriage du temps, il risque, en les relevant d'un travail de plume, des valeurs vives, hardies, brillantes, une vraie peinture à l'eau qui peut servir d'esquisse à son tableau. Cette audace de main qui lui fait violenter l'aquarelle, on la retrouve dans ces gouaches, dans ces orages qu'il maçonne avec des solidités d'ébauche à l'huile, & où il jette toujours en quelque coin, comme sa signature & sa fanfare, quelque note éclatante de rouge. Au pastel encore, il arrache l'effet avec ses dessins brutalement crayonnés de noir, balafrés d'écrasis de crayons de couleur, de blanc, de bleu, de rouge, ayant la largeur, la traînée d'une large brosse.

Mais où le dessinateur est inimitable, c'est dans le maniement de la sanguine. Là il l'emporte sur tous, & sur Hubert Robert même, qui devient froid, maigre & mince auprès de lui. Badinages des ciels, échèvelement pittoresque des parcs, massifs profonds, fines architectures perdues dans le frottis rose des fonds, — quels jeux de sa sanguine ! Il semble qu'il ait entre ses mains son crayon rouge sans porte-crayon : il le frotte à plat pour couvrir ses masses ; il le fait sans cesse tourner entre son pouce & son index en vire-voltes hasardés & inspirés. Il le roule, il le tord, avec les branches qu'il indique ; il le casse aux zigzags de ses verdures. De son crayon qu'il ne taille pas, tout lui est bon. Avec son épointage, il fait gras, large, appuie sur les parties

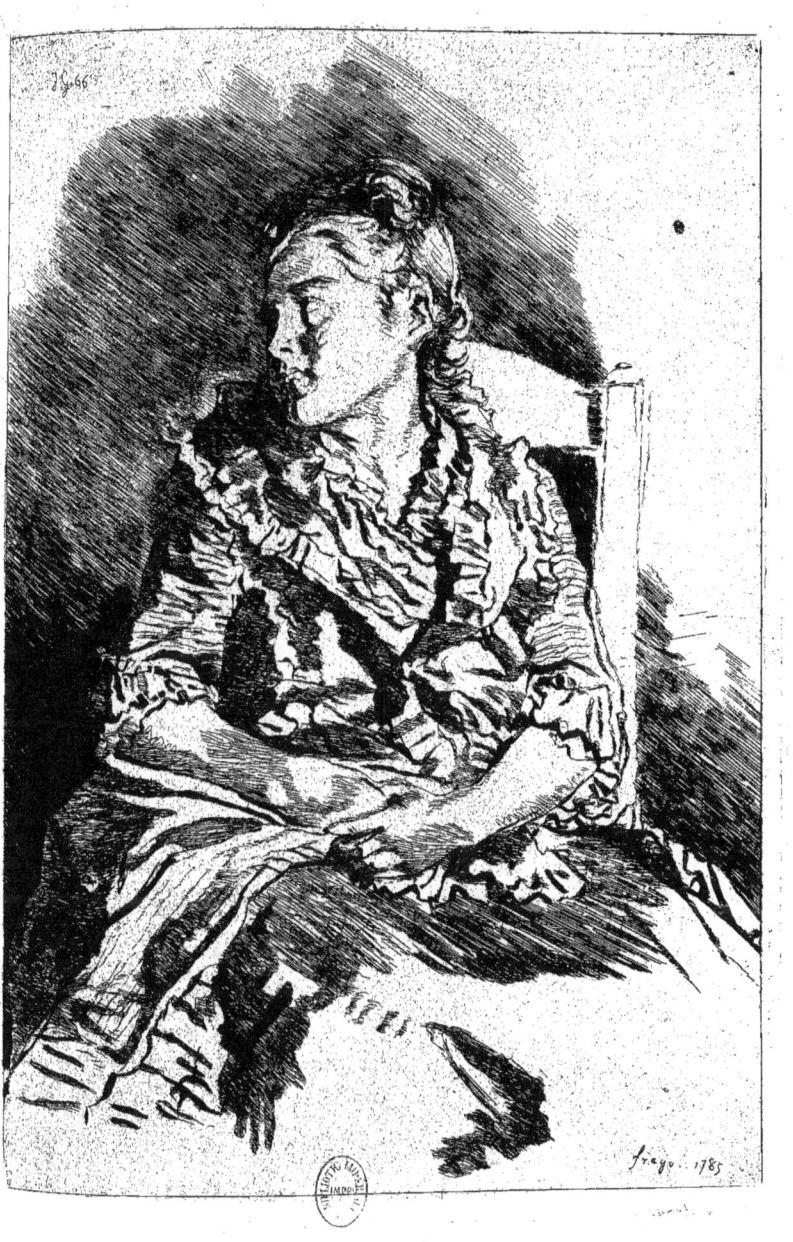

reffenties; avec l'aiguifage du frottement, il touche les fineffes, les lignes, la lumière, — tout cela avec un art fiévreux, enragé, attrapant l'âme du payfage, le faifant copieux, chevelu, feuillu, croquant, emmêlant la nature aux baluftres & le nuage aux cimes des bois. Plus vaillantes encore font d'autres fanguines de lui : des études de femmes, d'après nature, faites de premier coup, où la fanguine prefque écrafée, fabrant les fonds de fes tirebouchonnements, brutalife les étoffes, les garnitures de robes, chiffonne victorieufement la fantaifie & les brimborions de la toilette, attaque auffi vivement la figure, la hache d'ombre, & fait ce miracle d'y laiffer fous le crayonnage emporté le fourire d'une jolie femme.

Feuilletez tous ces deffins de Fragonard (1), feuilles éparfes, penfées volantes que nous montre cette chapelle de fon œuvre : la collection Walferdin, les collections de MM. Marcille, de madame de Conantre, &c., le fouvenir des ventes Saint, Norblin, Villot, les gravures, les *fac-fimile*, — l'enfance y revient à tout moment, l'enfance y rit prefque partout. Elle eft la fraîcheur, la jeuneffe, l'innocence de tous ces petits tableaux. L'enfant, le petit enfant à la braffière écourtée, piétinant & danfant dans le foleil avec un peu de l'envolée & de la nudité d'un petit dieu, l'enfant avec fes petites mains de careffe errantes fur la figure & le fein des mères, l'enfant avec fa bouche en cœur, l'enfant dans fon compagnonnage avec le chien & l'âne, monté fur leur dos ou pendu à leur cou, l'enfant tout blanc dans fa grande petite chemife de nuit, en haut de la pyramide d'enfants qui guettent la poêle des beignets, l'enfant blondin & frifé, une poupée dans les bras, qui prêche fur un buffet avec l'air d'un petit faint Jean de cire (2), — toutes ces petites bonnes gens-là font une lumière & un tapage de Paradis dans les fcènes de Fragonard. Quand ils font trop petits, il endort la vie de ces petits êtres, au milieu d'un jardin en fleurs, fous les tendreffes penchées d'une mère, dans un berceau qu'on dirait pouffé avec les bouquets de rofes qui s'effeuillent deffus (3). Plus grands, il les montre debout fur une caiffe d'oranger emmaillottés par des mains maternelles dans une couverture dont ne fort que leur petit vifage. Ou bien, il les fait monter fur les genoux de leur mère en afcenfion d'anges. A les grouper, à les raffembler, à faire jouer, à culbuter tous ces *fanfans* il femble que le deffinateur ait des joies de père, & l'on dirait qu'il fait fauter fes compofitions fur fes genoux. Comme il les deffine de leur âge, gais, vivants, rofes & fous, ces tout petits garçons, ces jolis petits bouts de filles, ces brins de femme ! Ce ne font pas les enfants que peint Chardin, déjà petits bourgeois, férieux, grandis dans le fombre des pièces à petits carreaux, dans les leçons graves de la vie reftreinte & févère : c'eft vraiment la

---

(1) Fragonard a fait un très-grand nombre de deffins, entre autres des féries d'illuftrations pour le Don Quichotte, le Roland Furieux (ceux-ci d'un prodigieux mouvement, collection de M. Mahéraut), & les contes de La Fontaine. De cette dernière férie, un petit nombre feulement ont été gravés.

(2) Voyez : l'*Heureufe fécondité*, les *Beignets*, le *Petit prédicateur*, gravés par Delaunay, &c.

(3) La *Bonne mère*, gravé par Delaunay.

famille de Fragonard, les enfants de fon génie, que ces petits démons libres, épanouis, rayonnants, montrant des genoux de Cupidons entre leur culotte & leurs bas roulés, enfants gâtés du bonheur & de la campagne, de l'amour & de la nature, bâtards bénis de bergères & de grands feigneurs, que l'on s'imagine nés des fcènes vives du peintre, des couples d'amants que fes pinceaux renverfent fur des bottes de foin.

L'enfance porte bonheur à Fragonard. Elle lui infpire tous ces deffins charmants dont je ne veux citer que quelques-uns : le chien que coiffe une petite fille devant une glace, le grand & magnifique morceau de la femme qui diftribue à fes enfants du pain qu'elle tire d'une huche, — & celui-là : *Dites donc, s'il vous plaît*, qui prête, avec un peu de biftre, tant d'embarras & une fi jolie moue au bambino en chemife courte.

Mais pour mettre l'enfance toute vivante dans fon œuvre, ce n'eft pas affez pour Fragonard du deffin, de la peinture même ; il lui faut un procédé, un art particulier, nouveau par la manière dont il y touche, un art où il fera oublier tous fes devanciers & défiera tous les imitateurs : la miniature.

Une miniature de Fragonard, c'eft l'exquis du joli, la merveille du petit art, une chofe enchantée, & qu'il ne faut comparer à rien dans le XVIIIe fiècle, pour le fin & délicieux chatouillement du regard, qu'à une terre cuite de Clodion. Placez à côté toutes les miniatures du temps : elles pâliront, elles noirciront. Elles laifferont voir la peine de leur travail, leur petiteffe, leur minceur. Les plus brillantes, les plus fraîches, les plus libres, celles qui auront le plus cherché la vie, celles qui auront le mieux échappé à la féchereffe du métier, à l'ingratitude du procédé, paraîtront des miniatures, & rien que des miniatures. Même celles de Hall, aujourd'hui fi chères, ces petites peintures égayées, vivifiées, avec leurs badinages & leurs petillements fi fins, leurs aiguillures de gouache, vous les verrez, malgré la fcience & l'efprit du travail, s'effacer devant un Fragonard : plus de charme, plus de brillant ; fes petites figures fe violacent ; il eft froid, il eft menu, & on ne voit plus en lui qu'un homme habile, fpirituel à coups d'épingle. Mais le rayonnement de la peau, l'éblouiffement du teint, la lumière de la vie fur un vifage, — & d'une vie toute jeune, de cette vie blanche de l'enfance, pleine d'une fanté d'innocence, & comme baignée encore du lait qui l'a nourrie, — Fragonard feul atteint cela dans fes miniatures. Et c'eft fon grand triomphe de donner de l'enfance cette figuration animée, prefque idéale, qui femble l'image où une mère regarde le portrait de fon enfant, & le rêve plus qu'elle ne le voit.

Des enfants, Fragonard a peint là les yeux de diamant noir humides. Il a fu rendre cette flamme des jeunes regards, la mouiller, l'allumer, mieux que n'ont fait, avec les reffources de l'huile, Greuze & le peintre anglais Lawrence. Il a peint le nuage de leurs traits, la molle & délicate indécifion de leurs contours jouffus, leur chair douillette et foufflée, la fine porcelaine de leur front, le bleuiffement d'azur de leurs tempes, la moue ou le fourire épanouiffant ou fermant la fleur rouge de leur bouche. Vraies miniatures de foleil où vous chercherez vainement le travail, les hachures, le pointillé, les sèchereffes des autres miniatures. Une goutte d'eau dans laquelle ferait tombé un rayon, voilà le myftère & l'enchantement de ces légers chefs-d'œuvre. Des colorations qui ont la pâleur & l'effacement de tons noyés dans un verre d'aquarellifte, c'eft tout le procédé de Fragonard. Son pinceau ne laiffe pas une trace. A peine s'il couvre toute la feuille. Partout, il laiffe revenir la chaleur & le blanc crémeux de l'ivoire, tranfperçant de fes deffous ces petites mines rofées, faifant le fond & la tiède clarté de tous ces petits teints.

Ainfi faits de rien, d'un badinage & d'un fourire du peintre, font-ils affez jolis, tous ces petits enfants frifés, avec leurs boucles de cheveux fi fins, fi blonds, prefque couleur de jour, leurs collerettes bouillonnées, le chapeau & la vefte flottante de Pierrot qui les fait fortir de leur cadre avec l'air de petits anges de carnaval revenant d'un bal coftumé d'enfants ! Sont-elles affez raviffantes, ces petites filles, ces petites femmes, un nœud bleu au corfage, le fil de perles au cou, la collerette Médicis à la nuque, la poitrine décolletée dans un corfage à l'efpagnole, petites Belles aux cheveux d'or, petites Infantes de féerie, féduifantes de la féduction de l'enfance de la femme, jolies de cette grâce prefque célefte qui tremble encore en elle & femble à peine avoir touché la terre ! Jamais l'aube, les premières douceurs d'un vifage féminin, les tranfparences de chair d'une toute jeune fille, l'ambre de ces ombres tombées du deffous de l'aile d'une colombe blanche, la lueur de nacre courant aux épaules friffonnantes d'un premier décolletage, jamais les blanches tendreffes vierges de la peau de la femme n'ont eu un peintre pareil à ce miniaturifte dont les petits portraits, fi larges, fi moëlleux, fi vivants, fi radieux, font penfer à ces grands peintres de la chair, Van Dyck & Rubens, réduits à un format de médaillon, ou bien encore regardés par le petit bout d'une lorgnette achetée au Petit Dunkerque (1).

XI.

La Révolution arrive. Les premières & généreufes illufions d'une rénovation, les grandes perfpectives de la liberté rempliffent le ménage de l'enthoufiafme qui court

---

(1) Il eft curieux d'étudier chez M. Carrier, l'habile peintre en miniature, trois de ces miniatures de Fragonard, des moins avancées, légères à ce point que la crayon s'aperçoit encore dans les collerettes & les boucles de cheveux. On voit là comme la palette de fes deffous, la chaude éclofion de fes miniatures plus achevées, le lever de ces petites figures tapotées, de ces petits fronts boffués, de ces petits yeux pochés, dans un premier barbouillis vibrant & tremblant de foleil.

les ateliers & paſſionne les têtes d'artiſtes. Le 7 ſeptembre 1789, madame Fragonard figure, avec meſdames Vien, Moitte, Lagrenée la jeune, Suvée, David, dans l'ambaſſade des femmes d'artiſtes qui viennent offrir à la patrie, ſur les bureaux de l'Aſſemblée nationale, leurs bracelets, leurs anneaux d'oreilles, leurs bagues, leurs étuis, leurs aiguilles à tambour, leurs bijoux d'or & d'argent. Et n'eſt-ce pas dans ſon coſtume de patriotiſme que nous la fait voir la miniature poſſédée par M. Théophile Fragonard ? Le petit bonnet de gaze entricoloré de rubans & ſurmonté de la cocarde, les cheveux ſans poudre tombant à la garçon, la taille priſe dans un *pierrot* blanc à petit collet, les revers larges & rabattus, un œillet rouge au corſage, — rien ne lui manque de la mode nationale.

Fragonard, lui, pendant ce temps, dédie la *Bonne Mère* à la Patrie. L'influence de David qui eſt reſté ſon ami (1) & chez lequel il envoie étudier ſon fils Évariſte, le fait nommer conſervateur du Muſée, & plus tard membre du jury des arts, conſtitué en brumaire de l'an II de la République, ſous la préſidence de Pache, pour juger les ouvrages de peinture, ſculpture & architecture mis au concours. Le triomphe de la nouvelle école ſemble l'écraſer & l'éblouir : il paraît vouloir faire amende honorable de ſon genre, de ſa vive peinture ; & de ſes vieux doigts, ſi hardis à ſaiſir les fantaiſies dans le nuage, il travaille à des deſſins pénibles, ennuyeuſes imitations de l'ennui des lignes d'alors, que lui achète quelque amateur arriéré, quelque banquier bruxellois ayant encore dans l'oreille le bruit de ſon nom (2).

Cependant bientôt arrivent les déceptions, les retranchements, la gêne. Fragonard avait 18,000 livres de rentes ſur l'État ; avec les réductions, les conſolidations, ſes 18,000 livres de rentes tombent à 6,000. Il ſe trouve ſi pauvre avec cela, qu'il les place en viager ſur la tête des ſiens. A demi ruiné, il perd encore cette place de con-

---

(1) L'amitié de David pour Fragonard ne ſe démentit jamais. Voici en quels termes il le propoſa pour la conſervation du Muſée, en le mettant en tête de la liſte des candidats : « Fragonard a pour lui de nombreux ouvrages ; chaleur & originalité, c'eſt ce qui le caractériſe ; à la fois connaiſſeur & grand artiſte, il conſacrera ſes vieux ans à la garde des chefs-d'œuvre dont il a concouru dans ſa jeuneſſe à augmenter le nombre. » (*Hiſtoire des Peintres* par M. Charles Blanc.) Plus tard, en réponſe à l'envoi d'un ouvrage d'Évariſte Fragonard, David lui écrivait cette lettre d'un large eſprit : « Je ſuis bien ſenſible, mon bon ami, à votre tendre ſouvenir, il me « prouve que je ſuis préſent à votre mémoire. J'ai reçu « avec bien de la ſatiſfaction votre ouvrage, & j'ai eu « un plaiſir incroyable à le parcourir. Continuez, mon « bon ami, vous êtes né pour aller loin ; quand on fait à « vingt-quatre ans une pareille œuvre, on doit s'eſtimer « heureux. Je félicite votre brave père & je me mets à

« ſa place. Qu'il jouiſſe complètement de la liberté qu'il « vous a laiſſée dans les arts ; car il a ſenti, en habile « homme, qu'il n'y avait point qu'une ſeule route pour « arriver au but, & le nom de Fragonard ſera diſtingué « dans tous les genres. J'embraſſe bien votre mère, & « je n'oublie pas mademoiſelle Gérard ; la poſtérité « m'en ferait trop de reproches. Votre ami ſincère, « David. — Ce 23 vendémiaire an XIV. » (Copie d'une lettre autographe de David faiſant partie de la collection de M. Moulin.)

(2) On trouve dans le catalogue de la vente du prince de Ligne (Vienne, 1814), deux deſſins griſaille : l'un repréſentant « le Sénat aſſemblé pour décider la paix & la guerre », l'autre, « la Fermeture du temple Janus. » Ces deux deſſins avaient été envoyés par Fragonard à M. d'Aouſt, banquier à Bruxelles, qui les avait payés 400 livres.

fervateur, où, malgré une vive oppofition, il avait fait adopter la féparation des écoles : les ennemis que lui fait, parmi les gens de l'art de 1790, le paffé de fon talent, circonviennent le miniftre, qui lui envoie fa démiffion fous le prétexte ironique de le rendre à fes importants travaux (1).

Perte de fon argent, perte de fa place, oubli de fa vieille gloire, Fragonard fupporta toutes ces trifteffes de la fin de fa vie avec de la jeuneffe d'efprit, une patience allègre, un courage gai, un heureux fond de belle fanté. Il tenait de fon père, mort à quatre-vingt-dix ans de la courbature d'une chaffe où il avait voulu aller tuer du gibier pour le dîner du baptême de fon petit-fils Évarifte. Lefte, ingambe, il promettait la même carrière, lorfqu'un jour, en revenant à pied d'une courfe au Champ de Mars, ayant foif & chaud, il entra prendre une glace dans un café : une congeftion cérébrale fuivit & l'emporta. Il avait foixante-quatorze ans (2).

Il mourut obfcur, oublié. Il n'eut pas même la courte nécrologie que le *Journal de l'Empire* donne à Greuze, la ligne dont il annonce la mort des artiftes. Et rien ne le rappela à fes contemporains qu'un fouvenir, un tableau expofé au Salon de cette année-là même, où mademoifelle Gérard avait mis pieufement dans la tête du Bailli les traits & la reffemblance « du bon ami Frago (3). »

XII.

Pour décrire le grand tableau de Fragonard, Diderot a imaginé de le rêver. Il ne pouvait mieux faire : Fragonard eft le maître du fonge. Sa peinture eft un rêve, — le rêve d'un homme endormi dans une loge d'Opéra.

(1) Voici, d'après les Archives du Louvre, l'hiftorique des fonctions remplies par Fragonard, dans l'adminiftration de l'art. Le 12 pluviôfe de l'an II, il figure parmi les membres du Muféum national des arts, lors de fon inftallation. Le 19 pluviôfe, il eft élu préfident du confervatoire du Muféum. Le 24 ventôfe, il eft délégué avec Lefueur pour la plantation d'un arbre de liberté, & fon nom figure dans toutes les commiffions nommées par le Confervatoire. Le 15 thermidor, Fragonard, ceffant de faire partie du Confervatoire, continue à être de la commiffion temporaire des arts. En l'an III, il figure parmi les cinq membres du Confervatoire. La même année, il eft nommé préfident. Puis, en l'an V, il ne fait plus partie de l'adminiftration du Mufée national, & en l'an VIII, 22 prairial, fa place d'infpecteur des convois d'objets d'art envoyés du mufée fpécial de Verfailles au mufée central de Paris, eft fupprimée.

(2) Fragonard mourait le 22 août 1806. Voici l'acte de décès tel que le *Cabinet de l'Amateur* de M. Piot l'a relevé fur les regiftres du 11ᵉ arrondiffement. — « Du vendredy, 22 août 1806. Acte de décès de M. Jean Honoré Fragonard, peintre de la ci-devant académie, âgé de 74 ans 5 mois, né à Graffe, département du Var, décédé aujourd'hui à cinq heures du matin, palais du Tribunat, maifon de Véri, reftaurateur, divifion de la Butte des Moulins, époux de dᵉ Marie Gérard. — « Les témoins ont été MM. Alexandre-Evarifte Fragonard, peintre d'hiftoire, demeurant rue Verdelet, n° 4, divifion de la Halle au Bled, fils du défunt, & Jean-Baptifte Alezard, propriétaire. » — Madame Fragonard mourait en 1824, à l'âge de foixante-dix-fept ans ; & mademoifelle Gérard en 1837, à peu près au même âge que fa fœur.

(3) Le *Paufanias français*, 1806.

La scène s'efface, la salle s'éteint. Le coin du Roi & le coin de la Reine disparaissent. L'orchestre s'éloigne. La musique expire, & dans un murmure ailé d'instruments invisibles, un air de Gluck soupire, voltige & meurt. Peu à peu, tout se tait, tout finit,— puis doucement tout revient. Le sommeil relève en silence la toile du théâtre. Et l'opéra recommence devant le dormeur, un opéra céleste & triomphal. Les palais, les temples, les campagnes, les colonnades de marbre & de verdure, se lèvent dans une vapeur. Les changements à vue se jouent dans les feux de Bengale. Les métamorphoses de la Fable se succèdent. Les allégories rayonnent. La corbeille de Flore se vide dans le ciel, & fait pleuvoir le printemps. Les nuages de carton se changent en nuages de gloire. Les pots à feu répandent des auréoles. Les massifs de roses deviennent des buissons ardents. Les robes d'actrices, fendues & volantes, laissent paraître des corps de déesses. Les cascades, les jets d'eau brillent, se brisent & sautent, lançant en l'air leur poudre de diamants. Puis tout à coup, ce n'est plus que Cupidons courant avec des torches dans une forêt de cyprès; & tout au fond, monte & grandit, dans un éblouissement de flamme, le Temple de l'Amour, l'Amour même de Bouchardon, illuminé comme de l'immense flambée de bois de cette fête de Trianon, — le dernier feu de joie du XVIIIe siècle !

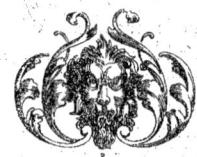

Les quatre dessins de Fragonard que nous donnons dans cette étude gravés à l'eau-forte : *la Lecture*, — *l'Abreuvoir*, — *le Maître de danse*, — une femme assise sur une chaise, — font partie, le premier, du Musée du Louvre, le second & le dernier de notre collection, le troisième de la collection de M. C. Marcille.

PRUDHON.

Tiré à 200 exemplaires.
Les planches effacées après le tirage.

LYON
IMPRIMERIE DE LOUIS PERRIN
Rue d'Amboife, 6.

EDMOND ET JULES DE GONCOURT.

PRUDHON

ETUDE

CONTENANT QUATRE DESSINS

gravés à l'eau-forte.

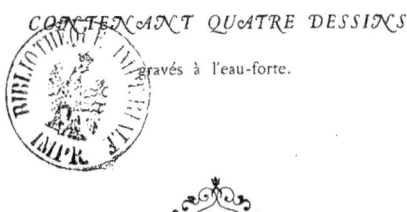

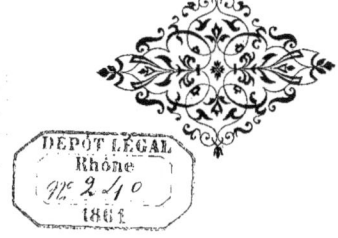

PARIS

E. DENTU, PALAIS-ROYAL, GALERIE D'ORLEANS.

1861

Droits de traduction & de reproduction réservés.

I.

UAND l'inspiration de Watteau disparut de notre école; quand le XVIIIe siècle fut rejeté dans le passé, avec ses mœurs, ses idées, ses modes & ses goûts; quand ce grand renouvellement de l'âme d'une nation & de la pensée d'un peuple, une révolution sociale, appela les arts à un nouvel avenir en déplaçant leur idéal, deux hommes se rencontrèrent en France qui, avec des aptitudes opposées, un tempérament contraire, des fortunes différentes, tentèrent de ramener la peinture aux leçons de l'antiquité rappelée ou plagiée par les hommes, par les événements même de leur temps.

Le premier retournait au génie antique par Winckelmann, aux lignes antiques par des académies anatomiques. Il peignait les Horaces & Brutus, il croyait retrouver Rome en restituant une forme de fauteuil ou le dessin d'un glaive : c'était là ce qu'il appelait lui-même « le style antique. » Plus tard, il reconnaissait que les Romains n'avaient été que des demi-barbares auprès des Grecs : il quittait le ſtyle romain, il cherchait le *grec pur* en copiant des ſtatues qu'il ne ſe cachait pas de reproduire religieuſement dans ſes tableaux. De ce « grec pur » ſortait *l'Enlèvement des Sabines*. Plus tard encore, entraîné à la ſuite de la petite ſociété des « penſeurs » de ſon atelier, il ſe tournait vers les primitifs grecs, vers les primitifs gothiques ; & quel tableau ſortait de cette inſpiration du ſentiment naïf, ſi innocemment anti-académique, des œuvres qui dans toute école annoncent le beau en ſemblant l'enfanter? *Léonidas aux Thermopyles*. Imagination ſèche & déclamatoire, main patiente mais non inſpirée, conſcience héſitante, deſſinateur pénible & matériel, incapable de rien deſſiner ſans le modèle, & auquel rien n'apparaiſſait dans l'enſemble de la viſion intérieure, c'était toujours par le décalque & la copie qu'il s'approchait de l'art antique, dont il croyait embraſſer l'âme lorſqu'il n'en embraſſait que le ſquelette.

Cet homme, gâté par les adorations de l'admiration publique, immortel de ſon vivant, était proclamé, par le goût & auſſi par les paſſions des contemporains, le reſtaurateur de l'antiquité : c'était David.

A l'écart, dans l'ombre, il y avait un peintre que David appelait avec mépris « le Boucher de ſon temps. » Cependant celui-ci portait dans ſa tête la Grèce & les dieux. Il n'arrachait pas, lambeau à lambeau, les beautés de l'art antique ; il les trouvait dans ſon âme, elles rayonnaient ſous ſa main. L'intuition était ſa ſcience. Sans modèle, il animait ſes créations avec le mouvement & la lumière de la vie, il faiſait courir le ſang ſous la chair, & la divinité dans ſes perſonnages. Les ſtatues ſacrées marchaient & reſpiraient ſous ſes pinceaux, comme des marbres ſortis de terre qui prendraient leur eſſor dans la peinture d'une Renaiſſance. Et le génie de l'antiquité allait une dernière fois revivre dans ſon œuvre. Mais le nom de ce peintre ne devait être populaire que dans la poſtérité : il s'appelait Prudhon.

II.

Le 4 avril 1758, Pierre Moreau, marchand épicier de la ville de Cluny, & dame Urſule Mutin, épouſe de François Blais, marchand de ladite ville, préſentaient au baptême un pauvre enfant né le jour même : c'était le dixième fils de Chriſtophe Prudhon, tailleur de pierres, & de Françoiſe Piremol, Pierre Prudhon (1), qui plus tard, ſur ſon acte de mariage, ſignera Pierre-Paul, du nom de ſon ſecond parrain : Rubens.

---

(1) Voici l'acte de baptême de Prudhon :

« Ce jourd'hui (4 avril 1758), je preſtre curé de la paroiſſe de Saint-Marcel-de-Cluny, ai baptiſé Pierre fils de Criſtophe Prudon, tailleur de pierre, & de Francoiſe Piremol ſa femme, né ce même jour. Son parrain Pierre Moreau, marchand épicier, & ſa marraine dame Urſule Mutin, épouſe de François Blais, marchand de drap. Tous de la dite ville. »

L'enfant du tailleur de pierres grandit comme les enfants du peuple, à la dure, au froid, au chaud, & faisant de misère bonne santé. Mais il grandit aussi, couvé par le cœur d'une mère qui apportait dans son affection maternelle, dans ses caresses pour le dernier venu de ses enfants, les plus rares délicatesses de sentiment, les plus douces tendresses, & ces baisers qu'ignorent d'ordinaire les enfants du pauvre. Toute sa vie, Prudhon devait se ressentir de cette éducation d'amour qui, en donnant à son âme, naturellement sensible, la tendresse, l'expansion, la douceur, le dévouement d'une âme de femme, le livra, sans défense, aux blessures de la vie, aux déceptions des illusions & aux tourments des affections humaines. Les années passaient, & le petit garçon allait, avec les autres enfants pauvres de la ville, dans les forêts des Bénédictins, ramasser le bois mort pour le feu du souper; éveillé, mutin, hardi entre tous, & montrant sous ses haillons, dans l'ombre des grands bois, une physionomie où l'intelligence commençait à s'éveiller, où l'avenir semblait déjà mettre une promesse.

Souvent le prêtre s'attache à l'enfant par une protection paternelle, par une paternité morale. Beaucoup des gloires de l'ancienne France, la France les doit à ce besoin d'adoption de l'homme qui vit dans le célibat & ne peut être père. Le curé de Cluny était un de ces hommes d'église qui se font les pères du génie d'un enfant. Voyez son portrait, ses cheveux gris, son beau front que les rides rayent sans le creuser, son regard clair tempéré de bienveillance, son nez large & bien ouvert, cette bouche qui sourit tranquillement, cette face intelligente de Bourguignon qui dit, par toutes ses lignes, santé, bonté, droiture ; vous devinerez quel protecteur & quel ami ce dut être pour le petit Pierre Prudhon que le curé Besson. Il fit de l'enfant son enfant de chœur & son élève, il lui donna lui-même les principes rudimentaires de toutes choses ; puis, se défiant de lui-même & sentant s'agiter quelque chose d'inconnu dans cette petite cervelle, il envoya le fils du tailleur de pierre à l'abbaye, & obtint pour lui les leçons des moines de Cluny. Prudhon entre donc dans cette abbaye de Cluny dont la double église était grande, à vingt pieds près, comme Saint-Pierre de Rome. Il vit dans ce monde de pierre & de marbre, de colonnettes historiées, de vitraux, de statues, de boiseries, de tapisseries. Il demeure ébloui devant cette chapelle de Bourbon, un trésor de magnificence, dont les chapiteaux portaient douze statues d'argent. Sa pensée & ses yeux se perdent dans cette coupole de l'absside où le drame & le peuple de la Bible s'agitaient sur un fond d'or. Et soudain, au fond du pauvre enfant, c'est comme une lumière confuse, comme un lointain appel, une aspiration encore inconsciente, une volonté pleine de trouble qui remue en lui. A mesure qu'il s'abîme dans la contemplation de toutes ces choses animées par la main de l'homme, sous ces voûtes rayonnantes d'images, au milieu de ces murs peuplés de formes, il sent monter en lui, impérieuse, indomptable, l'ambition d'être, lui aussi, un sculpteur, un peintre : sa vocation lui apparaît. Alors ses cahiers d'étude se couvrent de croquis qui prennent la place du latin ; de son canif, il fouille & travaille le bois & tout ce qui lui tombe sous la main, le savon même d'où il fait un jour fortir toute une Paffion qui l'étonnera plus tard, à fon retour d'Italie. La peinture furtout le tentait. Il preffait le fuc des plantes & des fleurs, il fe fabriquait des pinceaux avec des poils ramaffés fur les harnais des chevaux, & il peignait. Mais quel dépit, quel défefpoir de ne pouvoir arriver au ton, à la vigueur des tableaux de l'abbaye! jufqu'au jour où ce mot d'un moine : « Vous ne réuffirez pas : ils font peints à l'huile, » l'éclairait comme une révélation. Il retrouvait, il inventait la peinture à l'huile. Chez M. Marcille, dans cette collection qui eft l'hiftoire du talent de l'homme depuis fes bégayements jufqu'à fa maturité triomphante, on retrouve une des premières peintures à l'huile du jeune peintre. Cela repréfente, enguirlandés de groffes rofes rouges, & s'échappant des deux côtés d'un mafcaron, tous les chapeaux qui coiffaient en ce temps la Bourgogne civile & militaire, en négligé du matin ou en tenue de gala : fur le devant, chapeaux & tricornes galonnés d'or ; à droite, couvre-chefs noirs à larges bords liférés d'un ruban blanc & rouge, & grands chapeaux clabauds ; à gauche, chapeaux ronds & feutres blancs emboîtés les uns dans les autres en pyramide. Au milieu du cadre de tous ces chapeaux, l'on voit une efpèce d'antre où deux ouvriers farouches, en bras de chemife & dans la vapeur de l'eau, raides comme des figures de l'art byzantin, travaillent & apprêtent le feutre..... Le peintre, qui ne devait, plus tard, tracer au bas de fes toiles que la légende des fables de l'Olympe & des allégories morales, a écrit : *Charton, marchand chapelier, vend toutes fortes de chapeaux fins & autres*, au bas de ce panneau peint brutalement felon les plus naïves & les plus groffières traditions de la peinture d'enfeigne. A peine fi, en cherchant bien, l'on débrouille les premiers tâtonnements du futur colorifte argentin dans quelques égratignures de lumière, quelques minces traînées de blanc fur les chemifes des deux hommes. Cette curieufe peinture, & encore deux griffonnages, pauvres croquis de commençant dont la main héfite & tremble devant la nature, & que l'on donnerait à un miférable élève de Schenau : une femme qui file au rouet, & une petite fille qui donne la bouillie à fa poupée, gravés en *fac-fimile* par le baron de Jourfanvault, — tels font les premiers effais où Prudhon fe cherche lui-même, & pourfuit, avant l'heure, fon génie. Regrettons deux tableaux perdus de ces premiers commencements. Peut-être la veine de Callot nous eût-elle été révélée dans Prudhon par ces deux portraits de Pierrot le Bavoux & de Gothon Bibi, deux mendiants, vieux compagnons de fes courfes dans les bois, qui devaient, j'en réponds rien qu'à la couleur de leurs noms, être de glorieux gueux, des types de ces mendiants de la grande race vivant du pain de nos anciennes abbayes.

Ces premiers travaux de Prudhon, l'obftination de fes efforts, fa furie de deffin, étonnaient & intéreffaient les moines qui parlaient de lui à Mgr Moreau, évêque de Mâcon ; & le jeune homme était envoyé par Mgr Moreau à Dijon, à l'école de deffin de M. Devofges, dont les quelques tableaux gravés montrent, chofe bizarre, tout à la fois l'infpirateur & l'élève du genre de Prudhon.

Puis, au bout de longues & patientes études, quand il commençait à ramaffer fes

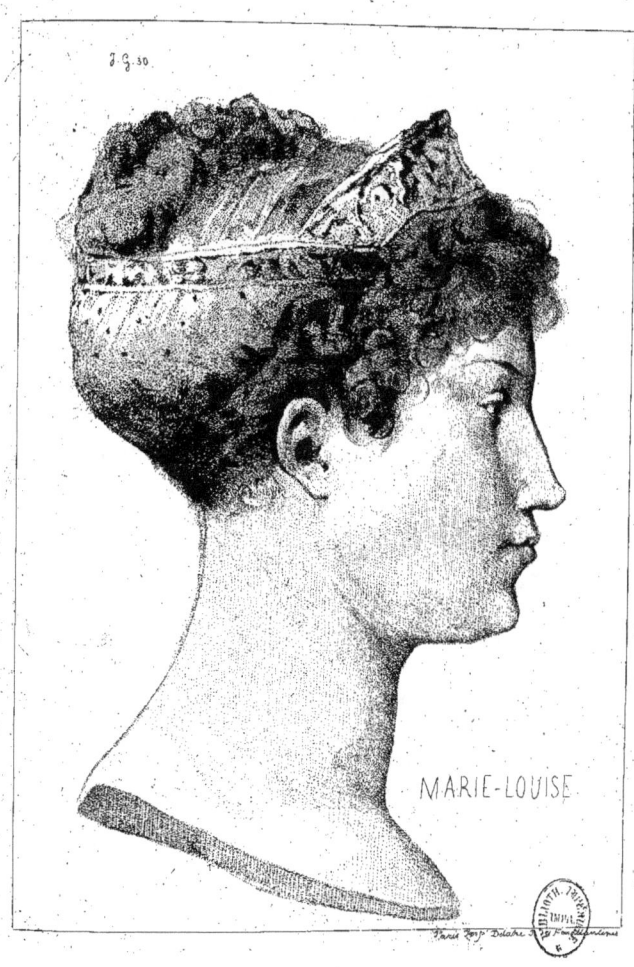

forces & à mesurer son élan, Prudhon était rappelé à Cluny. Le jeune homme avait laissé derrière lui une de ces liaisons que nouent, en dehors de la sympathie & de la parité des âmes, l'âge & le tempérament. Quand l'homme eut reconnu tout ce qui manquait à celle qu'il avait aimée, pour être à la mesure de son cœur, à la portée de ses rêves, quand il eut compris son infériorité morale, & l'impossibilité d'élever jusqu'à lui cette créature vulgaire, il ne se crut pas délié d'un devoir de réparation, il ne voulut pas se dérober au mariage. Le bon curé Besson bénit donc, le 17 février 1778, le mariage de son protégé avec la fille d'un notaire royal, qui ne donnait rien à sa fille pour se marier, & qui ne devait lui laisser guère plus à sa mort. Pauvre mariage, où l'élève de l'Académie de peinture & de sculpture de la ville de Dijon n'eut pour témoins qu'un tissier en toile & les trois clercs de l'étude de son beau-père.

Cette malheureuse union semblait briser l'avenir de Prudhon. Enlevé à ses études de Dijon, cloué dans sa petite ville natale, lié à son ménage, découragé de toute grande espérance, abaissé à un métier de gagne-pain, ne voyant d'autre carrière devant lui que la carrière d'un pauvre peintre de portraits & d'enseignes, il rencontrait par bonheur une protection qui le sauvait du désespoir, un protecteur qui, en l'encourageant, en le soutenant de compliments, en lui commandant des dessins, des gravures, en mettant un prix à tout ce qui sortait de sa main, le défendait contre les tentations du doute & lui rendait la confiance en lui-même : j'ai nommé le baron de Joursanvault, chevau-léger de la garde du roi à Beaune, cette belle & noble figure d'amateur provincial esquissée dans ces lignes du graveur Wille : « Il a établi une espèce d'académie dans sa maison, il s'exerce dans les arts, & il fait du bien aux jeunes gens qui marquent de l'inclination pour les talents (1). » Digne patron de Prudhon, ce protecteur de tant de cœur, qui appelait *mes enfants adoptifs* les jeunes artistes qu'il aimait ! C'est auprès de lui que Prudhon vient chercher ses consolations ; c'est à lui qu'il confie ses tristesses, ses luttes, ses embarras, ses aspirations & ses projets déçus ; c'est à M. de Joursanvault que le peintre écrit :

« Monsieur,

« *Vous aurez sans doute de la peine a me pardonner mon insoutenable paresse a repondre a la lettre dont vous m'avez honorés ; j'avoue mon tort & merite tout votre ressentiment a cet egard ; cependant daignez oublier ma faute & rappelez vos anciennes bontés en ma faveur. Puis-je aussi me flatter monsieur que vous ne dedaignerez pas mes respectueux homages & les vœux que je fais en ce nouvel an pour tout ce qui peut interesser vos plaisirs & votre felicité ; j'ose attendre cette faveur de votre indulgence.*

« *Je travaillai hors de Cluny lorsque vous me fites la grace de m'ecrire & croyant mes travaux finis aller passer l'hiver a Dijon, j'esperois avoir l'honneur de vous voir a Beaune, mais la fortune qui se fait un plaisir de m'etre contraire en a a mon grand regret decidé autrement. Vous me menacez dans votre dernière lettre de*

(1) *Mémoires & journal de Wille.* Paris 1857, vol. II.

la perte de votre amitié, ce seroit pour moi le dernier des malheurs, j'ai plus que jamais a cœur de me conserver votre bienveillance, de grace ne me la refusez pas ! laissez vous flechir a mes prières, rappelés vous la promesse que vous m'avés fait de ne m'abandonner jamais !.... Que je regrette bien sincerement de n'avoir pas suivi vos sages conseils ! qu'ils m'étoient utils ! que j'étois aveugle ! & que j'en ai peu profité : si du moins je pouvois encore reparer ma faute ! mais il n'est peut être plus tems....; que je suis malheureux ! ayant amassé quelques argent, j'avois projetté d'aller continuer mes études à Dijon jusqu'au temps du concours pour l'Italie, mais malheureusement une personne m'ayant prié de le lui prêter pour quelques jours je n'osai le lui refuser & actuellement je ne puis rien en retirer. Je me vois par la hors d'état d'effectuer mon projet & contraint de passer le gros de l'hiver dans mon maudit païs ; si vous voulés monsieur m'y envoyer des planches, quelques pointes & du vernis dont on se sert pour l'eau forte, je vous y graveres des sujets de ma composition ou autres, enfin tout ce qu'il vous plaira, ce sera si vous souhaitez a conte de la somme dont je vous suis redevable, car je ne suis pas presentement a même de vous la rendre en argent, ou si vous aimez mieux des dessins lavés ou a la mine de plomb je vous en ferai......

« Je reitere mes prieres pour obtenir mon pardon de votre bonté, monsieur accordes moi le je vous conjure, & croies que je suis avec les sentiments les plus respectueux & le plus parfait devouement

« Votre tres humble & tres obeissans serviteur
PRUDHON P.

« Je vous prie d'assurer mesdemoiselles Dembruns de mes respectueux devoirs & de leur souhaiter de ma part tout ce qui peut remplir leur souhait.

« A Cluny ce 8 janvier 1780. »

« Cluny ce 4 mars 1780. »

« Monsieur

« Votre charmante lettre ma comblé de joie & de plaisir ; vous m'assurez donc que je suis redevenu votre bon ami, que vous seriez peiné de rompre le vœu que vous en faites, & bien moi pour vous en témoigner ma vive reconnaissance, je veux faire mon possible pour m'en conserver éternellement le titre.

Il faudrait que je fus singulièrement bizare pour me brouiller avec vous pour les justes raisons que vous avez de ne m'aider ni de me conseiller dans mon voyage projetté à Dijon, assurement je me voudrais mal d'en avoir eu seulement l'idée. Cependant je crois, Monsieur, vos craintes pour Naigeon un peu hazardées, & votre prevention pour mon mediocre & tres mediocre talent un peu forte, car n'aije pas tout lieu de craindre qu'un travail de trois ans après d'excellents models & sous un maître eclairé, ne l'ait mis ainsi que beaucoup d'autres bien au dessus des faibles efforts que je pourrai faire pour me distinguer dans le concour : je ne vois pas il est vrai de moyen quoique tres douteux plus prompt pour sortir de ma situation actuelle que ce concour de Dijon ; mais ne crains-je pas aussi & avec raison de n'y faire que des tentatives infructueuses & trois années perdues ne me donnent elles pas de justes aprehensions & malheureusement trop bien fondees : la seule raison qui m'engage fortement a ce voyage ce sont les etudes que je ferai dans le cas & a portée de faire & qui je crois ne me seront pas inutiles.

« Parlons un peu d'autres choses. Vous m'enhardissez, Monsieur, & je redoublerais avec ardeur mes instances pour vous engager a venir à Cluny si je ne consultais que mon cœur & si je ne craignais aussi de vous incommoder, car je prefererai toujours quoi qu'il m'en coute votre commodité & vos gouts a mes desirs quelques violents qu'ils puissent etre, cependant je ne puis m'en tenir la quand je pense au plaisir de voir deux amis & un bienfaiteur ; allons monsieur & mademoiselle faite moi cette grace sans repugnance, venez y ; mon beau pere, ma belle mere, mon epouse la desirent egalement & joignent leurs instances aux miennes pour obtenir de vous cette grande faveur, vous voyez monsieur, mon cœur l'emporte & me fait deja oublier que vos gouts & votre volonté doivent etre les miens.

« Je commence aujourd'hui votre gravure que je foignerai du mieux qu'il me fera poffible, vos obfervations a l'egard de Cipris & de la tombe font fort juftes & je m'y conformerai dans l'execution de la planche.

« Donnez moi s'il vous plait & au plus tôt les nouvelles de votre fanté qui m'intereffe infiniment. Je crois que ces diables de rumes tiennent tout le monde, car a Cluny on en eft affommé !

« Je fuis, Monfieur, avec tout le devouement & le refpect poffible,

« Votre tres humble & tres obeiffant ferviteur

PRUDHON, peintre.

« Mille chofes de ma part a mademoifelle Dembrun (1). »

Cette liaifon de patronage & de reconnaiffance dura ainfi pendant des années entre M. de Jourfanvault & Prudhon, qui continuait à s'occuper, pour fon protecteur, de menus travaux de gravure & de peinture dont on retrouve un échantillon dans la collection de M. Grand. C'eft un petit tableautin, touché comme la plus fine miniature, qui repréfente M. de Jourfanvault en habit militaire, couronné par la Beauté, au milieu d'un Olympe allégorique : l'Olympe des allégories commençait déjà à vifiter l'imagination de Prudhon.

On ne baptiferait guère la toile du nom de Prudhon fans cette lettre d'envoi, fi curieufe à tant d'autres titres pour la biographie du peintre. C'eft la confeffion des penfées, la confidence de l'âme de Prudhon en 1780 ; & ne femble-t-il pas qu'on y entende le cri de fes ambitions & de fon génie qui étouffent à Cluny & appellent Paris ?

« Monfieur,

« Je ne fuis point de votre fentiment, je trouve votre charmante lettre trop courte, & d'autant plus qu'il y avoit deja long-temps qu'il me tardoit d'en recevoir, n'ayant pas de plaifir plus fenfible que l'honneur de votre entretien, ne fut-il que d'une ligne ou d'un inftant. Voulez-vous me permettre de vous dire, Monfieur, que vous me flattés un peu trop, foit au fujet du tableau que je vous ai fait, foit à celuy des gravures que j'ai eu & que j'aurai l'honneur de vous faire ; je fuis bien charmé que votre indulgence trouve paffables les petits ouvrages qui fortent de ma main ; mais qui me repondera que je ne me lafferois pas eblouir de chofes trop flatteufes que vous dites en ma faveur, furtout en me les repetant a moi-même : je crains bien ma foibleffe, & fi mon peu de merite ne m'étoit bien connu, c'en feroit peut etre deja fait.

« Scavez-vous que j'ai auffi une grace a vous demander ; toujours des graces ! je crains bien de vous fatiguer ; mais non, celle-ci eft d'un genre foutenable, c'eft de me laiffer fortir de mon maudit pais apres que j'aurai executé les ouvrages, foit peints, foit gravés, prefcrits dans votre lettre, outre que j'y perd un tems precieux que je regrette, je m'y ennuis au dela de tout ce qu'on peut dire, & je ne puis y refter plus longtems fans prendre fur mes jours. Laiffez-moi aller a Paris, Monfieur, c'eft la ou non feulement je pourrois vous faire des ouvrages plus dignes de vous & de moi, mais ou je ferai a même de ne perdre aucun moment & de me perfectionner de plus en plus ; j'oferai feulement vous demander pour ce pais la votre protection & quelques unes de vos connoiffances, & j'efpere bien que vous n'aurez pas a regretter de m'avoir accordé l'une & procuré l'autre. Voici quelles feront les études que j'y ferai le plus particulierement : j'y deffinerai beaucoup 1º d'apres l'antique pour prendre de belles formes, l'anatomie pour en connoitre les précifions, d'apres nature pour en

(1) *Archives de l'Art français*

saisir les finesses & réduire, si je le puis, le tout dans mon dessein; 2° je comparerai ensuite l'un avec l'autre, soit pour en connoitre les raports, soit pour en demeler les defectuosités. Outre ce, je consulterai souvent les grands maitres, tels que Raphael, Titien, Rubens, &c., les uns pour les graces, l'elegance du dessein, la finesse & le naturel sublime de l'expression; les autres pour l'art ravissant du coloris, la belle ordonnance de la composition, la magie du clair obscur &c., &c. Enfin je tacherai de tirer partie du tout, suivant la portée de mon genie. Qu'en pensés-vous, Monsieur? il me tarde de mettre a execution toutes ces choses; plus la violence de mon desir me presse, plus je m'ennuis a Cluny.

Ici Prudhon fait, en dix points longuement déduits, la critique du petit tableau en miniature qu'il envoie à M. de Jourfanvault, & dont nous avons parlé. Il en parle sans feinte modestie & comme avec un pressentiment de ce qu'il pourra faire plus tard. Il reprend :

« Je me réserve de vous en faire un autre de même grandeur & plus presentable, car je suis jaloux qu'une personne qui m'honore de son amitié ait de moi quelque chose de passable : ce ne sera point à Cluni, ou le regret de perdre mon tems & l'ennuy d'y rester m'excedent, ce qui me renderoit incapable, si j'y demeurois plus long-tems, de rien faire de bon, mais ce sera a Paris ou je verrai de belles choses qui me renderont tout de feu & que je tacherai d'imiter dans mes ouvrages; je me rejouis de vous en envoyer, lorsque j'y serai, vous verres mes progrès.

« Quand je pense a ce païs ou a Rome, l'impatience & le desir d'etre dans l'une ou dans l'autre ville m'emporte. En allant a Paris & passant par Beaune, j'y ferai, si vous voulez me le permettre, votre buste seulement & celui de mademoiselle, pour emporter avec moi, afin de les copier sur le tableau que j'executerai. Vous me permetteres aussi, Monsieur, de vous faire cadeau de ce tableau pour pouvoir vous temoigner de quelque façon ma reconnaissance.

« Vous nous faites donc espérer que nous aurons le bonheur de vous posseder a Cluny: quel sensible plaisir pour moi de voir un ami (permettez moi ce terme) pour qui j'ai l'attachement le plus intime, mais je suis bien aussi mortifié d'etre privé de mademoiselle Dembrun; ma joie auroit été entiere si vous eties venus tous les deux.

« Vous me parlez de payement; qui sait mieux que vous, Monsieur, le prix qu'on met a ces sortes d'ouvrages; permettez-moi de me rapporter a ce que vous trouveres bon, cette demande de prix de votre part me peine a l'infini, & si ce n'etoit le besoin je ne souffrirois pas seulment que vous m'en parlassiez, car reellement c'est me peiner de me le dire & je m'estimerois trop heureux de faire quelque chose qui put vous faire plaisir.

« Votre petit Jannot est en bonne main, c'est sa maman qui le nourrit, il est gras comme un petit cochon & mechant comme un petit diable. »

La lettre finit par ces lignes où l'on retrouve, sous la plume de l'ancien élève des moines de Cluny, l'esprit de l'opinion publique du temps, & les premiers murmures de la Révolution contre les ordres religieux :

« Ce frere Placide, c'est un vilain; je n'en suis pas etonné, il ne tiendroit pas de la race monastique, je lui ai dit cent fois de faire vos clefs, le drôle n'a jamais eu le tems, il a bien eu celui de boire votre vin. Je vais lui faire voir votre lettre a cet article & lui demander absolument vos clefs, je l'avertirai d'ailleurs que vous venez bientot a Cluny & que vous ne manqueres pas de lui chanter la grele.

« A l'égard des vieux papiers & parchemins, ils ne font point communs a Cluny ; pour peu qu'on en ait, on en fait des couvertures de pots; on ne pourroit en trouver que chez Messieurs les Benedictins qui non contents de leurs titres & de leurs droits ont usurpé tous ceux de la ville, mais les coquins ne relachent rien... (1). »

Les prières, les impatiences de Prudhon, la vivacité & l'élan de ses jeunes espérances touchaient & gagnaient bien vite M. de Jourfanvault, qui fournissait au jeune peintre les moyens d'aller à Paris, & Prudhon partait pour cette terre promise de la fortune & de la gloire. Il arrivait à Paris, précédé d'une lettre de recommandation adressée par l'excellent baron à son ami Wille, & qui montre la patiente & l'intelligente étude que le protecteur avait faite de son protégé, l'intérêt paternel avec lequel il avait interrogé son caractère, les craintes, les terreurs avec lesquelles il confiait à Paris cette nature tendre & facile aux tentations, cette âme faible, impressionnable, sensible, sans défense contre l'entraînement. Et de quelle voix pleine d'émotion il adjurait & priait Wille d'accueillir, de guider, de s'attacher & de sauver des périls de la grande ville le jeune Bourguignon, « cet enfant, » comme il l'appelle !

« 15 octobre 1710.

« M. Prudhon né avec un caractère moins fort que (Naigeon), se livrant avec facilité à l'amitié, sans deffiance de ceux qu'il aime, peut tomber dans le précipice le plus affreux, & des sociétés qu'il se fera à Paris dépend le bonheur ou le malheur de sa vie. Son gout dominant est l'ambition de sortir de la foule des peintres mediocres; il travaille avec ardeur, mais il faut que quelqu'un lui dise de travailler. Si quelque sujet mediocre s'empare de son esprit, ce qui est tres facile, il gagnera son cœur avec aisance & M. Prudhon courera a la debauche avec moins de plaisir qu'au travail mais avec autant de docilité. Il est incapable de dereglement par lui-même, mais, s'il y est conduit, il peut y etre extrême, & cette idée me ferait fremir si je n'ofais me flatter que, par amour pour le bien, par amitié pour moi, par pitié pour cet enfant, deja marié depuis trois ans, vous daignerez vous l'attacher, lui permettre de vous parler avec confiance, de vous consulter, de ne rien faire sans votre aveu & votre avis. Je lui ai montré vos lettres, je lui ai laissé voir la veneration que vous m'avez inspiré; son cœur a été attendri, il vous a nommé son père, il vous aime & vous respecte deja comme tel. »

Voilà Prudhon à Paris. Aussitôt arrivé, il écrit à M. de Jourfanvault :

« Monsieur,

« Apres quelques fatigues & un peu de pluye essuyez dans une longue route nous sommes enfin arrivez bien portants a Paris chez Madame de Mandre tante de Naigeon. Cette dame nous a reçu avec toute la politesse & l'honneteté possible, il paroit que Naigeon sera très heureux chez elle, elle lui a temoigné beaucoup d'amitié & d'affection & semble prendre ses interrets avec grand zèle; pour Ramey & moi nous allons chercher a nous procurer une chambre, monter notre très petit ménage & un endroit pour vivre a peu de frais. N'en étant encore qu'à ce point là, je ne puis rien vous dire d'interessant de Paris, des tableaux ou de ma propre situation. Cet après-midy ou demain au plus tard nous irons rendre les visites les plus interessantes premierement a Monsieur Wille, Monsieur Vatelet, &c., & ensuite les autres. De la nous irons voir les galeries & eglises & moi sor-

(1) Archives de l'Art français.

tant de la & n'ayant point de temps a perdre j'irai acheter un chaſſis, de la toile & des couleurs, compoſer mon
ſujet & le peindre enſuite.

« Monſieur le M⁽¹⁾ Dapchiez a donc la bonté de s'intereſſer a moy auprès de Son Eminence. Je deſirerois bien
ſavoir ſi Monſieur a fait tenir a Madame de Menecer une lettre de recommandation quelle m'avoit fait eſperer
de luy ; j'oſerai dans ce cas vous prier Monſieur de la demander a cette dame pour me la faire tenir car la protection de Son Eminence me ſeroit ſurement tres utile & d'un grand poid & j'ai très a cœur d'avoir accès auprès
d'elle.

« N'ayant encore rien vu & ne ſachant rien ſur quoi m'etendre, je m'arrete. Je reprendrai bientôt la plume,
car j'aurai ſurement dans peu quelque choſe a vous dire.

« Je ſuis avec les ſentiments que vous me connoiſſes pleins de zele & d'attachement j'oſe dire auſſi d'amitié
ſincere

« Votre tres humble & très obéiſſant ſerviteur,

PRUDHON, peintre.

« Meſſieurs Naigeon & Ramey vous aſſurent de leurs tres humbles reſpects, & tous enſemble, c'eſt-a-dire
moi avec eux, nous oſons vous prier de dire mille choſes charmantes de notre part à Mademoiſelle d'Embrun &
lui préſenter nos reſpectueux hommages.

« Paris ce 28 octobre 1780 (1). »

Mais, à Paris, Prudhon ſe fatiguait en efforts infructueux, en tentatives vaines ; le
manque de travail, la miſère, le renvoyaient dans ſa province où, profitant du concours
de peinture ouvert à Dijon, il gagnait le prix fondé par les Etats de Bourgogne. Ce
prix lui aſſurait une penſion & un ſéjour de trois ans en Italie.

III.

Au commencement de novembre 1784, le peintre eſt à Marſeille, prêt à s'embarquer,
ayant fait prix de deux louis pour la traverſée & de quarante ſols par jour pour la nourriture. Les retards & les lenteurs d'un capitaine, qui le fait attendre trois ſemaines,
épuiſent ſa pauvre bourſe, cette bourſe qu'il dit ménager avec une très-grande & ſtricte
économie, qu'il pèſe avec angoiſſe, & où il voit à peine la ſomme néceſſaire pour
arriver à Rome. Enfin il part ; mais le vent eſt contraire. A peine ſorti du port de Marſeille, le bâtiment eſt obligé de ſe mettre à l'abri dans la rade de Toulon. Au bout
de dix grands jours, le vent redevient bon, le bâtiment ſort du port, & Prudhon croit finie
l'épreuve de ſes impatiences. Mais, à dix lieues au large, le vent redevient contraire &
force le bâtiment à ſe réfugier à Porto-Ferrajo, où le malheureux Prudhon eſt encore
retenu dix-neuf jours. L'on finit par ſe remettre en mer la veille de Noël, & Prudhon

(1) Lettre autographe de Prudhon poſſédée par M. E. Marcille.

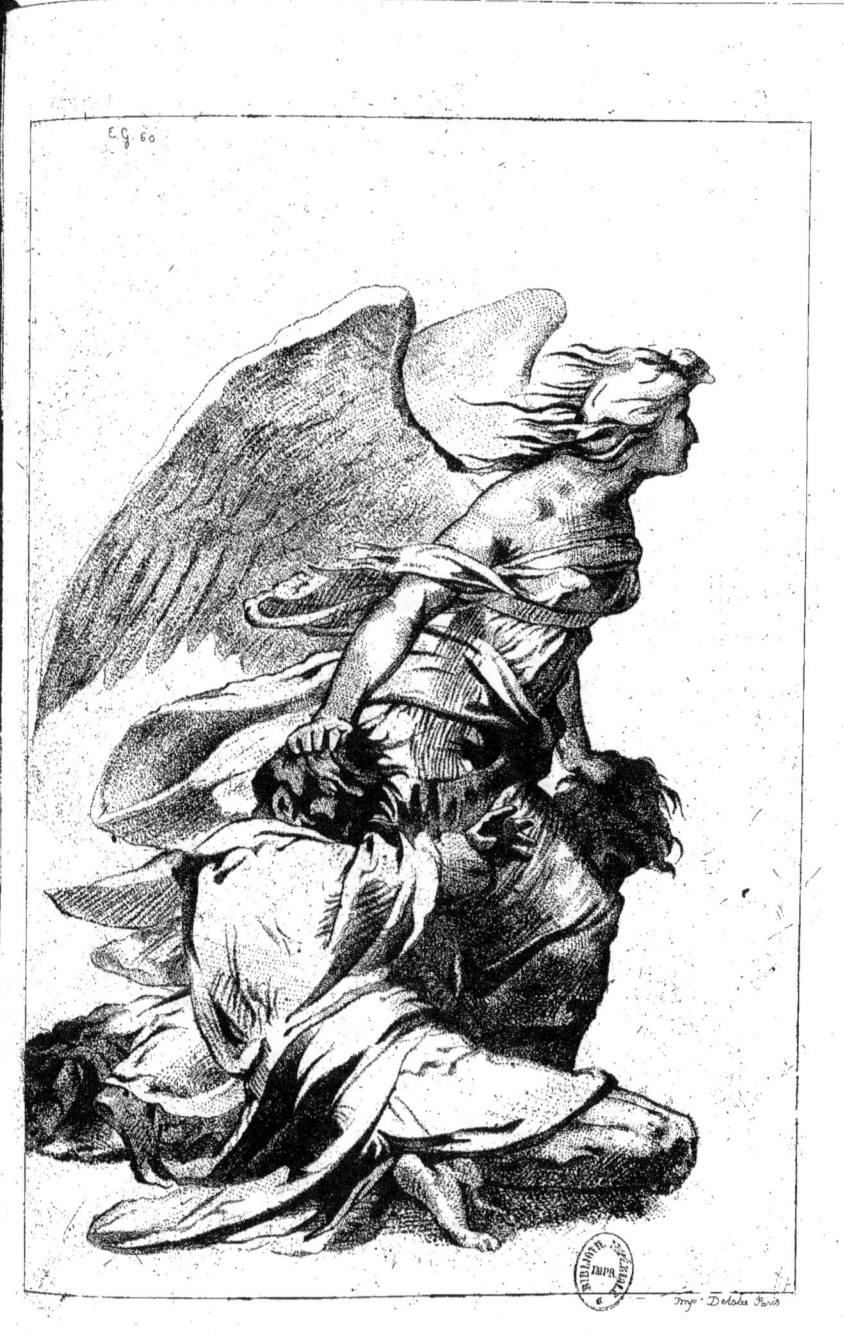

débarque à Civita-Vecchia, maudiſſant la mer & cette traverſée de trente-ſix jours. Le lendemain, il eſt à Rome, non ſans avoir embraſſé, à la façon du Romain, cette terre qu'il va conquérir : en route, il était tombé de voiture. Il s'inſtallait près de Saint-Laurent (1), &, le dimanche ſuivant, il était chez le cardinal de Bernis, au milieu de ces peintres, de ces ſculpteurs, de ces architectes, de ces muſiciens, venus des quatre coins du monde & réunis, tous les dimanches, à la table de l'ambaſſadeur de France. Il courait & errait dans les rues de Rome; les projets & les réſolutions abondaient & ſe preſſaient en lui; il ſe promettait de beaucoup deſſiner d'après les ſtatues antiques, d'après la nature, d'après Raphaël ſurtout, dont les peintures exécutées en tapiſſerie emportaient ſon admiration, à ce point qu'il voulait un moment remplacer la copie du plafond du Guide, que lui avaient commandée les Etats de Bourgogne, par la copie d'une de ces tapiſſeries merveilleuſes. Puis ce premier feu d'amour pour Raphaël paſſait, & Léonard de Vinci s'emparait de l'enthouſiaſme du jeune peintre, qui écrivait en s'agenouillant, ſous le charme & la poſſeſſion d'une tapiſſerie de la Cène :

« *Je ſors de voir tout fraichement les admirables tapiſſeries executées autrefois ſur les cartons du fameux Raphael; ſans contredit, c'eſt ſelon moi, ce qu'il a fait de plus beau, de mieux ſenti & de plus expreſſif; mais quelqu'un qui l'a ſurpaſſé bien au dela dans la penſée, la juſteſſe de la reflexion & du ſentiment & de plus dans le precis, le moeleux & la force d'execution, & dans l'entente du clair obſcure & de la perſpective, &c., c'eſt l'inimitable Leonard de Vinci le pere, le prince & le premier de tous les peintres, d'après lequel on voit egalement une ſeule tapiſſerie executée ſur ſa fameuſe Cœne peinte à Milan dans un refectoire de Dominicains. Ce tableau eſt le premier tableau du monde & le chef-d'œuvre de la peinture ; toutes les parties de l'art ſy trouvent reunies au degré le plus ſublime; lorſqu'on eſt devant, on ne ſe laſſe pas d'admirer, ſoit le tout enſemble, ſoit chaque detail en particulier. C'eſt une ſource intariſſable d'etudes & de reflection; la vue de ce ſeul tableau ſuffiroit a perfectionner un homme de genie au point d'egaler ou de ſurpaſſer Raphael meme, puiſque tout y eſt reuni ; cependant peu de perſonnes y font attention non ſeulement a ce tableau, mais en general a tout ce qu'on voit de Leonard; ou le merite de ce grand homme eſt trop au deſſus de leur intelligence, ou ce qu'il a fait eſt trop parfait pour qu'il leur vienne a la penſée d'oſer jamais approcher de ſa maniere, leur paraiſſant comme une choſe abſolument impoſſible. Cet homme rare joignoit au genie le plus ſublime, un raiſonnement juſte & une ſpeculation profonde, choſes qui ſe rencontrent rarement en une même tete, puiſque le premier ſemble appartenir a un homme ſanguin & le ſecond paroit etre le fait d'un homme froid & reflechi : auſſi a-t-il*

---

(1) Dans une lettre adreſſée à ſon ami Fauconnier, & que nous communique M. Laperlier, Prudhon donne ainſi ſon adreſſe : « M. Prud'hon, peintre, penſionnaire des « Etats de Bourgogne, *accanto San Lorenzo in paniſper-* « *na ai monti a Roma.* » Et il ajoute : « Car j'ai changé « de maiſon & je me ſuis mis mes meubles, ma mai- « ſon & mon quartier ſont en bon air, mais un peu éloi- « gnés du centre de Rome, l'avantage de cela eſt que je « ſuis plus tranquil. Entre trois qui etions du même « ſentiment a cet égard, nous avons loué la moitié d'un « hotel, ou d'un palais en terme romain, dans lequel « nous avons chacun deux grandes chambres, notre en- « trée particulière, & en commun pluſieurs manſardes, « une cuiſine & un jardin. A ma part, je paye 60 livres. « Je fais venir mon diner pour n'avoir pas a ſortir dans « le mauvais tems. Enfin, mon ami, il ne manque que « de vous avoir avec moi pour etre heureux ; car, qu'eſt- « ce que ſont les commodites de la vie ſi le cœur n'eſt pas « content ; le mien exhale ſouvent des ſoupirs du coté de « Paris, mais en vain, dans le long eſpace qui nous ſé- « pare, ils n'ont que trop le tems de ſe perdre. »

emploie neuf annees a peindre cette admirable Cœne, dans laquelle on voit dans une diverſité etonnante de caracteres differents, le trouble & l'agitation qu'excita, parmi les apotres cette parole de Jeſus-Chriſt : « Je vous dis en verite qu'un d'entre vous cette nuit même doit me trahir. »

Et il finit en diſant du Vinci :

« Pour moi je n'y vois que perfection, & c'eſt la mon maitre & mon héros... »

Il fallait pourtant ſacrifier ces admirations & redeſcendre du Raphaël & du Vinci au Guide. MM. les élus de Bourgogne ne ſe ſouciaient guère d'un tableau religieux ; ils tenaient au plafond de l'Aurore. Prudhon ſe décidait à aller frapper à la porte du palais Roſpigliofi. Mais le prince, auquel un copiſte maladroit venait tout récemment de caſſer deux vaſes d'albâtre oriental, refuſait en ce moment l'entrée de ſon palais à tout le monde. Cela ne fâcha guère Prudhon qui, par inſtant, ſongeait que le plafond était bien grand, & que ſix cents livres étaient un prix médiocre pour une toile de vingt-ſix à vingt-huit pieds de long ſur une vingtaine de haut. Il voulait ſe rabattre ſur le feſtin des dieux de la Farneſine ou ſur le triomphe de Bacchus peint par le Carrache au plafond du palais Barberini, quand lui arrivait l'ordre de copier le plafond de Pierre de Cortone.

« Je ſuis occupé, écrivait-il à ſon ami Fauconnier, a faire les preparatifs pour peindre un tableau de vingt cinq pieds pour la province, & comme j'ai été obligé d'employer du monde cela m'a pris tout mon tems & m'a deja donné beaucoup de fatigue, demain je commence a le deſſiner & a monter & deſcendre par conſequent tres ſouvent d'un echafaud de vint & un pies de haut. Ce tableau eſt une copie d'apres Pietre de Cortone qui eſt un aſſés mauvais peintre des tems paſſés & que je ne ſuis guere content de faire, mais après cela je pourrai travailler pour moy en toute liberté & chercher a commencer ma reputation, heureux mon ami, ſi dans ce tems la, vous entendés parler de moi avantageuſement ou avec envie, ce ſera bon ſigne... (1). »

Attelé à ce grand travail, Prudhon n'en eſt diſtrait que par les ſoucis & les inquiétudes de la vie matérielle, des fièvres qui le jettent quinze jours au lit, & le tourment inſupportable des continuelles demandes d'argent de ſa femme. C'eſt en vain que le peintre adreſſe remontrances ſur remontrances à la miſérable femme. Réduite, à la mort de ſon père, le notaire, à une maiſon & un jardin valant en tout mille francs, grugée par un frère, ſergent au régiment de la Colonelle, logé chez elle, y mangeant, y buvant ſans ſouci de la dépenſe, Mme Prudhon fatigue de ſes importunités le bon M. Devoſges, tous les protecteurs, tous les amis du pauvre Prudhon, qui n'ouvre ſes lettres qu'en s'armant de patience contre un nouvel ennui, & ſe laiſſe arracher par elle, de mois en mois, des cinquante, des ſoixante livres ſur ſa penſion.

(1) Lettre autographe poſſédée par M. Boilly.

Peu mêlé à ses compatriotes, fuyant les camaraderies banales, vivant presque dans l'unique compagnie de son ami Bertrand le statuaire, Prudhon se dérobait & se refusait aux protections qui venaient à lui. Il écrivait que les protections l'embarrassaient plus qu'elles ne lui plaisaient. Il disait qu'un artiste ne devait avoir de protection que son talent, ajoutant qu'il ne sentait pas le sien assez avancé pour qu'il fût produit. Il déclinait les offres de service de M. Lagrenée, directeur de l'école de Rome, dont il reconnaissait les aimables qualités, mais qu'il se refusait à prendre pour guide de son talent. Il y avait dans sa nature un peu ombrageuse des pudeurs & des susceptibilités d'orgueil auxquelles il prêtait la formule rigoureuse d'une théorie & qu'il érigeait en règles de conduite. Son humeur s'accordait avec ses ambitions pour ce renoncement au monde, pour ce vœu du travail austère & solitaire que l'homme imposait à l'artiste pour la dignité de son caractère, pour le salut de sa conscience & pour la liberté de son génie. C'est à cette époque qu'il écrit :

« *Lorsqu'on connait beaucoup de gens auxquels on est obligés de faire sa cour, on se gate, on perd son caractere, sa facon de voir; on devient uniforme, petit, mesquin, en les frequentant, on ne veut chercher qu'a leur plaire, & on ne fait plus que comme tout le monde, triste denouement; si les grands maitres avaient agi de la sorte nous n'aurions rien a puiser dans leurs ouvrages. Un artiste qui etudie doit etre libre; il doit operer d'après ses principes & d'après ses reflections, qui pour etre profondes & solides ont besoin de solitude. Après cela lorsqu'il y est affermi & qu'il a acquis le degré de talent dont il se croit capable, il peut se produire avec retenu; car il risquerait encore de manierer son genie. Leonard de Vinci, cet Homere de la peinture qui aurait donné des lecons a Raphael, Michel Ange & a tous les maitres qui sont venus avant & après lui, dit lui même qu'un artiste a besoin d'etre tout entier a luy, que la solitude lui est absolument necessaire pour observer plus attentivement la nature. Enfin ce qu'il y a de certain, c'est qu'il faut se resoudre a ne rien scavoir en voyant le monde, fesant sa cour & perdant son tems, ou sacrifier le monde & ses flatteries pernicieuses a la science & au plaisir de devenir un homme de talent.* »

Le travail & la solitude, c'est la vie de Prudhon à Rome. Il se repose du labeur imposé, des ennuis & des fatigues de sa copie, en dessinant les marbres, en notant, avec le crayon & la plume, l'harmonie des lignes antiques. Et toute l'histoire de son séjour, nous la possédons & nous pouvons la suivre dans son album, sauvé par M. Marcille : un mauvais cahier, relié par la papeterie romaine du siècle dernier, en grossier vélin, dont le fermoir est une lanière de cuir. Ce sont d'abord des croquis, des figurines d'après l'antique, indiquées d'un trait maigre & où rien ne se lit de la signature de Prudhon. A la trente & unième page seulement, une statue de Pâris commence à révéler le dessin & le modelage du peintre. Viennent ensuite un génie, une étude de Romain portant un fardeau, qui font déjà penser au maître qui formera Copia. Ici quelques pages manquent : elles montraient des académies microscopiques, des homuncules qui semblaient musclés par le Bandinelli. Prudhon fils les a laissé déchirer & emporter par Devéria, pour quelque argent qu'il lui devait. L'album reprend avec *l'Amour désarmé*, d'après le Corrége ; & de cette plume avec laquelle il vient de dessiner, le peintre écrit le titre des œuvres qu'il promet à fon avenir : l'Amour, la Frivolité, le Léger Badinage & le Repentir qui le fuit, l'Amour & Pfyché, Jofeph & Putiphar...... C'eſt comme la confidence de fon imagination, comme l'Annonciation de fon œuvre (1). Et çà & là, il y a encore, fur les feuillets du cahier jauni, des croquis de femmes, careſſées d'un crayon léger, & dont les poſes ondulantes rappellent le balancement des Noces Aldobrandines, cette admirable friſe de la peinture antique qui devait être une des inſpirations familières de Prudhon.

Mais avant tout le jeune artiſte contemplait. Il vivait dans la communion du Beau. Il nourriſſait fon âme de l'âme des chefs-d'œuvre ; & c'était au fond de lui qu'il fixait tant d'images. Comme Bruun-Neergard lui demandait un jour l'objet de ſes études en Italie : « Je m'occupais à regarder & à admirer les chefs-d'œuvre, » lui répondit Prudhon.

Sa copie de Cortone, enfin terminée, était envoyée à Dijon, vers le milieu de l'été de 1787 ; & Devoſges lui obtenait une continuation de trois ans de ſéjour en Italie, & la commande de deux tableaux de ſon invention & à ſon gré. Mais Prudhon avait le mal du pays. Il venait de ſe refuſer aux offres de l'amitié de Canova, qui lui propoſait de partager ſon atelier, & de bénéficier de ſes relations & de ſa gloire naiſſante. Il ſuppliait en grâce Devoſges de travailler à lui obtenir la permiſſion, ſes deux tableaux faits, de revenir & de jouir de ſa penſion à Paris au moins pendant un an. Il appuyait auprès de lui ſur l'état miſérable de ſon pauvre enfant, qu'il regrettait de ne point avoir emmené en Italie, ſur l'indigence de ſa femme, à laquelle, malgré tout, il devait du pain.

---

(1) Un autre album du même temps, à côté des ſujets que Prudhon a réaliſés, indique un aſſez grand nombre de ſujets qu'il n'a pas traités ou qu'il a modifiés depuis ; c'eſt une curieuſe confidence de ſon imagination. Nous y remarquons : l'*Amour d'Antiochus pour Stratonice*; — *Coriolan & Véturie*; — *les Athéniens s'embarquant lors de l'invaſion de Xerxès*; — *l'Hiſtoire de Lucrèce*; — *l'Hiſtoire de Mucius Scævola*; — *Junon, à la prière de Minerve, donne ſes divines mamelles à Hercule*; — *l'Amour réduit à la raiſon*; — *la Vertu avilie par l'Amour*; — *la Faveur ſuivie de l'Envie*; — *l'Amour ſéduit l'Innocence, le Plaiſir l'entraîne, & bien ſouvent le Repentir les ſuit*, &c., projets de tableaux & de deſſins au milieu deſquels ſe trouve oublié & non déchiré un brouillon d'une lettre d'amour que M. Marcille père croyait adreſſée à Mˡˡᵉ d'Embrun, & que nous donnons telle quelle :

« ..... Pourrais-tu croire qu'ayant mis tout mon bonheur en toi, je pourrais encore le trouver ailleurs : quelque choſe qui m'arrive ou pourraient-être les amis qui me feraient auſſi chers que toi. Ah ! ſi tu m'avais cru ingrat, aurais-tu ſi facilement réſolu de ſacrifier mon amour..... le plus cher à mon cœur. Il..... ma chère amie...., ne ſacrifier qu'au bonheur & au repos de ton ami. C'eſt lui-même qui eſt...... victime de...... ſacrifice. Oui tu as douté de mon amour, tu n'as pas balancé à me retirer ton cœur & ta tendreſſe. Il eſt cependant ſi doux d'être aimé, un ami tendre ſincère eſt une choſe ſi rare ! L'amour fait paſſer des moments ſi délicieux que je ne conçois pas comment on peut quitter un ami pour livrer ſon cœur à l'indifférence. N'eſt-il donc pas permis d'être heureux? Faut-il pour être ſage paſſer ſa vie ſans jouiſſance, & pour être vertueux, eſt-il dit qu'il faille enfouir la ſource du bonheur, & ſacrifier les goûts les plus chers? Oh ! je ſuis bien loin de le croire, & la vie ne nous eſt pas donnée pour ne la paſſer que dans la froide langueur. Le plaiſir n'eſt-il pas un préſent de cette ſage nature, & rejetterons nous ce précieux ſentiment de la félicité qui nous indemniſe de nos dégoûts, de nos ennuis, qui ſème quelques fleurs ſur le paſſage rapide de la vie, & qui place le bonheur à côté de la peine. Pour n'adopter que ce qui nous chagrine & nous tourmente..... Impoſſible un tel ſyſtème, il ne peut être reçu que par les cœurs froids : La ſenſibilité le rejette puiſqu'elle croit n'avoir reçu un cœur que pour s'ouvrir au ſentiment du bonheur. » (Album & lettre communiqués par MM. Marcille.)

Il lui parlait de sa santé, mise en si mauvais point par le climat de Rome. Il l'entretenait de ses craintes de se retrouver, après ses trois ans, une seconde fois à Paris sans ressources & dans l'impossibilité, comme la première, de se faire connaître par quelque ouvrage d'importance. Il lui déclarait encore que, malgré toute son admiration pour les maîtres anciens, il n'imaginait guère de quelle utilité pourrait lui être un nouveau séjour de trois ans en Italie. Le bonhomme Devosges se rendait aux raisons & aux sollicitations de son élève. Et nous retrouvons Prudhon à Paris à la mi-novembre 1789.

IV.

Etabli à Paris, rue Cadet, n° 18, avec sa femme & son enfant, chargé de cette famille bientôt augmentée d'un second garçon & d'une petite fille, Prudhon, pendant ces premières années de la Révolution, était de jour en jour arraché aux tentations de son génie par les nécessités & les misères de la vie. Obligé de faire à ses besoins, aux besoins des siens, le sacrifice de ses ambitions, il étouffait ses projets, il renonçait aux grandes choses dont il sentait le souffle en lui, & que les rêves de ses nuits d'insomnie poursuivaient dans un nuage. Il se mit héroïquement à faire des portraits en miniature, trop heureux quand la commande d'un portrait à l'huile laissait à sa main un champ plus large & le sortait de la pratique menue de l'aquarelle au pointillé. Cependant ce fut en ces années besogneuses, où le gagne-pain défendait à Prudhon la grande peinture, que Prudhon devint un maître : il devint obscurément, à l'insu de tous, dans cette pauvre retraite, l'admirable dessinateur que l'école française peut opposer aux plus grands des plus grandes écoles. Aux instants de repos, entre deux portraits, dans les courts loisirs de sa tâche, dans une heure du jour, ou le soir à la lampe, il jette, sur un bout de papier, que l'enfant déchire & que la femme balaye, la pensée qui le tourmente, la ligne qu'il entrevoit, la composition qui flotte dans sa tête. Voilà, sous sa main d'abord hésitante, les jeux charmants, les jeux vivants de la lumière & de l'ombre, des figures, des groupes, des tableaux essayés & comme cherchés à tâtons par le crayon ; puis, de croquis en croquis, c'est une accentuation plus osée, plus magistrale, un modelage plus étudié, plus savant & plus simple, jusqu'à ce qu'enfin le plein rayon de la création éclate sous sa main victorieuse, éclairant la troupe des Grâces décentes, & le chœur de ces allégories morales déjà indiquées sur son album d'Italie.

Déjà, en 1791, Prudhon avait envoyé au Salon de Paris un dessin à la pierre noire, représentant un jeune homme appuyé sur un dieu Terme. Le Salon de 1793, qui montrait de lui trois peintures, un portrait d'homme, un portrait de femme & *l'Union de l'Amour & de l'Amitié*, montrait aussi deux dessins du peintre, tous deux à la plume. Le sujet de l'un était tiré du premier acte d'*Andromaque*. L'autre était *l'Amour réduit à la raifon,* « faifant partie de la collection du citoyen d'Arlet, » nous dit la gravure de Copia, ce qui femblerait indiquer que le deffinateur était déjà apprécié par les amateurs & les collectionneurs.

Etrange œuvre pour un tel temps, *l'Amour réduit à la raifon!* Imaginez, dans un coin de ce falon, envahi par la tragédie, la déclamation, le tumulte & l'orage, un *eidulion* de la poéfie grecque, un petit tableau d'Anacréon; & n'eft-ce pas le luth même du poète, ce luth rebelle à chanter les Atrides & les travaux d'Hercule, ce luth qui ne veut chanter que l'amour, dont le peintre a retrouvé les cordes divines & l'immortelle harmonie?

A un anneau fcellé dans une gaîne qui porte la tête de Minerve cafquée, l'enfant Amour eft lié par les deux mains. Dépité, furieux & vaincu, fe débattant contre fes liens, il retourne & renverfe en arrière fon joli vifage crifpé par la colère & les larmes. La plainte & la rage d'un enfant gâté fe mêlent dans le cri de fa bouche entr'ouverte. Vainement il bat de l'aile, vainement, du pied gauche, il bat impatiemment la terre. Affife en face de la Minerve, les bras nus & le fein à demi dévoilé, le *chiton* aux plis fins & ferrés noué au-deffus de la taille, une draperie aux grandes lignes jetée fur les genoux, le corps balancé par l'avance d'une jambe & la retraite de l'autre, une femme, les deux bras levés en l'air, approche l'une de l'autre fes mains pour applaudir : c'eft la Raifon qui fourit avec une douce moquerie en penchant fa tête fur fon épaule.

L'Amour réduit à la raifon n'attendait pas longtemps fon pendant : *Le cruel rit des pleurs qu'il fait verfer.* La femme ici courbe la tête, & fes cheveux, dont les treffes fe dénouent, pleurent fur fes épaules. Tout fon corps s'affaiffe. Elle fe foutient d'un bras, laiffant pendre l'autre dont le mouvement vient mourir fur fa jambe. Une larme tremble à fon œil. Auprès d'elle, une rofe effeuillée gît fur le fol, — ruine & débris d'un rêve qui femblent, femés çà & là, les morceaux du paffé & les parfums d'hier. Et devant l'Ariane, voilà le même enfant, mais cette fois c'eft l'Amour libre, maître & vainqueur. Immobile & léger, une jambe paffée fur l'autre, les deux bras noués fur fon arc droit & qui le porte fans plier, le menton pofé fur les mains, il avance & femble balancer narquoifement fa petite tête ferpentine où la bouche rayonne d'ironie, dont l'œil eft noir de vengeance, & qui montre, dans l'éclair du triomphe, une malice de faune, une joie d'enfant, un rire de dieu!

Puis c'étaient tant de deffins immortels! Un jour, d'une page déchirée d'Ovide, le crayon de Prudhon faifait une page de Michel-Ange. C'était ce fujet longtemps cherché par Prudhon, & dont le baron de Jourfanvault a gravé à l'eau-forte la première idée, Cérès à la recherche de fa fille, Cérès attablée & affamée, penchée fur la bouillie dont une vieille femme lui fait la charité, la cuiller fufpendue aux lèvres, foudroyant de fon regard & du froncement de fon fourcil de déeffe le petit Stellion dont la bouche fe fend déjà en rire batracien. Un autre jour, il allait chercher la volupté dans l'Ancien Teftament, & deffinait ce beau torfe de la Paffion qui fe penche fur Jofeph & femble s'enrouler autour de lui. Ou bien c'était la vierge de l'Ile-de-France qu'il montrait sur le pont du vaisseau, violée par le vent & la mort, mourante, &, d'un geste de modestie suprême, voilant son agonie. Puis, ses crayons revenaient à la patrie de ses idées, à la Grèce; & l'on eût dit que le dessinateur tirait du jardin de ses temples écroulés les statuettes de ses dieux, un petit Panthéon où le blanc caresse le papier bleu comme un rayon de lune caresserait une frise de marbre. Ici c'est Pallas, ici Minerve; là c'est la troupe des Muses, menée par Apollon; partout c'est la bande libre & mutine des Amours allumant des torches, aiguisant des flèches, petits dieux aux membres arrondis, que Prudhon répand dans son œuvre pour l'animer du mouvement & des jeux de l'enfance.

Rien de plus intéressant que de surprendre la main de Prudhon & de suivre les enfantements de son dessin dans les études possédées par M. E. Marcille, M. Laperlier, M. de Boisfremont, véritables révélations, précieuses confidences de son *faire*, qui nous permettent de regarder par-dessus l'épaule du peintre la marche de son crayon, & d'assister pour ainsi dire à son travail. L'originalité, la force, la marque du génie de Prudhon est d'aller toujours de l'intérieur à l'extérieur de sa figure; c'est le dessin de la lumière qu'il cherche avant tout sur le corps humain : le rayon, voilà sa ligne. Aussitôt qu'il a jeté sur le papier bleu le tracé léger du contour & des ombres, marqué ses places, embrassé ses proportions, il donne sur ces premières indications un coup de mouchoir qui fait fuir le crayon noir dans le nuage d'une préparation de fusain. Il commence à sortir son académie du fond tendre & de la nuit claire de son papier avec des traits droits de crayon, largement espacés, qu'il conduit dans le sens du courant des muscles, & qu'il ne croise qu'à la rencontre des emmanchements. Dans ce réseau, sous cette armature de blanc, vous croiriez voir se lever dans un crépuscule un écorché de lumière; puis les ombres se renforcent de sauce; d'un trait gras & large le dessinateur enveloppe, plutôt qu'il n'arrête, le contour de sa figure, & le laisse flotter dans le linéament indécis, baigné de la lumière ambiante, avec lequel la nature accuse, en les caressant, les extrémités d'une forme. Et le voilà revenu à son modelé de lumière; il recharge ses valeurs, il masse & presse les raies de crayon blanc, qui se rencontrent en losanges aux reliefs des attaches, aux ressauts des membres, & promènent en traînées d'argent, sur les pectoraux, le relief rayonnant des cavaliers du Parthénon; puis une estompe de mousseline de l'Inde amortit tout ce travail dans une fonte générale. La sauce frottée a laissé le reflet sourd & moelleux du velours gris aux parties d'ombres auxquelles Prudhon ne touche plus que pour les accentuer dans les valeurs de rayures de crayon noir qui vergent le papier. Le moment du dernier travail est venu : le crayon blanc est repris, & ses raies recommencent; mais, cette fois, Prudhon le pousse à petits coups sur cette figure, qu'il semble lisser & polir amoureusement; il nuance les plus petites indications de lumières, il fait sentir la moindre dégradation des plans, & il ne s'arrête que lorsque l'image humaine vit & palpite sous les mille petites lignes juxtaposées de son crayon comme sous une trame de jour.

Esquisses, projets de tableaux, de portraits, de vignettes, Prudhon les traite de même, presque toujours sur ce papier bleu où les premières pensées de ses conceptions semblent se débattre dans une aube ; car, à ce grand maître, l'idée du mouvement, le projet de la composition apparaissent, aussi bien que la ligne du dessin, dans une vision lumineuse. Du blanc, du noir, des balafres de crayon, des hachures brutales, cela lui suffit pour fixer le premier éclair de son imagination. Rien qu'un barbouillage, & vous verrez déjà s'agiter sous un baiser du soleil le groupe d'*Innocence & Amour*; rien qu'un nuage, & vous aurez l'éblouissement de l'Olympe, cette voûte toute rayonnante d'un fourmillement de dieux, sur laquelle se détache la Diane aérienne & volante qui pose ses mains sur les genoux de Jupiter.

Prudhon vécut longtemps de ses crayons. Il demanda son pain à des dessins de circonstance. Sous la République, il dessina des Lois, des Libertés ; il fit une allégorie de la Constitution française de 1793, rêve de bonheur du patriotisme qui semble le fronton d'une utopie ; &, dans tous ces dessins, il sut prêter l'idéal d'une force sereine ou d'une grâce monumentale aux passions comme aux illusions de son temps. Pendant des années, il usa ses crayons sur des vignettes banales, des fleurons d'imprimés, des têtes de lettres administratives, illustrations microscopiques, figures d'un pouce, qu'il savait signer de son style & où il enfermait sans effort la grandeur & le mouvement qu'un Pyrgotelès fait jouer dans le cercle d'une pierre gravée. Quoi encore ? des culs-de-lampes minuscules, des en-têtes de factures & de traites commerciales, des sceaux de maisons de commerce, les plus misérables petites œuvres du métier, tout cela sortait de sa main, comme un Olympe de Lilliput, ennobli d'une vénusté magistrale. Les cartons des amateurs, les reliquaires des curieux ne gardent-ils pas de lui des cartes d'adresse où Prudhon fit tenir son génie ? N'a-t-il point laissé tomber de ses crayons cette adresse d'un bijoutier du Palais-Egalité, dont il répétait le dessin sur le verre de la boutique ? Vous retrouverez les morceaux brisés de l'enseigne chez M. de Lasalle. Et pour la veuve du bijoutier, c'était cette autre adresse, un tableau de Parrhasius retrouvé dans un carré de papier : cet Amour faisant briller entre ses doigts les bijoux de ce coffret ouvert, d'où la Tentation s'envole comme d'une autre boîte de Pandore, tandis qu'une femme au torse nu attache à son oreille les tryglèmes d'or avec une coquetterie de bacchante. Et ne met-il pas l'immortalité de sa grâce jusqu'en des images de confiserie, jusqu'en cette Léda dont il plia les reins & roula l'écharpe dans le cadre d'une bonbonnière ? Imaginez des vers d'André Chénier tombés dans une boîte du *Fidèle Berger !*

V.

La misère, la famine de 1794 chaffaient Prudhon de Paris. Il fe réfugiait & s'établiffait en Franche-Comté, à Rigny, près de Gray, où il avait la bonne fortune de trouver à faire des portraits au paftel, portraits à la groffe, mais où le peintre, qui ne pouvait toucher à rien fans y mettre fon originalité, effayait déjà ces tons laqueux & fans mélange de jaune, ce martellement de la touche, ces égratignures hardies de bleu dans les ombres, qui devaient donner plus tard à fes paftels cette fraîcheur humide & cette forte de clapotement de lumière avec lefquelles fes crayons peignent la chair. Prudhon quittait la Franche-Comté avec l'argent de fes portraits & la protection de M. Frochot, dont il avait fait la connaiffance ; il revenait à Paris fans doute vers le commencement de l'année 1796. On ne voit rien de lui au Salon de l'an IV (1795), & au Salon de l'an V, qui eft l'année de fon retour, fon envoi, le portrait du citoyen C..., n'eft point terminé : une note du livret dit que le temps n'a pas permis à l'artifte de finir les mains ni les vêtements. Cependant, les deffins qu'il expofait, les trois deffins de *Daphnis & Chloé* pour l'édition de Didot, les deffins de *l'Art d'aimer* de Bernard, apprenaient aux éditeurs le chemin de fon atelier, & le voilà gagnant, par-ci, par-là, quelque fix louis avec les Renouard du temps (1). Au Salon de l'an VII (1798), Prudhon expofait un projet de frife repréfentant une bacchanale : ne ferait-ce pas le deffin qui eft en fi belle compagnie de deffins du maître dans la collection de M. C. Marcille, cette *Vendange* qui chante l'*epilemios* avec le rire du vin nouveau? Cette année-là, Prudhon expofait encore la belle gravure de *Phrofine & Mélidor* (2) ; car ce talent fouple & multiple, qui fe plie à toutes les formes de l'art, manie d'infpiration tous fes outils. Il y a un graveur dans Prudhon, un graveur qui s'eft bien peu témoigné, mais qui a formé Copia & Roger, & qui a dicté à leur burin le procédé tout à la fois gras, moelleux & ferme, qui convenait à la traduction de ces deffins. C'eft le maître qui a donné à ces hommes habiles le goût & l'idée de tant de char-

---

(1) M. Laperlier nous communique la quittance fuivante de Prudhon : « J'ai reçu du citoyen Roger pour le citoyen Renouard la fomme de 6 louis pour un deffin de Daphnis & Cloé que je lui ai livré à Paris, ce 5 meffidor an IX. Prudhon, peintre. »

(2) *Phrofine & Mélidor* eft malheureufement la feule gravure qui puiffe donner une idée du talent de graveur de Prudhon, de l'originalité de fa pointe & de fon burin. L'*enlèvement d'Europe* & une frife des *Trois Parques*, dont on ne connaît, à ce que je crois, qu'une épreuve, ne font, la première qu'une ébauche abandonnée, la feconde qu'un effai. On poffède encore du maître trois lithographies qui font regretter qu'il n'ait pas laiffé un plus grand nombre de deffins fur pierre ; car il a fu tirer du procédé encore incertain un art nouveau & charmant. Ces trois planches font : la *Famille malheureufe*, lithographiée d'après le tableau ; la jolie planche de la *Lecture*, lithographiée d'après un tableau que l'on croit perdu, & le portrait du fils du maréchal Gouvion-Saint-Cyr : *Un enfant jouant avec un chien*.

mantes interprétations, dont vous trouverez le modèle & le type dans ces deſſins à la plume de Prudhon, qui ne laiſſent au burin que la peine de la copie. Ce pointillé, qui, dans les planches des deux graveurs, rend avec tant de *vagueſſe* & d'une façon ſi voluptueuſe les nus de Prudhon, n'eſt-il point tout indiqué dans cet *Enlèvement d'Europe*, où la plume de Prudhon pique ſi doucement les chairs d'un ſemis de points, & entrecroiſe ſi finement les menues tailles dans les ombres ? Ou bien, prenons cette figure de Laréveillère, *le Pape des théophilanthropes*, dans laquelle Prudhon a retrouvé la grande caricature du Vinci : que fera Copia, ſinon de ſuivre fidèlement ce careſſé précieux du modelé & ces accentuations de la face, eſtompées par la plume avec un travail ſi reſſenti & ſi patient, qu'elle ne laiſſe guère à la pointe du graveur que le mérite d'un inſtrument de préciſion ?

Enfin, en l'an VIII (1799), Prudhon expoſait un grand tableau allégorique de plus de trois mètres : *La Sageſſe & la Vérité deſcendant ſur la terre, & les ténèbres qui la couvrent ſe diſſipant à leur approche*. C'était le tableau pour l'exécution duquel il avait obtenu, ſur un deſſin, à ſon retour de Franche-Comté, un logement & un atelier au Louvre. Avec ce tableau, Prudhon envoyait quatre friſes, commandées par le riche fourniſſeur Delonois pour orner un petit ſalon de ſon hôtel, l'ancien hôtel Saint-Julien, rue Céruti. Ces friſes devaient accompagner la décoration d'un autre ſalon où Prudhon avait repréſenté, en quatre grandes figures, la Richeſſe, les Arts, les Plaiſirs, la Philoſophie, avec des bas-reliefs imitant le bronze & quatre deſſus de portes : *le Matin, le Midi, l'Après-Midi, le Soir*, perſonnifiés par des femmes. Cette décoration, qui fut la nouvelle & le bruit de Paris en l'an VIII & en l'an IX, ce grand tableau de *la Vérité* & de *la Sageſſe* (1), auquel Bruun-Neergard ne reprochait qu'un peu de lourdeur dans la tête de la Minerve, ſortaient tout à coup Prudhon de l'obſcurité où il s'était ſi longtemps débattu. Auſſitôt des voix s'élevaient contre cette fortune ſubite d'un nouveau nom ; des critiques jalouſes proclamaient que le peintre n'avait pas d'avenir, & le renvoyaient à ſes vignettes avec une brutale inſolence. Prudhon était devenu un rival.

Neuf ans après, Prudhon était un maître. Le grand peintre qu'annonçait le beau plafond de *Diane* au muſée des Antiques arrivait à ſe poſſéder tout entier. Prudhon envoyait au Salon de 1808 *la Juſtice & la Vengeance divine pourſuivant le Crime*, & *l'Enlèvement de Pſyché par les Zéphyrs*. Bientôt *le Zéphyr & Venus & Adonis* faiſaient reconnaître par le public un talent qui n'avait eu guère juſque-là d'autre conſécration que l'applaudiſſement ſans écho de quelques gens du métier.

Le beau & mâle tableau, cette *Juſtice divine pourſuivant le Crime* ! quelle grandeur ſimple de compoſition ! quelle ſérénité pathétique, dont la terreur ſemble l'horreur

---

(1) Devenu le plafond de la ſalle des Gardes à Saint-Cloud, ce tableau fut détruit par un incendie, lors du mariage de Napoléon.

divine des anciens & n'ôte rien à la majefté de l'idée morale ! Et quelle exécution large, franche, vigoureufe ! quelle fcience dans les luttes du clair de lune & de la lueur de la torche dans les ombres & les reflets ! Rappelez-vous ce fauvage payfage, & que d'air ! ces belles figures volantes, ce corps d'Abel !... C'eft le chef-d'œuvre de Prudhon.

Une légende rapporte à M. Frochot l'honneur d'avoir infpiré à Prudhon la première idée de fon tableau. C'était dans un dîner à l'Hôtel-de-Ville ; fur cette citation faite par M. Frochot des vers d'Horace :

> Raro antecedentem fceleftum
> Deferuit pœna...

Prudhon fe levait de table, &, au bout d'un quart d'heure paffé dans le cabinet du préfet, il rapportait le deffin de *la Juftice divine*. Il n'eft point à croire que cette grande image apparut ainfi à Prudhon tout à coup & toute formée. Il la tourna & la retourna, au contraire, longuement dans fa tête ; il la chercha, fans fe laffer, fur le papier. Et c'eft à cette pourfuite paffionnée, à l'obfeffion de cette infpiration, qu'il faut rattacher le magnifique deffin du Louvre, où Prudhon femble chercher *la Calomnie* d'Apelles. Un ange vengeur, les mains plantées dans les cheveux du meurtrier, le traîne aux pieds de la Juftice, armée du glaive. Au bas du tribunal, fur les degrés, un corps de femme jeté en travers du corps d'un petit enfant, un corps affaiffé, gifant, évanoüi dans la mort, fait reculer le regard du meurtrier, qui fe voile la face de fes mains éperdues. C'eft ainfi que Prudhon comprenait, en 1805, le tableau de *la Juftice*, qu'il deftinait à la falle du tribunal criminel au Palais. Et quoi de plus curieux que de l'entendre lui-même propofer, expliquer & commenter fon idée, dans cette lettre d'un fi grand accent & d'un langage fi élevé ?

« A Monfieur le Confeiller d'Etat, Préfet du département de la Seine.

« 10 *floréal an XIII*.

« *Apperçu du tableau deftiné pour la falle du Tribunal criminel au Palais de juftice.*

« *Trouver un fujet qui foit en rapport avec la deftination d'une falle de juftice criminelle, & les fonctions des magiftrats qui doivent y fieger ; préfenter à la fois des victimes, des juges, & des coupables, rendre ces objets avec cette énergie d'expreffion qui donne à l'âme une commotion forte & y laiffe une trace profonde, ferott, fi je ne me trompe, atteindre le but que l'on fe propofe dans l'exécution du tableau qui doit être placé dans cette falle.*

« *Plein de cette idée, mais peu fatisfait de tout ce que l'hiftoire nous donne fur cette matière, qui ne confifteroit d'ailleurs que dans des faits ufés ou obfcurs ; je m'arrête à la nature de la chofe même qui rempliffant en tout point les convenances, fournit le tableau le plus énergique : il eft de tous les tems ; appartient à tous les peuples ; s'annonce & s'explique de lui même & préfente en même tems la caufe & fon effet.*

« *Figures vous la vengeance publique, Néméfis à l'aile de vautour, chargée de la pourfuite des coupables, traînant au pied du tribunal de la juftice le crime & la fcélératèffe : La Juftice armée du glaive, entourée de la*

Force, la Prudence, & la Modération, prononce l'arrêt foudroiant qui les frappe de mort. La victime enfanglantée du crime, le poignard dans le sein, gissant sans mouvement sur les marches du tribunal même, est sous les yeux de l'hommicide : il est saisi de crainte, & frissonne d'horreur… Ajoutés pour sentir l'effet de ce tableau terrible, la préfence des juges, l'arrivée des coupables, l'éloquence mâle des orateurs, les émotions diverses peintes sur les visages d'une assemblée nombreuse ; & vous avouerés qu'il seroit difficile à l'imagination de n'être pas vivement frappé d'un tel ensemble.

« *Ce tableau compofé de huit figures, de la largeur de dix pieds, fur huit de hauteur, deftiné pour la falle principale du tribunal criminel, feroit du prix de quinze mille francs. Il feroit payé par tiers de cinq mille francs chaque, à trois époques différentes ; la première à la préfentation de l'efquiffe ; la feconde lorfque le tableau feroit ébauché ; la troifième lorfqu'il feroit entièrement terminé.*

« *Je me charge de le finir dans l'efpace de dix mois, à dater du jour de la préfentation de l'efquiffe.*

« *Dans l'emplacement de la falle du bas qui eft de la hauteur de huit pieds, fur fix de largeur, on pourroit y mettre un fait hiftorique ou autre analogue à la juftice criminelle, & fubordonné au fujet du haut.*

« *Le fujet arrêté, on en déterminerait le prix, & il feroit exécuté de fuite aux mêmes claufes que le précédent.*

« *Pour ce qui me regarde perfonnellement, vous devés croire que l'amour de l'art, & le defir de me diftinguer ne me feront rien négliger de ce qui pourra contribuer à fa perfection, & le rendre digne de l'autorité qui m'en a chargé.*

« PRUDHON, p^{tre} (1). »

Prudhon ne conçut que plus tard l'idée de faire planer la Juftice & la Vengeance divine fur le premier crime & le premier remords, & de donner à la belle penfée du poète païen la grandeur du drame de la Bible, en perfonnifiant le meurtre dans cette brute & fauvage figure de Caïn, dont on dit que le modèle était, hélas ! bien près de lui. Arrivé à cette compofition définitive, Prudhon fe mit à peindre ; &, comme emporté par fon fujet, il attaqua la toile d'une main délibérée ; il peignit de premier jet, avec des touches fermes & des tons rompus fans molleffe, cette toile où il échappe avec tant de force & de liberté à l'abus des glacis, à la fonte trop précieufe des couleurs, au porcelainage du *faire*, qui feront plus tard les défauts de fa manière.

Et puifque nous fommes devant la plus belle toile de Prudhon, arrêtons-nous un moment à l'étude des procédés du peintre, qui font, dans leur principe, les procédés du deffinateur. Sous fon pinceau, comme fous fon crayon, la lumière rayonne du centre des figures. Des glacis tranfparents l'émouffent & l'endorment fur les ombres grifes. Malheureufement ce travail, lorfqu'il eft pouffé au fini, ôte trop fouvent le relief & le gras aux empâtements de la lumière ; il débarraffe l'efquiffe, qu'il amaigrit, des indications fortes & éclatantes, & de ces plâtras éblouiffants qui l'enlèvent fi victorieufement du fond de la toile ; & l'on voit à regret la chaude couleur argentine de Velafquez ou de Van Dyck s'éteindre peu à peu dans des camaïeux d'une coloration trifte & froide. Outre cette manière de peindre, l'abftention abfolue & fyftématique de tout chrôme, de tout jaune, que Prudhon jugeait inutile pour rendre le teint de nos races, & qui, felon fes obfervations, noirciffait vite, tenait fa palette & la gamme de fes chairs

---

(1) Lettre autographe fignée, poffédée par M. E. Marcille, & publiée par la *Gazette des Beaux-Arts*.

dans des tons trop exclusivement laqueux. D'autres préjugés, d'autres recherches qui devaient, d'après ses espérances, assurer la fraîcheur & la conservation de ses tableaux, trompèrent le maître. Se défiant de l'huile, il substitua à son emploi l'emploi d'une pommade qu'il faisait lui-même avec une grosse molette de buis dans le bois de laquelle il avait grossièrement enchâssé un morceau de cristal. Loin de garder dans sa fleur & sa fraîcheur la peinture de Prudhon, cette pommade, dont nous donnons ici-bas la recette (1), a désagrégé les substances de certaines couleurs ; elle a volatilisé les bitumes, & elle a fait dans les tableaux du peintre, peut-être aussi vernis trop tôt, un travail de décomposition qui avertit des dangers de l'innovation des procédés. Très-préoccupé de la première préparation, Prudhon peignait souvent sur des toiles au fond brun rouge qu'il frottait à peine d'une ombre violacée dans l'ombre des figures, & qui, avec leur ton vierge & épargné par le pinceau, modelaient miraculeusement, & comme d'elles-mêmes, la paupière, la prunelle de l'œil, la retraite du nez, les lèvres, le dessous du cou. Cette toile imprimée brun rouge est le dessous habituel des derniers & des plus beaux portraits du maître, de ces portraits de femme qui me semblent mettre Prudhon, dans le genre du portrait, je ne dis pas au premier rang des peintres français, mais au-dessus de l'école française. Vous retrouverez dans ces portraits, que la postérité admirera, — le portrait de Mme Jarre, le portrait de Mme Péan de Saint-Gilles, le portrait de Mme Frochot jeune, — ces caractères de grandeur spirituelle, d'animation morale, d'idéalité intime, de beauté pénétrante, cette profondeur de l'expression, ce mystère du regard, cette étrangeté délicieuse du sourire, tous les signes des inimitables portraits de la grande école italienne.

La gloire de Prudhon est dans ces portraits. Elle est dans ce tableau de *la Justice divine*. Elle est peut-être avant tout dans ces esquisses éclairées du premier feu de sa main, dans ces cartons peints, dans ces petites toiles frappées de rayons, éclaboussées de soleil, ébauches qui furent le berceau & l'école des plus étincelants coloristes de l'école française d'aujourd'hui. Le génie de Prudhon, le voilà dans ces petites figures du musée de Montpellier : Minerve, Euterpe, Vénus, Pandore ; dans cette petite figure de l'Abondance, chez M. de Boisfremont. Le voilà tout entier, ce génie du peintre, dans l'admirable esquisse de *Vénus & Adonis* possédée par M. E. Marcille. L'ombre de ces grands arbres, ce bois obscur & baigné de jour où flotte, sous la tiède haleine de midi, comme un fluide d'or ; ce corps de Vénus, ce ventre & ces cuisses dans le soleil, qui font penser à l'ivoire légèrement teinté de pourpre auquel Homère compare les membres des dieux ; ce rayon qui jette entre deux branches son baiser à Vénus, lui

---

(1) Un quarteron de mastic en larmes que l'on fait fondre dans l'esprit de vin : quand il est fondu, on le passe à travers un linge bien fin ; après, on le lave dans plusieurs eaux jusqu'à ce que l'eau ne soit plus blanche en le pétrissant ; après quoi, on le fait fondre dans l'huile, en y ajoutant un quart d'un rond de cire vierge.

Combiner la quantité d'huile propre à produire une gelée, puis on la broie bien pour pouvoir s'en servir.

Quand on a fait l'opération avec l'esprit de vin, il faut faire fondre avec l'huile au bain-marie.

mord l'épaule, lui caresse le ventre, lui danse sur les genoux ; cette tête, ces bras, cette poitrine, cette gorge, qui flottent dans l'ombre délicate & tendre d'un voile d'azur & de gaze ; ces tons chauds, ardents, ambrés, du chasseur nu auquel la déesse prête le reflet lumineux de sa divinité ; ces Amours, aux pieds du couple, pêle-mêle avec les chiens de Laconie, fouettés de soleil & de l'ombre errante des feuilles ; cette volée d'enfants ailés perdus dans la nuit rousse des lointains, & dont un coup de jour vermillonne le talon ; ce fond sourd & transparent, taché de lueurs d'écaille, au travers duquel éclatent les réveillons de carmin d'une grenade ouverte ; ce rayonnement fauve où pétille & papillonne, çà & là, comme un éclair de pierre précieuse, — cela seul suffirait à l'immortalité du peintre.

VI.

La gloire s'approchait donc enfin de lui, & il la sentait venir. L'ambition de ses jeunes espérances se réalisait. La mauvaise fortune semblait passée, & cependant l'homme n'était pas heureux. Il avait eu à subir toutes les douleurs, le long martyre d'un mari lié à une femme indigne de lui. Encore si cette femme inférieure avait racheté, auprès de Prudhon, la pauvreté de son esprit & la bassesse de ses goûts par les grâces de cœur attachées à son sexe, par ces vertus de caractère qui font le pardon des femmes inférieures !... Mais la malheureuse avait torturé Prudhon. C'étaient des scènes continuelles, des colères où éclataient les violences de la paysanne, des emportements & des querelles qui troublaient le silence & la paix de son laborieux atelier de la Sorbonne. Prudhon en était venu à fuir son intérieur après son travail : il se sauvait & allait respirer tous les soirs chez son ami Constantin. A bout de patience, il se décidait à une entière séparation, & il se croyait délivré ; mais la terrible femme venait encore apporter à la Sorbonne le trouble de ses visites, le scandale de ses colères. Prudhon était obligé de solliciter contre elle, au nom de son repos, l'amitié & le secours de Denon, dans la triste lettre qui suit :

« *Monsieur,*

« *C'est une peine pour ma delicatesse de vous entretenir de choses qui me revoltent & me font rougir, je suis outré & humilié tout a la fois quand je parle d'une femme qui n'ayant ny fierté ny amour propre, n'a pas craint de montrer la bassesse de son ame par les scenes atroces degoutantes & scandaleuses qu'elle n'a cessé de me faire ; par ses propos infames contre toutes les personnes qui m'avoisinoient & par la maniere insupportable dont elle a agit avec tout le monde : Sans la considération particuliere qu'ont pour moi mes confreres, ils auroient dans le temps portés des plaintes au ministre de l'interieur pour ecarter quelqu'un, dont la mechanceté soutenue recidivoit journellement tout ce qui pouvoit leur être desagreable & incommòde. Messieurs Giraudet & Meynier ne l'ont que trop eprouvé, puisque le premier s'est vu forcé, etant au Louvre, de transporter son travail & fon attelier aux Capucines, place Vandôme : il etoit temps pour le fecond, dont l'extrême bonté a foutenu la patience, que je la mis hors de chez moi ; car il etoit excedé de fes invectives, de fes criailleries & du tapage qu'elle ne ceffoit de faire au deffus de chez lui ; & combien n'etoit-il pas defagreable & facheux pour moi qui fuis fenfible & aime la paix d'avoir a repondre a des plaintes trop juftes reiterées a chaque inftant, auxquelles il n'etoit pas poffible de faire droit avec un etre de l'humeur & du caractère de celui-la.*

« *D'après ce, l'on fent combien une telle femme eft un objet infupportable & fcandaleux dans un lieu comme la Sorbonne & combien j'ai de raifons de folliciter un ordre du miniftre pour l'empecher d'y remettre le pied.*

« *Le gouvernement qui confidere les arts, loge les talens ; dans le local qu'il leur accorde il eft neceffaire pour l'ordre & la tranquillité qu'il y ait une police qui puiffe en exclure quiconque oferoit la troubler. Ma femme eft dans ce cas, elle n'eft point artifte, elle nuit a la tranquillité de mes voifins, elle nuit a mon repos, a l'exercice de mes talens & a l'education de mes enfans ; je fuis fermement decidé a ne plus avoir rien de commun avec elle. Depuis fix mois elle eft hors de ma maifon ; je lui donne tout ce qui lui eft neceffaire, agreable même ; une penfion que je lui fais pourvoit a fes befoins, mais il lui manque fur qui exercer fon humeur acre & pour fe fatisfaire fur ce point, elle voudroit tenter fon retour a la Sorbonne ; je demande donc qu'il ne lui foit plus permis, defendu même de rentrer dans un local ou elle ne rapporteroit que le trouble & le fcandale.*

« *Je m'arrete, Monfieur, n'en voila que trop fur ce fujet. Pardon mille fois fi j'abufe de votre condefcen- dance : a peine ai-je l'avantage de vous approcher que je vous demande des graces & follicite votre interret, mais c'eft un artifte, c'eft un compatriote qui vous prie de lui rendre un fervice bien important & bien urgent. Si vous daignez vous employer en fa faveur, il ne doute pas de la reuffite, & il en confervera toute fa vie le fouvenir de la reconnaiffance.*

« *J'ai l'honneur d'etre avec un entier devouement,*

« *Monfieur,*

« *Votre tres humble ferviteur & compatriote,*

« PRUDHON p^{re}.

« *Le 7 vendemiaire an XII (30 feptembre 1803) (1).* »

Sous ces coups, le cœur de l'homme faignait encore. Bleffé par de fi dures décep- tions, refoulant les tendreffes de fa nature, renonçant, non fans déchirement, à ces belles chimères, les befoins de fon âme & de fon caractère, une vie d'intérieur, intime, douce, bercée par la main, égayée par le fourire d'une femme, Prudhon vivait ifolé, & il fe fentait feul, quand les follicitations d'un ami, furmontant fes vives répugnances, le décidèrent à donner des leçons à une élève de Greuze, que la mort de Greuze laiffait fans maître. Et Mlle Mayer entrait dans la vie de Prudhon.

Ce n'était point une jolie femme que Mlle Mayer. Une peau très-brune, un nez prefque épaté, une grande bouche, rappelaient en elle, au premier regard, le type de la mulâtreffe. Pourtant regardez ce portrait, paffé de l'alcôve où Prudhon le garda juf- qu'à fa mort dans les mains de l'heureux M. Laperlier : c'eft une enchantereffe que cette femme fans beauté. Dans ce vifage que la vie & l'âme de la phyfionomie illu- minent, tout eft charme, jufqu'à ce nez épaté & cette grande bouche. Sous mille petites boucles noires, folles & libres, qui font jouer fur le front les anneaux de leurs ombres

(1) *Archives de l'Art français.*

légères, & battent les joues de leurs tortillons défrifés, un fourire errant voile de tendreffe deux grands yeux noirs, allongés & fendus comme les yeux de l'Orient. La lumière accufe un méplat charnu & fenfuel fur le petit nez dont les deux narines fe retrouffent dans l'ombre. Le rire femble chatouiller la bouche au coin malicieux, qui s'entr'ouve & montre à demi les dents. Le deffous des yeux, du nez, cette bouche & tout le bas du vifage éclairé, felon l'habitude de Prudhon, avec les grands partis pris d'un jour d'atelier, s'enfoncent dans des ombres étranges où le regard fe perd en rêveries. Amoureufe, moqueufe, fentimentale, ardente, penfive, voluptueufe, paffionnée, telle eft cette tête myftérieufe & fafcinatrice dans fa mutinerie, où l'on retrouve l'énigme du fourire de la Joconde. Approchez-vous du portrait : vous ne diftinguerez pas les tons. Ce n'eft qu'une ébauche, qu'une vapeur, le travail hâté & béni d'une heure d'infpiration. A peine fi Prudhon a voilé d'un mauvais châle lie de vin les épaules & la gorge de fon bufte. Sur le fond brun rouge de la toile, qui reparaît ici & là, ce n'eft dans les ombres qu'un frottis qui femble un lavis d'encre ; fur les lumières de la chair, ce ne font que les glacis tranfparents de quelques teintes laqueufes. Mais l'âme du maître a paffé dans cette image, faite à fi peu de frais, avec fi peu d'efforts, légère comme un fouffle, immortelle comme un baifer du génie ! Cette figure vous parle, elle vous ravit avec ce je ne fais quoi de magique qui, dans les chefs-d'œuvre, eft au-deffus & au-delà de la peinture, & femble échapper à la matérialité des moyens du peintre, à l'épaiffeur des couleurs, aux liens des lignes ; & ce n'eft plus une femme que l'on croit voir, mais le type même de Prudhon, fa mufe familière & bien-aimée, incarnée dans la grace & la volupté de fon œuvre.

Mlle Mayer avait l'enjouement de fa phyfionomie, les profondeurs & les contraftes de l'expreffion de fon vifage. Sur un fond de fentimentalité, des ardeurs de paffion, une gaieté piquante, l'exaltation d'une nature nerveufe, la malice de l'efprit, luttaient & fe mariaient en elle d'une façon délicieufe, comme les ombres & les lumières de fon portrait. La femme avait tous les dévouements & toutes les féductions capables de confoler, de réchauffer & de rattacher au bonheur le trifte cœur de Prudhon. Le maître & l'élève s'aimèrent ; & avec cet amour l'horizon d'une nouvelle vie s'ouvrit devant Prudhon. Auprès de cette compagne, amufé par l'originalité de fa cauferie, ranimé par la vivacité un peu méridionale de fon humeur & de fa parole, retrouvant fon orgueil d'artifte fous la flatterie de ce culte & de cette adoration, Prudhon s'abandonnait à cette liaifon qui lui donnait le repos, l'oubli & la careffe d'un beau foir ; ou plutôt il s'y précipitait avec une paffion de jeune homme & toutes les ferveurs amaffées depuis fi longtemps au fond de lui. Maîtreffe d'elle-même par la mort de fon père, Mlle Mayer venait loger auprès de Prudhon ; fon atelier à la Sorbonne n'était féparé que par un palier de l'atelier de fon maître & de fon ami. Tout le jour elle était chez lui, travaillant à fes côtés ; elle prenait fes repas avec lui ; elle tenait fa maifon ; elle s'occupait de l'éducation de fa fille, pour laquelle elle était tout à la fois une mère &

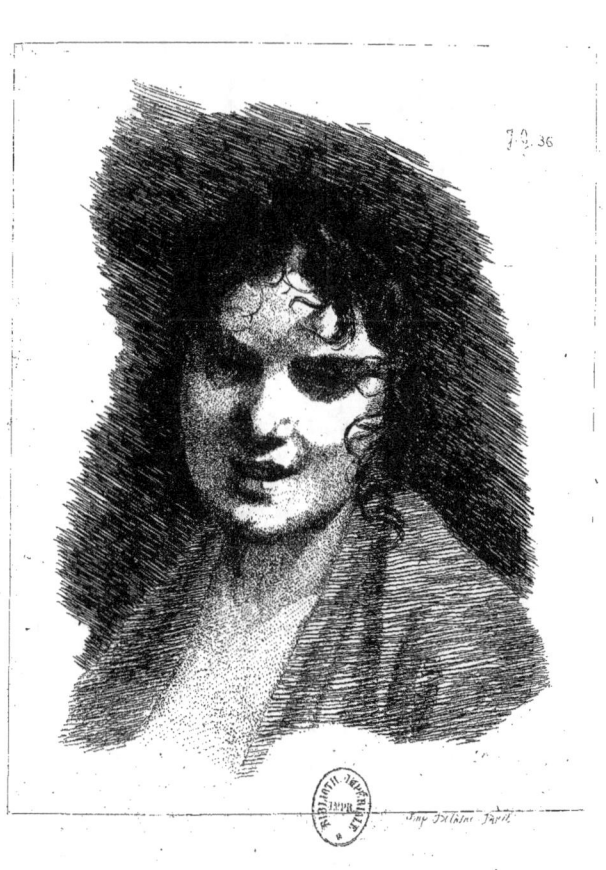

une sœur aînée. Prudhon, qui n'avait eu que fa mère pour l'aimer, ne favait comment payer Mlle Mayer de tant de dévouement & de tant de bonheur. Dans fa reconnaiffance, il rêvait de partager fon talent avec cette « amie de fon cœur; » il voulait l'affocier à fa gloire. La preuve de cette générofité du peintre, nous la trouvons dans cette fuite de neuf deffins, confervée par M. de Boisfremont & qu'on pourrait appeler l'hiftoire d'un tableau de Mlle Mayer. Ce font toutes les études d'une Naïade lutinée par les Amours & qui, pouffée à bout, ne fachant comment s'en débarraffer, leur jette l'eau de fon urne. Il faut voir avec quelle patiente application, avec quel cœur Prudhon a mis, pour ainfi dire, toute la compofition fous la main de Mlle Mayer. Il y a des croquis d'enfemble, puis des études féparées où tous les détails font cherchés & fixés, le mouvement de la Naïade, la débandade de la petite troupe, le culbutis des poliffons nus que l'eau cingle; puis enfin, c'eft le corps de la Naïade, une des académies les plus finies, les plus parfaites qui foient forties du crayon de Prudhon. Mais ce n'eft point affez que toutes ces indications qui diétent à Mlle Mayer toutes les lignes de fon tableau : Prudhon veut faire paffer fon pinceau même dans les doigts de Mlle Mayer; à côté des études deffinées, il y a l'efquiffe peinte du tableau, où Prudhon donne à Mlle Mayer l'accord des tons, les couleurs de fa palette, tant il met de foins à la guider, à lui fouffler fon infpiration, à l'approcher de fon génie, tant il met d'ardeur & de patience à effayer de lui donner un peu de fon immortalité!

VII.

En 1808, devant le tableau de *la Vengeance divine*, l'Empereur donnait à Prudhon la croix de la Légion-d'Honneur.

Le deffinateur républicain ardent & convaincu de la Conftitution de 1793 & des fymboles patriotiques, s'était vite rallié à l'opinion publique. Facile à l'enthoufiafme, il fut des premiers à faluer la jeune gloire du vainqueur d'Italie. Au Salon de l'an IX, il traduifait la penfée de la France & l'admiration de la patrie dans cette belle allégorie de la Paix achetée par Bruun-Neergard, où Bonaparte, entre la Victoire & la Paix, eft debout fur un char de triomphe que précèdent les Jeux & les Ris, que fuivent les Mufes, les Arts & les Sciences. Napoléon avait gardé fouvenir de l'allégorie; il apprécia bientôt le peintre. Et fi Prudhon ne fut pas le peintre officiel de la nouvelle cour, il en fut du moins le peintre intime : il fut le portraitifte ordinaire & familier des femmes de la famille impériale. A lui revenait l'honneur de peindre l'impératrice Joféphine dans le frais décor de la Malmaifon. On retrouve, dans les collections, des études, des efquiffes, des ébauches à l'huile, toutes fortes de projets de portraits de la reine Hortenfe & des fœurs de l'Empereur. Et s'il laiffe les portraits, c'eft pour donner l'aide de fon pinceau & de fon imagination de décorateur aux pompes des fêtes publiques de l'Empire (1), à la célébration des victoires, ou pour illuftrer de fon crayon de vignettifte un roman de Lucien Bonaparte. Le divorce de Joféphine n'enlevait à Prudhon rien de cette faveur. La protection impériale continuait pour le peintre, qui obtenait de commencer le portrait de la nouvelle Impératrice. Il en a laiffé un délicieux profil, furmonté d'un diadème à demi perdu dans les treffes & les boucles des cheveux, & dont la ligne a le ftyle & la févérité gracieufe d'un médaillon antique. Il arrivait même que le goût de la nouvelle Impératrice pour le deffin, le befoin d'une diftraction qui l'occupât, approchaient encore Prudhon des grâces de la cour. Marie-Louife ayant témoigné le défir d'avoir un maître de deffin, l'Empereur, fur la lifte des candidats, nommait Prudhon que la lifte avait oublié, & qui fort étonné de recevoir fon brevet, était obligé d'aller s'acheter le chapeau & l'habit à la françaife pour aller donner la première leçon à l'Impératrice-Reine. J'ai vu un curieux fouvenir de ces leçons de Prudhon : c'eft un paftel copié par Marie-Louife d'après une vierge du Guide, où le *corrigé* du maître perce partout, fous les lourdeurs, les tremblements & les maladreffes de cette main d'Impératrice jouant à la peinture. En 1810, quand la ville de Paris fongea à offrir ce berceau & cette toilette dont elle voulait faire les dignes cadeaux d'un peuple à un empereur, c'était au maître de deffin de l'Impératrice, au peintre choifi entre tous pour faire le portrait du roi de Rome, que la ville recourait, comme à l'homme dont le talent & l'invention devaient être le plus particulièrement agréables à Leurs Majeftés. Et c'était Prudhon qui imaginait tout ce mobilier. Il deffinait l'écran exécuté en vermeil & en lapis, & fes barques égyptiennes furmontées de figures d'Ifis, emblème de la ville, portant les autels de l'hymen enguirlandés de fleurs, & fes colonnes de laurier & de lierre enferrant la glace, & fon entablement corinthien où deux Amours, aux deux côtés de Mars & de Minerve, rapprochent l'aigle d'Autriche de l'aigle de France. Il deffinait la table à miroir dont le miroir était encadré de fleurs liées par le Plaifir volant, & couronné d'une Flore entourée des génies du Commerce, de l'Induftrie, du Goût, de l'Harmonie. L'allégorie du peintre animait ainfi tout le mobilier par des perfonnifications & des images. Cette ingénue de la fable antique qui occupa fi longtemps fa penfée, Pfyché, enchaînait l'Amour fur la ligne ondulante d'un bras de fauteuil ; & fur le berceau, le berceau impérial, deffiné pour être exécuté en vermeil, burgau & nacre, Prudhon montrait la Gloire planant fur le monde & foutenant « la couronne de triomphe & d'immortalité » ; au milieu de cette couronne brillait *l'aftre Napoléon*, tandis qu'au pied du berceau un jeune aiglon, prêt à s'envoler, femblait effayer fes forces & afpirer à l'efpace.

---

(1) Dans une lettre du 22 mai 1810, que nous communique M. Laperlier, Prudhon réclame du Préfet de la Seine, pour les deffins des peintures coloriées en tranfparent & repréfentant le fujet des noces d'Hébé & d'Hercule, figures de 6 pieds & demi, au nombre de 41, & de deux groupes de fculpture, compofés de fix autres figures de même proportion, placés fur les avant-corps de la loge de Leurs Majeftés, une fomme de 8,000 francs, ainfi qu'une fomme de 9,000 francs pour les fculptures ornant le trône de Leurs Majeftés.

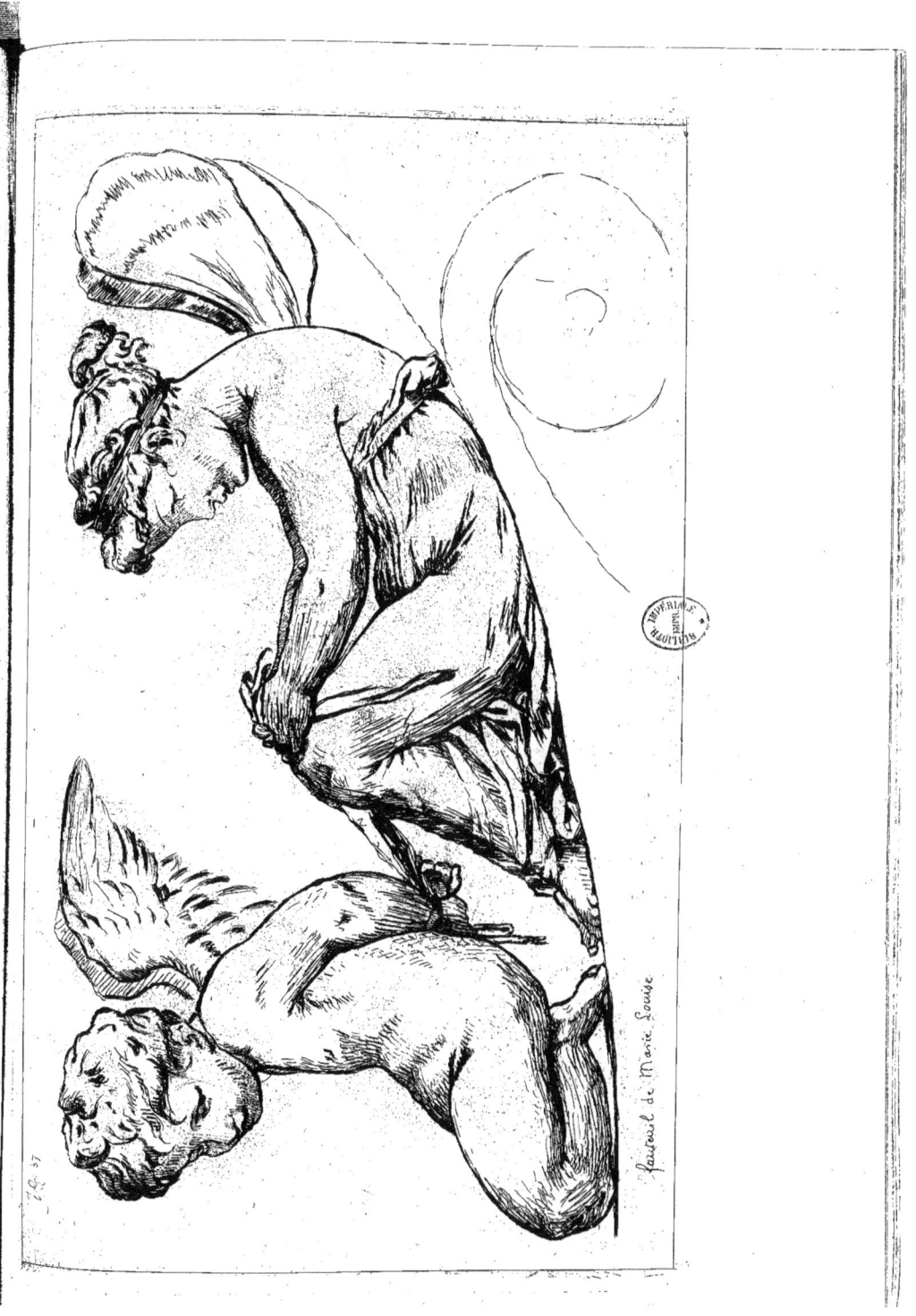

VIII.

Cette liaison avec Mlle Mayer semblait porter bonheur à Prudhon. M. de Sommariva qui lui avait acheté son *Zéphyr* lui commandait d'autres tableaux. M. de Talleyrand lui demandait son portrait & venait se faire peindre dans son atelier (1). La critique était forcée de s'incliner devant son nom & de saluer ses œuvres. L'Institut lui ouvrait ses portes. La mode adoptait sa gloire. L'argent venait le trouver. Il avait à son foyer la douce & enthousiaste adoration d'une femme à laquelle il rapportait tous ses actes, toutes ses pensées, toutes ses espérances. Le présent & l'avenir, la vieillesse elle-même lui souriaient, quand un coup de foudre brisa sa vie & son cœur.

Impressionnable & exaltée de nature, Mlle Mayer était arrivée à l'âge où souvent, chez la femme, l'âme cède à l'inquiétude & au tourment des agitations nerveuses, & semble perdre, à la plus misérable contrariété, la mesure des choses de la vie, au moindre chagrin, le sang-froid de la raison. Déjà, sur des soupçons sans motif, elle avait éclaté en scènes de jalousie ; & par moments, son esprit ardent & qui se troublait, se répandait en paroles étranges. Mlle Mayer se trouvait dans cet état d'irritation & d'excitation maladive, quand le renvoi des artistes de la Sorbonne était réclamé & obtenu par la Faculté de théologie. Mille craintes aussitôt montaient à son esprit, affluaient à son cœur. Préoccupée de sa situation fausse, sur laquelle elle croyait fixés les yeux du monde, elle voulut voir dans ce déménagement forcé un éclat, la publicité de sa liaison avec Prudhon. Peut-être la nécessité d'une rupture lui apparut-elle...

« Son imagination s'échauffa — dit M. Charles Blanc dans sa charmante & délicate notice — & tant d'inquiétudes, se joignant à l'altération de sa santé, achevèrent de troubler sa raison. Le matin du 26 mars 1821, M. Brâle lui trouva le front horriblement plissé, l'œil hagard. Elle avait auprès d'elle une petite fille de douze ans, nommée Sophie, qui était son élève ; elle eut la présence d'esprit de lui donner congé ce jour-là ; mais, comme l'enfant s'éloignait, Mlle Mayer, dit-on, la rappela, se mit à l'embrasser avec effusion, &, prenant une bague, elle lui en fit cadeau, avec prière de la bien conserver, sans s'apercevoir que la petite Sophie était tout étonnée de cette expansion subite, de cet adieu inexpliqué. Peu de temps après, on entend la chute d'un corps ; on accourt, on trouve Mlle Mayer étendue par terre & baignée dans son sang. Elle avait pris les rasoirs de Prudhon, &, après en avoir essayé le tranchant sur

---

(1) Prudhon, ayant fait une répétition de ce portrait de M. de Talleyrand pour la duchesse de Courlande, & réclamant pour cette répétition une somme de 7,000 francs, écrivait à la duchesse en 1817, à propos d'une difficulté sur ce prix, « que ces sortes de discussions n'étaient faites ni pour son talent ni pour sa personne ; » & il demandait à reprendre son portrait. (Lettres de Prudhon, communiquées par M. Laperlier.)

fa main, elle s'était placée devant la glace & s'était coupé la gorge. L'hémorrhagie n'avait duré que quelques minutes : elle était morte. Prudhon travaillait dans fon atelier. Devant aller ce jour-là à l'Inftitut, il fe leva pour s'habiller fans doute ; mais, apercevant des vifages pâles & une légère rumeur qui s'apaifait à fon approche, il eut le preffentiment de fon malheur. En vain M. Pajou voulut l'entraîner, on ne put le retenir, & il fut tout de fes yeux… »

Arraché de ce corps fanglant qu'il tenait embraffé, Prudhon fut emmené chez M. de Boisfremont. Il vécut encore deux années, deux années longues comme un exil. Ce fang, cette mort, le 26 mars 1821, lui étaient toujours préfents ; & replié fur lui-même, folitaire, enfermé dans fes fouvenirs & fes regrets, embraffant cette ombre qu'on ne pouvait lui ravir, détaché des orgueils de l'artifte, infenfible au bruit de fon nom, de fa gloire, abandonnant fon corps à l'accablement de fon âme, laffé de vivre, peut-être tenté par l'exemple & follicité par le fuicide, il écrivait à fa fille :

« … Oh ! que la chaîne de la vie eft pefante ; feul fur la terre, qui m'y retient encore ? Je n'y tenais que par les liens du cœur ; la mort a tout détruit… Ma vie eft le néant… L'efpérance ne détruit point l'horreur des ténèbres qui m'environnent ?… Elle n'eft plus, celle qui devait me furvivre… La mort que j'attends viendra-t-elle bientôt me donner le calme où j'afpire… C'eft à la tombe, ô mon amie, que s'attachent toutes mes penfées, tous mes vœux !… »

Il n'y avait plus, pour donner à Prudhon la patience de vivre & la force de fouffrir, que les chofes qui lui parlaient de celle qui n'était plus, que les reliques qui lui faifaient toucher fa mémoire. Le courage de peindre ne lui revenait que pour reprendre *la Famille malheureufe*, laiffée inachevée fur le chevalet par Mlle Mayer. Revenant fur ces traits qu'elle avait tracés, repaffant fur ces tons qu'elle avait pofés, promenant le pinceau partout où le fien s'était promené, Prudhon trouvait un âcre plaifir, une douloureufe & chère volupté à fe rapprocher ainfi de la morte. Il travaillait lentement, s'attardant à finir cette fcène défolée, où il mettait les plus pieufes careffes de fon pinceau. On eût dit qu'il prolongeait un dernier tête-à-tête, un fuprême adieu. Et le tableau fini, il ne voulait pas encore le quitter ; il le deffinait fur pierre lui-même, & donnait cette lithographie qui fit prefque une émeute chez Engelmann.

Puis ce furent des jours que Prudhon comparait lui-même à un demi-fommeil oppreffif ; ce fut une vie lourde, lente, monotone & lugubre. Enfermé dans la retraite fauvage de fon atelier, agenouillé à toute heure devant cette chère & fainte mémoire vers laquelle fa penfée montait comme une prière & comme une litanie, déjà fouffrant de cette maladie du chagrin, un fquirre au foie, donnant le matin, par habitude, une heure ou deux au deffin, Prudhon ne fortait plus que pour vifiter la tombe du Père-Lachaife, ou errer fur les boulevards extérieurs du haut de la rue du Rocher. La mort enfin avait pitié de lui ; mais comme elle approchait, Prudhon fut tout à coup pris d'une fièvre de travail. Le peintre de *l'Affomption* fe mit à jeter, avec feu & en hâte,

comme s'il fe favait attendu, le refte de fes forces, le dernier effort de fa vie fur un
Chrift en croix, commandé par la ville de Metz : c'eft le Chrift qu'on admire aujourd'hui au Louvre, cette toile défefpérée qu'empliffent les ténèbres de la troifième heure
& le gémiffement du *Lamma fabbaćtani*, ce martyre d'un Dieu que Prudhon mourant
femble avoir peint avec les fouffrances de fon corps & les crucifiements de fon cœur...

Puis les pinceaux lui échappèrent des mains. De fon lit de mort, il dit à fes amis :
Ne me pleurez pas, c'eft mon bonheur. On eût dit qu'il s'envolait de la vie.

Le 16 février 1823, la France avait perdu Prudhon.

IX.

Parcourez l'œuvre de Prudhon : c'eft un rêve, c'eft le fonge d'une nuit d'Ionie. Il
femble d'abord que ce foit l'éveil d'un Olympe, & que l'on entende des voix, des
lyres invifibles, des chanfons miléfiennes, le pas volant d'une déeffe, la courfe ailée
d'un dieu, le bruit d'oifeau du zéphyr, toutes les harmonies matinales & voilées de
cette première heure du ciel antique où l'Amour brifant l'œuf de la Nuit dépofé dans
l'Erèbe, s'accouple au Chaos & donne l'être au monde. Bientôt la lumière fereine, le
jour célefte de l'allégorie fe lève fur le poème du peintre & fur ce chœur de figurations
divines qui femblent à la fois l'âme & la ftatue d'une idée. Les Saifons volent, les
Heures jouent, les jeunes Hyménées danfent, les Mufes fe joignent aux Mufes, l'Immortalité couronne la Poéfie... L'ombre de la Grèce eft devant vous, fon génie rayonne
à vos yeux dans une douce lueur, dans une expreffion tendre : ainfi fe montrerait un
dieu de Phidias fous un vers de Virgile. Le charme d'un fourire ému, la careffe du fentiment, voilà dans Prudhon la grâce nouvelle des divinités immortelles de la Fable. Il
y a dans toute fon œuvre, d'une paffion fi fuave, le fouffle & le rayon de l'Amour; &
l'on croirait y voir lâchée, comme un effaim de petits génies familiers, toute la couvée
de petits Cupidons que le poète grec difait logés dans fon fein. Quelle jeuneffe,
quelle première fleur de l'imagination du poète, dans tous ces petits tableaux, baignés
du foleil de Mitylène, où le peintre, avec la grâce de Longus, donne au premier baifer
l'ingénuité pour pudeur! Cependant fon génie mûri l'appelle à un plus haut idéal ;
& c'eft dans la plus fraîche, la plus pure & la plus ingénieufe légende de la Fable qu'il
va chercher le plus éthéré & le plus attique fymbole de l'amour : il peint cette figure
myftique où fe mêlent l'innocence & la curiofité de la vierge, cette tranfparente image,
l'âme fous un voile de gaze, Pfyché. Puis, fous l'ombre des illufions & des années qui
s'envolent, l'imagination du peintre fe recueille & s'attrifte. Les amoureufes images
des mythes & des romans du paganifme s'éloignent de lui. La mélancolie, puis une
defolation religieufe envahiffent fon œuvre comme fon cœur. Et voilà qu'à la fin de ce

32

poëme voluptueux du peintre, la Pfyché qu'il a peinte, enlevée par le Zéphyr fur l'oreiller des Amours, Pfyché, retombée à terre, fe fpiritualife & fe transfigure. Purifiée par l'épreuve & la douleur, déchirant fon voile, elle devient l'âme, cette âme nue & ailée, dégagée des liens terreftres, repouffant du pied la vie, ce rocher battu par une mer implacable, & montant à la lumière, les mains tendues au ciel. Elle eft l'âme chrétienne dont Prudhon jette l'afpiration dans une toile immenfe, en répétant à fes amis ces paroles du Pfalmifte : « Oh ! qui donnera à mon âme, comme à la colombe, des ailes pour s'envoler au lieu de mon repos ! »

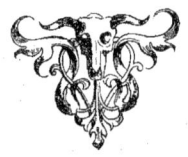

Les trois deffins & le tableau de Prudhon que nous donnons dans cette étude, gravés à l'eau-forte : — le portrait de l'Impératrice Marie-Louife, — un fragment de la *Vengeance divine*, — le portrait de Mlle Mayer, — le bras du fauteuil de Marie-Louife, — font partie, le premier, de la collection de M. E. Marcille ; le fecond, du Mufée du Louvre ; le troifième, de la collection de M. Laperlier ; le quatrième, de notre collection.

ND ADDITIONS, ERRATA

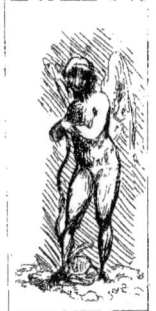 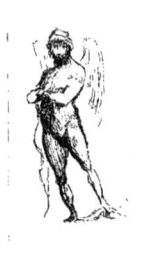 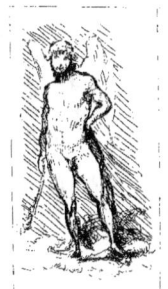

WATTEAU

IEN des après-minuit, au milieu de la fumée de la dernière cigarette, dans ce moment de paresse du corps & d'activité rêveuse de l'esprit, qui retarde le coucher après une journée de travail, mon frère & moi, nous nous étions dit : « Un jour nous reprendrons Watteau, nous ne nous satisferons pas du morceau littéraire jeté en tête, nous ne subordonnerons pas notre biographie à la biographie de Caylus, nous tenterons une longue & détaillée notice du peintre galant, nous y mettrons tout ce que de longues heures devant son Œuvre nous ont appris, tout ce que donne l'attentive & passionnée étude de ses tableaux, de ses dessins, de ses gravures. Watteau, nous irons le rechercher en Angleterre & en Prusse! Enfin pour ce Maître que nous aimons, que nous fentons, nous nous efforcerons d'écrire une biographie pareille à celle que nous avons écrite pour Chardin, pour Latour, pour Fragonard. » Hélas! il fut de ce projet comme de bien d'autres restés à l'état de rêve, & aujourd'hui je n'apporte à notre travail sur Watteau que des notes, beaucoup de notes, confirmant, contredisant, complétant la biographie de Caylus.

Un mot, fur le manufcrit découvert, un jour faſte, chez le bouquiniſte de l'arcade Colbert, M. Lefèvre, — le manufcrit dont nous avons extrait la vie de Watteau.

C'eſt un in-quarto, relié en veau, fleurdelifé fur le dos & les plats. Il porte pour titre : CONFÉRENCES ET DÉTAILS D'ADMINISTRATION DE L'ACADEMIE ROÏALE DE PEINTURE ET DE SCULPTURE. *Redigé et mis en ordre par Hulſt.* ANNÉE MDCCXLVIII.

Il ouvre par un journal des féances de l'Académie pendant ladite année, du plus grand intérêt pour la connaiſſance de l'hiſtoire intime du vieux corps académique. Puis fe fuccèdent pêle-mêle, avec des biographies d'académiciens, des *Obſervations fur les avantages des Conférences Académiques* par Defportes, des *Differtations fur la Poéſie dans l'art de la Peinture* par Watelet, des *Diſcours de Coypel fur les devoirs d'un digne Premier Peintre du Roi*, des *Differtations sur les devoirs de l'Amateur Académique* par le comte de Caylus ; biographies, obfervations, differtations toutes certifiées à la fin par la fignature de Lepicié. Les biographies d'académiciens contenues dans ce volume sont celles d'Euſtache Lefueur, de Lemoyne, de Trémolières, de François Defportes, de Robert le Lorrain, de Watteau. La biographie de Watteau était la feule qui, manquant aux papiers de l'École des Beaux-Arts, n'avait pu être comprife par MM. Duſſieux et Soulié dans leurs *Mémoires inédits fur la vie & les ouvrages des membres de l'Académie royale de Peinture & de Sculpture*.

Le peintre très-médiocre, au dire de Caylus, de Gerfaint, d'Argenville, chez lequel fut placé Watteau par fon père, était un peintre du nom de Jacques-Albert Gérin, une efpèce de peintre officiel de la municipalité valenciennoife dont Hécart, tout en vantant, dans un patriotifme de clocher, « la correction du deſſin, la fageſſe des compoſitions, la belle ordonnance des tableaux d'hiſtoire », déplore l'abfence de couleur ; un peintre dont Valenciennes ne poſſède, à l'heure qu'il eſt, que quelques œuvres inſignifiantes. Croirait-on que les écrivains du cru ont l'ambition de vouloir faire croire à un Watteau formé par ce maître & par l'enfeignement de l'art valenciennois, quand on fait que le manœuvre du pont Notre-Dame, c'eſt Gerfaint qui l'affirme, ne fe *débrouilla* que chez Gillot !

Watteau était, ainsi que l'a imprimé Gerfaint, le fils d'un maître couvreur & charpentier de Valenciennes, & non d'un couvreur comme le dit Caylus. M. Cellier (*Antoine Watteau, fon enfance, fes contemporains*) qui, dans l'orgueil de fon patriotifme valenciennois, femble affecté qu'on puiſſe croire fon illuſtre compatriote le fils d'un fimple couvreur, a fait des recherches fur la famille. Il nous énumère les Watteau (Wattiau en rouchi) exerçant des poſitions lucratives à Valenciennes au XVIIe fiècle ; il nous montre Jean-Philippe Watteau, père du peintre, chargé d'importantes entrepriſes comme de la couverture de la petite boucherie, de l'école dominicale, des caſernes, de la citadelle, &c. ; il nous le fait voir dans fa bourgeoifie aifée (Gerfaint dit *mal*

aisée), possesseur d'un imméuble rue des Cardinaux, & habitant une maison neuve bâtie au pourtour de l'abbaye de Saint-Jean.

Où est la vérité sur les facilités ou les difficultés dans lesquelles se développa la vocation de Watteau? Est-ce dans la version de M. de Caylus, qui déclare formellement la vocation de Watteau entravée par son père? Est-ce dans le texte des *Figures de différents Caractères de Paysages & d'Etudes dessinées d'après Nature,* où M. de Julienne, un autre ami, un autre confident, s'exprime ainsi : « Ses parents, quoique d'une fortune & d'une condition médiocres, ne négligèrent rien pour son éducation. Ils ne consultèrent même que son penchant dans le choix de la profession qu'il vouloit embrasser; ainsi, comme il avoit déjà donné des marques de l'inclinaison naturelle qu'il avoit pour la peinture, son père, qui n'avoit aucune connaissance de cet art, mais qui vouloit seconder l'envie que son fils avoit de s'y appliquer, le mit pour en apprendre les premiers principes chez un assez mauvais peintre de la même ville. » Pour moi, j'aurais une tendance à croire Caylus, dont les allégations sont confirmées par Gersaint, qui nous montre le père, après quelque temps d'apprentissage, se refusant à payer plus longtemps, & laissant partir son enfant sans argent, sans hardes. N'y a-t-il pas une preuve encore plus probante? c'est la misère incontestable & non secourue de Watteau pendant toutes ses premières années de Paris.

D'Argenville, dans l'*Abrégé de la vie des plus fameux Peintres,* après avoir dit que Watteau par l'ardeur de son travail s'étant rendu assez habile pour connaître le faible mérite de son Maître, l'avait quitté pour en suivre un autre qui avait du talent pour les décorations de théâtre, ajoute : En 1702 (remarquons que c'est l'année où Watteau a dix-huit ans & où Gérin meurt) Watteau vint avec lui à Paris où l'Opéra l'avait mandé, & travailla à ce genre de peinture; mais son maître, étant retourné en son pays, le laissa en cette ville. Et le récit est confirmé par M. de Julienne, qui déclare que Watteau à son arrivée à Paris « travailla d'abord sous ce peintre à ce genre d'ouvrage. »

C'est sans doute à ses premiers travaux décoratifs que la peinture de Watteau prit le goût du théâtre, dont son pinceau savant tira plus tard tant de plaisantes représentations, tant de curieux tableaux, que ce pinceau mette en scène les comédiens italiens ou les comédiens français.

Les Comédiens françois ! Qui n'a vu cette glorieuse estampe donnant la solennelle image de la tragédie, telle qu'elle fut conçue dans le cerveau d'un Racine, & déclamée, & chantée, & dansée par une Champmeslé; la tragédie dans le grandiose de sa pompe, de sa mimique, de sa mélopée;

la tragédie fous ce portique ordonnancé par un Perrault; la tragédie figurée par ce quatuor, d'où les tirades femblent fortir des révérences d'un menuet; la tragédie avec ce Roi-Soleil de l'Alexandrin, en grand habit, en cuiffards de broderie, couronné d'une ample perruque ; la tragédie avec cette reine tragique au fuperbe panier, au corfage ocellé d'une queue de paon; la tragédie avec fon confident et fa confidente, à l'attendriffement fi noble & fi perfpectif ?

Les comédiens français, Watteau y revient, par-ci par-là, moins fouvent cependant qu'aux comédiens italiens. Les comédiens italiens, les vrais amis & les familiers de fon pinceau, il en peint la famille bariolée dans cette belle et tapageufe compofition qui fait le pendant des comédiens français. Il peint leur débandade pittorefque quand la Maintenon les chaffe de France. Il peint leurs AMUSEMENTS. Il peint, fous la lumière des torches, leurs amours nocturnes mêlées de férénades. Il peint leurs VACANCES, leurs ébats en pleine nature, effarouchant les canards d'une paifible mare. Il peint & repeint, fur cent panneaux, leur Mezzetin & leur Colombine. Mais tout chatoyants que foient fes tableaux, il n'y aurait guère à remercier le hasard, qui a fait travailler Watteau au début de fa carrière chez un obfcur décorateur, s'il n'avait pris que la foie de leurs habits, & s'il n'avait pas eu l'idée de faire de ces types tranfalpins le peuple poétique de fes fcènes galantes & champêtres. En effet, par l'introduction de ces baladins aériens, de ces mimes gracieux, de ces créatures muficantes, de ces élégantes incarnations du rire délicat & de la fine comédie ; de ces femmes, de ces hommes d'une matérialité fi vague, d'une réalité fi effacée fous le fymbole & le mythe, les compofitions du peintre n'apparaiffent plus comme des compofitions du monde réel. Le gazon de fes Scènes Galantes femble foulé par des êtres allégoriques, chez lesquels l'efprit & la légèreté de touche de Watteau n'ont rien laiffé de l'acteur qui a fervi de modèle, & l'on a l'illufion d'un Pays Vert habité par une Création de caprice & de fantaifie.

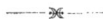

Sur la féparation de Watteau avec Gillot, joignons le récit de Gerfaint au récit de Caylus. « Jamais caractères & humeur n'eurent plus de reffemblance; mais comme ils avoient les mêmes défauts, jamais auffi il ne s'en trouva de plus incompatibles : ils ne purent vivre longtemps enfemble avec intelligence; aucune faute ne fe paffoit ni d'un côté ni de l'autre, & ils furent enfin obligés de fe féparer tous les deux d'une manière affez défobligeante des deux parts; quelques-uns même veulent que ce fut une jaloufie mal entendue que Gillot prit contre fon difciple qui occafionna cette féparation ; mais, ce qui eft vrai, c'eft qu'ils fe quittèrent au moins avec autant de fatisfaction qu'ils s'étoient auparavant unis. »

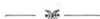

Watteau ne fortit pas feul de chez Gillot. Il femble, avoir entraîné Lancret, auquel il confeilla, écrit Gerfaint, « de *fe former fur la nature même*, ainfi qu'il avait fait. » Et fi Lancret ne fut pas fon élève dans le fens rigoureux d'un élève qui travaille dans l'atelier d'un peintre, il fut entièrement formé par l'étude de la manière de Watteau, les converfations du Maître, fes favantes réflexions fur fon art.

A propos de ces grands arbres du Luxembourg, que Watteau, pendant fon féjour chez Audran, *deſſinait ſans ceſſe,* difons que Watteau eft un grand payfagifte, un payfagifte dont l'originalité n'a pas encore été mife en relief. Le peintre qui, de la maifon de campagne de Crozat à Montmorency, a fait le tableau gravé fous le nom de LA PERSPECTIVE, eft un créateur qui a inventé un genre neuf. Le payfage académique, autrement dit le payfage en quête d'une nobleſſe, d'une beauté extra-naturelle, Watteau l'a réalifé avec des qualités & des fecrets qui n'ont rien des procédés & des éliminations de fes prédéceſſeurs & de fes contemporains. Avec fes arbres à rameaux ruiſſelant & cafcadant jufqu'à terre, avec fes bouquets de charmille ouverts en éventail derrière une fiefte d'amoureux, avec fes arcs de verdure s'ouvrant comme entre des portants de couliſſes, avec fes clairières foulées par un menuet dans un rayon de foleil, avec ces grandes futaies imitant derrière les baigneufes un rideau à moitié déroulé, avec toute cette légère frondaifon, touchée de fa fluide couleur et meublée de baluftres, de termes, de ftatues, de femmes de marbre, d'enfants de pierre, de fontaines enveloppées de pluie, Watteau a fait une nature plus belle que la nature. Mais eft-ce feulement ce mélange de la vraie nature aſſociée à un arrangement *opéradique,* qui a fait obtenir à Watteau cette victoire? Non. Watteau la doit, cette victoire, au poëte dont eft doublé le peintre. Regardez, dans tous ces deſſous de bois, ces berceaux, ces bocages, dans toute cette ombre feuillue, regardez les trous, les jours, les percées, qui mènent toujours l'œil à du ciel, à des perfpectives, à des horizons, à du lointain, à de l'infini, à de l'espace lumineux et vide qui fait rêver... L'ennobliſſement dont Watteau revêt fon payfage académique à lui, c'eſt la poéfie du peintre-poëte, poéfie avec laquelle il *furnaturalife,* pour ainfi dire, le coin de terre que fon pinceau peint. Des payfages idéalifés, des payfages atteignant dans leur compofition poétique un certain furnaturel auquel l'art matériel de la peinture ne femble pas pouvoir monter : c'eft là le caractère du payfage de Watteau. C'eft le caractère de cette ILE ENCHANTÉE, où, au bord d'une eau morte & rayonnante, & fe perdant fous des arbres tranfpercés d'un foleil couchant, des hommes & des femmes font aſſis fur l'herbe, les yeux aux montagnes neigeufes de l'autre rive, à la plaine immenfe, à l'étendue fans bornes & fans limite, & tout accidentée des mirages de la lumière rafante des heures qui précèdent le crépufcule.

Cette gravure refte dans la mémoire, non comme le fouvenir net d'une image, mais bien plus réellement comme la réminifcence flottante d'une defcription d'île enchantée, lue dans quelque livre d'imagination.

A fa fortie de chez Audran, après avoir fait à Valenciennes, indépendamment du tableau de Sirois, « plufieurs études de campements & de foldats d'après nature », qui fervirent à compofer toute cette pimpante férie de peintures militaires, Watteau était pris du défir de revenir à Paris. Gerfaint dit : « Le caractère inconftant de Watteau, joint au peu d'émulation qu'il trouvoit à Valenciennes, où il n'avoit rien devant les yeux qui fût capable de l'animer & de l'inftruire, le déterminèrent à revenir à Paris : fa réputation commençoit à s'y établir; les deux tableaux que mon beau-père poffédoit furent vus de plufieurs curieux qui défirèrent en acquérir, & en peu de temps fon mérite éclata et fut connu de tous les connoiffeurs. »

L'ironie naturelle de l'efprit de Watteau a mis fa marque à quelques-unes de fes compofitions. Il a repréfenté la Peinture & la Sculpture fous des figures de finges. Une planche ayant pour titre le Départ pour les Isles nous montre avec une intention évidemment caricaturale, la *preffe* des filles de joie. Ses tableaux & fes deffins ont encore plufieurs fois attaqué la médecine & les médecins. Ce ferait là toute l'œuvre fatirique de Watteau, œuvre fans grande originalité, fi nous n'avions dans une note, doucement railleufe, un petit chef-d'œuvre familier. Un médecin, le médecin folennel à la calotte noire, aux longs cheveux blanchis, à la houppelande faifant de grands plis fur fon corps maigre, tâte, tout attentionné, le pouls d'un chat, enveloppé dans une couverture, dreffé & appuyé contre les feins blancs d'une jeune gorge décolletée. Le chat se rebiffe, jure, tout prêt à griffer le ridicule perfonnage de la Faculté, pendant que fa maîtreffe, la tête renverfée, les yeux équarquillés, les narines au vent, la bouche grande ouverte, les tétons remontés, se hauffe pour voir ce qui va fe paffer entre le chat & le doêteur confultant. Dans un coin, une tête narquoife de valet fe rit du férieux de l'épifode. L'invention n'eft prefque rien, mais Iris eft fi naturelle dans fa tendre alarme pour fon minet & fi drôlement charmante, mais le tableau eft fi joliment arrangé, mais la lumière eft si bien diftribuée, mais le comique de la scène-bouffe a tant de délicateffe, de légèreté, de grâce, que je ne connais pas une fcène familière du temps qui ait le genre de charme de cette petite création. Même le vague de cet appartement, de ces coftumes, de ces gens qui n'appartiennent bien nettement, par rien de défignateur, à un temps, à une époque, à un pays, ajoute à l'attrait de cette gravure l'attrait des chofes d'art qui ne font pas trop écrites, trop arrêtées, trop définies. Difons auffi que cette planche a été gravée par Liotard, qui l'a enlevée avec un entrain, une liberté, une originalité, une bizarrerie prefque de pointe qui fait de cette eftampe : Le Chat malade, une des rares eftampes qui prennent le regard, le retiennent, — qui intriguent la penfée.

Gerfaint écrit, après l'entrée de Watteau à l'Académie : « Watteau ne s'enfla point de fa nouvelle dignité & du nouveau luftre dont il venoit d'être décoré : il continua à vouloir vivre dans l'obfcurité; & loin de fe croire du mérite, il s'appliqua encore plus à l'étude et devint encore plus mécontent de ce qu'il faifoit. J'ai été fouvent le témoin de fon impatience & du dégoût qu'il avoit pour fes propres ouvrages; quelquefois je l'ai vu effacer totalement des tableaux achevés qui lui déplaifoient, croyant y apercevoir des défauts, malgré le prix honnête que je lui en offrois ; & même je lui en arrachai un des mains contre fon gré, ce qui le mortifia beaucoup. »

———— ※ ————

Un intéreffant portrait de Watteau a paffé dans une vente de Vignères du 9 mars 1875. Watteau y eft repréfenté affis à un bureau, le compas à la main. Sous fa perruque à petites cornes relevées fur le fommet de la tête, dans fon habit aux parements de cette fourrure que le Valenciennois femble affectionner, le maître n'eft plus le maigre & étique perfonnage aux traits aigus & un peu *atrabilaires* du portrait de Boucher. Watteau a la figure prefque pleine, avec fur la phyfionomie quelque chofe d'une enfance naïve gardée dans un vifage d'homme mûr, un air un rien ruftique, un rien villageois, déjà légèrement indiqué dans le portrait de Crefpy & qui concorde affez bien avec le moral de l'homme peint dans cette phrafe de Caylus, « *tendre et peut-être un peu berger* ». Le portrait à mi-corps, enfermé dans un cartouche, décoré d'enfants porteurs d'attributs & furmonté d'un aigle tenant dans fes ferres une trompette de la Renommée, a été lavé au revers du titre des Figures de différents Caractères par Oppenort qui a écrit au bas : *Antoine Watteau, Peintre du Roy, de l'Académie de Peinture & d'après nature, par fon ami Gille-Marie Oppenort, Ecuier Directeur général des Bâtimens &, Jardins de Sa Majefté.*

———— ※ ————

Caylus eft dans l'erreur, quand il avance que les peintures exécutées par Watteau dans la falle à manger de Crozat l'ont été d'après des efquiffes de La Foffe. Des quatre faifons, je poffède les deffins des figures du PRINTEMPS & de l'AUTOMNE. Ces académies font du deffin le plus accentué & le plus caractérifé de Watteau.

———— ※ ————

« Une des caufes déterminantes de l'entrée de Watteau chez M. Crozat, dit Gerfaint, c'étoit la connoiffance qu'avoit Watteau *des tréfors en deffeins* que poffédoit ce curieux; il en profita avec avidité, & il ne connoiffoit d'autres plaifirs que celui d'examiner continuellement & même de copier tous les morceaux des plus grands maîtres. »

———— ※ ————

Pour les deſſeins de Watteau, dit Gerſaint, « pour ſes deſſeins, quand ils ſont de ſon bon temps, c'eſt-à-dire depuis qu'il eſt ſorti de chez M. de Crozat, rien n'eſt au-deſſus dans ce genre ; la fineſſe, les grâces, la légèreté, la correction, la facilité, l'expreſſion, enfin on n'y déſire rien, & il paſſera toujours pour un des plus grands & un des meilleurs deſſinateurs que la France ait donnés ».

Et Gerſaint a eu le courage, devant les attaques, de ne rien abandonner de ſon admiration. Le *Dictionnaire abrégé de Peinture & de Sculpture, publié en 1746*, lui reproche-t-il ſon engouement pour ſon ancien ami, Gerſaint répond dans le *Catalogue Fonpertuis* qu'il s'étonne d'un déni de juſtice à l'endroit de deſſeins auxquels il n'a jamais vu perſonne refuſer ſon ſuffrage, perſonne parmi les gens les plus oppoſés au genre de Watteau, qui, tout en critiquant ſes tableaux, le déclarent « admirable dans ſes deſſeins ». Il parle du prix où on les pouſſe dans les ventes, quand ils ſont de ſon *bon tems*. Et concédant à ſon adverſaire que quelques-uns de ſes tableaux ſont négligés, qu'on y trouve des défauts, déjà ſignalés par lui, & provenant de l'impatience avec laquelle Watteau les peignait en même temps que du dégoût qu'il avait de ſes propres ouvrages, il finit par déclarer ſa préférence pour ſes deſſins ſur ces tableaux, même les plus parfaits. « Watteau, ajoute-t-il, conformément à ce qu'a déjà dit Caylus, penſoit de même à ſon égard. Il étoit plus content de ſes Deſſeins que de ſes Tableaux, & je puis aſſurer, que de ce côté là, l'amour-propre ne lui cachoit rien de ſes défauts. Il trouvoit plus d'agrément à Deſſiner qu'à Peindre. Je l'ai vu ſouvent ſe dépîter contre lui-même, de ce qu'il ne pouvoit point rendre en Peinture, l'eſprit & la vérité qu'il ſavoit donner à ſon Crayon. »

Quel deſſinateur, en effet, a mis en des deſſins rapides & de premier coup, le je ne ſais quoi indicible qu'y met Watteau? Qui a ſa grâce de crayonnage piquante? qui a ſa ſcience ſpirituelle d'un profil perdu, d'un bout de nez, d'une oreille, d'une main? Les mains de Watteau ! tout le monde les connaît, ces mains tactiles, ſi bellement allongées, ſi coquettement courtournées autour d'un manche d'éventail ou de mandoline, & dont le crayon du Maître traduit amoureuſement la vie nerveuſe : — des mains, dirait Henri Heine, qui ont quelque choſe d'intellectuel.

Un coup de crayon, diſons-le hautement, qui n'appartient qu'à Watteau, à Watteau ſeul, un coup de crayon dont l'eſprit n'a pas beſoin de ſignature! Voyez, ſur toutes ces têtes d'hommes & de femmes, l'eſpèce de piétinement qu'y fait ce crayon, revenant ſur l'eſtompage, avec des ſabrures, des petits traits géminés, des accentuations épointées, des tailles rondiſſantes dans le ſens d'un muſcle, des riens & des bonheurs d'art qui font tout, — un tas enfin de petits travaux de verve & d'inſpiration trouvés devant le modèle, animant le deſſin de mille détails de nature, vivifiant preſque la teinte plate du plat papier, du relief & de l'épaiſſeur d'une touche. Et ces coiffures de femmes, charbonnées à plat, avec le gros bout d'une pierre noire, dont le large égrenage rend le laineux & le friſotant d'une chevelure. Et ces robes galantes, ces *négligés* aux plis caſſés, à la rocaille tantôt précieuſement détaillée avec la pointe de la plus aiguë mine de plomb, tantôt ſuperbement indiquée dans la carrure d'un trait large, comme un trait fuſiné. Et toujours ce beau trait ſinueux, courant, ſerpentant, ondulant, où s'écraſe, aux reſſauts de la forme, une graſſe ſanguine. Car la ſanguine eſt le procédé de prédilection de Watteau; il ne l'aime pas ſeulement parce que, grâce à elle, « il obtient des contre-épreuves qui lui donnent pour ſes tableaux les deux côtés de ſes perſonnages », il l'aime, le Vénitien français, pour ſa tonalité, pour ſa chaleur; il a même une fanguine qui femble lui appartenir en propre, une fanguine d'un ton de pourpre, qui fe diftingue de la fanguine brunâtre de tous, & qui prend fa couleur charmante & fon incarnat de vie de l'habileté des oppofitions du gris & du noir. Sanguine, du refte, que je croirais cette fanguine d'Angleterre, dont les manuels technologiques vantent la fupériorité et dont une boîte fe vendait comme une rareté, à la vente du peintre Vennevault. Et peut-être Watteau en manquait-il quand, mentionnant dans fa lettre à M. de Julienne la dureté de fa pierre de fanguine & l'impoffibilité de s'en procurer d'autre, il fe plaignait de ne pouvoir en faire ce qu'il voulait dans fes *penfées* : ces penfées, qui femblent, dans les dernières années de la vie du peintre, l'unique œuvre de fes matinées, — des bonnes heures de fa vie malade.

Des merveilles que les fanguines de Watteau, mais des merveilles moins charmereffes que fes deffins aux trois crayons, ces deffins qu'on peut dire peints. J'ai là, fous les yeux, une étude de bras & de main, où les tons & les tranfparences de l'épiderme, — c'eft à ne pas y croire, — font rendus avec la fonte au pouce d'un peu de fanguine, d'un peu de plombagine. Deffins peints : c'eft le mot. Watteau fait fur une figure, avec des entre-croifements de hachures noires & de hachures rouges, les paffages de ton d'une face humaine. Watteau fait, avec du blanc mourant dans le crayon rouge d'un tournant de pommette, de la vraie chair lumineufe. Qu'on s'arrête au Louvre devant le n° 1326, le deffin provenant de la vente d'Imecourt, et qu'on regarde ces têtes de femmes en toque, crayonnées avec de la fanguine, de la pierre d'Italie, de la craie, fur le jauniffement d'un vieux papier gris, baptifé *papier chamois* dans les catalogues de vente; on sera étonné de voir ces têtes colorées de la lumière ambrée, que Rubens fait fur une toile avec sa palette.

Le reproche fur l'abus de l'huile graffe eft unanime chez les biographes contemporains. Il fe rencontre chez d'Argenville, chez Mariette, &c. Gerfaint, après une déploration fur la mauvaife direction des premières études de Watteau, digne de M. de Caylus, s'exprime ainfi : « A l'égard de fes ouvrages, il auroit été à fouhaiter que fes premières études euffent été pour le genre hiftorique, & qu'il eût vécu plus longtemps; il eft à préfumer qu'il feroit devenu un des plus grands Peintres de la France; fes Tableaux fe reffentent un peu de l'impatience et de l'inconftance qui formoient fon caractère; un objet qu'il voyoit quelque tems devant lui, l'ennuyoit : il ne cherchoit qu'à voltiger de fujets en fujets; fouvent même il commençoit une ordonnance, & il en étoit déjà las à moitié de fa perfection; pour fe débarraffer plus promptement d'un ouvrage commencé & qu'il étoit obligé de finir, il mettoit beaucoup d'huile graffe à fon pinceau afin d'étendre plus facilement fa couleur; il faut avouer que quelques-uns de fes Tableaux périffent par là de jour en jour; qu'ils ont totalement changé de couleur ou qu'ils deviennent très-fales, fans aucune reffource; mais auffi ceux qui fe trouvent exempts de ce défaut, font admirables & fe foutiendront toujours dans les plus grands cabinets. »

M. de Julienne dit que Watteau resta chez Wleughels jusqu'en 1718.

———❊———

Le pis-aller, n'est-ce pas l'hôpital? On n'y refuse personne. Cette réponse de Watteau à M. de Caylus, s'inquiétant de l'avenir du peintre; quand il n'y aurait que cette réponse seule dans toute la pédante & agressive biographie de l'académicien honoraire, elle suffirait à rendre cette biographie précieuse. Par elle on a la clef de ce caractère qui n'est point un caractère du temps, qui n'a rien des préoccupations matérielles & ouvrières du peintre français d'alors. Watteau commence l'artiste moderne dans la belle & désintéressée acception du mot, l'artiste moderne avec sa recherche d'idéal, son mépris de l'argent, son insouciance du lendemain, sa vie de hasard, — de bohême, allais-je dire, si le mot n'était pas tombé si bas.

Au sujet du désintéressement de Watteau, Gersaint ajoute cependant que « dans le voyage d'Angleterre, où ses ouvrages étoient courus & bien payés, Watteau commença à prendre du goût pour l'argent dont il n'avoit fait jusques alors aucun cas, le méprisant même jusques à le laisser avec indifférence, & trouvant toujours que ses ouvrages étoient payés beaucoup plus qu'ils ne valoient ».

———❊———

La maladie de Watteau remontait plus haut que ne l'indique Caylus. L'originalité de ses humeurs & la misanthropie de son caractère disent assez que Watteau a été un malade toute sa vie. Dans tous les portraits, dans toutes les études que le maître a laissés de son offeuse personne & de sa silhouette dégingandée, — apparaît le phthisique. Il est même un portrait saisissant, terrible, presque macabre du poitrinaire, que personne n'a signalé. C'est le portrait de Watteau donné dans la planche 213 du recueil de M. de Julienne. Cette espèce de Démocrite en bonnet de nuit, regardez-le, dans cette estampe, qui sans conteste est la gravure du dessin désigné dans le catalogue de la Roque sous le n° 559 : « WATTEAU *riant et fait par lui-même.* » Regardez-le, & il vous semble voir une tête d'hôpital, convulsée dans une agonie sardonique!

———❊———

L'enseigne de Gersaint terminée, Watteau tombe dans une langueur qui lui fait appréhender d'incommoder Gersaint, chez lequel il habitait depuis six mois; il le prie de lui chercher un logement convenable. « J'aurois résisté inutilement, dit Gersaint, il étoit volontaire, & il ne fallut pas répliquer; je le satisfis donc, mais il ne jouit pas longtemps de cette nouvelle demeure; sa maladie augmenta, son ennui redoubla; son inconstance se ranima; il crut qu'il seroit beaucoup mieux à la campagne; l'impatience s'en mêla, & enfin il ne devint tranquille que quand il apprit que M. le Febvre, alors intendant des Menus, lui avoit accordé dans fa maifon de Nogent, au-deffus de Vincennes, une retraite, à la follicitation de feu M. l'abbé Haranger, chanoine de Saint-Germain de l'Auxerrois, fon ami; je l'y conduifis, & j'allois le voir & le confoler tous les deux ou trois jours.

« Le défir de changer le tourmenta encore de nouveau ; il crut pouvoir fe tirer de cette maladie en prenant le parti de retourner dans fon air natal; il me communiqua fes idées, & pour en venir à bout, il me pria de faire faire un inventaire du peu d'effets qu'il avoit & d'en faire la vente, qui monta environ à 3,000 livres dont il me fit le gardien. C'étoit là tout le fruit de fes travaux avec 6,000 livres que M. de Julienne lui avoit fauvées du naufrage dans le temps qu'il partit pour l'Angleterre, & qui furent rendues à fa famille après fa mort, ainfi que les 3,000 livres que j'avois entre les mains. Watteau efpéroit de jour en jour gagner affez de force pour pouvoir entreprendre ce voyage, où je devois l'accompagner ; mais fa défaillance augmentant de plus en plus, & la nature manquant chez lui tout à coup, il mourut entre mes bras audit Nogent. »

Dans ce court & dernier féjour de Watteau à Nogent, fous l'influence des idées de pardon qu'amènent les approches de la mort, Watteau eut un remords de fa conduite envers fon compatriote & fon élève Pater, qu'il avait eu la dureté de renvoyer de chez lui, où fon père l'avait placé, « trop impatient, dit Gerfaint, pour fe prêter à la foibleffe & à l'avancement d'un élève ». Il fe faifait des reproches de n'avoir pas rendu affez juftice aux difpofitions naturelles qu'il avait reconnues dans Pater, & avouait même à Gerfaint « qu'il l'avoit redouté ». Mais laiffons la parole à Gerfaint, qui nous montre le mourant, dans un touchant & fublime repentir d'artifte, racheter avec les dernières heures de fa vie, tout entières données à Pater, la mauvaife action de fon paffé. « Il me pria de le faire venir à Nogent, pour réparer en quelque forte le tort qu'il lui avoit fait en le négligeant, & pour qu'il pût du moins profiter des inftructions qu'il étoit encore en état de lui donner. Watteau le fit travailler devant lui & lui abandonna les derniers jours de fa vie; mais Pater ne put profiter que pendant un mois de cette occafion fi favorable : la mort enleva Watteau trop promptement. Il m'a avoué depuis, qu'il devoit tout ce qu'il favoit à ce peu de tems, qu'il avoit mis à profit. Il oublia totalement les fâcheux moments qu'il avoit effuyés chez ce maître pendant fa jeuneffe, & il a toujours eu pour lui une reconnoiffance parfaite; il a fu rendre juftice à fon mérite, toutes les fois qu'il trouvoit occafion d'en parler. » (*Catalogue de Lorangere. Notice de Pater.*)

Un tableau paffé fous le n° 530 à la vente de l'abbé de Gevigney, garde des titres & généalogies de la Bibliothèque du Roi, tableau dont la plus grande partie « des figures étaient peintes par Watteau & le refte par Pater », donnerait à fuppofer que les tableaux laiffés inachevés par Watteau furent terminés par Pater.

Le fait d'un CHRIST EN CROIX, peint par Watteau pour le curé de Nogent, fait affirmé par Caylus, eſt confirmé par le paſſage, en 1779, dans la vente Marchand, de ce tableau ou d'une eſquiſſe de ce tableau, ainſi catalogué par Paillet : « Watteau, le Chriſt en croix entouré d'anges (H. 46 p., L. 35 p.) » Il fut vendu 130 livres.

Indépendamment des deſſins légués en mourant à MM. de Julienne, Henin, Gerſaint, & à l'abbé Haranger, Watteau aurait laiſſé quelques autres deſſins aux amis qu'il avait faits pendant ſon ſéjour en Angleterre. Un deſſin, un portrait d'homme paſſé à la vente de Samuel Rogers le poëte faite en 1856 à Londres, portait : « *Deſſein que Watteau a laiſſé en mourant à moy ſon ami Payleur, Juliet 1721.* »

Un renſeignement ſur les prix miſérables qui payèrent la peinture de Watteau toute ſa vie durant, c'eſt la quittance donnée en 1719 au régent de France par le grand peintre pour un tableau de huit figures :

J'ay reçu de Monſeigneur le duc d'Orléans, 260 livres pour un petit tableau qui repreſente un jardin avec huit figures.

Fayt à Paris, le 14 aouſt 1719.

ANTOINE WATEAU.

(Quittance tirée des papiers du baron Hoschild, publiée par les *Archives des Arts*.)

Dans les premières années du XVIIIᵉ siècle, en ce temps où la littérature parle ſi rarement de la peinture, une brochurette publiée en 1736, l'*Ennuy d'un Quart-d'heure*, conſacre deux pièces de vers à Watteau. La première porte le titre de : l'*Art & la Nature réunis par Wateaux*, & dit que la comteſſe de Verrue, MM. de Glucq & de Julienne dont le goût exquis eſt connu, ont une bonne partie de ſes originaux. La ſeconde eſt intitulée : *La Mort de Wateaux ou la Mort & la Peinture*.

Watteau (peintre flamand de l'Académie royale), ainſi que l'appelle M. de Julienne dans le ſecond volume du tirage de ſon Œuvre *fixé à cent exemplaires de premières épreuves imprimées ſur grand papier*, eſt bien un Flamand de naiſſance & de début. Avant ſon ſéjour chez Audran, avant fa fréquentation de la galerie du Luxembourg, les tableaux de Watteau, qui ne portent pas encore la marque vifible de fa defcendance de Rubens, atteftent une filiation avec les petits maîtres flamands. Au moment où, d'un pinceau fec femblable à une plume de corbeau, Watteau découpe encore, dans une tache d'huile vermillonnée, fes tortils de cheveux, fes yeux, fes nez, fes bouches, au moment où, dans fes négligés galants, il éclaire les caffures de fa rocaille, des filets de blancs avec lesquels le XVIe siècle découpe les plis de fes draperies; à ce premier moment de fon talent, çà & là dans fa peinture, de petits morceaux fe font remarquer par la touche des *petits toucheurs*. Mais cette touche change bientôt, elle change dans le paffage des études de Watteau des petits aux grands flamands, & bientôt nous le voyons enfermer dans des tableautins de quelques pouces toute la largeur des procédés et la belle *traine* des pinceaux de Rubens.

Alors Watteau mériterait le titre fous lequel le défigne M. de Julienne, fi, fimultanément à cette appropriation de Rubens, fon talent ne s'affimilait pas d'une manière auffi habile, auffi intelligente, auffi complète la manière d'autres maîtres, l'efthétique d'une autre école. Un curieux renfeignement nous eft donné à cet égard par le n° 268 de la collection La Caze. Ce tableau de JUPITER & D'ANTIOPE vous met fous les yeux une des plus étonnantes conquêtes d'un peintre par un autre. Ce font les jambes laqueufes du Titien, le noir fauve des ombres s'allongeant fous les bras de fes dormeufes, l'empâtement de fes vifages de lumière, la molle blondeur de fes ventres, le bel emportement de tons mettant une vie violente fous une chair qui n'a rien du joli de la chair d'un tableau français. Ce tableau n'eft qu'un paftiche, je le fais; mais de ce paftiche du Titien, & d'autres paftiches de Véronèfe mêlés de paftiches de Rubens, Watteau s'élève au faire du tableau de l'AUTOMNE, à la peinture de ces chairs dorées & pourprées femblables aux grenades que tient l'amour dans le pan de fa chemife relevée, — Watteau s'élève à l'invention de cette pâte, pour ainfi dire à lui, cette pâte à la fois fluide & criftallifée.

C'eft ainfi que chez Watteau les appropriations vénitiennes corrigent, atténuent, diffimulent ce que fa peinture a d'inftinctivement flamand, lui créent un procédé, une cuifine d'art qui n'eft ni italienne ni flamande, une palette d'éblouiffement meublée de l'exquis des tons des coloriftes des deux pays, une palette qu'il fait françaife par tout ce qui fe reflète d'un pays dans un tableau fait fous fon ciel, ce je ne fais quoi de léger, de fpirituel, de galant, dirai-je prefque, que prend fa touche matérielle dans la patrie de la vie civilifée. Alors Watteau n'eft plus un peintre flamand, c'eft un peintre français, & un français par le *faire,* qu'on l'entende bien, & fans tenir compte de fa création & de fa poétique toute françaife. En effet, de quelle école fort tel ou tel des tableaux de Watteau peint avec une originalité de couleur qui femble n'avoir ni précédent ni avant-coureur, une fantaifie de tons qui femble chercher quelque chofe au delà de ce que peut donner la matière colorante? Voici la FINETTE du Louvre, voici ce tableau dont le ciel, la robe, la femme, apparaiffent comme le caprice & la veine d'un marbre. Rien qu'un ton verdâtre un peu chauffé dans le fond du rouge d'un orage, un ton verdâtre qui met fa teinte glauque jufque fur les cheveux de la guitarifte, & vous laiffe entrevoir la femme au vifage rofe, dans une couleur, ou pour mieux dire dans un clapotement d'eau de mer, fillonné de remous fcintillants.

Mais parlons de ce chef-d'œuvre des chefs-d'œuvre français, de cette toile qui a fa place marquée avant cinquante ans fur l'un des murs du falon carré : L'EMBARQUEMENT DE CYTHÈRE.

Voyez tout ce terrain à peine recouvert d'une huile tranfparente & mordorée, tout ce terrain gâché d'un barbotage rapide, effleuré d'un frottis léger. Voyez ce vert des arbres tranfpercé de tons roux, pénétré de l'air ventilant, de la lumière aqueufe de l'automne. Voyez fur le délicat aquarellage d'huile graffe, fur le liffe général de la toile le relief de cette pannetière, de ce capuchon, voyez la pleine pâte des petites figures avec leur regard dans le contour noyé d'un œil, avec leur fourire dans le contour noyé d'une bouche. La belle & coulante fluidité de pinceau fur ces décolletages & ces morceaux de nu femant leur rofe voluptueux dans l'ombre du bois! Les jolis entre-croifements de pinceau pour faire rondir une nuque! Les beaux plis ondulants aux caffures molles, pareils à ceux que l'ébauchoir fait dans la glaife! Et l'efprit & la galantife de touche que met aux fanfioles, aux chignons, aux bouts de doigts, à tout ce qu'attaque le pinceau de Watteau! Et l'harmonie de ces lointains enfoleillés, de ces montagnes à la neige rofe, de ces eaux reflétées de verdures; & encore ces rayons de foleil courant fur les robes rofes, les robes jaunes, les jupes zinzolin, les camails bleus, les veftes gorge-de-pigeon, les petits chiens blancs aux taches de feu! Car nul peintre n'a rendu comme Watteau la transfiguration des chofes joliment colorées fous un rayon de foleil, leur doux pâliffement, l'efpèce d'évanouiffement diffus de leur éclat dans la pleine lumière. Arrêtez un moment vos regards fur cette bande de pèlerins & de pèlerines fe preffant fous le foleil couchant, près de la galère d'amour prête à appareiller : c'eft la gaieté des plus adorables couleurs de la terre furprifes dans un rayon de foleil, & toute cette foie nuée & tendre dans le fluide rayonnant, vous fait involontairement vous reffouvenir de ces brillants infectes qu'on trouve morts, avec leurs couleurs encore vivantes, dans la lumière d'or d'un morceau d'ambre.

Ce tableau, l'EMBARQUEMENT DE CYTHÈRE, eft la merveille des merveilles du maître. Cependant tout Watteau n'eft pas là. Il eft un Watteau inconnu en France, avec lequel il eft bon que les amis de Watteau faffent connaiffance. Le peintre des fonds moirés d'une chaude écaille, des ciels embrafés par l'orage, des arbres frottés de terre de Sienne brûlée, des carnations femblables à cette main du FAUX PAS, qui femble refléter du feu fur la jupe de femme qu'elle attouche, ce peintre bitumineux a exécuté les tableaux les plus clairs, les plus délicieufement froids qu'il foit poffible d'imaginer. Tout le monde connaît la peinture de Pater, fon harmonie gris-perle & fes cantonnades aux petites taches bleu, cendre verte, jaune foufre. Cela femble l'originalité du petit maître. Le mufée de Drefde vous détrompe, vous apprend que toute cette gamme *clairette*, tout ce cliquetis de tons *rigidement* papillotants, defcendent de la palette qui a peint les deux tableaux figurant dans le mufée allemand. Watteau n'a pas même laiffé à fon meilleur élève la propriété de deux ou trois taches en peinture.

Watteau eft le maître dominateur qui affervit à fa manière, à fon goût, à fon optique, toute la peinture du XVIIIe siècle. Je ne parle pas feulement ici « de fes finges », de fes continuateurs ferviles : Pater & Lancret. Je parle de tous les autres peintres, des grands & des petits. Je parle de Troy, qui dans fes planches familières, les paffe-temps & les bals de la

Régence se contente d'enfler les grâces & les encapuchonnages de Watteau. Je parle de Charles Coypel qui lui dérobe, avec l'*aigu spirituel* de ses profils, la laque vénitienne de ses chairs. Je parle de Boucher... vraiment il semble qu'en ses vingt-six ans de peinture Watteau ait tout épuisé! La chinoiserie que Boucher exploite comme en vertu d'un brevet d'invention, n'est-ce pas Watteau qui l'a inaugurée sur les lambris de la Muette? Et plus tard encore l'espagnolerie de Vanloo, ne sera-ce pas le manteau de mezzetin, reparaissant au milieu des cours d'amour à collerettes des fêtes galantes?

Les tableaux de Chardin seul excepté, tous les tableaux du siècle qui ne sont pas consacrés aux Grecs & aux Romains ressuscitent les attitudes, les airs de tête, le goût de coiffure, le coloris, le dessin, la touche du maître mort. Watteau s'impose, Watteau règne partout. Cet Olivier, ce gentil peintre du prince de Conti, que fait-il autre chose que répéter dans sa peinture & ses eaux-fortes les *Figures de Caractères de Watteau?* Où prend ses premières leçons Fragonard? dans les copies des FATIGUES & des DÉLASSEMENTS DE LA GUERRE, qui se vendent en vente comme une curiosité. Parlerai-je de Liotard?... Mais cette influence toute-puissante, elle s'exerce sur les plus rebelles aux traditions, sur les plus jaloux de leur originalité, sur Gabriel de Saint-Aubin, qui expose au salon de la Blancherie des paysages avec *figures dans le genre de Watteau*. Enfin ne voilà-t-il pas qu'au bout, tout au bout du siècle, dans les années qui précèdent la Révolution, il se trouve un bonhomme Portail, un crayonneur à la Watteau, pour fixer & peindre les grâces mourantes du siècle, avec ces mêmes trois crayons de l'illustre artiste de la Régence? Que dire encore! les artistes ont si avant dans les yeux la création de Watteau, que dans les petits voyages que le graveur Wille fait faire à ses élèves pour étudier la nature, les élèves de Wille, en leur croquis de la sauvage vallée de Chevreuse d'alors, — où ils couchaient sur des traversins faits de coquilles d'œufs, — les élèves de Wille peuplent le paysage de petits paysans & de petites paysannes qui sont des enfants de Watteau.

CHARDIN

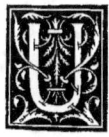

NE note manuscrite est jetée en tête du catalogue de la vente de feu M. Chardin (exemplaire de la Bibliothèque nationale). Cette note, sans doute de la main de l'expert Joullain, dit : *Les objets apartenants au sieur Chardin, ne se sont pas portés à plus de 487 livres.* Donc la vente faite sous le nom de Chardin, était une vente de rapport dont le plus grand nombre des objets n'appartenaient pas au peintre.

BOUCHER

E toute manière, que la vérité fur le féjour en Italie de Boucher foit dans le *Nécrologe*, foit dans le *Discours sur l'état actuel de la peinture*, l'inftallation du futur *peintre des Grâces* à Rome fut affez piteuse. Le directeur Wleughels, dans une lettre à la date du 3 juin 1728, citée par M. Lecoy de la Marche, après avoir annoncé à S. G. que les jeunes gens honorés de fa protection font arrivés dans l'après-midi du premier mai & qu'ils ont trouvé leurs chambres prêtes, ajoute : « Il y a encore un nommé Boucher (venu avec Vanloo), garçon fimple & de beaucoup de mérite; prefque hors de la maifon, il y avait un petit trou de chambre, je l'ay encore fourré là. Il eft vrai que ce n'eft qu'un trou, mais il eft à couvert. »

Boucher eut une plus haute aventure que la relation avec la Morfil. *Le Palais-Royal ou Mémoires fecrets de la ducheffe d'Orléans* (Hambourg 1806) donnent Boucher pour premier amant à la mère de Philippe-Égalité. Le livre n'a aucune valeur hiftorique, le récit de l'aventure eft arrangé; cependant, il y a quelque raifon de croire que l'arrangeur n'eft que l'écho d'une anecdote de cour; & à ce titre le paffage fuivant mérite d'être cité :

« Henriette n'avait point à fe plaindre de fon époux, il l'accablait de foins, de tendreffe; il cherchait à deviner tout ce qui pouvait lui plaire; il employait les plus habiles artiftes pour fixer fur la toile des traits qu'il ne trouvait jamais affez multipliés : elle fe prêtait avec indolence à leurs foins. Un feul l'intéreffa : ce fut le peintre des Grâces & des Amours, Boucher enfin; il fut faifir ce doux abandon qui annonce qu'une belle n'attend que l'heureux inftant de fa défaite. Madame la duchesse de Chartres avait permis au peintre de terminer d'après nature le tableau qui repréfentait Hébé faifant boire le nectar à l'aigle de Jupiter. Une guirlande pofée fur un gaze légère était la feule draperie de la déeffe de la jeuneffe. L'heureux artifte, qui avait eu recours à des modèles bien inférieurs pour la beauté à la princeffe, eut le dangereux honneur, dans la dernière féance, de placer lui-même la guirlande. Sa main était au moment de s'égarer, un regard échappe des longues paupières d'Henriette.... elle paffe un de fes beaux bras autour du cou du peintre, elle approche fa bouche de fon fein... Quel homme eût pu échapper à une fi douce féduction ?... Boucher était jeune, beau, aimait les belles femmes comme les beaux tableaux, les ftatues antiques & généralement tout ce qui était rare, & jamais un joli modèle ne fortit de fon atelier fans qu'il eût obtenu d'elle les dernières faveurs... »

Mme Boucher était une délicieuse femme. L'on a pour juger sa beauté le portrait de La Tour, exposé en 1737, conservé depuis dans la famille de Cuvilliés, & possédé aujourd'hui par Mme Fozembas à Bordeaux.

Le pastelliste nous la montre blonde avec des yeux bruns d'une infinie douceur & le sourire le plus malin. Elle est représentée dans une robe de satin blanc décolletée en carré et garnie d'une ruche, le cou légèrement voilé par la dentelle d'une écharpe, tourmentant un éventail fermé, de ses jolies mains gantées de mitaines blanches sans doigts et doublées de rose.

La femme de Boucher n'a pas gravé que la planche signée : *uxor ejus sculpsit*. Je signalerai une autre eau-forte assez rare, représentant des Amours occupés à accrocher un écusson en forme d'œuf portant au-dessus d'une cigogne trois cœurs enflammés. Elle est signée *Jane Boucher*.

Une lettre de Berch, secrétaire du comte de Tessin, publiée par M. de Chennevières dans ses *Portraits inédits d'Artistes*, nous renseigne sur le goût de la Suède pour la peinture de Boucher, sur le prix de ses tableaux, sur le mode de composition & de travail du maître. Voici le paragraphe de cette lettre (octobre 1745) consacré à Boucher :

« Boucher va plus vite ; les quatre tableaux sont promis pour la fin du mois de mars. Le prix restera un secret entre Votre Excellence & lui, à cause de la coutume qu'il a établie de se faire donner 600 livres pour ces grandeurs, quand il y a du fini. Il ne veut de l'argent qu'à mesure que chaque pièce sera livrée ; mais il m'a conjuré de faire en sorte que cela aille plus régulièrement qu'avec les précédentes (*N. B.* ce sont celles pour le château) qui l'ont bien fait languir. Encore une couple de jours de poste : si messieurs les banquiers ne permettent pas qu'on tire sur la Suède pour payer les ouvrages faits, il accepte à regret de prendre l'argent d'avance pour la moitié des ouvrages à faire... »

« J'ai communiqué à M. Boucher mes idées sur la disposition des sujets ; il ne les a pas désapprouvées, & a paru en être fort content. Le Matin sera une femme qui a fini avec son friseur, gardant encore son peignoir, & s'amusant à regarder des brimborions qu'une marchande de modes étale. Le Midy, une conversation au Palais-Royal entre une dame & un bel esprit qui fait la lecture de quelque mauvaise poésie, capable d'ennuyer la dame, qui fait voir l'heure à sa montre ; la méridienne dans l'éloignement. L'Après-dîner ou le Soir nous embarrasse le plus ; des billets apportés pour donner un rendez-vous, ou des mantelets, des gants, &c., que la femme de chambre donne à sa maîtresse qui veut aller en visite. La Nuit peut être représentée par des folles qui vont en habit de bal, & se moquent de quelqu'un qui est endormi. On tâchera de caractériser les sujets de manière qu'avec les Quatre Points du Jour, cela fasse aussi les Quatre Saisons. Voilà, Monseigneur, les premiers projets que M. Boucher & moy nous avons formés ; avant que le matin foit entièrement paffé, ou aura des moments pour réfléchir comment bien remplir le refte de la journée. J'efpère par la fuite du temps d'avoir quelques croquis pour envoyer à Votre Excellence; M. Boucher paraît vouloir s'y prêter. »

Ces projets de tableaux font-ils devenus les peintures du Matin, du Midy, du Soir, gravés par Petit? Auraient-ils donné lieu fur les mêmes idées à des compofitions plus étendues qui n'ont pas été gravées & feraient cachées dans quelque château royal de Suède?

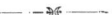

Nombre de têtes aux crayons de couleur des ventes Sireuil, Randon de Boiffet, Conti, Blondel d'Azincourt & que Boucher avait l'habitude de paftellers fur *papier de foie*, ainfi que nous l'indique le catalogue Trudaine, font affez fouvent des portraits déguifés fous la fantaifie d'un ajuftement paftoral, des portraits dont le nom n'était infcrit que dans la mémoire des amants ou des amis du modèle. C'eft ainfi que dans fes *Lettres fur différents fujets*, imprimées à Berlin, Bernouilli raconte avoir vu en 1777, dans le magafin de tableaux & d'eftampes de Michel, à Bâle, neuf têtes paftellées par Boucher d'une hauteur d'un pied trois pouces, fur une largeur d'un pied. « Cette petite fuite, écrit-il, choifie & variée entre les paftels connus de cette célèbre main, peut s'appeler le Cabinet des Beautés. Ce font tous des beautés d'après nature, & d'après les plus beaux modèles qui brillaient à Paris; il y a entre autres le portrait de Mme de Pompadour. Le paftel en eft fixé. »

Baillet de Saint-Julien, dans fa *Lettre fur la peinture, 1749*, tout en préférant Servandoni comme décorateur de théâtre, dit qu'on n'a jamais vu de plus beaux tableaux que les *fermes* de Boucher. Il parle de fes beaux jardins, de fes belles grottes, de fes beaux payfages, où les vues de Rome & de Tivoli fe mêlent heureufement aux vues de Sceaux et d'Arcueil. Il vante fa décoration du palais du fleuve Sangar, le jeu perpétuel de la voûte d'eau, l'éclat de fa lumière reflété fur les colonnes du fond, le ton mat & repofant du devant de la décoration, le pittorefque des colonnes à demi taillées dans le roc avec leur prodigieufe ornementation de coquillages & de plantes marines.

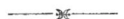

Boucher a laiffé un certain nombre de tableaux érotiques. Thoré parle quelque part d'une férie de peintures exécutées pour éveiller les jeunes fens du roi Louis XV. Ces peintures exiftaient encore fous l'empire dans quelque coin caché de château royal. Je ne fais ce qu'elles font devenues, & ne puis juger leur valeur, ne les ayant jamais vues; mais j'ai été à même d'étudier, il y a quelques années, chez le baron de Schwiter, un échantillon de cette peinture érotique qui était, certes bien le morceau le plus franc, le plus gras, le plus harmonieufement décoratoire.

C'eft une femme fur son bidet. Du fond de rideaux de lit jaunâtres, femblables à une perfe de l'Inde, la femme fe détache ; la tête un peu tournée de profil, et faifant face au fpectateur. Ses cheveux font entourés d'une fanchon couleur de foufre ; fa robe, très-décolletée, eft rofe, et la chair de fa poitrine, de fes bras, joliment nacrée, jaillit du défordre d'un rien de linge blanc, du violet pâle de la ruche qui garnit fon corfage, du violet pâle de fes engageantes. Dans la demi-teinte qui enveloppe le bas de fon corps, un coup de lumière fur une rondeur de cuiffe femble du vrai foleil dormant fur la peau. Et reviennent encore dans toute cette ombre de volupté, la note violette aux jarretières qui attachent fes bas, la note rofe aux mules qui chauffent fes pieds. Une chambrière mafquée par un dos de chaife, apporte du linge noyé dans une tonalité ambrée, fur lequel fe détache le vert tendre de fon corfage & le fard de fes joues. Un chat fait le gros dos fous le bidet.

A ces peintures fe rattache, presque décemment, LA FEMME NUE ET COUCHÉE SUR UN SOFA AVEC DE GROS OREILLERS DE SOIE, gravée en couleur par Demarteau, qui faifait pendant à une Io de Pierre, à une ANTIOPE ENDORMIE de Vanloo dans ce cabinet dont M. de Menars indique si originalement la deftination à Natoire dans une de ses lettres. « Je dois vous ajouter que comme ce cabinet eft *fort petit et fort chaud,* je n'y ai voulu que des nudités. » (Lettre du 14 mars 1753, publiée par M. Lecoy de la Marche.)

---※---

Sur le falon de 1769, la dernière expofition de Boucher, Diderot s'exprime ainsi : « Le vieil athlète n'a pas voulu mourir, fans fe montrer encore une fois fur l'arène...

« On aurait dû placer au bas de ce tableau, un de ces poliffons qu'on voit à l'entrée des jeux de foire, il aurait crié : « Approchez, meffieurs, c'eft ici qu'on voit le grand tapageur. » (Salon de 1769, publié par la *Revue de Paris*.)

---※---

Boucher fignait fes lettres *le chevalier Boucher*. C'eft un détail qui nous eft donné par une de fes lettres adreffée à Favart et que M. Étienne Charavay va vendre prochainement. C'est peut-être la première lettre de Boucher qui paffe en vente, car jufqu'à préfent on avait pris pour une lettre du peintre la lettre publiée par l'Isographie, et M. Charavay affirme que cette lettre eft une lettre de fa femme.

---※---

Devofge étant encore dans l'atelier de Deshayes, rapporte qu'un jour, comme il regardait l'ENLÈVEMENT DES SABINES du Pouffin, Boucher, beau-père de Deshayes, & qui avait connu Devofge chez Couftou, s'approcha du jeune artifte en contemplation devant l'ouvrage du maître. « *Vous trouvez donc cela bien beau?* lui dit Boucher. — Je ne puis me laffer de l'admirer, répondit le jeune artiſte. — *Mon ami,* repartit Boucher, *tâchez d'en mieux profiter que moi.* » (Éloge de Devoſge, par Bremiet-Monnier. Dijon, 1813.)

D'après le « Peintre-graveur français continué », de M. de Baudicour, Boucher aurait gravé à l'eau-forte 182 pièces. Il y en a 44 d'après ſes compoſitions, 12 d'après Bloemart, 1 d'après Loutherbourg et 125 d'après Watteau, dont 104 pour le Livre d'études de M. de Julienne.

Les plus déſirables de ces eaux-fortes, d'après ſes compoſitions, ſont : *Le Sommeil, les Petits Buveurs de lait, le Petit Savoyard, la Tourterelle en cage.* On compte quatre états de ces planches : I. avant l'adreſſe ; II. avec l'adreſſe d'*Odieuve* ; III. avec l'adreſſe de Roguier, remplaçant celle d'Odieuvre ; IV. avec l'adreſſe de Buldet. Citons encore parmi les eaux-fortes de la compoſition de Boucher, l'*Andromède* avant la terminaiſon par Aveline, & les *Grâces au tombeau de Watteau*, qu'il faut poſſéder avant la lettre, dans l'état de l'épreuve, de la vente du baron de Vèze.

Mme Boucher mourut fort vieille, gardant la coquetterie de ſes jeunes années & portant juſqu'à ſa mort les mitaines ſans doigts du portrait de La Tour. M. Desmaze, qui donne ces renſeignements d'après une communication de Mme Nata Roux, raconte que malgré ſon âge Mme Boucher continuait à ſuivre les modes, & qu'elle ſouffrait, au milieu de ſon élégance de la dernière heure, de ſe voir dans ſon portrait coiffée ſelon le goût du temps paſſé. C'eſt alors qu'elle priait David, qui était de ſes amis, de rajeunir la coiffure. Et David ne trouva rien de mieux que de ſubſtituer dans le paſtel de La Tour la coiffure que beaucoup d'années après La Tour avait donnée à Mme Cuvilliés, la propre fille de Mme Boucher.

BAUDOUIN

BAUDOUIN, — ſon Œuvre ! n'eſt-ce point le portefeuille d'eſtampes libertines qu'au milieu de la vraie Manon Leſcaut du XVIIIe ſiècle, Themidore, le héros galant du livre, ſe fait apporter dans ſon lit, pour ſe diſtraire & ſe conſoler de l'infidélité de ſa maîtreſſe Rozette?

Les moraliſtes n'ont pas manqué à Baudouin, depuis l'auteur de la *Religieuſe,* juſqu'au dernier écrivaillier d'art. Tous à l'envi ont flétri par des paroles indignées l'immoralité de ſon Œuvre. Pourquoi tant d'indulgence pour l'érotisme de la peinture mythologique, & une ſi grande févérité pour l'érotifme de la peinture de genre? Et pourquoi encore la violence de cette indignation pour des méfaits d'un genre que ces mêmes moraliftes pardonnent fi facilement à La Fontaine, aux *novellieri*, — que le même Diderot pardonne fi facilement à fa profe?

Pour moi, je fuis reconnaiffant à Baudouin de nous avoir peint l'Amour dans la robe de chambre de Clitandre, de nous avoir fait toucher mieux qu'avec les defcriptions de l'imprimé, les paffades, les fantaifies, les épreuves, les arrangements, les rencontres, les liaifons qui n'ont point de lendemain, & femblent nouées entre les membres d'une fociété du *Moment*. Pour moi, je lui fais gré de nous faire affifter, dans une certaine réalité, au fpectacle de l'Amour du temps en fes molles fcènes, en fon milieu fenfuel. Et, je le dis fans pudeur, fi l'œuvre de Baudouin manquait, fi les images friponnes des quatre PARTIES DU JOUR, de l'ÉPOUSE INDISCRÈTE, de l'ENLÈVEMENT NOCTURNE, DU FRUIT DE L'AMOUR SECRET, &c., n'exiftaient pas, il y aurait une grande lacune dans l'hiftoire des mœurs du xviiie fiècle. Et encore, fi l'on n'avait plus les planches du DANGER DU TÊTE-A-TÊTE & du CARQUOIS ÉPUISÉ, où pourrait-on fe faire une idée de l'atmofphère de volupté qui fe dégage des tentures, des foieries, des meubles contournés, de la nuit tiède de ces chambres éclairées par un feu mourant de cheminée, devant laquelle fe meuvent des filhouettes amoureufes dans des lueurs de rampe?

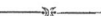

Le talent avec lequel Baudouin, d'un procédé commun a fait un art original, n'eft pas fi méprifable qu'on voudrait le croire, & le corps léger donné avec la gouache aux imaginations amoureufes du peintre, eft prefque une création originale. Avoir enlevé la *guazze* à l'emplâtrement des peintres à l'eau italiens, l'avoir renouvelée par la légèreté & l'efprit de la touche, la tenir dans la *vagheffe* d'une ébauche de peintre & de colorifte qui n'a rien du fini froid de la miniature, la vivifier, l'accidenter des badinages d'un pinceau capriolant, la rayer de petits filets de lumière caffée & reffautante, femblables aux rayures d'un patin fur la glace, l'éclabouffer d'un petillement de tons jufqu'alors inconnu; en un mot, en faire cette peinture fi bien appropriée aux chofes & aux couleurs tendres & gaies du fiècle, qu'elle meurt avec lui: c'eft là le mérite de Baudouin, & ce qui valut à la gouache françaife du xviiie fiècle, de forcer les portes de l'Académie en 1763. De Baudouin le premier & le plus peintre de tous les gouacheurs, defcend tout cet aimable petit peuple d'artiftes français & fuédois, tout cet atelier parifien d'ouvriers délicats travaillant avec des couleurs de fleurs, & Lawrence, & Hoin, ce talent tout nouvellement retrouvé, & Taunay, & Moreau l'aîné, ce payfagifte aux parcs fi joliment verts, & comme emplis de l'artifice d'une Flore. N'oublions pas enfin Hall, que nous voyons dans fa jeuneffe s'étudier fur des traits d'eau-forte pure à colorier, à goucher des compofitions de Baudouin, & qui prend à ce travail l'ufage *claquant* de ces morceaux gouachés qu'il introduira plus tard dans la miniature de fes portraits.

Le *Philotechne français* ou recueil d'Éloges, de critiques & d'anecdotes remarquables, 1766, vante la beauté des deux filles de Boucher : la femme du peintre Deshayes, la femme du peintre Baudouin.

Baudouin a une qualité à un degré supérieur, c'est la mise en scène de ses petits sujets. Personne comme lui dans le monde de la petite peinture pour agencer, arranger, combiner les lignes d'une composition, lui donner l'équilibre, l'harmonie, l'heureux groupement. Cela, du reste, Baudouin le cherche & le cherche longtemps ; témoin le petit croquis tout couvert de repentirs du Fruit de l'Amour secret, conservé dans les portefeuilles du Louvre ; témoin cette gouache que je possède de l'Épouse indiscrète, où l'épouse debout est beaucoup moins heureuse de mouvement que l'épouse agenouillée, par lui substituée dans la gouache gravée. Et le meilleur compositeur parmi les vignettistes, Moreau, on peut affirmer qu'il doit ce côté de son talent à l'étude & aux eaux-fortes qu'il fit dans sa jeunesse des compositions de Baudouin. On retrouve chez lui, & le balancement particulier aux duos de Baudouin, & même cet éclairage à mi-hauteur, fouettant de côté tout le milieu d'une scène, comme du triangle rayonnant d'une lanterne magique.

L'estampe du Modèle honnête nous ouvre la porte des ateliers dans lesquels se travaille la peinture de genre du temps. Ateliers qui n'ont rien de sévère, ateliers pleins de mépris par les murs nus, & d'insouciance pour la triste lumière du Nord. Ce sont bien plutôt d'aimables chambres d'amour à la corniche sculptée, où le soleil a ses entrées par la grande fenêtre, où le modèle a pour sa pose un canapé en bois doré, & où sur un bonheur du jour de Riesener, des roses trempent dans un vase de Sèvres, monté en or mat par un Gouthière.

Disons, en terminant, qu'il n'est pas de peintre plus calomnié par les choses vendues sous son nom que Baudouin. Il ne se fait pas une vente borgne où des peintures à l'huile ne soient cataloguées sous le nom de ce gouacheur, qui a été toute sa vie uniquement un gouacheur, & qui n'a laissé la mention, dans aucun ancien catalogue, d'une œuvre peinte autrement qu'à l'eau. Mais, qui sait cela? Le piquant, c'est que des amateurs graves acceptent pour authentiques ces petites peintures fadasses, & vous en entretiennent avec une commisération dédaigneuse pour votre goût, votre pauvre goût. Les malheureux! ils n'ont jamais vu un Baudouin; & pas plus un Baudouin à la gouache qu'à l'huile. Sans cela, ils sauraient que ce coloriste français n'a jamais fait *rose,* fait miniaturé, qu'il a eu toujours le vouloir d'atteindre dans son procédé la vigueur, la chaleur, la solidité, le barbotage même d'une esquisse à l'huile. Ils sauraient qu'il n'a jamais donné que des ébauches, que des pochades ambitieuses des effets de couleur d'un tableau, que des *premières idées* jetées dans la pleine pâte de la gouache & où rien ne se voit du petit pinceau de Lavreince. C'est d'après ces ébauches à la diable qu'étaient gravées les voluptueuses estampes, si plaisantes en leur fini, — un miracle auquel il faut se rendre, — depuis qu'on a vu passer ces années dernières, à la vente Gigoux, les dessins du Monument du Costume de Moreau : ces courantes indications de scènes, ces vagues bistres, ces rêves, ces nuages, auxquels l'adroite & intelligente gravure du xviiie siècle donnait la ligne, le modelage, le corps.

Maintenant un fait curieux. C'est qu'en dehors des peintures quelconques qui ne sont pas du tout de Baudouin, les peintures qui émanent vraiment de lui ne sont pour la plupart du temps presque plus de lui, tant elles sont remaniées, repinochées, enjolivées. On y trouve bien encore dans un coin un détail de meuble, de costume signé de son pinceau, mais tout le reste & toujours les figures sont d'une autre main, & de la plus misérable main. L'explication en est facile. Dans le discrédit où était tombée l'école française, la gouache, la plus délicate de toutes les peintures, ne s'est pas tirée de l'exposition du plein air, aussi bien qu'une sanguine, ou une pierre d'Italie. Elle n'en a pas été quitte pour la cernée d'une mouillure, ou une piqûre d'humidité ; la gouache a eu souvent des parties écaillées, détachées, détruites. De là, des restaurations, & des restaurations s'adressant au goût des amateurs, qui dans les premières années du siècle n'étaient pas des amateurs de l'art, mais des amateurs de polissonneries. Or, ces gens aiment les choses très-faites, et n'auraient jamais acheté un vrai Baudouin laissé dans sa brutalité de coloriste, dans l'artistique de son faire. Il y eut donc un pourléchage qui s'étendit de la partie à restaurer à toute la délicate peinture, la miniaturant à l'image de toutes les miniatures. Cette observation, je l'avais déjà faite à propos du Coucher de la Mariée, qu'avait acheté Roqueplah à la vente Tondu. J'y trouvais un vrai dessous de Baudouin avec quelques détails, comme la pendule de la cheminée, transperçant le travail appliqué du restaurateur. Aujourd'hui, la vente du baron Vincent a fait de cette observation une conviction.

Dans cette vente, la première du siècle contenant une suite de Baudouin, je n'en ai trouvé qu'un seul qui soit tout entier, et sans retouche, incontestablement de lui : l'Épouse indiscrète. Dans la Soirée des Thuileries, il n'y a franchement de Baudouin que la main du gentilhomme tenant la rose et les longs gants de la femme qui se lève du banc. Dans la Nuit, appartient seulement au gouacheur la jolie statue d'Amour, à la couleur glaiseuse ; les deux petites figurines sont abominablement refaites. Et ainsi des autres.

Pour me résumer, depuis que je collectionne, depuis que je cours les marchands et les ventes, je n'ai jamais vu un Baudouin terminé, ou, si vous aimez mieux, poussé au point d'un Lavreince, d'un Hoin, d'un Freudeberg.

En second lieu, parmi tous les Baudouin que j'ai vus, je n'en ai rencontré que cinq, que cinq à l'entière authenticité desquels je crois. Les voici : 1° Un crayonnage des cartons du Musée du Louvre, qui est la croquade de la pensée du Fruit de l'Amour secret ; 2° l'Épouse indiscrète, de la vente du baron Vincent ; 3° une répétition que je possède du même sujet, mais avec l'épouse debout derrière le matelas, annonçant un premier essai de composition ; 4° *le Pré-*

cepteur, gravé fous le nom du MATIN, le plus joli nuage d'aquarelle qui soit; 5° les SOINS TARDIFS, gouache curieuse par la préoccupation des effets de l'huile dans la couleur à l'eau. Le MATIN et les SOINS TARDIFS me viennent de la vente Tondu.

LA TOUR

Defmaze a découvert chez Mme Sarazin Varluzel une defcendante de La Tour, & publié dans la *Petite Revue de Saint-Quentin*, un certain nombre de lettres adreffées à La Tour. Ces lettres confirment la liaifon de La Tour avec Mlle Fel, dont M. Defmaze publie trois lettres. Une première, qui femble adreffée au peintre relativement à un dîner donné en commun, finit par ce poft-fcriptum : « J'ai pris de la mane ce matin pour me délivrer de mes lanterneries, je me trouve mieux. » Une feconde lettre, adreffée le 5 janvier 1783 au frère de La Tour, remercie le chevalier de la confirmation faite par lui de l'ufufruit des meubles du peintre fa vie durant. Dans la jouiffance des meubles femble comprife la jouiffance des pastels ainfi que l'indique cette phrafe : « M. Dorizon a dû vous mander que, d'après l'avis qu'a donné M. Paquier, pour les dangers & le domage que la fumée pourrait caufer aux pastels de M. de La Tour, il eft inftant que vous veniés faire fermer les écartements du mur. » Une troifième, datée du 5 janvier 1788, donne de triftes détails fur la folie du peintre : « Je fuis charmée que la fanté de votre pauvre frère fe foutienne, il ne faut pas s'étonner fi les forces diminuent à fon âge; le temps met à tout des proportions; il faut compter fur cela. Je crois pourtant qu'il ferait à propos de lui perfuader que la *lelerte* trouve mauvais qu'il boive de fon urine & qu'il refte deux jours fans manger. »

M. Desmaze poffède une autre lettre de Mlle Fel, non publiée encore, qui eft une réponfe de Mlle Fel, du refte fans intérêt biographique, à une demande de renfeignement de l'hiftorien D'Argenville.

Parmi les autres correfpondants, il y a des billets de l'évêque de Verdun, à propos d'un changement de féance demandé par le cardinal du Tencin, des billets du comte d'Egmont, qui donne au peintre rendez-vous à l'Opéra-Comique pour le mener fouper à Paffy, fans doute chez la Popelinière, des billets du duc d'Aumont, de l'abbé Pommyer, de l'oculifte Demours, de Voltaire, de Mme Theluffon, qui, pour remercier La Tour de fon portrait, lui écrit : « Mon mari part demain matin, & vous ferez, monfieur, très-bonne œuvre en me faifant l'amitié de venir dîner avec moi. »

M. Mantz me fait obferver avec toute juftice que les relations de La Tour avec Rigaud & Largillière font antérieures à la date que je leur affigne. La Tour a eu fon logement au Louvre en 1750, fept ans après la mort de Rigaud, trois ans après la mort de Largillière. M. Mantz me fignale, parmi les amis du peintre, le fculpteur Pajou, au mariage duquel (27 janvier 1761) La Tour affifte comme témoin.

Dans fon art, La Tour affectionnait les tours de force. Un jour ne s'imagina-t-il pas de vouloir faire, avec les détails les plus minutieux, les plus détaillés, les plus précis, le portrait d'une femme habitant la province? Le curieux de ce tour de force, c'eft que le portrait n'était pas le moindrement du monde reffemblant. (*Mélanges de Suard*, t. Ier.)

Des fragments de lettres publiés par M. Courajod dans fes notes du *Livre-Journal* de Lazare Duvaux indiquent l'homme impoffible qu'était La Tour & tous les ennuis qu'entraînait pour le *portraituré* la commande d'un paftel à l'artifte quinteux.

M. de Marigny a commandé, le 26 février 1752, le paftel de fa fœur, le grand paftel de Mme de Pompadour expofé au Salon de 1755. Il eft obligé de lui écrire, le 24 juillet 1752, de la part de Mme de Pompadour, pour favoir « *déterminement* s'il veut venir continuer fon portrait. » Il fe plaint, avec une certaine amertume affectueuse, d'un poft-fcriptum incompréhenfible, dans lequel l'artifte l'accufe d'être l'auteur, « la caufe innocente » des accidents arrivés aux deux portraits de fa fœur. Il termine par ces mots : « Ayés agréable, monfieur, de m'écrire quels font les griefs que vous pouvés avoir et quels font les moyens que vous défirés que j'employe pour y remédier; vous devés compter fur tout le cas que je fais de vos talens & fur le plaifir que j'auray de vous le prouver en vous faifant juftice. Ma fœur peut-elle compter d'être peinte par vous? Elle est impatiente de voir finir fon portrait. Faites honneur aux fentiments dont vous faites profeffion en venant au plus tôt terminer ce portrait pour la fatisfaction de ma fœur, à qui vous devés de la reconnaiffance, et pour celle de son frère, à qui vous deviés plus d'amitié. »

Aux lettres de correfpondants de M. de La Tour publiées dans *la Petite Revue de Saint-Quentin*, M. Desmaze a joint plus tard dans l'opufcule ayant pour titre : *le Reliquaire de M. de La Tour*, trois lettres du peintre de paftels.

La première est empruntée à la collection de M. Boutron. La voici :

MONSIEUR,

« J'ay mille remercimens à vous faire fur les bontés que vous avez pour mon bon ami Restout et fur ce que vous avez bien voulu répondre de mon zèle à Mme la marquife de Pompadour. — Il eft tel que je partirois fur-le-champ fi les portraits n'avoient grand befoin d'être préparés ici pour réparer le dommage qu'ils ont fouffert ; je ne fçais le temps qu'il me faudra, parce que le chagrin que j'en ay eu m'a furieufement dérangé la cervelle ; mais vous pouvez compter que je feray tous mes efforts pour me hatter. Les bontés du Roi, & la manière obligeante dont vous m'annoncez cette grâce me pénètrent de reconnaiffance & de tous les fentimens que vous devez infpirer à ceux qui afpirent à l'honneur de votre eftime, & j'ofe dire amitié, comme celuy qui eft très-refpectueufement,

« Monfieur,

« Votre très-humble & très-obéiffant ferviteur.

« DE LA TOUR. »

A Paris, ce 13 juillet 1752.

« Je ne fuis plus fâché d'avoir ignoré l'heure de la pofte, puifque je puis, dans cette même lettre, vous faire part de ma fituation ; je ne fçay fi ce font les efforts que j'ay fait hier après la lecture de votre lettre ou la complication d'idez différentes, mais je me trouve dans un abattement, un anéantiffement qui me fait craindre la fièvre ; la tefte vuide étonnée & tout le corps brifé, je ne fçay que devenir ; j'ay cru que le lit réparerait mes forces, il n'a rien opéré ; je dois effayer fi l'air me fera du bien, car je fuis preffé de répondre au plus vite aux marques d'amitié dont vous m'honorez. »

La feconde lettre eft un très-curieux fatras à propos d'un teftament fait en faveur de La Tour par l'abbé Hubert. Dans cette lettre, le fentiment picard du *mien*, fi développé chez le paftellifte, cherche à faire revenir un co-partageant fur un arrangement de vieille date, cela au moyen d'un prêche évangélique qui fe termine par l'expofition des idées de La Tour fur la vie future.

« Je partage avec la plus grande douleur, mon cher monfieur, la perte irréparable que vous venez de faire. Vous voyez que l'on meurt à tout âge ; je viens moy-même d'effuyer deux maladies confécutives, l'une caufée par un accident fur l'œil, l'autre par une tranfpiration interceptée, et dans laquelle il s'eft meflé de la goutte, qui a monté du pied à la tête ; j'ay vu deux fois mon dernier moment dans l'efpace d'un mois, & je vous avoue que j'éprouvois dans l'âme un regret bien douloureux de voir fonner ma dernière heure fans avoir eu la précaution de faire des changements à mon teſtament ſuivant les différens événemens arrivés à ceux qui en ſont l'objet; je profite de ma convaleſcence pour donner un ordre à tous mes papiers, parmi leſquels il m'eſt tombé ſous la main le plus cher à mon Cœur : c'eſt une copie du teſtament de notre ami commun, M. l'abbé Hubert ; j'y vois avec étonnement que ſa volonté eſt que j'aye 2,000 francs de rentes viagères bien aſſurées. En outre, & par deſſus un contrat de rentes de 500 francs, qu'il avoit placé sur ma tête peu de tems avant le malheur de ſa mort, dans le cas que je ne prenne pas la qualité d'héritier légataire univerſel, il charge M. ſon frère Pierre Hubert de me faire 1,000 francs de rente s'il accepte la calandre qu'il eſtime 30,000 francs, et vous, monſieur, à ſon refus de la vendre & de m'aſſurer 1,000 francs de rente ſur le produit de cette vente; vous pouvez vous rappeler comment vous m'avez engagé à la prendre & enſuite à vous la céder avec tous mes droits ſur le legs univerſel moyennant 15,000 francs. En ajoutant les 500 francs du petit contrat, vous avez cru probablement que cela étoit ſuffiſant pour remplir ſa volonté. Voilà, monſieur, l'étrange mépriſe que nous avons faite l'un & l'autre, car pour que j'euſſe, ſuivant la volonté du teſtateur, 2,000 francs de rentes viagères bien aſſeurées, en outre, & par deſſus le contrat de rente de 500 francs qu'il n'avoit pu placer ſur ma tête, ſelon mon âge alors, qu'à 8 pour 100, il falloit néceſſairement que je receuſſe de vous vingt-cinq mille livres, & il ſe trouve que je n'en ay effectivement reçu que quinze mille en vous emparant de la calandre, que notre ami évaluoit à trente mille livres. Vous penſiez bien que, n'entendant rien au commerce ni à toute autre eſpèce d'affaire d'intérêt & étant fort négligent d'ailleurs, je ne pouvois pas la faire valoir ny en tirer aucun profit : vous l'auriez au prix que vous voudriez. Il doit donc reſter dix mille livres dont vous eſtes redevable avec les intérêts depuis le temps; vous eſtes trop équitable pour vous y refuſer. Ce n'eſt point, monſieur, par un motif de cupidité que je vous fais ces repréſentations : le tien & le mien, qui ont tant ſouillé la pureté de la morale, n'ont aucun empire ſur mon âme; cette cupidité, cette ſoif des richeſſes ont pu infecter des cœurs ambitieux ſans entrer dans le mien. Hé ! voudrais-je me livrer aux paſſions factices ſi oppoſées au deſſein de l'auteur de la nature & au bonheur du genre humain dans un moment où je me ſuis trouvé ſi près du terme fatal qui nous arrache à nos tréſors & à toutes les paſſions qui nous y attachent! Non, monſieur; un ſentiment plus noble me porte à vous écrire : je voudrois qu'en prenant pour baſe l'Équité naturelle, nous puiſſions nous juger nous-mêmes, faire nos arrangemens autant pour la paix de votre conſcience que pour la ſûreté de la mienne; je dis la conſcience, car je crois que cecy intéreſſe la vôtre & la mienne : la vôtre, ſuivant le principe gravé par le burin de la nature, que nous ne devons point arracher les vêtemens de notre frère pour nous revêtir de ſes dépouilles ; la mienne, par une ſuite de ce même principe qui nous confie nos biens comme un dépôt ſacré & nous ordonne de les tranſmettre à ceux à qui les liens du ſang en deſtine la poſſeſſion après nous. Ne nous y trompons pas, monſieur : enlever des biens par une ſéduction inſinuante & trompeuſe ou les ravir par la force, c'eſt toujours les ravir au poſſeſſeur légitime. Je me ſuis reſtreint à quinze mille livres tant pour la calandre que pour le legs matériel qui auroit été au delà de trente mille livres, ſi vous euſſiez eu égard aux déſirs & à la volonté de votre ami, qui étoit auſſi le mien, j'en conviens. Mais peſons icy les choſes au ſanctuaire : vous ſçavez que naturellement pour faire deux mille livres de rentes viagères à huit pour cent, il en falloit vingt-cinq mille par le legs de notre ami commun, & que je n'ay cédé tous mes droits pour quinze mille livres qu'à vos ſollicitations, à vos importunitez mêmes. Vous employâtes toutes les adreſſes imaginables pour me ſéduire, & je ne conſultai pour me rendre que ma facilité & mon défintéreffement; d'après cela, vous pouvez être juftifié aux yeux de la Loy, qui cependant n'admet pas les léfions d'outre-moitié; mais vous n'êtes pas juftifié aux yeux de l'Être fuprême, qui exige que nous aimions la vérité; comme il eft la vérité même, quelquefois il nous abandonne à nos paffions & à nos erreurs; il se cache derrière le rideau, mais il n'en fort que plus terrible pour déchirer le voile que fon œil a percé & nous livrer au défefpoir d'une âme dévorée par le remords. Je crois, monfieur, que vous êtes perfuadé comme moi que tôt ou tard il arrive un moment où les poffeffeurs injuftes éprouvent des remords bien cuifans, & où le fecret dictamen de la confcience leur fait fouhaitter d'être un peu moins riches & plus tranquilles. Au refte, monfieur, cette morale pure ne vous eft point étrangère; je l'aye puifée autant dans mon cœur que dans les ouvrages de M. votre frère, pour qui je fuis pénétré de la plus refpectueufe eftime. Ah! qu'il diffère bien de nos prêtres, dont le plus grand nombre enfevelit la poftérité pour ne s'occuper que des moyens fouvent trop tiraniques & barbares, & des rufes les plus propres à étendre le bandeau de la fuperftition, laquelle les maintient dans leurs funeftes ufurpations & les favorife à fruftrer pieufement de légitimes héritiers. Je joins ici mes remercîmens aux honnêtes gens qu'il a éclairés. C'eft, monfieur, à la lueur de ce flambeau que j'ofe vous inviter à rapprocher votre confcience : jugez-vous, tenez vous-même la balance, mais tenez-la en juge impartial & févère; oubliez ce que j'ay fait pour ne fonger qu'à ce que j'aurais pu faire & à ce que vous auriez dû faire vous-même; placez-vous pour mieux voir les objets au dernier de tous les inftans, où l'illufion des paffions ceffe & où l'on n'eft plus qu'une vile pouffière qui ne nous aveugle plus, mais qui nous échappe. S'il s'élève au dedans de vous-même une voix que réclame mes droits, ne l'étouffés pas, cette voix foible, mais précieufe, & daignez l'entendre.

    J'abandonne le refte à vos réflexions, à vos lumières. Je crains de vous ennuyer par la longueur de cette lettre ; elle eft cependant l'ouvrage du plaifir fecret que je trouve à m'entretenir avec vous, & vous feriez injufte fi vous la croiez dictée par un miférable intérêt. J'ay vu de bien près la demeure des morts; les âmes des juftes étoient dépouillées de toutes les paffions humaines, & je protefte que la mienne n'en fera jamais fouillée dans le court efpace qui me refte à la parcourir; j'ay fuivi ma carrière, ma plus grande fenfibilité a été partagée aux foins & fatigues à faire de mon mieux dans mon talent & aux fouhaits de devenir vertueux. Ce font les feules paffions que je veux emporter au tombeau. La bouillante ardeur de ma jeuneffe m'a précipité trop fouvent dans les écarts dont je ne puis affez me repentir; je vous en fais l'aveu, mais elle ne m'a jamais infpiré cette impiété hardie qui veut entreprendre de renverfer le maître de tous les êtres de deffus fon thrône, lequel thrône embraffe, couvre & difcerne tout ce qui exifte dans l'immenfité de l'efpace & anéantir l'âme pour donner à la matière, à un atome, le fentiment, la penfée & même une intelligence fublime qui fe manifefte dans les ouvrages des grands génies de tous les tems. Je crois avec Pafchal que l'immortalité eft au dedans de nous-mêmes, uni avec l'amour de la vérité, de la juftice & de la bienfaifance, & que ceux qui en fuivent exactement toutes les impreffions feront récompenfés par le plaifir toujours nouveau de contempler la fageffe fuprême dans le gouvernement de tant de millions de mondes & le bonheur délicieux de pouvoir réfléchir fur les refforts admirables & les plus cachés de fa divine Providence. Quelle foulle d'objets à parcourir dans des fcènes fi vaftes & fi variées! Je fouhaite avec impatience, avant de jouir de ce fpectacle fi brillant, pouvoir embraffer M. de Voltaire & le remercier de tous les fervices qu'il a rendus, plus que tous les philofophes enfemble n'ont fait, à la raifon, à la justice, à l'humanité, en se rendant protecteur efficace des malheureux comme les Calas, les Sirven & tant d'autres qui ont eu besoin de son secours contre les injustices qu'on leur faisoit ou qu'on vouloit leur faire. Je présume, d'après cette confession de foy, que vous voudrez bien penser que ma croyance est toujours raisonnable, que j'aime toujours la vérité, qui sera à jamais l'idole de mon âme, & que l'aspect de la mort ne m'a point fait tomber dans des faiblesses puériles. Les grandes vérités, les vérités sublimes, existoient de tous les tems &, par conséquent, bien avant nous, & elles survivront à jamais à tout ce qui nous survivra. L'équité naturelle est sans doute une de ces vérités indestructibles, & peut-être la première de toutes; c'est à elle que je vous rappelle encore, & je ne feray qu'y joindre les assurances de mon attachement, avec lequel j'ay l'honneur d'être,

« Monsieur,

« Votre très-humble et très-obéissant serviteur,

« DE LA TOUR.

« Aux galeries du Louvre, ce 6 novembre 1770. »

Dans la troisième lettre donnée par M. Desmaze, lettre relative à la donation du peintre en faveur des pauvres femmes en couches & des artisans infirmes de sa ville natale, La Tour s'exprime ainsi :

MONSIEUR,

« J'approuve avec satisfaction l'ordre de la distribution & l'excellente application des deniers, formant la vente annuelle de 600 livres, au principal de 12,000 livres qu'il vous a plu placer à ma demande sur le domaine de la ville pour être employée, suivant mes désirs, au soulagement des pauvres femmes en couches & à ayder pendant l'hyver des artisans caducs ou infirmes & de bonnes mœurs dans l'impuissance de fournir par leur travail à la vie alimentaire.

. . . .

« Mon intention étant de secourir les vrais pauvres, Messieurs les administrateurs, économes des biens qu'ils auront à distribuer, sont priés de n'avoir égard aux recommandations, de ne point accorder de ces bienfaits à leurs domestiques ou personnes employées à leur service, à moins que leur indigence ne paraisse plus grande que celle des personnes qui ne les intéressent pas. Il n'y a que les vrais pauvres de bonnes mœurs hors d'état de servir pour causes d'infirmités ou de caducité, des femmes infirmes ou en couches qui doivent participer à cette charité. Je regarde tous les hommes également frères & l'ouvrage du Créateur. La différence des opinions religieuses ne doit jamais être un motif d'expulsion; mais pour ne point favoriser le vice & le libertinage, j'exclus les filles, ainsi que les femmes étrangères, excepté les cas particuliers qui mériteroient quelques attentions. Vous voudrez bien, monsieur, inspirer dans le cœur des vrais pauvres que les secours leur viennent par un effet de la Providence, qu'ils doivent à Dieu des actions de grâces, avec le désir de luy plaire & de prier pour celuy des mains duquel elle s'est servie pour leur procurer ce secours. »

. . . .

La lettre, écrite des galeries du Louvre, est datée du 2 mars 1778.

GREUZE

RÉTRY, qui avait épousé une fille de Grandon & non Gromdon, comme l'appelle Mme de Valory, donne dans ses *Essais sur la Musique* une curieuse anecdote sur le tempérament amoureux de Greuze pendant son passage dans l'atelier du peintre lyonnais. Greuze brûlait en secret pour la femme de son maître, qui était fort belle. Et un jour la femme de Grétry, encore toute jeune, le trouvant couché par terre dans l'atelier, lui demanda ce qu'il faisait : « *Je cherche quelque chose,* » dit-il; mais elle avait vu un foulard de sa mère qu'il dévorait de baisers.

Mon ami Philippe Burty me communique un fragment du *Voyage de l'abbé Gougenot,* qui emmena Greuze en Italie. Dans la première lettre, contenant la description des curiosités qui se trouvent sur la route de Paris à Grenoble, l'abbé-artiste s'exprime ainsi : « J'ai donc quitté Paris (le 22 septembre 1755) avec M. Greuze, jeune peintre de bambochades que l'Académie royale vient d'agréer. Vous devez le connaître sur ses talents ; ses tableaux ont fait assez de bruit au Salon dernier. Je compte le défraïer pendant son voïage; si dans cette occasion je rends quelques services aux arts, j'en serai bien récompensé par le plaisir que j'aurai d'acquérir de nouvelles connoissances avec un homme aussi éclairé. »

Et voilà nos deux voyageurs à Fontainebleau, où ils débutent par verser dans la cour de l'auberge du *Cheval blanc.* L'abbé en est quitte pour une égratignure à la main et Greuze pour la peur. De Fontainebleau, les voyageurs gagnent Dijon, Tournus, où l'abbé laisse Greuze « dans le sein de sa famille, » avec laquelle il se proposait de passer quelques jours, et gagne Lyon, où le peintre vient bientôt le rejoindre. Puis, c'est la Grande-Chartreuse, Grenoble, la promenade du Pont-de-Clé, où Greuze s'amuse beaucoup du spectacle de la tabagie que lui donne un corps de garde. On quitte les terres de France pour la Savoie. Le 18 octobre, leur chaise de poste démontée et placée sur des mulets, les deux voyageurs, portés par des hommes sur de petits brancards à siége d'osier, gravissent le mont Cenis. Le lendemain, en sortant de Suse, ils s'embourbent dans le débordement du Grave, & l'eau montant autour de la voiture, Greuze & l'abbé dévêtu sont obligés de se jeter à l'eau comme d'un bâtiment qui sombre. Enfin l'on arrive à Turin, où Chauvelin, l'ambaſſadeur de France, fait force politeſſes à Greuze, dont la réputation pariſienne a déjà traverſé les Alpes. Les deux voyageurs font à Gênes le 30 octobre... Là malheureuſement finit la troiſième lettre : tout ce que Burty poſſède de la copie du manuſcrit de l'abbé Gougenot.

« 28 janvier 1756.

« ... M. l'abbé Gougenot, conſeiller au grand conſeil, vient d'arriver à Rome, après ſon voyage de Naples, accompagné de M. Greuze, nouvellement agréé à l'Académie, & dont la réputation nous annonce les talens. Il les fera voir dans ce païs-cy par quelques morceaux qu'il compte y faire. »

« 22 février 1757.

« J'ai fait part à M. Greuze de la lettre que vous m'avez fait l'honneur de m'écrire le 13 janvier à ſon ſujet, touchant les deux tableaux que vous lui demandiez & que vous conſantez à attendre ſon retour en France pour qu'il les faſſe. Il eſt toujours ſenſible aux bontés que vous avez pour luy. Il vient de finir le pendant d'un tableau pour M. l'abbé Gougenot, où il y a beaucoup de mérite ; ce ſera preſque ſon dernier ouvrage de Rome. »

Voici la lettre intéreſſante où ſe trouve cette commande que Greuze, conformément à l'ordre du 13 janvier, n'exécuta qu'à ſon retour :

« A Versailles, le 28 novembre 1756.

« J'apprends, Monſieur, avec bien du plaiſir, que le ſieur de Greuze s'applique entièrement à cultiver ſes talents pour la peinture ; & j'ay vu à Paris des tableaux qu'il a envoyé de Rome & dont j'ay été ſi content, que ſachant que ſes facultés du côté de la fortune, ſont extrêmement bornées, j'ay réſolu de lui procurer les occaſions de ſe ſoutenir par ſon travail & par ce moyen de ſe perfectionner dans ſon art. Voyez, je vous prie, à détacher du logement qu'occupoit à l'Académie feue Mme de Wleugelles une chambre qu'il put habiter & dans laquelle il eut le jour néceſſaire à ſon travail, & donnez-la luy : il épargnera ſon loyer, dont la dépenſe, quelque mince qu'elle puiſſe être, ſera un petit ſoulagement pour luy. Vous trouverez icy inclus, coupé en ovale, une meſure que vous aurez agréable de luy remettre, afin qu'il faſſe deux tableaux de la même grandeur que cet ovale. Je luy laiſſe la liberté de ſon génie pour choiſir le ſujet qu'il voudra. Ces deux tableaux ſont deſtinés à être placés dans l'appartement de Mme de Pompadour au château de Verſailles. Exhortez-le à y donner toute ſon application. Ils ſeront veus de toute la cour, & il pourroit en naître de gros avantages pour luy s'ils ſont trouvés bons. Recommandez-luy auſſy ces deux tableaux, & aſſurez-le que je ſaiſirai avec plaiſir les occaſions de ſon avancement lorſqu'elles ſe préſenteront.

« LE MARQUIS DE MARIGNY. »

Greuze partit de Rome au mois d'avril fuivant (lettre du 20 avril 1757).

Académie de France à Rome, par Lecoy de la Marche. *Gazette des beaux-Arts* (feptembre 1870-1871).

M. Renouvier cite, d'après *la Revue univerfelle des Arts,* 1855, une note de l'abbé Gougenot, qui eft une révélation fur le caractère & le travail de Greuze à Rome : « Greuze étoit le plus capricieux des artiftes. Pour le fatisfaire, il falloit réunir en toute hâte les perfonnages néceffaires à la compofition du tableau dont il s'occupoit dans le moment. Puis, une fois les perfonnages raffemblés, fa verve, difoit-il, étoit éteinte; il ne fe fentoit plus en état de travailler, & il congédioit fes modèles, qui recevoient cependant le prix convenu pour la féance. De pareilles fantaifies étoient fréquentes chez cet homme bizarre. »

Une caricature curieufe du temps fatirife les méchants ridicules de la femme de Greuze, en même temps qu'elle égratigne la vanité du peintre & moque la rapacité de Levaffeur, le graveur préféré du ménage. C'eft à propos de la publication de l'eftampe de *la Belle-Mère.* L'eau-forte repréfente un obélifque où fe voit au-deffus de l'eftampe une tête fans cervelle avec ce nom : *Creufe.* L'obélifque eft rendu tout branlant par le remuement fous fon piédeftal d'une tête fumant une pipe, dont la fumée trace le phylactère fuivant : *La bourfe & mes écus f*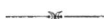*.* Derrière fe dreffe, dans une verticalité inébranlable, un autre obélifque avec le médaillon de Flipart, furmonté du mot *virtus* couronné. Voici ce que la pointe du pamphlétaire aqua-fortifte a tracé :

Dédié à très haute, très puiffante, très ridicule dame, femme de J. B. Greuze, reçu jadis peintre de genre fur un tableau d'hiftoire — par fon hiftoriographe.

Un jour, près de fa vieille haquenée, pouffé par un refte de vent, G... dit à Jeannette : « Je veux te couvrir de gloire, je veux enfanter un fujet qui faffe horreur aux honnêtes gens. Tu me ferviras de modèle, ma mie : je veux peindre une méchante femme. »

EXPLICATION DE L'OBÉLISQUE.

M. Le Vaffeur (qui a gravé la Belle-Mère), écrafé par la chute de l'obélifque élevé à la défunte gloire de Greuze, — accident caufé par une piqûre d'épingle faite à l'une des veffies qui fervaient de bafe à l'édifice fur lequel on voit le portrait de Greuze couronné de chardon, plumes de paon... le tout terminé par un fiflet.

Nouvelle édition revue, corrigée & augmentée, la première ayant été épuifée en trois jours.

Miger trace un curieux portrait de la vanité de Greuze. « Il n'y a donc, écrit-il, que des fots remplis de vanité qui puiffent fe croire des êtres parfaits. Tel étoit le peintre Greuze, des tableaux duquel on n'avoit pas le plus petit éloge à rifquer, parce qu'il fe chargeoit d'en faire les honneurs en perfonne. Il ne manquoit chez cet artifte qu'une caffolette avec de l'encens pour en brûler devant lui en fon honneur & gloire. Voici un petit propos de lui. Dans le temps qu'il y avoit des expofitions générales de tableaux, il difoit qu'un amateur devoit courir le Salon comme en pofte, le fouet à la main, & dire s'il le vouloit : « *Ah! que c'eft beau!* » mais qu'un vrai connoiffeur devoit, dès le matin, aller en robe de chambre & pour ainfi dire en bonnet de nuit, s'arrêter devant fes tableaux & paffer toute la journée en extafe. *Ecce homo.* » (*Biographie du graveur Miger*, par Bellier de la Chavignerie, 1856.)

Dans les toutes dernières années de fa vie, Greuze, qui n'avait plus expofé à partir de l'année 1769, fe décide à reparaître au Salon.

Salon de l'an VIII.

173. Le Départ pour la chaffe.
Portrait du C*** dans un payfage avec fa femme.
Deux tableaux faifant pendant. *Même numéro.*
174. Un enfant héfitant de toucher un oifeau dans la crainte qu'il ne foit mort.
Une jeune femme fe difpofant à écrire une lettre d'amour.
Ces deux tableaux appartiennent au C. de Lepine, horloger.
175. Portrait. Une jeune femme préludant fur un forte-piano.
176. Deux portraits d'hommes. *Même numéro.*
177. Trois têtes de différents caractères. *Même numéro.*
La Peur de l'orage.
La Crainte & le Défir.
Le Sommeil.
178. Deux pendants. *Même numéro.*
L'Innocence tenant deux pigeons.
Une Jeune Fille bouchant fes oreilles pour ne pas entendre ce qu'on lui dit.

Salon de l'an IX.

158. Le Repentir de fainte Marie l'Égyptienne dans le défert.
159. Un Cultivateur remettant la charrue à fon fils, en préfence de fa famille.
160. Un Enfant.
161. Portrait d'homme.
162. Portrait d'un vieillard.

Salon de l'an XII.

219. Le Repentir de fainte Marie l'Égyptienne.
220. Ariane dans l'île de Naxos.
221. Le portrait de l'auteur.
222. Un portrait de femme.
223. Deux têtes de jeunes filles : *la Timidité, la Gaieté.*

Salon de 1808.

Greuze (feu).
271. Sainte Marie, Égyptienne.
Ce tableau appartient à M. Lami, libraire, quai des Auguftins.

Greuze avait une espèce d'horreur pour les vieilles femmes, & une coquette de son voisinage lui faisait tomber la palette des mains en se montrant à sa fenêtre avec ses minauderies & son visage fardé. M. Pillet ajoute qu'il aimait la parure & les habits voyants, & qu'on l'a vu se promener en pleine révolution avec un habit écarlate & l'épée au côté.

GABRIEL DE SAINT-AUBIN

 NTRAINÉS par la ressemblance de certains encadrements de portraits d'acteurs gravés avec les encadrements dont Gabriel de Saint-Aubin a l'habitude d'entourer ses portraits à la pierre noire, nous avons commis une erreur, dans notre premier travail sur les Saint-Aubin, nous avons attribué à Gabriel de Saint-Aubin les tableaux de Pougin de Saint-Aubin, portraitiste du temps, montrés dans les expositions de Saint-Luc, de 1751, 1752, 1753, 1756, 1762, 1764. Il n'y a que les tableaux exposés en 1774, qui appartiennent réellement à Gabriel de Saint-Aubin.

Voici les autres expositions où a figuré Gabriel de Saint-Aubin :

Gabriel de Saint-Aubin exposait en 1776 dans une autre exposition de l'Académie de Saint-Luc, qui se tenait dans le *Salon des Grâces* au Colisée, les numéros suivants :

102. *Son portrait* fait par lui-même, de 14 pouces de haut sur 11 de large.

ESQUISSES. 103. La *Tentation de saint Antoine*, de forme ronde.

104 & 105. Deux pendants de 10 pouces de haut sur 10 de large : l'un est une *Scène tragique*, l'autre un *Concert*. *Esquisses*.

222. *Une Mère allaitant son enfant*, en peinture éludorique, de 17 pouces de haut sur 13 de large.

223. *Le Triomphe de Pompée*, même peinture, de 10 pouces de haut sur 13 de large.

224. *Le Trait de bienfaisance de la Reine à Fontainebleau*, de 5 pouces de haut sur 7 pouces de large, esquisse à gouache.

225. *Une Sevreuse & des Enfants*, deux pastels de 15 pouces de haut sur 14 pouces de large.

245. *La Rentrée du Parlement.*

246. *Le Roi posant la première pierre de l'amphithéâtre des écoles de chirurgie.*

Ces deux pendants sont de 9 pouces de haut sur 6 de large.

247. *Vue de l'intérieur de la rotonde du Colisée.*

248. *Un paysage.*

Ces deux pendants, de forme ronde, sont de 5 pouces de diamètre.

262. *Nouveau Trait de bienfaifance de la Reine arrivée au village de Saint-Michel*, de 6 pouces de haut fur 8 de large.

263. *Le Carnaval du Parnaffe* repréfentant le caractère des trois théâtres, de 9 pouces de haut fur 12 de large.

Les numéros 262 & 263 font des gouaches.

Trois ans après la mort de Gabriel de Saint-Aubin, la Blancherie expofait dans fon *Salon de la Correfpondance*, n° 97, le petit tableau d'un plafond projeté en 1752, qui n'a jamais été exécuté, repréfentant le *Triomphe de l'Amour*, qui, élevé fur un trône, voit dépofer à fes pieds les attributs de tous les dieux que fa puiffance a fubjugués. N° 98. — *Un Payfage* avec figures dans le genre de Watteau.

Ce ferait là toutes les peintures que nous faurions avoir été exécutées par Gabriel, fi, dans un catalogue du 17 février 1777, catalogue qui femble un débarras de la Du Barry en une année de gêne, nous ne découvrions le n° 185 : un tableau peint fur bois repréfentant un peintre deffinant d'après un modèle de femme nue, couchée fur un canapé. Hauteur 6 pouces 6 lignes, largeur 10 pouces (c'est l'*Académie particulière* gravée par le Maître); le tableau fut vendu 60 fr. Un autre numéro de cette vente était une *gouaffe* de 10 pouces de large & 7 de haut, où une jeune femme affife, tenant une poignée de verges, faifait lire fon enfant. La gouaffe fut vendue 48 livres.

Nous trouvons encore en 1808 dans le catalogue de fon frère Auguftin de Saint-Aubin, une compofition de vingt-cinq figures, de 36 pouces fur 48, intitulée le *Pouvoir de l'Amour* (sans doute le *Triomphe de l'Amour*), & un lot de treize efquiffes : fujets de fcènes familières, vues de monuments & de promenades publiques, la plupart, dit le catalogue, fans bordure ou montées économiquement fous verre.

De toutes ces peintures, à l'heure qu'il eft, je crois bien qu'il n'en eft pas une feule officiellement reconnue.

J'ai dit que je ne connaiffais pas de peinture authentique de Gabriel de Saint-Aubin. Cependant il eft une petite toile où il me femble reconnaître le maître que j'ai fi longtemps étudié. C'eft un tableau appartenant à M. de la Béraudière & vendu à la vente Denon comme un Panini. Ce tableau repréfente une fête, un bal mafqué, bien français dans les architectures italiennes d'un Colifée, d'un Vauxhall, ou d'une Redoute du temps. Des coups de pinceau jetés à la manière de fon crayonnage, des bâtonnements de jambes femblables à ceux de fes deffins, des fuites de profil perdu qu'il affectionnait pour fes femmes, une couleur à la fois blonde & barboteufe, des muficiens & des petits perfonnages imitant les taches diffufes de la tapifferie, font de cette peinture, fi elle n'eft de Gabriel, la peinture qu'on imagine échappée des pinceaux du petit maître.

Depuis le jour où j'ai vu ce *Bal mafqué*, j'ai rencontré une peinture de Gabriel de Saint-Aubin inconteftable, & qui femble confirmer l'authenticité du tableau de M. de la Béraudière. C'eft un petit tableautin (H. 0^m,10., L. 0^m,13) poffédé par M. le baron Schwiter, à qui il a été vendu comme un Watteau. Il représente un salon de danse aux grandes baies vitrées qui se remarquent dans les représentations gravées du café Gauffin. Au milieu une petite femme en blanc dans une robe lâche, fait face à un petit danseur en habit rouge. Tout autour sont des tables & des gens qui vendent des objets de consommation, figurés par de petites taches vertes, bleues, jaunes, les plus harmoniques du monde. La microscopique danseuse, retroussant sa jupe des deux mains dans son mouvement d'avant deux, est esquissée avec l'esprit d'une esquisse de Watteau. Le bleu d'un ciel verdissant dans lequel se couche le jour, éclaire le brouillard chaud de la salle, d'une lumière laiteuse, nuée, opalifée. Un bijou, une merveille que ce tableautin, dans lequel semblent se mêler & se confondre les deux peintures de Watteau & de Guardi.

Je reprends le morceau sur les dessins de Gabriel de Saint-Aubin que je m'efforce de rendre plus complet.

Les dessins de Gabriel, tout contrastés d'ombres & de lumières, & qu'on dirait toujours conçus en vue d'une eau-forte, ces dessins reconnaissables au milieu de tous les dessins des dessinateurs du siècle, par leur caractère de *dessins de peintre,* sont un vrai régal pour les yeux d'un amateur.

Figurez-vous des dessins dont l'enchantement est fait d'une liberté, d'une audace, d'une outrance qui semblent les aventures, les bonnes fortunes, les hasards inespérés d'un crayon heureux, & qui ne sont que science & art. Des dessins dont un contour gras fait saillir les rondeurs du nu, comme de l'ombre portée d'une ronde bosse, avec des lignes de lumière qui ne paraissent dessinées que par la demi-teinte des fonds. Des dessins, où dans l'*osé* des noirs, des parties à peine effleurées par le crayon, des parties grises du ton effacé d'une contre-épreuve, donnent, dans l'intensité des ombres, le rayonnement diffus & vague & comme mangé de lumière des morceaux éclairés par un coup de jour; des portraits, où des sourires de figures comme lointaines, s'estompent d'une caresse de vie, dans le tarabiscotage brutal des cadres, & le fouillis heurté des accessoires. Des vignettes où le contour, tour à tour noyé, tour à tour profilé par un fin trait d'encre, donne à un petit personnage de 2 pouces de hauteur le tournant d'une forme vivante dans une atmosphère. Des vélins, où, dans la douceur de la plombagine sur la peau, Gabriel enferme une forme de femme flottante dans sa ligne, hors du nuage & dans le nuage encore. Des aquarelles, d'un emportement de coloris, des aquarelles qu'a bien certainement regardées l'aquarelle anglaise du commencement du siècle. Des gouaches pareilles à un revers brouillé & nué des soies d'une tapisserie de Beauvais, dont le bariolage fait des hommes, des femmes, des foules. Des crayonnages, des crayonnages où pour arriver à son effet, Gabriel risque tous les mélanges, toutes les combinaisons, associe à la mine de plomb, la sanguine & l'encre de Chine qu'il recouvre encore de griffonnages dignes de la plume de la Belle. Il délave sa pierre d'Italie & la réchauffe avec du bistre, sur lequel il écrase quelquefois du pastel. Gabriel est préoccupé de tous les moyens; il est à l'affût de toutes les ressources, à la recherche de tous les procédés, & il emploie l'or liquide dans fes effais ainfi que l'attefte une lettre de l'*Avant-coureur* du 29 avril 1771. Nous y lifons :

... J'ai vu entre les mains de M. de Saint-Aubin, peintre d'hiftoire, de l'or liquide préparé par M. Thomé, chimifte, demeurant à Paris, vis-à-vis l'école chrétienne. On peut s'en fervir comme de l'encre & le brunir enfuite. Ce fecret était très-connu fous François I*er*, comme on peut le voir par le portrait de ce prince fait en miniature par *Nicolo dell Abate* que l'on conferve dans le Cabinet des eftampes du Roi.

A l'aide de ces effais, de ces tâtonnements, de ces inventions, de ces découvertes, de ces *ficelles*, de ce tripotage, — une nouveauté d'alors, — Gabriel arrive à un ragoût, à un gribouillis, à un barbouillage d'art qu'on ne rencontre chez aucun autre artifte.

Toute cette fcience du clair-obfcur fur le papier, toute cette fcience de la forme, tout cet art & tout cet efprit de la figuration d'après nature, ne font jamais plus à l'aife que dans la réduction microfcopique des chofes, dans l'infiniment petit du deffin. Là, Gabriel de Saint-Aubin eft vraiment unique & s'eft créé une originalité fans égale. En 1808, à la vente après décès d'Auguftin de Saint-Aubin, était offert aux enchères un lot qui, indépendamment de 142 deffins, indépendamment d'un grand recueil, comprenait une boîte en carton contenant treize petits portefeuilles & quatorze catalogues de ventes de tableaux, ornés de croquis & de deffins par Gabriel de Saint-Aubin. Tout le lot fe vendait 87 francs 10 fous. Et les catalogues, ainfi que les livres qui ne fe vendent pas, entraient dans la nuit de quelques caves de bouquinifte, jufqu'à ces dernières années où le bruit commençant à fe faire fur le nom de l'artifte, les catalogues revoyaient le jour, étaient regardés, étaient achetés par des amateurs ; c'eft ainfi que peu à peu les quatorze catalogues & d'autres encore faifaient leur apparition dans le monde de la curiofité. Ils tombaient en poffeffion de MM. Pichon, Dupleffis, Galichon qui conquit le fien au prix de 350 francs, à la vente Boilly, 1869. Pendant ce, un lot d'une dizaine était retrouvé aux Imprimés & faifait une triomphante rentrée au Cabinet des eftampes. En forte qu'aujourd'hui, les amis de Gabriel peuvent admirer l'adreffe avec laquelle le deffinateur, dans la largeur d'une marge, dans la hauteur de la defcription d'un numéro de vente, — trois ou quatre lignes à peine, — fait reconnaiffable, un tableau de Van Dyck, une ftatue de Houdon, un bijou antique. L'étonnant, c'eft que la plupart du temps, le croqueton eft enlevé, improvifé pendant le rapide paffage du tableau ou du bibelot fous les yeux des enchériffeurs, dans le court délai qui s'écoule entre la levée & la tombée du marteau de l'huiffier-prifeur. Encore Gabriel a-t-il le temps de jeter fouvent fous fon deffin le prix de l'objet vendu & le nom de l'acquéreur. Il a le temps d'écrire que ce tableau eft de Pater & non de Bénard, d'indiquer que ce tableau vient de la collection de M. de Julienne ; de proclamer que ce Lancret eft *très-beau ;* de faire, à propos d'une gravure, mention d'un état inconnu. Ici, en marge de fon deffin, des natures mortes de Chardin poffédées par l'orfévre Rœttiers ; il décrit le cadre : un cadre *environné d'un rameau & d'une chaîne d'or ;* & tout à côté de fon croquis de la *Petite Fille au chien,* de Greuze, une note de lui nous révèle que la petite fille eft faite d'après *la fille de l'auteur.* La vente vient-elle à traîner, ces indications, ces rectifications, ces admirations notées fur le papier, il trouvera encore le loifir, fi une figure de femme apparaît dans la falle, de la croquer fur fon catalogue.

Dans ces catalogues de vente, auffi bien que dans les trois livrets d'expofition, également poffédés par la Bibliothèque nationale, tous les portraits, tous les fujets familiers qui n'ont pas été gravés, vous en avez une repréfentation qui, toute petite qu'elle foit, vous permet de reconnaître, de retrouver les originaux. Grâce à ce catalogue de Natoire, il vous eft permis de faire connaiffance avec une partie de l'œuvre fi peu connu de Subleyras; grâce à ce catalogue de Michel Vanloo, bon nombre des tableaux des cinq peintres de la famille font fauvés. Notez que ce n'eft pas feulement des tableaux, des ftatues que Gabriel deffine, il deffinera & les deffins, & les gravures, & les médailles, & les antiquités, & les pots-pourris de la Chine et du Japon, & les écuelles & les aiguières, & les gobelets de Sèvres & de Saxe. Même il ne lui fuffit de deffiner tout ce qui méritait d'être catalogué, il faut qu'il deffine tous les objets fans valeur, raffemblés un peu au hafard dans le dernier numéro d'un catalogue; & la vue eft curieufe & bizarre dans un étroit bas de page, de l'entaffement & de la preffe d'une vingtaine de deffins que tranfpercent les mots imprimés :

Fin.

Lu & approuvé par Cochin.

De l'imprimerie de Prault.

Ces croquis tiennent du miracle; cette phrafe peut feule exprimer ce miraculeux talent qui dans cela, que vous prenez tout d'abord pour des pattes de mouches, vous y fait découvrir des académies d'hommes & de femmes, deffinées anatomiquement dans l'effet de lumière d'un grand tableau. Il y a des payfages dont la perfpective fe déroule dans un frottement au pouce d'un peu de pierre noire; il y a des charges de cavalerie dont la furie eft rendue fur le papier qui boit par quelques traits de plume, guère plus vifibles que ce que garde d'une lettre encore fraîche le papier brouillard d'un buvard. Ici une tache favante rend la nuit d'une peinture de Rembrandt, là de petites mythologies, au milieu du rien de blanc réfervé dans la faliffure du papier, nagent dans une gloire à la Boucher. Il eft de ces petits croquetons, ainfi que *l'Accordée de village* d'après Greuze, ainfi que le *Tombeau de Monfeigneur le Dauphin* de Bourgogne, qui repris après coup à la maifon, lavés de biftre, d'encre de Chine, d'eau blanchie, & retravaillés avec la plume, font des chefs-d'œuvre, de vrais chefs-d'œuvre. Et toujours, même en ces minufculités, ce contour dont nous avons parlé, ce contour reffenti dans l'ombre, qui femble toujours deffiné d'après la ronde boffe ou du moins veut en donner l'effet, & qui dans ces réductions des chofes d'art à la grandeur d'une pierre gravée, les détache & les met en relief, comme s'il les deffinait d'après l'empreinte de foufre de cette pierre gravée.

Mais vraiment, qu'eft-ce, dans l'immenfe quantité des deffins de Gabriel de Saint-Aubin, que les deffins de ces catalogues? fes deffins pour ainfi dire des jours de pluie & de mauvais temps, qu'eft-ce, auprès de tous les deffins faits les jours où il y a du foleil & du monde dans la rue; de tous ces deffins, dont la gravure, fi un mufée, fi une collection parvenait à les réunir tous un jour, ferait la chronique illuftrée la plus complète des *faits divers* du Paris du XVIIIe fiècle?

Nous avons dit : « Qu'eût fait cependant Rome de Gabriel, s'il eût eu le grand prix? un peintre d'hiftoire de la valeur de Subleyras. » J'ajoute :

En effet, deux tableaux que nous avons vus chez M. Leblanc, fignés *G. de Saint-Aubin*, l'un repréfentant la *Loi*, l'autre l'*Archéologie*, ne promettaient guère plus à l'avenir de Gabriel. L'Académie fit donc bien de le laiffer à Paris; car Paris, c'eft le maître & le génie de Gabriel. Et cependant il y a de lui, vers 1764, en un jour de retour aux études de fa jeuneffe, une œuvre qui mérite d'être fignalée : l'*Abrégé de l'Hiftoire romaine*, publié chez la librairie Nyon l'aîné. A première vue, les deffins de Gabriel fe diftinguent des deffins d'Eifen & de Gravelot. Ils font curieux, ces deffins, par la grandeur des architectures & des fortifications, par l'orageux des ciels, par la coloration & le mouvement tumultueux des fcènes; curieux, finon par une recherche de la couleur locale, au moins par un effort à reproduire autre chofe que les tragédies romaines jouées par les figurants de la Comédie-Françaife. Il y a encore, dans ces deffins, un côté décoratoire tout à fait inattendu; & dans cet épifode de la première guerre punique, fur cette mer toute couverte de galères à tête d'éléphant, l'infinie dégradation jufqu'à l'horizon le plus lointain, des trirèmes, des rames, des voiles, vous donne l'illufion d'un de ces combats corps à corps de deux flottes, d'une de ces grandes mêlées nautiques de l'antiquité. Mais là où Gabriel fait vraiment preuve de qualités qu'on n'eft pas habitué à rencontrer dans l'école françaife du temps, c'eft dans le *Triomphe de Pompée*, dans le fourmillement au pied des monuments de l'ancienne Rome, de ces légionnaires, de ces captifs, de ces cavaliers, de ces mimes, de ces hommes, de ces femmes, de ces enfants; — une planche dont le grandiofe de la perfpective, la pompe théâtrale de la mife en fcène, la multitude innombrable & indénombrable fait involontairement penfer à une compofition du peintre anglais Martins dans un décor de Piranefe.

Courte ftation que fait, du refte, Gabriel dans l'antiquité : fes vingt-fept deffins terminés, le deffinateur revient bien vite, & tout entier, à fon Paris aimé, à tout ce qui s'y paffe, à tout ce qui s'y fait, à tout ce qui s'y voit. La vieilleffe, chez lui, ne fait qu'enfiévrer cette rage de vouloir tout deffiner, tout fixer, tout éternifer fur un méchant calepin; & on le voit, tous les jours de l'année que Dieu faffe, pourfuivre fur des jambes éternellement jeunes, aux quatre coins de Paris, l'événement ou la curiofité du jour. Y a-t-il une illumination de la galerie de Verfailles? Paffe-t-il fur les boulevards une victorieufe bouche à feu, revenant de la bataille de Lutzelberg? Encaftre-t-on la colonne de Soiffons dans les nouvelles halles aux grains & aux farines? Le falon des mufées du Wauxhall eft-il livré au public? Inaugure-t-on la porte du Palais de Juftice? Fait-on fur la Seine une expérience de bateau infubmerfible? Le Colifée donne-t-il une fête au roi Louis XV? auffitôt de *vifu* & grande comme la page d'un almanach galant, une pierre noire, une fanguine, une aquarelle, une gouache, & quelquefois avec le deffin une eau-forte. La *Vénus* de M. Mignot « deftinée à faire le pendant à l'Hermaphrodite antique » fait-elle la foule autour d'elle au Salon de 1757? dans une précieufe encre de Chine, Gabriel vous gardera la ftatue de M. Mignot avec le Turc en contemplation devant elle. Couronne-t-on Voltaire à la Comédie-Françaife? Gabriel lavera cette éclatante aquarelle cachée dans un carton du Louvre & qu'on regrette de ne pas voir expofée pour la gloire de fon nom. Et toujours, & « en tout temps & en tout lieu », comme le dit l'*Almanach des artiftes de 1777,* crayonnant & deffinant ce Gabriel de Saint-Aubin. Qu'une expérience de chimie ait lieu dans la chambre d'expérimentation du chimifte amateur le duc de Luynes, Gabriel fera là, deffinant les alambics, les matras, les abbés & les grandes dames phyficiennes. Que la ville élève les demi-lunes au Pont-Neuf, affermées par le roi au profit des veuves de l'Académie de Saint-Luc, Gabriel fera là, deffinant les guérites en train de s'élever. Que la foire Saint-Germain brûle, Gabriel fera là, *le même foir,* deffinant les débris brûlants. Que Damiens foit à la veille d'être écartelé, Gabriel fera dans le cachot du condamné, le deffinant bouclé fur une groffe pierre.

Gabriel eft de fa nature très-allégorique. Aux deffins d'après nature qu'il a faits, il faut joindre des centaines de deffins dans lefquels fon imagination faifait revivre en plein xviii° fiècle la fable & fes aimables nudités. La naiffance des princes, leur mariage, la mort de fes confrères, lui infpiraient des berceaux, des temples, des maufolées autour defquels il faifait monter une fpirituelle mythologie. Et bien fouvent même dans la repréfentation des chofes les plus réelles & les moins pratiques, il lui faut fon petit coin d'allégorie. Deffine-t-il une joute? des Néréides, mêlées à des Éoles joufflus, épancheront leurs urnes dans le ciel. Deffine-t-il une expérience de chimie? Phœbus regardera fon image dans un bouclier que lui préfente le génie de la Science.

Dans fes deffins, Gabriel s'y raconte, s'y avoue, s'y confeffe. On y rencontre en vingt endroits fa haine des jéfuites, & en vingt endroits auffi fon idolâtrie de Voltaire, pour lequel il dépenfa une fi grande imagination allégorique. Son amour de l'humanité fe lit dans cette phrafe au-deffous de l'expérience du bateau infubmerfible de M. de Bonnières : *Le feul honneur eft d'être utile aux hommes.* Avec ces petits fragments de confeffion mis bout à bout, il eft prefque poffible de reconftruire l'homme. Une âme d'utopifte qui eft déjà une âme de 89, avec une cervelle à l'envers où il y a du philofophe & du fol, de l'artifte & du favantaffe. Gabriel vit peu avec les gens de fon métier, il vit avec des hommes de lettres, des favants, des grands feigneurs, des comédiens & des comédiennes, dont, au dire de la chronique fecrète, il égaye parfois un fouper avec l'excentricité de fes idées & de fon efprit. Gabriel n'enferme pas fa vie, comme fon frère Auguftin, dans un joli intérieur bourgeois orné d'une jolie femme. La vie de Gabriel eft toute hors le foyer ; quand elle n'eft pas dans la rue, elle eft dans ce *café de Vendôme,* dans lequel je me repréfente, au milieu d'un public de nouvelliftes, l'artifte parlant, pérorant, débagoulant tout le bavardage philofophique que ne pouvait contenir la petite marge de fes deffins.

Ce café de Vendôme eft vaguement repréfenté dans une vague aquarelle, paffée à la vente de mai 1864, n° 301. L'aquarelle a pour titre : *Vue du caffé de Vendôme, tenu par Mangin, 1777,* & porte en bas cette curieufe fufcription : *Vue du caffé où l'auteur paffait fes foirées.*

Je reprends avec plus de détails le morceau fur les eaux-fortes de Gabriel de Saint-Aubin.

Parler des deſſins de Gabriel de Saint-Aubin, c'eſt faire l'éloge de la moitié de ſon talent; auſſi voulons-nous parler de ces eaux-fortes, de ces planches charmereſſes qui font du petit maître du xviiie ſiècle, le ſeul, l'unique aquafortiſte français.

Ce que nous avons dit de ſes deſſins, dit aſſez que le deſſinateur était né pour l'eau-forte. L'eau-forte eſt l'œuvre du démon & de la retouche. Le prime-ſaut, le premier coup, la vivacité, le diable au corps de la verve & de la main, il faut avoir toutes ces grâces, être plein du dieu — & de patience. Gabriel était l'homme de ce procédé, libre, courant, volant, plein de caprice & d'imprévu, avec ſa cuiſine empoignante, avec ſes myſtères de chimie, avec les ſurpriſes ou les déceptions de la morſure, avec les dégoûts & les repriſes de goût pour une planche qu'on jette & qu'on reprend dix fois. Il ſe jeta au cuivre, & ſe trouva auſſitôt une pointe à lui, allante & venante & toute fourmillante d'amuſants travaux, brouillée parfois, mais ſe retrouvant toujours, & preſque inſolente de *furia* & de *brio* dans des égratignures fines comme des cheveux, douces comme des rayures de pointe ſèche. Et toute menue, menue qu'elle eſt, cette pointe, elle griffe, quand elle veut, profondément le cuivre & pouſſe aux noirs de Rembrandt, ſans ſouci de la propreté & du *brillanté* de la gravure du commerce. Que Gabriel promène ſes maſques ſur les chemins, ou qu'il groupe les nouvelliſtes dans un café, ou qu'il noue une ronde ſous les ombrages du bal d'Auteuil, c'eſt toujours même rayon, même tapage, même badinage, même pétillement, même ſignature de Gabriel de Saint-Aubin à tous les coins de la planche : petites œuvres d'aventure, faites d'un rien, en ſe jouant, qui, elles toutes ſeules, méritent à Gabriel de Saint-Aubin une place dans l'hiſtoire de l'art.

Regardez l'ariſtocratique & la quinteſſenciée repréſentation du monde des chaiſes des Tuileries. Ce ne ſont que deux étroites bandes où l'aiguille, une aiguille à coudre, a roulé quelques heures, de ci de là. Voici cependant, ſous l'ombre des grands marronniers, au-deſſous des groupes d'*Anchiſe* & d'*Arrie*, tout le beau & le joli monde d'alors, qui vous apparaît, comme ſi vous le voyiez par le petit bout d'une lorgnette retournée, dans le train & le manége d'une promenade de Lilliput. Par quelle magie? on ne ſait vraiment. Et l'on ſe demande comment, dans un pareil gribouillage, & comment ſur un ſi petit théâtre, Gabriel a pu montrer le *ſpectacle des Tuileries*.

Mais la petite merveille de Gabriel & la planche d'art par excellence au xviiie ſiècle, c'eſt *le Salon du Louvre en l'année 1753*. La montée du grand eſcalier de l'expoſition, avec ſur les marches le colloque de ces deux amateurs barrant le paſſage de la foule, avec l'arrêt méditatif & contemplateur de cette femme à la main ſi mollement abandonnée, avec l'aſcenſion pareſſeuſe de cette autre ſe faiſant porter par un bras amoureux, avec les accoudements de toutes celles-là ſur la rampe d'en haut, derrière le petit ſuiſſe à la petite hallebarde; la montée du grand eſcalier dans toutes les attitudes de nature, dans toutes les poſes naïves d'une curioſité, le nez en l'air & l'œil déjà aux tableaux, dans toute la variété des mouvements de grâce que met l'action de gravir des marches, en des corps & des jupes de femmes : c'eſt là la planche de Gabriel, & c'eſt toute cette coquette mimique deſſinée par les alternatives d'ombre & de lumière que font des jours de fenêtres dans des tournants d'eſcalier, par le pittoreſque éclairage en écharpe. Un vra tour de force que cette lumière qui, au milieu des ténèbres de l'image paraît remuante comme un vrai rayon de foleil, dans la demi-nuit d'une chambre aux volets fermés; une lumière qui met comme un tremblement de vie fur tout ce qu'elle baigne, fur tout ce qu'elle effleure. Le travail eft des plus fimples cependant; rien que des rayures verticales ou horizontales, qui prennent des courbes un peu tranfverfales fur les vêtements des perfonnages, une attaque du cuivre un peu rêche, la dureté des noirs d'une vieille eau-forte; & cela fait cependant fi bien, fi bien, qu'il femble avoir fous les yeux une eftampe de Rembrandt dans laquelle, un moment, aurait badiné l'efprit du deffin français.

Aux 44 pièces qui compofent dans le catalogue de M. de Baudicour l'œuvre gravé du petit maître français, il faut joindre encore les n°s 287 et 288 de la vente Robert-Dumesnil (décembre 1854) : 287. *Aéroftat de MM. Charles & Robert, aux Tuilleries, en préfence du duc de Chartres & de plus de 800,000 perfonnes.* 288. *Sainte Catherine.* Et je crois l'Œuvre encore bien incomplet.

Pour ma part, j'y apporterai quatre pièces faifant partie de ma collection. D'abord, deux feuilles repliées du RÉPERTOIRE DES BALS *ou la Théorie pratique des Contredanfes par le S. de la Cuiffe, maître de danfe,* 1762; deux feuilles ou plus de quatre-vingts danfeurs & danfeufes de la grandeur de deux lignes & coftumés en Arlequin, en Pierrot, en Polichinelle, en Colombine, deffinent les figures de la contredanfe. La première, qui a pour titre : *La Bionni, contredanfe tirée du Wauxhall Hollandais,* n'a ni fignature ni monogramme. La feconde, qui a pour titre : FIGURE DE LA GRIEL, CONTREDANSE, & qu'une note en marge nous apprend avoir été nommée du nom d'un portier du parc de Saint-Cloud, à qui fut accordée la permiffion de faire le bal, eft fignée en lettres imperceptibles fur la ligne de point de la première figure : *g d S*.

Une autre pièce toute petite repréfente un cabinet d'hiftoire naturelle au milieu duquel eft dreffée fur un piédeftal une figure d'Isis, que défigne un génie aux grandes ailes. Il a été gravé pour l'almanach hiftorico-phyfique ou *phifiofophie des dames*. Paris, 1763. Il eft fans défignation de graveur.

Enfin, une dernière pièce, qui fait la cinquantième de l'œuvre. Sous un œil ouvert & entre les plateaux d'une balance relevée font deux médaillons accolés. Dans le médaillon à droite, un homme jette au feu les livres de Molina, Mariana, Suarez, pendant qu'un jéfuite, le dos tourné, s'enfuit. Dans le médaillon de gauche, deux écoliers fortent en gaminant d'une porte grande ouverte de collège, un jéfuite pleure de l'autre côté de la porte au pied d'une colonne. Sur le rebord de la tablette qui devait fervir à contenir l'infcription, fe fauve un renard à la queue coupée. La planche non terminée & teintée dans certaines parties à l'encre & au biftre ne porte pas encore la fignature ou le monogramme de Saint-Aubin.

Et parmi ces cinquante planches, j'oublie encore un certain nombre d'illuftrations de l'*Hiftoire romaine*, dont les eaux-fortes pures pour la *Deftruction d'Albe,* le *Triomphe de Pompée,* la *Mort de Germanicus* font bien certainement de Gabriel de Saint-Aubin.

Les planches les plus intéreffantes pour l'Hiftoire des mœurs, gravées d'après Gabriel, font la *Guinguette, Divertiffement, pantomime du théâtre Italien,* compofé par Heffe et le *Carnaval du Parnaffe,* deux planches gravées par Bafan. Il eft une autre planche en hauteur qui n'a pas été terminée & qu'une note manufcrite fur l'exemplaire du Cabinet des eftampes dit être gravée par

Duclos, d'après une peinture exécutée en 1760. C'eſt une repréſentation des Parades du boulevard du Temple.

Je poſſède de Gabriel de Saint-Aubin une curioſité qui a tout l'air d'être unique : c'eſt un éventail fait pour le mariage de Marie-Antoinette en 1770. Une Renommée s'envole d'un autel ſur lequel ſont poſées les mains du Dauphin de France & de la princeſſe d'Autriche; ſur la terre, des ſoldats des deux nations fêtent le mariage le verre à la main, tandis que dans le ciel des Amours roulent le plan de la dernière guerre. A gauche, l'hymen briſe une épée & brûle avec une torche des armes; à droite, la Guerre à demi dévêtue de ſon armure a les bras croiſés, & ſes pieds repoſent ſur des timbales. C'eſt un trait à l'eau-forte preſque entièrement recouvert de retouches à la mine de plomb & à la plume. Dans la marge de l'éventail, on déchiffre de l'écriture de Saint-Aubin ces deux lignes tracées au crayon : *Je prie M. Duclos de me conſerver cette épreuve, retouchée avec un très-grand ſoin.* Depuis un exemplaire d'un travail beaucoup plus avancé et sur lequel se lit G. de S*t*-Aubin inv., J. Duclos sculp., a passé à la vente du 12 avril 1875.

Je dois à l'obligeance de M. Herluiſon, d'Orléans, l'acte de décès de Gabriel de Saint-Aubin.

« Le jeudi 10 février 1780, Gabriel-Jacques de Saint-Aubin, garçon, âgé d'environ 51 ans, maître peintre, demeurant rue des Prouvaires, décédé d'hier, a été inhumé au cimetière, en préſence de Charles-Germain de Saint-Aubin, deſſinateur du roi, ſon frère, & de Raimond Delpech, marchand mercier bijoutier, ami... de Saint-Aubin, Delpech. »

(Saint-Euſtache.)

AUGUSTIN DE SAINT-AUBIN

IX petites planches faiſant pendant à l'*Abbé Blondin*, à *la Provençale*, ont été publiées en 1761, d'après les deſſins d'Auguſtin de Saint-Aubin, ſous le titre : Habillements a la Mode de Paris. Elles ſont gravées par Gilberg & ſont tirées en rouge.

Il eſt une autre petite ſérie non tout à fait terminée & qui ſemble avoir été inſpirée à Saint-Aubin par une réminiſcence des Figures de modes gravées à l'eau-forte par Watteau. Elle ſe compose de ſix pièces : 1° Lingère ſur le ſeuil de ſa boutique; 2° Cantatrice en grande toilette; 3° Femme danſant; 4° Seigneur dans un jardin le chapeau à la main; 5° Officier une main paſſée dans ſa veſte; 6° Financier ſe promenant appuyé ſur une canne.

Il ferait de toute juftice, je crois, de reftituer à Saint-Aubin une gravure, gravée par Feffard, cette même année 1760. C'eft une intéreffante repréfentation du *Bal de Saint-Cloud*, avec fes arbres tout enguirlandés de feftons de verdure & de lanternes de couleur. Tout feul, le *faire* de Saint-Aubin porterait à croire que le nom de *Saint-Pouffin*, nom d'un artifte inconnu, mis au bas, eft une erreur, & cette erreur eft confirmée par l'indication de la marge qui annonce que la gravure fe vend chez l'auteur, à la Bibliothèque du Roi. Or, jamais un Saint-Pouffin n'a eu un logement à la bibliothèque du Roi, & Saint-Aubin y habita plus de quarante ans, ainfi que l'attefte une lettre citée plus haut.

Mentionnons encore, à la date de la même année, ainfi que l'indique la note manufcrite & autographe de la bibliothèque nationale, *Aug. de Saint-Aubin delin & fculps.* 1760; mentionnons fix fujets de femmes dont je n'ai jamais vu paffer une épreuve dans aucune vente. Ce font fix deffins gravés au trait, puis biftrés d'après un procédé reffemblant au procédé de Leprince. Cette férie, qui femblait commencée avec l'intention, abandonnée depuis, d'en faire une férie des cinq fens, repréfente : 1º une femme dans un bocage fentant un bouquet; 2º une femme coufant près d'un lit; 3º une femme pinçant de la harpe; 4º une femme jouant de la guitare; 5º une femme accoudée fur une table où il y a un livre ouvert ; 6º une femme affife tracaffant un éventail fermé.

Une autre petite planche fans fignature revient auffi de droit à Auguftin. Devant une boutique à l'étalage de joujoux, s'abordent & fe faluent des dames & des cavaliers, auxquels un colporteur & une marchande de la rue offrent des almanachs & des oranges. La pièce, dont je ne poffède que l'eau-forte, a pour intitulé, autant que je me le rappelle : *Le Jour de l'an.*

Nous difions d'Auguftin de Saint-Aubin d'après Bachaumont : « Il aimait le monde & le monde l'aimait pour tout ce qu'il apportait de rire dans une fête, & de faillies dans un médianoche... » C'eft une erreur. Bachaumont parle de fon frère Gabriel.

--- ✹ ---

Voici l'acte de naiffance d'Auguftin de Saint-Aubin découvert par M. Piot.

Le dimanche 3 juin 1736, a été baptifé Auguftin, né le même jour, fils de Gabriel-Germain de Saint-Aubin, brodeur du Roy, & de Jeanne Catherine Himbert, sa femme, demeurant rue Saint-Antoine de cette paroiffe; Jean-Denife Cocher, bourgeois, demeurant rue des Lyons de cette paroiffe; la mareine Marie Catherine, vieille fille majeure, demeurant rue Saint-Paul de cette paroiffe; le parein & la mareine ont déclaré ne savoir figner.

« *Signé :* Saint-Aubin. »

Regiftres de Saint-Paul.

--- ✹ ---

Les actes de mariage & de décès d'Auguſtin de Saint-Aubin ont été retrouvés par M. Herluiſon.

« Du mardy 27ᵉ 9ᵇʳᵉ 1764. Auguſtin de Saint-Aubin, graveur en taille douce, âgé de 28 ans paſſés, fils des deff. Gabriel-Germain de Saint-Aubin, brodeur du Roy, & Jeanne-Catherine Himbert, paroiſſe St-Ét.-du-Mont, d'une part; & Louiſe-Nicolle Godeau, âgée de 22 ans paſſés, fille de Jean-Baptiſte Godeau, officier chés M. le comte de Caylus, & de Étiennette Girardot, demt de droit & de fait à l'orangerie des Thuilleries, de cette pſſe, d'autre part, ont été mariés de leur mutuel conſentement... en pnce des père & mère de la mariée ; de Germain de Saint-Aubin, deſſinateur du Roy, rue du Four, paroiſſe St-Euſtache; de Louis-Michel de Saint-Aubin, peintre, paroiſſe de Seve, de ce diocéſe, tous deux frères du marié... »

(*Saint-Germain-l'Auxerrois.*)

« L'an 1807, le 10 9ᵇʳᵉ, à midi ſonné. Par devant n., adjᵗ au maire du 3ᵉ arrondᵗ de Paris, ſouſſigné, ſont comparus les Sʳˢ Claude-René Debonnaire, commiſſaire-priſeur, âgé de 48 ans, demt à Paris, rue Nᵛᵉ-Sᵗ-Euſtache, n° 30, neveu du deffunt, & Hippolyte-Marcelin Villemain, tailleur, âgé de 57 ans, demt à Paris, rue des Prouvaires, 31, ami. Leſq. n. ont déclaré que Auguſtin Saint-Aubin, graveur, âgé de 71 ans, natif de Paris, époux de Louiſe-Nicole Godeau, eſt décédé hier, à 4ʰ du ſoir à Paris, r. des Prouvaires, n° 31, diviſion du Contrat-Social... Lesquels... »

Registres du IIIᵉ Arrondissement.

GRAVELOT

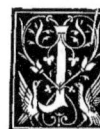 E reçois de M. Thibaudeau la copie de trois lettres inconnues, de Gravelot, extraites de la *Correſpondance de Garrick,* publiée à Londres en 1831, qui révèlent l'intimité nouée à Londres entre le vignettiste français & le grand comédien anglais.

A Paris, ce 8 mars 1766.

Monsieur *&* cher ami,

Je ſuis extrèmement fâché de ne m'être pas trouvé au logis quand M. Grimaldi a eu la bonté d'y paſſer, & il y a annoncé ſon départ ſi prompt, que la crainte de ne le pas trouver chez lui, m'a privé du plaiſir de lui faire mille queſtions à votre ſujet, & à celui de madame, auxquels on ne peut pas s'intéreſſer plus que je fais. Je remercie ſincèrement madame de conſerver quelque curioſité pour mes bagatelles; elles ſeroient d'un autre prix ſi mon talent répondoit au déſir que j'aurois d'être digne de ſon approbation; mais dans tout ce qui paroît de moi, il faut ſonger que la main du graveur y a paſſé, & c'eſt ſouvent paſſer par les baguettes.

Il est tems de vous remercier de votre aimable lettre, datée du 20 juin dernier, & que j'ai reçue le 20 décembre, par l'attention singulière de M. Bergeret. N'importe, j'y ai appris avec une grande satisfaction que vous aviez retrouvé cette santé propre à vous rendre capable de jouer le fermier de campagne, & encore plus, j'y ai vu quelque témoignage du souvenir de Mme Garrick. Enfin j'ai en même tems reçu votre charmante fable, que ce boureau Delaplace ne m'a pas encore rendue.

J'ai à la hâte, pour répondre à l'impatience de M. de Grimaldi, joint au petit almanach de cette année, quelques échantillons de mes occupations. Il y a quelques épreuves des planches, pour une édition italienne de la Secchia rapita, ainsi que quelques estampes pour la traduction en prose de Lucain par M. de Marmontel, laquelle, j'en suis sûr, vous fera un grand plaisir. Mais à propos de lui, comme je l'ai vu aujourd'hui, & que je lui ai dit que j'aurois l'honneur de vous écrire, je suis chargé de sa part de mille amitiés pour vous & pour madame votre épouse.

Ces deux ouvrages sont finis de ma part, & presque de celle des graveurs. Je me promets dans le tems de vous faire tenir les deux suites complettes. Je suis actuellement à traiter le Tasse, & enfin on va, je crois, graver le Voltaire, qui, j'espère, si on me fait justice, me fera quelque honneur. J'ai joint aux échantillons en question les quatre estampes, bonnes épreuves de la comédie de la Partie de chasse de Henri IV, par M. Collé, pièce qu'apparemment vous connoissez à présent, puisqu'il y a déjà quinze jours qu'elle paroît imprimée.

Que puis-je joindre encore à tout ce verbiage, si ce n'est le témoignage sincère de l'envie que j'aurois de vous revoir ici. Je partage assurément ce désir avec tous ceux qui ont eu le plaisir de vous y connoître, mais personne plus ardemment que moi. Revenez donc, vôtre portrait en place, & que j'ai continuellement sous les yeux, comme j'ai chèrement l'original, & son amitié, dans mon souvenir.

Mille respects, & j'ose le dire, mille sentiments d'affection, comme d'estime à votre chère épouse. C'est avec de pareils sentiments que j'ai l'honneur d'être, monsieur, votre très-humble & très-obéissant serviteur.

GRAVELOT.

Si vous avez quelques momens à perdre ou à sacrifier à l'amitié, faites-moi le plaisir de me donner de vos nouvelles; ma demeure est rue Saint-Honoré, la maison neuve au coin de l'Oratoire.

Faites attention, je vous en prie, que ce que je vous envoye n'est rien, & que je vous garderai de ces choses les mieux conditionnées : ce sont, comme je vous dis, de purs échantillons.

A monsieur Garrick, directeur de la Comédie royale de Drury Lane, London.

Je profite, monsieur, avec le plus grand plaisir, de l'occasion que M. de Fenouillot me procure de vous renouveller les sentiments de la plus vive amitié, aussi que de ma reconnoissance pour le souvenir que vous conservez de moi. J'y joins mes respects à madame Garrick, dont le souvenir me sera toujours cher.

Si vous voulez avoir quelque opinion de mon sentiment sur le nouvel ouvrage de M. de Falbaire, je crois qu'en effet c'est un sujet propre à avoir le plus grand succès sur le théâtre Anglois. Il est aussi grand que terrible; c'est seulement dommage que la santé de son auteur l'ait empêché jusqu'ici d'y donner la dernière main.

Vous nous aviez flattés qu'on auroit la satisfaction de vous revoir ici; ce qui, je vous assure, charmeroit tous ceux qui ont le bonheur de vous connoître, c'est-à-dire de vous aimer, autant s'il se peut, que votre sincère ami.

GRAVELOT.

Monsieur & cher ami,

Votre lettre m'a rempli de satisfaction, parce qu'elle m'est une preuve du bon état de votre santé & de celle de madame, que je salue de tout mon cœur.

Que ne puis-je me charger de ce que souhaite votre ami Doctor Hawkesworth, que je remercie mille fois pour la bonne opinion qu'il a de moi! Mais la même raison qui m'a empêché de satisfaire aux désirs de M. Colman, & aux miens, au sujet de son excellente traduction de Térence, me retient de nouveau : c'est l'embarras de la diligence & de l'exactitude de nos graveurs, qui sont si occupés, la manie des estampes étant actuellement celle de la typographie, que je n'ose me mettre entre eux & la personne qui voudroit me charger de pareilles entreprises. Je crois avoir prévenu M. Colman qu'il n'auroit pu avoir ses six planches que vers la fin de may au plus tôt, ce qui m'a empêché de continuer mes dessins, puisqu'il souhaitoit avoir dessins et gravures avant le mois passé.

Or le Télémaque a, si je ne me trompe, vingt-quatre livres, ce qui feroit vingt-quatre vignettes, & peut-être presque autant de culs-de-lampe, c'est quarante planches & tant. Est-ce que M. Grignon & d'autres où vous êtes ne pourroient pas exécuter mes dessins? C'est ce que j'avois proposé à M. Colman, prévoyant les difficultés que je sentois ici pour l'exécution de son ouvrage. Grignon, qui a été mon élève, s'il n'a pas dégénéré, a du goût & du mérite; et je ne doute pas qu'il n'y en ait d'autres capables de satisfaire le docteur votre ami, qui ne me paroît désirer que du goût. Une autre observation par rapport aux culs-de-lampe, est qu'il faut qu'ils soient de grandeur relative à l'espace que laissera l'impression, ce que je ne puis deviner. Enfin je serois charmé assurément d'être bon à quelque chose à vous & à vos amis, mais encore une fois il faut le tems, c'est-à-dire la possibilité de l'exécution : d'ailleurs je prévois que quarante et tant de dessins et leur gravure feront une dépense assez considérable. On grave actuellement mes dessins du Voltaire, qui sont payés cent écus pièce aux graveurs : ceux du Corneille étoient payés sept louis chacun.

A présent, laissons l'essor aux mouvemens de l'amitié. Vos lettres me feront toujours une bonne fortune, & le souvenir de votre chère épouse a true blessing *(une vraie bénédiction). J'espère lui faire tenir incessamment un nouvel almanach, où elle pourra se reconnoître, puisque c'est une suite des vertus. C'est avec les sentimens de la plus sincère estime & de ce que l'amitié a de plus sensible, que je suis, monsieur et ami, votre très-humble et obéissant serviteur,*

H. GRAVELOT.

COCHIN

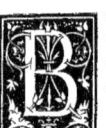EAUCOUP *d'affaires, écrit Cochin en 1781, des maux d'yeux, des soupers en ville, on se couche tard, on ne se lève pas matin, des deſſins à faire qui ſont preſſés, où l'on emploie les parties de la journée qu'on ne paſſe pas à table; car vous ſavez que qui veut ſe livrer à la ſociété de Paris ne manque pas d'occaſion de gueule.*

Cette lettre eſt adreſſée à Desfriches, le commerçant payſagiſte, l'inventeur du *papier tablette* aux lumières égratignées avec un grattoir, le collectionneur de tableaux, l'ami de Vernet, de Deſcamps, de Boucher, de La Tour, de Chardin, de Houdon, de Watelet, & leur fourniſſeur de vin blanc, de vinaigre, voire même de mouchoirs; le courtois, l'hoſpitalier Desfriches, le propriétaire, le long « des méandres charmants du Loiret, de cette Cartaudière au beau bois de chênes verts, droits & bien ombrés », où Cochin trouvait ſi doux *de riboter avec de bons amis.*

Cette lettre & les autres publiées par M. Dumeſnil dans le volume des *Amateurs français* conſacré à Desfriches, doivent être lues par qui veut faire connaiſſance intime avec Cochin. Ces lettres préſentent l'artiſte dans le déshabillé de ſa penſée, dans le tour vif & original de ſon eſprit, dans le train-train de ſa vie de travail & de plaiſir, dans la confidence de ſes *bobos*, de ſes fluxions ſur les yeux, de ſes continuels embarras d'argent.

Voici en 1758, au début des relations entre les deux hommes, le remercîment de Cochin à Desfriches, pour les ſouſcriptions aux *Ports de France*, par lui récoltées dans l'Orléanais; un remercîment qui reſſemble à un paſſage du *Neveu de Rameau*.

Dieu vous bénira, n'en doutez point; vous avez travaillé pour la propagation des écus des Cochin & des Le Bas, ſi que leurs bourſes deviennent graſſes à lard. Que de jouiſſances s'en ſuivront : car voulez-vous de bons ſoupers, ayez des écus; voulez-vous de bonne muſique, ayez des écus; voulez-vous de belles filles, idem : jugez donc combien vous allez proſpérer. Afin que vous puiſſiez rendre compte aux bonnes âmes qui ont ſouſcrit, apprenez-leur que nous avons déjà deux eſtampes à l'eau-forte, dont les curieux paraiſſent ſatisfaits, voire même ſont ébahis. Mon camarade, comme vous me le marquez, s'était un peu diſcrédité auprès du public. Ce n'eſt pas que le drôle n'ait pas les plus grands talents, mais il courait après l'argent & voulait le gagner à ſon aiſe; quand maître Cochin eſt venu le prêcher qu'avant toutes choſes il fallait bien faire...

Dans une lettre, à propos de vin d'Orléans qu'il demande à Desfriches pour en faire faire la connaiſſance à ſes amis, Cochin écrit : *Si je n'ai pas d'argent pour le payer auſſitôt, vous voudrez bien me faire crédit, car les pauvres diables d'artiſtes qui travaillent pour le Roi & qui ont des places qui prennent une partie de leur temps, qui ne ſont payés ni d'un côté ni de l'autre, ſont gueux comme rats d'égliſe.* Une autre fois il renonce à des mouchoirs qu'il avait prié Desfriches d'acheter fous le coup de la redevance de deux vingtièmes fur une maifon appartenant au Roi & dans laquelle il logeait; impôt inattendu & tout neuf. Une autre fois encore il mande à Desfriches *étonné de le trouver quelquefois si court d'argent*, que toute fa petite fortune, due aux bienfaits du Roi par l'entremife de M. de Marigny, fon ami & protecteur, & qui s'élève à près de 25,000 livres, ne lui eft pas payée, & qu'il ne fe foutient que par fes travaux qui ne lui rapportent pas beaucoup, *à caufe*, dit-il, *de la quantité de corvées gratuites que je me trouve engagé à faire, parce que fuis bon diable.*

Enfin dans la dernière lettre de la correfpondance des deux amis, datée 1784, le vieux Cochin écrit au vieux Desfriches malade :

... A notre âge on a bien de ces petits défagréments; il faut nous défendre le mieux que nous pourrons. Quant à moi, je me porte affez bien, mais ce n'eft pas cependant fans avoir quelque fer qui cloche; il faut que nous prenions patience ou de force ou de gré, heureux de conferver le moule du pourpoint.

DEBUCOURT

N curieux tableau de Debucourt paffait à la vente de M. Papin (mars 1773). C'eft LE JUGE OU LA CRUCHE CASSÉE, dont Debucourt a fait l'eau-forte de la gravure, la feule eau-forte qu'on connaiffe du petit maître. Un tableau d'une claire, jolie et pétillante couleur. Le juge, dans fon accoutrement rembranefque, a fa robe rouge & fon bonnet de fourrure finement touchés. La coupable eft toute lumineufe de ces petits blancs qui font perfonnels à Debucourt. Mais au fond ce tableau eft fort inférieur au tableau poffédé par M. Jazet & gravé par mon frère. La touche pouffée à l'efprit eft très-fouvent maladroite, & le papillotage des couleurs nacrées dans le liffe luifant de la peinture vous donne l'idée d'une copie de Teniers, exécutée fur un buvard écoffais.

FRAGONARD

ur le rouleau des études de Fragonard, envoyées de Rome par Natoire, à Paris, en 1758, voici le jugement de l'Académie, en date du 31 juillet 1758 : « La figure académique d'homme, peinte par le fr. Fragonard, a paru moins satisfaisante que si on n'avait pas connu les dispositions brillantes qu'il fit paraître à Paris... Il en est de même de sa tête de prêtresse qu'on trouve peinte d'une manière un peu trop doucereuse, mais on a été plus satisfait de ses dessins qu'on trouve dessinés avec finesse & vérité. » L'année suivante (11 octobre 1759), l'Académie semble plus contente de Fragonard, « bien que l'excès de soin parût remplacer avec peu d'avantage la facilité du pinceau qu'il portait peut-être cy devant à l'excès. » (*Académie de France à Rome*, par Lecoy de la Marche. *Gazette des Beaux-Arts*, février 1872.)

Les lettres de Natoire confirment l'intimité qui s'établit de suite entre l'abbé de Saint-Non & le pensionnaire. Natoire écrit, à la date du 27 août 1660 : « M. l'abbé de Saint-Non est depuis un mois & demi à Tivoli avec le pensionnaire Fragonard, peintre. Cet amateur s'amuse infiniment & s'occupe beaucoup. Notre jeune artiste fait de très-belles études qui ne peuvent que luy être utiles et luy faire beaucoup d'honneur. Il a un goût très-piquant pour ce genre de paysage, où il introduit des sujets champêtres qui lui réussissent. » Natoire écrit encore à la date du 18 mars 1761 : « Le fr Fragonard est bien près de son départ; M. l'abbé de Saint-Non, toujours porté à rendre service à ce pensionnaire, puisqu'il l'emmène avec lui, vient de l'envoyer à Naples pour voir les belles choses que renferme cette ville, avant de commencer leur voyage. Cet amateur porte avec lui une quantité de jolis morceaux de ce jeune artiste qui, je crois, vous feront plaisir à voir. »

Fragonard, qui était arrivé à Rome en 1756 avec Brenet, en repartait le 4 avril 1761. (*Académie de France à Rome*, par Lecoy de la Marche. *Gazette des Beaux-Arts*, février 1872.)

A propos de la réception de Fragonard à l'Académie, M. de Marigny écrivait à Natoire le 27 mars 1765 : « M. Fragonard vient d'être reçu à l'Académie avec une unanimité & un applaudissement dont il y avait peu d'exemples ; on espère qu'il contribuera à consoler de la perte de Deshaies. » (*Académie de France à Rome*, par Lecoy de la Marche.)

Dans les nombreux tableaux & dessins que le miniaturiste Hall possédait de Fragonard, il y a, mentionné par lui, dans son catalogue manuscrit, cette curieuse indication :

Fragonard. — Une tête d'après moi, dans le temps qu'il faifait les portraits au premier coup pour un louis. 24
(*Hall, fa Vie, fes OEuvres, fa Correfpondance*, par Villot, 1867.)

J'ai dans ma collection une grande étude de Fragonard eftompée au crayon noir & rehauffée de blanc sur papier jaune. Cette étude d'une femme affife, les mains pofées l'une dans l'autre fur fa jupe, a été reconnue par M. Théophile Fragonard, pour le portrait de la fille d'Honoré Fragonard, pour le portrait de fa tante Rosalie, morte à dix-huit ans. Elle eft repréfentée dans une robe à manches plates & à queue, le cou & la poitrine enveloppés des plis bouffants d'un fichu *menteur*. Elle a fur fes cheveux poudrés un toquet garni de fourrures. Les traits de fon vifage un peu gros, un peu matériels, font tout fouriants de bienveillance dans le nuage léger de pierre d'Italie que deffine fa figure.

A l'hiftoire au crayon de l'entorfe de Fragonard, fe rattache, dans la collection de M. Fragonard, un croqueton repréfentant *Frago*, affis de face, la tête appuyée fur une main avec, au bas : *fe ipfum delineabat Frago apud de Bergeret, anno 1789.*

M. Lagrange, au retour d'un voyage dans le Midi, a donné, dans la *Gazette des Beaux-Arts* du 1ᵉʳ août 1767, une longue defcription de la maifon de Fragonard à Graffe, cette maifon où le peintre s'était réfugié pendant la Terreur, & dont il avait peinturluré ou fait peinturlurer fi révolutionnairement l'efcalier. Le falon, dont un bas-relief en marbre à la Clodion furmonte la porte, a tous fes murs couverts de peintures, & jufque dans les angles étroits des encoignures, des langues de toile cachent fous leurs fleurs peintes les lambris : une décoration complète à laquelle il ne manque que les cadres de boiferies. Ce font de grands tableaux de plus de deux mètres entre les portes, & de petits tableaux au-deffus des portes, où fe développe un poëme d'amour : les grands panneaux racontant le drame humain & l'aventure galante ; les petits panneaux faifant planer au-deffus l'Olympe ironique des Cupidons. Le premier panneau repréfente une rencontre de garçonnets & de fillettes près d'une fontaine d'Amour ; — au-deffus, un Cupidon fait la chaffe à une colombe. Dans le fecond panneau, les amoureux échangent au-deffous d'une ftatue de Pfyché un ferment d'amour dans un mol baifer. Dans le troifième panneau, fur la terraffe où rêve l'amoureufe, apparaît au haut d'une échelle l'amoureux ; — au-deffus, un Cupidon favouré l'odeur d'une rofe épanouie. Le quatrième panneau vous montre la jeune victime tombée, traînée au pied d'un autel à l'Amour; — au-deſſus, cabriole un Cupidon, une marotte à la main. Le cinquième panneau, le panneau final : c'eſt, fous la feuillée d'un bofquet, au milieu d'orangers jonchés de guitares, de cahiers de muſique, l'agenouillement de l'Amant que l'Amante couronne, pendant que dans un coin *Frago*, Frago lui-même, crayonne, un portefeuille fur les genoux. Et comme apothéofe à ce cinquième acte, un Amour-Hymen tenant une torche dans chaque main rayonne & fulgure fur le panneau de la cheminée, au milieu d'un ciel embrafé que fillonnent des Cupidons.

Deux des grands panneaux feuls font fignés, mais M. Lagrange ne doutait pas que toute la peinture du falon ne fût de la main de Fragonard, — mais à des années de diſtance, — des panneaux étant exécutés dans la tonalité bleuâtre des *Haʒards de l'Efcarpolette*, d'autres dans la tonalité blonde & chaude de la première manière du peintre.

A propos du tempérament de peintre de Fragonard, & de tout l'organiſme de fon être tourné vers l'art, Renouvier cite ce mot caractériſtique du peintre : *Je peindrais avec mon cul !* (*Hiſtoire de l'Art pendant la révolution*.)

PRUDHON

E conferve l'orthographe confacrée du nom de Prudhon, qui n'a pas plus de raiſon de s'écrire Prud'hon que Prudon.

Le portrait du curé Beſſon eſt dans la collection de M. Eudoxe Marcille. M. Clément le croit peint pendant le paſſage de Prudhon à Cluny, en revenant de Rome & avant d'aller à Paris. Dans le même temps, il aurait peint un portrait de M. Landel, induſtriel dijonnais, qui le paya en nature, avec deux couvertures de laine de fa fabrication. (*Prudhon, fa Vie, fes OEuvres & fa Correfpondance*, par Charles Clément. Didier & Cie, 1872.)

Une lettre que Prudhon écrira, en 1785, à Fauconnier, pour le confoler de la mort de fa mère, eft une révélation de la douceur de fon enfance & du retour qu'y faifaient bien fouvent fes fouvenirs :

« ... *Que vous dirai-je, mon ami! J'ai éprouvé comme vous le même malheur. J'ai perdu en quatre mois un père & une mère qui m'aimaient tendrement. Bien plus, il ne m'eft refté que des frères & des sœurs en qui j'ai trouvé moins d'affection & plus d'indifférence que dans des étrangers. A l'âge où j'étais alors, il m'était bien dur de n'avoir plus perfonne qui s'intéreffât à ma jeuneffe : cependant il a fallu boire le calice jufqu'à la lie! D'autres malheurs furvinrent; on retira ma penfion. Je reftai donc fans fortune, fans fecours, fans talent ; de plus ingénu, timide, confiant, ne connaiffant point le monde, & enfin abandonné à moi-même. Que de petites mifères & qui étaient bien grandes pour moi, il m'a fallu effuyer. Par combien de fituations embarraffantes il m'a fallu paffer. Combien de fois il m'a fallu être dupe de ma bonté & combien j'ai trouvé qui en ont abufé. Quelle comparaifon de ce temps avec celui que j'ai paffé dans la maifon paternelle.* »
(Lettre appartenant à M. Pelée, publiée par M. Clément.)

Prudhon eut de fon mariage avec Jeanne Pennet, de 1778 à 1796, cinq enfants : quatre garçons & une fille.

La maifon de Cluny, habitée par Prudhon, a gardé jufqu'à ces années dernières, au-deffus de fa grande cheminée, une peinture de jeuneffe lithographiée par M. Pelliat. La tradition rapportait que le bufte figuré dans le médaillon défigné & foutenu par les caryatides était un portrait de M. de Jourfanvault, dont la reconnaiffance de Prudhon avait fait une efpèce de dieu lare de fon pauvre foyer.

Au temps d'intimité de Prudhon avec M. de Jourfanvault, fe rattache une curieufe illuftration. M. de Jourfanvault avait écrit une *Méthode pour la baffe;* Prudhon fit à l'encre de Chine une férie de douze petits deffins, où prenant tantôt pour modèle M. de Jourfanvault père, tantôt M. de Jourfanvault fils, tantôt le curé de l'endroit, il donne confciencieufement & fpirituellement figurés, la pofition de l'avant-bras & les mouvements des doigts fur les cordes de l'inftrument. Ces deffins, fauf un feul, qui eft en poffeffion de M. Mouilleron, appartenaient à M. Teinturier.

Nous avons dit que le manque de travail, la misère renvoyaient Prudhon de Paris dans sa province.

Au fond, ces années de 1780, 1781, 1782, qu'est-ce qui les remplit? Un roman de cœur, que nous raconte, d'une manière charmante, M. Alfred Senfier avec la mémoire de ses souvenirs d'enfance & les lettres qu'avait eues en sa possession M. Peléc.

Prudhon s'était logé à Paris, rue du Bac, dans la maison de M. Louvier : à la porte cochère entre un marchand de vins & un sellier. » Dans cette maison habitait Jean-Baptiste Raphaël Fauconnier, entrepreneur de broderies & fournisseur des toilettes de dentelles de la cour, vivant en famille avec une belle-mère, une aimable femme, & deux sœurs, Mlles Nanette & Marie.

Dans cette famille de bourgeois aisés, le jeune peintre bourguignon trouvait l'accueil le plus secourable & le plus aimable. Mlle Marie avait dix-huit ans, était fort jolie, avec une physionomie de grâce & de malice dans des traits réguliers. Toujours entourée de bambins pendus à sa robe blanche, ainsi qu'une rieuse maîtresse d'école d'amours, elle fut l'inspiratrice de ces jolies représentations de l'Enfance qui marquent le début de l'œuvre de Prudhon : Les Enfants jouant avec des lapins & son pendant, Les Enfants caressant des petits chiens ; deux gravures conservées dans la famille, comme ayant été possédées par Mlle Marie.

Prudhon était jeune, était sensible, & de plus très-mal défendu contre les entraînements par les attaches de son malheureux mariage ; il s'abandonna au bonheur d'aimer, de se laisser peut-être aimer, ne parla pas de son mariage, encore moins de sa paternité, laissant supposer à la famille Fauconnier & à Mlle Marie qu'il était libre, soupirant timide & discret du reste, faisant sa cour surtout avec des peintures de scènes amoureuses, des portraits à la ressemblance caressée, des dessins allégoriques où l'Amour grave avec sa flèche sur un autel les initiales M. F. (Marie Fauconnier).

Cet amour secret, tout voilé qu'il est du nom d'amitié, s'échappera plus tard dans cette lettre de la fin de 1783, datée de Dijon où il a été forcé de revenir.

« *Venons maintenant à ce qui se passe au dedans de moi. Éloigné des personnes qu'une douce amitié rendait chères à mon cœur, mon existence ne me semble plus qu'un rêve pénible dont je voudrais m'efforcer de sortir si l'illusion pouvait, pour un moment, tenir la place de la réalité. Eh! mon ami, faut-il avoir une âme sensible pour n'éprouver que des sensations douloureuses? Livré à moi-même, je me retrace vivement la vie heureuse que je goûtais avec vous ; mais il ne me reste que le regret d'être hors de la portée d'en jouir encore. Et vous, aimable demoiselle, dont la douce amitié semait de fleurs les jours épineux de ma vie, les charmes de votre amitié n'apporteront plus de soulagement à ma détresse. La sérénité ne trouvera plus à séjourner dans mon âme, & le poison de l'ennui me minera tout à son aise. C'est que, encore dans ces jours cruels, tout ajoute à ma mélancolie. Si je fouille au dedans de moi, je n'y trouve qu'un vide affreux. Si j'envisage ma situation présente, toutes les idées d'honneurs, de fortune & de gloire disparaissent & deviennent chimériques à mes yeux. Eh! mon aimable demoiselle & amie, un instant de votre présence dissiperait bientôt les sombres vapeurs & rendrait le calme à mon esprit agité, car l'amitié est aux âmes sensibles un aliment qui purge l'âme de ses faiblesses & la fait sortir de cet abattement où l'ennui la plonge lorsqu'elle se trouve dénuée des secours de cette même amitié...* »

Quand Prudhon revenait à Paris, il y revenait avec fa femme. Il fallait avouer fon état de mari. Eft-ce à propos de cet aveu que Fauconnier fe fâcha avec lui? Cela ne femble pas invraifemblable. Quant à Mlle Marie, elle ne lui dit que ces indulgentes paroles : « Voyez-vous ce Prudhon qui ne m'avait jamais dit qu'il était marié. »

Mlle Marie ne fe maria jamais, fe faifant une maternité avec les enfants de fa famille & de fon voifinage, aimant jufqu'à fa mort, autour d'elle, la gaieté de leurs jeux & le doux épélement qu'elle leur faifait faire de la *Civilité puérile & honnête*[1].

A la fin de novembre 1783, Prudhon partait pour Dijon, mettait quatre jours par le coche à gagner Auxerre, où le manque d'eau le forçait à s'arrêter, gagnait dans une auberge, avec fa converfation, les bonnes grâces d'un Américain qui lui laiffait faire une partie de fon chemin dans fa chaife de pofte, enfin atteignait Dijon avec un peu de fatigue, en deux étapes de neuf lieues. Il recevait au débotté la propofition du profeffeur de l'Académie de prendre comme écolier l'évêque de Dijon. Il acceptait avec joie. En province, ainfi qu'il l'écrit, *un évêque étant quelque chofe*. Et il faifait au fortir de l'entrevue avec Dévofge la connaiffance d'une efpèce d'amateur défireux de poffédér quelques tableaux de fa façon.

Mais, hélas! le lendemain de cette lettre, datée du 27 novembre, tout était à vau-l'eau. Il n'était plus queftion de l'amateur. Un *freluquet* avait été choifi pour être le profeffeur de deffin de Mgr l'évêque & il n'y avait plus à l'horizon pour Prudhon que la promeffe encore incertaine d'un plafond pour les élus de la Province.

De ce jour le noir rentrait dans fa penfée fi facilement portée à la mélancolie. Il prenait en horreur Dijon. Il ne vivait plus que par l'envolée de fes fouvenirs rue du Bac, dans l'aimable intérieur Fauconnier, tout plein de crainte que la mémoire de fa perfonne « *ne s'affaibliffe dans l'affection de fes amis* », appelant leurs douces lettres, qui feules, difait-il, le *vivifiaient & l'empêchaient de n'être qu'un automate*. Au milieu de cela, gagnant à peine le néceffaire, — de quoi payer fa penfion, — à l'aide de quelques portraits, de quelque commande charitable de l'ami Fauconnier, dépité de voir remettre de mois en mois le concours, & malade des fièvres, travaillant cependant & finiffant fon plafond à la fatisfaction de fon profeffeur.

Enfin le concours tant de fois remis s'ouvrait dans la feconde moitié de l'année 1784. C'eft dans ce concours que l'âme généreufe de Prudhon fe laiffa aller à ce beau trait de dévouement que Voiart cite dans fa notice :

« Voifin d'un de fes concurrents (celui fans doute fur lequel il s'exprime ainfi dans une de fes lettres : *concurrent pas bien à craindre pour le talent, il ne pourroit l'être que par la faveur*) dont il n'était féparé que par une cloifon, il entendit gémir de l'infuffifance de fes moyens : quittant alors fpontanément fon propre ouvrage, il détache une planche & vole au fecours de fon compagnon; il termine fon travail, fans fonger qu'il fe nuit à lui-même, & fon concurrent obtient

---

1. Le Roman de Prudhon (*Revue internationale de l'Art & de la Curiofité*, 15 décembre 1869).

le prix. Touché de l'injuſtice faite à Prudhon, le jeune vainqueur avoue franchement qu'il lui doit ſon ſuccès. Les États de Bourgogne réparent l'erreur, la penſion à Rome eſt accordée à Prudhon; & ſes émules, pénétrés d'admiration, le portent en triomphe dans toute la ville de Dijon. »

Une lettre de 1785, adreſſée à Fauconnier & publiée par M. Clément, donne ces renſeignements ſur la vie romaine de Prudhon.

« ... *Pour le préſent, je n'ai rien de nouveau à vous dire. La vie monotone qu'on mène ici en exclut toute variation. Le matin je me lève pour aller deſſiner d'après l'antique. A midi je dîne & continue après dîner l'ouvrage du matin. Le ſoir, lorſque la nuit tombe, je vais ſeul me promener dans quelque endroit peu fréquenté juſqu'à l'heure de l'académie, où je me trouve tout auſſi ſeul que ſ'il n'y avait que moi. L'envie en général que les Français portent à ceux qui ont quelque talent fait que le parti le plus ſage eſt de n'avoir communication avec aucun. Il m'en coûte bien peu à moi, mon ami, qui ne me ſuis jamais ſoucié de ces gens qui ſe diſent vos amis, & qui ſont loin de l'être en effet.*

« ... *Il eſt à Rome certain café où s'aſſemble une partie des artiſtes français, & où je me ſuis trouvé trois ou quatre fois dans les commencements. Là chacun cherche un point de diſpute, qui ſe rencontre bientôt, pour faire étalage de ſon éloquence. Là tous les maîtres paſſent en revue & ne ſont point épargnés. On critique celui-ci, on déchire celui-là. Tous ceux qui ne peuvent entrer en comparaiſon avec Raphael ſont proſcrits, Raphael lui-même eſt blâmé de ne s'être pas aſſez aſſervi à l'antique. Le mieux de tout cela, c'est que tous ces meſſieurs les beaux parleurs n'étudient ni Raphael ni l'antique, & s'amuſent chez eux à ne rien faire qui vaille.* »

Le programme d'art que ſon jeune talent s'était tracé : il eſt dans cette lettre adreſſée à Devoſges, où Prudhon fait la leçon au fils Devoſges, au petit *Natoile*, comme il l'appelle familièrement.

« *Montrez-leur dans la manière de faire votre tableau que Rome n'eſt point faite pour être vue par des aveugles ou des petits maîtres; du nerf, de l'expreſſion, un deſſin ferme & grandement ſenti, des draperies avec des plis grands & décidés & du repos dans les parties larges. Joignez à cela un effet vigoureux & tranquille, afin de faire briller davantage le mouvement de vos figures. Point de ces clinquants de lumière qui fatiguent l'œil & empêchent le ſpectateur de jouir doucement de l'objet qu'on lui préſente. Laiſſez, laiſſez le clinquant & le brillant à ceux qui privent leurs figures d'âme & de ſentiment, & qui ne ſavent ni émouvoir ni intéreſſer.* » (Lettre du 26 février 1787, publiée par les Archives des Arts.)

Et voulez-vous avoir l'explication, toute l'explication de l'œuvre de Prudhon? liſez encore cette lettre :

« ... *Pour m'expliquer, mon ami, je dirai qu'on s'occupe trop de ce qui fait le tableau & pas aſſez de ce qui donne l'âme & l'énergie à ce qu'il doit repréſenter. On penſe au brillant du coloris, à* l'effet magique du clair obſcur, à la variété gouſtueuſe des teintes, un peu au deſſin, mais meſquinement. On s'occupe même des paſſions que préſente le ſujet ; mais ce à quoi on ne penſe plus, & qui eſt le but principal de ces maîtres ſublimes qui voulaient faire impreſſion ſur l'âme, c'eſt de marquer avec force le caractère dû à chaque figure, & qui venant à être émue dans le ſentiment de ce même caractère, porte avec elle une vie & une vérité qui frappent & ébranlent le ſpectateur. On voit dans les tableaux & ſur les théâtres des hommes qui montrent des paſſions, mais qui, faute d'avoir le caractère propre de ceux qu'ils repréſentent, n'ont toujours l'air que de jouer la comédie ou de ſinger ceux qu'ils devraient être ; de plus, au lieu de ce charme de couleur & de ce beau contraſte de teintes qui ne ſont que clinquant & qui ne ſont l'effet que d'un menſonge & non de la vérité, il doit régner dans un tableau un ton doux & tranquille, mais vigoureux, qui plaiſe au ſpectateur ſans l'éblouir & laiſſe l'âme jouir de tout ce qui l'affecte. » (Lettre à Fauconnier, poſſédée par M. Pelée & citée par M. Clément.)

Depuis la publication du *Roman d'Amour* de M. Senſier, le brouillon de la lettre d'amour que nous avons publiée d'après l'album de M. Marcille ſemble s'adreſſer bien plutôt à Mlle Marie Fauconnier qu'à Mlle d'Embrun.

Sur la ſignature des deſſins de Prudhon, une lettre de Prudhon à Conſtantin, publiée par M. Clément, eſt toute une révélation :

« ... Ton père ſignait pour moi les deſſins de moi qui lui tombaient dans les mains, car jamais je n'en ai ſigné aucun. Si ceux dont tu parles, tu les reconnais de moi, rien ne t'empêche d'en faire autant, de plus tu as ma ſignature au bas de ma lettre : elle peut te ſervir de type. »

A ſon retour à Paris, Prudhon fit quelques viſites à ſes confrères, viſites que M. Clément raconte ainſi : « David & Girodet le reçurent aſſez mal. Seul parmi les peintres en renom, Greuze l'accueillit d'une manière bienveillante. Avec ſa bruſquerie habituelle, il lui dit : « Avez-vous du talent ? » — « Oui, répondit le candide Prudhon. » — « Tant pis, reprit Greuze. De la famille & du talent, c'eſt plus qu'il n'en faut pour mourir à la peine. Que voulez-vous faire avec du talent, aujourd'hui qu'il n'y a plus ni Dieu, ni diable, ni roi, ni cour, ni pauvres, ni riches ? Moi qui vous parle, vous ſavez que je ſuis tout auſſi grand peintre qu'un autre ; voyez mes manchettes ! »

Une seconde lettre, également adressée au préfet de la Seine, et possédée par M. Feuillet de Conches, précise mieux que la lettre de M. Marcille, le tableau qui va sortir des pinceaux de Prudhon.

« *Précis du tableau destiné pour la grande salle du tribunal criminel au Palais de Justice. La justice divine poursuit constamment le crime, il ne lui échappe jamais.*

« Couvert des voiles de la nuit, dans un lieu écarté & sauvage, le crime cupide égorge une victime, s'empare de son or & regarde encore si un reste de vie ne servirait pas à déceler son forfait. L'insensé ! il ne voit pas que Néméfis, cette agente terrible de la justice, comme un vautour fondant sur sa proie, le poursuit, va l'atteindre & le livrer à son inflexible compagne. Tel est le sujet du tableau qui doit être placé dans la salle du tribunal criminel du département de la Seine.

« Ce tableau, de huit pieds de hauteur sur dix de largeur, serait du prix de 15,000 francs. Il serait payé par tiers de 5,000 francs à trois époques différentes : la première à la présentation de l'esquisse, la seconde lorsque le tableau serait ébauché, & la troisième lorsqu'il serait entièrement terminé.

« Je me charge de finir dans l'espace de dix mois, à dater du jour où je recevrai l'arrêté du préfet qui décide irrévocablement son exécution.

« Tous mes efforts seront employés dans ce tableau à répondre aux intentions du conseiller d'État, préfet de la Seine, & à le rendre, par son énergie, digne du local qu'il doit occuper.

« PRUDHON, peintre.

« *Musée des artistes ci-devant Sorbonne.*

Prudhon fut, il est vrai, un coloriste inégal, hardi, singulier & quelquefois trompé dans ses effets; tantôt pâle au point de n'accuser que des ombres, tantôt formant ses clairs-obscurs par des moyens fantastiques, & dans certaines occasions, malheureux par les transparences violacées survenues à ses toiles & par les gerçures causées par du vernis trop tôt appliqué. Mais, quand on regarde ses tableaux réussis, il est frais & vif dans ses carnations, enchanteur dans ses effets de lumière, hardi, passant sur des fonds mystérieux & laissant tous les tons locaux subordonnés à la teinte principale. Celle que Prud'hon a le plus affectionnée a été nommée *clair de lune*. Ceux qui l'ont vu peindre nous disent qu'il préparait ses figures d'un ton uniforme gris azuré, en les empâtant vigoureusement, qu'il passait par-dessus les tons foncés plus légèrement, de manière à rehausser peu à peu la couleur en lui laissant une grande harmonie & un ton argentin. On croit que le peintre avait été amené là par l'imitation des procédés qu'il croyait avoir été employés par le Corrége. (*Histoire de l'Art pendant la Révolution*, par Renouvier, 1863.)

M. Clément raconte que la lettre adreſſée par Prudhon à Denon n'eut pas l'effet déſiré : « Mme Prudhon, de plus en plus violente & inſatiable, continua à abreuver ſon mari d'avanies & à le harceler de ſes continuelles demandes d'argent. Cet état de choſes dura pluſieurs années encore, juſqu'au moment où la malheureuſe, étant parvenue juſqu'à l'Impératrice, fit devant elle une ſcène tellement ſcandaleuſe qu'on l'enferma dans une maiſon de ſanté, ſous l'œil de la police, tenue par M. Deodore de Piron, & où l'on mettait les fous & les ennemis politiques. Elle n'en ſortit que pour aller demeurer chez ſon fils Eudamidas à Toul, où elle mourut en 1834. »

Le type de Prudhon « avec ces arcades ſourcillières profondes & ces grandes bouches qui prêtent à la fois à la force, à la rêverie, à la tendreſſe », — ainſi que le définit très-juſtement M. Renouvier, — d'où vient-il? du mélange de l'étude des bas-reliefs grecs avec l'étude de figures amies ou aimées, de Mme Copia, de Mlle Mayer, de Marguerite, le modèle préféré du peintre, — & peut-être auſſi de ſon type à lui, du type retracé dans le portrait envoyé d'Italie à Dagoumer, ce portrait à l'œil plein d'ombre, à la lèvre boudeuſe, à la phyſionomie de douceur & de rêverie. »

Prudhon, ainſi que preſque tous les artiſtes de ſon temps, s'était donné entièrement aux idées nouvelles. Nous avons ſon vote motivé pour le tableau de *Brutus* d'Harriet, comme membre du jury dans le concours des prix de peinture de l'an II. Quand le jury ſe transforme en club révolutionnaire des Arts, Prudhon en devient le ſecrétaire-adjoint, et dans la ſéance du 4 germinal, lit un diſcours où il « conſidérait les Arts ſous des rapports philoſophiques & en parlait dans le genre de Rouſſeau ». Il terminait en développant les idées d'Haffenfratz, à ſavoir, que les Arts, juſqu'alors tournés vers *le goût de la claſſe des hommes pareſſeux*, devaient maintenant parler au goût des gens laborieux. C'était le deſſinateur de ces deſſins : la Conſtitution, la Loi, l'Égalité, la Liberté, au bas de laquelle il écrivait : *Elle a renverſé l'hydre de la tyrannie & briſé le joug du despotiſme*. C'était le peintre de ces tableaux perdus, repréſentant les journées glorieuſes de la Révolution, pour leſquels il eut une fois le prix de 5,000 francs, une autre fois le prix de 2,000, — & dont peut-être le tableau de la *Prife de la Baſtille*, compoſé de plus de cent cinquante petites figures, que mentionne M. Lacroix, ſerait le ſujet d'un de ſes deux concours. C'était enfin, comme le raconte M. Senſier, d'après des traditions conſervées dans la famille Fauconnier, l'habitué des Jacobins & des Cordeliers, l'homme qui rapportait chez lui, de l'éloquence de l'Incorruptible, une eſpèce de délire patriotique.

Sous le Directoire, dans une première compofition, dont la gravure exécutée par Picot eft affez rare, Prudhon avait témoigné fon enthoufiasme pour le vainqueur de l'Italie. Il avait fait monter dans le ciel par un groupe d'amours un portrait du général aux cheveux longs, qu'une Renommée volante défignait du doigt, tandis qu'une figure de l'Anarchie, les mains enchaînées derrière le dos, le carcan au cou, était agenouillée dans un coin de fon deffin. La compofition portait pour titre : *Allégorie relative à Buonaparte, général des armées françaifes,* &c.

Les études hiftoriques & artiftiques publiées par MM. Fillon & Rochebrune racontent qu'en 1818 Mlle Mayer trouvant fur le chevalet un portrait de vifiteufe dont la beauté avait entraîné Prudhon à folliciter la permiffion de faire une efquiffe, — efquiffe faite *con amore,* — elle mit en pièces le portrait & du même coup détériora le deffin de la médaille deftinée à rappeler la victoire de Manuel aux élections. Du refte, la pleine lumière ne fera faite fur cette liaison que lorfque M. Laperlier fe décidera à publier les lettres amoureufes de cette liaison, que par un délicat fcrupule il conferve cachetées.

Toutes fortes de caufes amenèrent au fuicide Mlle Mayer, cette créature paffionnée & inquiète : de méchants cancans, & à la fois la crainte d'être abandonnée, & des fcrupules donnés à la dernière heure par une amie ; peut-être même auffi un tardif éveil fur fa ruine, — toute fa petite fortune, 80,000 francs, s'était fondue dans le défordre de la maifon de l'artifte. Mais le fuicide n'était encore qu'une tentation lointaine, le rêve du noir de fes idées pendant une heure, quand un mot cruel de Prudhon en fit une réfolution fubite. Mme Belloc racontait à M. Clément que le matin du jour où Brûle avait été frappé de l'air hagard de Mlle Mayer, on avait apporté une lettre à Prudhon qui lui apprenait une maladie de Mme Prudhon dont l'annonce femblait mortelle. Tout à coup Mlle Mayer dit à fon amant : « Monsieur Prudhon, fi vous devenez veuf, vous remarierez-vous ? » Prudhon, tout à la penfée de ce qu'il avait fouffert avec fa femme, s'écria : « Ah ! jamais ! » Sur ce *jamais,* fans un mot, Mlle Mayer paffe dans le cabinet où Prudhon avait coutume de s'habiller, prend un rafoir, defcend, traverfe la cour, remonte dans l'appartement, entre dans le petit falon, fe met devant une glace et...

Un procès-verbal, dreffé par Mouyer, commiffaire de police, en préfence de M. Cloquet, médecin, & donné par M. Jal, dans fon *Dictionnaire critique de biographie & d'hiftoire,* s'exprime ainfi :

« La demoifelle Mayer (Conftance) étant dans l'appartement de M. Prudhon, artifte peintre, où elle avait une partie de fes effets, Mlle Sophie Duprat, élève en peinture de la deffunte, venant de la quitter vers les onze heures & de la laiffer feule dans cet appartement... fe porta deux coups de rafoir, dont le dernier pénétra jufqu'au vertèbre cervical (*fic*)... Elle dut mourir fur-le-champ. Elle s'était placée devant une glace pour fe porter le deuxième coup & était tombée fur le dos, les pieds tournés du côté de la porte de communication. »

Il réfulte encore de cette pièce que Mlle Mayer, au dire de M. Trézel qui la connaiffait depuis dix-huit ans, était atteinte d'une maladie noire dont les caractères avaient paru plus graves depuis quinze jours, & que cette gravité s'était manifestée par un débordement extraordinaire de bile, dont elle avait été traitée par le docteur Dagoumer. (*Archives de la Police*, carton des événements an 1821, n° 9863-8400.)

J'emprunte aux lettres de Prudhon publiées dans la *Gazette des Beaux-Arts* (1er mars 1874) par M. Eudoxe Marcille, quelques touchants fragments de sa correspondance désolée.

Dans une lettre datée du 14 juin 1821, trois semaines après le suicide de Mlle Mayer, Prudhon adresse au ménage Deval les lignes qui suivent :

Mes chers enfants,

« *C'est le cœur brisé & dans la plus amère douleur que je passe des jours qui auraient dû s'éteindre dans le moment qui a vu expirer mon amie. La douleur ne tue pas & c'est le seul regret qui reste quand on perd ce qu'on a de plus cher dans la vie, une amie de dix-huit ans d'affection qui dans tous les moments, toutes les occasions nous a montré un attachement sans bornes, un dévouement sans réserve, qui a rempli les devoirs de mère & d'une mère tendre envers mes enfants & envers toi surtout, ma chère fille. Que de soins, de prévenances & d'attentions n'a-t-elle pas eu pour tout ce qui pouvait t'être utile ou agréable! Que de bonté soutenue! que d'obligeance pour tout ce qui l'approchait! que de délicatesse dans le sentiment de l'amitié, dans les témoignages de sa reconnaissance pour ceux qui lui rendaient quelques services! Les qualités de ce cœur aimant étaient sans cesse en activité & elle n'avait aucun repos que lorsqu'elle avait effectué tout ce que son âme sensible lui suggérait. Hélas! J'ai si bien connu & tant éprouvé jusqu'où elle portait la bonté, cette amie tendre. Que de sacrifices elle a faits pour moi! toujours, toujours elle eut voulu avoir à en faire. Elle s'inquiétait de ton sort, s'intéressait à ton bonheur comme si tu eusses été sa fille; elle t'a marié; elle a donné le premier payement de ta dot; elle a acquitté ma reconnaissance envers Mme Coudrai, Mme Lordon & Mlle Trezel, en faisant elle-même le portrait de ses enfants; elle n'oubliait rien, cette chère & trop sensible ame, de tout ce qui pouvait accroître l'estime, la considération & l'intérêt que l'on me portait; hélas! elle m'a tout sacrifié & s'est cru inutile lorsqu'elle n'a plus trouvé de sacrifice à me faire. Chère âmie! objet de mon éternel regret, en te perdant la meilleure partie de moi-même s'est anéantie! mon âme s'est échappée avec la tienne & jamais je ne retrouverai ce que j'ai perdu en toi. Non, la perte d'un cœur ne se répare jamais. Tout bonheur est fini pour ton ami! Plus de joie, plus de repos ici-bas! Je ne serai soulagé du poids qui m'oppresse que lorsque le moment de te rejoindre sera venu : je n'ai plus que ce désir.* . . . .

Dans une lettre datée du 16 septembre de la même année, Prudhon écrivait :

. . . .

Ma vie, dans ce moment, mes chers amis, est un peu machinale; rien ne l'anime, le vide que j'éprouve en est la cause : c'est un néant que rien ne pourra remplir. La douce amitié, toute conso-

latrice & affectueuſe qu'elle peut être ne peut ſe comparer à ce ſentiment ineffable que la nature a mis dans notre cœur, qui nous lie étroitement à l'être de notre bonheur, qui eſt de tous les moments, qui donne une âme à toutes nos actions & nous fait ſentir délicieuſement l'exiſtence. Si un ſouffle malfaiſant éteint cette flamme céleſte, que reſte-t-il autour de ſoi? Obſcurité profonde, néant abſolu. Ce qu'on nomme la vie peut-il ſe compter pour quelque choſe? Elle ſe traîne dans une languiſſante apathie & n'eſt plus qu'un rêve fatiguant auquel on déſire échapper ; juſqu'à l'eſpérance même du réveil s'évanouit, et c'eſt ainſi qu'on arrive au bout de la carrière. . . . .

Enfin le 23 juin 1822, ſept mois avant ſa mort, le deuil inconſolable du peintre ſe répand dans cette lettre :

Paris, ce 23 juin 1822.

Ma chère fille,

Je ne ſuis pas excuſable de te négliger comme je le fais, malgré que je n'aie rien de gai à te dire. J'ai commencé pluſieurs lettres ſans les finir parce qu'elles n'étaient remplies que de choſes triſtes : je ne voulais pas que tu en reſſentiſſes les effets, & pourtant il m'était impoſſible de ne pas retomber dans les cauſes qui me rendaient mélancolique : tu vois même que tout en recommençant celle-ci, j'y reviens malgré moi. O ma chère enfant ! cette cauſe cruelle eſt toujours là : je ne pourrai jamais l'éloigner de mon imagination tant que la plaie du cœur ne ſera pas fermée, & elle ne le ſera jamais. Le temps s'uſe dans la douleur, & n'y remédie pas. Le moins que je puiſſe éprouver eſt une ſorte d'exiſtence ſans reſſort, ſans vie. Je vas, je viens, j'agis avec une intention qui ſe perd, que j'oublie : je fais & je fais à peine ce que j'ai fait. Tout eſt machinal chez moi : le reſſort moral eſt briſé. La ſeule douleur fait ſentir la vie, & l'imagination n'eſt forte que pour les idées ſombres, triſtes & déchirantes. C'eſt trop t'en dire & je m'arrête : autrement il faudrait recommencer encore cette lettre-ci.

Tu me parles tableaux, Salon, etc., ô ma pauvre fille, je ſuis bien inſenſible à tout cela. Tout ce que l'on en peut dire ne me touche guère, & même nullement. Seul, je n'y tiens pas. Lorſque j'avais une amie, l'intérêt qu'elle prenait à mon talent, la joie qu'elle reſſentait de quelques ſuccès que je pouvais avoir, réfléchiſſait ſur moi & me rendait content ; dans le ſentiment du bonheur que je tenais d'elle, je ſouriais à un plaiſir qui flattait ſon cœur : j'étais plus heureux puiſque je pouvais ajouter quelque choſe au ſentiment qui l'attachait à moi. Toutes ces joies, tous ces plaiſirs, toutes ces ſenſations ſi douces ſont paſſés ! Un inſtant affreux les a anéantis, & ils le ſont pour toujours... L'amitié ſi conſolante, ſi attentive, ſi prévenante, l'amitié elle-même me trouve inſenſible, le dirai-je ! quelquefois même ſes attentions me gênent : la diverſion qu'elle apporte à ce qui m'occupe me contrarie : c'eſt de la ſolitude qu'il me faut ; c'eſt ce qui nourrit ma douleur qui me convient ; ce ſont des pleurs qu'elle demande, & dont elle a beſoin, tout autre aliment la ſoulève & l'aigrit !... Mais encore une fois m'y voilà revenu. Vois ſi je pourrai tirer de moi quelque choſe de gracieux, pour t'entretenir !... Non, non... J'ai beſoin de dire que je ſouffre. Mon mal, trop renfermé au dedans cherche une iſſue pour ſe répandre, & ſe communiquer à qui peut le ſentir & y prendre part..., & à qui puis-je mieux m'adreſſer qu'à ma fille, qui doit être affectée des mêmes regrets, qui a fait la même perte,

Du moins, en exposant sous ses yeux ce tableau déchirant, je lui rappelle toutes les bontés de cette amie dévouée, de cette mère toujours attentive, toujours prévenante, toujours pleine de soins. Qui trouveras-tu jamais qui la remplace? Ma chère fille, ma chère fille, qu'une amie comme celle-là est rare, qu'elle est précieuse quand on la possède, quel vide affreux quand on en est privé!!! & pour toujours!!!

Dans la société, où est la franchise? où est l'affection? Où rencontre-t-on l'effusion, l'épanchement, l'abandon d'une amitié sincère? Le masque d'une hypocrite flatterie est sur tous les visages. Présent, aucune vérité n'attaque vos défauts. Venez-vous à disparaître? la médisance vous déchire, l'ironie vous tourne en ridicule. Tous vos défauts provoquent le blâme ou la dérision : vous n'avez pas même le froid avantage de l'indifférence; heureux encore si la calomnie ne distille pas sur vous son venin corrosif. Voilà l'esprit du monde au milieu des prétendus agréments qu'il vous offre : il ne faut pas s'y tromper. Si l'apparence vous séduit, l'expérience dément bientôt l'illusion qui vous en imposait par les chagrins amers qui vous restent & troublent une tranquillité que votre trop de confiance vous a fait perdre.

Je finis, mes chers enfants, c'est vous entretenir trop longtemps sur le même ton. J'aurais voulu faire autrement, il ne m'a pas été possible; mes rechutes sont continuelles. La volonté ne suffit pas pour détruire le sentiment d'un mal qui est en nous : la force de caractère en pareil cas ne serait suivant moi qu'insensibilité, & il n'est pas dans ma nature de ne rien sentir.

Tant que le cœur me battra, ce sera pour mon amie, pour celle qui m'a tant aimé... Ah!... je ne suis pas fait pour l'ingratitude.

Adieu, adieu, soyez heureux, mes chers enfants. C'est à vous à envisager le bonheur : il doit être pour vous dans le présent, & l'espoir doit vous le montrer dans l'avenir : puisse-t-il être continuellement en tiers avec vous, c'est le vif désir de votre bon père.

PRUDHON.

EXPOSITIONS DE PRUDHON

SALON DE 1791. — 540. Un dessin à la pierre noire représentant un jeune homme appuyé sur le dieu Terme.

SALON DE 1793. — 261. *Portrait d'homme* (2 pieds de haut sur 1 pied).

279. *Portrait de femme* (3 pieds sur 2 pieds 4 pouces).

571. Deffin à la plume, fujet tiré du premier acte d'*Andromaque*.

Et dans le Supplément :

679. *L'Union de l'Amour & de l'Amitié*. Tableau de 4 pieds 6 pouces de haut fur 3 pieds 6 pouces de large.

680. *L'Amour réduit à la raifon*. Deffin à la plume.

SALON DE L'AN V (fept. 1796.) — 388. *Portrait du citoyen C*. (Conftantin). Le temps n'a pas permis de terminer les mains & les vêtements.

389. Trois deffins lavés à l'encre de Chine, fujets du roman de *Daphnis & Chloé*, qu'imprime le citoyen Didot l'aîné.

390. Deux deffins à la plume fur vélin, fujets tirés de l'*Art d'aimer* de Bernard. (Tous ces objets appartiennent au citoyen Conftantin.)

SALON DE L'AN VII (août 1799). — 265. *La Sageffe & la Vérité* defcendent fur la terre & les ténèbres qui la couvrent fe diffipent à leur approche. (Tableau allégorique de 3^m,66 carrés.)

266. Quatre fujets de frife analogues aux *Quatre Saisons* (deffins).

SALON DE L'AN IX (1801). — 280. *La Paix*, allégorie. Bonaparte au milieu de la Victoire & de la Paix eft fuivi des Mufes, des Arts & des Sciences ; fon char eft précédé des Jeux & des Ris. Ce deffin fera gravé de même grandeur par Barthélemy Roger & propofé par foufcription.

SALON DE 1808. — 484. *La Juftice & la Vengeance pourfuivant le crime*.

485. *Pfyché expofée fur le rocher & enlevée par les Zéphyrs qui la tranfportent dans la demeure de l'Amour*.

486. *Portrait de M. M. D. Q.*, ancien préfident du parlement de Befançon (M. Mefmay).

SALON DE 1812. — 742. *Vénus & Adonis*.

743. *Portrait de S. M. le roi de Rome*.

744. *Portrait de M. V.*

SALON DE 1814. — 769. *La Juftice & la Vengeance divine pourfuivant le crime*.

770. *Pfyché enlevée par les Zéphyrs*. Ce tableau appartient à M. de Sommariva.

771. *Jeune Zéphyr fe balançant au-deffus de l'eau*. Ce tableau appartient à M. de Sommariva.

772. *Portrait en pied de M. de S.* (Sommariva) dans un payfage. Ce tableau a été ordonné par M. de Sommariva.

SALON DE 1817. — 623. *Andromaque*. C'eft le moment où la veuve d'Hector pleure fur le fort de fon fils, dont les traits lui retracent vivement ceux de fon époux.

624. *Portrait de Mme la comteffe de P*.

625. *Portrait du fils de M. le comte de L*.

SALON DE 1819. — 922. *L'Affomption de la Vierge*.

924. *Portrait du fils de M. le baron de C*.

SALON DE 1822. — 1045. *Une Famille dans la défolation*.

1046. *Jeune enfant jouant avec un chien*. Portrait du fils de M. le M. S. C. (Gouvion Saint-Cyr.)

1047. *Portrait de Mme P. de S.-G.* (Pean de Saint-Gilles.)

1048. *Portrait de Mme J.* (Jarre.)
1049. *Portrait de Mme N.* (Navier.)
SALON DE 1824. — 1385. *Le Chrift fur la croix*. La Madeleine & la Vierge font à fes pieds. (M. d. R.)
1384. *Andromaque.* Ce tableau appartient à M. de Boisfremont.

FIN

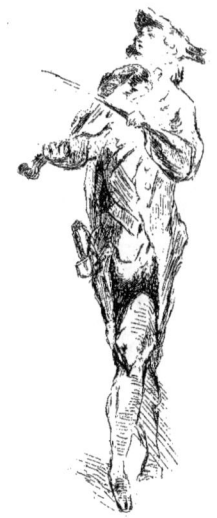